VOLTAIRE

DICIONÁRIO FILOSÓFICO

Lafonte

VOLTAIRE

DICIONÁRIO FILOSÓFICO

TEXTO INTEGRAL

Tradução
Ciro Mioranza
e Antonio Geraldo da Silva

Lafonte

Título original: *Philosophical letters - Voltaire*
Copyright da tradução © Editora Lafonte, 2018

Todos os direitos reservados.
Nenhuma parte deste livro pode ser reproduzida sob quaisquer meios existentes sem autorização por escrito dos editores.

Edição Brasileira

Direção Editorial Ethel Santaella
Coordenação Denise Gianoglio
Revisão Suely Furukawa
Projeto gráfico Marcelo Almeida
Foto de capa Voltaire por J. Mollison/Georgios Kollidas - shutterstock.com
Colaborador Luciano Oliveira Dias
Tradução Ciro Mioranza
e Antonio Geraldo da Silva

Dados Internacionais de Catalogação na Publicação (CIP)
(Câmara Brasileira do Livro, SP, Brasil)

Voltaire, 1694-1778.
  Dicionário filosófico / Voltaire ; tradução Ciro Mioranza e Antonio Geraldo da Silva. -- São Paulo : Lafonte, 2018.

  Título original: Philosophical letters : Voltaire.
  "Texto integral".
  ISBN 978-85-8186-275-0

  1. Filosofia - Dicionário I. Título.

18-16967   CDD-103

Índices para catálogo sistemático:

1. Filosofia : Dicionários   103

Iolanda Rodrigues Biode - Bibliotecária - CRB-8/10014

1ª edição brasileira: 2018
Direitos de edição em língua portuguesa, para o Brasil,
adquiridos por Editora Lafonte Ltda.

Av. Profa. Ida Kolb, 551 - 3º andar - São Paulo - SP - CEP 02518-000
Tel.: 55 11 3855-2286
atendimento@editoralafonte.com.br * www.editoralafonte.com.br

ÍNDICE

APRESENTAÇÃO 09
VIDA E OBRAS DO AUTOR 11
PREFÁCIO DE VOLTAIRE 13

A
Abade 15
Abraão 16
Adão 18
Adorar 19
Adultério 23
Alma 30
Amizade 60
Amor 61
Amor de Deus 64
Amor-próprio 66
Amor socrático 67
Animais 70
Anjo 71
Antitrinitários 80
Antropófagos 82
Ápis 84
Apocalipse 84
Ário 86
Asno 88
Ateu, Ateísmo 92

B
Babel 100
Batismo 100
Belo, Beleza 103
Bem (Bem supremo) 104
Bem (Do bem e do mal, físico e moral) 105
Bem (Tudo está) 109

C
Cadeia dos acontecimentos 113
Cadeia dos seres criados 115
Caráter 117
Catecismo chinês 118
Catecismo do japonês 130
Catecismo do padre 133
Catecismo do quitandeiro 136
Certo, Certeza 137

Céu do antigos (O) 139
China (Da) 142
Circuncisão 144
Concílios 147
Confissão 151
Consciência 152
Convulsões 157
Corpo 158
Credo 160
Cristianismo 162
Crítica 181

D
Davi 185
Delitos locais 187
Democracia 188
Destino 193
Deus, Deuses 195
Direito 216
Divindade de Jesus 221
Divórcio 222
Dogmas 225

E
Entusiasmo 227
Escravos 229
Espírito falso 234
Estados, Governos 236
Evangelho 239
Ezequiel 241

F
Fábulas 244
Falsidade das virtudes humanas 245
Fanatismo 246
Fé 248
Filosofia 250
Filósofo 256
Fim, Causas finais 260
Fraude 261

G
Gênesis 264

Glória ... 273
Graça ... 274
Guerra ... 275

H
História ... 278
Homem ... 295

I
Idade ... 305
Ideia ... 308
Ídolo, Idólatra, Idolatria ... 310
Igualdade ... 320
Imaginação ... 322
Inferno ... 328
Inquisição ... 330
Instinto ... 332
Inundação ... 333

J
Jefté ... 334
Jó ... 335
José ... 338
Judeia ... 340
Juliano, o filósofo ... 341
Justo e do injusto (Do) ... 345

L
Lei natural ... 346
Leis (Das) ... 349
Leis civis e eclesiásticas ... 354
Letras, homens de letras ou letrados ... 355
Liberdade (Da) ... 357
Liberdade de pensamento ... 358
Limites do espírito humano ... 361
Literatura ... 361
Loucura ... 363
Luxo ... 365

M
Matéria ... 367
Mau ... 369
Messias ... 371
Metafísica ... 378
Metamorfose, Metempsicose ... 378
Milagres ... 379
Moisés ... 384

Moral ... 387
Mulher ... 388

N
Necessário ... 396

O
Orgulho ... 398

P
Papismo (Sobre o) ... 399
Pátria ... 401
Paulo ... 402
Pecado original ... 404
Pedro ... 405
Perseguição ... 409
Política ... 410
Preconceitos ... 413
Profetas ... 415
Propriedade ... 417

Q
Quaresma ... 419

R
Religião ... 420
Ressurreição ... 428

S
Sacerdote ... 432
Salomão ... 433
Seita ... 439
Senhor ... 442
Sensação ... 443
Senso comum ... 445
Sonhos ... 446
Superstição ... 447

T
Teísta ... 451
Teólogo ... 452
Tirania ... 452
Tolerância ... 453
Tortura ... 459

V
Vida ... 461
Virtude ... 463

APRESENTAÇÃO

Há mais de duzentos anos, Voltaire inventava o "livro de bolso", mas que designou de "livro portátil". De fato, em 1764 publicava o *Dictionnaire philosophique portatif* ou *Dicionário filosófico portátil*. Era a época dos grandes dicionários sobre os mais variados assuntos, especialmente históricos, bíblicos e gerais. Era a época também em que se elaborava a grande *Enciclopédia francesa* com os chamados enciclopedistas, dentre os quais estava também Voltaire. Ao lançar esse dicionário "portátil", o autor tinha em mente a ideia principal de popularizar o conhecimento, democratizar a leitura e o saber. Com efeito, Voltaire costumava dizer que, se o Evangelho fosse uma obra em inumeráveis volumes, o mundo jamais se teria tornado cristão. Por detrás dessa ideia, havia um princípio fundamental defendido abertamente por esse grande escritor e filósofo do século XVIII: induzir, levar, forçar até o povo a pensar. Num dos diálogos constantes deste dicionário, um dos interlocutores se dirige a outro e o incita com esta frase: "Ouse pensar, meu amigo!"

Embora participasse da elaboração da grande Enciclopédia, Voltaire observava que o povo não pensava. Eram os outros que pensavam por ele. Não necessariamente os letrados, os mandantes e os governantes, mas de modo particular o clero de todas as correntes do cristianismo. Era proibido, era impensável, era criminoso pensar diversamente da Igreja ou das Igrejas. O povo não devia pensar, devia obedecer, devia seguir normas, critérios e leis estabelecidas e impostas pela religião; as leis civis eram reflexo do predomínio da religião sobre o Estado.

Voltaire quer desmitificar, quer lutar contra tabus seculares ou milenares, quer abrir as mentes para o mundo e o mundo para o espírito crítico. Embora se declare antirreligioso, é um liberal teísta, um revolucionário das ideias, que emprega todos os meios de seu intelecto privilegiado para despertar o homem de seu tempo, para levá-lo a tomar posições próprias mais incisivas, a rebelar-se contra as imposições ilimitadas do poder político, mas especialmente do poder da religião que o instrumentaliza, o escraviza e o asfixia, em nome de Deus, em nome de Cristo.

O autor do *Dicionário filosófico*, com o objetivo claro de instruir o povo, de revolucionar as ideias, de derrubar tabus e preconceitos, de romper com estruturas políticas e sociais arcaicas e estagnadas, segue uma linha tríplice em sua obra:

1º. – Informar sobre os temas mais candentes da época e que mais afetavam vida da população: a história – a verdadeira história; a religião com suas mazelas e imposições; a vida social, no intuito de libertá-la de seus preconceitos e tabus.

2º. – Induzir o povo a pensar, a refletir, a fazer uso de sua razão em todos os temas e assuntos que interferem em sua vida pessoal, social e religiosa. A razão como instrumento fundamental da vida de cada um – afinal, o Iluminismo representa a valorização máxima da razão, principal veículo para que o homem se liberte de todos os entulhos e detritos que a sociedade feudal e o cristianismo despejaram sobre ele durante séculos. O homem pode e deve raciocinar, filosofar, por conta e risco.

3º. – Conscientizar o povo de que foi e é oprimido, de que necessita fazer ecoar seu grito de liberdade, de que deve finalmente assumir sua própria vida desvinculada de preconceitos e tabus que dominaram a vida de seus antepassados por ingerência de terceiros. A vida pertence a cada um, cresce numa sociedade livre, se plenifica no poder de cada um envolvido numa comunidade de pensamento e de reflexão, relegando política e culto a seus momentos oportunos que devem ser resposta de uma consciência individual livre e soberana.

Ao leitor que folhear e saborear este dicionário, convém destacar que esta obra não é estritamente filosófica, como se poderia pensar. Embora chamada *Dicionário filosófico*, não trata exclusivamente de temas filosóficos. Aborda todos os temas que o autor quer pôr em evidência. Mas em todos eles escorre o espírito filosófico de Voltaire, com clara predominância de uma filosofia de vida, de uma razão que quer respostas, que questiona e que busca soluções. Por isso Voltaire fala muito de história, de uma história mal contada ou mal construída; por isso escreve muito sobre religião, para libertar o leitor da opressão religiosa que o leva a sentir-se inútil pecador, um ninguém, um verme; por isso fala da política intolerante e escravizante, que considera o homem como mero instrumento para sustentar o poder e a riqueza de poucos. É um *Dicionário filosófico* para o povo sofrido, dirigido para o povo oprimido, dominado pelas duas grandes forças da época: o absolutismo e a religião.

Para alcançar esses objetivos, Voltaire utiliza seus vastos conhecimentos – realmente, além de enciclopedista, ele próprio se mostra uma verdadeira enciclopédia de saber – e trata todos os verbetes do dicionário com inúmeras informações históricas, privilegia ao elaborá-los a razão e se arma com uma fina e requintada ironia que perpassa todas as linhas desta obra. De nada duvida pelas informações de que dispõe, mas duvida de tudo e investiga tudo em seu espírito, apresentando deduções que escorrem de sua caneta com extrema facilidade e felicidade. Por vezes, sua ironia extrapola, mas é compreensível num escritor que quer rebelar e revolucionar o homem de então.

Cumpre destacar ainda, como informação técnica, que o *Dictionnaire philosophique portatif* teve sua primeira edição em 1764. Teve três edições em 1765 e sucederam-se nos anos seguintes e, todas elas, corrigidas e aumentadas de novos verbetes elaborados pelo próprio Voltaire. Esta tradução reproduz a edição de 1769 do *Dicionário filosófico*. Foram, no entanto, acrescentados diversos verbetes extraídos do *Dicionário filosófico* ampliado, do próprio Voltaire, e que apareceu anos mais tarde, em mais de um volume. Além do mais, alguns verbetes que o autor resumiu nas edições do Dicionário "portátil", foram traduzidos em sua forma completa, tal como apareceram na edição ampliada.

Ciro Mioranza

VIDA E OBRAS DO AUTOR

Poeta, contista, romancista, teatrólogo, historiador, membro da Academia Francesa, Voltaire é o pseudônimo de François-Marie Arouet, nascido em Paris, no dia 21 de novembro de 1694. Foi aluno brilhante do colégio de Clermont, dirigido pelos jesuítas, padres que Voltaire passou a atacar virulentamente pelo resto da vida. Recém-formado, tentou dedicar-se à magistratura. Acusado de ser o autor de um panfleto político em versos, foi preso em 1717 e passou seis meses na famosa Bastilha. Na prisão começou a escrever seus livros. Em 1726, envolvido num incidente com o príncipe de Rohan-Chabot, foi parar outra vez na Bastilha. Libertado sob a condição de deixar a França, exilou-se na Inglaterra, onde viveu até 1729. Durante esse período de exílio, em seus novos escritos nota-se um Voltaire que imprime uma orientação reformadora em seu modo de pensar, na filosofia. Suas Cartas Filosóficas ou Cartas da Inglaterra, publicadas em 1734, provocaram enorme escândalo e Voltaire teve de refugiar-se num castelo, onde se entregou ao estudo e à elaboração de muitas de suas obras. Em 1749 voltou a Paris, cheio de glória e já conhecido e reconhecido como grande literato e filósofo na Europa inteira. A convite de Frederico II, rei da Prússia, transferiu-se para Berlim, de onde voltou em 1753, por causa de desentendimentos com o presidente da Academia de Berlim. Novos atritos e intrigas não lhe permitiram retornar a Paris. Refugiou-se então na Suíça, nos arredores de Genebra. Ali conseguiu atrair as iras de católicos e protestantes, por causa de novas obras publicadas. Sem poder fixar residência em parte alguma, perambulou por várias cidades suíças e francesas, até que, em 1758, adquiriu uma propriedade na região francesa de Gex, onde viveu tranquilo e celebrado por seus concidadãos, pela intelectualidade de toda a Europa e mesmo por seus antigos adversários e críticos. Morreu no dia 30 de março de 1778, aos 84 anos de idade.

PRINCIPAIS OBRAS:

A donzela de Orléans (1755)
A morte de César (1735)
Brutus (1730)
Cândido ou o Otimismo (1759)
Cartas Filosóficas (1734)
Dicionário Filosófico (1764 em diante)
Édipo (1718)
Ensaio sobre os costumes (1756)
Epístola a Urânio (1733)
História de Carlos XII (1731)
O Filósofo Ignorante (1766)
O Homem dos Quarenta Escudos (1768)
O Ingênuo (1767)
O século de Luís XIV (1751)
O templo do gosto (1733)
Poema sobre os desastres de Lisboa (1756)
Tancredo (1760)
Tratado sobre a Tolerância (1763)
Zadig ou o Destino (1747)
Zaire (1732)

PREFÁCIO DE VOLTAIRE

Já há quatro edições deste *Dicionário*, mas todas incompletas e informes; não pudemos acompanhar nenhuma delas. Apresentamos, enfim, esta que leva a melhor sobre as outras pela correção, pela ordem e pelo número de artigos. Todos eles foram extraídos dos melhores autores da Europa e não tivemos escrúpulo algum em copiar às vezes uma página de um livro conhecido, quando essa página nos parecia necessária para nossa coleção. Há artigos inteiros de pessoas ainda vivas, entre as quais se contam sábios pastores. Esses trechos já são há muito bastante conhecidos dos sábios, como *Apocalipse, cristianismo, Messias, Moisés, milagres,* etc. No artigo *milagres,* porém, acrescentamos uma página do célebre doutor Middleton, bibliotecário de Cambridge.

Serão encontradas também muitas passagens do sábio bispo de Glocester, Warburton. Os manuscritos de Dumarsais nos serviram muito, mas rejeitamos unanimemente tudo o que parecia favorecer o epicurismo. O dogma da providência é tão sagrado, tão necessário para a felicidade do gênero humano, que nenhum homem honesto deve expor seus leitores a duvidar de uma verdade que não fazer mal em caso algum e que pode sempre fazer realmente bem.

Não consideramos esse dogma da providência universal como um sistema, mas como uma coisa demonstrada a todos os espíritos de bom senso; ao contrário, os diversos sistemas sobre a natureza da alma, sobre a graça, sobre opiniões metafísicas, que dividem todas as comunhões, podem ser submetidos a exame, pois, visto que são contestados há 1.700 anos, é evidente que não trazem em si o caráter de certeza; são enigmas que cada um pode resolver segundo o alcance de seu espírito.

O artigo *Gênesis* é de um homem muito hábil, favorecido pela estima e pela confiança de um grande príncipe; pedimos desculpa por ter abreviado esse seu artigo. Os limites que nos impomos não nos permitiram de imprimi-lo por completo; teria ocupado quase a metade de um volume.

Quanto aos assuntos de pura literatura, as fontes de onde os tiramos serão facilmente reconhecidas. Procuramos juntar o útil ao agradável, não tendo outro mérito e outra participação nesta obra que a escolha. As pessoas de todas as condições poderão encontrar do que se instruir divertindo-se. Este livro não exige uma leitura seguida, mas em qualquer lugar em que for aberto, encontra-se do que refletir. Os livros mais úteis são aqueles dos quais os próprios leitores compõem a metade; ampliam os pensamentos dos quais lhes é apresentado o germe; corrigem o que lhes parece defeituoso e fortalecem por suas reflexões o que lhes parece fraco.

Só mesmo por pessoas esclarecidas é que este livro pode ser lido; o povo em geral não está preparado para esses conhecimentos; a filosofia jamais será sua partilha.

Aqueles que dizem que há verdades que devem ser escondidas ao povo não podem se pôr em alarme; o povo não lê; trabalha seis dias por semana e, no sétimo, vai à taberna. Numa palavra, as obras de filosofia são feitas somente para os filósofos e todo homem honesto deve procurar tornar-se filósofo, sem se vangloriar de sê-lo.

Terminamos por apresentar humildes escusas às pessoas de consideração que nos enviaram alguns novos artigos por não termos podido utilizá-los como gostaríamos de tê-lo feito; chegaram muito tarde. Não deixamos de ficar menos sensibilizados por sua bondade e por seu estimável zelo.

ABADE - Para *onde vai, senhor abade?* – etc. Sabe que abade significa pai? Se vier a sê-lo, prestará serviço ao Estado, fará a melhor obra, sem dúvida, que um homem possa fazer. Dará vida a um ser pensante. Há nessa ação algo de divino.

Mas se só for *senhor abade*[1] por ter sido tonsurado, por trajar um colete e um manto curto e para ficar no aguardo de um benefício simples, não merece o nome de *abade*.

Os antigos monges deram esse nome ao superior que elegiam. O abade era seu pai espiritual. Como os mesmos nomes significam, com o tempo, coisas diferentes! O abade espiritual era um pobre que tinha sob sua direção muitos outros pobres. Depois de duzentos anos, porém, os pobres pais espirituais tiveram 400 mil libras de renda e hoje há pobres pais espirituais na Alemanha que possuem um regimento de guardas[2].

Um pobre que fez juramento de ser pobre e que, em decorrência disso, é soberano! Já foi dito, mas é necessário dizê-lo de novo mil vezes, isso é intolerável. As leis reclamam contra esse abuso, a religião se indigna e os verdadeiros pobres, sem roupa e sem comida, clamam aos céus à porta do *senhor abade*.

Ouço, porém, os *senhores abades* da Itália, da Alemanha, de Flandres, da Borgonha, que dizem: "Por que não vamos acumular bens e honras? Por que não podemos nos tornar príncipes? Os bispos já o são. No início, eles eram pobres como nós, mas se enriqueceram, se elevaram; um deles se tornou superior aos reis; vamos imitá-los enquanto for possível."

Vocês têm razão, senhores, invadam a terra; ela pertence ao forte ou ao hábil que dela se apoderar; vocês aproveitaram dos tempos de ignorância, de superstição, de demência, para nos despojar de nossas heranças e para nos calcar aos pés, para se locupletar com os bens dos infelizes: tremam, de medo que o dia da razão possa chegar.

---

1. Voltaire se utiliza neste verbete dos dois significados que o vocábulo *abbé* tem em francês. Em primeiro lugar, realmente o termo abade significa pai, porquanto provém do hebraico *ab*, pai, através do latim cristão que o adaptou em *abbas, abbatis*, aplicando-o para designar o padre (do latim *pater*, pai), o sacerdote, e depois o abade, superior de mosteiro. No francês, embora *abbé* seja utilizado para designar o superior de comunidade monástica, a expressão *monsieur l'abbé* se refere usual e cotidianamente a qualquer padre, devendo ser traduzida, portanto, como *padre* ou *senhor padre* (o termo *père*, padre, é usado com parcimônia, pois se confunde com *père*, pai, no sentido literal de pai de família). Ao ler todo o verbete, nota-se que o autor se refere ora ao padre em geral, ora ao abade de mosteiro de modo mais específico (NT).

2. O autor acena para os abusos que ocorriam na época entre os abades e os padres da Igreja, deturpações do ministério religioso e sacerdotal que foram se construindo desde a Idade Média; os primeiros, que se comprometiam a viver na pobreza evangélica e na oração, se haviam tornado senhores de terras imensas, donos de feitorias e do comércio dos mais variados produtos, tendo à disposição e a pagamento centenas de agricultores, se haviam transformado em vassalos de senhores feudais, lutando entre si pelos postos mais proeminentes e vantajosos na sociedade medieval e pós-medieval, numa afronta evidente ao estilo de vida que professavam; os segundos, os padres, se empenhavam para galgar os melhores postos, os mais rendosos, os que lhes forneciam não somente polpudas prebendas, mas também os que lhes poderiam permitir atingir o bispado, muitas vezes sinônimo de principado, de domínio e poderio econômico. É o que Voltaire procura condenar (NT).

ABRAÃO - Abraão é um desses nomes célebres na Ásia Menor e na Arábia, como Tot[1] entre os egípcios, o primeiro Zoroastro[2] na Pérsia, Hércules[3] na Grécia, Orfeu[4] na Trácia, Odin[5] nas nações setentrionais e tantos outros mais conhecidos por sua celebridade do que por uma história bem comprovada. Só falo aqui da história profana, pois, quanto à dos judeus, nossos mestres e nossos inimigos, em quem cremos e que detestamos, visto que a história desse povo foi evidentemente escrita pelo próprio Espírito Santo, temos por ela os sentimentos que devemos ter. Dirijo-me aqui somente aos árabes; eles se vangloriam de descender de Abraão por Ismael; acreditam que esse patriarca foi o fundador de Meca e que morreu nessa cidade. O fato é que a raça de Ismael foi infinitamente mais favorecida por Deus que a raça de Jacó. Uma e outra, na verdade, produziram ladrões; mas os ladrões árabes foram incomparavelmente superiores aos ladrões judeus. Os descendentes de Jacó não conquistaram mais que um país muito pequeno, que acabaram perdendo; ao passo que os descendentes de Ismael conquistaram uma parte da Ásia, da Europa e da África, fundaram um império mais vasto que o dos romanos e expulsaram os judeus de suas cavernas, que estes chamavam a terra da promissão.

A julgar os fatos somente à luz dos exemplos de nossa história moderna, seria bastante difícil que Abraão tivesse sido o pai de duas nações tão diferentes; dizem que havia nascido na Caldeia e que era filho de um pobre oleiro, que ganhava a vida confeccionando pequenos ídolos de barro. É pouco verossímil que o filho desse oleiro tenha ido fundar Meca a trezentas léguas de distância, sob os trópicos, atravessando desertos intransitáveis. Se tivesse sido um conquistador, sem dúvida teria se dirigido para a bela região da Assíria; e se tivesse sido somente o pobre homem, como o descrevem, não teria fundado reinos fora de sua pátria.

O *Gênesis* relata que Abraão tinha 75 anos quando deixou a região de Harã, após a morte de seu pai Taré, o oleiro; mas o mesmo *Gênesis* diz também que Taré, tendo gerado Abraão aos 70 anos, viveu até a idade de 205 anos, e que Abraão só partiu de Harã depois da morte do pai. Fazendo as contas, é claro, segundo o próprio *Gênesis*, que Abraão tinha 135 anos de idade quando deixou a Mesopotâmia. Saiu de uma região idólatra para outra região idólatra, chamada Siquém, na Palestina. Por que foi para lá? Por que trocou as margens férteis do rio Eufrates por uma região tão distante, tão estéril e pedregosa como a de Siquém? A língua caldaica devia ser muito diferente da falada em Siquém, que tampouco era um local de comércio; Siquém dista mais de cem léguas da Caldeia; é necessário atravessar desertos para chegar até lá. Mas Deus queria que Abraão empreendesse essa viagem, queria mostrar-lhe a terra que seus descendentes deveriam ocupar vários séculos depois. O espírito humano só compreende com dificuldade as razões de semelhante viagem.

Mal chegou no pequeno país montanhoso de Siquém, que a fome o obriga a sair dele. Vai para o Egito com sua mulher, à procura do que viver. São duzentas léguas de Siquém a Mênfis; será natural que se vá tão longe para pedir trigo, e num país de que não entende a língua? Estranhas viagens essas, empreendidas na idade de quase 140 anos.

Leva consigo para Mênfis sua mulher Sara, que era extremamente jovem e quase criança em comparação com ele, pois só tinha 65 anos. Como era muito bonita, Abraão resolveu tirar partido da beleza dela. "Finge que és minha irmã, disse-lhe, a fim de que me recebam bem por tua causa." Melhor teria sido se dissesse: "Finge que és minha filha." O rei se apaixonou pela jovem Sara e deu ao pretenso irmão muitas ovelhas, bois, burros, mulas, camelos, servos e servas, o que prova que já então o Egito era um reino muito poderoso e muito civilizado, por conseguinte, muito antigo, e que os irmãos que vinham oferecer suas irmãs aos reis de Mênfis eram magnificamente recompensados.

A jovem Sara tinha 90 anos, segundo a Escritura, quando Deus lhe prometeu que Abraão, que tinha então 160, lhe daria um filho naquele ano.

Abraão, que gostava de viajar, partiu para o horrível deserto de Cades com sua mulher grávida, sempre jovem e sempre bonita. Um rei desse deserto também se apaixonou por Sara, como havia acontecido com o rei do Egito. O pai dos crentes pregou a mesma mentira que havia pregado no Egito: fez passar sua esposa por sua irmã, o que lhe valeu, uma vez mais, ovelhas, bois, servos e servas. Pode-se dizer que esse Abraão, graças à sua mulher, se tornou muito rico. Os comentaristas escreveram um número prodigioso de volumes para justificar o procedimento de Abraão e para conciliar a cronologia. Deve-se, pois, remeter o leitor a esses comentários. São todos eles compostos por espíritos finos e sutis, excelentes metafísicos, senhores sem preconceito e de modo algum pedantes.

De resto, esse nome de *Brão, Abrão* (*Bram, Abram*) era famoso na Índia e na Pérsia: muitos eruditos pretendem até que era o mesmo legislador que os gregos chamaram Zoroastro. Outros afirmam que era o Brama dos indianos, o que não foi demonstrado.

Mas o que parece muito provável para muitos sábios é que esse Abraão era caldeu ou persa: os judeus, no decorrer dos tempos, se vangloriaram ser descendentes dele, como os francos descenderiam de Heitor[6] e os bretões de Tubal[7]. É evidente que a nação judaica era uma horda bastante recente, que só se estabeleceu nas imediações da Fenícia bem mais tarde, que estava cercada de povos mais antigos, que adotou a língua deles e que deles tomou até o nome de Israel, que é caldeu, segundo o próprio testemunho do judeu Flávio Josefo[8]. Sabe-se que inclusive os nomes dos anjos a nação judaica tomou dos babilônios e que, finalmente, imitando os fenícios, chamou *Deus* pelos nomes de *Eloí* ou *Eloá*, de *Adonai*, de *Javé* ou *Hiao*.

Provavelmente a nação judaica só conheceu o nome Abraão ou Ibraim por intermédio dos babilônios, pois, a antiga religião de todas as terras entre o Eufrates e o Oxus era chamada *Kish-Ibrahim, Milat-Ibrahim*. É o que todas as pesquisas efetuadas nos próprios locais pelo sábio Hyde[9] nos confirmam.

Os judeus, portanto, fizeram com a história e a lenda antiga o que seus vendedores de artigos usados fazem com seus velhos trajes: eles os viram do avesso e os vendem como novos, a um preço mais elevado possível.

Singular exemplo da estupidez humana este que, durante tanto tempo, tenhamos considerado os judeus como um povo que tudo havia ensinado aos outros, quando seu próprio historiador Josefo admite o contrário.

É difícil penetrar nas trevas da Antiguidade; mas é evidente que todos os reinos da Ásia desfrutavam de grande esplendor antes que a horda errante dos árabes chamados judeus possuísse um canto de terra próprio, antes que tivesse uma cidade, leis e uma religião definida. Quando, pois, se observa um rito antigo, uma antiga ideia estabelecida no Egito ou na Ásia, e também entre os judeus, é natural pensar que o pequeno povo novo, ignorante, rude, sempre privado das artes, tenha copiado, como pôde, a nação antiga, florescente e industriosa.

E é à luz desse princípio que se deve julgar a Judeia, a Biscaia, Cornualha, Bérgamo[10], a terra de *Arlequim*, etc.: certamente a triunfante Roma nada imitou da Biscaia, da Cornualha, nem de Bérgamo; e é preciso ser realmente ignorante ou alguém muito atrevido para dizer que os judeus ensinaram os gregos.

(*Artigo extraído de Fréret*[11])

1. Na mitologia egípcia, Tot ou Thot era uma divindade representada com corpo humano e cabeça de íbis; foi o deus inventor da escrita e era o juiz que pesava as almas dos mortos (NT).

2. Zoroastro ou Zaratustra (628-551 a.C.), sábio persa, fundador do zoroastrismo ou masdeísmo que opõe dois princípios fundamentais que governam o mundo e o homem: o bem e o mal; Zoroastro teria recebido do deus da sabedoria, numa visão, a missão de pregar e ensinar a verdade aos homens (NT).

3. Hércules, herói lendário grego que a literatura tornou célebre por seus doze trabalhos, nos quais se notam força, coragem e ousadia (NT).

4. Segundo a mitologia grega, Orfeu era poeta e exímio tocador de lira, encantando até os próprios deuses; casado com Eurídice, esta morreu em decorrência de uma picada de serpente. Inconsolável, Orfeu foi procurá-la nos infernos. Obteve a permissão de sair com ela de lá, sob condição de ir na frente sem olhar para trás. Na saída dos infernos, não resistiu e voltou-se para vê-la; Eurídice foi-lhe arrebatada para sempre; depois da morte, segundo a lenda, a cabeça de Orfeu proferia oráculos (NT).

5. O deus supremo na mitologia escandinava (NT).

6. Heitor, herói troiano, que provocou muitas baixas no exército grego, matando inclusive um dos comandantes helênicos, Pátroclo; para vingar a morte deste amigo, Aquiles matou Heitor e arrastou seu cadáver ao redor das muralhas de Troia, segundo relata Homero na *Ilíada* (NT).

7. Tubal, neto de Caim, mencionado no livro bíblico do Gênesis como o ancestral de todos os artesãos que trabalham o cobre e o ferro (NT).

8. Flávio Josefo (37-100), historiador judeu, autor de *A guerra judaica* e *Antiguidades judaicas* (NT).

9. Thomas Hyde (1636-1702), pesquisador inglês (NT).

10. A Biscaia é uma região da Espanha, na terra dos bascos; Cornualha é região da Inglaterra, ao passo que Bérgamo é uma cidade do norte da Itália, pátria de Arlequim, personagem burlesco da *Opera dell'Arte* italiana que entretinha o público nos intervalos das peças teatrais (NT).

11. Nicolas Fréret (1688-1749), historiador e linguista francês; a obra citada no texto é *Examen critique des apologistes de la religion chrétienne* – Exame crítico dos apologistas da religião cristã (NT).

ADÃO

- A piedosa senhora Bourignon[1] tinha certeza de que Adão havia sido hermafrodita, como os primeiros homens do divino Platão[2]. Deus lhe havia revelado esse grande segredo, mas como eu não tive as mesmas revelações, evito falar nisso. Os rabinos judeus leram os livros de Adão; sabem o nome de seu preceptor e de sua segunda esposa; mas como não li os livros de nosso primeiro pai, não vou dizer palavra a respeito. Certos espíritos vazios, muito sábios, ficam totalmente surpresos, quando leem o *Vedas*[3] dos antigos brâmanes, encontrando ali que o primeiro homem foi criado nas Índias, etc., que se chamava Adimo, que significa *o gerador*, e que sua mulher se chamava Procriti, que significa *a vida*. Dizem que a seita dos brâmanes é incontestavelmente mais antiga que a dos judeus; que os judeus só muito tarde puderam escrever na língua cananeia, porque só se estabeleceram muito tempo depois no pequeno país de Canaã; dizem que os indianos sempre foram inventores e os judeus, imitadores; os indianos sempre engenhosos e os judeus, sempre rudes; dizem que é muito difícil que Adão, que era ruivo e com cabelos lisos, seja o pai dos negros, que são escuros como a tinta e que trazem cabelo negro encarapinhado na cabeça. E que não dizem ainda? Quanto a mim, não profiro palavra; deixo essas pesquisas ao reverendo padre Berruyer[4], da companhia de Jesus; é o maior inocente que já conheci. Queimaram seu livro como o de um homem que quisesse ridicularizar a *Bíblia*: mas posso garantir que não havia ali a menor malícia.

1. Antoinette Bourignon (1616-1680), mística francesa, percorreu regiões da França, Bélgica e Holanda pregando o genuíno espírito evangélico, segundo seu modo de ver; deixou vasta obra mística em 22 volumes (NT).
2. Platão (427-347 a.C.), filósofo grego; dentre suas obras, A República já foi publicada pela Editora Escala (NT).
3. O Vedas é um conjunto de livros que forma a escritura sagrada e mítica de várias religiões e filosofias da Índia, principalmente do vedismo, do bramanismo e do hinduísmo. Baseado na tradição oral, o Vedas teria sido compilado entre 2300 e 3000 antes de Cristo e se constitui de diferentes livros que contêm hinos, orações, poemas, preceitos, fórmulas mágicas, lendas, mitos, narrativas (NT).
4. Isaac Joseph Berruyer (1681-1758), padre jesuíta francês, publicou a obra História do povo de Deus em 14 volumes; obteve enorme sucesso, mas a obra foi condenada pela Igreja e pelo poder público (NT).

ADORAR - [Culto de latria. Canção atribuída a Jesus Cristo. Dança sagrada. Cerimônias.]

Não é um grande defeito em algumas línguas modernas servir-se do mesmo termo para se dirigir ao ser supremo e a uma jovem mulher? Algumas vezes saímos de um sermão em que o pregador só falou em adorar a Deus em espírito e verdade. Dali corremos para a Ópera, onde só se trata do "encantador objeto que adoro e dos amáveis traços cujos atrativos esse herói adora".

Pelo menos os gregos e os romanos não caíram nessa profanação extravagante. Horácio[1] não diz que adora Lalageia. Tibulo[2] não adora Délia. O termo *adoração* não existe em Petrônio[3].

Se alguma coisa pode desculpar nossa indecência, é que em nossas óperas e em nossas canções muitas vezes se fala dos deuses das fábulas. Os poetas disseram que suas amigas eram mais adoráveis que essas falsas divindades e ninguém podia censurá-los por isso. Aos poucos fomos nos acostumando a esta expressão, a tal ponto que tratamos de igual forma o Deus de todo o universo e uma cantora de Ópera cômica, sem que percebamos esse fato ridículo.

Desviemos os olhos disso e vamos detê-los somente na importância de nosso assunto.

Não há nação civilizada que não renda um culto público de adoração a Deus. É verdade que não se obriga ninguém, nem na Ásia, nem na África, a ir à mesquita ou ao templo do lugar; todos vão de bom grado. Essa afluência teria podido até mesmo servir para reunir os espíritos dos homens e para torná-los mais meigos na sociedade. Entretanto, às vezes foram vistos se encarniçar uns contra os outros no próprio local consagrado à paz. Os zelotes[4] inundaram de sangue o templo de Jerusalém, onde degolaram seus irmãos. Nós, algumas vezes, manchamos nossas igrejas com carnificinas.

No verbete sobre a China se poderá ver que o imperador é o primeiro pontífice e como o culto é augusto e simples. Além do mais, é simples sem ter nada de majestoso, como entre os reformados de nossa Europa e na América inglesa.

Em outros países, é necessário acender lamparinas ao meio-dia, que eram abominadas nos primeiros tempos. Um convento de religiosas, ao qual se quisesse cortar as velas, gritaria que a luz da fé se extinguiu e que o mundo vai acabar.

A Igreja anglicana mantém o meio-termo entre as pomposas cerimônias romanas e a aridez das calvinistas.

Os cantos, a dança e as luzes eram elementos essenciais para as cerimônias das festas sagradas do Oriente. Quem leu sabe que os antigos egípcios faziam a volta de seus templos cantando e dançando. Não havia nenhuma instituição sacerdotal entre os gregos, sem cantos e danças. Os hebreus adotaram esse costume de seus vizinhos; Davi cantava e dançava diante da arca.

São Mateus fala de um cântico entoado pelo próprio Jesus Cristo e pelos apóstolos depois da celebração da Páscoa[5]. Esse cântico, que chegou até nós, não consta no cânon dos livros sagrados, mas encontramos fragmentos dele na 237ª. carta de santo Agostinho[6] ao bispo de Ceretius... Agostinho não diz que esse hino foi cantado; não reprova suas palavras; ele só condena os priscilianistas[7], que incluíam esse hino em seu Evangelho, pela interpretação errônea que davam dele e que julga ímpia. Aqui está o cântico que é encontrado em partes no próprio Agostinho:

Quero desligar e quero ser desligado.
Quero salvar e quero ser salvo.
Quero gerar e quero ser gerado.
Quero cantar, dancem todos de alegria.
Quero chorar, batam em todos com dor.
Quero ornar e quero ser ornado.
Sou a lâmpada para vocês que me veem.
Sou a porta para que nela batam.
Vocês que veem o que faço, não digam o que faço.
Representei tudo isso nestas palavras, mas não fui em absoluto representado.

Qualquer que tenha sido a discussão que se levantou a respeito desse cântico, é certo que o mesmo era utilizado em todas as cerimônias religiosas. Maomé havia encontrado esse culto entre os árabes. Está presente na Índia. Não parece que seja utilizado entre os letrados da China. As cerimônias têm em toda parte alguma semelhança e alguma diferença, mas adora-se Deus em todo o mundo. Infelizes sem dúvida aqueles que não adoram como nós e que estão no erro, quer pelo dogma, quer pelos ritos; estão sentados à sombra da morte, mas quanto maior for sua infelicidade, mais devemos lamentá-los e suportá-los.

É realmente um grande consolo para nós que os maometanos, os indianos, os chineses, os tártaros adorem um Deus único; nisso são nossos irmãos. Sua fatal ignorância de nossos mistérios sagrados só pode nos inspirar uma terna compaixão para nossos irmãos que se extraviam. Longe de nós todo espírito de perseguição, pois só serviria para torná-los irreconciliáveis.

Uma vez que um Deus único é adorado em toda a terra conhecida, é necessário que aqueles que o reconhecem por seu pai lhe deem sempre o espetáculo de filhos que se detestam, que se anatematizam, que se perseguem, que se massacram por causa de opiniões? Não é fácil explicar com exatidão o que os gregos e os romanos entendiam por adorar; se adoravam os faunos, os silvanos, as dríades, as náiades[8], como adoravam os doze grandes deuses. Não é provável que Antínoo[9], o favorito de Adriano, fosse adorado pelos novos egípcios com o mesmo culto que dedicavam a Serápis[10]; e está bem provado que os antigos egípcios não adoravam as cebolas e os crocodilos da mesma forma que Ísis e Osíris[11]. Encontra-se o equívoco em toda parte, que tudo confunde. A cada palavra se deve perguntar: "Que entende com isso?" É necessário repetir sempre: "Defina os termos."

É realmente verdade que Simão, chamado Mago, foi adorado pelos romanos? É bem mais provável que foi absolutamente ignorado.

São Justino[12], em sua *Apologia* (números 26 e 56), tão desconhecida em Roma como esse Simão, diz que esse deus tinha uma estátua erigida sobre o Tibre ou, melhor, perto do Tibre, entre duas pontes, trazendo esta inscrição: *Simoni deo sancto* (a Simão, deus santo). Santo Irineu e Tertuliano[13] atestam a mesma coisa; mas a quem o atestam? A pessoas que jamais haviam visto Roma: a africanos, a alóbroges, a sírios, a alguns habitantes de Siquém. Certamente não tinham visto essa estátua, cuja inscrição é *Semo sanco deo fidio*[14] e não, *Simoni sancto deo*.

Deviam pelo menos consultar Dionísio de Halicarnasso[15] que, em seu 4º. livro, transcreve essa inscrição. *Semo Sanco* eram antigas palavras do povo dos sabinos que significam metade homem e metade deus. Em Tito Lívio[16] se encontra: *Bona Semoni consuerunt consecranda* (Reuniram coisas boas para serem consagradas a Semo). Esse deus era um dos mais antigos a ser reverenciado em Roma; foi consagrado por Tarquínio, o Soberbo[17] e considerado como o deus das alianças e da boa-fé. A ele sacrificavam um boi e sobre a pele desse boi escreviam o tratado celebrado com os povos vizinhos. Tinha um templo perto daquele de Quirino[18]. Apresentavam-lhe oferendas ora sob o nome de pai *Semo*, ora sob o nome de *Sanco Fídio*. É por isso que Ovídio[19] diz em seus *Fastos*:

Quaerebam nonas Sanco Fidiove referrem,
An tibi, Semo pater.

Aí está a divindade romana que foi tomada durante tantos séculos como se fosse Simão Mago. São Cirilo de Jerusalém[20] não duvidava disso; e santo Agostinho, em seu primeiro livro sobre as *Heresias*, diz que o próprio Simão Mago mandou erigir essa estátua com aquela da sua Helena, por ordem do imperador e do senado.

Essa estranha fábula, cuja falsidade era tão fácil de reconhecer, esteve continuamente ligada com esta outra, ou seja, que são Pedro e esse Simão haviam comparecido ambos diante de Nero[21] e que se haviam desafiado para ver quem ressuscitaria mais rapidamente um morto, parente próximo do próprio Nero e, além disso, para ver qual dos dois se elevaria mais alto nos ares; Simão foi elevado num carro de fogo pelos demônios, mas são Pedro e são Paulo, com suas orações, o fizeram cair e na queda quebrou as pernas, morrendo por causa disso; Nero ficou irritado e mandou matar são Pedro e são Paulo.

Abdias, Marcelo, Hegesipo relataram esse fato com detalhes um pouco diferentes; Arnóbio, são Cirilo de Jerusalém, Severo Sulpício, Filastro, santo Epifânio, Isidoro de Damieta, Máximo de Turim[22] e vários outros autores deram curso sucessivamente a esse erro. Foi geralmente adotado até que, finalmente, foi encontrada em Roma uma estátua de *Semo Sancus deus Fidius* e que o sábio Mabillon[23] desenterrou um desses antigos monumentos com esta inscrição: *Semoni sanco deo fidio*.

Entretanto, é certo que houve um Simão que os judeus julgaram que fosse mágico, como é certo que houve um Apolônio de Tiana[24]. É verdade ainda que esse Simão, nascido no pequeno país da Samaria, reuniu alguns mendigos, a quem persuadiu que ele era o enviado de Deus e a própria virtude de Deus. Desse modo, batizava como os apóstolos o faziam e levantava altar após altar.

Os judeus da Samaria, sempre inimigos dos judeus de Jerusalém, ousaram opor esse Simão a Jesus Cristo, reconhecido pelos apóstolos e pelos discípulos, todos eles da tribo de Benjamim ou da de Judá. Ele batizava como eles, mas acrescentava o fogo ao batismo de água e se dizia predito por são João Batista, segundo estas palavras[25]: "Aquele que deve vir depois de mim é mais forte que eu e os batizará no Espírito Santo e no fogo."

Simão acendia acima do banho batismal uma leve chama com nafta do lago Asfaltite[26]. Seus seguidores foram bastante numerosos, mas é muito duvidoso que seus discípulos o tenham adorado; são Justino é o único que acredita que sim.

Menandro[27] se dizia, como Simão, enviado de Deus e salvador dos homens. Todos os falsos messias, e particularmente Barcoquebas[28], assumiam o título de enviados de Deus, mas o próprio Barcoquebas nunca exigiu adoração. Praticamente não se divinizam os homens em vida, a menos que esses homens sejam Alexandres ou imperadores romanos que o ordenam de forma expressa a escravos; mesmo assim, não é uma adoração propriamente dita; trata-se de uma veneração extraordinária, de uma apoteose antecipada, de uma bajulação tão ridícula como aqueles que foram prodigalizadas a Otávio[29] por Virgílio e Horácio[30].

---

1. Quintus Horatius Flaccus (65-8 a.C.), poeta latino (NT).

2. Albius Tibullus (50-19 a.C.), poeta latino; as três mulheres que amou, Delia, Glicera e Nêmesis, inspiraram sua obra *Elegias*, com passagens nostálgicas, sensuais e que celebram a natureza e a vida rural (NT).

3. Caius Petronius Arbiter (?-66 d.C.), escritor latino; sua obra *Satyricon* chegou até nós fragmentada, mas não deixa de ser um escrito importante, pois narra a vida cotidiana, os costumes e a moral de Roma do século I de nossa era (NT).

4. Na comunidade judaica dos tempos de Cristo, os zelotes formavam uma agremiação de fanáticos que se opunham radicalmente à ocupação romana do território de Israel (NT).

5. *Evangelho de Mateus*, XXVI, 39 (NT).

6. Aurelius Augustinus (354-430), bispo de Hipona, norte da África, e doutor da Igreja, deixou uma obra imensa, destacando-se os livros *A cidade de Deus* e *Confissões* (NT).

7. Seguidores de Prisciliano (335-385), cristão espanhol, o primeiro a ser executado como herege pelo braço secular; sua doutrina era um misto de gnosticismo e profetismo fanático (NT).

8. Divindades inferiores da mitologia greco-romana: os faunos eram deuses dos rebanhos e dos pastores; os silvanos eram divindades dos bosques e dos campos; as dríades eram as ninfas dos bosques e das árvores; as náiades eram ninfas das águas doces, como rios, lagos, fontes (NT).

9. Jovem grego de rara beleza, Antínoo era o favorito de Publius Aelius Hadrianus (76-138), imperador romano de 121 a 138; o jovem se afogou no Nilo e Adriano o colocou entre os deuses (NT).

10. Deus do Egito instituído por Ptolomeu I Sóter (305-283 a.C.), com o propósito de aproximar as religiões egípcia e grega (NT).

11. Os deuses supremos da mitologia egípcia, que eram marido (Osíris) e mulher (Ísis) e deles tudo dependia na terra e no além (NT).

12. Justino (100?-168?), filósofo cristão e mártir; seus principais livros, *Apologias* e *Diálogos com Trifão*, tentam harmonizar a fé cristã com a sabedoria dos filósofos (NT).

13. Irineu (130-202), bispo de Lyon, França, e doutor da Igreja, autor de várias obras sobre o cristianismo e contra os hereges; Quintus Septimius Florens Tertullianus (155-222), filósofo e teólogo cristão, deixou muitas obras de caráter apologético sobre o cristianismo (NT).

14. "*Semo Sanco* (ou *Semus Sancus*) *deus Fidius*"; cumpre notar, como Voltaire explica em seguida, que *Semo Sanco* era um deus adotado pelos romanos e que *Fidius* era outro nome utilizado pelos romanos para a mesma divindade, observando-se que *Fidius* deriva de *fides* (fé) e essa divindade representava para os romanos o deus da boa-fé (NT).

15. Historiador e crítico grego viveu entre o séc. I a.C. e o séc. I d.C.; sua obra mencionada no texto é *Antiguidades romanas* (NT).

16. Titus Livius (59 a.C.-17 d.C.), maior historiador latino da antiguidade; a citação do texto se encontra em sua obra *Ab Urbe condita*, livro VIII, cap. XX (NT).

17. Tarquínio, o Soberbo (534-509 a.C.), sétimo e último rei de Roma (NT).

18. Quirino era uma antiga divindade latina, protetora de Roma (NT).

19. Publius Ovidius Naso (43 a.C.-18 d.C.), poeta latino; os versos citados são tirados do livro *Fasti* (VI, versos 213-214) e significam "Procurava ofertas das nonas para levar a Sanco ou a Fídio, acaso a ti, pai Semo" (NT).

20. Cirilo de Jerusalém (315-386), bispo de Jerusalém, doutor da Igreja, lutou contra o arianismo e deixou escritos catequéticos (NT).

21. Lucius Domitius Claudius Nero (37-68), imperador romano de 54 a 68 (NT).

22. Todos esses nomes relembram escritores dos primeiros séculos do cristianismo (NT).

23. Jean Mabillon (1632-1707), monge e erudito francês, escreveu sobre antiguidades e diplomacia (NT).

24. Apolônio de Tiana (séc. I d.C.), filósofo grego, divulgador do pensamento de Pitágoras (NT).

25. Palavras encontradas no *Evangelho de Mateus*, III, 11 (NT).

26. Antigo nome do mar Morto (NT).

27. Discípulo de Simão Mago que seguiu as trilhas da charlatanice como seu mestre (NT).

28. Agitador judeu que dizia ser o Messias prometido e incitava o povo contra a ocupação romana da Palestina; após longa resistência, foi finalmente vencido pelos romanos, no ano 135 de nossa era, que mataram junto com muitos de seus seguidores (NT).

29. Otávio Augusto (63 a.C.-14 d.C.), imperador romano de 43 a.C. a 14 d.C. (NT).

30. Publius Vergilius Maro (71-19 a.C.) e Quintus Horatius Flaccus (65-8 a.C.), poetas latinos (NT).

ADULTÉRIO

- Não devemos este vocábulo aos gregos. Eles designavam o adultério com o termo *moicheia* (μοιχεια), do qual os latinos derivaram seu *moechus* (adúltero, libertino), que nós não afrancesamos. Não o devemos nem à língua siríaca nem à hebraica, dialeto do siríaco, que designava o adultério com a palavra *nyuph*. Em latim, adultério significava "alteração, adulteração, uma coisa tomada por outra, um crime de falsidade, falsas chaves, falsos contratos, marca falsa; *adulteratio*". Disso, aquele que se introduz no leito de outro foi denominado *adulter*, como uma chave falsa que viola a fechadura de outrem. Foi assim que denominaram por antífrase *coccyx*, cuco, o pobre marido em cuja casa um estranho vinha pôr seus ovos. Plínio[1], o naturalista, diz: "*Coccyx ova subdit in nidis alienis; ita plerique alienas uxores faciunt matres*: O cuco deposita seus ovos no ninho dos outros pássaros; assim também há romanos que tornam mães as esposas de seus amigos." A comparação não é muito justa. Uma vez que *coccyx* significa cuco, dele nós derivamos *cocu* (marido traído). Quantas coisas devemos aos romanos! Mas como alteramos o sentido de todas as palavras! O *cocu*, seguindo a boa gramática, deveria ser o galã, mas é o marido. Vejam a canção de Scarron[2].

Alguns doutos acharam que é aos gregos que devemos o emblema dos chifres e que eles designavam com o termo bode[3], *abi* (αβι), o esposo de uma mulher lasciva como uma cabra. De fato, chamavam os bastardos de *filhos de cabra*, que nosso povo simples chama de *filhos de puta*. Mas aqueles que quiserem se instruir a fundo devem saber que nossos chifres derivam das toucas das senhoras. Um marido, que se deixava enganar e governar por sua insolente mulher, era considerado, pelos bons burgueses, portador de chifres, chifrudo, corno. É por essa razão que *cocu* (marido traído), *corno* e *tolo* eram sinônimos. Numa de nossas comédias, encontra-se este verso:

Ela? Ela fará dele nada menos que um tolo, eu lhes garanto[4].

Isso quer dizer: ela fará dele nada menos que um corno. E na *Escola das mulheres* [5]:

Desposar uma tola é para não ser tolo.

Bautru[6], que tinha muito espírito, dizia: "Os Bautru são *cocus* (cornos), mas não são tolos."

A sociedade não se serve mais de todos esses termos vis e até mesmo nunca pronuncia a palavra *adultério*. Não se diz: "A senhora duquesa comete adultério com o senhor cavalheiro tal; a senhora marquesa tem uma relação suspeita com o padre." Prefere-se dizer: "Esta semana o padre é o amante da senhora marquesa." Quando as senhoras falam a suas amigas de seus adultérios, dizem: "Confesso que me sinto bem com *ele*." Outrora elas confessavam que sentiam alguma estima, mas depois que uma burguesa afirmou a seu confessor que tinha estima por um conselheiro e que o confessor lhe disse "Senhora, quantas vezes ele a estimou?", as senhoras de qualidade passaram a não estimar mais ninguém e praticamente não vão mais se confessar.

As mulheres de Esparta[7] não conheciam, segundo se diz, nem a confissão nem o adultério. É bem verdade que Menelau[8] tinha provado o que Helena sabia fazer. Mas Licurgo[9] pôs tudo em ordem ao tornar as mulheres comuns a todos, sempre que os maridos quisessem realmente emprestá-las e desde que as mulheres consentissem. Todos podiam dispor de seus bens. Nesse caso, um marido não tinha porque se preocupar em criar em sua casa um filho estranho. Todos os filhos pertenciam à república e não a uma casa em particular; assim, não se ofendia ninguém. O adultério só é um mal enquanto for um roubo, mas não se rouba o

que é dado. Um marido muitas vezes solicitava a um jovem belo, bem apessoado e vigoroso, que se dignasse dar um filho à sua mulher. Plutarco[10] nos conservou, em seu velho estilo, a canção que os espartanos entoavam quando Acrotato ia se deitar com a mulher de seu amigo:
Vai, gentil Acrotato, satisfaz plenamente Kelidonides,
Dá bravos cidadãos a Esparta.
Os espartanos tinham razão, portanto, ao dizer que o adultério era impossível no meio deles.

O mesmo não ocorre em nossas nações, cujas leis são fundadas, todas elas, sobre o teu e o meu.

Um dos maiores desagrados do adultério é que a senhora zomba às vezes de seu marido com seu amante; o marido duvida disso; e ninguém gosta de ser levado ao ridículo. Aconteceu muitas vezes na burguesia que a mulher roubou seu marido para dar tudo ao amante; as discussões no lar são levadas a excessos cruéis, mas felizmente são pouco conhecidas na sociedade.

O maior erro, o maior mal é dar a um pobre homem filhos que não são dele e sobrecarregá-lo de um fardo que não deve carregar. Por causa disso, foram vistas espécies de heróis totalmente abastardadas. As mulheres dos Astolfo e dos Giocondo, por um gosto depravado, pela fraqueza do momento, tiveram filhos com um anão disfarçado, com um criado sem coração e sem espírito. Os corpos e as almas se ressentiram disso. Pequenos símios foram os herdeiros dos maiores nomes em alguns países da Europa. Em sua sala principal têm os retratos de seus pretensos ancestrais, altos, belos, bem apessoados, armados com uma espada que a raça de hoje mal poderia soerguer. Um emprego importante é desempenhado por um homem que não tem nenhum direito a ele e cujo coração, cabeça e braços não podem sustentar-lhe o peso.

Há algumas províncias na Europa onde as moças se entregam de bom grado ao amor e se tornam em seguida esposas bastante sábias. Na França ocorre exatamente o contrário; as moças são encerradas em conventos, onde até hoje lhes foi dada uma educação ridícula. Suas mães, para consolá-las, lhes dão a esperança de que serão livres quando estiverem casadas. Mal viveram um ano com seu esposo, todos se apressam em saber qual o segredo de seus atrativos. Uma jovem mulher não vive, não janta, não passeia, não vai ao espetáculo senão com mulheres que, todas elas, têm seus casos amorosos bem arranjados; se ela não tiver seu amante como as outras, é o que se chama de mulher *sem parelha*; ela fica envergonhada e não ousa se mostrar.

Os orientais fazem precisamente o oposto do que nós costumamos. Moças são levadas a eles com a garantia, pela palavra de um circassiano[11], que são donzelas. Eles as desposam e as encerram, por precaução, como nós encerramos nossas filhas. Nada de brincadeiras nesses países com as senhoras e seus maridos, nada de canções provocantes, nada que se assemelhe a nossos incômodos gracejos de cornos e de maridos traídos. Lamentamos as grandes damas da Turquia, da Pérsia, das Índias, mas elas são cem vezes mais felizes em seus serralhos que nossas jovens em seus conventos.

Acontece às vezes entre nós que um marido descontente, não querendo mover um processo criminal contra sua mulher por causa de adultério (o que faria remontar à barbárie), se satisfaz em se separar de corpo e de bens.

Aqui é o momento de inserir o resumo de um memorando composto por um homem honesto que se encontra nessa situação; vejam suas queixas: serão justas?

[Memorando de um magistrado, escrito em torno do ano de 1764]

Um magistrado principal de uma cidade da França tem a infelicidade de ter uma mulher que foi violentada por um padre antes de seu casamento e que depois se cobriu de opróbrio por escândalos públicos; teve a moderação de se separar dela sem estardalhaço. Esse homem, de 40 anos, vigoroso e de uma aparência agradável, sente necessidade de uma mulher; é por demais escrupuloso para procurar seduzir a esposa de outro, receia até mesmo as relações com uma jovem ou com uma viúva que poderia lhe servir de concubina. Nesse estado inquietante e doloroso, aqui está o resumo das queixas que dirige à sua Igreja.

Minha esposa é criminosa e sou eu que sou punido. Outra mulher é necessária para consolar minha vida e até mesmo para sustentar minha virtude; e a seita a que pertenço me recusa essa nova mulher, me proíbe de casar com uma jovem honesta. As leis civis de hoje, infelizmente baseadas no Direito canônico, me privam dos direitos de humanidade. A Igreja me induz a procurar prazeres que ela condena ou compensações vergonhosas que ela condena; quer me forçar a ser criminoso.

Lanço meus olhares sobre todos os povos da terra e não há um único, exceto o povo católico romano, no qual o divórcio e um novo casamento não são de Direito natural.

Que inversão da ordem levou, pois, os católicos a considerar uma virtude o fato de suportar o adultério e, por outro lado, um dever ficar sem mulher quando alguém foi indignamente ultrajado pela própria?

Por que um laço podre é indissolúvel, apesar da grande lei adotada pelo código, *quidquid ligatur dissolubile est* (o que for ligado é dissolúvel)? O que me é permitido é a separaçao de corpo e de bens, mas não me é permitido o divórcio. A lei pode me tirar minha mulher e me deixa um nome que é chamado *sacramento*! Não desfruto mais do casamento e sou casado. Que contradição! Que escravidão! E sob que leis fomos nascer!

O que é mais estranho é que essa lei de minha Igreja é diretamente contrária às palavras que essa própria Igreja acredita terem sido pronunciadas por Jesus Cristo[12]: "Todo aquele que despedir sua mulher (exceto por adultério), peca se tomar outra."

Não pretendo analisar se os pontífices de Roma estavam no direito de violar a seu bel-prazer a lei daquele que consideram seu mestre; se, quando um Estado necessita de um herdeiro ao trono, é permitido ao rei repudiar aquela que não lhe pode dar um. Não entro na questão se uma mulher turbulenta, acometida de demência ou homicida ou envenenadora deve ser repudiada bem como uma adúltera; eu me restrinjo ao triste estado que me diz respeito: Deus me permite casar-me novamente, mas o bispo de Roma não me permite fazer isso!

O divórcio esteve em uso entre os católicos sob todos os imperadores; esteve em voga em todos os Estados desmembrados do império romano. Os reis da França, que são chamados de *primeira estirpe*, quase todos eles repudiaram suas mulheres para tomar novas. Finalmente chegou um Gregório IX[13], inimigo dos imperadores e dos reis, que, por meio de um decreto, fez do casamento um jugo inamovível; seu decreto se tornou a lei da Europa. Quando os reis queriam repudiar uma mulher adúltera segundo a lei de Jesus Cristo, não o conseguiam; deviam procurar pretextos ridículos. Luís, o Jovem[14], foi obrigado, para concluir seu infeliz divórcio de Eleonora de Guyenne, a alegar uma parentela que não existia. O rei Henrique IV[15], para repudiar Marguerite de Valois, apresentou uma causa ainda mais falsa, uma disparidade de caráter. Foi necessário mentir para conseguir um divórcio de forma legítima.

Como! Um soberano pode abdicar de sua coroa e, sem a permissão do papa, não poderia abdicar de sua esposa! Será possível que homens, além dos mais esclarecidos, tenham estagnado por tanto tempo nessa absurda servidão!

Que nossos padres, que nossos monges renunciem às mulheres, concordo; é um atentado contra a população, é uma infelicidade para eles, mas merecem essa infelicidade porque eles próprios optaram por ela. Foram vítimas dos papas que neles quiseram ter escravos, soldados sem família e sem pátria, vivendo unicamente para a Igreja; mas eu, magistrado, que sirvo o Estado o dia inteiro, à noite eu necessito de uma mulher e a Igreja não tem direito de me privar de um bem que Deus me concede. Os apóstolos eram casados; José era casado e eu também quero sê-lo. Se eu, habitante da Alsácia, França, dependo de um padre que mora em Roma, se esse padre tem o bárbaro poder de me privar de uma mulher, que ele me torne eunuco para cantar os *miserere*[16] em sua capela.

[Memorando para as mulheres]

A equidade requer que, depois de ter apresentado esse memorando em favor dos maridos, apresentemos também aos olhos do público o discurso de defesa em favor das casadas, proferido perante o tribunal de Portugal por uma condessa de Arcira. Aqui está o resumo dele:

O Evangelho proibiu o adultério a meu marido bem como a mim; será condenado como eu, nada é mais certo. Mas, depois de cometer vinte infidelidades, depois de entregar meu colar a uma de minhas rivais e meus brincos a outra, eu não pedi aos juízes que lhe rapassem a cabeça, que o encerrassem num mosteiro com os monges e que seus bens me fossem dados. E eu, por tê-lo imitado uma única vez, por ter feito com o mais lindo homem de Lisboa o que ele faz todos os dias impunemente com as mais tolas mostrengas da corte e da cidade, devo responder no banco dos réus, perante licenciados que, todos eles, estariam a meus pés se estivéssemos frente a frente em meu gabinete, é necessário que o porteiro, antes de me apresentar na audiência, corte meus cabelos, que são os mais belos do mundo, é necessário que me encerrem em convento de religiosas que não têm senso comum, que me privem de meus bens e de meus direitos matrimoniais, que deem todos os meus bens a meu insensato marido para ajudá-lo a seduzir outras mulheres e para cometer novos adultérios.

Pergunto se a coisa é justa e se não é evidente que foram os cornos que fizeram as leis.

Respondem a minhas queixas dizendo-me que posso me dar por feliz por não ser apedrejada na porta da cidade pelos padres, pelos frequentadores assíduos da igreja e por todo o povo. Esse era o costume na primeira nação da terra, a nação escolhida, a nação querida, a única que estava certa quando todas as outras estavam erradas.

Respondo a esses bárbaros o seguinte: quando a pobre mulher adúltera foi apresentada por seus acusadores ao mestre da antiga e da nova lei, ele não a mandou apedrejar, mas, ao contrário, repreendeu a injustiça deles, zombou deles escrevendo no chão com o dedo e lhes citou o antigo provérbio hebraico[17]: "Quem dentre vocês estiver sem pecado, que atire a primeira pedra." Então todos se retiraram, a começar pelos mais velhos, porque quanto mais avançados em idade, mais adultérios haviam cometido.

Os doutores em Direito canônico me replicam que essa história da mulher adúltera é relatada somente no Evangelho de são João e que foi inserida só muito tempo depois. Leontius e Maldonat[18] garantem que essa passagem se encontra num único antigo exemplar grego, que nenhum dos vinte e três comentadores falaram dela. Orígenes, são Jerônimo, são João Crisóstomo, Teofilato, Nonnus[19], não a conhecem. Não se encontra na Bíblia siríaca e não está na versão de Ulfilas[20].

É isso que dizem os advogados de meu marido que gostariam não somente de mandar raspar minha cabeça, mas também de mandar me apedrejar.

Mas os advogados que defenderam minha causa dizem que Ammonius, autor do século III, reconheceu essa história como verdadeira e que são Jerônimo a rejeita em algumas passagens e a adota em outras; numa palavra, que hoje é considerada autêntica. Parto disso e digo a meu marido: "Se tu estiveres sem pecado, raspa minha cabeça, encerra-me, toma meus bens; mas se tiveres cometido mais pecados que eu, cabe a mim rapar tua cabeça, te encerrar e me apoderar de tua fortuna. Em questões de justiça, as coisas devem ser iguais."

Meu marido replica que é meu superior e meu chefe, que é mais alto que eu de mais de um polegar, que é peludo como um urso, que, por conseguinte, eu lhe devo tudo e ele não me deve nada.

Pergunto, porém, a rainha Ana[21] da Inglaterra não é chefe de seu marido? E seu marido, o príncipe da Dinamarca, que é seu grande almirante, não lhe deve inteira obediência? E ela não o faria condenar na corte dos pares em caso de infidelidade por parte desse homem baixo? Está claro, portanto, que, se as mulheres não fazem punir os homens, é porque não são as mais fortes.

[Continuação do capítulo sobre o adultério]

Para julgar validamente um processo de adultério, seria necessário que doze homens e doze mulheres fossem os juízes, com um hermafrodita que tivesse o voto definitivo em caso de empate.

Mas há casos singulares em que a brincadeira não pode ter lugar e sobre os quais não compete a nós julgar. É o caso da aventura narrada por santo Agostinho[22] em sua pregação sobre o sermão de Jesus na montanha.

Septimius Acyndinus, procônsul da Síria, manda prender em Antioquia um cristão que não tinha podido pagar ao fisco uma libra de ouro, taxa que lhe fora imposta, e o ameaça de morte se não pagar. Um homem rico promete dar o dinheiro à mulher desse infeliz, se ela consentir manter relações com ele. A mulher corre para informar seu marido a respeito; ele lhe suplica que lhe salve a vida à custa dos direitos que ele tem sobre ela e que se entregue ao outro. Ela obedece, mas o homem que deve a soma prometida a engana, entregando-lhe um saco cheio de terra. O marido, que não pode pagar o fisco, está prestes a ser conduzido à morte. O procônsul é informado dessa infâmia; ele paga de seu próprio bolso a libra de ouro ao fisco e dá aos dois esposos cristãos a propriedade de onde foi tirada a terra para encher o saco entregue à mulher.

É certo que, longe de ultrajar seu marido, ela foi dócil a suas vontades; não somente obedeceu, mas lhe salvou a vida. Santo Agostinho não ousa decidir se é culpada ou virtuosa e receia condená-la.

O que é, a meu ver, bastante singular é que Bayle[23] pretende ser mais severo que santo Agostinho. Condena peremptoriamente essa pobre mulher. Isso seria impossível se não se soubesse até que ponto quase todos os escritores permitiram à sua caneta desmentir seu coração, com que facilidade se sacrifica a própria opinião com medo de chocar algum pedante que pode prejudicar e como se está pouco de acordo consigo mesmo.

Pela manhã rigorista, à noite libertino,
O escritor que de Éfeso desculpou a matrona,
Exagera ora com Petrônio,
Ora com santo Agostinho.

[Reflexão de um pai de família]

Vamos acrescentar somente breves palavras sobre a educação contraditória que damos a nossas filhas. Nós as criamos no desejo imoderado de agradar, nós lhes ditamos as lições; a natureza as trabalharia melhor sem nós; mas nós acrescentamos a ela todos os refinamentos da arte. Quando elas estiverem perfeitamente moldadas, nós as punimos se colocarem em prática a arte que julgamos ter-lhes ensinado. Que diriam de um professor de dança que tivesse ensinado sua arte a um aluno durante dez anos e que quisesse lhe quebrar as pernas porque o viu dançando com outro?

Não se poderia juntar este verbete com aquele das contradições?

---

1. Caius Plinius Secundus (23-76), historiador e naturalista latino, autor da obra *Naturalis historia*; a passagem citada se encontra no livro X, cap. IX (NT).

2. Paul Scarron (1610-1660), poeta e escritor francês, autor de poesias burlescas, sátiras e novelas tragicômicas. A canção mencionada diz: *Tous les jours une chaise, me coûte un écu, pour porter à l'aise votre chien de cu, à moi, pauvre cocu* – Todos os dias uma cadeira, me custa um escudo, para levar comodamente teu cão de merda, a mim, pobre marido traído (NT).

3. Ver o verbete *bode* (Nota de Voltaire). Esse verbete não consta neste Dicionário resumido, mas somente no ampliado ou completo do próprio Voltaire (NT).

4. Verso da comédia *Tartufo* (ato II, cena II) de Jean-Baptiste Poquelin, dito Molière (1622-1673), dramaturgo francês (NT).

5. Verso da comédia *Escola das mulheres* (ato I, cena I) do mesmo Molière (NT).

6. Guillaume Bautru, conde de Serrant (1588-1665), diplomata e poeta satírico francês, um dos fundadores da Academia Francesa (NT).

7. Esparta ou Lacedemônia era uma cidade-Estado ou república da Grécia antiga e rival de Atenas (NT).

8. Menelau, rei lendário de Esparta, cuja esposa Helena foi raptada pelo troiano Páris, o que desencadeou a guerra de Troia, narrada no poema épico *Ilíada*, de Homero (NT).

9. Licurgo (séc. IX-VIII a.C.), legislador de Esparta (NT).

10. *Vida de Pirro*, cap. XXXVIII, de Plutarco (50-125), escritor grego, autor de *Obras morais* e *Vidas paralelas* (NT).

11. Habitante da Circássia, antigo nome da região ao norte do Cáucaso, correspondendo aproximadamente hoje às áreas da Geórgia e da parte meridional da Ucrânia (NT).

12. *Evangelho de Mateus*, XIX, 9 (NT).

13. Gregório IX (1170-1241), papa de 1227 a 1241 (NT).

14. Luís VII, o Jovem (1120-1180), rei da França de 1137 a 1180 (NT).

15. Henrique IV (1553-1610), rei da França de 1589 a 1610 (NT).

16. Palavra latina que inicia (e que significa *tenha misericórdia*) a oração ou canto fúnebre no ofício de exéquias da Igreja católica (NT).

17. *Evangelho de João*, VIII, 3-11 (NT).

18. Leontius Byzantinus (séc. VI d.C.), escritor cristão, suas obras são de cunho cristológico e dirigidas contra os hereges da época; Juan Maldonat (1534-1583), padre jesuíta espanhol, professor de teologia em Paris, célebre por sua eloquência e grande erudição (NT).

19. Orígenes (185-254), escritor, filósofo e teólogo grego cristão, fundou uma escola de catequese em Alexandria e deixou vasta obra quase toda centrada sobre o cristianismo; Sophronius Eusebius Hieronymus (331-420), escritor cristão e doutor da Igreja; além de seus numerosos escritos, dedicou parte de sua vida para traduzir toda a Bíblia do hebraico e do grego para o latim, tradução que levou o nome de *Bíblia Vulgata*; João Crisóstomo (344-407), bispo de Constantinopla, reformador rigoroso, mas teólogo sem expressão; Teofilacto (séc. XII), teólogo grego, comentador da Bíblia; Nonnus (séc. V), poeta cristão, repropôs o Evangelho de João em versos (NT).

20. Ulfilas ou Úlfila, Vúlfila (311?-383), bispo e apóstolo dos godos, traduziu o Novo Testamento para a língua gótica (NT).

21. Ana Stuart (1665-1714), rainha de 1702 1714 (NT).

22. Aurelius Augustinus (354-430), bispo de Hipona, norte da África, e doutor da Igreja, deixou uma obra imensa, destacando-se *A cidade de Deus* e *Confissões* (NT).

23. Pierre Bayle (1647-1706), escritor francês, protestante, defendia a tese de que o ateísmo é mais lúcido e coerente do que a idolatria; publicou um dicionário de temas histórico-religiosos (NT).

ALMA [Seção I]

É um termo vago, indeterminado, que exprime um princípio desconhecido de efeitos conhecidos, que sentimos em nós. A palavra *alma* corresponde à *anima* dos latinos, ao *pneuma* (πνευμα) dos gregos, ao termo de que se serviram todas as nações para exprimir o que não entendiam melhor do que nós.

No sentido próprio e literal do latim e das línguas que dele derivaram, significa *o que anima*. Assim é que se disse a alma dos homens, dos animais, às vezes a alma das plantas, para indicar seu princípio de vegetação e de vida. Nunca se teve, ao pronunciar esta palavra, senão uma ideia confusa, como se diz no *Gênesis*[(1)]: "Deus soprou no rosto do homem um sopro de vida" e "Ele se tornou alma viva" e "A alma dos animais está no sangue"; e ainda, "Não matem sua alma, etc."

Desse modo, a alma era tomada geralmente como a origem e a causa da vida, como a própria vida. É por isso que todas as nações conhecidas imaginaram durante muito tempo que tudo morria com o corpo. Se acaso se puder decifrar alguma coisa no caos das histórias antigas, parece pelo menos que os egípcios foram os primeiros que distinguiram a inteligência da alma; e os gregos aprenderam deles a distinguir também seu *nous* (νουσ), seu *pneuma* (πνευμα), isto é, intelecto e espírito. Os latinos, a exemplo deles, distinguiram *anima* (alma) e *animus* (ânimo); e nós, finalmente, também tivemos nossa *alma* e nosso *entendimento*. Mas o que é o princípio de nossa vida, o que é o princípio de nossos pensamentos, serão duas coisas diferentes? É o mesmo ser? O que nos faz digerir e o que nos confere sensações e memória se assemelha ao que é nos animais a causa da digestão e a causa de suas sensações e de sua memória?

Aí está o eterno objeto das discussões dos homens; digo o eterno objeto, pois, uma vez que não temos noção primitiva com a qual pudéssemos aprofundar-nos nesse exame, só podemos permanecer para sempre num labirinto de dúvidas e de fracas conjeturas.

Não temos o menor degrau onde possamos pôr o pé para chegar ao mais leve conhecimento daquilo que nos faz viver e daquilo que nos faz pensar. Como poderíamos tê-lo? Seria necessário ter visto a vida e o pensamento entrar num corpo. Um pai sabe como produziu seu filho? Uma mãe sabe como o concebeu? Alguém já conseguiu adivinhar como age, como fica desperto e como dorme? Alguém sabe como seus membros obedecem à sua vontade? Descobriu por que arte suas ideias se traçam em seu cérebro e saem a seu comando? Fracos autômatos movidos pela mão invisível, quem nos dirige nesse cenário do mundo, quem de nós pôde perceber o fio que nos conduz?

Ousamos pôr em questão se a alma inteligente é *espírito* ou *matéria*; se é criada antes de nós; se sai do nada em nosso nascimento; se, depois de nos ter animado um dia na terra, ela vive depois de nós na eternidade. Essas questões parecem sublimes; mas o que são? São perguntas de cegos que dizem a outros cegos: "O que é a luz?"

Quando queremos conhecer grosseiramente um pedaço de metal, nós o colocamos ao fogo num cadinho. Mas dispomos de um cadinho para nele colocar a alma? "Ela é *espírito*", diz alguém. Mas o que é espírito? Certamente ninguém sabe nada a respeito; é uma palavra tão vazia de sentido que somos obrigados a dizer o que o espírito não é, visto que não podemos dizer o que é. "A alma é *matéria*", diz o outro. Mas o que é matéria? Só conhecemos dela algumas aparências e algumas propriedades; e nenhuma dessas propriedades, nenhuma dessas aparências parece ter a menor relação com o pensamento.

É algo distinto da matéria, pode alguém dizer. Mas que prova tem disso? É porque a matéria é divisível e configurável, e porque o pensamento não o é? Mas quem disse que os primeiros princípios da matéria são divisíveis e configuráveis? É muito provável que não o sejam; facções inteiras de filósofos acham que os elementos da matéria não têm configuração nem extensão. Alguém pode exclamar com ar triunfante: "O pensamento não é nem madeira nem pedra nem areia nem metal; logo, o pensamento não pertence à matéria." Fracos e atrevidos raciocinadores! A gravidade não é madeira nem areia nem metal nem pedra; o movimento, a vegetação, a vida não são tampouco nada disso; e, no entanto, a vida, a vegetação, o movimento, a gravidade são dados da matéria. Dizer que Deus não pode tornar a matéria pensante é dizer a coisa mais insolentemente absurda que jamais se ousou proferir nas escolas privilegiadas da demência. Não estamos certos de que Deus tenha agido dessa forma; estamos somente certos de que ele o pode. Mas que importa tudo o que se disse e tudo o que se dirá sobre a alma? Que importa que tenha sido chamada enteléquia, quinta-essência, chama, éter, que se creia que é universal, incriada, transmigrante, etc.?

Que importam, nessas questões inacessíveis à razão, esses romances de nossa imaginação incerta? Que importa que os Padres da Igreja[2] dos quatro primeiros séculos tenham acreditado na alma corporal? Que importa que Tertuliano[3], por uma contradição que lhe é familiar, tenha afirmado que ela é a um tempo corporal, configurada e simples? Temos mil testemunhos de ignorância e nenhum que nos dê um clarão de verossimilhança.

Como, pois, somos tão atrevidos em afirmar o que é a alma? Sabemos com certeza que existimos, que sentimos, que pensamos. Queremos dar um passo além disso? Caímos num abismo de trevas e nesse abismo temos ainda a louca temeridade de discutir se essa alma, da qual não temos a menor ideia, foi criada antes de nós ou conosco e se é perecível ou imortal.

O verbete *alma*, e todos aqueles que se referem à metafísica, devem começar por uma submissão sincera aos dogmas da Igreja. A revelação vale mais, sem dúvida, que toda a filosofia. Os sistemas exercitam o espírito, mas a fé o ilumina e o guia.

Não pronunciamos muitas vezes palavras de que só temos uma ideia muito confusa ou até mesmo de que não temos nenhuma? A palavra *alma* não está nesse caso? Quando a lingueta ou a válvula de um fole está estragada e que o ar que entrou no recipiente do fole sai dele por alguma abertura que não seja a válvula, que não é mais comprimido contra as duas paletas e que não é impelido com violência em direção ao fogo que deve alimentar, as criadas dizem: *A alma do fole morreu*. Elas nada mais sabem e essa questão não perturba sua tranquilidade.

O jardineiro usa a expressão *alma das plantas* e as cultiva muito bem, sem saber o que ele próprio entende por essa expressão.

O fabricante de instrumentos musicais avança ou recua *a alma de um violão* sob o cavalete, no interior das duas tábuas do instrumento; um mínimo pedaço de madeira a mais ou a menos lhe confere ou lhe tira uma alma harmoniosa.

Temos várias indústrias nas quais os operários dão a qualificação de *alma* a suas máquinas. Jamais os ouvimos discutir sobre essa palavra; não ocorre o mesmo com os filósofos.

A palavra *alma* entre nós significa em geral o que anima. Nossos antepassados, os celtas, davam à alma o nome de *seel*, do qual os ingleses formaram a palavra *soul* e os alemães, *seel*; e provavelmente os antigos teutões e os antigos bretões não tiveram disputas nas universidades por causa dessa palavra.

Os gregos distinguiam três espécies de alma: *ócsus* (οκσυσ), que significava *a alma sensitiva, a alma dos sentidos* e aí está porque o *Amor*, filho de *Afrodite*, teve tanta paixão por *Psique* e porque *Psique* o amou tão ternamente; *pneuma* (πνευμα), o sopro que conferia vida e movimento a toda a máquina e que traduzimos por *spiritus*, espírito, palavra vaga à qual conferimos mil ações diferentes; e finalmente *nous* (νουσ), a inteligência.

Possuímos, portanto, três almas, sem ter a mais leve noção de nenhuma delas. Santo Tomás de Aquino[4], admite essas três almas na qualidade de peripatético e distingue cada uma dessas três almas em três partes. Uma estava no peito, a outra se espalhava por todo o corpo e a última residia na cabeça. Não há outra filosofia em nossas escolas até o dia de hoje e ai de todo homem que tivesse tomado uma dessas almas por outra.

Nesse caos de ideias havia, contudo, um fundamento. Os homens tinham realmente percebido que em suas paixões de amor, de cólera, de temor, movimentos em suas entranhas ocorriam. O fígado e o coração se tornaram a sede das paixões. Quando se pensa profundamente, sente-se uma contenção nos órgãos da cabeça; logo, a alma intelectual estava no cérebro. Sem respiração, não há vegetação, não há vida; logo, a alma vegetativa está no peito, que recebe o sopro do ar.

Se os homens vissem em sonho seus pais ou seus amigos mortos, sentiam realmente necessidade de saber o que lhes havia aparecido. Não era o corpo, que havia sido consumido numa fogueira ou que havia sido engolido pelo mar e fora devorado pelos peixes. Era, contudo, alguma coisa, pois, o haviam visto; o morto tinha falado; o sonhador o havia interrogado. Era a alma sensitiva, será o espírito, era a inteligência, com quem havia conversado em sonho? Imaginou-se um fantasma, uma figura etérea: era *skiá* (σκια), era *dáimon* (δαιμων), uma sombra, um gênio, uma pequena alma de ar e de fogo, extremamente sutil, que errava não sei onde ou para onde.

No decurso dos tempos, quando se quis aprofundar a coisa, ficou evidente que essa alma era corporal; e toda a antiguidade não teve outra ideia a respeito. Finalmente, veio Platão[5] que sutilizou de tal forma essa alma, que se passou a duvidar se ele não a separava inteiramente da matéria; mas foi um problema que jamais foi resolvido até que a fé veio nos iluminar.

Em vão os materialistas alegam que alguns Padres da Igreja não se exprimiam com exatidão. Santo Irineu[6] diz que a alma é somente o sopro de vida, que não é incorporal senão por comparação com o corpo mortal e que ela conserva a imagem do homem, a fim de que seja reconhecida.

Em vão Tertuliano se exprime assim: "A corporalidade da alma reluz no próprio Evangelho. *Corporalitas animae in ipso Evangelio relucescit.*" De fato, se a alma não tivesse um corpo, a imagem da alma não teria a imagem do corpo.

Em vão ele próprio relata a visão de uma santa mulher que havia visto uma alma muito brilhante e da cor do ar.

Em vão Taciano[7] diz expressamente: "A alma do homem é composta de diversas partes."

Em vão se alega que santo Hilário[8] afirma em tempos posteriores: "Não há nada de criado que não seja corporal, nem no céu, nem na terra, nem entre os visíveis, nem entre os invisíveis; tudo é formado de elementos e as almas, quer habitem num corpo, quer saiam dele, sempre têm uma substância corporal."

Em vão santo Ambrósio[9] diz no IV século: "Nada conhecemos que não seja material, exceto a venerável Trindade."

O corpo da Igreja inteira definiu que a alma é imaterial. Esses santos tinham caído num erro então universal; eram homens, mas não se enganaram sobre a imortalidade, porque é evidentemente anunciada nos Evangelhos.

Temos uma necessidade tão evidente da decisão da Igreja infalível sobre esses pontos de filosofia que não temos, com efeito, por nós mesmos nenhuma noção suficiente daquilo que se chama *espírito puro* e daquilo que se chama *matéria*. Espírito puro é uma expressão que não nos dá nenhuma ideia e não conhecemos a matéria senão por meio de alguns fenômenos. Nós a conhecemos tão pouco que a chamamos *substância*; ora, a palavra *substância* quer dizer *o que está embaixo*; mas esse *embaixo* nos será eternamente oculto, mas esse embaixo é o segredo do criador e esse segredo do criador está em toda parte. Não sabemos nem como recebemos a vida, nem como a damos, nem como crescemos, nem como digerimos, nem como dormimos, nem como pensamos, nem como sentimos.

A grande dificuldade é compreender como um ser, qualquer que seja, tem pensamentos.

[Seção II – As dúvidas de Locke sobre a alma]

O autor do verbete *alma*, na *Enciclopédia*, seguiu escrupulosamente Jaquelot[10], mas Jaquelot não nos ensina nada. Ele se levanta também contra Locke[11] porque o modesto Locke disse: "Talvez nunca seremos capazes de conhecer se um ser material pensa ou não, pela simples razão que nos é impossível descobrir pela contemplação de nossas próprias ideias, sem revelação, se Deus não conferiu a algum amontoado de matéria, disposta como julga oportuno, o poder de perceber e de pensar ou se juntou e uniu à matéria assim disposta uma substância imaterial que pensa. De fato, com relação a nossas noções, não nos é mais penoso conceber que Deus pode, se lhe agradar, acrescentar à nossa ideia da matéria a faculdade de pensar do que compreender que ele lhe acrescenta outra substância com a faculdade de pensar, visto que ignoramos em que consiste o pensamento e a que espécie de substância esse ser todo-poderoso achou oportuno conceder esse poder, que não poderia ser criado senão em virtude do agrado e da bondade do criador. Não vejo que contradição possa haver em que Deus, esse ser pensante, eterno e todo-poderoso, que dê, se quiser, alguns graus de sentimento, de percepção e de pensamento a certos amontoados de matéria criada e insensível que coloca junto como bem lhe aprouver."

Isso era falar como homem profundo, religioso e modesto.

Sabe-se quantas críticas teve de suportar por causa dessa opinião que pareceu tecida ao acaso, mas que, de fato, nele só era uma consequência da convicção que tinha da onipotência de Deus e da fraqueza do homem. Não dizia que a matéria pensava, mas que nós não sabemos o suficiente a respeito para demonstrar que é impossível a Deus conferir o dom do pensamento ao ser desconhecido denominado *matéria*, depois de lhe ter concedido o dom da gravidade e o do movimento, que são igualmente incompreensíveis.

Locke não era certamente o único que expressava essa opinião; era aquela de toda a antiguidade que, considerando o ser como uma matéria muito sutil, assegurava, por conseguinte, que a matéria podia sentir e pensar.

Era a opinião de Gassendi[12], como se pode ver em suas objeções a Descartes[13]. "É verdade, diz Gassendi, que sabes que pensas, mas ignoras que espécie de substância és, tu que pensas. Assim, embora a operação do pensamento te seja conhecida, o principal de tua essência te é escondido e não sabes qual é a natureza dessa substância, da qual pensar é uma de suas operações. Pareces um cego que, sentindo o calor do sol e sendo informado que é causado pelo sol, julgaria ter uma ideia clara e distinta desse astro, porque, se lhe perguntassem o que é o sol, poderia responder: É uma coisa que aquece, etc."

O mesmo Gassendi, em sua *Filosofia de Epicuro*, repete várias vezes que não há nenhuma evidência matemática da pura espiritualidade da alma.

Descartes, numa de suas cartas à princesa palatina Elisabeth, lhe diz: "Confesso que unicamente pela razão natural podemos fazer muitas conjeturas sobre a alma e ter boas esperanças, mas nenhuma certeza." E com isso Descartes combate em suas cartas o que afirma em seus livros; contradição muito comum.

Finalmente, vimos que todos os Padres da Igreja dos primeiros séculos do cristianismo, ao crerem que a alma é imortal, a julgavam ao mesmo tempo material; pensavam que é tão fácil para Deus conservar como criar. Diziam: "Deus a fez pensante e a conservará pensante."

Malebranche[14] provou muito bem que não temos nenhuma ideia por nós mesmos e que os objetos são incapazes de nos dá-las; disso conclui que vemos tudo em Deus. No fundo é a mesma coisa que fazer de Deus o autor de todas as nossas ideias, pois, com que nos veríamos nele, se não tivéssemos instrumentos para ver? E esses instrumentos, é somente ele que os tem e que os dirige. Esse sistema é um labirinto, no qual uma saída levaria ao espinosismo[15], outra ao estoicismo[16] e outra ao caos.

Quando discutimos muito sobre o espírito, sobre a matéria, acabamos sempre por não nos entendermos. Nenhum filósofo conseguiu levantar com suas próprias forças esse véu que a natureza estendeu sobre todos os primeiros princípios das coisas; eles discutem, e a natureza age.

[Seção III – A alma dos animais e algumas ideias ocas]

Antes do estranho sistema que supõe os animais como puras máquinas sem nenhuma sensação, os homens jamais tinham imaginado uma alma imaterial nos

animais e ninguém tinha chegado à temeridade de dizer que uma ostra possui uma alma espiritual. Todos concordavam pacificamente em convir que os animais tinham recebido de Deus sentimento, memória, ideias e não um espírito puro. Ninguém havia abusado do dom de raciocinar a ponto de dizer que a natureza deu aos animais todos os órgãos do sentimento para que não tivessem sentimento. Ninguém havia dito que eles choram quando feridos e
    que fogem quando perseguidos, sem sentir dor nem temor.

Não se negava então a onipotência de Deus, pois ele teria podido comunicar à matéria organizada dos animais o prazer, a dor, a lembrança, a combinação de algumas ideias; teria podido dar a muitos dentre eles, como ao macaco, ao elefante, ao cão de caça, o talento de se aperfeiçoar nas artes que lhes são ensinadas; não somente teria podido dotar quase todos os animais carnívoros do talento de melhor fazer a guerra em sua velhice já experimentada, como em sua juventude demasiado confiante; não somente, repito, teria podido, mas o teria feito; o universo é testemunha disso.

Descartes e outros sustentaram ao mundo inteiro que todos se enganavam, pois Deus tinha feito o papel de mágico, porquanto havia dado todos os instrumentos da vida e das sensações aos animais, a fim de que não tivessem nem sensação, nem vida propriamente dita. Mas não sei porque pretensos filósofos que, para responder à quimera de Descartes, se lançaram na quimera oposta, dando liberalmente um espírito puro até aos sapos e aos insetos.

    In vitium ducit culpae fuga...
    A fuga da culpa conduz ao vício[17].

Entre essas duas loucuras, uma que tira o sentimento dos órgãos do sentimento, a outra que coloca um espírito puro num percevejo, imaginou-se um meio-termo: o instinto. E o que é o instinto? Oh!oh! é uma forma substancial; é uma forma plástica; é um *não sei quê*: é instinto. Seria de teu parecer, uma vez que chamarias a maioria das coisas de *não sei quê*, uma vez que tua filosofia começaria e terminaria por *não sei*; mas quando afirmas, eu te diria com Prior[18] em seu poema sobre as vaidades do mundo:

    Ousam conferir, pedantes insuportáveis,
    Uma causa diversa a efeitos semelhantes?
    Mediram esse delgado biombo
    Que parece separar o instinto da razão?
    Estão mal servidos de um e de outra.
    Cegos insensatos, que audácia é a sua!
    O orgulho é seu instinto. Conduziriam nossos passos
    Por esses caminhos deslizantes que vocês não veem?

O autor do verbete *alma* na *Enciclopédia* se exprime assim: "Imagino a alma dos animais como uma substância imaterial e inteligente, mas de que espécie? Deve ser, me parece, um princípio ativo que tem sensações e que só tem isso; se refletirmos sobre a natureza da almas dos animais, ela não nos fornece nada de seu fundamento que nos leve a crer que sua espiritualidade a salve do aniquilamento."

Não sei como se pode imaginar uma substância imaterial. Imaginar alguma coisa é ter uma imagem dela; e até agora ninguém conseguiu descrever o espírito. Quero crer que, pelo termo *imagino*, o autor entenda *concebo*; quanto a mim, confesso que não o concebo. Concebo ainda menos que uma alma espiritual seja aniquilada, porque não concebo nem a criação nem o nada; porque nunca assisti ao conselho de Deus; porque não sei absolutamente nada do princípio das coisas.

Se eu quiser provar que a alma é um ser real, sou detido e me dizem que é uma faculdade. Se afirmo que é uma faculdade e que tenho aquela de pensar, respondem-me que me engano, que Deus, o senhor eterno de toda a natureza, faz tudo em mim e dirige todas as minhas ações e todos os meus pensamentos; que, se eu produzisse meus pensamentos, saberia aqueles que iria ter dentro de um minuto; que nunca o sei; que não passo de um autômato com sensações e com ideias, necessariamente dependente, e nas mãos do ser supremo, infinitamente mais sujeito a ele que a argila o é ao oleiro.

Confesso, portanto, minha ignorância; confesso que 4 mil tomos de metafísica não poderão nos ensinar o que é nossa alma.

Um filósofo ortodoxo dizia a um filósofo heterodoxo: "Como pudeste chegar a imaginar que a alma é mortal por sua natureza e que só é eterna por pura vontade de Deus? – Por minha experiência, diz o outro. – Como? Será que estás morto? – Sim, muitas vezes. Em minha juventude sofria de ataques de epilepsia e te asseguro que eu ficava perfeitamente morto durante várias horas. Nenhuma sensação, nenhuma lembrança até do momento em que eu caía. A mesma coisa me acontece agora quase todas as noites. Nunca sinto precisamente o momento em que adormeço; meu sono é absolutamente sem sonhos. Não posso imaginar senão por conjeturas quanto tempo dormi. Fico regularmente morto durante seis horas sobre vinte e quatro. É um quarto de minha vida."

O ortodoxo então lhe afirmou que pensava sempre durante seu sono, sem que soubesse. O heterodoxo lhe respondeu: "Creio pela revelação que vou pensar sempre na outra vida, mas te asseguro que raramente penso nesta."

O ortodoxo não se enganava ao garantir a imortalidade da alma, visto que a fé e a razão demonstram essa verdade, mas podia se enganar ao assegurar que um homem dormindo pensa sempre.

Locke[19] confessava abertamente que não pensava sempre quando dormia. Outro filósofo disse: "O próprio do homem é pensar, mas não é sua essência."

Vamos deixar a cada um a liberdade e o consolo de se procurar a si mesmo e de se perder em suas ideias.

Entretanto, convém saber que em 1730 um filósofo[20] suportou uma perseguição declarada por ter confessado, com Locke, que seu entendimento não era exercido em todos os momentos do dia e da noite, do mesmo modo que não se servia a todo momento de seus braços e de suas pernas. Não somente a ignorância da corte o perseguiu, mas também a ignorância maligna de alguns pretensos literatos se desencadeou contra o perseguido. O que na Inglaterra não teria produzido senão algumas discussões filosóficas, na França produziu as mais covardes atrocidades; um francês foi vítima de Locke.

Sempre houve na lama de nossa literatura mais de um desses miseráveis que vendeu sua pena e trapaceou contra seus próprios benfeitores. Esta observação é realmente estranha para o verbete *alma*, mas será que se poderia perder uma ocasião para assustar aqueles que se tornam indignos do nome de homens de letras, que prostituem o pouco espírito e consciência que possuem em prol de um vil interesse, de uma política quimérica, que traem seus amigos para bajular alguns tolos, que moem em segredo a cicuta com a qual o ignorante poderoso e mau quer dar de beber a cidadãos úteis?

Será que algum dia aconteceu na verdadeira Roma que fosse denunciado aos cônsules um Lucrécio[21], por ter colocado em versos o sistema de Epicuro[22]? Um Cícero[23], por ter escrito várias vezes que depois da morte não sente mais dor nenhuma? Que se acusasse um Plínio[24], por ter tido ideias peculiares sobre a divindade? A liberdade de pensar foi ilimitada entre os romanos. Os espíritos duros, invejosos e mesquinhos, que se esforçaram para esmagar entre nós essa liberdade, mãe de nossos conhecimentos e primeiro impulso do entendimento humano, pretextaram perigos quiméricos. Não pensaram que os romanos, que impeliam essa liberdade muito mais longe que nós, nem por isso deixaram de ser nossos vencedores, nossos legisladores e que as discussões da escola não têm mais relação com o governo que o tonel de Diógenes[25] teve com as vitórias de Alexandre[26].

Esta lição vale realmente uma lição sobre a alma; talvez tenhamos mais de uma ocasião para retornar a isso.

Enfim, adorando a Deus de toda a nossa alma, confessamos sempre nossa profunda ignorância sobre essa alma, sobre essa faculdade de sentir e de pensar que temos de sua bondade infinita. Confessamos que nossos fracos raciocínios nada podem tirar, nada podem acrescentar à revelação e à fé. Concluímos, finalmente, que devemos empregar essa inteligência, cuja natureza é desconhecida, para aperfeiçoar as ciências que são o objeto da *Enciclopédia*, como os relojoeiros empregam molas em seus relógios, sem realmente saber o que é a mola.

[Seção IV – Sobre a alma e sobre nossas ignorâncias]

Confiando na certeza de nossos conhecimentos adquiridos, ousamos questionar se a alma é criada antes de nós, se vem do nada para nosso corpo. Em que idade veio se colocar entre uma bexiga e os intestinos *caecum* e *rectum* (ceco e reto)? Se recebeu ou trouxe algumas ideias, quais são essas ideias? Se, depois de nos ter animado por alguns momentos, sua essência deve viver depois de nós na eternidade sem a intervenção do próprio Deus? Se, como espírito, e Deus sendo espírito, têm um e outro uma natureza semelhante? Estas perguntas parecem sublimes, mas que são? Perguntas de cegos de nascença sobre a luz.

O que nos ensinaram todos os filósofos antigos e modernos? Uma criança é mais sábia do que eles; não pensa naquilo que não pode conceber.

Como é triste, poderão dizer, para nossa insaciável curiosidade, para nossa sede inextinguível de bem-estar, nos ignorarmos desse modo! Concordo e há coisas ainda mais tristes, mas eu lhes responderia:

Sors tua mortalis, non est mortale quod optas[27].

Teus destinos são de um homem, e teus desejos são de um deus.

Parece, uma vez mais, que a natureza de todo princípio das coisas é segredo do criador. Como os ares transportam sons? Como se formam os animais? Como alguns de nossos membros obedecem constantemente a nossas vontades? Que mão coloca ideias em nossa memória, nela as guarda como num registro e dela as tira ora bom grado, ora mau grado nosso? Nossa natureza, aquela do universo, aquela da menor planta, tudo está para nós mergulhado num sorvedouro de trevas.

O homem é um ser que age, sente e pensa; aí está tudo o que sabemos dele. Não nos é dado conhecer nem o que nos torna seres que sentem e pensam, nem o que nos faz agir, nem o que nos faz ser. A faculdade que age é tão incompreensível para nós como a faculdade que pensa. A dificuldade é menos a de conceber como esse corpo de barro tem sentimentos e ideias do que a de conceber como um ser, qualquer que seja, tem ideias e sentimentos.

Tomemos de um lado a alma de Arquimedes[28], do outro, aquela de um imbecil: serão elas de mesma natureza? Se sua essência é pensar, elas pensam sempre e independentemente do corpo que não pode agir sem elas. Se pensam por sua própria natureza, a espécie de uma alma que não consegue fazer uma regra de aritmética será a mesma daquela que mediu os céus? Se foram os órgãos do corpo que levaram Arquimedes a pensar, por que meu idiota, mais bem constituído que Arquimedes, mais vigoroso, digerindo melhor ao executar melhor todas as suas funções, não pensa? É, podem dizer, que seu cérebro não é tão bom. Mas vocês o supõem, mas não sabem nada a respeito. Jamais foram encontradas diferenças entre os cérebros sadios que foram dissecados; é até mesmo muito provável que o cerebelo de um tolo esteja em melhor estado que aquele de Arquimedes, que trabalhou infatigável e prodigiosamente, e que poderia estar gasto e reduzido.

Concluímos, portanto, o que já concluímos, ou seja, que somos uns ignorantes em todos os primeiros princípios. A respeito dos ignorantes que se dão ares de autossuficientes, eles estão muito abaixo dos macacos.

Discutam agora, coléricos argumentadores; apresentem requisições uns contra os outros, profiram injúrias, pronunciem suas sentenças, vocês que não chegam a saber uma palavra sobre esta questão.

[Seção V – Do paradoxo de Warburton sobre a imortalidade da alma]

Warburton[29], editor e comentador de Shakespeare[30] e bispo de Gloucester, usando da liberdade inglesa e abusando do costume de proferir injúrias contra seus adversários, compôs quatro volumes para provar que a imortalidade da alma nunca foi anunciada no *Pentateuco*[31] e, para concluir, com essa mesma prova, que a missão de Moisés, que ele chama de *legação*, é divina. Aqui está o resumo de seu livro, que ele mesmo apresenta, nas páginas 7 e 8 do primeiro tomo:

1º. – A doutrina de uma vida futura, recompensas e castigos depois da morte, são coisas necessárias a toda sociedade civil.

2º. – Todo o gênero humano (e é nisso que ele se engana) e especialmente as mais sábias e as mais sensatas nações da antiguidade concordaram em crer e ensinar essa doutrina.

3º. – Ela não pode ser encontrada em qualquer passagem da lei de Moisés; logo, a lei de Moisés é de origem divina, o que vou provar pelos dois silogismos que se seguem.

"*Primeiro silogismo* – Toda religião, toda sociedade que não tem a imortalidade da alma por seu princípio, não pode ser sustentada senão por uma providência extraordinária; a religião judaica não tinha a imortalidade da alma por princípio; logo, a religião judaica era sustentada por uma providência extraordinária."

"*Segundo silogismo* – Todos os antigos legisladores disseram que uma religião que não ensinasse a imortalidade da alma só poderia ser sustentada por uma providência extraordinária; ora, Moisés instituiu uma religião que não está baseada na imortalidade da alma; logo, Moisés acreditava que sua religião era mantida por uma providência extraordinária."

O que é muito mais extraordinário é esta afirmação de Warburton, que ele colocou em espessos caracteres na primeira página de seu livro. Recriminaram muitas vezes sua extrema temeridade e a má-fé com a qual ousa dizer que todos os antigos legisladores creram que uma religião que não estiver baseada em penas e recompensas depois da morte não pode ser sustentada senão por uma providência extraordinária. Não há um só que algum dia o tenha dito. Não se preocupa mesmo em oferecer algum exemplo em seu enorme livro, recheado de imensa quantidade de citações, todas elas estranhas ao assunto. Ele se enterrou sob um amontoado de autores gregos e latinos, antigos e modernos, de medo de que alguém penetrasse até ele através de uma multidão de horríveis envoltórios. Quando, finalmente, a crítica cavou até o fundo, ele ressuscitou dentre todos esses mortos para cobrir de ultrajes todos os seus adversários.

É verdade que no fim de seu quarto volume, depois de ter andado por cem labirintos e de se ter batido com todos aqueles que encontrou pelo caminho, chega finalmente à sua grande questão, que havia deixado lá. Agarra-se ao livro de Jó, que entre os sábios é tido como obra de um árabe, e quer provar que Jó não acreditava na imortalidade da alma. Em seguida e a seu modo, explica todos os textos da Escritura pelos quais outros quiseram combater sua opinião.

Tudo o que se deve dizer a respeito é que, se tivesse razão, não cabia a um bispo ter razão desse modo. Devia prever que de tudo isso se poderia tirar consequências muito perigosas. Mas só há sorte e desdita neste mundo; esse homem, que se tornou delator e perseguidor, só foi feito bispo pela proteção de um ministro de Estado, imediatamente depois de ter publicado seu livro.

Em Salamanca, em Coimbra, em Roma, teria sido obrigado a se retratar e pedir perdão. Na Inglaterra, porém, se tornou par do reino com 100 mil libras de renda; era o jeito de amenizar seus costumes.

[Seção VI – Da necessidade da revelação]

O maior benefício de que somos devedores ao *Novo Testamento* é o de nos ter revelado a imortalidade da alma. Foi, portanto, em vão que esse Warburton quis lançar nuvens sobre essa importante verdade, afirmando continuamente em seu livro *Legação de Moisés*, que os antigos judeus não tinham nenhum conhecimento desse dogma necessário e que os saduceus[32] não o admitiam na época de Jesus Cristo.

Interpreta à sua maneira as próprias palavras de Jesus Cristo: "Não leram estas palavras que Deus lhes disse: 'Eu sou o Deus de Abraão, o Deus de Isaac e o Deus de Jacó?' Ora, Deus não é o Deus dos mortos, mas dos vivos"[33]. Ele confere à parábola do mau rico um sentido contrário àquele de todas as Igrejas. Sherlock, então bispo de Londres, e vinte outros sábios o refutaram. Os próprios filósofos ingleses lhe recriminaram quanto é escandaloso num bispo anglicano manifestar uma opinião tão contrária à Igreja anglicana; e, depois disso, esse homem começa a tratar as pessoas de ímpias, como o personagem *Arlequim*, na comédia *Ladrão de casas*, que, após ter lançado os móveis pela janela, vendo um homem que levava alguns deles, gritou a plenos pulmões: "Pega ladrão!"

Tanto mais se deve bendizer a revelação da imortalidade da alma e das penas e recompensas após a morte, quanto mais a vã filosofia dos homens sempre duvidou dela. O grande César não cria em nada disso; afirmou claramente isso em pleno senado quando, para impedir que o filho de Catilina fosse condenado à morte, disse que a morte não deixava ao homem nenhum sentimento, que tudo morria com ele; e ninguém refutou essa opinião.

O império romano estava dividido em duas grandes seitas principais: aquela de Epicuro[34] que afirmava que a divindade era inútil para o mundo e que a alma perece com o corpo; e aquela dos estoicos que consideravam a alma como uma porção da divindade, alma que, depois da morte, se reunia à sua origem, ao grande todo do qual havia emanado. Assim, quer acreditassem que a alma era mortal, quer acreditassem que era imortal, todas as seitas se reuniam para zombar das penas e das recompensas depois da morte.

Restam-nos ainda cem monumentos dessa crença dos romanos. É em virtude desse sentimento profundamente gravado em todos os corações que tantos heróis e tantos simples cidadãos se deram a morte sem o menor escrúpulo; não esperavam que um tirano os entregasse a algozes.

Até mesmo os homens mais virtuosos e mais persuadidos da existência de Deus não esperavam então nenhuma recompensa e não temiam nenhuma pena. Veremos no verbete *Apócrifo* que Clemente⁽³⁵⁾, que depois foi papa e santo, ele próprio começou por duvidar daquilo que os primeiros cristãos diziam de uma outra vida e que consultou a respeito o apóstolo são Pedro em Cesareia. Estamos bem longe de acreditar que são Clemente tenha escrito essa história que lhe é atribuída, mas faz ver que necessidade tinha o gênero humano de uma revelação precisa. Tudo o que pode nos surpreender é que um dogma tão repressor e tão salutar tenha deixado atormentados por crimes horríveis tantos homens que têm tão pouco tempo para viver e que se veem premidos entre duas eternidades.

[Seção VII – Almas dos loucos e dos monstros]

Um bebê mal formado nasce absolutamente imbecil, não tem ideias, vive sem ideias e já foram vistos dessa espécie. Como se poderia definir esse animal? Alguns doutores disseram que é alguma coisa entre o homem e o animal; outros afirmaram que tem uma alma sensitiva, mas não uma alma intelectual. Come, bebe, dorme, acorda, tem sensações, mas não pensa.

Haverá para ele outra vida, não haverá? O caso foi proposto e ainda não foi inteiramente resolvido.

Alguns sustentaram que essa criatura deveria ter uma alma, porque seu pai e sua mãe tinham uma. Por esse raciocínio, porém, se provaria que, se tivesse vindo ao mundo sem nariz, deveria ter um, porque seu pai e sua mãe tinham um.

Uma mulher dá à luz um filho sem queixo, de fronte esmagada e um pouco negra, de nariz afilado e pontudo, de olhos redondos, de fisionomia que por pouco não se assemelha à de uma andorinha; tem o resto do corpo, porém, como o nosso. Os pais decidem batizá-lo, atendendo à maioria das opiniões. Define-se que é homem e possuidor de uma alma imortal. Mas se essa pequena figura ridícula tem unhas pontiagudas, boca em forma de bico, é declarada monstro, não tem alma e não é batizada.

Sabe-se que houve em Londres, em 1726, uma mulher que dava à luz a cada oito dias um coelhinho. Não havia dificuldade alguma em recusar o batismo a esse bebê, apesar da histeria coletiva que tomou conta de Londres durante três semanas, por acreditarem as pessoas que, com efeito, essa pobre infeliz engravidava com coelhos de criadouro. O cirurgião que assistia ao parto, chamado Saint-André, jurava que nada era mais verdadeiro e todos acreditavam nele. Mas que razão tinham os crédulos para recusar uma alma aos filhos dessa mulher? Ela tinha uma alma, seus filhos a deviam ter também, quer tivessem mãos, quer tivessem patas, quer tivessem nascido com um rosto. O ser supremo não pode conceder o dom do pensamento e da sensação a um pequeno *não sei quê*, nascido de uma mulher, configurada como coelha, bem como a um pequeno *não sei quê*, configurado como homem? A alma que estava prestes a se alojar no feto dessa mulher retornaria para o vazio?

Locke observa muito bem, a respeito dos monstros, que não se deve atribuir a imortalidade ao aspecto exterior de um corpo, que a fisionomia nisso não conta nada. Essa imortalidade, diz ele, não está mais ligada à forma de seu rosto ou de seu peito do que à maneira como sua barba cresce ou como seus trajes são feitos.

Pergunta qual é a justa medida de deformidade em que se pode reconhecer que um recém-nascido tem uma alma ou não a tem; qual é o grau preciso em que deve ser declarado monstro e privado de alma.

Pergunta-se ainda o que seria uma alma que só e sempre tivesse ideias quiméricas. Há algumas delas que não se afastam muito disso. Têm méritos? Não os têm? Que fazer de seu espírito puro?

Que pensar de um recém-nascido de duas cabeças, de resto muito bem formado? Uns dizem que tem duas almas, visto que está munido de duas glândulas pineais, de dois corpos calosos, de duas vontades. Outros respondem que não se pode ter duas almas quando se possui apenas um tórax e um umbigo.

Enfim, foram feitas tantas perguntas sobre essa pobre alma humana que, se por acaso se devesse respondê-las todas, esse exame da própria pessoa causaria o mais insuportável aborrecimento. Aconteceria com ela o que ocorreu com o cardeal Polignac[36], num conclave. Seu intendente, cansado por não ter podido lhe prestar contas dos atos e despesas dele, viajou até Roma e foi dar, com um calhamaço de papéis, na pequena janela da cela do cardeal. Leu durante quase duas horas. Finalmente, vendo que ninguém lhe respondia nada, pôs a cabeça para dentro. Havia quase duas horas que o cardeal tinha saído da cela. Nossas almas irão embora antes que seus intendentes as tenham posto a par de tudo; mas sejamos justos diante de Deus, por mais ignorantes que formos, nós e nossos intendentes.

[Seção VIII]

Devo confessar, depois de examinar o infalível Aristóteles[37], o doutor angélico[38], o divino Platão[39], que tomei todos esses epítetos como apelidos. Só vi, em todos os filósofos que falaram da alma humana, cegos cheios de temeridade e de tagarelice, que se esforçam para persuadir que têm uma visão de águia, e outros curiosos e loucos que acreditam neles por sua palavra e que também imaginam ver alguma coisa.

Não recearia em colocar na lista desses mestres de erros Descartes e Malebranche[40]. O primeiro nos garante que a alma humana é uma substância cuja essência é pensar, que pensa sempre e que se ocupa, desde o ventre da mãe, de belas ideias metafísicas e de belos axiomas gerais que em seguida esquece.

Quanto a Malebranche, está persuadido de que vemos tudo em Deus; encontrou seguidores, porque as fábulas mais ousadas são aquelas que melhor são aceitas pela fraca imaginação dos homens. Muitos filósofos, portanto, escreveram o romance da alma; finalmente, foi um sábio que escreveu modestamente sua história. Vou resumir essa história, segundo a imaginei. Sei muito bem que todos não vão concordar com as ideias de Locke; seria até bem possível que Locke tivesse razão contra Descartes e Malebranche e que estivesse errado, segundo a Sorbonne; falo de acordo com as luzes da filosofia, não segundo as revelações da fé.

Só cabe a mim pensar humanamente; os teólogos é que decidem divinamente e é coisa totalmente diversa; a razão e a fé são de natureza oposta. Numa palavra, aqui está um breve resumo de Locke, que eu censuraria se fosse teólogo, e que adoto por um momento como hipótese, como conjetura de simples filosofia, humanamente falando. Trata-se de saber o que é a alma.

1º. – A palavra *alma* é uma dessas palavras que todos pronunciam sem entender; só entendemos as coisas de que temos uma ideia; não temos ideia de alma, de espírito; logo, não a entendemos.

2º. – Houvemos por bem, portanto, chamar alma essa faculdade de sentir e de pensar, como chamamos vida a faculdade de viver e vontade, a faculdade de querer.

Vieram em seguida raciocinadores que disseram: "O homem é composto de matéria e espírito; a matéria é extensa e divisível; o espírito não é nem extenso nem divisível; logo, dizem eles, é de outra natureza. É um conjunto de seres que não são feitos um para o outro e que Deus uniu, apesar de sua natureza. Vemos pouco o corpo e não vemos a alma; ela não tem partes, portanto, é eterna; ela tem ideias puras e espirituais; logo, não as recebe da matéria; tampouco as recebe de si mesma; logo, Deus é que as dá a ela; logo, ao nascer, traz consigo as ideias de Deus e do infinito e todas as ideias gerais."

Sempre humanamente falando, respondo a esses senhores que são realmente sábios. Primeiramente nos dizem que há uma alma e depois o que deve ser. Falam em matéria e em seguida dizem claramente o que ela é. E eu lhes digo: Vocês não conhecem nem o espírito, nem a matéria. Por espírito só imaginam a faculdade de pensar; por matéria, não podem entender senão certo conjunto de qualidades, de cores, de extensões, de elementos sólidos; e a isso se convenceram de chamar matéria, além de fixar os limites da matéria e da alma antes de estarem seguros somente da existência de uma e de outra.

Quanto à matéria, vocês ensinam gravemente que nela só subsiste a extensão e a solidez; e eu modestamente lhes digo que ela é capaz de mil propriedades que nem vocês nem eu conhecemos. Vocês dizem que a alma é indivisível, eterna, e supõem o que está em questão. Vocês são mais ou menos como um diretor de colégio que, sem ter jamais visto um relógio em sua vida, tivesse de repente em suas mãos um despertador da Inglaterra. Esse homem, como bom peripatético, fica impressionado com a exatidão com a qual os ponteiros dividem e marcam o tempo e ainda mais impressionado com um botão que, pressionado com o dedo, toca precisamente a hora que o ponteiro marca. Meu filósofo não deixa de pensar que há nessa máquina uma alma que a governa e que lhe conduz as molas. Demonstra sabiamente sua opinião pela comparação com os anjos que fazem andar as esferas celestes e sustenta em suas aulas belas teses sobre as almas dos relógios. Um de seus alunos abre o relógio: nele só se veem molas e, no entanto, se sustenta sempre o sistema da alma dos relógios, que passa por demonstrado. Sou esse aluno que abre o relógio e que se chama homem, e que, em vez de definir atrevidamente o que não entendemos, procura examinar por graus o que queremos conhecer.

Tomemos um nenê no instante de seu nascimento e sigamos passo a passo o progresso de seu entendimento. Vocês me dão a honra de me ensinar que Deus se deu ao trabalho de criar uma alma para residir nesse corpo quando tiver aproximadamente seis semanas; que essa alma, à sua chegada, está provida de ideias metafísicas, conhecendo, portanto, muito claramente o espírito, as ideias abstratas, o infinito; sendo, numa palavra, uma pessoa muito sábia. Mas infelizmente ela sai do útero com uma ignorância crassa; passou 18 meses conhecendo somente o seio de sua nutriz; e quando na idade de 20 anos se quer fazer relembrar a essa alma todas as ideias científicas que possuía quando se uniu a seu corpo, com frequência é tão tapada que não consegue conceber uma sequer. Há povos inteiros que nunca tiveram uma só dessas ideias. Na verdade, em que pensava a alma de Descartes e de Malebranche quando imaginou belos devaneios? Sigamos, portanto, a ideia do recém-nascido, sem nos determos nas imaginações dos filósofos.

No dia em que sua mãe deu à luz ele e sua alma, nasceram na casa um cão, um gato e um canário. No fim de 18 meses já transformei o cão num excelente caçador; a um ano de idade, o canário canta uma ária; o gato, depois de seis semanas, já faz tudo e o menino, aos quatro anos, não sabe nada. Eu, homem rude, testemunha dessa prodigiosa diferença e que nunca vi um menino, de início creio que o gato, o cão e o canário são criaturas muito inteligentes e que o menino é um autômato. Entretanto, aos poucos percebo que esse menino tem ideias, memória; que tem as mesmas paixões que esses animais; e então confesso que é, como eles, uma criatura racional. Ele me transmite diferentes ideias por meio de algumas palavras que aprendeu, do mesmo modo que meu cão, por meio de latidos diversificados, me dá a conhecer exatamente suas necessidades. Percebo que na idade de seis ou sete anos o menino combina em seu pequeno cérebro quase tantas ideias como meu cão de caça no seu; finalmente, ele atinge com a idade um número infinito de conhecimentos.

Então que devo pensar dele? Seria de crer que é de uma natureza totalmente diferente? Não, sem dúvida, pois vocês veem de um lado um imbecil e, de outro, um Newton; vocês pretendem, no entanto, que são de uma mesma natureza e que só há diferença para mais ou para menos. Para melhor me assegurar da verossimilhança de minha opinião provável, examino meu cão e meu menino durante sua vigília e durante seu sono. Faço-os sangrar, um e outro, além da medida; então suas ideias parecem escorrer com o sangue. Nesse estado, eu os chamo, mas não respondem mais; e se lhes tiro ainda alguns frascos de sangue, minhas duas máquinas, que antes tinham ideias em número considerável e paixões de toda espécie, não têm mais nenhum sentimento. Examino em seguida meus dois animais enquanto dormem; percebo que o cão, depois de ter comido muito, tem sonhos; caça, late atrás da presa. Meu jovem homem, estando no mesmo estado, fala com sua amante e faz amor em sonho. Se ambos tiverem comido moderadamente, nem um nem outro sonha; enfim, vejo que sua faculdade de sentir, de perceber, de exprimir suas ideias, se desenvolveu neles aos poucos e também se enfraquece por graus. Percebo neles relações cem vezes mais do que encontro entre tal homem de espírito e tal homem absolutamente imbecil.

Qual é, pois, a opinião que eu teria de sua natureza? Aquela que todos os povos imaginaram de início, antes que a política egípcia imaginasse a espiritualidade, a imortalidade da alma. Suspeitaria até mesmo, com bastante evidência, que Arquimedes e uma toupeira são da mesma espécie, embora de gênero diferente; do mesmo modo que um carvalho e um grão de mostarda são formados pelos mesmos princípios, embora um seja de uma grande árvore e o outro de uma pequena planta. Pensaria que Deus deu porções de inteligência a porções de matéria organizada para pensar; creria que a matéria tem sensações na proporção da fineza de seus sentidos: que são eles que os proporcionam à medida de nossas ideias; creria que a ostra de concha tem menos sensações e sentidos, porque, tendo a alma ligada à sua concha, cinco sentidos lhe seriam inúteis. Há muitos animais que só têm dois sentidos; nós temos cinco, o que é bem pouca coisa; é de crer que há em outros mundos animais que desfrutem de vinte a trinta sentidos e que outras espécies ainda mais perfeitas tenham sentidos ao infinito.

Parece-me que essa é a maneira mais natural de raciocinar sobre isso, ou seja, de adivinhar e suspeitar. Certamente, passou muito tempo antes que os homens tenham sido bastante engenhosos para imaginar um ser desconhecido, que é o que nós somos, que faz tudo em nós, que não é de modo algum nós e que vive depois de nós. Por isso, foi somente por degraus que chegamos a conceber uma ideia tão ousada. De início, a palavra *alma* significa a vida e foi comum para nós e para todos os outros animais; em seguida, nosso orgulho nos fabricou uma alma à parte e nos levou a imaginar uma forma substancial para as outras criaturas. Esse orgulho humano pergunta o que é, portanto, esse poder de perceber e de sentir, que chama *alma* no homem e *instinto* no bruto. Eu satisfaria a essa pergunta quando os físicos me tiverem explicado o que é o *som*, a *luz*, o *espaço*, o *corpo*, o *tempo*. Diria, no espírito do sábio Locke: "A filosofia consiste em se deter quando nos falta a chama da física." Observo os efeitos da natureza, mas confesso que não concebo mais que vocês os primeiros princípios. Tudo o que sei é que não devo atribuir a várias causas, sobretudo a causas desconhecidas, o que posso atribuir a uma causa conhecido; ora, posso atribuir a meu corpo a faculdade de pensar e de sentir; logo, não devo procurar essa faculdade de pensar e de sentir em outra chamada *alma* ou *espírito*, da qual não posso ter a menor ideia. Vocês protestam contra essa proposição; vocês julgam, portanto, irreligião ousar dizer que o corpo pode pensar? Mas o que diriam, responderia Locke, se são vocês mesmos que aqui são culpados de irreligião, vocês que ousam limitar o poder de Deus? Qual é o homem na terra que pode garantir, sem uma impiedade absurda, que é impossível a Deus dar à matéria o sentimento e o pensar? Fracos e atrevidos, vocês afirmam que a matéria não pensa, porque vocês não concebem que uma matéria, qualquer que seja, pense.

Grandes filósofos, vocês que decidem do poder de Deus e que dizem que Deus pode de uma pedra fazer um anjo⁽⁴¹⁾, não veem que, segundo vocês mesmos, Deus não faria nesse caso senão conferir a uma pedra o poder de pensar? De fato, se a matéria da pedra não subsistisse, não seria mais uma pedra, seria uma pedra aniquilada e um anjo criado. De qualquer lado que vocês se voltem, são obrigados a confessar duas coisas, sua ignorância e o poder imenso do criador, sua ignorância que se revolta contra a matéria pensante e o poder do criador para quem, certamente, isso não é impossível.

Vocês que sabem que a matéria não perece, contestariam a Deus o poder de conservar nessa matéria a mais bela qualidade com a qual a tinha ornado? A extensão subsiste mesmo sem corpo por ela, porquanto há filósofos que acreditam no vazio; os acidentes subsistem mesmo sem a substância, entre os cristãos que acreditam na transubstanciação. Deus, dizem vocês, não pode fazer o que implica contradição. Seria necessário saber mais do que vocês sabem; poderão fazer o que quiserem, nunca poderão ser outra coisa senão corpos e que pensam. Muita gente que aprendeu na escola a não duvidar de nada, que toma seus silogismos como oráculos e suas superstições como religião, considera Locke como um ímpio perigoso. Esses supersticiosos são na sociedade o que são os covardes num exército: têm e transmitem terrores de pânico. É preciso ter dó para dissipar seu temor; é necessário que saibam que não serão as opiniões dos filósofos que darão ou não razão à religião. É certo que a luz vem do sol e que os planetas giram em torno desse astro; nem por isso se lê com menos edificação na *Bíblia* que a luz foi feita antes do sol e que o sol se deteve sobre a cidade de Gabaon. Está demonstrado que o arco-íris é formado necessariamente pela chuva; não se respeita menos o texto sagrado que diz que Deus pôs seu arco nas nuvens, depois do dilúvio, em sinal de que não haveria mais inundação.

É inútil que os mistérios da Trindade e da Eucaristia sejam contraditórios com as demonstrações conhecidas; nem por isso são menos reverenciados entre os filósofos católicos, que sabem que as coisas da razão e da fé são de natureza diferente. A nação dos antípodas foi condenada pelos papas e pelos concílios; e os papas reconheceram os antípodas e levaram até eles essa mesma religião cristã, cuja destruição era julgada certa, caso se pudesse encontrar um homem que, como se falava então, tivesse a cabeça voltada para baixo e os pés para o alto com relação a nós e que, como diz o pouco filósofo santo Agostinho, tivesse caído do céu.

De resto, repito ainda que, escrevendo com liberdade, não dou garantia de nenhuma opinião; não sou responsável de nada. Talvez haja entre esses sonhos alguns raciocínios e mesmo alguns devaneios, aos quais eu daria preferência; mas não há nenhum que eu não sacrificasse subitamente pela religião e pela pátria.

[Seção IX]

Imagino uma dúzia de bons filósofos numa ilha, onde sempre viram somente vegetais. Essa ilha, e sobretudo doze bons filósofos, são muito difíceis de encontrar;

mas, enfim, essa ficção é permitida. Eles admiram essa vida que circula nas fibras das plantas, que parece se perder e em seguida se renovar; e, não sabendo muito bem como as plantas nascem, como tomam seu alimento e como crescem, chamam isso *uma alma vegetativa*. "Que entendem por alma vegetativa? perguntam-lhes. – É uma expressão, respondem, que serve para exprimir o impulso desconhecido pelo qual tudo isso se opera. – Mas não veem, lhes diz um mecânico, que tudo isso se faz naturalmente por pesos, alavancas, rodas, polias? – Não, dirão nossos filósofos, há nessa vegetação outra coisa além dos movimentos usuais; há um poder secreto que todas as plantas têm de atrair a elas esse suco que as alimenta; e esse poder, que é não é explicável por nenhuma mecânica, é um dom que Deus deu à matéria e do qual nem você nem nós compreendemos sua natureza."

Depois de assim discutirem, nossos raciocinadores descobrem enfim alguns animais. "Oh! oh! – dizem depois de um longo exame – aqui estão seres organizados como nós! Incontestavelmente têm memória e muitas vezes mais do que nós. Têm nossas paixões, têm conhecimento, dão a entender suas necessidades, perpetuam como nós sua espécie." Nossos filósofos dissecam alguns desses seres; encontram neles um coração, um cérebro. "O quê! – dizem – o autor dessas máquinas, que nada faz em vão, lhes teria dado todos os órgãos do sentimento para que não tivessem sentimentos? Seria absurdo pensar assim. Há certamente neles alguma coisa que chamamos também *alma*, na falta de melhor, alguma coisa que prova sensações e que tem certa medida de ideias. Mas qual é esse princípio? Será algo totalmente diferente da matéria? Será um espírito puro? Será um ser médio entre a matéria, que praticamente não conhecemos, e o espírito puro, que não conhecemos? Será uma propriedade conferida por Deus à matéria organizada?"

Fazem então experiências com insetos, com minhocas; cortam-nos em diversos pedaços e ficam surpresos ao ver que, depois de algum tempo, nascem cabeças em todos esses pedaços cortados; o mesmo animal se reproduz e tira de sua própria destruição do que se multiplicar. Será que tem diversas almas esperando para animar essas partes reproduzidas, das quais se tenha cortado a cabeça do primeiro tronco? Parecem árvores que deitam galhos e que se reproduzem por talos; essas árvores terão várias almas? Não há evidência; portanto, é muito provável que a alma desses animais seja de outra espécie da que chamávamos *alma vegetativa* nas plantas, que seja uma faculdade de uma ordem superior que Deus se dignou conferir a certas porções de matéria; é uma nova prova de seu poder; é um novo motivo para adorá-lo.

Um homem violento e mau raciocinador ouve esse discurso e lhes diz: "Vocês são celerados, a quem se deveria queimar os corpos para o bem de suas almas, pois negam a imortalidade da alma do homem." Nossos filósofos se entreolham totalmente surpresos; um deles responde com doçura: "Por que nos queimar tão depressa? Em que se baseia para pensar que temos a ideia de que sua cruel alma é mortal?" – "No que vocês acreditam, retruca o outro, ou seja, que Deus deu aos brutos, que são organizados como nós, a faculdade de ter sentimentos e ideias.

Ora, essa alma dos animais perece com eles, portanto, vocês creem que a alma dos homens perece também."

Um dos filósofos responde: "Não estamos totalmente certos de que aquilo que chamamos alma nos animais pereça com eles; sabemos muito bem que a matéria não perece e cremos que seja possível que Deus tenha colocado nos animais alguma coisa que conservará sempre, se Deus o quiser, a faculdade de ter ideias. Não garantimos, com toda a certeza, que a coisa seja assim, pois, não cabe aos homens ser tão confiantes, mas nós não ousamos limitar o poder de Deus. Dizemos que é muito provável que os animais, que são matéria, receberam dele um pouco de inteligência. Descobrimos todos os dias propriedades da matéria, isto é, presentes de Deus, das quais antes não tínhamos ideia alguma. De início definimos a matéria como uma substância extensa; em seguida reconhecemos que era necessário acrescentar-lhe a solidez; algum tempo depois foi necessário admitir que essa matéria tem uma força que se chama *força de inércia*; depois disso ficamos surpresos por sermos obrigados a confessar que a matéria gravita.

"Quando quisemos ir mais longe em nossas pesquisas, fomos forçados a reconhecer seres que se parecem com a matéria em alguma coisa e que não têm, contudo, os outros atributos de que a matéria está dotada. O fogo elementar, por exemplo, age sobre nossos sentidos como os outros corpos, mas não tende a um centro como eles; pelo contrário, escapa do centro em linhas retas por todos os lados. Parece não obedecer às leis da atração, da gravidade, como os outros corpos. A ótica tem mistérios de que praticamente não se poderia dar razão a não ser ousando supor que os feixes de luz se penetram reciprocamente. Há certamente alguma coisa na luz que a distingue da matéria conhecida; parece que a luz seja um ser mediano entre os corpos e outras espécies de seres que ignoramos. É muito provável que essas outras espécies são elas próprias um meio que conduz a outras criaturas e que há, desse modo, uma cadeia de substâncias que se eleva ao infinito.

Usque adeo quod tangit idem est, tamen ultima distant!

Até onde consegue tocar é a mesma coisa, mas as últimas coisas, contudo, estão distantes[42]!

"Essa ideia nos parece digna da grandeza de Deus, se alguma coisa é digna dela. Entre essas substâncias, ele pôde sem dúvida escolher uma que inseriu em nossos corpos e que chamamos *alma humana*; os livros santos que lemos nos ensinam que essa alma é imortal. A razão está de acordo com a revelação, pois, como uma substância qualquer poderia perecer? Todo modo se destrói, o ser resta. Não podemos conceber a criação de uma substância, não podemos conceber seu aniquilamento, mas não ousamos afirmar que o senhor absoluto de todos os seres não possa dar também sentimentos e percepções ao ser que chamamos *matéria*. Você está muito seguro que a essência de sua alma é pensar e nós não estamos certos disso, pois, quando examinamos um feto, temos dificuldade em acreditar que sua alma tenha tido muitas ideias em seu envoltório; e duvidamos realmente que, num sono pleno e profundo, numa letargia completa, jamais se tenha feito meditações. Assim, parece-nos que o pensamento poderia muito bem ser não a essência do ser pensante, mas um presente que o criador deu a esses seres que denominamos *pensantes*; e tudo isso nos fez surgir a suspeita de que, se ele o quisesse, poderia dar esse presente a um átomo, conservar para sempre esse átomo e seu presente ou destruí-lo a seu bel-prazer. A dificuldade consiste menos em adivinhar como a matéria poderia pensar do que adivinhar como uma substância qualquer pensa. Você só tem ideias porque Deus quis de boa vontade dá-las; por que quer impedi-lo que as dê a outras espécies? Seria bastante intrépido por ousar crer que sua alma é precisamente do mesmo gênero das substâncias que se aproximam mais da divindade? Há grande evidência de que elas são de uma ordem superior e que, por conseguinte, Deus se dignou dar-lhes uma forma de pensar infinitamente mais bela, do mesmo modo que concedeu uma medida de ideias muito medíocre aos animais, que são de uma ordem inferior a você. Ignoro como vivo, como dou a vida e quer que saiba como tenho ideias; a alma é um relógio que Deus nos deu para administrar, mas ele não nos disse que a mola desse relógio é composta.

"Haverá algo em tudo isso de que se possa inferir que nossas almas são mortais? Uma vez mais, pensamos como você sobre a imortalidade que a fé nos anuncia, mas cremos que somos demasiado ignorantes para afirmar que Deus não tem o poder de conceder o pensamento ao ser que quiser. Você limita o poder do criador que é sem limites e nós o estendemos tanto quanto se estende sua existência. Perdoe-nos por acreditá-lo poderoso, como nós lhe perdoamos por restringir seu poder. Sabe sem dúvida tudo o que ele pode fazer e nós não sabemos nada. Vivemos como irmãos, adoramos em paz nosso pai comum; você com suas almas sábias e atrevidas, nós com nossas almas ignorantes e tímidas. Temos um dia para viver; vamos passá-lo de modo ameno, sem nos desgastar com dificuldades que serão esclarecidas na vida imortal que vai começar amanhã."

O homem rude, nada tendo de bom a replicar, falou durante muito tempo e se aborreceu mais ainda. Nossos pobres filósofos dedicaram algumas semanas a ler a história e, depois de terem lido muito, aqui está o que disseram a esse bárbaro que era tão indigno de ter uma alma imortal:

"Amigo, lemos que em toda a antiguidade as coisas iam tão bem como em nosso tempo, que havia até mesmo virtudes maiores e que os filósofos não eram perseguidos por causa das opiniões que defendiam; por que, pois, quereria nos causar dano por causa das opiniões que não temos? Lemos que toda a antiguidade acreditava na matéria eterna. Aqueles que viram que ela era criada deixaram os outros em paz. Pitágoras[43] tinha sido galo, seus pais porcos, ninguém encontrou do que contradizer essa posição e sua seita foi amada e reverenciada por todos, exceto pelos assadores de carnes e por aqueles que tinham fava para vender.

"Os estoicos reconheciam um Deus, aproximadamente como aquele que depois foi tão temerariamente admitido pelos espinosistas; o estoicismo, contudo, foi a seita mais fecunda em virtudes heroicas e a mais merecedora de crédito.

"Os epicuristas faziam seus deuses semelhantes a nossos cônegos, cuja indolente gordura sustenta sua divindade e tomam em paz seu néctar e sua ambrosia sem se incomodarem com nada. Esses epicuristas pregavam atrevidamente a materialidade e a mortalidade da alma. Não foram por isso menos considerados; eram admitidos em todos os empregos e seus átomos recurvos nunca causaram mal algum ao mundo.

"Os platônicos, a exemplo dos sofistas, não nos davam a honra de pensar que Deus se tivesse dignado ele próprio de nos formar. Tinham deixado esse cuidado, segundo eles, a seus oficiais, a gênios que em sua tarefa cometeram mutas extravagâncias. O Deus dos platônicos era um operário excelente que empregou na terra alunos bastante medíocres. Os homens não deixaram de reverenciar menos a escola de Platão.

"Numa palavra, entre os gregos e os romanos, havia inúmeras seitas, como inúmeras maneiras de pensar sobre Deus, sobre a alma, sobre o passado e sobre o futuro; nenhuma dessas seitas foi perseguidora. Todas se enganavam e ficamos muito aborrecidos com isso, mas todas eram pacíficas e é o que nos confunde, é o que nos condena, é o que nos faz ver que a maioria dos raciocinadores de hoje são monstros e que aqueles da antiguidade eram homens. Cantava-se publicamente no teatro de Roma:

"*Post mortem nihil est, ipsaque mors nihil.*"

Nada há após a morte, a própria morte não é nada[44].

"Essas opiniões não tornavam os homens nem melhores nem piores; tudo se administrava, tudo caminhava normalmente e os Titos, os Trajanos, os Marcos Aurélios governaram a terra como deuses benfazejos.

"Se passarmos dos gregos e dos romanos às nações bárbaras, vamos nos deter unicamente nos judeus. Por mais supersticioso, por mais cruel e por mais ignorante que fosse esse povo miserável, honrava, contudo, os fariseus que admitiam a fatalidade do destino e a metempsicose; respeitava também os saduceus que negavam de forma absoluta a imortalidade da alma e a existência dos espíritos e que se baseavam na lei de Moisés, a qual nunca havia falado de pena nem de recompensa após a morte. Os essênios, que também acreditavam na fatalidade e que nunca sacrificavam vítimas no templo, eram ainda mais severos que os fariseus e os saduceus. Nenhuma de suas opiniões jamais perturbou o governo. Havia, contudo, nesse povo do que se degolar, se queimar, se exterminar reciprocamente, se assim o quisessem. Ó miseráveis homens! Tirem proveito desses exemplos. Pensem e deixem pensar. É o consolo de nossos fracos espíritos nesta vida tão breve. Como! Vocês receberiam com cortesia um turco que acredita que Maomé viajou para a lua, evitariam de desagradar o paxá Boneval e quereriam esfacelar seu irmão, porque acredita que Deus poderia dar a inteligência a toda criatura?"

Foi assim que um dos filósofos falou; outro acrescentou: "Acreditem em mim, nunca se deve recear que qualquer opinião filosófica possa prejudicar a religião de um país. É em vão que nossos mistérios sejam contrários a nossas demonstrações; não são menos reverenciados por nossos filósofos cristãos, que sabem que os objetos da razão e da fé são de natureza diferente. Jamais os filósofos vão constituir uma seita religiosa; por quê? É que não têm entusiasmo para isso. Dividam o gênero humano em vinte partes; há dezenove compostas por aqueles que trabalham com suas próprias mãos e que jamais saberão se houve um Locke no mundo. Na vigésima parte que resta, como se encontra poucos homens que leem! E entre aqueles que leem, há vinte que leem romances contra um que estuda filosofia. O número daqueles que pensam é excessivamente pequeno e esses não têm intenção de perturbar o mundo.

"Quem são aqueles que levaram a chama da discórdia em sua pátria? Será Pomponace, Montaigne, Levayer, Descartes, Gassendi, Bayle, Spinoza, Hobbes, o lorde Shaftesbury, o conde Boulainvilliers, o cônsul Maillet, Toland, Collins, Fludd, Woolston, Bekker[45], o autor disfarçado sob o nome de Jacques Massé[46], o do *Espião turco*[47], o das *Cartas persas*[48], o das *Cartas judaicas*[49], o dos *Pensamentos filosóficos*[50], etc.? Não, são em sua maioria teólogos que, tendo de início a ambição de serem chefes de seita, logo tiveram aquele de serem chefes de partido. Que digo? Todos os livros de filosofia modernos, colocados juntos, nunca farão no mundo tanto barulho como somente conseguiu fazer a disputa dos frades franciscanos sobre a forma de suas mangas e de seus capuzes."

[Seção X – Da antiguidade do dogma da imortalidade da alma (fragmento)]

O dogma da imortalidade da alma é a ideia mais consoladora e, ao mesmo tempo, mais repressora que o espírito humano pôde receber. Essa bela filosofia era, entre os egípcios, tão antiga como suas pirâmides; era-o, antes deles, entre os persas. Já escrevi em outro local que essa alegoria do primeiro Zoroastro[51], citada no *Sadder*[52], na qual Deus fez ver a Zoroastro um lugar de castigo, tal como o *Dardarot* ou o *Keron* dos egípcios, o *Hades* e o *Tártaro* dos gregos, que só traduzimos imperfeitamente em nossas línguas modernas pela palavra *inferno, subterrâneo*. Deus mostra a Zoroastro, nesse local de castigos, todos os maus reis. Havia um deles ao qual lhe faltava um pé; Zoroastro perguntou o motivo. Deus lhe respondeu que esse rei só tinha feito uma boa ação em sua vida, aproximando com um pontapé uma manjedoura que não estava bastante perto de um asno morrendo de fome; deus havia posto o pé desse mau rei no céu e o resto do corpo estava no inferno.

Essa fábula, que nunca é demais repetir, mostra quão antiga era a opinião sobre outra vida. Os indianos estavam persuadidos disso, sua metempsicose é uma prova. Os chineses reverenciavam as almas de seus ancestrais. Todos esses povos tinham fundado poderosos impérios muito tempo antes dos egípcios. É uma verdade muito importante que acredito já ter provado pela própria natureza do solo do Egito. Os terrenos mais favoráveis devem ter sido cultivados primeiro; o terreno do Egito era o mais impraticável de todos, visto que está submerso durante quatro meses por ano; foi somente depois de trabalhos ingentes e, por conseguinte, depois de um espaço de tempo prodigioso que se chegou a construir cidades que o Nilo não pudesse inundar.

Esse império tão antigo era, portanto, bem menos antigo que os impérios da Ásia; e nuns e noutros se acreditava que a alma subsistia após a morte. É verdade que todos esses povos, sem exceção, consideravam a alma como uma forma etérea, leve, uma imagem do corpo; a palavra grega que significa *sopro* só foi inventada muito tempo depois pelos gregos. Mas, enfim, não se pode duvidar que uma parte de nós mesmos não foi considerada como imortal. Os castigos e as recompensas em outra vida eram o grande fundamento da antiga teologia.

Ferecidas[53] foi o primeiro dos gregos que acreditou que as almas existiam desde toda a eternidade e não o primeiro, como se julgou, que tenha dito que as almas sobreviviam aos corpos. Ulisses, muito tempo antes de Ferecidas, tinha visto as almas dos heróis nos infernos, mas que as almas fossem tão antigas como o mundo era um sistema que havia surgido no Oriente, trazido para o Ocidente por Ferecidas. Não creio que tenhamos entre nós um só sistema que não se encontre entre os antigos; foi somente com os escombros da antiguidade que nós construímos todos os nossos edifícios modernos.

[Seção XI]

Bela coisa seria ver a própria alma. *Conhece-te a ti mesmo* é um excelente preceito, mas só a Deus é dado pô-lo em prática. Quem mais pode conhecer a própria essência?

Chamamos alma ao que anima. Dela não sabemos muito mais, por culpa dos limites de nossa inteligência. Três quartos do gênero humano não vão mais longe, nem sequer se preocupam com o ser pensante; o outro quarto indaga; ninguém descobriu nada, nem descobrirá.

Pobre filósofo, vês uma planta que vegeta, e logo dizes *vegetação* ou até mesmo *alma vegetativa*! Notas que os corpos têm e produzem movimento, e logo dizes *força*; vês teu cão de caça aprender contigo seu ofício, e logo exclamas *instinto, alma sensitiva*; tens ideias combinadas, e logo dizes *espírito*.

Mas, por favor, que entendes por essas palavras? Essa flor vegeta, mas há um ser real que se chama *vegetação*? Esse corpo empurra outro, mas possui em si um ser distinto que se chama *força*? Esse cão te traz uma perdiz, mas haverá um ser que se chama *instinto*? Não haverias de rir de um raciocinador (ainda que fosse preceptor de Alexandre[54]) que te dissesse: "Todos os animais vivem; logo, há neles um ser, uma forma substancial, que é a vida?"

Se uma tulipa pudesse falar e te dissesse: "Minha vegetação e eu somos dois seres evidentemente ligados num só conjunto", não haverias de zombar da tulipa?

Vamos ver primeiro o que sabes e do que tens certeza: que andas com teus pés; que digeres com teu estômago; que sentes com todo o teu corpo e que pensas com a cabeça. Vamos ver agora se tua razão, por si só, pôde te dar luzes suficientes para concluir, sem ajuda sobrenatural, que tens uma alma.

Os primeiros filósofos, quer caldeus, quer egípcios, disseram: "É necessário que haja em nós algo que produza nossos pensamentos; esse algo deve ser muito sutil; um sopro, fogo, éter, uma quintessência, um tênue simulacro, uma enteléquia, um número, uma harmonia." Finalmente, segundo o divino Platão, é um composto do *próprio* e do *outro*. "São átomos que pensam em nós", disse Epicuro seguindo Demócrito[55]. Mas, meu amigo, como um átomo pode pensar? Confessa que não sabes nada disso.

A ideia a que devemos, sem dúvida, aderir é que a alma é um ser imaterial; mas certamente vocês não conseguem conceber o que é esse ser imaterial. "Não, respondem os sábios, mas sabemos que sua natureza é pensar." E como o sabem? "Sabemos, porque pensa." Ó sábios! Tenho medo realmente de que sejam tão ignorantes como Epicuro: a natureza de uma pedra é cair, porque cai; mas pergunto: quem a faz cair?

"Sabemos, prosseguem eles, que uma pedra não tem alma." De acordo, assim o creio também. "Sabemos que uma negação e uma afirmação não são divisíveis, não são partes da matéria." Sou do mesmo parecer. Mas a matéria, além do mais desconhecida para nós, possui qualidades que não são materiais, que não são divisíveis; ela tem a gravitação para um centro, que Deus lhe deu. Ora, essa gravitação não tem partes, não é divisível. A força motriz dos corpos não é um ser composto de partes. A vegetação dos corpos organizados, sua vida, seu instinto, também não são seres à parte, seres divisíveis; não podem cortar em dois a vegetação de uma rosa, a vida de um cavalo, o instinto de um cão, como não podem cortar em dois uma sensação, uma negação, uma afirmação. Seu belo argumento, extraído da indivisibilidade do pensamento, não prova, portanto, absolutamente nada.

A que chamam então sua alma? Que ideia têm dela? Por vocês mesmos não podem, sem revelação, admitir outra coisa em vocês senão um poder desconhecido de sentir, de pensar.

Digam agora com sinceridade: esse poder de sentir e de pensar é o mesmo que os faz digerir e andar? Confessam que não, pois, em vão ordenaria seu entendimento a seu estômago: *Digere*! Ele nada vai fazer, se estiver doente; em vão seu ser imaterial mandaria seus pés caminhar; não vão dar um passo, se sofrerem de gota.

Os gregos perceberam realmente que o pensamento nada tinha a ver com o desempenho de nossos órgãos; admitiram para esses órgãos uma alma animal e, para os pensamentos, uma alma mais tênue, mais sutil, um νουσ [56].

Mas eis essa alma do pensamento que, em milhares de ocasiões, tem o domínio sobre a alma animal. A alma pensante ordena a suas mãos agarrar, e elas agarram. Ela não diz a seu coração que bata, a seu sangue que circule, a seu bolo digestivo que se forme; tudo isso se faz sem ela: aí estão duas almas bem embaraçadas e pouco senhoras da situação em casa.

Ora, essa primeira alma animal certamente não existe, não é mais que o movimento de teus órgãos. Cuidado, homem! Porque não tens mais provas, por meio de tua fraca razão, de que a outra alma existe. Só podes sabê-lo pela fé. Nasceste, vives, ages, pensas, ficas acordado, dormes, sem saber como. Deus te deu a faculdade de pensar, como te deu todo o resto; e se ele não tivesse vindo te ensinar nas épocas marcadas por sua providência que tens uma alma imaterial e imortal, dela não terias prova alguma.

Vamos ver os belos sistemas que tua filosofia arquitetou sobre essas almas. Um diz que a alma do homem é parte da substância do próprio Deus; outro afirma que é parte do grande todo; um terceiro, que foi criada desde toda a eternidade; um quarto, que foi feita e não criada; outros garantem que Deus as forma à medida que delas necessita e que chegam no momento da cópula. "Elas se alojam nos animálculos seminais", exclama este. – "Não, diz aquele, vão habitar nas trompas de Falópio." – "Estão todos errados, fala um recém-chegado: a alma espera seis semanas até que o feto se forme e só então ocupa a glândula pineal; mas, se encontrar um germe falso, volta atrás e espera ocasião mais propícia." A última opinião é que sua morada se situa no corpo caloso; é o local que lhe atribui La Peyronie[57]; era preciso ser primeiro cirurgião do rei de França para dispor assim do alojamento da alma. Entretanto, sua teoria do corpo caloso não obteve para ele o mesmo sucesso que tivera como cirurgião.

Santo Tomás[58], em sua questão 75ª e seguintes, diz que a alma é uma forma *subsistente por si*, que está toda em tudo, que sua essência difere de sua potência, que há três almas *vegetativas*, a saber, a *nutritiva*, a *aumentativa*, a *generativa*; que a memória das coisas espirituais é espiritual e que a memória das coisas corporais é corporal; que a alma racional é uma forma "imaterial quanto às operações e material quanto ao ser". Santo Tomás escreveu duas mil páginas dessa força e dessa clareza; por isso é considerado o anjo da escola.

Não surgiram menos sistemas que discutem a maneira como essa alma vai sentir depois de ter deixado seu corpo por meio do qual sentia; como vai ouvir sem ouvidos, como vai cheirar sem nariz, como vai tocar sem mãos; que corpo vai retomar depois, se aquele que tinha aos dois anos ou aos oitenta; como o *eu*, a identidade da própria pessoa vai subsistir; como a alma de um homem, que se tornou demente aos quinze anos e que morreu como demente aos setenta, vai retomar o fio das ideias que tinha na idade da puberdade; por qual reviravolta uma alma, cuja perna foi amputada na Europa e tivesse perdido um braço na América, vai reencontrar essa perna e esse braço, os quais, transformados entrementes em legumes, já estariam correndo no sangue de algum outro animal. Nunca acabaríamos, se quiséssemos enumerar todas as extravagâncias que essa pobre alma humana imaginou sobre si mesma.

O que é realmente singular é que nas leis do povo de Deus não se diga uma palavra sequer sobre a espiritualidade e a imortalidade da alma; absolutamente nada no *Decálogo*, nem no *Levítico* nem no *Deuteronômio*.

É realmente certo, é indubitável que Moisés, em nenhuma passagem, propõe aos judeus recompensas e castigos em outra vida, nem jamais lhes fala da imortalidade de suas almas, além de que não os leva a esperar o céu, nem os ameaça com o inferno: tudo é temporal.

Antes de morrer lhes diz em seu *Deuteronômio*: "Se, depois de terem tido filhos e netos, prevaricarem, serão exterminados do país e reduzidos a número ínfimo entre as nações."

"Sou um Deus ciumento que pune a iniquidade dos pais até terceira e quarta geração."

"Honrem pai e mãe para que possam viver longo tempo."

"Terão do que comer e nunca lhes haverá de faltar."

"Se seguirem deuses estrangeiros, serão destruídos..."

"Se obedecerem, terão chuva na primavera; e no outono terão trigo, óleo, vinho, feno para seus animais, para que possam comer e se fartar."

"Gravem estas palavras em seus corações, em suas mãos, em seus olhos, escrevam-nas em suas portas, para que seus dias se multipliquem."

"Façam o que lhes ordeno, sem nada acrescentar nem tirar."

"Se algum profeta se erguer e lhes predisser coisas prodigiosas, se sua predição for verdadeira e se cumprir, e se ele lhes disser: Vamos, sigamos deuses estrangeiros..., matem-no logo e que todo o povo os acompanhe."

"Quando o Senhor lhes tiver entregado as nações, degolem tudo, sem poupar um só homem e não tenham piedade de ninguém."

"Não comam aves impuras, como a águia, o grifo, a coruja."

"Não comam animais que ruminam e cuja unha não for fendida, como o camelo, a lebre, o porco-espinho", etc.

"Observando todos esses preceitos serão abençoados na cidade e nos campos; abençoados serão os frutos de seu ventre, de sua terra, de seus animais..."

"Se não observarem todos os mandamentos e todas as cerimônias, serão amaldiçoados na cidade e nos campos... Padecerão fome, pobreza, morrerão de miséria, de frio, de penúria, de febre; terão tinha, sarna, fístula... Terão úlceras nos joelhos e na panturrilha das pernas."

"O estrangeiro vai emprestar a juros, mas vocês não vão emprestar a juros... porque desse modo não terão servido ao Senhor."

"E comerão o fruto de seu ventre e a carne de seus filhos e de suas filhas", etc.

É evidente que em todas essas promessas e em todas essas ameaças não há nada que não seja temporal e que não se encontra uma palavra sequer sobre a imortalidade da alma e sobre a vida futura.

Vários comentadores ilustres julgaram que Moisés estava perfeitamente ciente desses dois grandes dogmas; e o provam com as palavras de Jacó que, achando que seu filho havia sido devorado pelas feras, exclamou em sua dor: "Vou descer com meu filho no fosso, *in infernum*, no inferno"; ou seja, vou morrer, visto que meu filho morreu.

Provam-no ainda com passagens de Isaías e de Ezequiel; mas os hebreus, aos quais Moisés falava, não podiam ter lido nem Ezequiel nem Isaías, porquanto só viveram vários séculos depois.

É inútil discutir sobre os sentimentos secretos de Moisés. O fato é que nas leis públicas ele nunca falou de uma vida futura, que limita todos os castigos e todas as recompensas ao tempo presente. Se conhecesse a vida futura, por que não expôs expressamente esse grande dogma? E se não a conhecesse, qual era o objetivo de sua missão? É o que perguntam muitas personagens ilustres; e respondem que o Mestre de Moisés e de todos os homens se reservava o direito de explicar em tempo oportuno aos judeus uma doutrina que eles não estavam em condições de compreender quando perambulavam pelo deserto.

Se Moisés tivesse anunciado o dogma da imortalidade da alma, uma grande escola de judeus não teria combatido sempre essa imortalidade; essa grande escola dos saduceus não teria sido autorizada no Estado; os saduceus não teriam ocupado os primeiros cargos; dentre eles não teriam saído grandes pontífices.

Parece que foi somente depois da fundação de Alexandria que os judeus se dividiram em três seitas: os fariseus, os saduceus e os essênios[59]. O historiador Flávio Josefo, que era fariseu, nos ensina no livro 13 de suas *Antiguidades judaicas* que os fariseus acreditavam na metempsicose; os saduceus acreditavam que a alma se extinguia com o corpo; os essênios, diz ainda Flávio Josefo, consideravam as almas imortais; segundo eles, as almas desciam sob forma aérea para os corpos, da mais elevada região do ar; elas eram conduzidas até o corpo por uma atração violenta e, após a morte, aquelas que haviam pertencido a pessoas de bem permaneciam além do oceano, num país onde não fazia calor nem frio, onde não havia vento nem chuva. As almas dos maus vão para um clima totalmente diverso. Essa era a teologia dos judeus.

Aquele a quem unicamente cabia a tarefa de instruir todos os homens veio condenar essas três seitas; sem ele, porém, jamais teríamos podido conhecer algo de nossa alma, uma vez que os filósofos jamais tiveram ideias definidas sobre ela e uma vez que Moisés, único verdadeiro legislador do mundo antes do nosso, Moisés, que falava com Deus face a face e que só o via pelas costas, deixou os homens numa ignorância profunda sobre essa grande questão. Não faz, pois, mais que 1700 anos que temos certeza da existência da alma e de sua imortalidade.

Cícero só tinha dúvidas; seu neto e sua neta puderam aprender a verdade com os primeiros galileus que chegaram em Roma.

Mas antes disso, e até depois disso em todo o resto da terra onde os apóstolos não penetraram, cada um devia dizer à própria alma: "Quem és tu? De onde vens? Que fazes? Para onde vais? Tu és não sei quê, que pensa e que sente, e mesmo que sentisses e pensasses 100 milhões de anos, nunca saberias mais por tuas próprias luzes, sem o auxílio de Deus."

Ó homem! Esse Deus te deu o entendimento para te comportares bem e não para penetrares na essência das coisas que ele criou.

Foi isso mesmo que pensou Locke[60] e, antes de Locke, Gassendi[61] e, antes de Gassendi, uma multidão de sábios; mas nós temos bacharéis que sabem tudo o que esses grandes homens ignoravam.

Cruéis inimigos da razão ousaram se levantar contra essas verdades reconhecidas por todos os sábios. Levaram a má-fé e sua imprudência a ponto de imputarem aos autores desta obra de ter garantido que a alma é matéria. Vocês sabem muito bem, perseguidores da inocência, que dissemos exatamente o contrário. Sabem muito bem que algumas páginas atrás se encontram essas próprias palavras contra Epicuro, Demócrito e Lucrécio: "Meu amigo, como é que um átomo pode pensar? Confessa que nada conheces a respeito." Vocês são, pois, evidentemente caluniadores.

Ninguém sabe o que é o ser chamado *espírito,* ao qual mesmo vocês dão esse designativo material *espírito* que significa *vento.* Todos os primeiros Padres da Igreja[62] acreditaram na alma corporal. É impossível para nós, seres limitados, saber se nossa inteligência é substância ou faculdade: não podemos conhecer a fundo nem o ser como extensão nem o ser pensante, ou o mecanismo do pensamento.

Há aqueles que proclamam, com os respeitáveis Gassendi e Locke, que nada sabemos por nós mesmos dos segredos do criador. Por acaso são deuses para saber tudo? Repetem que só podemos conhecer a natureza e o destino da alma pela revelação. O quê! Essa revelação não lhes basta? Realmente são inimigos dessa revelação que proclamamos, visto que perseguem aqueles que tudo esperam dela e que só nela creem.

Nós nos reportamos à palavra de Deus; e vocês, inimigos da razão e de Deus, que blasfemam uma e outro, tratam a humilde dúvida e a humilde submissão do filósofo como o lobo tratou o cordeiro nas fábulas de Esopo[63] e lhe dizem: "Falaste mal de mim no ano passado, vou sugar teu sangue." Essa é sua conduta. Bem o sabem, vocês perseguiram a sabedoria, porque julgaram que o sábio os desprezava. Sabe-se que vocês disseram que sentiram o que mereciam e quiseram se vingar. A filosofia, porém, não se vinga; ri em paz de seus esforços vãos; ilumina suavemente os homens que vocês querem embrutecer para torná-los semelhantes a vocês.

---

1. Livro bíblico do *Gênesis,* II, 7 (NT).

2. *Padres da Igreja* é uma expressão clássica da história antiga, com a qual são designados os grandes teólogos e escritores dos primeiros séculos do cristianismo; são numerosos e seus escritos formam a chamada *Patrística, Patrologia,* ou seja, obras, textos, comentários bíblicos e doutrina desses autores, os quais fundamentaram toda a teologia cristã, e particularmente católica, que ainda vigora hoje; entre os principais Padres da Igreja, podem ser relembrados Ambrósio, Agostinho, Orígenes, Cirilo de Jerusalém, Cirilo de Alexandria, João Crisóstomo, Gregório Nazianzeno, Gregório de Nissa, Ireneu, etc.

3. Quintus Septimius Florens Tertullianus (155-222), filósofo e teólogo cristão, deixou muitas obras de caráter apologético sobre o cristianismo (NT).

4. Tomás de Aquino (1225-1274), filósofo e teólogo italiano, autor, dentre outras, da célebre *Summa Theologica* (Suma Teológica), considerada a obra mais importante do catolicismo na tentativa de conciliar fé e razão, para a qual Tomás se valeu particularmente da filosofia aristotélica (NT).

5. Platão (427-347 a.C.), filósofo grego; dentre suas obras, *A República* já foi publicada pela Editora Escala (NT).

6. Ireneu (130-202), bispo de Lyon, França, e doutor da Igreja (NT).

7. Taciano (120-173), escritor sírio, apologista cristão; reuniu os Evangelhos num único texto (NT).

8. Hilário de Poitiers (315-367), bispo e doutor da Igreja, teve papel importante na luta contra o arianismo (NT).

9. Ambrósio (340-397), bispo de Milão e doutor da Igreja; converteu Agostinho ao cristianismo; seus escritos refletem uma moral rígida, estoica (NT).

10. Isaac Jaquelot (1647-1708), pastor e teólogo protestante francês (NT).

11. John Locke (1632-1704), filósofo e teórico político inglês; adepto do materialismo, favorável ao liberalismo político e defensor da tolerância religiosa, deixou várias obras de cunho filosófico, político e pedagógico (NT).

12. Pierre Gassend, dito Gassendi (1592-1655), filósofo e cientista francês, criticou as doutrinas de Aristóteles e fez importantes descobertas em astronomia e física (NT).

VOLTAIRE

13. René Descartes (1596-1650), filósofo, físico e matemático francês (NT).

14. Nicolau de Malebranche (1638-1715), filósofo francês (NT).

15. Conjunto das teorias e doutrinas filosóficas de Baruch (Bento) de Spinoza (1632-1677), filósofo holandês; dentre suas obras, *Tratado da reforma do entendimento* já foi publicada pela Editora Escala (NT).

16. O estoicismo é uma doutrina filosófica que apregoa a austeridade, a rigidez, viver a vida como se apresenta; conhecida sobretudo por sua moral rígida e sem concessão, seu principal lema era "suporta e abstém-te" (NT).

17. Citação extraída da obra *De arte poetica* de Quintus Horatius Flaccus (65-8 a.C.), poeta latino (NT).

18. Matthew Prior (1664-1721), poeta e diplomata inglês (NT).

19. John Locke (1632-1704), filósofo e teórico político inglês; professou um materialismo sensualista, mas defendia o liberalismo político e a tolerância religiosa (NT).

20. Trata-se do próprio Voltaire (NT).

21. Titus Lucretius Carus (98-55 a.C.), poeta latino que, em sua obra *De natura rerum* (da natureza das coisas), analisou o pensamento de Demócrito, Empédocles e Epicuro (NT).

22. Epicuro (341-270 a.C.), filósofo grego, materialista, fundador do epicurismo, doutrina que apregoa o desfrute dos bens materiais e espirituais para que se possa perceber sua excelência e extrair deles o que há de melhor em sua natureza, que é essencialmente boa (NT).

23. Marcus Tullius Cicero (106-43 a.C.), filósofo, orador e escritor latino; dentre suas obras, *A amizade, A velhice saudável* e *Os deveres* já foram publicadas pela Editora Escala (NT).

24. Caius Plinius Secundus (23-79), naturalista e escritor latino (NT).

25. Diógenes, o Cínico (404-323? a.C.), filósofo grego; segundo ele, a virtude é o bem supremo e o resto nada vale; para libertar-se do desejo, deve-se reduzir ao mínimo as necessidades; a tradição diz que vivia dentro de um tonel. Conta-se que Alexandre Magno lhe perguntou se desejava algo, ao que respondeu: "Quero apenas a luz do sol; afasta-te" (NT).

26. Alexandre Magno (356-323 a.C.), rei da Macedônia, Grécia, conquistou todo o mundo oriental conhecido na época, do Egito à Índia (NT).

27. Versos do livro Metamorphoseon de Publius Ovidius Naso (43 a.C.-18 d.C.), poeta latino; a tradução livre no texto é de Voltaire; uma tradução mais literal diria: Teu destino é mortal, mas não é mortal o que desejas (NT).

28. Arquimedes (287-212 a.C.), matemático e inventor grego; seus princípios matemáticos são utilizados até hoje (NT).

29. William Warburton (1698-1779), bispo de Gloucester, autor de *Divine Legation of Moises demonstrated* – Divina legação de Moisés demonstrada (NT).

30. William Shakespeare (1564-1616), poeta e dramaturgo inglês (NT).

31. Com este termo são designados os cinco primeiros livros da Bíblia: *Gênesis, Êxodo, Números, Levítico e Deuteronômio* (NT).

32. Os saduceus formavam uma corrente religiosa dentro do judaísmo e se preocupavam especialmente com a sobrevência política da nação judaica e não acreditavam na ressurreição dos mortos e, consequentemente, numa vida pós-morte (NT).

33. *Evangelho de Mateus*, XXII, 31-32 (NT).

34. Epicuro (341-270 a.C.), filósofo grego, materialista, fundador do epicurismo, doutrina que apregoa o desfrute dos bens materiais e espirituais para que se possa perceber sua excelência e extrair deles o que há de melhor em sua natureza, que é essencialmente boa (NT).

35. Clemente (séc. I d.C.), papa de 89 a 97; deixou uma carta endereçada à igreja de Corinto, na Grécia, que constitui importante documento do início do cristianismo (NT).

36. Melchior de Polignac (1661-1742), cardeal, diplomata e escritor francês (NT).

37. Aristóteles (384-322 a.C.); filósofo grego; dentre suas obras, *A Política* já foi publicada pela Editora Escala (NT).

38. Trata-se de Tomás de Aquino – ver nota 4 deste verbete (NT).

39. Platão (427-347 a.C.), filósofo grego; dentre suas obras, *A República* já foi publicada pela Editora Escala (NT).

40. Sobre estes dois filósofos, ver notas 12 e 13 deste verbete (NT).

41. Evangelho de Mateus, III, 9 (NT).

42. Verso extraído da obra *Metamorfoses* (VI, 67) de Publius Ovidius Naso (43 a.C.-18 d.C.), poeta latino (NT).

43. Pitágoras (séc. VI a.C.), matemático e filósofo grego, são célebres seus teoremas e princípios matemáticos (NT).

44. Frase extraída do fim do segundo ato da peça teatral Troades de Lucius Annaeus Seneca (1 a.C.-65 d.C.), filósofo estoico e dramaturgo latino; dentre suas muitas obras, já foram publicadas pela Editora Escala *A vida feliz, A tranquilidade da alma, A constância do sábio, A brevidade da vida* (NT).

45. Lista de filósofos, cientistas e pensadores que são citados seguidamente por Voltaire neste Dicionário (NT).

46. Voltaire se refere ao livro *Viagens e aventuras* de Jacques Massé, cujo autor é Simon Tyssot de Patot (1655-1738), escritor francês (NT).

47. O título do livro é *O espião do Grão-Turco nas cortes dos príncipes cristãos* de autoria de Giovanni Pao-lo Marana (1642-1693), escritor italiano radicado na França (NT).

48. Livro já publicado pela Editora Escala, cujo autor é Charles de Secondat, barão de Montesquieu (1689-1755), escritor e pensador francês (NT).

49. Livro de autoria de Jean-Baptiste de Boyer, marquês d'Argens (1704-1771), escritor francês (NT).

50. Livro de Denis Diderot (1713-1784), filósofo francês; de sua autoria já foram publicados pela Editora Escala: *Carta sobre os cegos endereçada àqueles que enxergam, Carta sobre os surdos e mudos enderaçada àqueles que ouvem e falam, O sobrinho de Rameau, Paradoxo sobre o comediante* (NT).

51. Zoroastro ou Zaratustra (628-551 a.C.), sábio persa, fundador do zoroastrismo ou masdeísmo que opõe dois princípios fundamentais que governam o mundo e o homem: o bem e o mal; Zoroastro teria recebido do deus da sabedoria, numa visão, a missão de pregar e ensinar a verdade aos homens (NT).

52. Obra em que está contida a doutrina de Zoroastro (NT).

53. Ferecidas de Syros (séc. VI a.C.), filósofo grego (NT).

54. Trata-se de Alexandre Magno (356-323 a.C.), grande conquistador do mundo antigo, cujo preceptor foi, durante o ano 343, o filósofo Aristóteles (384-322 a.C.); dentre as obras deste filósofo grego, *A Política* já foi publicada pela Editora Escala (NT).

55. Demócrito (460-370 a.C.), filósofo grego, materialista, sua filosofia ensina que a natureza é composta de vazio e de átomos, partículas materiais indivisíveis, eternas e invariáveis. "Nada nasce do nada", segundo ele, e define que a alma é feita de átomos, como os corpos são resultantes de combinações de átomos e que desaparecem com a separação dos mesmos (NT).

56. *Nous*, raiz grega que significa saber, indicando o princípio do conhecimento, da ciência do saber (NT).

57. François Gigot de Lapeyronie (1678-1747), médico francês, em 1736 foi nomeado médico particular do rei Luís XV; descobriu a doença que leva seu nome, descrita por ele em 1743, e que ataca corpos cavernosos do organismo, provocando seu endurecimento e ocasionais deformações (NT).

58. Tomás de Aquino (1225-1274), filósofo e teólogo italiano, autor, dentre outras, da célebre *Summa Theologica* (Suma Teológica), considerada a obra mais importante do catolicismo na tentativa de conciliar fé e razão, para a qual Tomás se valeu particularmente da filosofia aristotélica (NT).

59. Os fariseus constituíam uma corrente da religião judaica que privilegiava a estrita observância dos mandamentos e a submissão rigorosa à lei e que teve marcante influência na tradição rabínica da doutrina e da literatura hebraica; os saduceus, eternos rivais dos fariseus, se preocupavam especialmente com a sobrevivência política da nação judaica e não acreditavam na ressurreição dos mortos e, consequentemente, numa vida pós-morte; os essênios, que em período desconhecido da história judaica se retiraram para o deserto, eram estritos observantes da lei mosaica e conduziam uma vida ascética, desligados dos movimentos políticos do judaísmo – segundo se pensa hoje, teriam tido influência sobre os ensinamentos difundidos por Cristo (NT).

60. John Locke (1632-1704), filósofo e teórico político inglês; professou um materialismo sensualista, mas defendia o liberalismo político e a tolerância religiosa (NT).

61. Pierre Gassend, dito Gassendi (1592-1655), filósofo e cientista francês, criticou as doutrinas de Aristóteles e fez importantes descobertas em astronomia e física (NT).

62. *Padres da Igreja* é uma expressão clássica da história antiga, com a qual são designados os grandes teólogos e escritores dos primeiros séculos do cristianismo; são numerosos e seus escritos formam a chamada *Patrística, Patrologia*, ou seja, obras, textos, comentários bíblicos e doutrina desses autores, os quais fundamentaram toda a teologia cristã, e particularmente católica, que ainda vigora hoje; entre os principais Padres da Igreja, podem ser relembrados Ambrósio, Agostinho, Orígenes, Cirilo de Jerusalém, Cirilo de Alexandria, João Crisóstomo, Gregório Nazianzeno, Gregório de Nissa, Irineu, etc.

63. Esopo (séc. VII ou VI a.C.), fabulista grego; suas fábulas que chegaram até nós foram compiladas no século IV por Demétrio de Falero. A mencionada por Voltaire relembra o encontro fortuito do lobo e do cordeiro à margem de um riacho; o lobo se queixa ao cordeiro que está lhe sujando a água, mas este responde que é impossível, porquanto está bebendo rio acima; o lobo, procurando um pretexto para devorá-lo, lhe diz que se não é ele, foi o pai dele que outrora o fez (NT).

AMIZADE

- Faz muito tempo que se fala do templo da Amizade e sabe-se que foi muito pouco frequentado.

> *Em velha linguagem se vê na fachada*
> *Os nomes sagrados de Orestes e de Pilades,*
> *O medalhão do bom Piritus,*
> *Do sábio Acate e do terno Nisus,*
> *Todos grandes heróis, todos amigos verdadeiros;*
> *Esses nomes são belos, mas estão nas fábulas*[1].

Sabe-se que a amizade não se comanda, precisamente como o amor e a estima. "Ama teu próximo" significa "Ajuda teu próximo", mas não: "Desfruta com prazer de sua conversa se ele for aborrecido, confia-lhe teus segredos se ele for um tagarela, empresta-lhe teu dinheiro se ele for dissipador."

A amizade é o casamento da alma, e esse casamento está sujeito ao divórcio. É um contrato tácito entre duas pessoas sensíveis e virtuosas. Digo *sensíveis*, pois um monge, um solitário, pode não ser mau e viver sem conhecer a amizade. Digo *virtuosas*, pois os maus só têm cúmplices, os voluptuosos têm companheiros de devassidão, os interesseiros têm sócios, os políticos congregam partidários, o comum dos homens ociosos tem ligações, os príncipes têm cortesãos; somente os homens virtuosos têm amigos. Cétego era cúmplice de Catilina, Mecenas era cortesão de Otávio, mas Cícero era amigo de Ático[2].

Que estabelece esse contrato entre duas almas ternas e honestas? As obrigações são mais ou menos intensas, segundo seu grau de sensibilidade e o número de serviços prestados, etc.

O entusiasmo pela amizade foi mais forte entre os gregos e os árabes do que entre nós. As histórias que esses povos inventaram sobre a amizade são admiráveis; não temos de semelhantes, somos um pouco secos em tudo.

A amizade era assunto de religião e de legislação entre os gregos. Os tebanos tinham o regimento dos amantes: belo regimento! Houve quem o tomasse por um regimento de sodomitas; puro engano: seria tomar o acessório pelo principal. A amizade entre os gregos era prescrita pela lei e pela religião. Infelizmente a pederastia era tolerada pelos costumes; não se deve imputar à lei abusos vergonhosos. Falaremos disso mais adiante.

1. Estes versos são do próprio Voltaire, extraídos de seu livro *Templo da amizade* (NT).
2. Voltaire recorre a personalidades romanas para exemplificar suas colocações. Cétego era cúmplice de Lúcio Sérgio Catilina (108-62 a.C.) que conjurou contra o Estado romano; Mecenas (68-9 a.C.) era poeta e cavaleiro romano da corte do imperador César Augusto Otávio ou Otaviano (63 a.C.-14 d.C.), protegeu as letras e as artes; Titus Pomponius Atticus (109-32 a.C.) era amigo de Marcus Tullius Cicero (106-43 a.C.), amizade comprovada pelas 396 cartas que Cícero escreveu a Ático, reunidas em volume com o título de *Epistulae ad Atticum* (NT).

AMOR - Há tantas espécies de amor, que não se sabe a quem recorrer para defini-lo. Denomina-se atrevidamente *amor* um capricho de alguns dias, uma ligação sem apego, um sentimento sem estima, afetações de cavalheiro, um frio hábito, uma fantasia romântica, um gosto seguido de um pronto desgosto; esse nome é dado a milhares de quimeras.

Se alguns filósofos querem examinar a fundo essa matéria pouco filosófica, que meditem *O banquete*[1] de Platão, no qual Sócrates, amante honesto de Alcibíades e de Agaton, conversa com eles sobre a metafísica do amor.

Lucrécio[2] fala dele mais como algo físico. Virgílio segue os passos de Lucrécio: *Amor omnibus idem*[3]. Aqui é necessário recorrer ao físico; o amor é o tecido da natureza que a imaginação bordou. Se quiseres ter uma ideia do amor, olha os pardais de teu jardim; olha teus pombos; contempla o touro que é levado à novilha; observa esse soberbo cavalo que dois de teus criados conduzem à pacífica égua que o espera e que arreda a cauda para recebê-lo; olha como seus olhos faíscam;

ouve seus relinchos; contempla esses saltos, esses corcoveios, essas orelhas em pé, essa boca que se abre em pequenas convulsões, essas narinas que arfam, esse sopro inflamado que sai delas, essas crinas que se empinam e que flutuam, esse movimento imperioso com que se lança sobre o objeto que a natureza lhe destinou; mas não tenhas inveja e pensa nas vantagens da espécie humana: compensam em amor todas aquelas que a natureza deu aos animais, força, beleza, leveza, rapidez.

Há até mesmo animais que não conhecem o prazer. Os peixes com escamas são privados dessa doçura: a fêmea lança sobre o lodo milhões de ovos e o macho que os encontra passa sobre eles e os fecunda com o sêmen, sem se preocupar a que fêmea pertencem.

A maioria dos animais que se acasala atinge o prazer por um único sentido; satisfeito esse apetite, tudo está acabado. Nenhum animal, além de ti, conhece os afagos; todo o teu corpo é sensível; teus lábios especialmente experimentam uma volúpia que jamais se cansa e esse prazer é exclusivo de tua espécie; enfim, tu podes te entregar ao amor em qualquer tempo, enquanto os animais só têm um tempo determinado. Se refletires nessas preeminências, dirás com o conde de Rochester: "Num país de ateus, o amor faria adorar a divindade."

Como os homens receberam o dom de aperfeiçoar tudo o que a natureza lhes concede, aperfeiçoaram o amor. O asseio, os cuidados com o próprio corpo, tornando a pele mais delicada, aumentam o prazer do tato e a atenção para com a própria saúde torna os órgãos da volúpia mais sensíveis ainda. Todos os outros sentimentos penetram em seguida naquele do amor, como metais que se fundem com o ouro: a amizade, a estima vêm em seu auxílio; os talentos do corpo e do espírito formam novas cadeias.

Nam facit ipsa suis interdum foemina factis,
Morigerisque modis, et mundo corpore cultu,
Ut facile insuescat secum vir degere vitam[4].

(Lucrécio, livro IV).

É principalmente o amor-próprio que estreita todos esses laços. Costumamos aplaudir-nos com nossa escolha e as ilusões em massa são os ornamentos dessa obra da qual a natureza lançou os alicerces.

Aí está o que tens de superior aos animais; mas se desfrutas de tantos prazeres que eles ignoram, quantos desgostos também, dos quais os animais não têm ideia! O que há de horroroso para ti é que a natureza envenenou, em três quartos da terra, os prazeres do amor e as fontes da vida com uma doença espantosa, à qual só o homem está sujeito e que infecta seus órgãos da geração.

Não ocorre com essa peste[5] como acontece com tantas outras doenças que são consequência de nossos excessos. Não foi a devassidão que a introduziu no mundo. As Frineias, as Laís, as Floras, as Messalinas[6] não foram atacadas por ela; surgiu em ilhas onde os homens viviam na inocência e de lá se propagou pelo mundo antigo.

Se algum dia foi possível acusar a natureza de desprezar sua obra, de contradizer seu plano, de agir contra seus próprios fins, foi nessa ocasião. Será esse, pois, o melhor dos mundos possíveis? Vejam só! Se César, Antônio, Otávio não foram afetados por essa doença, não era possível que ela não levasse ao túmulo Francisco I[7]? Não, dizem alguns, as coisas estavam dispostas da melhor forma possível. Quero crer, mas isso é triste para aqueles a quem Rabelais[8] dedicou seu livro.

Os filósofos eróticos levantaram muitas vezes a questão se Heloísa pôde ainda amar verdadeiramente Abelardo[9] quando foi monge e castrado. Uma dessas qualidades causa grande dano à outra.

Consola-te, porém, Abelardo, foste amado; a raiz da árvore cortada conserva ainda um resto de seiva; a imaginação ajuda o coração. Fica-se feliz à mesa, embora não se coma mais. Será o amor? Será uma simples lembrança? Será amizade? É um não sei quê composto de tudo isso. É um sentimento confuso que se assemelha às paixões fantásticas que os mortos conservavam nos Campos Elíseos[10]. Os heróis que, durante sua vida haviam brilhado na corrida das carruagens, depois de sua morte conduziam carruagens imaginárias. Orfeu[11] ainda acreditava cantar. Heloísa vivia contigo ilusões e suplementos. Ela te acariciava às vezes e com tanto maior prazer que, tendo feito voto ao Espírito Santo de não mais te amar, suas carícias se tornavam mais preciosas, bem como mais culpadas. Uma mulher não pode praticamente se apaixonar por um eunuco, mas ela pode conservar sua paixão para com seu amante tornado eunuco, contanto que ainda seja amável.

Não ocorre o mesmo, senhoras, com um amante que envelheceu no serviço; o exterior não subsiste mais; as rugas assustam; as sobrancelhas embranquecidas decepcionam; os dentes perdidos desagradam; as enfermidades afastam tudo o que se pode fazer; é a virtude de ser guarda de doente e de suportar o que se amou. É sepultar um morto.

1. Obra de Platão (427-347 a.C.), filósofo grego, discípulo de Sócrates, sobre o amor; dentre as outras obras, A República já foi publicada pela Editora Escala (NT).
2. Titus Lucretius Carus (98-55 a.C.), poeta latino que, em sua obra De natura rerum (da natureza das coisas), analisou o pensamento de Demócrito, Empédocles e Epicuro (NT).
3. O amor é o mesmo para todos, verso do livro Geórgicas (III, 244), de Publius Vergilius Maro (71-19 a.C.), poeta latino (NT).
4. *Pois a própria mulher, muitas vezes, por seus costumes e por seus modos complacentes e pelo cuidado que dedica a seu belo corpo, faz com que facilmente se habitue a ter consigo um homem para compartilhar a vida.*
5. Trata-se da sífilis, doença incurável na época; era ideia generalizada nesses tempos que a sífilis era originária da América e que teria sido introduzida na Europa pelos marinheiros de Cristóvão Colombo (NT).
6. Frineia (séc. IV a.C.), mulher grega de amores livres, amante do escultor Praxíteles, serviu-lhe de modelo para suas estátuas de Afrodite; Laís (séc. V-IV a.C.), cortesã grega da Sicília; Flora, na mitologia romana, era a deusa da vegetação que presidia a primavera e a floração, cultuada especialmente durante as Florálias, festas de caráter licencioso; Valéria Messalina (25-48 d.C.), imperatriz romana, mulher infiel do imperador Cláudio e de vida abertamente devassa (NT).
7. Francisco I (1494-1547), rei de 1515 a 1547, de grande visão, foi um dos construtores do Estado moderno da França; dado a amores livres, contraiu a sífilis que lhe causou a morte (NT).
8. François Rabelais (1494-1553), escritor francês, autor de vários livros sobre os Feitos de proezas de Pantagruel; ele dedica essas proezas aos ilustres beberrões (NT).
9. Pedro Abelardo (1079-1142), filósofo e teólogo francês; apaixonou-se perdidamente por Heloísa, sobrinha do cônego Fulbert, e casou secretamente com ela; vingativo, o cônego mandou castrá-lo e encerrá-lo num convento, além de enclausurar a sobrinha num mosteiro; a correspondência entre ambos é uma extraordinária obra medieval, na qual se misturam paixão, piedade e temas filosóficos (NT).
10. Na mitologia grega, região dos infernos, morada dos heróis e dos homens virtuosos após a morte, onde reinava a felicidade, a concórdia e a paz (NT).
11. Poeta e músico da mitologia grega, encantava a todos com sua lira, até mesmo os deuses (NT).

AMOR DE DEUS - As discussões sobre o amor de Deus acenderam tantos ódios como nenhuma disputa teológica. Os jesuítas[1] e os jansenistas[2] se bateram durante cem anos para definir quem amava a Deus de uma forma mais conveniente e quem desolava mais seu próximo.

Desde que o autor da obra *Telêmaco*[3], que começava a gozar de grande prestígio na corte de Luís XIV[4], quis que Deus fosse amado de uma maneira que não era aquela do autor das *Orações fúnebres*[5], este, que era um grande encrenqueiro, lhe declarou guerra e o levou a ser condenado na antiga cidade de Rômulo[6], onde Deus era o que mais se amava, depois da dominação, das riquezas, da ociosidade, do prazer e do dinheiro.

Se a senhora Guyon[7] tivesse conhecimento do conto da boa velha que levava um fogareiro para queimar o paraíso e um balde de água para extinguir o inferno, a fim de que se amasse a Deus somente por ele próprio, talvez ela não tivesse escrito tanto. Deveria ter percebido que não podia dizer nada de melhor. Mas ela amava a Deus e os prolixos discursos tão cordialmente, que foi presa quatro vezes por causa de sua ternura: tratamento rigoroso e injusto. Por que punir como uma criminosa uma mulher que não tinha outro crime senão o de compor versos no estilo do padre Cotin[8] e prosa ao gosto do polichinelo? É estranho que o autor do *Telêmaco* e dos frios amores de Eucáris tenha dito em suas *Máximas dos santos*, segundo o bem-aventurado Francisco de Sales[9]: "Quase não tenho desejos, mas se tivesse de renascer, não os teria de modo algum. Se Deus viesse a mim, eu iria também a ele; se não quisesse vir a mim, ficaria parado e não iria a ele."

É sobre essa proposta que gira todo o livro. São Francisco de Sales não foi condenado, mas Fénelon sim. Por quê? Porque Francisco de Sales não tinha um inimigo violento na corte de Turim[10] e Fénelon tinha um em Versalhes[11].

O que de mais sensato foi escrito sobre essa controvérsia mística se encontra talvez na sátira de Boileau[12] sobre o amor de Deus, embora não seja certamente sua melhor obra.

> *Quem faz exatamente o que minha lei manda,*
> *Tem por mim, diz esse Deus, o amor que peço.*

Se é preciso passar dos espinhos da teologia aos espinhos da filosofia, que são menos longos e picantes, parece claro que se pode amar um objeto sem retorno algum para si, sem nenhuma mistura de amor-próprio interesseiro. Não podemos comparar as coisas divinas às terrestres, o amor de Deus a outro amor. Falta precisamente uma infinidade de degraus para nos elevar de nossas inclinações humanas a esse amor sublime. Entretanto, visto que não há para nós outro ponto de apoio senão a terra, tiremos nossas comparações da terra. Vemos uma obra-prima da arte em pintura, em escultura, em arquitetura, em poesia, em eloquência; ouvimos uma música que encanta nossos ouvidos e nossa alma; nós a admiramos, a amamos sem que tenhamos com isso a mínima vantagem; é um sentimento puro; chegamos até mesmo, às vezes, a sentir veneração, amizade para com o autor; e se ele estivesse lá, o abraçaríamos.

É mais ou menos a única maneira com a qual podemos explicar nossa profunda admiração e os ímpetos de nosso coração para com o eterno arquiteto do mundo. Vemos a obra com um encanto mesclado de respeito e aniquilamento e nosso coração se eleva tanto quanto puder para o criador.

Mas o que é esse sentimento? Não sei que de vago e de indeterminado, um arrebatamento que nada tem de nossas afeições usuais para uma alma mais sensível que outra, mas desocupada, talvez tocada pelo espetáculo da natureza que gostaria de se lançar até o senhor eterno que a formou. Semelhante afeição do espírito, um poderoso atrativo pode incorrer sem censura? Como se pôde condenar o meigo arcebispo de Cambrai? Apesar das expressões de são Francisco de Sales que citamos, o arcebispo se fixava na afirmação de que se pode amar o autor unicamente pela bondade de suas obras. Que heresia havia para lhe recriminar? As extravagâncias de estilo de uma senhora de Montargis e algumas expressões pouco medidas de sua parte o prejudicaram.

Onde estava o mal? Hoje não se sabe mais nada. Essa disputa foi aniquilada como tantas outras. Se cada contestador de má-fé se decidisse realmente em dizer a si mesmo "Em alguns anos ninguém mais se preocupará com minhas contestações", se contestaria maldosamente muito menos. Ah! Luís XIV! Luís XIV! Era necessário deixar dois homens de gênio sair da esfera de seus talentos, a ponto de escrever o que nunca se escreveu de mais obscuro e de mais enfadonho em seu reino!

Para acabar com todos esses debates,
Nada mais tinhas a fazer que deixá-los correr.

Observemos em todos os artigos de moral e de história por que cadeia invisível, por que impulsos desconhecidos todas as ideias que perturbam nossas cabeças e todos os acontecimentos que envenenam nossos dias, estão ligados em conjunto, se exprimem e formam nossos destinos. Fénelon morre no exílio por ter tido duas ou três conversas místicas com uma mulher um tanto extravagante. O cardeal Bouillon[13], sobrinho do grande Turenne, é perseguido por não ter ele próprio perseguido em Roma o arcebispo de Cambrai, seu amigo: é obrigado a sair da França e perde toda a sua fortuna.

É por esse mesmo encadeamento que o filho de um procurador de Vire[14] encontra, numa dúzia de frases obscuras de um livro impresso em Amsterdam, com que encher de vítimas todos os calabouços da França; e, no fim, sai desses mesmos calabouços um grito cujo eco faz cair por terra toda uma sociedade hábil e tirânica, fundada por um louco ignorante[15].

---

1. Ordem religiosa fundada por Inácio de Loyola (1491-1556), mais conhecida como Sociedade de Jesus ou Companhia de Jesus; seus membros levam a denominação de jesuítas (NT).

2. Jansenista, partidário do jansenismo, corrente teológica católica fundada por Cornélio Jansênio (1585-1638) que defendia a preponderância da iniciativa divina sobre a liberdade humana, conferindo à graça um predomínio peculiar, além de imprimir à prática religiosa e à moral um rigorismo extremo; essa doutrina foi condenada pelo Vaticano, mas a influência do jansenismo se fez sentir por longo tempo, até inícios do século XX (NT).

3. Obra de François de Salignac de La Mothe Fénelon (1651-1715), bispo de Cambrai, pensador e escritor francês (NT).

4. Luís XIV (1638-1715), rei da França de 1643 a 1715, cognominado rei-sol (NT).

DICIONÁRIO FILOSÓFICO

5. Obra de Jacques Bénigne Bossuet (1627-1704), bispo, orador sacro e escritor francês (NT).
6. Legendário fundador da cidade de Roma, cuja fundação teria ocorrido no ano 753 a.C. (NT).
7. Jeanne-Marie Bouvier de la Motte Guyon du Chesnoy (1648-1717), nascida em Montargis, mística e escritora francesa, absorveu e defendeu as doutrinas de Fénelon, sendo presa por seus escritos e depois exilada (NT).
8. Charles Cotin (1604-1682), padre, confessor do rei e escritor francês, autor de obras de filosofia moral e de teologia (NT).
9. Francisco de Sales (1567-1622), bispo e teólogo francês, autor de numerosos escritos sobre a vida interior e espiritual, entre os quais, *Tratado do amor de Deus* (NT).
10. Cidade italiana, na época capital do ducado e depois reino de Savoia (NT).
11. Cidade da periferia de Paris e residência dos reis da França (NT).
12. Nicolas Boileau, dito Boileau-Despréaux (1636-1711), escritor francês; menosprezou a literatura em geral e a veia satírica, preferindo um discurso moralista; os versos citados no texto são extraídos da obra *Epístolas*, XII, versos 208-209 (NT).
13. Emmanuel Théodore de la Tour d'Auvergne, cardeal de Bouillon (1644-1715), cardeal e embaixador francês de grande prestígio no reinado de Luís XIV, era sobrinho de Henri de la Tour d'Auvergne, visconde de Turenne (1611-1675), célebre marechal francês (NT).
14. Referência a Michel Le Tellier (1643-1719), padre jesuíta francês, confessor do rei Luís XIV, moveu guerra sem tréguas contra os jansenistas; era sobrinho de François Michel Le Tellier, marquês de Louvois (1639-1691), estadista francês, ministro de Estado; ambos eram naturais da cidade de Vire (NT).
15. Referência a Inácio de Loyola (1491-1556), padre e fundador da Sociedade de Jesus, ordem religiosa de padres mais conhecida como Companhia de Jesus, cujos membros são chamados jesuítas; embora tivesse sido na juventude aluno dos padres jesuítas, Voltaire não perdia ocasião para fustigá-los em seus escritos (NT).

AMOR-PRÓPRIO
- Nicole[1], em seus *Ensaios sobre moral*, compostos segundo ideias de dois ou três mil volumes de moral (*Tratado da caridade*, cap. II), diz que "por meio das rodas de tortura e dos cadafalsos é que se estabelece em comum, que se reprime os pensamentos e os desígnios tirânicos do amor-próprio de cada um".

Não vou examinar aqui se temos cadafalsos em comum, como temos prados e bosques em comum e uma bolsa comum e se reprimimos pensamentos com rodas de tortura, mas me parece muito estranho que Nicole tenha considerado o roubo nas estradas e o assassinato como amor-próprio. É necessário distinguir um pouco melhor as nuances. Quem dissesse que Nero[2] mandou assassinar sua mãe por amor-próprio, que Cartouche[3] tinha muito amor-próprio, não se expressaria muito corretamente. O amor-próprio não é uma perversidade, é um sentimento natural a todos os homens; é muito mais próximo da vaidade do que do crime.

Um mendigo dos arredores de Madri pedia esmola nobremente; um transeunte lhe disse: "Não tens vergonha de te dedicar a esse ofício infame, quando podias trabalhar?" – "Senhor, respondeu o mendigo, estou lhe pedindo dinheiro e não conselhos." Depois, com toda a dignidade castelhana, virou-lhe as costas. Era um mendigo altivo esse senhor, sua vaidade se sentia ferida por um nada. Pedia esmola por amor de si mesmo e, por outro amor de si mesmo, não suportava reprimendas.

Viajando pela Índia, um missionário encontrou um faquir carregado de cadeias, nu como um macaco, deitado de bruços e deixando-se chicotear pelos pecados de seus compatriotas hindus, que lhe davam algumas moedas do país. "Que renúncia de si mesmo!" – dizia um dos espectadores. – "Renúncia de mim mesmo? – replicou o faquir; fiquem sabendo que só me deixo açoitar neste mundo para lhes retribuir no outro, quando vocês forem cavalos e eu cavaleiro."

Aqueles que disseram que o amor-próprio é a base de todos os nossos sentimentos e de todas as nossas ações tiveram, pois, plena razão, na Índia, na Espanha como em toda a terra habitada: e como não se escreve para provar aos homens que têm rosto, supérfluo é também provar-lhes que têm amor-próprio. Esse amor-próprio é o instrumento de nossa conservação; assemelha-se ao instrumento da perpetuação da espécie: é necessário, nos é caro, nos dá prazer e cumpre escondê-lo.

1. Pierre Nicole (1625-1695), moralista francês; sua principal obra é precisamente *Ensaios sobre moral* (NT).
2. Lucius Domitius Claudius Nero (37-68), imperador romano de 54 a 68 (NT).
3. Louis Dominique Bourguignon, dito Cartouche (1693-1721), chefe de quadrilha de bandidos que assolava Paris, roubando e matando; traído por um dos membros de sua quadrilha, foi preso e executado (NT).

AMOR SOCRÁTICO

— Se o amor que foi denominado *socrático* e *platônico* não passava de um sentimento honesto, deve-se aplaudi-lo; se era uma depravação, deve-se corar pela Grécia.

Como é possível que um vício, destruidor do gênero humano, se fosse geral, um atentado infame contra a natureza, seja, no entanto, tão natural? Parece ser o último grau da corrupção refletida e, contudo, é a herança comum daqueles que ainda não tiveram tempo de ser corrompidos. Penetrou nos corações novos, que não conhecem ainda nem a ambição, nem a fraude, nem a sede de riquezas; é a juventude cega que, por instinto mal definido, se precipita nessa desordem ao sair da infância, bem como no onanismo.

A atração mútua entre os dois sexos se manifesta muito cedo; mas, apesar do que se diz das africanas e das mulheres da Ásia meridional, essa inclinação é geralmente muito mais forte no homem que na mulher; é uma lei que a natureza estabeleceu para todos os animais. É sempre o macho que ataca a fêmea.

Os jovens machos de nossa espécie, educados juntos, sentindo essa força que a natureza começa a desenvolver neles e não encontrando o objeto natural de seu instinto, se deixam atrair por aquilo que mais se lhes assemelha. Muitas vezes um jovem, pelo frescor de sua pele, pelo brilho de suas cores e pela doçura de seus olhos, durante dois ou três anos se assemelha a uma bela jovem; se o amarmos, é porque a natureza se equivoca: prestamos homenagem ao sexo, apegando-nos a quem dele tem as belezas, e quando a idade faz desaparecer essa semelhança, o equívoco se dissipa.

Citraque juventam
Aetatis breve ver et primos carpere flores[1].

(Ovídio, *Metamorfoses*, X, 84-45)

É por demais sabido que esse equívoco da natureza é muito mais comum nos climas amenos do que nas terras geladas do norte, porque ali o sangue é mais ardente e mais frequente a ocasião; por isso, o que no jovem Alcibíades não passa de uma fraqueza, se torna desagradável abominação num marinheiro holandês e num vivandeiro moscovita.

Não posso admitir, como se pretende, que os gregos permitiram essa licenciosidade. Costuma-se citar o legislador Sólon[2] por haver dito em dois maus versos:

> *Ainda amarás um belo rapaz*
> *Enquanto não tiver barba no queixo.*

Mas, falando sério, Sólon era legislador quando escreveu esses dois versos ridículos? Era jovem ainda e quando o libertino se tornou sábio, não incluiu semelhante infâmia entre as leis de sua república; é como se acusássemos Teodoro de Bèze[3] de ter pregado o homossexualismo em sua igreja, porque, em sua juventude, havia dedicado versos ao jovem Cândido, nos quais dizia:

Amplector hunc et illam[4].

Estou caído por ele, estou caído por ela.

Seria necessário dizer que, tendo cantado amores vergonhosos em sua juventude, teve na idade madura a ambição de ser chefe de partido, de pregar a Reforma, de se fazer um nome. *Hic vir, et ille puer* (Este é o homem, e aquele o menino).

Abusa-se do texto de Plutarco[5] que, em suas tagarelices no *Diálogo do Amor*, faz um dos interlocutores dizer que as mulheres não são *dignas do verdadeiro amor*; outro interlocutor, porém, defende a causa das mulheres como é de direito. Tomou-se a objeção pela decisão.

Certo é, tanto quanto pode sê-lo a ciência da antiguidade, que o amor socrático não era um amor infame: foi o termo *amor* que criou o equívoco. Os que então eram chamados *os amantes de um jovem* eram precisamente o que são entre nós os nobres e jovens cavalheiros de nossos príncipes, o que eram os pajens, jovens ligados à educação de um menino distinto, participando dos mesmos estudos, dos mesmos exercícios militares: instituição guerreira e santa de que se abusou com festas noturnas e orgias.

A tropa dos amantes instituída por Laio[6] era um corpo invencível de jovens guerreiros obrigados por juramento a dar a vida uns pelos outros; e foi o que de mais belo teve a disciplina antiga.

É em vão que Sexto Empírico[7] e outros digam que a pederastia era recomendada pelas leis da Pérsia. Que citem o texto da lei; que mostrem o código dos persas e, se o mostrarem, ainda assim não vou acreditar, diria que a coisa não é verdadeira, porque é impossível. Não, não é da natureza humana elaborar uma lei que contradiz e ultraja a natureza, uma lei que aniquilaria o gênero humano se fosse literalmente observada. Mas eu lhes mostrarei a antiga lei dos persas, redigida no Sadder[8]. No artigo ou porta 9 se diz que não há maior pecado. É em vão que um escritor moderno quis justificar Sexto Empírico e a pederastia; as leis de Zoroastro[9], que não conhecia, são um testemunho irrepreensível de que esse vício não foi jamais recomendado pelos persas. É como se se dissesse que é recomendado pelos turcos. Eles o cometem com atrevimento, mas as leis o punem.

Quantas pessoas aderiram a práticas vergonhosas e toleradas, como se fossem leis do próprio país! Sexto Empírico, que duvidava de tudo, devia igualmente duvidar dessa jurisprudência. Se vivesse em nossos dias e visse dois ou três jesuítas abusar de alguns alunos, teria o direito de concluir que esses atos são permitidos pelas constituições de Inácio de Loyola[10]?

Certamente me será permitido falar aqui do amor socrático do reverendo padre Policarpo, carmelita da pequena cidade francesa de Gex, o qual em 1771 ensinava religião e latim a uma dúzia de alunos pequenos. Era a um tempo seu confessor e seu regente e com eles exercia um emprego totalmente novo. Quase não se podia mais ter ocupações espirituais e temporais. Tudo foi descoberto; ele se retirou para a Suíça, país muito distante da Grécia.

Esses entretenimentos foram bastante comuns entre os preceptores e os alunos. Os monges encarregados de educar a juventude foram sempre um pouco inclinados à pederastia. É a consequência necessária do celibato ao qual esses pobres homens são condenados.

Os senhores turcos e persas, segundo nos dizem, fazem educar seus filhos por eunucos; estranha alternativa para um pedagogo ter de ser castrado ou sodomita.

O amor entre moços era tão comum em Roma que ninguém pensava em punir essa tolice na qual todos aqueles que incorriam andavam de cabeça baixa. Otávio Augusto[11], esse assassino devasso e pilantra, que teve a ousadia de exilar Ovídio, achou muito natural que Virgílio[12] cantasse Alexis e que Horácio[13] escrevesse pequenas odes a Ligurino; mas a antiga lei *Scantinia*, que proibia a pederastia, nunca foi abolida: o imperador Filipe[14] a repôs em vigor e expulsou de Roma os rapazes que se prostituíam por ofício. Se houve alunos desleixados e licenciosos como Petrônio[15], Roma teve professores como Quintiliano[16]. Vejam que precauções descreve no capítulo do *preceptor* para conservar a pureza da primeira juventude: *Cavendum non solum crimine turpidudinis, sed etiam suspicione* (Cuidar de evitar não somente o crime da torpeza, mas tambem a suspeita). Enfim, não creio que algum dia tenha havido uma nação civilizada que tenha baixado leis contra os costumes[17].

---

1. *E colher antes da juventude a breve primavera e as primeiras flores da idade* – versos do livro *Metamorphoseon* de Publius Ovidius Naso (43 a.C.-18 d.C.), poeta latino (NT).

2. Sólon (640-558 a.C.), estadista grego, um dos sete sábios da Grécia antiga, reformou a vida social e política de Atenas, lançou as bases da futura democracia grega e escreveu poemas de inspiração cívica (NT).

3. Théodore de Bèze (1519-1605), teólogo protestante francês, sucessor de Calvino em Genebra, Suíça, poeta, deixou várias obras de caráter religioso e histórico, além dos poemas de sua juventude que, na velhice, deplorou (NT).

4. Verso latino que significa *Abraço este e aquela*; a tradução livre do texto é do próprio Voltaire (NT).

5. Plutarco (50-125), escritor grego, autor de *Obras morais* e *Vidas paralelas* (NT).

6. Rei lendário de Tebas, na Grécia antiga, pai de Édipo (NT).

7. Sexto Empírico (séc. II-III d.C.), filósofo, médico e astrônomo grego, seguidor da doutrina dos antigos céticos (NT).

8. Obra em que está contida a doutrina de Zoroastro (NT).

9. Zoroastro ou Zaratustra (628-551 a.C.), sábio persa, fundador do zoroastrismo ou masdeísmo que opõe dois princípios fundamentais que governam o mundo e o homem: o bem e o mal; Zoroastro teria recebido do deus da sabedoria, numa visão, a missão de pregar e ensinar a verdade aos homens (NT).

10. Inácio de Loyola (1491-1556), padre e fundador da Sociedade de Jesus, ordem religiosa de padres mais conhecida como Companhia de Jesus (NT).

11. César Augusto Otávio ou Otaviano (63 a.C.-14 d.C.), imperador de Roma (NT).

12. Publius Vergilius Maro (71-19 a.C.), poeta latino, autor da obra clássica *Eneida* e de outros livros de poemas (NT).

13. Quintus Horatius Flaccus (65-8 a.C.), poeta latino (NT).

14. Marcus Julius Philippus ou Filipe, o Árabe (204-249), imperador romano de 244 a 249 (NT).

15. Caius Petronius Arbiter (?-66 d.C.), escritor latino; sua obra *Satyricon* chegou até nós fragmentada, mas não deixa de ser um escrito importante, pois narra a vida cotidiana, os costumes e a moral (bem como a devassidão) de Roma do século I de nossa era (NT).

DICIONÁRIO FILOSÓFICO

16. Marcus Fabius Quintilianus (séc. I d.C.), orador, escritor e preceptor latino; sua principal obra é *De institutione oratoria* (NT).

17. Dever-se-ia condenar os senhores... a apresentar todos os anos à polícia um rapaz de seu agrado. O padre Desfontaines esteve a ponto de ser queimado na praça parisiense de Grève, por ter abusado de alguns pequenos savoiardos que limpavam sua chaminé; protetores o salvaram. Uma vítima era necessária: queimaram Deschaufours em seu lugar. Isso é muito forte; *est modus in rebus* (há um modo nas coisas): deve-se proporcionar as penas aos delitos; que teriam dito César, Alcibíades, o rei da Bitínia Nicomédio, o rei da França Henrique III e tantos outros reis?

Quando Deschaufours foi queimado, foram tomadas por base as *Ordenações do rei são Luís*, traduzidas para o francês no século XV. "Se alguém for suspeito de... deve ser levado ao bispo; e se o crime for provado, deve-se queimá-lo e todos os bens móveis passam para o barão, etc." Mas são Luís não diz o que se deve fazer ao barão, se este for suspeito de... e se for provado. Cumpre observar que pela palavra..., são Luís entende os hereges, que na época eram chamados precisamente por outro designativo. Um equívoco levou Deschaufours, cavalheiro da Lorena, a ser queimado em Paris. Despréaux teve realmente razão de escrever uma sátira contra o equívoco, mas ela causou muito mais dano do que se possa imaginar (*Nota de Voltaire acrescida ao texto em 1769*).

ANIMAIS
- Que pena, que pobreza ter dito que os animais são máquinas privadas de conhecimento e de sentimento, que sempre realizam suas operações da mesma maneira, que nada aprendem e que nada aperfeiçoam, etc.!

Como! Então esse pássaro que faz seu ninho em semicírculo quando o prende a um muro, que o constrói num quarto de círculo quando está situado num ângulo e em círculo quando está numa árvore, esse pássaro faz tudo de igual modo? Esse cão de caça que tu amestraste durante três meses não estará sabendo mais no final desse período do que sabia antes de tuas lições? O canário ao qual ensinas uma melodia, ele a repete no mesmo instante? Não empregas um tempo considerável a ensiná-la? Não reparaste como se engana e como se corrige?

Será porque falo contigo que julgas que tenho sentimentos, memória, ideias? Pois bem! Não te digo nada, mas tu me vês entrar em casa com ar aflito, procurar um papel com nervosismo, abrir a gaveta da mesa onde me recordo de tê-lo guardado, encontrá-lo, lê-lo com alegria. Achas porque passei do sentimento de aflição para o de prazer, que tenho memória e conhecimento.

Transfere, pois, esse mesmo raciocínio para o cão que se perdeu do dono, que o procurou por todos os cantos soltando latidos dolorosos, que entra em casa, agitado, inquieto, que sobe e desce, que vai de quarto em quarto, que encontra finalmente em seu escritório o dono de que tanto gosta e que lhe manifesta sua alegria pela ternura de seus latidos, por seus pulos, por suas carícias.

Algun bárbaros agarram esse cão, que excede tão prodigiosamente o homem em amizade, pregam-no numa mesa e o dissecam, vivo ainda, para te mostrar as veias mesentéricas. Descobres nele todos os mesmos órgãos de sentimento que existem também em ti. Responde-me, maquinista, a natureza colocou todos essas fontes do sentimento nesse animal para que não sinta? Tem nervos para manter-se impassível? Nem chegues a supor tal impertinente contradição na natureza.

Mas os professores da escola perguntam o que vem a ser a alma dos animais. Não entendo semelhante pergunta. Uma árvore tem a faculdade de receber em suas fibras a seiva que nela circula, de desabrochar os botões por entre suas folhas e de formar seus frutos; acaso haverão de me perguntar o que vem a ser a alma dessa árvore? Ela recebeu esses dons; o animal recebeu aqueles do sentimento, da memória, de certo número de ideias. Quem criou todos esses dons? Quem concedeu todas essas faculdades? Aquele que fez crescer a erva dos campos e que faz a terra gravitar em torno do sol.

As almas dos animais são formas substanciais, disse Aristóteles[1]; e depois de Aristóteles, a escola árabe; e depois da escola árabe, a escola angélica[2]; e depois da escola angélica, a Sorbonne[3]; e depois da Sorbonne, ninguém no mundo.

As almas dos animais são materiais, proclamam outros filósofos, mas esses não tiveram mais sucesso que os anteriores. Foi sempre em vão perguntar a eles o que vem a ser uma alma material; tiveram que convir que é matéria que tem sensações: mas quem lhe deu essa sensação? É uma alma material, isto é, trata-se de matéria que dá sensações à matéria; e não saem desse círculo vicioso.

Procurem escutar outros animais discutindo sobre os animais; sua alma é um ser espiritual que morre com o corpo: mas que provas têm disso? Que ideia fazem desse ser espiritual que, na verdade, tem sentimentos, memória e sua medida de ideias e de combinações, mas que nunca poderá saber o que uma criança de seis anos sabe? Com que fundamento imaginam que esse ser, que não é corpo, perece com o corpo? Os animais mais evoluídos são aqueles que descobriram que essa alma não é nem corpo nem espírito. Aí está um belo sistema! Só podemos entender como espírito algo de desconhecido que não é corpo; assim o sistema desses senhores vem a dar nisso: a alma dos animais é uma substância que não é nem corpo nem algo que não é corpo.

De onde podem proceder tantos erros contraditórios? Do hábito que os homens sempre tiveram de examinar o que é uma coisa, antes de saber se ela existe. Costuma-se chamar a lingueta, que é a válvula de um fole, de a alma do fole. O que vem a ser essa alma? É um nome que dei a essa válvula que abaixa, deixa entrar o ar, sobe e o expele por um tubo quando imprimo movimento ao fole.

Ali não há uma alma distinta da máquina. Mas quem faz mover a válvula dos animais? Já disse, aquele que faz mover os astros. O filósofo que afirmou *Deus est anima brutorum* (Deus é a alma dos brutos) tinha razão; mas devia ter ido mais longe.

1. Aristóteles (384-322), filósofo grego; dentre suas obras, *A Política* já foi publicada pela Editora Escala (NT).
2. Denominação dada à escola tomista ou dos seguidores dos conceitos, enunciações, pensamento filosóficos de Tomás de Aquino (1225-1274), filósofo e teólogo italiano, cognominado Doutor Angélico (NT).
3. Prestigiosa Universidade da França, situada em Paris e fundada em 1257 pelo teólogo Robert de Sorbon (1201-1274), cujo objetivo inicial era ensinar princípios teológicos a estudantes pobres, passando logo depois a sediar uma Faculdade de Teologia que deliberava sobre questões de fé e combatia os desvios dentro do cristianismo; posteriormente passou a integrar todos os cursos de humanidades, ciências e fomentar as pesquisas científicas, alcançando o prestígio que ainda hoje ostenta (NT).

ANJO [Seção I – Anjos dos indianos, dos persas, etc.] – O autor do verbete *anjo* na *Enciclopédia* diz que "todas as religiões admitiram a existência dos anjos, embora a razão natural não o demonstre".

Não temos outra razão senão a natural. O que é sobrenatural está acima da razão. Devia-se dizer (se não me engano) que muitas religiões, e não *todas*, reconheceram anjos. Aquela de Numa⁽¹⁾, a do sabeísmo⁽²⁾, a dos druidas, a da China, a dos citas, a dos antigos fenícios e dos antigos egípcios não admitiram os anjos.

Pela palavra *anjo* entendemos ministros de Deus, delegados, seres intermediários entre Deus e os homens, enviados para nos mostrar suas ordens.

Hoje, em 1772, há precisamente 4.878 anos que os brâmanes se gloriam de ter por escrito sua primeira lei sagrada, intitulada *Shasta*, 1.500 anos antes de sua segunda lei chamada *Veidam*, que significa *a palavra de Deus*. A *Shasta* contém cinco capítulos: o primeiro, *de Deus e de seus atributos*; o segundo, *da criação dos anjos*; o terceiro, *da queda dos anjos*; o quarto, *de sua punição*; o quinto, *de seu perdão e da criação do homem*.

Cumpre observar em primeiro lugar a maneira pela qual esse livro fala de Deus.

Primeiro capítulo da Shasta

Deus é uno; criou o mundo; é uma esfera perfeita sem começo nem fim. Deus conduz toda a criação por uma providência geral resultante de um princípio determinado. Não se deverá procurar descobrir a essência e a natureza do Eterno, nem por quais leis governa; semelhante empresa é inútil e criminosa; é suficiente que se contemple, dia e noite, suas obras, sua sabedoria, seu poder e sua bondade.

Depois de ter pago a esse início da *Shasta* o tributo de admiração que lhe devemos, vejamos a criação dos anjos.

Segundo capítulo da Shasta

"O Eterno, absorvido na contemplação de sua própria existência, resolveu, na plenitude dos tempos, comunicar sua glória e sua essência a seres capazes de sentir e de compartilhar sua beatitude, bem como servir sua glória. O Eterno quis e passaram a existir. Ele os formou de parte de sua essência, capazes de perfeição e de imperfeição, segundo sua vontade."

"O Eterno criou primeiramente Birma, Vitsnu e Sib; em seguida, Mozazor e toda a multidão dos anjos. O Eterno deu a preeminência a Birma, a Vitsnu e a Sib. Birma foi o príncipe do exército angélico; Vitsnu e Sib foram seus coadjutores. O Eterno dividiu o exército angélico em diversos destacamentos e lhes deu um chefe a cada um. Adoraram o Eterno, dispostos em torno de seu trono, cada um no grau conferido. A harmonia reinou nos céus. Mozazor, chefe do primeiro destacamento, entoou o cântico de louvor e de adoração ao criador e a canção de obediência a Birma, sua primeira criatura; e o Eterno se alegrou com sua nova criação."

Capítulo III da Shasta – Da queda de uma parte dos anjos

"Desde a criação do exército celeste, a alegria e a harmonia cercaram o trono do Eterno pelo espaço de mil anos multiplicados por mil anos e teriam durado até que o tempo não existisse mais, se a inveja não tivesse se apossado de Mozazor e de outros príncipes dos destacamentos angélicos. Entre eles estava Raabon, o primeiro em dignidade depois de Mozazor. Esquecidos da felicidade de sua criação e de seu dever, rejeitaram o poder de perfeição e exerceram o poder de imperfeição. Fizeram o mal diante do Eterno, desobedeceram-lhe e recusaram-se a se submeter ao delegado de Deus e a seus associados Vitsnu e Sib; e disseram: "Nós queremos governar." E sem temer o poder e a ira de seu criador, difundiram seus princípios sediciosos no exército celeste. Seduziram os anjos e arrastaram uma grande multidão para a rebelião; e ela se afastou do trono do Eterno; a tristeza tomou conta dos espíritos angélicos fiéis e a dor se tornou conhecida pela primeira vez no céu."

Capítulo IV da Shasta – Castigo dos anjos culpados

"O Eterno, cuja onisciência, presciência e influência se estende sobre todas as coisas, exceto sobre a ação dos seres que criou livres, viu com dor e ira a defecção de Mozazor, de Raabon e dos outros chefes dos anjos."

"Misericordioso em sua ira, enviou Birma, Vitsnu e Sib, para repreendê-los por seu crime e para levá-los a voltar a seu dever; mas, obstinados em seu espírito de independência, persistiram na revolta. O Eterno mandou então Sib marchar contra eles, armado com onipotência, e precipitá-los do lugar *eminente* para o lugar de *trevas*, no *Ondera*, para ali serem punidos durante mil anos multiplicados por mil anos."

Resumo do capítulo V da Shasta

No fim de mil anos, Birma, Vitsnu e Sib solicitaram a clemência do Eterno em favor dos delinquentes. O Eterno se dignou livrá-los da prisão do Ondera e transferi-los para um estado de provação durante muitas revoluções do sol. Houve outras rebeliões contra Deus nesse período de penitência.

Foi num desses períodos que Deus criou a terra; os anjos penitentes sofreram nela diversas metempsicoses; uma das últimas foi sua transformação em vacas. Foi por causa disso que as vacas se tornaram sagradas na Índia. E finalmente foram metamorfoseados em homens. Desse modo, o sistema dos indianos sobre os anjos é precisamente aquele do jesuíta Bougeant[3], que acredita que os corpos dos animais são habitados por anjos pecadores. O que os brâmanes tinham inventado de modo sério, Bougeant o imaginou mais de quatro mil anos depois por brincadeira, se, contudo, essa brincadeira não for nele um resto de superstição misturado com o espírito sistemático, o que já ocorreu muitas vezes.

Esta é a história dos anjos entre os antigos brâmanes, que ainda ensinam depois de aproximadamente cinquenta séculos. Nossos mercadores que negociaram na Índia nunca foram informados a respeito; nossos missionários tampouco o foram; e os brâmanes, que nunca ficaram edificados com a ciência nem com os costumes destes, não lhes comunicaram igualmente seus segredos. Foi necessário que um inglês, chamado Holwell[4], residisse por trinta anos na cidade de Benares, às margens do rio Ganges, antiga escola dos brâmanes, que aprendesse a antiga língua sagrada do *sânscrito* e que lesse os antigos livros da religião indiana, para enriquecer enfim nossa Europa com esses conhecimentos singulares; como foi necessário que Sale[5] morasse muito tempo na Arábia para nos dar uma tradução fiel do Alcorão e nos transmitir informações sobre o antigo sabeísmo, precursor da religião muçulmana;

de igual modo ainda, foi necessário que Hyde[6] tivesse pesquisado durante vinte anos na Pérsia tudo o que se relaciona com a religião dos magos.

Dos anjos dos persas

Os persas tinham 31 anjos. O primeiro de todos, e que é servido por quatro outros anjos, se chama Bahaman; sob sua inspeção estão todos os animais, exceto o homem, sobre o qual Deus se reservou uma jurisdição imediata.

Deus preside o dia em que o sol entra em carneiro e esse é um dia de sábado, o que prova que a festa do sábado era observada entre os persas nos tempos mais remotos.

O segundo anjo, que se chama Debadur, preside o oitavo dia.

O terceiro é Kur, de cujo nome deriva provavelmente o nome Ciro; e é o anjo do sol.

O quarto se chama Má e preside a lua.

Desse modo, cada anjo tem seu distrito. Entre os persas, a doutrina do anjo da guarda e do anjo mau foi inicialmente admitida. Acredita-se que Rafael era o anjo da guarda do império persa.

Dos anjos entre os hebreus

Os hebreus jamais conheceram a queda dos anjos até os primeiros tempos da era cristã. Deve-se acreditar, portanto, que essa doutrina secreta dos antigos brâmanes tenha chegado até eles, pois, foi nessa época que foi elaborado o livro atribuído a Enoc, referente aos anjos pecadores expulsos do céu.

Enoc devia ser um autor muito antigo, visto que vivia, segundo os judeus, na sétima geração antes do dilúvio; mas como Set, mais antigo ainda, tivesse deixado livros aos hebreus, podiam se vangloriar de ter um também de Enoc. Aqui está, pois, o que, segundo eles, Enoc escreveu:

"Uma vez que o número dos homens havia aumentado prodigiosamente, tiveram filhas muito lindas; os anjos, os brilhantes (*Egregori*), se apaixonaram por elas e foram levados a cometer muitos erros. Incitaram-se entre si e disseram: "Vamos escolher mulheres entre as filhas dos homens da terra." Semiaxas, seu príncipe, disse: "Receio que não queiram realizar tal proeza e que somente eu seja responsabilizado pelo crime." Todos responderam: "Vamos jurar para executar nosso projeto e votemo-nos ao anátema se falharmos em nosso intento." Eles se uniram, portanto, por juramento e proferiram imprecações. Eram duzentos ao todo. Partiram juntos, na época de Jared, e foram para a montanha chamada Hermonim por causa de seu juramento. Estes eram os principais dentre eles: Semiaxas, Atarcuf, Araciel, Cobaiel, Sampsic, Zaciel, Farmar, Tausael, Samiel, Tiriel, Jumiel. Eles e outros tomaram mulheres no ano 1170 da criação do mundo. Dessas relações nasceram três tipos de homens, os gigantes, *Nafelim*, etc."

O autor deste fragmento escreve com esse estilo que parece pertencer aos primeiros tempos; é a mesma ingenuidade. Não deixa de citar os personagens, não esquece as datas, não faz reflexões, não dita máximas: é a antiga maneira oriental.

Pode-se notar que essa história está baseada no sexto capítulo do Gênesis: "Ora, naquele tempo havia gigantes na terra, pois, os filhos de Deus, havendo mantido relações com as filhas dos homens, estas deram à luz aos famosos heróis do século" (*Gênesis*, VI, 4).

O *Livro de Enoc* e o *Gênesis* estão inteiramente de acordo sobre as relações dos anjos com as filhas dos homens e sobre a raça de gigantes que nasceu dessas relações; mas nem esse Enoc nem livro algum do Antigo Testamento fala da guerra dos anjos contra Deus, nem de sua derrota, nem de sua queda no inferno, nem de seu ódio contra o gênero humano.

Quase todos os comentadores do Antigo Testamento dizem unanimemente que, antes do cativeiro de Babilônia, os judeus não sabiam o nome de nenhum anjo. Aquele que aparece a Manuel, pai de Sansão, não quis revelar seu nome[7].

Quando os três anjos apareceram a Abraão e este mandou assar um vitelo inteiro para demonstrar sua hospitalidade, não lhe disseram seus nomes. Um deles disse: "Voltarei para vê-lo, se Deus me der vida, no ano próximo e Sara, sua mulher, terá um filho" (*Gênesis*, XVIII, 10).

Calmet[8] encontra grande relação entre essa história e a fábula que Ovídio[9] relata em seu livro *Fastos*, sobre Júpiter, Netuno e Mercúrio que, depois de terem jantado na casa do ancião Hirieu e vendo-o aflito por não poder ter filhos, urinaram sobre o couro do vitelo no qual Hirieu os havia servido e ordenaram que enterrasse e assim deixasse durante nove meses esse couro regado com urina celeste. No final dos nove meses, Hirieu desenterrou seu couro; encontrou ali um menino a quem deu o nome de Órion e que atualmente está no céu. Calmet chega a dizer que os termos de que se serviram os anjos ao falar com Abraão podem ser traduzidos assim: "Nascerá um filho de teu vitelo."

Seja como for, os anjos não revelaram seu nome a Abraão; não o revelaram tampouco a Moisés; e só vemos o nome de Rafael no livro de Tobias[10] da época do cativeiro. Todos os outros nomes de anjos foram evidentemente tomados dos caldeus e dos persas. Rafael, Gabriel, Uriel, etc., são nomes persas e babilônicos. Até mesmo o nome Israel é caldeu. O sábio judeu Fílon[11] o diz de forma expressa no relato de sua delegação junto de Calígula (prefácio).

Não vamos repetir aqui o que se diz dos anjos em outros locais.

Se os gregos e os romanos admitiam os anjos

Eles tinham muitos deuses e semideuses para poder prescindir de outros seres subalternos. Mercúrio intermediava as ordens de Júpiter, e Íris aquelas de Juno; entretanto, admitiram assim mesmo gênios e demônios. A doutrina dos anjos da guarda foi posta em versos por Hesíodo[12], contemporâneo de Homero[13]. Aqui está como se exprime no poema *Os trabalhos e os dias*:

> *Nos tempos felizes de Saturno e Reia,*
> *O mal era desconhecido, a fadiga ignorada;*
> *Os deuses prodigalizavam tudo: os humanos satisfeitos,*
> *Não disputando nada, forçados a viver em paz.*
> *Não haviam corrompido seus costumes inalteráveis.*

> *A morte, a horrorosa morte, tão terrível para os culpados,*
> *Era apenas uma doce passagem, nessa morada mortal,*
> *Dos prazeres da terra às delícias do céu.*
> *Os homens desses tempos são nossos felizes gênios,*
> *Nossos demônios afortunados, o sustentáculo de nossas vidas;*
> *Vigiam a nosso lado; gostariam de nossos corações*
> *Afastar, se possível, o crime e as dores, etc.*

Quanto mais se pesquisa na antiguidade, mais se constata como as nações modernas hauriram, uma após outra, nessas minas hoje quase abandonadas. Os gregos, que por tanto tempo passaram por inventores, tinham imitado o Egito, que havia copiado os caldeus, que deviam quase tudo aos indianos. A doutrina dos anjos da guarda, que Hesíodo havia cantado tão bem, foi em seguida sofisticada nas escolas; foi tudo o que puderam fazer. Cada homem tinha seu bom e seu mau gênio, como cada um tinha sua estrela.

Est genius, natale comes qui temperat astrum[14].

Sócrates[15], como se sabe, tinha um bom anjo, mas deve ter sido o mau que o conduziu. Talvez seja um anjo muito mau que leve um filósofo a correr de casa em casa para dizer às pessoas, por perguntas e respostas, que o pai e a mãe, que o preceptor e o menino, são ignorantes e imbecis. O anjo da guarda tem então dificuldade realmente de livrar seu protegido da cicuta.

De Marco Bruto[16] só conhecemos seu anjo mau, que aparece a ele antes da batalha de Filipos.

[Seção II]

A doutrina dos anjos é uma das mais antigas do mundo, precedeu aquela da imortalidade da alma; isso não é estranho. É necessário filosofia para crer imortal a alma do homem mortal; não é necessário senão imaginação e fraqueza para inventar seres superiores a nós, que nos protegem ou nos perseguem. Entretanto, não parece que os antigos egípcios tivessem qualquer noção desses seres celestes, revestidos de um corpo etéreo e ministros das ordens de Deus. Os antigos babilônios foram os primeiros que admitiram essa teologia. Os livros hebraicos empregam os anjos desde o primeiro livro do *Gênesis*, mas o *Gênesis* só foi escrito quando os caldeus já eram uma nação poderosa; e foi somente no cativeiro de Babilônia, mais de mil anos depois de Moisés, que os judeus aprenderam os nomes de Gabriel, Rafael, Miguel, Uriel, etc., nomes que eram dados aos anjos. É coisa muito singular que as religiões judaica e cristã, baseadas na queda de Adão, e essa queda baseada na tentação do anjo mau, do demônio, não se diga, contudo, uma única palavra no *Pentateuco*[17] sobre a existência dos anjos maus, muito menos sobre sua punição e sua morada no inferno.

A razão da omissão é evidente, pois, os maus anjos só se tornaram conhecidos para eles no cativeiro em Babilônia; é então que se começa a tratar de Asmodeu, que

Rafael acorrentou no alto Egito; é só então que os judeus ouvem falar de satanás. A palavra *satã, satanás*, era caldaica, e o livro de Jó (Jó habitava na Caldeia) é o primeiro que faz menção dela.

Os antigos persas diziam que satanás era um gênio que havia movido guerra às *Divas* e às *Péris*, isto é, às fadas.

Assim, segundo as regras usuais da probabilidade, seria permitido àqueles que só se servissem da razão pensar que foi nessa teologia finalmente que se tomou a ideia, entre judeus e cristãos, de que os maus anjos haviam sido expulsos do céu e que seu príncipe havia tentado Eva sob a forma de serpente.

Julgou-se que Isaías (no capítulo XIV, versículo 12) tinha essa alegoria em mente quando diz: *Quomodo cecidisti de coelo, Lucifer, qui mane oriebaris?* – "Como caíste do céu, astro de luz, que te levantavas pela manhã?"

Foi esse mesmo versículo latino de Isaías, traduzido, que deu ao demônio o nome de Lúcifer. Não se pensou que Lúcifer significa aquele que difunde a luz. Muito menos se refletiu nas palavras de Isaías. Ele fala do rei de Babilônia destronado e, por meio de uma figura comum, lhe diz: "Como caíste do céu, astro brilhante?"

Não parece que Isaías tenha querido estabelecer, por meio desse trecho de retórica, a doutrina dos anjos lançados no inferno; por isso, foi somente na época da primitiva Igreja cristã que os Padres da Igreja [18] e os rabinos se empenharam em fomentar essa doutrina, para salvar o que havia de incrível na história de uma serpente que seduziu a mãe dos homens e que, condenada por essa má ação a rastejar por terra, se tornou desde então inimiga do homem que procura sempre esmagá-la, enquanto ela tenta sempre mordê-lo. Substâncias celestes, precipitadas no abismo, que dele saem para perseguir o gênero humano, teriam parecido algo mais sublime.

Não se pode provar, por nenhum raciocínio, que essas potências celestes e infernais existam; mas não se poderia provar tampouco que não existam. Não há certamente nenhuma contradição em reconhecer substâncias benfazejas e malignas que não sejam nem da natureza de Deus nem da natureza dos homens; mas não é suficiente que uma coisa seja possível para crer nela.

Os anjos que presidiam as nações entre os babilônios e entre os judeus são precisamente o que eram os deuses de Homero, seres celestes subordinados a um ser supremo. A imaginação que produziu os primeiros provavelmente produziu os outros. O número dos deuses inferiores aumentou com a religião de Homero. O número dos anjos aumentou com o tempo entre os cristãos.

Os autores, conhecidos sob o nome de Dionísio, o Areopagita[19], e Gregório I[20], fixaram o número dos anjos em nove coros distribuídos em três hierarquias: a primeira, dos *serafins*, dos *querubins* e dos *tronos*; a segunda, das *dominações*, das *virtudes* e das *potências*; a terceira, dos *principados*, dos *arcanjos* e, finalmente, dos *anjos*, que conferem a denominação a todos os outros. Não é permitido senão a um papa regulamentar assim as classes no céu...

[Seção III]

Anjo, em grego, significa *enviado*; não ficaremos muito mais instruídos se soubermos que os persas tinham *péris*, os hebreus tinham *malakim*, os gregos seus *daimonoï*[21].

O que pode, porém, nos instruir mais talvez seria que uma das primeiras ideias do homem sempre foi a de colocar seres intermediários entre a divindade e nós; são esses demônios, esses gênios que a antiguidade inventou; o homem sempre criou os deuses à sua imagem. Viam os príncipes transmitir suas ordens por mensageiros, logo a divindade também envia seus arautos. Mercúrio e Íris[22] eram arautos, mensageiros.

Os hebreus, esse único povo conduzido pela própria divindade, não deram de início nomes aos anjos que Deus se dignava lhes enviar; tomaram de empréstimo os nomes que lhes davam os caldeus, quando a nação judaica esteve no cativeiro em Babilônia. Miguel e Gabriel são citados pela primeira vez por Daniel, escravo entre aqueles povos. O judeu Tobias[23], que vivia em Nínive, conheceu o anjo Rafael que viajou com seu filho para ajudá-lo a resgatar um dinheiro que o judeu Gabael lhe devia.

Nas leis dos judeus, isto é, no *Levítico* e no *Deuteronômio*, não se faz a menor menção à existência dos anjos e, com maior razão, a seu culto; por isso os saduceus[24] não acreditavam nos anjos.

Nas histórias dos judeus, porém, muito se fala deles. Esses anjos eram corporais; tinham asas nas costas, como os pagãos imaginaram que Mercúrio as tinha nos calcanhares; algumas vezes escondiam suas asas sob as vestes. Como não haveriam de ter corpo, uma vez que bebiam e comiam e os habitantes de Sodoma quiseram cometer o pecado da pederastia com os anjos que foram à casa de Lot (*Gênesis*, XIX, 4-11)?

A antiga tradição judaica, segundo Ben Maimon[25], admite dez graus, dez ordens de anjos: 1. Os *chaios acodesh*, puros, santos; 2. os *ofamim*, rápidos; 3. os *oralim*, os fortes; 4. os *chasmalim*, as chamas; 5. os *seraphim*, centelhas; 6. os *malakim*, anjos, mensageiros, deputados; 7. os *eloim*, os deuses ou juízes; 8. os *ben eloim*, os filhos dos deuses; 9. os *cherubim*, imagens. 10. os *ychim*, os animados.

A história da queda dos anjos não consta nos livros de Moisés; o primeiro testemunho que a ela se refere é aquele do profeta Isaías que, recriminando o rei, exclama: "Que é feito do exator dos tributos? Os pinheiros e os cedros se regozijam com sua queda; como caíste do céu, ó Helel, estrela da manhã?"[26]. *Helel* foi traduzido pela palavra latina *Lucifer*; depois, em sentido alegórico, foi dado o nome de *Lúcifer* ao príncipe dos anjos que encabeçaram a guerra no céu; finalmente, esse termo, que significa *fósforo* e *aurora*, se tornou o nome do demônio.

A religião cristã tem seu fundamento na queda dos anjos. Aqueles que se revoltaram foram precipitados das esferas que habitavam para o inferno, no centro da terra, e se transformaram em diabos. Um demônio, sob o disfarce de serpente, tentou Eva e desgraçou o gênero humano. Jesus veio resgatar o gênero humano e triunfar sobre o demônio que ainda nos tenta. Entretanto, essa tradição fundamental só se encontra no livro apócrifo de Enoc⁽²⁷⁾ e, mesmo ali, de uma maneira diferente da tradição transmitida.

Santo Agostinho[28], em sua carta 109, não encontra nenhuma dificuldade em atribuir corpos livres e ágeis aos anjos bons como aos anjos maus. O papa Gregório I reduziu a nove coros, a nove hierarquias ou ordens, os dez coros dos anjos reconhecidos pelos judeus. São eles: os serafins, os querubins, os tronos, as dominações, as virtudes, as potestades, os arcanjos e finalmente os anjos, que emprestam o nome às outras oito hierarquias.

Os judeus tinham no templo dois querubins, cada um com duas cabeças, uma de boi e outra de águia, e seis asas. Hoje os representamos sob a forma de uma cabeça solta no ar com duas pequenas asas abaixo das orelhas. Pintamos os anjos e os arcanjos sob a figura de jovens com duas asas nas costas. Quanto aos tronos e às dominações, ninguém se lembrou ainda de retratá-los.

Santo Tomás, na questão 108, artigo 2[29], diz que os tronos estão tão próximos de Deus quanto os serafins, pois é sobre eles que Deus está sentado. Scot[30] chegou a contar até mil milhões de anjos. Visto que a antiga mitologia dos gênios bons e maus passou do Oriente para a Grécia e Roma, nós consagramos essa crença, admitindo para cada pessoa um anjo bom e outro mau; um que a ajuda e outro que a prejudica desde o nascimento até a morte; mas não se sabe ainda se esses bons e maus anjos mudam continuamente de posto ou se são substituídos por outros. Sobre o assunto, consultem a *Suma Teológica* de Santo Tomás.

Não se sabe precisamente onde os anjos ficam, se no ar, no vazio, nos planetas: Deus não quis que fôssemos informados a respeito.

1. Numa Pompílio (715-672 a.C.), segundo rei de Roma, a quem foi atribuída a organização religiosa e os ritos de culto de Roma (NT).
2. Religião antiga de raízes judaicas e árabes, envolta em magia e superstições (NT).
3. Guillaume Hyacinthe Bougeant (1690-1743), padre jesuíta, escritor, publicou o livro intitulado *Divertimentos filosóficos sobre a linguagem dos animais* (NT).
4. John Zephaniah Holwell (1711-1798), diplomata e historiador inglês, residiu em Benares, Banares ou Varanasi, cidade situada à margem esquerda do rio Ganges no nordeste da Índia (NT).
5. George Sale (séc. XVIII), arabista, em 1734 publicou a tradução para o inglês do Alcorão (NT).
6. Thomas Hyde (1636-1702), pesquisador inglês (NT).
7. Livro dos *Juízes*, XIII, 17-18 (NT).
8. Antoine Calmet (1672-1757), monge beneditino conhecido com o nome de Agostinho, teólogo e historiador francês (NT).
9. Publius Ovidius Naso (43 a.C.-18 d.C.), poeta latino; o título original latino da obra citada é *Fasti* (NT).
10. O livro de Tobias ou de Tobit cita o nome desse anjo; cumpre notar que este livro não consta na Bíblia das confissões protestantes nem na Bíblia hebraica, que o considera um conto piedoso não revelado por Deus; a Bíblia católica e a ortodoxa o incluem entre os livros inspirados, seguindo a Bíblia judaica traduzida para o grego, nos séculos III e II antes de Cristo, por Setenta sábios judeus de Alexandria do Egito (por isso chamada Bíblia dos Setenta), a qual inclui o livro de Tobias e outros (precisamente Judite, Macabeus, Sabedoria e parte final de Daniel) entre os sagrados ou inspirados por Deus (NT).
11. Fílon de Alexandria (13? a.C.-50 d.C.), filósofo judeu, natural de Alexandria do Egito, procurou conciliar o pensamento filosófico grego com a doutrina judaica (NT).
12. Hesíodo (séc. VIII a.C.), poeta grego; em seus poemas, *Os trabalhos e os dias*, *Teogonia* e *Escudo de Héracles*, ressalta a intervenção dos deuses na vida do homem (NT).
13. Homero (séc. IX a.C.), poeta grego a quem são atribuídos os dois poemas épicos *Ilíada* e *Odisseia*, nos quais são narrados os atos heroicos dos gregos na guerra de Troia e as intermináveis aventuras do herói Ulisses; em ambos os poemas a intervenção dos deuses nos fatos e atos dos homens têm lugar de destaque (NT).
14. Quintus Horatius Flaccus (65-8 a.C.), poeta latino; o verso citado no texto é extraído de *Epistulae*, livro II, carta II, 187, e significa "Há um gênio, companheiro de nascença, que indica o astro" (NT).

15. Sócrates (470-399 a.c.), filósofo grego, foi acusado de ateu e de corruptor da juventude, por defender a ideia de uma divindade única, e condenado à morte; preferiu tomar cicuta a ser executado (NT).

16. Marcus Junius Brutus (85-42 a.C.), político romano, protegido de César, que participou do complô que levou o imperador à morte; derrotado na batalha de Filipos, Bruto se suicidou (NT).

17. Com este termo são designados os cinco primeiros livros da Bíblia: *Gênesis, Êxodo, Números, Levítico e Deuteronômio* (NT).

18. *Padres da Igreja* é uma expressão clássica da história antiga, com a qual são designados os grandes teólogos e escritores dos primeiros séculos do cristianismo; são numerosos e seus escritos formam a chamada *Patrística, Patrologia*, ou seja, obras, textos, comentários bíblicos e doutrina desses autores, os quais fundamentaram toda a teologia cristã, e particularmente católica, que ainda vigora hoje; entre os principais Padres da Igreja, podem ser relembrados Ambrósio, Agostinho, Orígenes, Cirilo de Jerusalém, Cirilo de Alexandria, Cipriano, João Crisóstomo, Gregório Nazianzeno, Gregório de Nissa, Irineu, Tertuliano, etc.

19. Dionísio (séc. I d.C.), cognominado o Areopagita porque era membro do Areópago (tribunal) de Atenas; convertido por São Paulo, tornou-se o primeiro bispo de Atenas (NT).

20. Gregório I, o Grande (540-604), papa de 590 a 604 (NT).

21. Esses termos correspondem aproximadamente ao grego δαιμον, *dáimon* (plural δαιμονοι, *dáimonoi*) que significa gênio, espírito, demônio, referindo-se à sorte, ao destino ou ser etéreo e invisível, nem divindade nem homem, que tem influência na vida do homem (NT).

22. Na mitologia romana, Mercúrio era o deus da eloquência, do comércio, dos ladrões e dos viajantes, reconhecido também como o mensageiro específico dos demais deuses; na mitologia grega, Íris era uma divindade subalterna, mensageira de todos os deuses do Olimpo (NT).

23. O livro de Tobias ou de Tobit narra o fato; a respeito desse livro bíblico, ver nota 10 deste verbete (NT).

24. Formando uma corrente da religião judaica, os saduceus se preocupavam especialmente com a sobrevivência política da nação judaica e não acreditavam na ressurreição dos mortos e, consequentemente, numa vida pós-morte (NT).

25. Moisés Ben Maimon, mais conhecido como Maimônides (1135-1204), médico e filósofo judeu, residente no Egito; em suas obras (*Luminária* de 1168, *Mishne Torá* de 1180, *Guia dos perplexos* de 1190) deixou uma admirável interpretação do Talmud e tentou conciliar fé e razão, além de procurar aproximar a Bíblia da filosofia de Aristóteles (NT).

26. *Isaías*, XIV, 8 e 12 (NT).

27. O *Livro de Enoc*, que deve remontar ao II ou I século antes de Cristo, não constante na Bíblia (por isso chamado apócrifo), se compõe de textos apocalípticos, de exortações e de profecias sobre o fim dos tempos (NT).

28. Aurelius Augustinus (354-430), bispo de Hipona, norte da África, e doutor da Igreja, deixou uma obra imensa, destacando-se *A cidade de Deus* e *Confissões* (NT).

29. Referência à *Suma Teológica*, obra máxima de Tomás de Aquino (1225-1274), filósofo e teólogo italiano que, com essa obra, tenta conciliar fé e razão, para o que se valeu particularmente da filosofia aristotélica (NT).

30. John Duns Scot (1266-1308), padre, filósofo e teólogo escocês, combateu a doutrina teológica de Tomás de Aquino, seguindo o pensamento de santo Agostinho; foi professor em Oxford, Paris e Colônia (NT).

ANTITRINITÁRIOS

- Para conhecer suas opiniões, basta especificar o que os antitrinitários[1] sustentam:

– que nada é mais contrário à reta razão que aquilo que se ensina entre os cristãos no tocante à trindade das pessoas numa só essência divina, na qual a segunda é gerada pela primeira e a terceira procede das duas outras;

– que essa doutrina ininteligível não se encontra em nenhuma passagem das Escrituras;

– que não se pode produzir nenhuma passagem que a autorize e na qual se possa, sem se afastar de alguma forma do texto, conferir um sentido mais claro, mais natural, mais conforme às noções comuns e às verdades primitivas e imutáveis;

– que sustentar, como o fazem seus adversários, que há várias *pessoas* distintas na essência divina e que não é o eterno aquele que é o único verdadeiro Deus, mas que é necessário acrescentar o Filho e o Espírito Santo, é introduzir na Igreja de Jesus Cristo o erro mais grosseiro e mais perigoso, uma vez que é favorecer abertamente o politeísmo;

– que implica contradição afirmar que há um só Deus e que, no entanto, há três *pessoas*, cada uma das quais é verdadeiramente Deus;
– que essa distinção, um em essência e três em pessoas, nunca figurou nas Escrituras;
– que é manifestamente falsa, visto que é certo que não há menos *essências* que *pessoas*, e *pessoas* que *essências*;
– que as três pessoas da Trindade são ou três substâncias diferentes ou acidentes da essência divina ou essa própria essência sem distinção;
– que no primeiro caso são admitidos três deuses;
– que no segundo caso admite-se Deus como composto de acidentes, passa-se a adorar acidentes e a transformar acidentes em pessoas;
– que no terceiro caso é inutilmente e sem fundamento que se divide um sujeito indivisível e que se distingue em *três* o que não é distinto em si;
– que, se dissermos que as três *pessoas* não são nem substâncias diferentes na essência divina nem acidentes dessa essência, teremos dificuldade em nos persuadirmos de que sejam alguma coisa;
– que não se deve acreditar que os *trinitários* mais rígidos e mais decididos tenham eles próprios alguma ideia clara da maneira pela qual as três *hipóstases* subsistem em Deus, sem dividir sua substância e, por conseguinte, sem multiplicá-la;
– que o próprio santo Agostinho[(2)], depois de ter elaborado a esse respeito mil raciocínios tão falsos quanto tenebrosos, foi obrigado a confessar que nada se poderia dizer de inteligível sobre isso.

Citam em seguida a passagem do próprio Agostinho que, com efeito, é muito singular: "Quando nos perguntamos o que são as *três*, a língua dos homens se bloqueia e faltam termos para exprimi-las: dissemos, portanto, *três pessoas*, não para dizer alguma coisa, mas porque é preciso falar e não ficar mudo." *Dictum est tres personae, non ut aliquid diceretur, sed ne taceretur* – foi dito três pessoas, não para dizer algo, mas para não ficar calado (*De Trinitate*, livro V, cap. IX).

Os antitrinitários argumentam ainda:
– que os teólogos modernos não conseguiram esclarecer melhor essa matéria;
– que, ao se lhes perguntar o que entendem com a palavra *pessoa*, só a explicam dizendo que é certa distinção incompreensível que faz com que se distinga numa natureza única em número um Pai, um Filho e um Espírito Santo;
– que a explicação que dão dos termos *gerar* e *proceder* não é satisfatória, visto que se reduz a dizer que esses termos assinalam certas relações incompreensíveis que existem entre as três pessoas da Trindade;
– que disso se pode deduzir que o estado da questão entre os ortodoxos e eles consiste em saber se há em Deus três distinções, das quais não se tem ideia alguma e entre as quais há certas relações de que tampouco se tem ideia alguma.

De tudo isso concluem que seria mais sábio se ater à autoridade dos apóstolos que jamais falaram da Trindade e banir para sempre da religião todos os termos que não figuram nas Escrituras, tais como *Trindade, pessoa, essência, hipóstase, união hipostática e pessoal, encarnação, geração, proceder* e tantos outros similares que, sendo absolutamente vazios de sentido, visto que não têm na natureza nenhum ser real representativo, só podem excitar no intelecto noções falsas, vagas, obscuras e incompletas.

(Extraído em grande parte do verbete *Unitário*, da *Enciclopédia*).

Acrescentemos a esse artigo o que diz Calmet[3] em sua dissertação sobre a passagem da epístola de João Evangelista: "Há três que dão testemunho na terra: o espírito, a água e o sangue e esses três são um. Há três que dão testemunho no céu: o Pai, o Verbo e o Espírito Santo e esses três são um"[4]. Calmet afirma que essas duas passagens não figuram em nenhuma *Bíblia* antiga e seria, com efeito, muito estranho que são João tivesse falado da Trindade numa carta e não tivesse dito sequer uma palavra sobre ela em seu Evangelho. Não se vê nenhum vestígio desse dogma nem nos Evangelhos canônicos nem nos apócrifos. Todas essas razões e muitas outras poderiam escusar os antitrinitários, se os concílios não tivessem definido em contrário. Mas como os hereges não dão qualquer importância aos concílios, não se sabe mais o que fazer para confundi-los.

1. O antitrinitarismo ou posição teológica contra a existência de uma trindade em Deus teve dois momentos diferentes na história religiosa do cristianismo. A primeira se deve ao padre Ário de Alexandria (256-336) que afirmava que Jesus Cristo possuía uma divindade subordinada, como que emprestada por Deus, negando, portanto, que Cristo tivesse a mesma substância de Deus Pai; denominada de heresia cristológica, o arianismo atacava direta e indiretamente o mistério do dogma da Trindade e, por essa razão, essa heresia foi classificada como antitrinitária. O arianismo se difundiu amplamente na Igreja grega, atingindo também as populações germânicas recém-convertidas do centro-norte da Europa; embora combatida insistentemente, essa heresia só foi erradicada três séculos depois. Ver logo adiante o verbete Ário. A segunda, também chamada socinianismo ou socinismo, se deve aos ensinamentos de Lelio Sozzi (1525-1562) e de seu sobrinho Fausto Sozzini (1539-1604), cujos pontos principais eram a negação da Trindade e, em decorrência, a negação da divindade de Jesus Cristo e a negação da redenção na cruz e da eternidade das penas. Condenados e perseguidos, Lélio se refugiou na Suíça e Fausto fugiu para a Polônia, onde organizou a Igreja antitrinitária (NT).

2. Aurelius Augustinus (354-430), bispo de Hipona, norte da África, e doutor da Igreja, deixou uma obra imensa, destacando-se as mais conhecidas hoje, *A cidade de Deus* e *Confissões*, sem deixar de lado *De Trinitate*, citada a seguir no texto, como outras que constam na introdução de *Solilóquios*, livro já publicado pela Editora Escala (NT).

3. Antoine Calmet (1672-1757), monge beneditino conhecido com o nome de Agostinho, teólogo e historiador francês (NT).

4. *1ª. Carta ou Epístola de João*, V, 7 e seguintes (NT).

ANTROPÓFAGOS

— Já falamos do amor. É duro passar de pessoas que se beijam a pessoas que se devoram. É mais do que certo que houve antropófagos; encontramos deles na América; talvez ainda haja deles e os ciclopes[1] não eram os únicos na antiguidade que se alimentavam às vezes de carne humana. Juvenal[2] conta que entre os egípcios – esse povo tão sábio, tão renomado por suas leis, esse povo tão piedoso que adorava crocodilos e cebolas – os tintiritas comeram um de seus inimigos que caíra em suas mãos; não relata esse fato por ter ouvido contar, pois esse crime foi cometido quase sob seus olhos; ele estava então no Egito e a pouca distância de Tintiro. Lembra, ao relatar o caso, os gascões e saguntinos[3] que outrora se alimentaram da carne dos próprios compatriotas.

Em 1725 trouxeram quatro selvagens do Mississipi para Fontainebleau; tive a honra de conversar com eles; havia entre eles uma mulher do país, a quem perguntei se havia comido gente; ela me respondeu muito singelamente que sim. Devo ter ficado um pouco escandalizado; ela se desculpou dizendo que era preferível comer o inimigo morto a deixá-lo ser devorado pelos animais e que os vencedores mereciam a preferência. Nós, em batalha campal ou não, matamos nossos vizinhos e pela mais vil das recompensas trabalhamos para a cozinha dos corvos e dos vermes. Aí é que está o horror, aí é que está o crime. Que importa, depois de morto, ser comido por um soldado, por um corvo ou por um cão?

Respeitamos mais os mortos que os vivos. Deveríamos respeitar uns e outros. As nações que chamamos civilizadas têm plena razão em não assar no espeto os inimigos vencidos, pois, se fosse permitido comer os vizinhos, logo devoraríamos nossos compatriotas, o que seria grande inconveniente para as virtudes sociais. Mas as nações que hoje são civilizadas não o foram sempre; todas elas foram durante muito tempo selvagens; e por causa do número infinito de revoluções por que tem passado este mundo, o gênero humano tem sido ora numeroso, ora raro. Aconteceu com os homens o que ocorre hoje com os elefantes, com os leões, com os tigres, cujas espécies diminuíram consideravelmente. Nos tempos em que uma região era pouco povoada, os homens tinham pouca arte, eram caçadores. O hábito de se alimentarem daquilo que matavam facilmente os levou a tratar seus inimigos como tratavam os cervos e os javalis. Foi a superstição que induziu a imolar vítimas humanas, foi a necessidade que levou a comê-las.

Qual o crime maior: reunir-se piedosamente para cravar uma faca no coração de uma jovem ornada de faixas, em honra da divindade, ou devorar um pobre homem que matamos em legítima defesa?

Entretanto, temos muito mais exemplos de meninas e meninos sacrificados que de meninas e meninos devorados; quase todas as nações conhecidas sacrificaram jovens. Os judeus os imolavam. Isso era chamado o anátema; era um verdadeiro sacrifício e é estabelecido no capítulo 27 do *Levítico* que não sejam poupadas as almas vivas votadas ao sacrifício, mas em nenhuma passagem está prescrito comer suas carnes; tratava-se apenas de uma ameaça; e, como já vimos, Moisés diz aos judeus que, caso não observarem as cerimônias, não só seriam acometidos de sarna, como as mães comeriam seus próprios filhos. É verdade que na época de Ezequiel os judeus deviam estar habituados a comer carne humana, pois ele lhes prediz, no capítulo 39, que Deus os fará comer não apenas os cavalos de seus inimigos, mas também os cavaleiros e os outros guerreiros[4]. Isso é indubitável. Com efeito, por que os judeus não teriam sido antropófagos? Teria sido a única coisa que faltava ao povo de Deus para ser o mais abominável povo da terra.

Li nas anedotas da história da Inglaterra da época de Cromwell[5] que uma fabricante de velas de Dublin vendia excelentes velas feitas com gordura de ingleses. Algum tempo depois, um de seus fregueses se queixou a ela de que as velas não eram mais tão boas. "Infelizmente – disse ela – é que este mês houve falta de ingleses." Pergunto, quem era mais culpado, aqueles que degolavam os ingleses ou essa mulher que fazia velas com sua banha?

1. Segundo a mitologia grega, os ciclopes eram gigantes com um único olho no meio da testa; alguns deles habitavam nas crateras dos vulcões e eram ferreiros, outros eram pastores e viviam em cavernas, sendo geralmente antropófagos (NT).
2. Decimus Junius Juvenalis (60-130), poeta latino, autor da obra *Sátiras* (NT).
3. Povos antigos da Europa: os gascões habitavam na atual Gasconha, região do sudoeste da França e os saguntinos eram os habitantes de Sagunto, aglomerado urbano e área próxima de Valência, Espanha (NT).
4. "Podereis comer carne, beber sangue; comer carne dos guerreiros, beber o sangue dos príncipes da terra: são carneiros, cordeiros, bodes, touros, são animais gordos de Bashan. Podereis comer gorduras à saciedade, beber sangue até a embriaguez: é o sacrifício que faço para vós. À minha mesa vos saciareis com a carne dos cavalos e dos animais de tração, dos animais de todos os guerreiros, oráculo do Senhor Deus" (Ezequiel, XXXIX, 17-20) (NT).
5. Oliver Cromwell (1599-1658), político inglês, implantou uma ditadura militar no Reino Unido, tornando-se governante absoluto (NT).

ÁPIS

ÁPIS - O boi Ápis era adorado em Mênfis como deus, como símbolo ou como boi? É de crer que os fanáticos vissem nele um deus, os sábios um mero símbolo e que o povo ignorante adorasse o boi. Cambises[1] terá feito bem, quando conquistou o Egito, matar esse boi com as próprias mãos? Por que não? Com isso fez ver aos imbecis que se podia pôr seu deus no espeto, sem que a natureza se armasse para vingar esse sacrilégio.

Os egípcios foram muito elogiados. Na verdade, não conheço povo mais desprezível; sempre deve ter havido em seu caráter e em seu governo um vício radical que fez deles sempre vis escravos. Concordo que em épocas imemoriais tenham conquistado a terra, mas nos tempos da história foram subjugados por todos aqueles povos que quiseram dar-se a esse trabalho, pelos assírios, pelos persas, pelos gregos, pelos romanos, pelos árabes, pelos mamelucos, pelos turcos, enfim, por todos, salvo por nossos cruzados, visto que estes eram mais inexperientes do que eram desastrados os egípcios. Foi a milícia dos mamelucos que venceu os franceses. Não há talvez mais que duas coisas sofríveis nessa nação: primeira, que aqueles que adoravam um boi nunca coagiram aqueles que adoravam um macaco a mudar de religião; a segunda, que sempre colocaram os ovos de galinha a chocar em fornos.

Suas pirâmides são muito elogiadas, mas estas são monumentos de um povo escravo. Foi indispensável ter feito trabalhar a nação inteira, caso contrário não teriam conseguido levantar essas vis massas de pedra. Para que serviam? Para conservar numa pequena câmara a múmia de algum príncipe, de algum governador ou de algum intendente, uma vez que sua alma devia se reanimar passados mil anos. Mas se esperavam essa ressurreição dos corpos, por que lhes extraíam o cérebro antes de embalsamá-los? Será que os egípcios deviam ressuscitar sem cérebro?

1. Cambises, rei da Pérsia de 530 a 522 a.C., sucessor de Ciro, conquistou o Egito no ano 525 (NT).

APOCALIPSE

APOCALIPSE - Justino[1], o mártir, que escreveu em torno do ano 170 da nossa era, foi o primeiro a falar no *Apocalipse*; ele o atribui ao apóstolo João o Evangelista.

Em seu livro *Diálogos com Trifão*, este judeu lhe pergunta se não acredita que Jerusalém deva ser restaurada um dia. Justino lhe responde que acredita nisso como todos os cristãos que pensam com acerto. "Houve entre nós, diz ele, um personagem de nome João, um dos doze apóstolos de Jesus, que predisse que os fiéis passarão mil anos em Jerusalém."

Esse reino de mil anos foi crença aceita durante muito tempo pelos cristãos. Esse período desfrutava de grande crédito entre os pagãos. Passados mil anos, as almas dos egípcios retomavam seus corpos; as almas do purgatório, em Virgílio[2], eram postas à prova durante o mesmo espaço de tempo, *et mille per annos* (e por mil anos). A nova Jerusalém de mil anos devia ter doze portas, em memória dos doze apóstolos; sua forma devia ser quadrada; seu comprimento, sua largura e sua altura deviam ser de doze mil estádios, ou seja, quinhentas léguas, de maneira que as casas também deviam ter quinhentas léguas de altura. Deveria ser realmente desagradável morar no último andar; mas, enfim, é o que diz o *Apocalipse* no capítulo 21.

Se Justino foi o primeiro que atribuiu o *Apocalipse* a são João, houve pessoas que recusaram seu testemunho, visto que, nesse mesmo livro *Diálogos com o judeu Trifão*, diz que, segundo o relato dos apóstolos, Jesus Cristo, descendo ao Jordão, fez ferver as águas desse rio e as incendiou, o que não consta em nenhum dos escritos dos apóstolos.

O mesmo são Justino não hesita em citar os oráculos das sibilas; além do mais, pretende ter visto os restos das celas onde foram encerrados os 72 intérpretes no farol do Egito, na época de Herodes. O testemunho de um homem que teve a infelicidade de ver essas celas parece indicar que o autor devia ser encerrado nelas.

Santo Irineu[3], que veio depois e que também acreditava no reinado de mil anos, diz ter sabido de um velho que o *Apocalipse* era de autoria de são João. Mas já foi recriminado a santo Irineu o fato de ter escrito que só devia haver quatro Evangelhos, porque há somente quatro partes do mundo e quatro os ventos cardeais e porque Ezequiel em suas visões só viu quatro animais. Esse raciocínio ele o chama de demonstração. Forçoso é confessar que a maneira pela qual Irineu demonstra se identifica muito bem com aquela que Justino diz ter visto.

Clemente de Alexandria[4], em seu livro *Electa*, só fala de um Apocalipse de são Pedro, que era tido em grande consideração na época. Tertuliano[5], grande partidário do reino de mil anos, não se contenta em afirmar que são João predisse a ressurreição e o reino de mil anos na cidade de Jerusalém, mas julga que essa Jerusalém já começava a se formar no ar, que todos os cristãos da Palestina, e até mesmo os pagãos, a tinham visto durante quarenta dias sucessivos nas últimas horas da noite; infelizmente, porém, a cidade desaparecia mal despontava o dia.

Orígenes[6], em seu prefácio sobre o Evangelho de são João e em suas *Homilias*, cita os oráculos do *Apocalipse*, mas cita igualmente os oráculos das sibilas. Entretanto, são Dionísio de Alexandria[7], que escreveu em torno da metade do século III, diz num de seus fragmentos conservados por Eusébio[8] que quase todos os eruditos rejeitavam o *Apocalipse* como livro destituído de razão e que esse livro não teria sido escrito por são João, mas por um tal de Cerinto, o qual se havia servido de um grande nome para conferir mais peso a suas fantasias.

O concílio de Laodiceia, realizado no ano 360, não contou o *Apocalipse* entre os livros canônicos. Coisa muito singular seria que Laodiceia, que era uma Igreja à qual o Apocalipse era dirigido, rejeitasse um tesouro destinado a ela; e que o bispo de Éfeso, que participava do concílio, rejeitasse também esse livro de são João, uma vez que ele fora enterrado em Éfeso.

Para todos os olhos era visível que são João se revolvia constantemente no túmulo e fazia a terra levantar e baixar continuamente. Entretanto, esses mesmos personagens que estavam certos de que são João não estava de todo morto, estavam certos também de que ele não havia escrito o *Apocalipse*. Mas aqueles que defendiam o reino de mil anos ficaram inabaláveis em sua opinião. Sulpício Severo[9], em sua *História Sagrada*, livro IX, trata de insensatos e ímpios aqueles que não aceitavam o *Apocalipse*. Finalmente, depois de muitas dúvidas, depois das oposições de concílio a concílio, prevaleceu a opinião de Sulpício Severo. Uma vez esclarecida a matéria, a Igreja decidiu que o *Apocalipse* é incontestavelmente de são João, não deixando espaço para apelo.

Cada comunhão cristã atribuiu a si própria as profecias contidas nesse livro; os ingleses viram nelas as revoluções da Grã-Bretanha; os luteranos, as convulsões da Alemanha; os reformados da França, o reinado de Carlos IX e a regência de Catarina de Médicis[10]; todos tinham igualmente razão. Bossuet[11] e Newton[12] comentaram o *Apocalipse*; mas, pensando bem, as declamações eloquentes de um e as sublimes descobertas do outro contribuíram mais para sua honra do que seus comentários.

1. Justino (100?-168?), filósofo cristão e mártir; seus principais livros, *Apologias* e *Diálogos com Trifão*, tentam harmonizar a fé cristã com a sabedoria dos filósofos (NT).
2. Publius Vergilius Maro (71-19 a.C.), poeta latino, autor da *Eneida*, obra clássica da literatura latina da antiguidade (NT).
3. Ireneu (130-202), bispo de Lyon, França, e doutor da Igreja; o argumento apresentado por Voltaire no texto se encontra no livro *Adversus Haereses* (Contra os hereges), III, 11.8, de Ireneu (NT).
4. Clemente de Alexandria (150-213), teólogo, doutor da Igreja, estudou as relações entre o cristianismo e a filosofia grega (NT).
5. Quintus Septimius Florens Tertullianus (155-222), filósofo e teólogo cristão, deixou muitas obras de caráter apologético sobre o cristianismo (NT).
6. Orígenes (185-254), escritor, filósofo e teólogo grego cristão, fundou uma escola de catequese em Alexandria e deixou vasta obra quase toda centrada sobre o cristianismo (NT).
7. Dionísio de Alexandria (? -265?), discípulo de Orígenes e bispo de Alexandria do Egito (NT).
8. Eusébio de Cesareia (265-340), bispo e escritor grego, sua obra mais importante é a *História eclesiástica*; a informação dada no texto acima é extraída do livro VII, cap. 25 deste livro de Eusébio (NT).
9. Sulpício Severo (360-420), escritor cristão da Gália, atual França (NT).
10. Carlos IX (1550-1574), rei da França de 1560 a 1574, mas sob a regência e a tutela de sua mãe, Catarina de Médicis; para livrar-se de sua tutela e ingerência, Carlos IX se aproximou dos protestantes, criando a cisão interna do governo em questões religiosas e que culminou com o massacre dos líderes protestantes em 1572 (NT).
11. Jacques Bénigne Bossuet (1627-1704), bispo, orador sacro e escritor francês (NT).
12. Isaac Newton (1642-1727), físico, matemático e astrônomo inglês (NT).

ÁRIO[(1)]

- Aqui está uma questão incompreensível que há mais de 1.600 anos desencadeou a curiosidade, a sutileza sofística, a amargura, o espírito de cabala, o furor de dominar, o ódio de perseguir, o fanatismo cego e sanguinário, a credulidade bárbara e que produziu mais horrores que a ambição dos príncipes, a qual, no entanto, produziu muitos deles. Jesus é Verbo? Se é Verbo, emanou de Deus no tempo ou antes do tempo? Se emanou de Deus, é coeterno e consubstancial a ele ou é de uma substância semelhante? É distinto dele ou não? É feito ou gerado? Pode ele também, por sua vez, gerar? Tem a paternidade ou a virtude produtiva sem paternidade? O Espírito Santo é feito ou gerado, produzido ou procedente do Pai, ou procedente do Filho, ou procedente de ambos? Pode gerar, pode produzir? Sua hipóstase é consubstancial à hipóstase do Pai e do Filho? E como, uma vez que tem precisamente a mesma natureza, a mesma essência que o Pai e o Filho, pode não fazer as mesmas coisas que essas duas pessoas que são ele próprio?

Não compreendo absolutamente nada; ninguém jamais entendeu isso e é a razão pela qual muitos foram degolados.

Sofistacava-se, contestava-se, odiava-se, excomungava-se entre os cristãos por alguns desses dogmas inacessíveis ao espírito humano, antes da época de Ário e de Atanásio[(2)]. Os gregos do Egito eram extremamente hábeis, dividiam um cabelo em quatro, mas dessa vez só o dividiram em três. Alexandre, bispo de Alexandria, se põe a pregar que Deus, sendo necessariamente individual, simples, uma mônada[(3)] no estrito rigor da palavra, essa mônada é trina.

O padre *Arios* ou *Arious*, que nós chamamos Ário, ficou totalmente escandalizado com a mônada de Alexandre; explica a coisa diversamente; contesta em parte como o padre Sabélio[(4)], que havia contestado como o frígio Práxeas[(5)], grande contestador. Alexandre reúne rapidamente um pequeno concílio de gente de sua opinião e excomunga o padre Ário. Eusébio, bispo de Nicomédia, toma o partido de Ário; e a Igreja se encontra totalmente presa pelo fogo.

O imperador Constantino[(6)] era um celerado, confesso-o; um parricida que havia afogado sua mulher na banheira, que havia degolado seu filho, assassinado seu sogro, seu cunhado e seu sobrinho, não o nego; um homem cheio de orgulho e mergulhado nos prazeres, concordo; um detestável tirano, bem como seus filhos, *transeat* (passe-se adiante), mas tinha bom senso. Não se chega ao império, não se subjuga todos os rivais sem ter raciocinado com acerto.

Quando viu a guerra civil dos cérebros escolásticos acesa, enviou o célebre bispo Ósio com cartas de exortação às duas partes beligerantes. "Os senhores são grandes loucos, lhes disse expressamente em sua carta, ao discutir freneticamente sobre coisas que não entendem. É indigno da gravidade de seus ministérios fazer tanto barulho por um assunto tão ínfimo."

Costantino não entendia por *assunto ínfimo* o que diz respeito à divindade, mas se referia à maneira incompreensível pela qual se esforçavam em explicar a natureza da divindade. O patriarca árabe que escreveu a *História da Igreja de Alexandria* fez Ósio falar desse modo ao apresentar a carta do imperador:

"Meus irmãos, o cristianismo mal começa a desfrutar a paz e vocês vão mergulhá-lo numa discórdia eterna. O imperador tem realmente razão ao lhes dizer que vocês *se digladiam por um assunto muito pequeno*. Certamente, se o objeto da discussão fosse essencial, Jesus Cristo, que todos reconhecemos como nosso legislador, teria falado dele; Deus não teria enviado seu Filho à terra para não nos ensinar nosso catecismo. Tudo o que não nos disse expressamente é obra dos homens e o erro é sua partilha. Jesus lhes ordenou de se amarem e vocês começam a lhe desobedecer odiando-se, incitando a discórdia no império. Somente o orgulho é que cria as disputas e Jesus nosso mestre lhes ordenou a serem humildes. Ninguém pode saber se Jesus é feito ou gerado. E que lhes importa sua natureza, contanto que a de vocês seja a de serem justos e racionais? O que tem de comum uma vã ciência de palavras com a moral que deve conduzir suas ações? Carregam a religião de mistérios, vocês que são feitos unicamente para confirmar a religião pela virtude. Querem que a religião cristã não passe de um amontoado de sofismas? Será que foi para isso que Cristo veio? Parem de discutir; adorem, edifiquem, humilhem-se, alimentem os pobres, apaziguem as discussões das famílias em vez de escandalizar o império com suas discórdias."

Ósio falava a obstinados. O concílio de Niceia[7] foi convocado e houve uma guerra civil de 300 anos no império romano. Essa guerra trouxe outras e, de século em século, todos se perseguiram mutuamente até nossos dias.

1. Ário (256-336), padre de Alexandria, afirmava que Jesus Cristo possuía uma divindade subordinada, como que emprestada por Deus, negando, portanto, que Cristo tivesse a mesma substância de Deus Pai; denominada de heresia cristológica, o arianismo atacava direta e indiretamente o mistério do dogma da Trindade e, por essa razão, essa heresia foi classificada como antitrinitária. O arianismo se difundiu amplamente na Igreja grega, atingindo também as populações germânicas recém-convertidas do centro-norte da Europa; embora combatida insistentemente, essa heresia só foi erradicada três séculos depois. (NT)

2. Atanásio (295-373), bispo de Alexandria e doutor da Igreja, foi o principal adversário de Ário e sua obra teológica é quase toda ela endereçada contra o arianismo (NT).

3. Termo que indica substância simples, ativa, indivisível, de que todos os seres são formados (NT).

4. Heresiarca do século III, defensor da doutrina chamada monarquianismo ou modalismo, segundo a qual havia um só Deus e tanto o Filho como o Espírito Santo eram simples manifestações diferentes ou simples modos diversos de se manifestar de um Deus; a heresia foi conhecida também como sabelianismo (NT).

5. Práxeas, outro heresiarca do século III, contesta a Trindade divina, negava a autoridade do bispo de Roma sobre a Igreja universal, além de questionar outros pontos da fé cristã; foi veementemente combatido por Tertuliano (155-222), escritor e teólogo cristão, especialmente com a obra *Contra Praxeam* (NT).

6. Caius Flavius Valerius Aurelius Constantinus (270?-337), imperador romano de 306 a 337, no ano 313 proclamou o célebre *Edito de Milão*, pelo qual concedia liberdade de culto a todos, inclusive aos cristãos, aos quais determinava que lhes fossem devolvidos os bens confiscados (NT).

7. O Concílio de Niceia foi o primeiro concílio universal da Igreja e se reuniu no ano 325 por ordem e convocação do imperador Constantino; os bispos participantes condenaram o arianismo e estabeleceram os principais pontos doutrinais do cristianismo que persistem até hoje especialmente no catolicismo (NT).

ASNO

- Acrescentemos algo ao verbete *asno* da *Enciclopédia*, referente ao asno de Luciano[1] que se tornou de ouro nas mãos de Apuleio[2]. O mais engraçado da aventura está, no entanto, em Luciano; e o mais engraçado da história é que uma senhora se apaixonou por esse senhor quando era asno e não quis mais saber dele logo que se transformou em homem. Essas metamorfoses eram muito comuns em toda a antiguidade. O asno de Sileno[3] tinha falado e os sábios julgaram que se havia explicado em árabe; era provavelmente um homem transformado em asno pelos poderes de Baco[4], pois, se sabe que Baco era árabe.

Virgílio[5] fala da metamorfose de Méris em lobo como de algo muito usual.

...*Saepe lupum fieri, et se condere silvis Moerim*...

Méris transformado em lobo se escondeu nas selvas...

(*Éclogas*, VIII, versos 97-98).

Essa doutrina das metamorfoses teria derivado das velhas fábulas do Egito que contavam que os deuses se haviam transformado em animais na guerra contra os gigantes?

Os gregos, grandes imitadores e grandes incorporadores das fábulas orientais, metamorfosearam quase todos os deuses em homens ou em animais para que tivessem melhor sorte em seus desígnios amorosos.

Se os deuses se transformavam em touros, em cavalos, em cisnes, em pombos, por que não se teria encontrado o segredo para fazer a mesma operação com os homens?

Muitos comentadores, esquecendo o respeito que deviam às sagradas Escrituras, citaram o exemplo de Nabucodonosor que foi transformado em boi[6]; mas era um milagre, uma vingança divina, uma coisa inteiramente fora da esfera da natureza que não se deveria analisar com olhos profanos e que não pode ser objeto de nossas pesquisas.

Outros sábios, não menos indiscretos talvez, se valeram do que é narrado no *Evangelho da infância*. Uma jovem do Egito, ao entrar no quarto de algumas mulheres, viu um burrico coberto com uma capa de seda e trazendo ao pescoço um pingente de ébano. Essas mulheres o beijavam e lhe davam de comer às lágrimas. Esse burro era o próprio irmão dessas mulheres. Magos lhe haviam tirado a forma humana e o senhor da natureza a devolveu a ele em seguida.

Embora esse evangelho seja apócrifo, a veneração unicamente pelo nome que leva nos impede de detalhar essa aventura. Deve servir somente para constatar como as metamorfoses estavam na moda em quase toda a terra. Os cristãos que compuseram esse evangelho tinham sem dúvida boa-fé. Não queriam compor um romance, mas relatavam com simplicidade o que tinham ouvido dizer. A Igreja que, em seguida, rejeitou esse evangelho junto com 49 outros, não acusou os autores de impiedade e prevaricação; esses autores obscuros falavam ao povo rude segundo os preconceitos de seu tempo. A China era talvez o único país isento dessas superstições.

A aventura dos companheiros de Ulisses, transformados em animais por Circe[7], era muito mais antiga que o dogma da metamorfose anunciada na Grécia e na Itália por Pitágoras[8].

Em que se baseiam os homens que julgam que não há erro universal que não represente o abuso de alguma verdade? Dizem que só vimos charlatães porque vimos verdadeiros médicos e que só acreditamos nos falsos prodígios por causa dos verdadeiros.

Mas tinham testemunhas verídicas que homens se haviam transformado em lobos, bois ou cavalos ou asnos? Esse erro universal só tinha por princípio, portanto, o amor pelo maravilhoso e a inclinação natural à superstição.

É suficiente uma opinião errônea para encher o universo de fábulas. Um doutor indiano afirma que os animais têm sentimento e memória; logo, conclui que têm alma. Os homens também têm uma. O que se torna a alma do homem após a morte? O que se torna a alma do animal? É realmente necessário que habitem em algum lugar. Migram para o primeiro corpo que aparecer começando a se formar. A alma de um brâmane migra para o corpo de um elefante, a alma de um asno migra para o corpo de um pequeno brâmane. Aí está o dogma da metempsicose que se estabelece por um simples raciocínio.

O dogma da metamorfose, porém, está longe disso. Não é mais uma alma sem morada que procura uma; é um corpo que se transformou em outro corpo, com sua alma permanecendo sempre a mesma. Ora, certamente não temos na natureza nenhum exemplo de semelhante jogo. Procuremos, portanto, qual pode ser a origem de opinião tão extravagante e tão geral. Teria acontecido que um pai, tendo dito a seu filho mergulhado em vergonhosas depravações e na ignorância "Tu és um porco, um cavalo, um asno" e colocando-o em seguida de castigo com um chapéu de burro na cabeça, uma criada da vizinhança, ao ver isso, tivesse dito que esse jovem havia sido transformado em asno como punição de seus erros? Suas vizinhas teriam repetido o relato a outras e, de boca em boca, essas histórias, acompanhadas de mil circunstâncias, teriam feito o giro do mundo. Um equívoco teria enganado toda a terra.

Admitamos, portanto, também aqui, com Boileau[(9)], que o equívoco foi o pai da maioria de nossas tolices.

Acrescentemos a isso o poder da magia, reconhecida incontestavelmente em todas as nações, e ninguém mais ficará surpreso com nada.

Mais uma palavra sobre os asnos. Dizem que os habitantes da Mesopotâmia são guerreiros e que Mervan, o 21º. califa, foi cognominado *o asno* por causa de sua valentia.

O patriarca Fócio[(10)] relata, no extrato da vida de Isidoro, que Amônio tinha um asno que gostava muito de poesia e que chegava a deixar a manjedoura para ir ouvir versos.

A fábula de Midas[(11)] é muito mais bela que o conto de Fócio.

O asno de ouro de Maquiavel

Pouco se conhece do livro *O asno de ouro* de Maquiavel[(12)]. Os dicionários que falam dele dizem que é uma obra de sua juventude; parece, contudo, que estava na idade madura, visto que fala das desgraças que experimentou anteriormente e por muito tempo. A obra é uma sátira contra seus contemporâneos. O autor vê muitos florentinos, um dos quais é transformado em gato, outro em dragão, este em cão que late para a lua, aquele em raposa que conseguiu fugir. Cada personagem é descrito sob o nome de um animal. As facções dos Médicis[13] e de seus inimigos estão presentes no livro e quem tiver a chave desse apocalipse cômico saberá a história secreta do papa Leão X[14] e das disputas da cidade de Florença. Esse poema está repleto de moral e de filosofia. Termina com ótimas reflexões de um porco gordo que fala mais ou menos assim ao homem:

Animais de dois pés, sem roupas, sem armas,
Sem garras, de couro ruim, sem penas nem lã,
Vocês choram ao nascer e têm razão;
Preveem seus males; mereceram suas lágrimas.
Os papagaios e vocês têm o dom de falar.
A natureza lhes deu mãos industriosas;
Mas ela lhes deu, ai! almas virtuosas?
E que homem nesse ponto poderia nos igualar?
O homem é mais vil que nós, pior, mais selvagem.
Poltrões ou furiosos, mergulhados no crime,
Experimentam sempre o temor ou a raiva.
Tremem diante da morte e se degolam uns aos outros.
De porco para porco, nunca vivemos de injustiças.
Nosso chiqueiro é para nós o templo da paz.
Amigo, que o bom Deus me livre para sempre
De voltar a ser homem e ter todos os seus vícios.

Esse é o original da sátira do homem que Boileau fez e da fábula dos companheiros de Ulisses escrita por La Fontaine[15]. Mas é muito provável que nem La Fontaine nem Boileau tivessem ouvido falar do asno de Maquiavel.

O asno de Verona

É necessário ser verdadeiro e não enganar o leitor. Não sei com certeza absoluta se o asno de Verona[16] subsiste ainda em todo o seu esplendor, porque não o vi mais, mas os viajantes que o viram, há quarenta ou cinquenta anos, concordam em dizer que suas relíquias estavam encerradas no ventre de um asno artificial feito com esse propósito, que estavam sob os cuidados de quarenta monges do convento de Nossa Senhora dos Órgãos em Verona e que era levado em procissão duas vezes por ano. Era uma das mais antigas relíquias da cidade. A tradição dizia que esse asno, depois de carregar Nosso Senhor em sua entrada em Jerusalém, não quis mais viver nessa cidade, que havia caminhado sobre o mar todo endurecido como seu chifre, que havia seguido seu caminho passando por Chipre, Rodes, Cândia, Malta e Sicília; que, dali, tinha vindo morar em Aquileia[17] e que, finalmente, se havia estabelecido em Verona, onde viveu por muito tempo.

O que deu origem a essa fábula é que quase todos os asnos têm uma espécie de cruz negra nas costas. Houve provavelmente algum velho asno dos arredores de Verona, no qual o povo rude notou uma cruz mais bela que as de seus coirmãos; uma devota mulher acabou dizendo que era esse o asno que havia servido de montaria na entrada em Jerusalém; foram feitos magníficos funerais a esse asno. A festa de Verona foi estabelecida e passou de Verona para outros países: foi celebrada especialmente na França, onde se cantava o hino do asno na missa.

Orientis partibus
Adventavit asinus
Pulcher et fortissimus[18].

Uma jovem, representando a santa Virgem indo para o Egito, montava num asno e, com um menino em seus braços, encabeçava uma longa procissão. O padre, no fim da missa, em vez de dizer *Ite, missa est* (Ide, a missa terminou), se punha a zurrar três vezes com toda a força; e o povo respondia em coro.

Temos livros sobre a festa do asno e sobre aquela dos loucos; podem servir para a história universal do espírito humano.

1.) Luciano de Samósata (125-192), pensador grego, crítico e satírico com relação à religião, à arte e aos valores estabelecidos; viveu muito tempo no Egito, onde morreu (NT).

2. Lucius Apuleius (125-170), escritor latino nascido na África, é conhecido mormente pela obra *Metamorfoses* ou *O asno de ouro* (NT).

3. Personagem da mitologia grega, possuidor de grande sabedoria, predizia o futuro, mas só dizia a verdade quando estava sob o efeito do vinho; a tradição diz que Sileno educou Baco ou Dioniso, deus do vinho e do prazer (NT).

4. Na mitologia latina, Baco era o deus do vinho; as festas em sua honra eram denominadas bacanais (NT).

5. Publius Vergilius Maro (71-19 a.C.), poeta latino, autor da obra clássica *Eneida* e de outros livros de poemas, como *Geórgicas*, *Éclogas* ou *Églogas* (NT).

6. Fato relatado no livro de Daniel, capítulo IV (NT).

7. Na *Odisseia* de Homero, Circe é uma feiticeira que transformou em porcos os companheiros de Ulisses, o herói desse poema épico (NT).

8. Pitágoras (séc. VI a.C.), matemático e filósofo grego, são célebres seus teoremas e princípios matemáticos (NT).

9. Nicolas Boleau, dito Boileau-Despréaux (1636-1711), escritor francês; menosprezou a literatura em geral e a veia satírica, preferindo um discurso moralista (NT).

10. Fócio (820-895), teólogo grego, bispo-patriarca de Constantinopla (NT).

11. Midas (715-676 a.C.), rei da Frígia, tornou-se personagem mitológico. Sua fortuna provinha das minas de ouro que possuía. Conta a lenda que Dioniso quis premiar a hospitalidade de Midas para com seu mestre Sileno e lhe propôs que fizesse um pedido. Midas pediu que se transformasse em ouro tudo o que ele tocasse. Finalmente, a ponto de morrer de fome porque seus alimentos também se transformavam em ouro, Midas procurou Dioniso que o fez banhar-se no rio Páctolo, deixando o dom em suas águas. Algum tempo depois, chamado para arbitrar uma disputa musical entre seu amigo Pan e Apolo, Midas considerou Pan vencedor. Para vingar-se, Apolo deu-lhe orelhas de burro, que o rei escondia sob um chapéu. Um dia seu barbeiro descobriu esse segredo e, aflito por não poder revelá-lo, correu até o campo, onde abriu um buraco no chão e sussurrou: "O rei Midas tem orelhas de burro!" Naquele local brotou um matagal de caniços que, agitados pelo vento, repetiam a frase do barbeiro. Infeliz e sem coragem de encarar seus súditos, Midas se suicidou. (Fonte: Enciclopédia Larousse, ed. 1988 – NT).

12. Niccolò Machiavelli (1469-1527), filósofo, escritor e diplomata italiano; dentre suas obras, destacam-se *O príncipe*, *A arte da guerra*, *A mandrágora*, *Belfagor o arquidiabo* (já publicados pela Editora Escala), *O asno de ouro* (NT).

13. Família de banqueiros florentinos que dominou os destinos políticos da república de Florença, depois chamada Grão-Ducado da Toscana, centro da Itália, de 1434 a 1737 (NT).

14. Leão X (1475-1521), papa de 1513 a 1521; mecenas generoso e cheio de pompa, medíocre como homem de Deus, não teve competência sequer para dialogar com Lutero que cindia a Igreja (NT).

15. Jean de La Fontaine (1621-1695), poeta e fabulista francês (NT).

16. Cidade e capital da província homônima, situada na região do Vêneto, nordeste da Itália (NT).

17. Cidade fundada pelos romanos no ano 181 antes de Cristo, situada ao norte de Veneza, Itália (NT).

18. Versos latinos que significam: "Dos lados do Oriente chegou o asno, lindo e fortíssimo" (NT).

ATEU, ATEÍSMO - [Seção I]

Antigamente, quem quer que tivesse um segredo numa arte corria o risco de passar por feiticeiro; toda seita nova era acusada de degolar crianças em seus mistérios; e todo filósofo que se afastasse da terminologia da escola era acusado de ateísmo pelos fanáticos e pelos velhacos, e condenado pelos cretinos.

Anaxágoras[1] se atreve a afirmar que o sol não é conduzido por Apolo[2] montado numa quadriga: chamam-no de ateu e é obrigado a fugir.

Aristóteles[3] é culpado de ateísmo por um sacerdote; como não pode mandar punir seu caluniador, retira-se para Cálcis. Mas a morte de Sócrates[4] é o que a história da Grécia tem de mais odioso.

Aristófanes[5] (esse homem que os comentaristas admiram porque era grego, parecendo se esquecer que Sócrates era grego também), Aristófanes foi o primeiro que induziu os atenienses a considerar Sócrates um ateu.

Esse poeta cômico, que não é nem cômico nem poeta, não seria admitido entre nós para representar farsas na feira de Saint-Laurent; ele me parece ainda mais vil e desprezível do que o descreve Plutarco[6]. Aqui está o que o sábio Plutarco diz desse farsista: "A linguagem de Aristófanes denuncia o miserável charlatão que é; são as piadas mais baixas e mais desagradáveis já ouvidas; não agrada nem mesmo ao povo e é insuportável para as pessoas de bom senso e honra; não há quem suporte sua arrogância e as pessoas de bem detestam sua malignidade."

Aí está, pois, para dizê-lo de passagem, o Tabarin[7] que a senhora Dacier[8], admiradora de Sócrates, tem a ousadia de admirar; aí está o homem que desde longe preparou o veneno com o qual os infames juízes assassinaram o homem mais virtuoso da Grécia. Os tintureiros, os sapateiros e as costureiras de Atenas aplaudiram uma farsa em que se representava Sócrates suspenso no ar dentro de um cesto, anunciando que não havia deuses e se vangloriando de ter roubado uma capa enquanto ensinava filosofia. Um povo inteiro, cujo mau governo permitia tão infames licenças, bem merecia o que aconteceu logo depois: tornar-se escravo dos romanos e hoje escravo dos turcos.

Pulemos todo o espaço de tempo entre a república romana e nós. Os romanos, muito mais sábios que os gregos, nunca perseguiram filósofos por causa de suas opiniões. O mesmo não ocorreu com os povos bárbaros que sucederam ao império romano. Mal o imperador Frederico II[9] tem divergências com os papas, logo o acusam de ser ateu e de ter escrito juntamente com seu chanceler de Vineis o livro dos *Três Impostores*.

Nosso grande chanceler de L'Hospital se declara contrário às perseguições e logo é acusado de ateísmo, *Homo doctus, sed verus atheos*[10] (homo douto, mas verdadeiro ateu). Um jesuíta tão abaixo de Aristófanes como Aristófanes está abaixo de Homero, um miserável cujo nome se tornou ridículo até entre os próprios fanáticos, numa palavra, o jesuíta Garasse[11], descobre *ateístas* em toda parte; é assim que denomina todos aqueles contra quem ele investe. Chama de ateísta Teodoro de Bèze[12]; foi ele quem induziu o público em erro a respeito de Vanini[13].

O infeliz fim de Vanini não nos move à indignação nem à compaixão como aquele de Sócrates, porque Vanini não passava de um pedante estrangeiro sem mérito; por outra, Vanini na verdade não era ateu, como se pensava; era precisamente o contrário.

Tratava-se de um pobre padre napolitano, pregador e teólogo de ofício, discutindo até o absurdo as quididades e os universais, *et utrum chimera bombinans in vacuo possit comedere secundas intentiones* (se uma quimera soprando no vácuo pode comer segundas intenções). Além do mais, não tinha a menor queda para o ateísmo. Sua noção de Deus era da mais sadia e acatada teologia. "Deus é seu princípio e seu fim, pai de um e de outro, prescindindo de um e de outro; eterno sem estar no tempo, presente em toda parte sem estar em parte alguma. Não há para ele passado nem futuro; está em tudo e fora de tudo, tudo governando e tudo havendo criado, imutável, infinito sem partes; seu poder é sua vontade, etc."

Vanini se vangloriava de renovar esse belo conceito de Platão[14] abraçado por Averróis[15], de que Deus criou uma cadeia de seres, desde o menor até o maior, cujo último elo está ligado a seu trono eterno; ideia, na realidade, mais sublime que verdadeira, mas que está tão distante do ateísmo como o ser está do nada. Viajou com o objetivo de fazer fortuna e para discutir ideias; mas infelizmente a discussão é o caminho oposto ao da fortuna; criam-se tantos inimigos irreconciliáveis como se encontra sábios ou pedantes contra quem se argumenta. Nem foi outra a origem da desdita de Vanini; seu calor e sua grosseria nas discussões lhe valeram o ódio de alguns teólogos; e como tivesse tido uma divergência com certo Francon ou Franconi, esse Francon, amigo de seus inimigos, o acusou de ser ateu e de pregar o ateísmo.

Esse Francon ou Franconi, auxiliado por algumas testemunhas, teve a barbárie de sustentar, na confrontação com Vanini, o que antes havia afirmado. Interrogado no banco dos réus sobre o que pensava da existência de Deus, Vanini respondeu que adorava com a Igreja um Deus em três pessoas. Tomando uma palha do chão, disse: "Basta esta palha para provar que existe um criador." Pronunciou então um belo discurso sobre a vegetação e o movimento e sobre a necessidade de um ser supremo, sem o qual não haveria nem movimento nem vegetação.

O presidente Grammont[16], que então se achava em Toulouse, transcreve esse discurso em sua *Histoire de France*, hoje tão esquecida; e esse mesmo Gammont, por um preconceito inconcebível, julga que Vanini dizia tudo isso *por vaidade ou por medo, antes que por persuasão interior*.

Em que pode estar fundado esse julgamento temerário e atroz do presidente Grammont? É evidente que pela resposta que deu Vanini devia ser absolvido da acusação de ateísmo. Mas o que aconteceu? Esse infeliz padre estrangeiro se interessava também por temas de medicina. Encontraram em sua casa um sapo que ele conservava vivo num vaso cheio de água; foi o suficiente para acusá-lo de feitiçaria. Afirmaram que o sapo era o deus que ele adorava; atribuíram um sentido ímpio a diversas passagens de seus livros, o que é muito fácil e muito comum, tomando as objeções pelas respostas, interpretando com maldade alguma frase ambígua, envenenando expressões inocentes. Finalmente, a facção que o perseguia conseguiu arrancar dos juízes a sentença que condenou esse infeliz à morte.

Para justificar essa morte, era necessário acusar esse infeliz do que houvesse de mais horroroso. O frade mínimo e mais que mínimo Mersenne chegou até a loucura de mandar imprimir que Vanini *havia partido de Nápoles com doze de seus apóstolos para viajar e converter todas as nações ao ateísmo*. Que lástima! Como um pobre padre poderia ter tido doze homens a suas custas? Como poderia convencer doze napolitanos a viajar, com grandes despesas, para propagar em toda parte essa abominável e revoltante doutrina, com risco da própria vida? Um rei seria suficientemente poderoso para pagar doze pregadores de ateísmo? Ninguém, antes do padre Mersenne[17], havia inventado absurdo tão grande. Mas, depois dele, todos passaram a repeti-lo, com ele foram infectados os jornais, os dicionários históricos; e o mundo, que gosta do extraordinário, acreditou, sem pensar, nessa fábula.

O próprio Bayle[18], em seu livro *Pensamentos Diversos*, fala de Vanini como de um ateu; seve-se desse exemplo para sustentar seu paradoxo de que *uma sociedade de ateus pode subsistir*; afirma que Vanini era um homem de costumes muito moderados e que foi mártir de sua opinião filosófica. Engana-se igualmente nos dois pontos. O padre Vanini nos ensina em seus *Diálogos*, escritos à maneira de Erasmo[19], que tivera uma amante chamada Isabelle. Era livre em seus escritos como em sua conduta; mas não era ateu.

Um século após sua morte, o sábio La Croze[20] e aquele que adotou o nome de Philalète[21] quiseram justificá-lo; mas como ninguém se interessa pela memória de um infeliz napolitano, péssimo escritor, quase ninguém leu essas apologias.

O jesuíta Hardouin, mais culto que Garasse e não menos temerário, acusa de ateísmo em seu livro *Athei Detecti* (Ateus detectados) os Descartes, os Arnauld, os Pascal, os Nicole, os Malebranche[22]: felizmente estes não tiveram a sorte de Vanini.

De todos esses fatos passo à questão de moral levantada por Bayle, a saber, *se uma sociedade de ateus poderia subsistir*. A propósito do tema, observemos primeiramente qual é a enorme contradição na polêmica: aqueles que se levantaram contra a opinião de Bayle com mais veemência, aqueles que, com maior carga de injúrias, lhe negaram a possibilidade de uma sociedade de ateus, sustentaram mais tarde com a mesma intrepidez que o ateísmo é a religião do governo da China.

Certamente todos eles se enganaram com relação ao governo chinês; era-lhes suficiente ler os editos dos imperadores desse vasto país, teriam visto que esses editos não são outra coisa senão sermões e que em toda parte neles se fala do ser supremo, governante, vingador e remunerador.

Ao mesmo tempo, porém, não se enganaram menos quanto à impossibilidade de uma sociedade de ateus; e não sei como Bayle pôde esquecer um exemplo marcante que talvez poderia ter tornado sua causa vitoriosa.

Em que uma sociedade de ateus parece impossível? É que se julga que os homens que não tivessem freio jamais poderiam viver juntos, que as leis nada podem contra os crimes secretos, que se faz necessário um Deus vingador que puna neste mundo e no outro os malfeitores que escaparam da justiça humana.

As leis de Moisés, é verdade, não falavam de uma vida futura, não ameaçavam com castigos depois da morte, não ensinavam aos primeiros judeus a imortalidade da alma; mas os judeus, longe de serem ateus, longe de acreditarem poder subtrair-se à vingança divina, eram os mais religiosos de todos os homens. Não somente acreditavam na existência de um Deus eterno, como o acreditavam constantemente presente no meio deles; tremiam diante da hipótese de serem castigados em si mesmos, em suas mulheres, em seus filhos, em sua posteridade, até a quarta geração, e esse freio era muito poderoso.

Entre os pagãos, porém, muitas seitas não tinham qualquer freio: os céticos duvidavam de tudo; os acadêmicos adiavam seu juízo sobre todas as coisas; os epicuristas estavam persuadidos de que a divindade não podia se mesclar nos negócios dos homens e, no fundo, não admitiam nenhuma divindade. Estavam convencidos de que a alma não é uma substância, mas uma faculdade que nasce e morre com o corpo; por conseguinte, não tinham nenhum jugo a não ser aquele da moral e da honra. Os senadores e os cavaleiros romanos eram verdadeiros ateus, pois os deuses não existiam para homens que não acreditavam neles nem esperavam qualquer coisa deles. O senado romano era, portanto, realmente uma assembleia de ateus da época de César e de Cícero[23].

Esse grande orador Cícero, em sua oração *Pro Cluentio* (Em defesa de Cluêncio), diz a todo o senado reunido: "Que mal pode lhe fazer a morte? Nós rejeitamos todas as fábulas ineptas dos infernos. O que então lhe tirou a morte? Nada mais que a sensação da dor."

César, amigo de Catilina, querendo salvar a vida de seu amigo contra esse mesmo Cícero, não lhe objeta que condenar à morte um criminoso não é puni-lo, que a morte *não é nada*, que é apenas o fim de nossos males, que é um momento mais feliz do que fatal? Cícero e todo o senado não se rendem a essas razões? Os vencedores e os legisladores do mundo conhecido formavam, portanto, uma sociedade de homens que nada temiam dos deuses, pois, eram verdadeiros ateus.

Bayle examina em seguida se a idolatria é mais perigosa que o ateísmo; se é um crime maior não acreditar na divindade do que ter a respeito dela conceitos indignos; nisso está de acordo com Plutarco; acredita que é preferível não ter nenhuma opinião do que ter uma opinião má; mas, não querendo ofender Plutarco, é evidente que valia infinitamente mais para os gregos temer Ceres, Netuno, Júpiter do que nada temer em absoluto. É claro que a santidade dos juramentos é necessária e que se deve confiar mais naqueles que pensam que um falso juramento será punido do que naqueles que pensam poder jurar falso impunemente. É indubitável que, numa cidade civilizada, é infinitamente mais útil ter uma religião, ainda que má, do que não ter nenhuma.

Parece, portanto, que Bayle devia antes examinar qual é o mais perigoso, se o fanatismo ou se o ateísmo. O fanatismo é certamente mil vezes mais funesto, pois o ateísmo não inspira paixão sanguinária, mas o fanatismo a inspira; o ateísmo não se opõe aos crimes, mas o fanatismo leva a cometê-los. Suponhamos, com o autor do *Commentarium Rerum Gallicarum* (Comentário das coisas dos gauleses), que o chanceler do *L'Hospital* fosse ateu; ele só fez leis sábias e só aconselhou moderação e concórdia; os fanáticos cometeram a chacina de São Bartolomeu[24]. Hobbes[25] passou por ateu, levou uma vida tranquila e inocente; os fanáticos de seu tempo inundaram de sangue a Inglaterra, Escócia e Irlanda. Spinoza[26] era não somente ateu, mas ensinava o ateísmo: certamente não foi ele que participou do assassinato jurídico de Barneveldt, nem foi ele que esquartejou os dois irmãos de Witt e que os devorou assados na grelha.

Na maioria das vezes os ateus são sábios ousados e desgarrados que raciocinam mal e que, não podendo compreender a criação, a origem do mal e outras dificuldades, recorrem à hipótese da eternidade das coisas e da necessidade.

Os ambiciosos, os voluptuosos não têm sequer tempo para raciocinar e abraçar um mau sistema; têm mais que fazer do que comparar Lucrécio[27] com Sócrates. É assim que vão andando as coisas entre nós.

O mesmo não ocorria no senado de Roma, que era quase em sua totalidade composto de ateus, ateus na teoria e na prática, ou seja, que não acreditavam nem na providência nem na vida futura; esse senado era uma assembleia de filósofos, de voluptuosos e de ambiciosos, todos muito perigosos e que acabaram perdendo a república. O epicurismo subsistiu sob todos os imperadores; os ateus do senado haviam sido facciosos na época de Sila e de César e foram, sob Augusto e Tibério[28], ateus escravos.

Não gostaria de depender de um príncipe ateu, cujo interesse seria o de me mandar esmagar num lagar; e estou certo de que seria esmagado. Não gostaria, se eu fosse soberano, ter de tratar com cortesãos ateus, cujo interesse seria de me envenenar: eu me veria obrigado a tomar ao acaso antídotos todos os dias. É absolutamente necessário, portanto, para os príncipes e para os povos, que a ideia de um ser supremo, criador, condutor, remunerador e vingador esteja profundamente gravada nos espíritos.

Há povos ateus, afirma Bayle em seu livro *Pensamentos sobre os cometas*. Os cafres, os hotentotes, os topinambus e muitas outras pequenas nações não têm Deus; é possível, mas isso não quer dizer que neguem um Deus; não o negam nem o afirmam; nunca ouviram falar de um deus. Digam-lhes que há um Deus e crerão nele facilmente; digam-lhes que tudo se faz pela natureza das coisas e vão crê-lo da mesma forma. Pretender que sejam ateus é o mesmo que dizer que são anticartesianos; não são nem contra nem a favor de Descartes. São verdadeiras crianças; uma criança não é um sujeito ateu nem teísta, não é nada.

Que conclusão podemos tirar de tudo isso? Que o ateísmo é um monstro muito pernicioso naqueles que governam; que é igualmente nos homens da corte, embora sua vida seja inocente, porque de seus gabinetes podem perfurar até aqueles que detêm o comando, porque o ateísmo, se não é tão funesto como o fanatismo, é quase sempre fatal à virtude. Acrescentemos principalmente que há menos ateus hoje que nunca, desde que os filósofos reconheceram que não há nenhum ser vegetando sem germe, nenhum germe sem finalidade, etc., e que o trigo não nasce da podridão.

Geômetras que não eram filósofos rejeitaram as causas finais, mas os verdadeiros filósofos as admitem; e, como disse um autor conhecido, um catequista anuncia Deus às crianças e Newton[29] o demonstra aos sábios.

[Seção II]

Se há ateus, a quem devemos culpar senão aos tiranos mercenários das almas que, ao revoltar-nos contra suas velhacarias, levam alguns espíritos fracos a negar o Deus que esses monstros desonram? Quantas vezes as sanguessugas do povo levaram os cidadãos oprimidos a se revoltarem contra seu rei[30]?

Homens que engordaram às nossas custas nos gritam: "Podem estar certos que uma burra falou; acreditem que um peixe engoliu um homem e o vomitou depois de três dias, são e salvo, na praia[31]; não duvidem que o Deus do universo só ordenou a um profeta judeu que comesse merda (Ezequiel)[32] e a outro profeta que comprasse duas prostitutas e lhes fizesse filhos de puta (Oseias)[33] (são as próprias palavras que são postas na boca do Deus de verdade e de pureza), acreditem nessas coisas visivelmente abomináveis ou matematicamente impossíveis; caso contrário, o Deus de misericórdia vai queimá-los, não somente durante milhões de bilhões de séculos no fogo do inferno, mas durante toda a eternidade, quer tenham um corpo, quer não o tenham."

Essas inconcebíveis tolices revoltam espíritos fracos e temerários, bem como espíritos firmes e sensatos. Dizem: "Se nossos mestres nos descrevem Deus como o mais insensato e o mais bárbaro de todos os seres, logo, não há Deus." Deveriam, porém, dizer: "Logo, nossos mestres atribuem a Deus seus absurdos e seus furores, pois Deus é o contrário daquilo que anunciam, logo, Deus é tão sábio e tão bom como dizem eles que seja louco e mau." É assim que os sábios se exprimem. Mas se um fanático os ouve, denuncia-os a um magistrado, agente dos padres; e esse agente manda queimá-los em fogo lento, julgando com isso vingar e imitar a majestade divina que ele ultraja.

1. Anaxágoras (500-428 a.C.), filósofo grego, dizia: "Tudo está em tudo e nada nasce do nada" (NT).
2. Apolo era o deus sol na mitologia grega (NT).
3. Aristóteles (384-322 a.C.), filósofo grego; dentre suas obras, *A Política* já foi publicada pela Editora Escala (NT).
4. Sócrates (470-399 a.C.), filósofo grego, foi acusado de ateu e de corruptor da juventude, por defender a ideia de uma divindade única, e condenado à morte; preferiu tomar cicuta a ser executado (NT).
5. Aristófanes (445-386 a.C.), poeta cômico grego (NT).
6. Plutarco (50-125), escritor grego, celebrizou-se por sua obra intitulada *Vidas paralelas*, na qual analisa a biografia de 23 gregos e 23 romanos famosos (NT).
7. Antoine Girard, dito Tabarin (1584-1622), bufão e autor de farsas francês, muito popular na época em Paris (NT).
8. Anne Lefebvre, madame Dacier (1647-1720), filóloga e escritora francesa, tradutora da *Ilíada* e da *Odisseia* de Homero para o francês (NT).
9. Frederico II (1194-1250), rei da Sicília (1197-1250) e imperador germânico (1220-1250), teve difícil relacionamento com o papa Gregório VII na questão das investiduras ou ingerência do Estado na nomeação de prelados e bispos para cargos eclesiásticos;

foi excomungado duas vezes (NT). 10. *Commentarium rerum Gallicorum* (Comentário das coisas dos gauleses), livro XXVIII (*Nota de Voltaire*). – Michel de L'Hospital (1505-1573), magistrado e estadista francês, como chanceler promoveu a reforma administrativa e judiciária da França (NT).

11. François Garasse (1585-1631), padre jesuíta, pregador extremamente virulento contra os costumes e a libertinagem, temido até por seus colegas e desmentido muitas vezes por eles (NT).

12. Théodore de Bèze (1519-1605), teólogo protestante francês, sucessor de Calvino em Genebra, Suíça, poeta, deixou várias obras de caráter religioso e histórico, além dos poemas de sua juventude que, na velhice, deplorou (NT).

13. Giulio Cesare Vanini (1585-1619), filósofo e humanista italiano, padre, escreveu *Discursos sobre os segredos da natureza*, livro que lhe valeu ameaças e perseguições; refugiou-se em Toulouse, na França, onde foi preso e condenado à fogueira, acusado de ateísmo (NT).

14. Platão (427-347 a.C.), filósofo grego, discípulo de Sócrates; dentre suas obras, *A República* já foi publicada pela Editora Escala (NT).

15. Abu al-Wallid Muhammad ibn Roschd, conhecido no Ocidente como Averróis (1126-1198), filósofo muçulmano, nascido na Espanha islâmica da época, tentou conciliar o pensamento islâmico com a filosofia aristotélica, além de desenvolver outros importantes pontos da filosofia; apesar de não ser cristão, exerceu enorme influência nos pensadores europeus de seu tempo e também posteriormente (NT).

16. Gabriel Barthélemy de Grammont (1590?-1654), político francês, presidente do Parlamento na época (NT).

17. Marin Mersenne (1588-1648), padre francês, matemático, teólogo e filósofo (NT).

18. Pierre Bayle (1647-1706), escritor francês, protestante, defendia a tese de que o ateísmo é mais lúcido e coerente do que a idolatria (NT).

19. Erasmo de Rotterdam (1469-1536), filósofo, teólogo e humanista holandês; dentre suas obras, *A civilidade pueril, De Pueris* (dos meninos) e *Elogio da loucura* já foram publicadas pela Editora Escala (NT).

20. Mathurin Veyssière La Croze (1661-1736), escritor francês, publicou obras especialmente sobre o Oriente (NT).

21. Jean-Fr. Arpe, escreveu *Apologia pro Julio Caesare Vanino* – Apologia em defesa de Giulio Cesare Vanini (NT).

22. Grandes pensadores e escritores franceses: René Descartes (1596-1650), filósofo e matemático; Antoine Arnauld (1612-1694), filósofo e teólogo, principal defensor da corrente católica do jansenismo; Blaise Pascal (1623-1662), matemático, físico, filósofo e escritor; Pierre Nicole (1625-1695), escritor moralista; Nicolau de Malebranche (1638-1715), filósofo (NT).

23. Caius Julius Caesar (103-44 a.C.), general e imperador romano; Marcus Tullius Cicero (106-43 a.C.), jurista, orador, político, filósofo e escritor latino (NT).

24. Noite de massacre dos protestantes, ocorrida em Paris no dia 24 de agosto de 1572, festa de São Bartolomeu, por isso chamada de *La Saint-Barthélemy* (NT).

25. Thomas Hobbes (1588-1679), filósofo inglês, autor de *Leviatã* e *Do cidadão* e outras obras (NT).

26. Baruch (Bento) de Spinoza (1632-1677), filósofo holandês; dentre suas obras, *Tratado da reforma do entendimento* já foi publicada pela Editora Escala (NT).

27. Titus Lucretius Carus (98-55 a.C.), poeta latino que, em sua obra *De natura rerum* (da natureza das coisas), analisou o pensamento de Demócrito, Empédocles e Epicuro (NT).

28. Lucius Cornelius Sila (138-78 a.C.), general e político romano; Caius Julius Caesar (103-44 a.C.), general e estadista romano; Caius Julius Caesar Octavianus Augustus (63 a.C.-14 d.C.), imperador romano; Tiberius Julius Caesar (42 a.C.-37 d.C.), imperador romano (NT).

29. Isaac Newton (1642-1727), físico, matemático e astrônomo inglês (NT).

30. Ver o verbete *Fraude* (*Nota de Voltaire*).

31. Referência à história bíblica do profeta Jonas. Ver *Jonas* II, 1 e 11 (NT).

32. *Ezequiel* IV, 12-13: "Comerás teu pão em forma de biscoito de cevada; tu o farás cozinhar sob os olhos deles sobre um monte de excrementos humanos. O Senhor disse: É assim que os filhos de Israel comerão pão impuro entre as nações onde eu os dispersarei" (NT).

33. *Oseias* I, 2: "O Senhor disse a Oseias: Vai, toma para ti uma mulher que se entrega à prostituição, e terás filhos de prostituição, pois a terra se prostitui continuamente, afastando-se do Senhor." Oseias III, 1-2: "O Senhor me disse: Vai outra vez, ama uma mulher amada por outro e dada ao adultério, pois tal é o amor do Senhor para com os filhos de Israel... Comprei-a por quinze siclos de prata e uma medida e meia de cevada" (NT).

B

BABEL - A vaidade sempre ergueu grandes monumentos. Foi por vaidade que os homens construíram a bela torre de Babel: "Vamos, edifiquemos uma torre cujo topo toque os céus e tornemos nosso nome célebre antes que sejamos dispersos por toda a terra." A empresa foi realizada na época de certo Faleg, que contava o bondoso Noé como seu quinto avô. A arquitetura e todas as artes que a acompanham tinham feito, como se vê, grandes progressos em cinco gerações. São Jerônimo[1], o mesmo que diz ter visto faunos e sátiros, viu tanto como eu a torre de Babel; apesar disso, garante que ela tinha 20 mil pés de altura. É bem pouca coisa. O antigo livro *Jacult*, escrito por um dos judeus mais eruditos, demonstra que sua altura era de 81 mil pés judaicos; e não há ninguém que não saiba que o pé judaico era aproximadamente do comprimento do pé grego. Esta dimensão é muito mais provável que aquela de São Jerônimo. Essa torre resiste ainda; mas já não é da mesma altura. Vários viajantes, muito confiáveis, a viram; eu, que nunca a vi, não vou falar dela mais que Adão, meu antepassado, com quem nunca tive a honra de conversar.

Consultem, porém, o reverendo padre Calmet[2]; é um homem de espírito refinado e de profunda filosofia; ele lhes explicará a coisa. Não sei por que se diz no *Gênesis* que Babel significa confusão; porque *Ba* quer dizer pai, nas línguas orientais, e *Bel* significa Deus; Babel, portanto, indica a cidade de Deus, a cidade santa. Os antigos davam esse nome a todas as suas capitais. Mas é incontestável que Babel quer dizer confusão, seja porque os arquitetos ficaram confusos após terem erguido sua obra até 81 mil pés judaicos, seja porque se deu a confusão das línguas; e é evidente que desde então os alemães não conseguem mais entender os chineses; porque é claro, segundo o sábio Bochart[3], que o chinês é originariamente a mesma língua que o antigo alemão.

1. Sophronius Eusebius Hieronymus (331-420), escritor cristão e doutor da Igreja; além de seus numerosos escritos, dedicou parte de sua vida para traduzir toda a Bíblia do hebraico e do grego para o latim, tradução que levou o nome de *Bíblia Vulgata* (NT).
2. Antoine Calmet (1672-1757), padre beneditino conhecido com o nome de Agostinho, teólogo e historiador francês (NT).
3. Samuel Bochart (1599-1667), escritor francês; suas obras versam quase todas sobre temas bíblicos relacionados à geografia, zoologia, botânica e mineralogia da antiguidade (NT).

BATISMO - Batismo, palavra grega que significa imersão. Os homens, que se guiam sempre pelos sentidos, facilmente imaginaram que quem lavasse o corpo também lavava a alma. Havia nos subterrâneos dos templos egípcios grandes tanques para os sacerdotes e para os iniciados. Desde tempos imemoriais, os hindus se purificaram nas águas do rio Ganges e ainda hoje essa cerimônia está muito em voga. Os hebreus adotaram o costume: batizavam nessas tinas todos os estrangeiros que abraçavam a lei judaica e não queriam se submeter à circuncisão; batizavam sobretudo as mulheres, a quem não faziam essa operação, salvo na Etiópia, onde a circuncisão era lei. Tratava-se de uma regeneração; isso dava uma nova alma, tal como se acreditava no Egito. Consultem sobre o assunto Epifânio, Maimônides e a Gemara[1].

João batizou no rio Jordão; foi ali que batizou também a Jesus, o qual, no entanto, nunca batizou ninguém, mas se dignou consagrar essa antiga cerimônia. Todo sinal é indiferente em si e Deus concede sua graça por meio do sinal que lhe aprouver escolher. O batismo se tornou bem cedo o primeiro rito e o distintivo da religião cristã. Entretanto, os quinze primeiros bispos de Jerusalém eram todos circuncidados e não se tem certeza se foram batizados.

Abusou-se desse sacramento nos primeiros séculos do cristianismo; nada era mais comum do que aguardar a agonia para receber o batismo. O exemplo do imperador Constantino é uma prova bastante significativa. Assim pensava ele: o batismo purifica tudo; posso, portanto, matar minha mulher, meu filho e todos os meus parentes; depois disso me faço batizar e irei para o céu; e foi o que efetivamente fez. O exemplo era perigoso; aos poucos o costume de esperar a morte para tomar o banho sagrado foi abolido.

Os gregos sempre conservaram o batismo por imersão. Em torno do final do século VIII os latinos, havendo estendido sua religião até as Gálias e a Germânia e vendo que a imersão podia matar as crianças em países frios, substituíram-na pela simples aspersão, o que lhes custou numerosos anátemas por parte da Igreja grega.

Perguntaram a são Cipriano[2], bispo de Cartago, se estavam realmente batizados aqueles cujo corpo havia sido apenas borrifado com água. Respondeu, em sua *Carta 69*, que "muitas igrejas não acreditavam que esses borrifados fossem cristãos; quanto a ele, era de parecer que eram cristãos, embora tivessem uma graça infinitamente menor que a daqueles que haviam sido mergulhados três vezes na água, conforme o costume."

Entre os cristãos, desde que um indivíduo recebia a imersão estava iniciado; antes disso, não passa de catecúmeno. Para ser iniciado, tornava-se necessário apresentar responsáveis, cauções, a que davam um nome que corresponde a *padrinhos*, a fim de que a Igreja se certificasse da fidelidade dos novos cristãos e para que os mistérios não fossem divulgados. É por essa razão que nos primeiros séculos os pagãos eram geralmente tão mal informados sobre os mistérios cristãos, como estes o eram a respeito dos mistérios de Ísis e das Eleusínias[3].

Cirilo de Alexandria[4], em seu escrito contra o imperador Juliano, assim se exprime: "Falaria do batismo, se não temesse que minhas palavras chegassem aos não iniciados."

Foi a partir do século II que se começou a batizar crianças; era natural que os cristãos desejassem que seus filhos, que sem esse sacramento seriam condenados, também o recebessem. Concluiu-se, finalmente, que era necessário ministrar o batismo depois de oito dias do nascimento, porque, entre os judeus, essa era a idade em que eram circuncidados. A Igreja grega ainda conserva esse costume. Entretanto, no século III, predominou o costume de só receber o batismo na hora da morte.

Aqueles que morriam na primeira semana de existência estavam condenados, segundo os Padres da Igreja[5] mais rigorosos. No século V, porém, Pedro Crisólogo[6] imaginou o *limbo*, espécie de inferno mitigado e, propriamente, borda do inferno, extramuros do inferno, para onde vão as crianças mortas sem batismo e onde estavam os patriarcas antes da descida de Jesus Cristo aos infernos; de modo que desde então prevaleceu a opinião de que Cristo havia descido ao limbo e não aos infernos.

Foram debatidas as seguintes questões: se um cristão nos desertos da Arábia podia ser batizado com areia; foi respondido que não; se era permitido batizar com água de rosas: foi decidido que era indispensável água pura, mas que se podia, contudo, fazer uso de água lamacenta. É fácil ver que toda essa disciplina foi ditada pela prudência dos primeiros pastores que a estabeleceram.

[Opinião dos Unitários rígidos sobre o batismo]

"É evidente para todos aqueles que quiserem raciocinar sem preconceitos que o batismo não é um sinal de graça conferida, nem um selo de aliança, mas uma simples marca de profissão de fé;

que o batismo não é necessário, nem por necessidade de preceito nem por necessidade de meio;

que não foi instituído por Jesus Cristo e que o cristão pode prescindir dele sem que disso resulte qualquer inconveniente para ele;

que não se deve batizar as crianças nem os adultos, nem homem algum em geral;

que o batismo podia ser um uso nos inícios do cristianismo para aqueles que deixavam o paganismo, a fim de tornar pública sua profissão de fé e ser o sinal autêntico dela, mas que agora é absolutamente inútil e totalmente indiferente."

(Extraído do *Dicionário enciclopédico*, no verbete *Unitários*)

[Adição importante]

O imperador Juliano[7], o filósofo, em sua imortal *Sátira dos Césares*, põe estas palavras na boca de Constâncio, filho de Constantino: "Todo aquele que se sentir culpado de violação, de assassinato, de rapina, de sacrilégio e de todos os crimes mais abomináveis, logo que eu o tiver lavado com esta água, ficará limpo e puro."

Foi, com efeito, essa fatal doutrina que levou todos os imperadores cristãos e todos os grandes do império a adiar seu batismo até a morte. Julgavam ter descoberto o segredo de viver como criminosos e de morrer como virtuosos.

(Extraído de *Boulanger*[8]).

[Outra adição]

Que estranha ideia, inspirada na lixívia, essa que uma jarra de água lava todos os crimes! Hoje que todas as crianças são batizadas, porque uma ideia não menos absurda as considerou todas como criminosos, aí estão elas todas salvas até que atinjam a idade da razão e que possam se tornar culpadas. Degolem todas elas, pois, o mais rápido possível para lhes garantir o paraíso. Essa consequência é tão justa, que houve uma seita devota que costumava envenenar ou matar todas as crianças recém-batizadas. Esses devotos raciocinavam com perfeição. Diziam: "Prestamos a esses pequenos inocentes o maior bem possível, pois os impedimos de se tornarem maus e infelizes nesta vida e lhes damos a vida eterna."

(Do padre Nicaise[9]).

1. Epifânio (315-403), bispo na ilha de Chipre, criticou acerbamente os escritos teológicos do autor cristão Orígenes; Moisés Ben Maimon, mais conhecido como Maimônides (1135-1204), médico e filósofo judeu, residente no Egito; em suas obras (*Luminária* de 1168, *Mishne Torá* de 1180, *Guia dos perplexos* de 1190) deixou uma admirável interpretação do Talmud e tentou conciliar fé e razão, além de procurar aproximar a Bíblia da filosofia de Aristóteles; a Gemara, que significa totalidade, completa, é o estudo que busca comentar e discutir a mishnà, que é a repetição oral da Torá, a lei (NT).

2. Cipriano (200-258), bispo e Padre da Igreja, entre suas obras principais convém lembrar *Sobre os caídos* e *Sobre a unidade da Igreja* (NT).

3. Ísis era a deusa principal do panteão egípcio, irmã e esposa de Osíris; ambos teriam sido os grandes fundadores da civilização do Egito; Eleusínias eram as cerimônias de iniciação celebradas, entre os gregos, na cidade de Elêusis; as cerimônias tinham por objetivo revelar aos novos iniciados os mistérios do santuário (NT).

4. Cirilo de Alexandria (376-444), bispo e Padre da Igreja, combateu com veemência os movimentos heréticos de seu tempo (NT).

5. *Padres da Igreja* é uma expressão clássica da história antiga, com a qual são designados os grandes teólogos e escritores dos primeiros séculos do cristianismo; são numerosos e seus escritos formam a chamada *Patrística, Patrologia*, ou seja, obras, textos, comentários bíblicos e doutrina desses autores, os quais fundamentaram toda a teologia cristã, e particularmente católica, que ainda vigora hoje; entre os principais Padres da Igreja, podem ser relembrados Ambrósio, Agostinho, Orígenes, Cirilo de Jerusalém, Cirilo de Alexandria, Cipriano, João Crisóstomo, Gregório Nazianzeno, Gregório de Nissa, Irineu, etc.

6. Pedro Crisólogo (406-450), bispo de Ravena, Itália, teólogo e doutor da Igreja (NT).

7. Flavius Claudius Julianus, conhecido como Juliano, o Apóstata (331-363), escritor e imperador romano, educado no cristianismo, abjurou a fé cristã e restabeleceu o paganismo no império, chegando a proibir o ensino aos cristãos (NT).

8. Nicolas Antoine Boulanger (1722-1759), escritor francês, todas as suas obras foram publicadas postumamente (NT).

9. Claude Nicaise (1623-1701), padre e escritor francês (NT).

BELO, BELEZA – Perguntem a um sapo o que é a beleza, o supremo belo, o *to kalón* (o belo). Responderá que é sua fêmea com dois grossos olhos redondos quase saltando de sua pequena cabeça, uma goela larga e chata, um ventre amarelo, um dorso pardo. Interroguem um negro da Guiné; o belo para ele é uma pele negra, oleosa, olhos cravados, nariz achatado.

Interroguem o diabo; dirá que o belo é um par de chifres, quatro garras e uma cauda. Consultem, finalmente, os filósofos. Responderão com discursos confusos; falta-lhes algo de conforme ao arquétipo do belo em essência, o *to kalón*.

Um dia eu assistia à representação de uma tragédia em companhia de um filósofo. "Como é belo! dizia ele. – Que viu de belo nisso? lhe perguntei – É que o autor atingiu seu objetivo." No dia seguinte ele tomou um purgante que lhe fez efeito. "Atingiu seu objetivo, disse-lhe eu; aí está um belo purgante!" Ele compreendeu que não se pode dizer que um purgante seja belo e que, para conferir a alguma coisa o designativo de *beleza*, é necessário que nos cause admiração e prazer. Concordou que essa tragédia lhe havia inspirado essas duas emoções e que nisso estava o *to kalón*, o belo.

Fizemos uma viagem pela Inglaterra. Lá se representava a mesma peça, impecavelmente traduzida; ela fez todos os espectadores bocejar. "Oh! Oh! – exclamou o filósofo – o *to kalón* não é o mesmo para os ingleses e para os franceses." Depois de muitas reflexões, concluiu que o belo é muito relativo, como o que é decente no Japão é indecente em Roma, o que é moda em Paris não o é em Pequim; e esse filósofo desistiu de elaborar um longo tratado sobre o belo.

BEM (BEM SUPREMO)

A antiguidade discutiu muito sobre o bem supremo. Teria sido a mesma coisa que perguntar o que é o supremo azul, o supremo manjar, o supremo andar, o supremo ler, etc.

Cada um põe seu bem onde puder e dele tem, à sua maneira, tanto quanto puder.
Quid dem? quid non dem? Renuis tu quod jubet alter...
Castor gaudet equis; ovo prognatus eodem pugnis...[1].

O sumo bem é aquele que nos deleita com tanta força que nos deixa na impotência total de sentir outra coisa, como o maior mal é aquele que chega até a nos privar de todo sentimento. Aí estão os dois extremos da natureza humana e esses dois momentos são breves.

Não há delícias extremas nem extremos tormentos que possam durar toda a vida; o supremo bem e o supremo mal são quimeras.

Conhecemos a bela fábula de Crantor[2]: faz comparecer aos jogos olímpicos a Riqueza, a Volúpia, a Saúde e a Virtude; cada uma delas quer a maçã. A Riqueza diz: "Eu sou o sumo bem, pois comigo se adquirem todos os bens." A Volúpia intervém: "A maçã é minha, porque só se pede a riqueza para me possuírem." A Saúde garante que sem ela não há volúpia e que a riqueza é inútil. Finalmente a Virtude argumenta que ela está acima das outras três, porque com o ouro, com os prazeres e com saúde podemos nos tornar de todo infelizes se nos conduzirmos mal. E a Virtude ganhou a maçã.

A fábula é muito engenhosa, mas não resolve o problema absurdo do supremo bem. A virtude não é um bem, é um dever; é de um gênero diferente, de uma ordem superior. Nada tem a ver com as sensações dolorosas ou agradáveis. O homem virtuoso, com cálculos nos rins e com a gota, sem arrimo, sem amigos, privado do necessário, perseguido, acorrentado por um tirano voluptuoso que se comporta bem, é extremamente infeliz; e o perseguidor insolente que acaricia uma nova amante em seu leito de púrpura é muito feliz. Podem dizer que o sábio perseguido é preferível a seu insolente perseguidor; podem dizer que amam a um e detestam o outro; mas confessem que o sábio agrilhoado enraivece. Se o sábio não concordar com isso, ele os engana, é um charlatão.

---

1. *O que darei? O que não darei? Recusas tu o que o outro exige... Castor gosta de cavalos; o nascido do mesmo ovo (Pólux) gosta de lutas.* Castor e Pólux, na mitologia romana, eram irmãos gêmeos. Versos extraídos de *Satirae* II, 1, de Quintus Horatius Flaccus (65-8 a.C.), poeta latino (NT).

2. Crantor (séc. III-II a.C.), filósofo grego (NT).

BEM (DO BEM E DO MAL, FÍSICO E MORAL) - Aqui está uma das questões mais difíceis e importantes. Trata-se de toda a vida humana. Seria realmente importante encontrar um remédio a nossos males, mas não há, e ficamos reduzidos a procurar tristemente sua origem. É sobre essa origem que se discute desde Zoroastro[1] e que, segundo parece, se discutiu antes dele. Foi para explicar essa mistura de bem e de mal que foram imaginados os dois princípios: Oromase, o autor da luz, e Ariman[2], o autor das trevas; a caixa de Pandora[3], os dois tonéis de Júpiter[4], a maçã que Eva comeu e tantos outros sistemas.

O primeiro dos dialéticos, não o primeiro dos filósofos, como o ilustra Bayle[5], demonstrou como é difícil aos cristãos, que admitem um só Deus, bom e justo, responder às objeções dos maniqueus[6] que reconheciam dois deuses, um bom e outro mau.

O fundamento do sistema dos maniqueus, por mais antigo que fosse, não era mais razoável. Teria sido necessário estabelecer lemas geométricos para ousar chegar a este teorema: "Há dois seres necessários, ambos supremos, ambos infinitos, ambos igualmente poderosos, que ambos tivessem guerreado entre si e que, finalmente, tivessem concordado em derramar sobre este pequeno planeta os tesouros de sua beneficência da parte de um e, da parte de outro, o abismo de sua maldade." É inútil que os maniqueus tentem explicar a causa do bem e do mal por meio desta hipótese; a fábula de Prometeu[7] ainda a explica melhor; mas qualquer hipótese, que serve apenas para explicar a razão das coisas e que de resto não for fundada em princípios evidentes, deve ser rejeitada.

Os doutores cristãos (abstraindo-se a revelação, que leva a crer em tudo) não explicam melhor a origem do bem e do mal do que os sectários de Zoroastro.

Desde que dizem "Deus é um pai terno, Deus é um rei justo," desde que acrescentam a ideia do infinito. a esse amor, a essa bondade e a essa justiça humana que conhecem, eles logo caem na mais horrível das contradições. Como esse soberano, que tem a plenitude infinita dessa justiça que conhecemos, como um pai, que tem uma ternura infinita para com seus filhos, como esse ser infinitamente poderoso pôde formar criaturas à sua imagem, para levá-las no instante seguinte a serem tentadas por um ser maligno, para fazê-las sucumbir, para levar à morte aqueles que ele havia criado imortais, para inundar sua posteridade de desgraças e de crimes? Não se fala aqui de uma contradição que parece ainda mais revoltante à nossa fraca razão. Como Deus, resgatando em seguida o gênero humano pela morte de seu filho único ou, melhor, como o próprio Deus feito homem, e morrendo pelos homens, entrega ao horror das torturas eternas quase todo esse gênero humano pelo qual ele morreu? Certamente, se esse sistema for considerado somente pela filosofia (sem o auxílio da fé), ele é monstruoso, abominável. Faz de Deus ou a própria maldade, e maldade infinita, que fez seres pensantes para torná-los eternamente infelizes, ou a própria impotência e imbecilidade, que não pôde nem prever nem impedir as desgraças de suas criaturas. Mas neste verbete não se trata da desgraça eterna; trata-se apenas dos bens e dos males que provamos nesta vida. Nenhum dos doutores de tantas Igrejas, que se debatem todos eles para explicar isso, conseguiram persuadir um único sábio.

Não se concebe como Bayle, que manipulava com tanta força e lisura as armas da dialética, se contentou em fazer argumentar um maniqueu, um calvinista[8], um molinista[9], um sociniano[10]; por que não fez falar um homem razoável? Por que ele próprio, Bayle, não apostou com eles na argumentação? Teria dito muito melhor que nós aquilo que vamos arriscar dizer.

Um pai que mata seus filhos é um monstro; um rei que faz cair na armadilha seus súditos, para ter um pretexto de entregá-los a suplícios, é um tirano execrável. Se imaginarem em Deus a mesma bondade que exigem de um pai, a mesma justiça que exigem de um rei, eis mais uma razão para discriminar Deus: e, ao conferir-lhe uma sabedoria e uma bondade infinitas, tornam-no infinitamente odioso; induzem a desejar que ele não exista, vocês dão armas ao ateu e o ateu estará sempre no direito de dizer-lhes: "É preferível não reconhecer divindade alguma do que imputar-lhe precisamente o que vocês puniriam nos homens."

Comecemos a dizer, portanto: "Não compete a nós dar a Deus atributos humanos, não cabe a nós fazer Deus à nossa imagem." Justiça humana, bondade humana, sabedoria humana, nada de tudo isso pode convir a ele. É inútil ouvir falar milhões de vezes dessas qualidades, serão sempre exclusivamente qualidades humanas, cujos limites recuamos; é como se déssemos a Deus a solidez infinita, o movimento infinito, a redondeza, a divisibilidade infinita. Estes atributos não podem ser os dele.

A filosofia nos ensina que este universo deve ter sido organizado por um ser incompreensível, eterno, existente por sua própria natureza; mas, uma vez mais, a filosofia não nos ensina os atributos dessa natureza. Sabemos o que ele não é, e não que ele é.

Nada de bem e de mal para Deus, nem no aspecto físico nem no moral.

O que é o mal físico? De todos os males, o maior sem dúvida é a morte. Vejamos se teria sido possível que o homem fosse imortal.

Para que um corpo como o nosso fosse indissolúvel, imperecível, seria necessário que não fosse composto de partes; seria necessário que não nascesse, que não tomasse alimento, que não crescesse, que não pudesse estar sujeito a nenhuma modificação. Que sejam examinadas todas estas questões, que cada leitor pode ampliar à vontade, e ver-se-á que a proposta do homem imortal é contraditória.

Se nosso corpo organizado fosse imortal, o dos animais o seria também: ora, é claro que em pouco tempo o globo não poderia ser suficiente para alimentar tantos animais; esses seres imortais, que subsistem somente renovando seus corpos pelo alimento, pereceriam, portanto, por não poderem se renovar; tudo isso é contraditório. Poder-se-ia dizer muito mais a respeito, mas todo leitor realmente filósofo verá que a morte era necessária a tudo o que nasceu, que a morte não pode ser nem um erro de Deus, nem um mal, nem uma injustiça, nem um castigo do homem.

O homem, nascido para morrer, não podia mais ser subtraído às dores senão pela morte. Para que uma substância organizada e dotada de sentimentos nunca provasse dor, seria necessário que todas as leis da natureza se modificassem, que a matéria não fosse mais divisível, que não tivesse mais peso nem ação nem força, que uma rocha pudesse cair sobre um animal sem esmagá-lo, que a água não pudesse afogá-lo, que o fogo não pudesse queimá-lo. O homem impassível é, portanto, tão contraditório como o homem imortal.

Essa sensação de dor era necessária para nos advertir a conservar-nos e para nos dar prazeres tanto quanto comportam as leis gerais às quais tudo está sujeito.

Se não sentíssemos dor, nos feriríamos a todo momento sem nada sentir. Sem o princípio da dor, não realizaríamos nenhuma função da vida, não a comunicaríamos, não teríamos nenhum prazer. A fome é um início de dor que nos adverte a tomar alimento, o aborrecimento é uma dor que nos força a ocupar-nos, o amor é uma necessidade que se torna dolorosa quando não for satisfeito. Todo desejo, numa palavra, é uma necessidade, uma dor iniciada. A dor é, portanto, a primeira mola de todas as ações dos animais. Todo animal dotado de sensação deve estar sujeito à dor, se a matéria é divisível. A dor era, por conseguinte, tão necessária como a morte. Ela não pode ser, portanto, nem um erro da Providência, nem uma maldade, nem uma punição. Se só tivéssemos visto sofrer os animais, não acusaríamos a natureza; se num estado impassível fôssemos testemunhas da morte lenta e dolorosa das pombas, sobre as quais se lança um falcão que devora com prazer suas entranhas, e que faz apenas o que também nós fazemos, estaríamos longe de murmurar; mas com que direito nossos corpos estariam menos sujeitos a ser dilacerados que aqueles dos animais irracionais? Será porque temos uma inteligência superior à deles? Mas o que tem de comum aqui a inteligência com uma matéria divisível? Algumas ideias a mais ou a menos num cérebro devem, podem impedir que o fogo nos queime e que uma rocha nos esmague?

O mal moral, sobre o qual foram escritos tantos volumes, no fundo não é senão o mal físico. Esse mal moral é apenas um sentimento doloroso que um ser organizado causa a outro ser organizado. As rapinas, os ultrajes, etc., são um mal apenas enquanto causam outros. Ora, como certamente não podemos fazer nenhum mal a Deus, é claro, pelas luzes da razão (independentemente da fé, que é coisa totalmente diversa), que não há mal moral com relação ao ser supremo.

Como o maior dos males físicos é a morte, o maior dos males em moral é indubitavelmente a guerra: acarreta com ela todos os crimes, calúnias nas declarações, perfídias nos tratados, a rapina, a devastação, a dor e a morte sob todas as formas.

Tudo isso é um mal físico para o homem, e não é tanto mal moral em relação a Deus como a raiva dos cães que se mordem. É um lugar-comum tão falso como fraco dizer que somente os homens se degolam uns aos outros; os lobos, os cães, os gatos, os galos, as codornas, etc., lutam entre si, espécie contra espécie; as aranhas dos bosques se devoram umas às outras: todos os machos combatem pelas fêmeas. Essa guerra é consequência das leis da natureza, dos princípios que estão em seu sangue; tudo está ligado, tudo é necessário.

A natureza deu ao homem cerca de 22 anos de vida em média, ou seja, que de mil bebês nascidos num mês, uns morrem no berço, outros vivem até trinta anos, outros até cinquenta, alguns até oitenta: feitas as contas abrangendo todos, tem-se o resultado final de aproximadamente 22 anos para cada um.

Que importa a Deus que se morra na guerra ou de febre? A guerra leva menos mortais que a varíola. O flagelo da guerra é passageiro e aquele da varíola reina sempre em toda a terra como consequência de tantos outros; e todos os flagelos são de tal modo combinados, que a regra dos 22 anos de vida é, em geral, sempre constante.

O homem ofende a Deus matando seu próximo, podem dizer. Se assim for, os governantes das nações são horrendos criminosos, pois, mandam degolar, invocando o próprio Deus, uma multidão prodigiosa de seus semelhantes, por vis interesses que seria melhor deixar de lado. Mas como ofendem a Deus? (Raciocinando somente como filósofo) Como os tigres e os crocodilos o ofendem; com certeza, não é a Deus que atormentam, mas seu próximo; não é senão para com o homem que o homem pode ser culpado. Um ladrão das estradas gerais não poderia roubar a Deus. Que importa para o ser eterno que um pouco de metal amarelo esteja nas mãos de Jerônimo ou de Boaventura? Temos desejos necessários, paixões necessárias, leis necessárias para reprimi-las; e enquanto em nosso formigueiro disputamos um fio de palha por um dia, o universo caminha desde e para sempre por meio de leis eternas e imutáveis, às quais está sujeito o átomo que denominamos terra.

1. Zoroastro ou Zaratustra (628-551 a.C.), sábio persa, fundador do zoroastrismo ou masdeísmo que opõe dois princípios fundamentais que governam o mundo e o homem: o bem e o mal; Zoroastro teria recebido do deus da sabedoria, numa visão, a missão de pregar e ensinar a verdade aos homens (NT).

2. Oromase ou Ahura Mazda, Aúra-Masda e Angra Maniyu ou Ariman, Arimane, princípios do bem e do mal, respectivamente, entre os antigos hindus, anteriores a Zoroastro (NT).

3. Segundo a mitologia grega, Pandora teria sido a primeira mulher da humanidade, a quem os deuses lhe conferiram todos os dons (*pan*, todo, *dóron*, dom); Zeus entregou-lhe uma caixa que continha todas as misérias e males e que devia ser mantida fechada; Pandora abriu-a e os males se espalharam pelo mundo, restando no fundo da caixa a esperança (NT).

4. Segundo a mitologia latina, Júpiter, o deus supremo, tinha sempre a seu lado dois tonéis: um contendo o bem e todos os bens e o outro, o mal e todos os males; as torneiras de ambos estavam continuamente abertas (NT).

5. Pierre Bayle (1647-1706), escritor francês, protestante, pregava a tolerância religiosa, um protestantismo ponderado (NT).

6. Adeptos do maniqueísmo, doutrina fundada por Manés, Mani ou Maniqueu (216-277), doutrina oriental baseada num gnosticismo dualista: a coexistência de dois princípios, um bom e outro mau. O bom era representado pela luz e o mau, pelas trevas e identificado com a matéria. A humanidade, nascida do princípio mau, só poderia ser libertada pelo conhecimento da verdadeira ciência (NT).

7. Segundo a mitologia grega, Prometeu roubou o fogo dos deuses e o deu aos homens; como castigo, foi atado a uma rocha e uma águia vinha lhe devorar o fígado continuamente (NT).

8. Adepto do calvinismo, doutrina protestante que diverge do luteranismo em alguns pontos, como o mistério da predestinação, segundo o qual há alguns que são predestinados à salvação desde sempre e outros, à condenação eterna; essa corrente protestante foi fundada por João Calvino (1509-1564) que se refugiou em Genebra, Suíça, transformando-a numa cidade-igreja ou teocracia plena, regida pelos princípios do Evangelho; houve tentativas de aproximação com Lutero, mas infrutíferas (NT).

9. Partidário do molinismo, corrente teológica católica elaborada por Luis Molina (1535-1601), sacerdote espanhol, para conciliar a liberdade humana e a ação da graça divina; foi inicialmente uma reação à doutrina protestante da predestinação, mas causou grande controvérsia entre as diversas correntes católicas sobre o tema (NT).

10. Os socinianos eram dissidentes da Reforma protestante que negavam a Trindade em Deus, considerando esse dogma uma afronta ao monoteísmo. Eram chamados também antitrinitários, partidários do socinianismo ou socinismo, doutrina que teve origem nos ensinamentos de Lelio Sozzini (1525-1562) e de seu sobrinho Fausto Sozzini (1539-1604), cujos pontos principais eram, além da negação da Trindade, a negação da divindade de Jesus Cristo, a negação da redenção na cruz e da eternidade das penas. Condenados e perseguidos, Lélio se refugiou na Suíça e Fausto fugiu para a Polônia, onde organizou a Igreja antitrinitária (NT).

BEM (TUDO ESTÁ)

Armou-se grande estardalhaço nas escolas e até mesmo entre as pessoas que raciocinam quando Leibniz[1], parafraseando Platão[2], construiu seu edifício do melhor dos mundos possíveis, imaginando que tudo corria da melhor forma possível. Afirmou no norte da Alemanha que Deus não poderia fazer mais que um único mundo. Platão pelo menos lhe havia deixado a liberdade de fazer cinco, pela razão que há cinco corpos sólidos regulares: o tetraedro ou pirâmide com três faces, com a base igual; o cubo, o hexaedro, o dodecaedro, o icosaedro. Mas como nosso mundo não tem a forma de nenhum dos cinco corpos de Platão, devia permitir a Deus uma sexta forma.

Deixemos em paz o divino Platão. Leibniz, que certamente era melhor geômetra que ele e metafísico mais profundo, prestou, pois, ao gênero humano o serviço de lhe fazer ver que devemos estar muito contentes e que Deus não podia fazer mais por nós, que ele havia necessariamente escolhido, entre todos os partidos possíveis, sem dúvida o melhor.

"E o que será do pecado original?" – perguntavam-lhe. "Vai ser o que puder ser" – diziam Leibniz e seus amigos; mas em público escrevia que o pecado original entrava necessariamente no melhor dos mundos.

O quê! Ser expulso de um lugar de delícias, onde se teria vivido para sempre se não se tivesse comido uma maçã! O quê! Procriar na miséria filhos miseráveis, que vão sofrer de tudo, que tudo farão sofrer aos outros! O quê! Padecer todas as doenças, sentir todos os desgostos, morrer na dor e, como refrigério, ser queimado na eternidade dos séculos! Essa herança seria o que havia de melhor? Isso não é muito *bom* para nós; e em que pode ser bom para Deus?

Leibnitz percebia que nada havia a responder; por isso escreveu grossos livros, nos quais ele mesmo não se entendia.

Negar que o mal existe é coisa que pode ser dita rindo por um Luculo[3] de boa saúde e que saboreia um belo banquete com seus amigos e sua amante no salão de Apolo; mas que ponha a cabeça à janela, verá muitos infelizes; que sinta um pouco de febre, ele mesmo será infeliz.

Não gosto de fazer citações; geralmente é uma tarefa espinhosa: negligencia-se o que precede e o que segue a passagem citada e acaba-se por se expor a mil controvérsias. É necessário, no entanto, que cite Lactâncio[4], doutor da Igreja, que no capítulo XIII, *Da ira de Deus*, põe estas palavras na boca de Epicuro[5]: "Ou Deus quer extirpar o mal deste mundo e não pode, ou pode e não quer; ou nem pode nem quer; ou, enfim, quer e pode. Se quer e não pode é sinal de impotência, o que é contrário à natureza de Deus; se pode e não quer, é maldade, o que não é menos contrário à sua natureza; se não quer nem pode, é a um tempo maldade e impotência; se quer e pode (a única dessas hipóteses que convém a Deus), qual é então a origem do mal sobre a terra?"

O argumento é premente; por isso Lactâncio responde muito mal ao dizer que Deus quer o mal, mas que nos deu a sabedoria, com a qual podemos alcançar o bem. Deve-se admitir que essa resposta é muito fraca em comparação com a objeção, pois ela supõe que Deus não podia dar a sabedoria a não ser produzindo o mal; e que agradável sabedoria é essa!

A origem do mal sempre foi um abismo do qual ninguém conseguiu ver o fundo. Foi o que levou tantos filósofos e legisladores antigos a recorrer a dois princípios, um bom e o outro mau. Tifão era o princípio do mal entre os egípcios, Arimã entre os persas. Os maniqueus adotaram, como se sabe, essa teologia; mas como nunca haviam falado do bom nem do mau princípio, não convém acreditar em suas palavras.

Entre os absurdos de que este mundo está repleto e que pode ser colocado no número de nossos males, não é dos menores este o de ter imaginado dois seres todo-poderosos duelando-se para ver quem dá mais de si ao mundo e fazendo um acordo parecido com aquele dos dois médicos de Molière[6]: Passe-me o emético que lhe passarei a sangria.

Depois dos platônicos, Basílides[7] ensinava que, desde o primeiro século da Igreja, Deus havia conferido a tarefa de formar nosso mundo a seus últimos anjos, os quais, por falta de habilidade, fizeram as coisas tais como as vemos. Essa fábula teológica cai por terra pela objeção irretorquível de que não é da natureza de Deus onipotente e onisciente confiar a construção de um mundo a arquitetos que nada entendem disso.

Simon, que compreendeu o alcance da objeção, previne-a afirmando que o anjo que presidia a oficina foi condenado por ter feito tão mal sua obra; mas o fogo do inferno que queima esse anjo não cura nossos males.

A aventura de Pandora[8] dos gregos não responde melhor à objeção. A caixa que encerra todos os males e em cujo fundo resta a esperança é, na verdade, uma encantadora alegoria; mas essa Pandora só foi feita por Vulcano para se vingar de Prometeu, que havia feito um homem utilizando-se de barro.

Os hindus não foram mais engenhosos: criando o homem, Deus lhe deu uma droga que lhe garantia saúde permanente; o homem carregou seu asno com a droga, o asno ficou com sede, a serpente lhe indicou uma fonte; enquanto o asno bebia, a serpente roubou a droga.

Os sírios imaginaram que, tendo sido o homem e a mulher criados no quarto céu, quiseram comer uma torta em vez da ambrosia, que era seu alimento natural. A ambrosia era exalada pelos poros; mas, depois de comer a torta, sentiram necessidade de ir ao banheiro. O homem e a mulher pediram a um anjo que lhes indicasse onde ficava o banheiro. "Estão vendo, lhes disse o anjo, aquele pequeno planeta, grande como um nada, que está a uns 60 milhões de léguas daqui? Lá está o banheiro do universo. Vão rápido." Foram, e lá os deixaram. Desde então nosso mundo é o que é.

É o caso de perguntar sempre aos sírios por que Deus permitiu que o homem comesse da torta e que, por causa disso, caísse sobre nós uma multidão de males tão terríveis. Passo rapidamente desse quarto céu a Bolingbroke[9], para fugir do tédio. Este homem, que certamente tinha um grande gênio, deu ao célebre Pope[10] seu plano do *Tudo está bem*, que é encontrado, de fato, palavra por palavra nas obras póstumas de Bolingbroke e que anteriormente Shaftesbury[11] havia inserido em suas *Características*.

Leiam em Shaftesbury o capítulo dos moralistas e ali vão encontrar estas palavras: "Há muito que se tenta responder a essas queixas sobre defeitos da natureza. Como saiu tão impotente e tão defeituosa das mãos de um ser perfeito? Mas eu nego que a natureza seja imperfeita... Sua beleza resulta das contrariedades e a concórdia universal nasce de um combate perpétuo... É necessário que cada ser seja imolado a outros: os vegetais aos animais, os animais à terra...; e as leis do poder central e da gravitação, que conferem aos corpos celestes seu peso e seu movimento, não serão alteradas por amor a um miserável animal que, por mais bem protegido que esteja por essas leis, logo será por elas reduzido a pó."

Bolingbroke, Shaftesbury e o lapidador destes, Pope, não resolvem a questão melhor que os outros: seu *Tudo está bem* não quer dizer outra coisa senão que o todo é regido por leis imutáveis. Quem não sabe disso? Para ninguém é novidade saber, depois de todas as crianças, que as moscas foram feitas para serem comidas pelas aranhas, as aranhas pelas andorinhas, as andorinhas pelas pegas, as pegas pelas águias, as águias para serem mortas pelos homens, os homens para se matarem uns aos outros e para serem comidos pelos vermes e em seguida pelo diabo, pelo menos mil sobre um.

Aí está uma ordem nítida e constante entre os animais de todas as espécies; há ordem em tudo. Quando se forma um cálculo em minha bexiga, verifica-se uma mecânica admirável: sucos calculosos passam aos poucos em meu sangue, filtram-se nos rins, passam pelos ureteres, se depositam em minha bexiga e ali se reúnem em virtude de uma excelente atração newtoniana; a pedrinha se forma, cresce e eu sofro dores mil vezes piores que a morte, tudo em nome do mais belo arranjo do mundo. Um cirurgião, que aperfeiçoou a arte inventada por Tubalcain[12], chega e me enterra um ferro agudo e cortante no perineu, agarra meu cálculo com suas tenazes: a pedra se quebra sob seus esforços por um mecanismo necessário; e, pelo mesmo mecanismo, morro em medonhos tormentos. *Tudo isso está bem*, tudo isso é a consequência evidente dos inalteráveis princípios físicos: estou totalmente de acordo e eu o sabia tão bem como vocês.

Se fôssemos insensíveis, nada haveria a dizer dessa física. Mas não é disso que se trata; perguntamos se não existem males sensíveis e de onde vêm. "Não existem males", diz Pope em sua quarta epístola sobre o *Tudo está bem*; "ou, se há males particulares, eles compõem o bem geral." Aí está um singular bem geral, composto de cálculos renais, de gota, de todos os crimes, de todos os sofrimentos, da morte e da condenação.

A queda do homem é o emplastro que aplicamos a todas essas doenças particulares do corpo e da alma, que vocês chamam *saúde geral*; mas Shaftesbury e Bolingbroke escarnecem do pecado original; Pope não se digna mencioná-lo; é evidente que o sistema deles solapa a religião cristã em seus alicerces e não explica coisa alguma.

Entretanto, esse sistema foi há pouco aprovado por muitos teólogos que admitem de bom grado os contrários; assim sendo, a ninguém é preciso invejar o consolo de raciocinar como melhor puder sobre o dilúvio de males que nos inunda. É justo conceder aos doentes sem esperança que comam o que quiserem. Chegou-se até a julgar que esse sistema é consolador. "Deus, diz Pope, vê com os mesmos olhos morrer o herói e o pardal, precipitar-se na ruína um átomo ou mil planetas, formar-se um mundo ou uma bolha de sabão."

Aí está, confesso, uma deliciosa consolação! Não acham que é um grande lenitivo, segundo a receita de Shaftesbury, que diz que Deus não vai modificar suas leis eternas por causa de um animal tão insignificante como o homem? Há que confessar, pelo menos, que esse insignificante animal tem o direito de protestar humildemente e de procurar compreender, protestando, por que essas leis eternas não foram feitas para o bem-estar de cada indivíduo.

Esse sistema do *Tudo está bem* só apresenta o autor da natureza como um rei poderoso e malfazejo, que não se importa que isso custe a vida de 400 ou 500 mil homens e que os restantes levem seus dias na penúria e em lágrimas, contanto que ele alcance o objetivo de seus desígnios.

Longe de consolar, a teoria do melhor dos mundos possível é desesperadora para os filósofos que a abraçam. O problema do bem e do mal permanece um caos indecifrável para aqueles que investigam de boa-fé; é um jogo de espírito para aqueles que discutem: estes são como condenados a trabalhos forçados que brincam com os próprios grilhões. Para o povo não pensante, parece-se bastante com peixes que são transferidos de um rio para um reservatório; nem desconfiam que estão lá para serem devorados durante a quaresma; por isso, por nós mesmos não sabemos absolutamente nada das causas de nosso destino.

Coloquemos, pois, no final de quase todos os capítulos de metafísica, as duas letras dos juízes romanos quando não entendiam uma causa: *N. L. – non liquet –* não é claro.

---

1. Gottfried Wilhelm Leibniz (1646-1716), filósofo e matemático alemão (NT).

2. Platão (427-347 a.C.), filósofo grego; dentre suas obras, *A República* já foi publicada pela Editora Escala (NT).

3. Lucius Licinius Lucullus (117-56 a.C.), cônsul romano, aristocrata muito rico, ao retirar-se da vida pública, passou a viver vida de nababo nos arredores de Roma; construiu mansões de sonhos com jardins encantadores e oferecia banquetes suntuosos; conta-se que um dia que não tinha convidado ninguém para jantar com ele, os criados prepararam uma refeição simples; ao deparar-se com isso, teria dito: "Não sabiam que Luculo vem jantar em casa de Luculo?" (NT).

4. Lucius Caecilius Firmianus, dito Lactantius (260-325), apologista cristão do mundo latino; foi o primeiro a realizar uma tentativa de exposição completa dos princípios da fé cristã, especialmente em sua obra *Divinae institutiones* – Instituições divinas (NT).

5. Epicuro (341-270 a.C.), filósofo grego, materialista, fundador do epicurismo, doutrina que apregoa o desfrute dos bens materiais e espirituais para que se possa perceber sua excelência e extrair deles o que há de melhor em sua natureza, que é essencialmente boa (NT).

6. Jean-Baptiste Poquelin, dito Molière (1622-1673), dramaturgo francês (NT).
7. Basílides (séc. II d.C.), sábio gnóstico que ensinava em Alexandria do Egito na primeira metade do século II (NT).
8. Segundo a mitologia grega, Pandora teria sido a primeira mulher da humanidade, a quem os deuses lhe conferiram todos os dons (*pan*, todo, *dóron*, dom); Zeus entregou-lhe uma caixa que continha todas as misérias e males e que devia ser mantida fechada; Pandora abriu-a e os males se espalharam pelo mundo, restando no fundo da caixa a esperança (NT).
9. Henry Saint John, visconde de Bolingbroke (1678-1751), político e escritor inglês (NT).
10. Alexander Pope (1688-1744), poeta e satírico inglês (NT).
11. Anthony Ashley Cooper, conde de Shaftesbury (1671-1713), filósofo e historiador inglês; suas principais obras são *Os moralistas* e *Características do homem* (NT).
12. Segundo o livro bíblico do *Gênesis* IV, 22, Tubalcain teria sido o inventor de todos os instrumentos de bronze e ferro (NT).

C

CADEIA DOS ACONTECIMENTOS - Há muito tempo que se acha que todos os acontecimentos estão encadeados uns aos outros por uma fatalidade invencível: é o Destino que, em Homero[1], é superior ao próprio Júpiter[2]. Esse soberano dos deuses e dos homens declara expressamente que não pode impedir que seu filho Sarpedon morresse no prazo pré-estabelecido. Sarpedon havia nascido no momento em que devia nascer e não podia nascer em outro momento; não podia morrer em outro lugar senão diante de Troia; não podia ser enterrado em outro local que não fosse em Lícia[3]; seu corpo, no prazo preestabelecido, devia produzir legumes que deveriam se transmudar em substância de alguns habitantes de Lícia; seus herdeiros deveriam estabelecer uma nova ordem em seus Estados; essa nova ordem deveria influir nos reinos vizinhos; disso resultaria uma nova disposição de guerra e paz com os vizinhos dos vizinhos da Lícia; assim, sucessivamente, o destino de toda a terra dependeu da morte de Sarpedon, a qual dependia de outro acontecimento que estava ligado por meio de outros à origem das coisas.

Se um só desses fatos tivesse ocorrido diversamente, dele teria resultado outro universo; ora, não seria possível que o mundo atual existisse e não existisse ao mesmo tempo: logo, não era possível a Júpiter salvar a vida de seu filho, por mais Júpiter que fosse.

Esse sistema da necessidade e da fatalidade foi inventado em nossos dias por Leibniz[4], pelo que ele próprio diz, sob a denominação de *razão suficiente*; entretanto, o sistema é muito antigo. Não é de hoje que não há efeito sem causa e que muitas vezes a mais insignificante causa produz os maiores efeitos.

Bolingbroke[5] confessa que as pequenas discussões entre a senhora Marlborough[6] e a senhora Masham lhe deram o ensejo de celebrar o tratado privado da rainha Ana[7] com Luís XIV[8]; esse tratado resultou na paz de Utrecht; essa paz de Utrecht firmou Filipe V[9] no trono da Espanha. Filipe V conquistou Nápoles e a Sicília da casa da Áustria; o príncipe espanhol, que hoje é rei de Nápoles, deve seu trono à senhora Masham; e não o teria sido, talvez nem sequer teria nascido, se a duquesa de Marlborough tivesse sido mais complacente para com a rainha de Inglaterra. Sua existência em Nápoles dependia de uma tolice a mais ou a menos na corte de Londres. Examinem a situação de todos os povos do universo: elas se estabeleceram assim por uma sequência de fatos que parece não levar a nada, mas que leva a tudo. Tudo é engrenagem, roldana, corda, mola nessa imensa máquina.

O mesmo ocorre na ordem física. Um vento que sopra do fundo da África e dos mares austrais carrega uma parte da atmosfera africana que recai em chuva nos vales dos Alpes; essas chuvas fecundam nossas terras; nosso vento do norte, por sua vez, leva nossos vapores para o continente negro; beneficiamos a Guiné e a Guiné nos beneficia em troca. A cadeia se estende de uma ponta do mundo à outra.

Parece-me, contudo, que se abusa estranhamente da verdade desse princípio. Conclui-se que não há o mais ínfimo átomo cujo movimento que não tenha influído na disposição atual do mundo inteiro; que não há o menor acidente, quer entre os homens, quer entre os animais, que não seja um elo essencial da grande cadeia do destino.

Vamos nos entender: todo efeito tem evidentemente sua causa, remontando de causa em causa até o abismo da eternidade; mas toda causa não tem seu efeito, descendo até o fim dos séculos. Todos os acontecimentos são produzidos uns pelos outros, admito; se o passado deu à luz o presente, o presente dá à luz o futuro; tudo tem pais, mas nem tudo sempre tem filhos. Ocorre aqui precisamente como numa árvore genealógica: cada família remonta, como é sabido, a Adão, mas na família há muitos indivíduos que morreram sem deixar posteridade.

Há uma árvore genealógica dos acontecimentos deste mundo. É incontestável que os habitantes das Gálias e da Espanha descendem de Gomer[10] e os russos de Magog, seu irmão caçula: essa genealogia é encontrada em tantos livros volumosos! Estando as coisas nesse pé, não se pode negar que devemos a Magog os 60 mil russos em armas que hoje estão às portas da Pomerânia e os 60 mil franceses que estão perto de Frankfurt. Mas que Magog haja cuspido à direita ou à esquerda perto do monte Cáucaso e que tenha dado duas ou três voltas em torno de um poço, que tenha dormido do lado esquerdo ou do direito, não vejo como isso possa ter influído decisivamente na resolução tomada pela imperatriz Elisabet[11] da Rússia de enviar um exército em socorro da imperatriz dos romanos, Maria Teresa[12]. Que meu cão sonhe ou não ao dormir, não percebo que relação poderá ter tão importante fato com os negócios do grão-mogol.

É necessário pensar que nem tudo está completo na natureza e que nem todo movimento se transmite consecutivamente, até descrever a volta ao mundo. Joguem na água um corpo de mesma densidade, facilmente poderão calcular que ao fim de certo tempo o movimento desse corpo e aquele que transmitiu à água se extinguiram; o movimento se perde e se restabelece; logo, o movimento que Magog pôde produzir ao cuspir num poço não pode ter influenciado no que hoje se passa na Rússia e na Prússia. Os acontecimentos presentes, portanto, não são filhos de todos os acontecimentos passados; eles têm suas linhas diretas, mas milhares de linhas colaterais não lhes servem para nada. Vamos repetir uma vez mais: tudo tem pai, mas nem todo ser tem filhos; talvez vamos falar mais disso quando tratarmos do *destino*.

1. Homero (séc. IX a.C.), poeta grego a quem são atribuídos os dois poemas épicos *Ilíada* e *Odisseia*, nos quais são narrados os atos heroicos dos gregos na guerra de Troia e as intermináveis aventuras do herói Ulisses; em ambos os poemas a intervenção dos deuses nos fatos e atos dos homens têm lugar de destaque (NT).
2. Júpiter era o deus dos deuses, o supremo deus, na mitologia romana e correspondia a Zeus dos gregos, suprema divindade do Olimpo (NT).
3. Lícia era uma região do sul da Ásia Menor, hoje seu território faz parte da Turquia (NT).
4. Gottfried Wilhelm Leibniz (1646-1716), filósofo e matemático alemão (NT).
5. Henry Saint John, visconde de Bolingbroke (1678-1751), político e escritor inglês (NT).
6. Sarah Churchill, duquesa de Marlborough (1660-1744), confidente da rainha Ana, teve grande influência na política inglesa da época (NT).
7. Ana Stuart (1665-1714), rainha da Grã-Bretanha e da Irlanda (NT).
8. Luís XIV (1638-1715), rei da França de 1643 a 1715, cognominado rei-sol (NT).
9. Filipe V (1683-1746), rei da Espanha de 1700 a 1746 e de diversos outros Estados europeus em diferentes períodos (NT).
10. Segundo a Bíblia (Gênesis X, 2), Gomer e Magog eram filhos de Jafé, um dos filhos de Noé, os quais nasceram depois do dilúvio e eram, portanto, netos de Noé (NT).
11. Elisabet 1ª. Petrovna (1709-1761), imperatriz da Rússia de 1741 a 1762 (NT).
12. Maria Teresa 1ª. da Hungria (1717-1780), imperatriz de 1740 a 1780 do Império austro-húngaro e dos romanos (NT).

CADEIA DOS SERES CRIADOS

- A primeira vez que li Platão[1] e que observei essa gradação de seres que se elevam desde o mais insignificante átomo até o ser supremo, essa escala me deixou cheio de admiração; mas, observando-a atentamente, esse grandioso fantasma se desvaneceu, como outrora todas as aparições fugiam pela manhã ao canto do galo.

A imaginação compraz-se, a princípio, em ver a passagem imperceptível da matéria bruta à matéria organizada, das plantas aos zoófitos, dos zoófitos aos animais, destes ao homem, do homem aos duendes, desses duendes, revestidos de um pequeno corpo gasoso, a substâncias imateriais e, finalmente, mil ordens diferentes dessas substâncias que, aumentando de beleza em perfeições, se elevam até o próprio Deus. Essa hierarquia agrada muito às pessoas simples, que julgam ver o papa e seus cardeais seguidos dos arcebispos, dos bispos; depois vêm os padres, os vigários, os simples sacerdotes, os diáconos, os subdiáconos; depois aparecem os monges e a marcha é fechada pelos capuchinhos[2].

Mas há uma distância um pouco maior entre Deus e suas mais perfeitas criaturas do que entre o santo Padre e o decano do sacro Colégio[3]: esse decano pode se tornar papa, mas o mais perfeito dos gênios criados pelos ser supremo não pode se tornar Deus; há o infinito entre Deus e ele.

Essa cadeia, essa pretensa escala, tampouco existe nos vegetais e nos animais; a prova é que há espécies de plantas e de animais hoje completamente extintas.

Não temos mais múrex. Os judeus estavam proibidos de comer grifo e íxion[4]; essas duas espécies desapareceram deste mundo, diga o que disser Bochart[5]: onde está então a cadeia?

Mesmo que não tivéssemos perdido algumas espécies, é evidente que as podemos destruir. Os leões, os rinocerontes começam a se tornar muito raros.

É muito provável que tenha havido raças de homens que já desapareceram. Mas já quero que tenham subsistido todas, tanto brancos como negros, os cafres, a quem a natureza dotou com um avental formado pela própria pele, pendendo do ventre até a metade das coxas; os samoiedos, cujas mulheres têm um mamilo de belíssimo ébano, etc...

Não há visivelmente um vazio entre o macaco e o homem? Não é fácil imaginar um animal com dois pés e sem penas, que fosse inteligente sem ter o dom da palavra nem nosso semblante, que pudéssemos domesticar, que respondesse a nossos sinais e nos servir? E entre essa nova espécie e aquela do homem, não se poderia imaginar outras ainda?

Para além do homem, você coloca no céu, divino Platão, uma quantidade de substâncias celestes; nós, homens, acreditamos em algumas dessas substâncias, porque a fé no-lo ensina. Mas você, que razão tem para crer nelas? Tudo leva a supor que você não falou com o gênio de Sócrates[6] e o bom Heres, que ressuscitou de propósito para lhe ensinar os segredos do outro mundo, nada lhe ensinou sobre essas substâncias.

A pretensa cadeia não se interrompe menos no universo sensível.

Que gradação existe, diga, por favor, entre seus planetas! A Lua é quarenta vezes menor que nosso globo. Quando tiver viajado da Lua para o vazio, você encontra Vênus, que é quase do tamanho da Terra. Daí vai para Mercúrio; gira numa órbita elíptica muito diferente da circunferência que Vênus percorre: Mercúrio é 27 vezes menor do que nós, o Sol um milhão de vezes maior, Marte cinco vezes menor; este faz sua translação em dois anos, seu vizinho Júpiter em doze, Saturno em trinta; e este, que é o mais afastado de todos, não é tão grande como Júpiter. Onde está a pretensa gradação?

E depois, como é que você quer que nos grandes espaços vazios haja uma cadeia que liga tudo? Se alguma existe, é certamente aquela que Newton[7] descobriu; é ela que faz gravitar todos os globos do mundo planetário, uns em direção aos outros, nesse vazio imenso.

Ó Platão, tão admirado! Você só contou fábulas, mas veio da ilha das Cassitéridas[8], onde no tempo em que você vivia os homens andavam totalmente nus, um filósofo que ensinou na terra verdades tão grandes que suas fantasias eram pueris.

---

1. Platão (427-347 a.C.), filósofo grego; dentre suas obras, *A República* já foi publicada pela Editora Escala (NT).

2. Os padres capuchinhos constituem uma Ordem religiosa iniciada em 1528 por Matteo De Bascio, frade franciscano, que desejava retornar à pobreza original da Ordem e trabalhar mais especificamente na pregação popular; os capuchinos são, portanto, um ramo dos franciscanos que foram fundados por Francisco de Assis (1182-1226) no ano de 1209 (NT).

3. Denominação usual do conjunto dos cardeais da Igreja católica (NT).

4. Com relação aos animais citados por Voltaire, o múrex ou múrice ainda existe, se o autor se refere real-mente ao molusco gastrópode de concha espinhenta que habita mares quentes; quanto ao grifo, trata-se de ave fabulosa, animal fantástico; o íxion era um falconídio; se Voltaire se baseia na Bíblia para mencionar esses animais, de fato, na versão latina aparecem o *gryphus* e o *ixion* (*Deuteronômio* XIV, 12-13; mas o *Levítico* XI, 13-19 só cita o *grifo*, não fazendo menção do *íxion*) e as Bíblias em português geralmente transmitem esses designativos como *gipaeto* e *milhafre negro*, duas aves da família dos falconídios (NT).

5. Samuel Bochart (1599-1667), escritor francês; suas obras versam quase todas sobre temas bíblicos relacionados à geografia, zoologia, botânica e mineralogia da antiguidade (NT).

6. Sócrates (470-399 a.C.), filósofo grego, não deixou obras escritas (NT).

7. Isaac Newton (1642-1727), físico, matemático e astrônomo inglês (NT).

8. Ilhas oceânicas citadas na literatura da antiguidade, ricas em estanho; ainda se discute sua exata localização ou que ilhas ainda existentes seriam (NT).

CARÁTER
- Da palavra grega que indica *impressão, gravura*. É o que a natureza gravou em nós. Podemos apagá-lo? Grave pergunta. Se tiver um nariz torto e dois olhos de gato, posso escondê-los com uma máscara. Terei mais poder sobre o caráter que a natureza me deu? Um homem naturalmente violento, levado pelos ímpetos, se apresenta diante de Francisco I[1], rei da França, a fim de se queixar de uma injustiça; o semblante do príncipe, a postura respeitosa dos cortesãos, o próprio local em que está, provocam uma profunda impressão nesse homem; abaixa maquinalmente os olhos, sua voz rude se abranda e apresenta humildemente sua petição; julgar-se-ia que tivesse nascido tão delicado como o são (nesse momento pelo menos) os cortesãos em meio dos quais parece quase desconcertado; mas, se Francisco I fosse bom fisionimista, teria notado facilmente em seus olhos baixos, mas iluminados por um fogo sombrio, nos músculos retesados de seu rosto, em seus lábios cerrados um contra o outro, que esse homem não é tão humilde como aparenta. Esse homem o acompanha a Pavia, é feito prisioneiro com ele e com ele levado para Madri; a majestade de Francisco I não infunde mais nele a mesma impressão; familiariza-se com o objeto de seu respeito. Um dia, ao descalçar as botas do rei e fazendo-o desleixadamente, o rei, de mau humor, zanga-o por isso. Nosso homem manda o rei passear e atira as botas pela janela.

Sixto V[2] nascera petulante, obstinado, soberbo, impetuoso, vingativo, arrogante. As provas do noviciado[3] parecem ter-lhe adoçado o caráter. Mal começa a desfrutar de certo crédito em sua Ordem, lança-se contra um guardião e o cobre de socos; inquisidor em Veneza, exerce o cargo com insolência; uma vez cardeal, é possuído *della rabbia papale* (da ira papal); essa raiva domina seu temperamento; sepulta na obscuridade sua pessoa e seu caráter; ele se mascara de humilde e moribundo; é eleito papa: esse momento restitui à mola, que a política havia comprimido, toda a sua elasticidade por longo tempo retesada; é o mais arrogante e despótico dos soberanos.

Naturam expellas furca, tamen usque recurret[4].

A religião, a moral põem um freio à força do temperamento, mas não podem destruí-lo. O beberrão, enclausurado num convento, reduzido a beber meio copo de sidra em cada refeição, não vai mais se embriagar, mas sempre vai gostar do vinho.

A idade debilita o caráter; é uma árvore que não produz mais senão alguns frutos degenerados, mas são sempre da mesma natureza; cobre-se de nós e de musgo, caruncha, mas é sempre carvalho ou pereira. Se fosse possível alterar o próprio caráter, nós nos daríamos um e dominaríamos a natureza. Podemos nos dar alguma coisa? Não recebemos tudo? Experimentem animar o indolente com uma atividade contínua, resfriar pela apatia uma alma fervendo pela impetuosidade, inspirar gosto pela música e pela poesia àquele que tem falta de gosto e de ouvido; não vão conseguir isso nunca, como não conseguem dar vista a um cego de nascença. Nós aperfeiçoamos, amenizamos, escondemos o que a natureza colocou em nós, mas não colocamos nada.

Se dissermos a um criador: "Você tem peixes demais nesse viveiro, não vão crescer; há muitas reses em seus prados, a erva vai faltar e os animais vão emagrecer." Acontece que, depois dessa exortação, outros peixes comem a metade das carpas desse homem e os lobos devoram a metade dos carneiros; os restantes engordam. Terá ficado contente com essa economia? Esse camponês és tu mesmo; uma de tuas paixões devorou as outras e julgas ter triunfado de ti mesmo. Não parecemos quase todos nós com aquele velho general de 90 anos que, encontrando alguns jovens oficiais mexendo com umas moças, lhes diz bem encolerizado: "Senhores, é esse o exemplo que lhes dou?"

1. Francisco I (1494-1547), rei da França de 1515 a 1547 (NT).
2. Sixto V (1520-1590), papa de 1585 a 1590 (NT).
3. O noviciado, nas Ordens religiosas católicas, é um período de provação e rigor, no qual se procura fundamentar a própria vocação religiosa ou descobrir se realmente existe vocação, além de ser observado de perto pelos superiores; esse período, que dura um ou dois anos, segundo a Ordem religiosa, é dedicado também ao aprofundamento da missão para a qual o probando ou novato ou noviço é chamado (NT).
4. *Se expulsas com o forcado a natureza, ela mesma, no entanto, voltará*, com o sentido de que é inútil tentar eliminar o que é natural, ele sempre e logo voltará. Verso extraído da comédia *Le glorieux*, ato III, de Philippe Néricault Destouches (1680-1754), dramaturgo francês (NT).

CATECISMO CHINÊS - *Ou diálogos de Ku-Su, discípulo de Confúcio*[1]*, com o príncipe Kou, filho do rei de Lou, tributário do imperador chinês Gnen-van, 417 anos antes da nossa era vulgar.*

(Traduzido em latim pelo padre Fouquet, ex-jesuíta. O manuscrito se encontra na biblioteca do Vaticano, número 42.759).

Kou – Que devo entender quando me dizem que devo adorar o céu (Chang ti)?

Ku-su – Não é o céu material que vemos, pois este céu não é outra coisa senão ar, e esse ar é composto de todas as exalações da terra: seria uma loucura realmente absurda adorar vapores.

Kou – Pois não me surpreenderia. Parece-me que os homens cometeram loucuras ainda maiores.

Ku-su – É verdade; mas o senhor está destinado a governar; convém que seja sábio.

Kou – Há tantos povos que adoram o céu e os planetas!

Ku-su – Os planetas não passam de mundos como o nosso. A lua, por exemplo, faria tão bem em adorar nossa areia e nosso barro como nós em nos pormos de joelhos diante da areia e do barro da lua.

Kou – O que se quer dizer quando se fala: o céu e a terra, subir ao céu, ser digno do céu?

Ku-su – É uma enorme tolice que se diz[2]. Não existe céu: cada planeta é circundado por sua atmosfera, como que de uma casca, e gira no espaço em torno de seu sol. Cada sol é centro de vários planetas que viajam continuamente em torno dele: não há nem alto nem baixo, nem subida nem descida. Sente-se que, se os habitantes da lua dissessem que se sobe para a terra, que se deve tornar-se digno da terra, diriam uma extravagância. Da mesma forma proferimos uma frase sem nexo quando dizemos que é necessário tornar-se digno do céu; é como se disséssemos: é necessário tornar-se digno do ar, digno da constelação do Dragão, digno do espaço.

Kou – Creio compreender. Devemos adorar somente o Deus que criou o céu e a terra.

Ku-su – Sem dúvida! Só Deus deve ser adorado. Mas quando dizemos que Deus fez o céu e a terra, piedosamente proferimos uma grande ingenuidade. Porque, se por céu entendemos o espaço prodigioso em que Deus acendeu tantos sóis e fez girar tantos mundos, é muito mais ridículo dizer *o céu e a terra* do que dizer *as montanhas e um grão de areia*. Nosso globo é infinitamente menor que um grão de areia perto desses milhões de bilhões de mundos, diante dos quais desaparecemos. Tudo o que podemos fazer é juntar aqui nossa fraca voz àquela dos inumeráveis seres que rendem homenagem a Deus no abismo da amplidão.

Kou – Então realmente nos enganaram quando nos disseram que Fo desceu do quarto céu e apareceu a nós sob a forma de um elefante branco.

Ku-su – São histórias que os bonzos contam às crianças e às velhas; só devemos adorar o autor eterno de todos os seres.

Kou – Mas como um ser pôde fazer os outros?

Ku-su – Olhe aquela estrela; está a 1.500 milhões de *lis*[3] de nosso minúsculo globo; dela partem raios que vêm formar em nossos olhos dois ângulos iguais pelo vértice; os mesmos ângulos se formam nos olhos de todos os animais; não há nisso um desígnio evidente? não se vê nisso uma lei admirável? Ora, quem faz uma obra senão um operário? Quem elabora leis senão um legislador? Existe, pois, um operário, um legislador eterno.

Kou – Mas quem fez esse operário? E como é feito?

Ku-su – Meu príncipe, ontem eu passeava pelos arredores do vasto palácio que o rei seu pai mandou construir. Ouvi dois grilos conversando, um dos quais dizia: "Olha só que palácio formidável!" – "Sim, disse o outro, por mais presunçoso que eu seja, confesso que deve ser alguém mais poderoso que os grilos o autor desse prodígio; mas não faço ideia de quem seja; vejo que existe, mas não sei quem é."

Kou – Confesso que você é um grilo mais instruído que eu; e o que me agrada em você é que não pretende saber o que ignora.

[Segundo diálogo]

Ku-su – Então concorda que há um ser todo-poderoso, existente por si próprio, supremo artesão de toda a natureza?

Kou – Sim, mas se existe por si mesmo nada pode, portanto, limitá-lo, está em toda parte; está então em toda a matéria, em todas as partes de mim mesmo?

Ku-su – Por que não?

Kou – Nesse caso eu próprio seria parte da divindade?

Ku-su – Talvez não seja essa a conclusão. Este caco de vidro é penetrado pela luz por todos os lados; será, no entanto, ele próprio luz? Não é senão areia, nada mais. Tudo está em Deus, sem dúvida; o que tudo anima, em tudo deve estar. Deus não é como o imperador da China, que mora em seu palácio e que transmite suas ordens por meio dos *kolaos*. Desde que exista, é necessário que sua existência preencha todo o espaço e todas as suas obras; e uma vez que está em você, é uma advertência contínua para nada fazer de que possa se envergonhar perante ele.

Kou – Que é necessário fazer para ousar assim olhar-se a si mesmo sem repugnância e sem vergonha diante do ser supremo?

Ku-su – Ser justo.

Kou – Que mais?

Ku-su – Ser justo.

Kou – Mas a seita de Laokium diz que não há nem justo nem injusto, nem vício nem virtude.

Ku-su – A seita de Laokium diz que não há nem saúde nem doença?

Kou – Não, não diz tamanho absurdo.

Ku-su – Erro tão grande e mais funesto é pensar que não existe saúde da alma nem doença da alma, nem virtude nem vício. Aqueles que disseram que tudo é igual são monstros; será a mesma coisa criar o próprio filho ou esmagá-lo com uma pedra, assistir a própria mãe ou cravar-lhe um punhal no coração?

Kou – Chego a estremecer; detesto a seita de Laokium, mas há tantos matizes do justo e do injusto! Muitas vezes fica-se perplexo. Quem sabe precisamente o que é permitido e o que é proibido? Quem poderia estabelecer com segurança os limites que separam o bem do mal? Que regra me dá para discerni-los?

Ku-su – As normas de Confúcio, meu mestre: "Vive como, ao morrer, gostarias de ter vivido; trata teu próximo como queres que ele te trate."

Kou – Essas máximas, confesso, devem ser o código do gênero humano, mas que me importa, ao morrer, ter vivido bem? Que vou ganhar com isso? Este relógio, quando for destruído, acaso se sentirá feliz por haver tocado bem as horas?

Ku-su – Esse relógio não sente, não pensa; não pode ter remorsos, ao passo que você os tem quando se sente culpado.

Kou – Mas se, após cometer muitos crimes, eu vier a não ter mais remorsos?

Ku-su – Então seria necessário recriminá-lo; e fique certo de que, entre os homens que não gostam de ser oprimidos, há aqueles que o deixariam sem condições de cometer novos crimes.

Kou – Quer dizer que Deus, que está neles, consentiria que fossem maus depois de ter permitido que eu o fosse?
Ku-su – Deus lhe deu a razão, não abuse dela nem você nem eles. Não somente seriam infelizes nesta vida, mas quem lhes disse que não o seriam em outra?
Kou – E quem lhe disse que há outra vida?
Ku-su – Na dúvida, deve proceder como se existisse uma.
Kou – Mas se eu tivesse certeza de que não existe?
Ku-su – Eu o desafio.

[Terceiro diálogo]

Kou – Você me provoca, Ku-Su. Para que eu possa ser recompensado ou punido quando deixar de existir, é necessário que subsista em mim algo que sinta e que pense como eu. Ora, como antes de meu nascimento nada de mim tinha sentimentos nem pensamento, por que os haverá depois de minha morte? O que poderia ser essa parte incompreensível de mim mesmo? O zumbido da abelha vai subsistir quando ela não existir mais? A vegetação dessa planta vai subsistir depois que a planta foi arrancada? Vegetação não é uma palavra de que nos servimos para exprimir a maneira inexplicável pela qual o ser supremo quis que a planta absorvesse os sucos da terra? Da mesma forma, alma é uma palavra inventada para exprimir pobre e obscuramente os princípios essenciais de nossa vida. Todos os animais se movem; e esse poder de mover-se, nós o chamamos *força ativa*; mas não existe um ser distinto que seja essa força ativa. Temos paixões, memória, razão; mas essas paixões, essa memória, essa razão não são, sem dúvida, coisas à parte; não são seres existindo em nós; não são pequenos indivíduos que possuam existência própria; são palavras genéricas, inventadas para fixar nossas ideias. A alma, que significa nossa memória, nossa razão, nossas paixões, não passa, pois, ela própria de uma palavra. Quem faz o movimento da natureza? Deus. Quem faz vegetar todas as plantas? Deus. Quem dá o movimento nos animais? Deus. Quem gera o pensamento do homem? Deus.

Se a alma humana[4] fosse um pequeno indivíduo encerrado em nosso corpo, que dirigisse seus movimentos e suas ideias, isso não denotaria no eterno artesão do mundo uma impotência e um artifício indignos dele? Não teria sido, pois, capaz de fazer autômatos que tivessem em si mesmos o dom do movimento e do pensamento? Você me fez aprender grego, me fez ler Homero; acho Vulcano[5] um ferreiro divino quando faz tripés de ouro que se apresentam sozinhos diante do conselho dos deuses; mas esse Vulcano me pareceria um miserável charlatão se tivesse escondido no corpo desses tripés algum de seus meninos que os fizesse se mover, sem que ninguém percebesse.

Há frios sonhadores que acharam bela fantasia a ideia de atribuir o movimento giratório dos planetas a gênios que os impelem incessantemente; mas Deus não poderia ver-se reduzido a tão mísero recurso; numa palavra, por que colocar duas molas quando uma só é suficiente? Você não ousaria negar que Deus tenha o poder de animar o ser pouco conhecido a que chamamos *matéria*; por que então se serviria de outro agente para animá-la?

Há muito mais: o que seria essa alma que você confere tão liberalmente a nosso corpo? De onde viria? Quando viria? Seria necessário que o criador do universo estivesse continuamente à espreita da cópula dos homens e das mulheres, que observasse atentamente o instante em que um germe saísse do corpo de um homem e entrasse no corpo de uma mulher para então enviar-lhe às pressas uma alma nesse germe? E se esse germe morrer, o que se tornaria essa alma? Teria sido, pois, criada inutilmente ou esperaria outra oportunidade.

Aí está, confesso, uma estranha ocupação para o senhor do mundo; e não é necessário somente que fique cuidando continuamente das cópulas da espécie humana, mas é necessário que faça outro tanto com todos os animais, pois, todos eles, como nós, têm memória, ideias, paixões; e se uma alma é necessária para formar esses sentimentos, essa memória, essas ideias, essas paixões, é também necessário que Deus trabalhe perpetuamente em forjar almas para os elefantes e para as pulgas, para as corujas, para os peixes e para os bonzos.

Que ideia você me daria do arquiteto de tantos milhões de mundos que fosse obrigado a fazer continuamente molas invisíveis para perpetuar sua obra?

Aí está uma mínima parte das razões que podem me levar a duvidar da existência da alma.

Ku-su – Você raciocina de boa-fé; e esse sentimento virtuoso, mesmo que estivesse errado, seria agradável ao ser supremo. Pode se enganar, mas não procura se enganar e, a partir desse momento, está desculpado. Mas veja que você só me propôs dúvidas e essas dúvidas são tristes. Admita probabilidades mais consoladoras; é duro ser aniquilado; espere viver. Sabe que um pensamento não é matéria, sabe que não tem nenhuma relação com a matéria; por que, pois, seria tão difícil acreditar que Deus colocou em você um princípio divino que, não podendo ser dissolvido, não pode estar sujeito à morte? Ousaria dizer que é impossível ter uma alma? Não, sem dúvida; e se isso é possível, não é muito provável que você tenha uma? Poderia rejeitar um sistema tão belo e tão necessário ao gênero humano? E algumas dificuldades o deixarão indeciso?

Kou – Gostaria de abraçar esse sistema, mas gostaria que me fosse provado. Não costumo acreditar se não vislumbrar a evidência. Sempre fiquei impressionado com essa grande ideia de que Deus fez tudo, que está em tudo, que tudo penetra, que a tudo dá vida e movimento; e se ela está em todas as partes de meu ser, como está em todas as partes da natureza, não vejo que necessidade tenho de uma alma. O que vou fazer com esse pequeno ser subalterno, quando sou animado pelo próprio Deus? De que me serviria essa alma? Não somos nós que nos damos nossas próprias ideias, pois as temos quase sempre, a despeito de nós mesmos; nós as temos quando estamos dormindo; tudo se opera em nós sem que precisemos intervir. Por mais que a alma dissesse ao sangue e aos espíritos animais, "Circulem, peço-lhes, dessa maneira para me agradar", eles circulariam sempre da maneira que Deus lhes prescreveu. Prefiro ser a máquina de um Deus que me seja demonstrado do que ser a máquina de uma alma de que duvido.

Ku-su – Pois bem! Se o próprio Deus o anima, nunca profane com crimes esse Deus que está em você; e se ele lhe deu uma alma, que essa alma nunca o ofenda. Num sistema como no outro, você tem uma vontade; você é livre, ou seja, tem o poder de fazer o que quiser; utilize esse poder para servir a Deus que o deu. É bom que seja filósofo, mas é necessário que seja justo. Você o será ainda mais quando acreditar que possui uma alma imortal.

Digne-se me responder: não é verdade que Deus é a suprema justiça?

Kou – Sem dúvida. E ainda que fosse possível que deixasse de sê-lo (o que é uma blasfêmia) eu mesmo gostaria de agir com equidade.

Ku-su – Não é verdade que é seu dever recompensar as ações virtuosas e punir as criminosas quando estiver no trono? Quereria que Deus não fizesse o que você mesmo é obrigado a fazer? Sabe que há e sempre haverá nesta vida virtudes infelizes e crimes impunes; é necessário, pois, que o bem e o mal encontrem seu julgamento em outra vida. Foi essa ideia tão simples, tão natural, tão geral que estabeleceu em tantas nações a crença da imortalidade de nossas almas e da justiça divina, que haverá de julgá-las quando tiverem abandonado seus despojos mortais. Haverá sistema mais razoável, mais conforme à divindade e mais útil ao gênero humano?

Kou – Por que então muitas nações não abraçaram esse sistema? Sabe que temos em nossa província em torno de 200 famílias de antigos sinus[6] que outrora habitaram parte da Arábia Pétrea; nem eles nem seus ancestrais jamais acreditaram na alma imortal; eles têm seus *Cinco Livros*, como nós temos nossos *Cinco Kings*[7]; li a tradução deles; suas leis, necessariamente semelhantes às de todos os outros povos, lhes ordenam respeitar os pais, não furtar, não mentir, não cometer adultério nem homicídio; mas essas mesmas leis não lhes falam nem de recompensas nem de castigos em outra vida.

Ku-su – Se essa ideia ainda não se desenvolveu nesse pobre povo, algum dia se desenvolverá sem dúvida. Mas que nos importa uma infeliz e diminuta nação, quando os babilônios, os egípcios, os hindus e todos os povos civilizados admitiram esse dogma salutar? Se estivesse doente, você rejeitaria um remédio aprovado por todos os chineses, sob pretexto de que alguns bárbaros das montanhas não quiseram tomá-lo? Deus lhe deu a razão e ela lhe diz que a alma deve ser imortal; é, portanto, o próprio Deus que o diz a você.

Kou – Mas como poderia ser recompensado ou punido, quando não for mais eu mesmo, quando não for mais nada daquilo que constituiu minha pessoa? É somente por minha memória que sou sempre eu mesmo; ora, perco a memória em minha derradeira doença; logo, seria necessário um milagre depois de minha morte para me restituí-la, para me fazer voltar à minha existência que perdi?

Ku-su – Quer dizer que, se um príncipe tivesse degolado sua família para reinar, se tivesse tiranizado seus súditos, se eximiria de culpa dizendo a Deus: "Não fui eu, perdi a memória, o senhor se engana, eu já não sou a mesma pessoa." Acha que Deus se daria por satisfeito com esse sofisma?

Kou – Pois bem, que seja, eu me rendo[8]; se praticasse o bem para mim mesmo, também o faria para agradar ao ser supremo; pensava que era suficiente que minha alma fosse justa nesta vida para que fosse feliz em outra. Vejo que essa opinião é boa para os povos e para os príncipes, mas o culto de Deus me deixa embaraçado.

[Quarto diálogo]

Ku-su – Que acha de chocante em nosso *Chu-King*, esse primeiro livro canônico tão respeitado por todos os imperadores chineses? Para servir de exemplo ao povo trabalha um campo com suas próprias mãos régias e oferece as primícias dele ao Chang-ti, ao Tien, ao ser supremo; a ele sacrifica quatro vezes ao ano; você é rei e pontífice; promete a Deus fazer todo o bem que estiver em seu poder; há nisso algo que repugne?

Kou – Nem sequer penso em desdizer alguma dessas coisas; sei que Deus não tem nenhuma necessidade de nossos sacrifícios e de nossas preces; nós é que temos necessidade de fazer uns e outras; seu culto não foi estabelecido por ele, mas por nós. Gosto muito de fazer orações, quero sobretudo que não sejam ridículas, pois, se me ponho a gritar que "a montanha do Chang-ti é uma montanha corcunda e que não se deve olhar para as montanhas corcundas"[9]; se faço fugir o sol e apagar a lua, essas preces confusas seriam agradáveis ao ser supremo, úteis a meus súditos e a mim mesmo?

Não posso suportar principalmente a demência das seitas que nos cercam: de um lado vejo Lao-Tsé, que sua mãe concebeu pela união do céu e da terra e do qual ficou grávida durante 80 anos. Não tenho mais fé em sua doutrina do aniquilamento e da renúncia universal do que nos cabelos brancos com que nasceu e na vaca preta que montou para ir pregar sua doutrina.

Não creio tampouco no deus Fo, embora tenha tido por pai um elefante branco e prometa uma vida eterna.

O que mais me desagrada é que semelhantes devaneios são continuamente pregados pelos bonzos que seduzem o povo para governá-lo; eles se tornam respeitáveis por mortificações que repugnam à natureza. Uns se privam durante toda a vida dos alimentos mais salutares, como se não se pudesse agradar a Deus senão com um mau regime; outros põem argolas de ferro no pescoço, do qual por vezes se tornam até dignos; enterram pregos nas coxas, como se suas coxas fossem pranchas; e o povo os segue em massa. Se um rei baixa um decreto que os desagrada, dizem friamente que esse edito não se encontra no comentário do deus Fo e que é preferível obedecer a Deus que aos homens. Como remediar tão extravagante e tão perigosa doença popular? Sabe que a tolerância é o princípio do governo da China e de todos os governos da Ásia; mas essa indulgência não é realmente funesta quando expõe um império a ser derrubado por opiniões fanáticas?

Ku-su – Que o Chang-ti me preserve de querer extinguir em você esse espírito de tolerância, essa virtude tão respeitável, que é para as almas o que é para o corpo a liberdade de se alimentar! A lei natural permite a cada um acreditar no que quiser, como se alimentar do que bem entender. Um médico não tem o direito de matar seus pacientes porque não observaram a dieta que lhes foi prescrita. Um príncipe não tem o direito de mandar enforcar aqueles dentre seus súditos que não tiverem pensado como ele; mas ele tem o direito de impedir as perturbações; e se for sábio, será para ele muito fácil extirpar as superstições. Sabe o que aconteceu a Daon, sexto rei da Caldeia, há cerca de quatro mil anos?

Kou – Não, nada sei a respeito; gostaria de sabê-lo.

Ku-su – Os sacerdotes caldeus adoravam as solhas[10] do rio Eufrates; diziam que uma famosa solha chamada *Oanés* lhes havia outrora ensinado a teologia, que essa solha era imortal, que tinha três pés de comprido e um pequeno crescente na cauda. Era por respeito a essa Oanés que era proibido comer solhas. Surgiu uma grande disputa entre os teólogos para saber se a solha Oanés era provida de láctea ou de ova, se era macho ou fêmea. Os dois partidos se excomungaram reciprocamente e por não poucas vezes chegaram às vias de fato. Veja como o rei Daon tomou a seu encargo a questão, para acabar de vez com essa desordem.

Ordenou um rigoroso jejum de três dias às duas facções; depois desse jejum, mandou chamar os partidários da solha com ova ou fêmea, os quais foram convidados a seu jantar; mandou servir uma solha de três pés de comprimento, na qual havia mandado colocar um pequeno crescente na cauda. – "É este seu Deus?" – perguntou aos doutores. – "Sim, majestade, responderam, pois tem um crescente na cauda e certamente tem ovas." O rei mandou abrir a solha que tinha a mais bela láctea do mundo; era macho. "Estão vendo, disse-lhes, que esse não é seu Deus, pois está provido de láctea." E a solha foi devorada pelo rei e seus sátrapas, para grande regozijo dos teólogos das ovas, que viam que se havia fritado o Deus de seus adversários.

Logo em seguida mandou chamar os doutores do partido contrário. Mostrou-lhes um Deus de três pés de comprimento, com um crescente na cauda e que tinha ovas. Asseguraram que esse era seu Deus Oanés e que era provido de láctea, que era macho. Foi fritado como o outro peixe e viu-se que tinha ovas, que era fêmea. Então, evidenciando-se ambos os partidos igualmente tolos e, como não tivessem almoçado, o bom rei Daon lhes disse que só tinha solhas para lhes oferecer no jantar. E os doutores as comeram gulosamente, fossem fêmeas ou machos. A guerra civil terminou, todos bendisseram o rei Daon e os cidadãos, dessa época em diante, serviram à mesa quantas solhas lhes aprouvesse.

Kou – Passei a simpatizar com o rei Daon e prometo imitá-lo na primeira ocasião que se apresentar. Vou impedir sempre, tanto quanto possível (sem fazer violência a ninguém), que se adorem Fos e solhas.

Sei que em Pegu e Tonquim há pequenos deuses e pequenos talapões[11] que dizem fazer baixar a lua no minguante e predizer claramente o futuro, isto é, que veem nitidamente o que não existe, pois o futuro não existe. Vou impedir, no que depender de mim, que os talapões venham em meus domínios para tomar o futuro pelo presente e fazer a lua descer.

Que desgraça e que pena que haja seitas que vão de cidade em cidade propagar seus devaneios, como charlatães que vão vendendo suas drogas! Que vergonha para o espírito humano que pequenas nações pensem que a verdade existe exclusivamente para elas e que o vasto império da China esteja entregue ao erro! O ser supremo seria então somente o Deus da ilha Formosa ou da ilha de Bornéu? Haveria de abandonar o resto do mundo? Meu caro Ku-Su, ele é o pai de todos os homens; a todos permite comer solhas; a mais digna homenagem que se possa prestar a ele é ser virtuoso; um coração puro é o mais belo de todos os seus templos, como dizia o grande imperador Hiao.

[Quinto diálogo]

Ku-su – Visto que ama a virtude, como vai praticá-la quando for rei?

Kou – Não sendo injusto nem para com meus vizinhos nem para com meu povo.

Ku-su – Não basta não fazer o mal, deve fazer o bem; deve dar de comer aos pobres, empregando-os em trabalhos úteis e não presenteando-os com a ociosidade; deve embelezar as estradas reais; deve abrir canais, construir edifícios públicos, estimular todas as artes, recompensar o mérito em tudo que se manifestar; deve perdoar as faltas involuntárias.

Kou – É o que chamo não ser injusto; esses são outros tantos deveres.

Ku-su – Pensa como verdadeiro rei, mas há o rei e o homem, a vida pública e a vida privada. Logo se casará; quantas esposas pretende ter?

Kou – Acredito que uma dúzia será suficiente para mim; um número maior poderia me furtar tempo destinado aos negócios. Não gosto desses reis que têm 300 esposas e 700 concubinas, e milhares de eunucos para servi-las. Essa mania de eunucos, de modo particular, me parece um grande ultraje à natureza humana. Perdoo, quando muito, que os galos sejam capados, pois ficam mais deliciosos de comer; mas nunca se viu pôr eunucos no espeto. Para que serve sua mutilação? O dalai-lama[12] tem cinquenta deles para cantar em seu pagode. Gostaria realmente de saber se o Chang-ti tem prazer redobrado ao ouvir as vozes finas desses cinquenta castrados.

Acho também ridículo que haja bonzos que não se casam; vangloriam-se de ser mais sábios que os demais chineses. Pois bem! Que façam, pois, filhos sábios. Maneira esquisita essa de honrar o Chang-ti privando-o de adoradores! Singular maneira de servir o gênero humano, dando o exemplo de como se faz para extinguir o gênero humano! Dizia o bom pequeno lama chamado *Stelca ed isant Errepi*[13] que "todo padre devia fazer o maior número de filhos possível"; pregava com o exemplo e foi muito útil em seu tempo. Por mim, casaria todos os lamas e bonzos e lamizas e bonzas que tivessem vocação para essa santa obra; certamente seriam melhores cidadãos e com isso julgaria estar prestando grande benefício ao reino de Lou.

Ku-su – Oh! que ótimo príncipe vamos ter! Você me faz chorar de alegria. Mas certamente não se contentará em ter somente mulheres e súditos, porque, afinal, não se pode passar a vida em promulgar editos e em fazer filhos; sem dúvida, vai ter amigos?

Kou – Já os tenho, e bons que me advertem de meus defeitos; e eu tomo a liberdade de apontar os deles; eles me consolam e eu os consolo; a amizade é o bálsamo da vida, bálsamo superior ao do químico *Erueil*[14] e até aos saquinhos do grande Ranoud[15]. Fico admirado que não se tenha feito da amizade um preceito de religião; tenho vontade de inseri-lo em nosso ritual.

Ku-su – Nem pense em fazer isso; a amizade já é sagrada por si mesma; nunca a force; é necessário que o coração esteja livre; de mais, se fizer da amizade um preceito, um mistério, um rito, uma cerimônia, haveria milhares de bonzos que, pregando e escrevendo seus devaneios, tornariam a amizade ridícula; não se deve expô-la a essa profanação.

Mas como vai proceder com seus inimigos? Confúcio, em vinte passagens, recomenda amá-los; isso não lhe parece um pouco difícil?

Kou – Amar seus inimigos! Oh! meu Deus! Nada é tão comum!

Ku-su – Como o entende?

Kou – Como deve ser entendido, creio. Fiz o aprendizado da guerra sob o príncipe Décon contra o príncipe Vis Brunck[16]; sempre que um inimigo era ferido e caía em nossas mãos, tratávamos dele como se fosse nosso irmão; muitas vezes dispusemos nossa própria cama a nossos inimigos feridos e prisioneiros e nos deitamos ao pé da cama sobre peles de tigre estendidas no chão; nós mesmos os servíamos. Que mais haveria de querer? Que os amássemos como se ama a amante?

Ku-su – Fico muito edificado com tudo o que conta e gostaria que todas as nações o ouvissem, pois me afirmam que há povos bastante impertinentes que propagam que nós não conhecemos a verdadeira virtude, que nossas boas ações não passam de pecados esplêndidos, que necessitamos das lições de seus talapões para nos transformar em bons príncipes. Oh! Coitados! Foi precisamente ontem que aprenderam a ler e a escrever e já querem ensinar a seus mestres!

[Sexto diálogo]

Ku-su – Não vou lhe repetir todos os lugares comuns que há cinco ou seis mil anos se repisam entre nós sobre todas as virtudes. Há virtudes que não o são senão para nós mesmos, como a prudência para guiar nossas almas, a temperança para governar nossos corpos; são preceitos de política e de saúde. As verdadeiras virtudes são aquelas que são úteis à sociedade, como a fidelidade, a magnanimidade, a beneficência, a tolerância, etc. Graças aos céus, não há avô entre nós que não ensine aos netos todas essas virtudes; é o rudimento de nossa juventude, na aldeia como na cidade, mas há uma grande virtude que começa a ser esquecida, e fico preocupado com isso.

Kou – Qual é? Diga, depressa; vou procurar reanimá-la.

Ku-su – É a hospitalidade. Essa virtude tão social, esse sagrado laço entre os homens começa a ser desleixado desde que temos tavernas. Essa perniciosa instituição veio até nós, pelo que dizem, por meio de certos selvagens do Ocidente. Parece que esses miseráveis não têm casas para acolher os viajantes. Que prazer receber na grande cidade de Lou, na linda praça de Honchan, em minha casa de Ki, um generoso estrangeiro que chega de Samarcanda[17], para quem me torno, a partir desse momento, um homem sagrado e que se sente obrigado, por todas as leis divinas e humanas, a me receber em sua casa quando eu viajasse pela Tartária[18] e a ser meu amigo íntimo!

Os bárbaros de que lhe falo só recebem os estrangeiros por dinheiro e em cabanas desagradáveis; vendem caro essa acolhida infame; e apesar disso, ouço dizer que essa pobre gente se presume superior a nós e se vangloria de ter uma moral mais pura. Acham que seus pregadores pregam melhor que Confúcio, que enfim cabe a eles nos ensinar a justiça, porque vendem mau vinho nas estradas reais, porque suas mulheres andam como loucas pelas ruas e porque elas dançam enquanto as nossas cultivam o bicho-da-seda.

Kou – Acho a hospitalidade muito boa e a exerço com prazer, mas temo o abuso. Nas proximidades do Grande Tibet há povos que vivem pessimamente alojados, que gostam de andar e que viajariam por um nada de uma extremidade à outra do mundo; e quando for ao Grande Tibet para desfrutar entre eles do direito da hospitalidade, não vai encontrar nem cama nem comida; isso pode levar a desgostar da polidez.

Ku-su – O inconveniente é pequeno; é fácil remediar isso, não recebendo senão pessoas bem recomendadas. Não há virtude que não ofereça seus riscos; e é porque elas os oferecem que é belo abraçá-las.

Quão sábio e santo é nosso Confúcio! Não há virtude que ele não inspire; a felicidade dos homens está ligada a cada uma de suas sentenças; aqui está uma que me vem à memória, é a 53ª.:

"Retribua os benefícios com benefícios e jamais se vingue das injúrias."

Que máxima, que lei os povos do Ocidente poderiam opor a uma moral tão pura? Em quantas passagens Confúcio recomenda a humildade! Se os homens praticassem essa virtude, jamais haveria disputas na terra.

Kou – Li tudo o que Confúcio e os sábios dos séculos passados escreveram sobre a humildade, mas me parece que nunca chegaram a dar-lhe uma definição bastante exata: talvez haja pouca humildade em ousar repreendê-los, mas tenho pelo menos a humildade de confessar que não os entendi. Diga-me o que pensa dessa virtude?

Ku-su – Obedecerei humildemente. Creio que a humildade é a modéstia da alma, porque a modéstia exterior não passa de civilidade. A humildade não pode consistir em negar-se a si próprio a superioridade que se possa ter adquirido sobre outro. Um bom médico não pode deixar de reconhecer que sabe mais que seu paciente em delírio; aquele que ensina a astronomia deve admitir que conhece mais que seus discípulos; não pode deixar de acreditar nisso, mas não deve com isso tornar-se presunçoso. A humildade não é a abjeção: é o corretivo do amor-próprio, como a modéstia é o corretivo do orgulho.

Kou – Pois bem! É no exercício de todas essas virtudes e no culto de um Deus simples e universal que quero viver, longe das quimeras dos sofistas e das ilusões dos falsos profetas. O amor ao próximo será minha virtude quando no trono e o amor a Deus, minha religião. Vou desprezar o deus Fo e Lao-Tsé, e Vishnu que tantas vezes se encarnou entre os hindus, e Samonocodom que desceu do céu para fazer o papel de besouro entre os siameses, e os Camis que vieram da lua para o Japão.

Infeliz do povo suficientemente imbecil e bárbaro para pensar que há um Deus só para sua província! É um blasfemo. O quê! A luz do sol ilumina todos os olhos e a luz de Deus só haveria de iluminar uma pequena e mísera nação num canto desse globo! Que horror, que tolice! A divindade fala ao coração de todos os homens e os laços da caridade deve uni-los de um extremo do universo a outro.

Ku-su – Ó sábio Kou! Você falou como um homem inspirado pelo próprio Chang-ti. Você será um príncipe digno. Fui seu mestre, agora você se tornou o meu.

1. Confúcio (551-479? A.C.), filósofo chinês, considerado o fundador do confucionismo, doutrina filosófica e moral (NT).
2. Ver o artigo *céu* (Nota de Voltaire).
3. *Li*: medida itinerária chinesa equivalente a aproximadamente 576 metros (NT).
4. Ver o artigo *alma* (Nota de Voltaire).
5. Na mitologia romana, Vulcano era o deus do fogo e da metalurgia (NT).
6. São os judeus das dez tribos que, em sua dispersão, penetraram na China, onde são chamados *Sinus* (Nota de Voltaire, acrescentada em 1765).
7. Os cinco livros dos judeus correspondem à Torá ou à parte da Bíblia composta pelos livros do *Gênesis, Números, Êxodo, Levítico e Deuteronômio*; os cinco livros sagrados chineses seriam aqueles que contêm a doutrina de Confúcio (NT).
8. Pois bem! Tristes inimigos da razão e da verdade, dirão ainda, porque este Dicionário ensina a mortalidade da alma? Este trecho foi impresso em todas as edições. De que lado ousam, pois, caluniá-lo? Ai! Se suas almas conservam seu caráter durante a eternidade, serão eternamente almas muito tolas e injustas. Não, os autores desta obra razoável e útil não lhes dizem que a alma morre com o corpo; eles lhes dizem somente que vocês são ignorantes. Não se envergonhem; todos os sábios confessaram sua ignorância; nenhum deles foi tão impertinente para conhecer a natureza da alma; Gassendi, resumindo tudo o que disse da antiguidade, fala assim: "Sabem que pensam, mas ignoram que especie de substância são, vocês que pensam; assemelham-se a um cego que, sentindo o calor do sol, acredita ter uma ideia distinta desse astro." Leiam o resto dessa admirável carta a Descartes; leiam Locke; releiam este Dicionário atentamente e verão que é impossível que tenhamos a menor noção da natureza da alma pela razão, que é impossível que a criatura conheça os secretos impulsos do criador; verão que, sem conhecer o princípio de nossos pensamentos, é necessário procurar pensar com justeza e com justiça; que é necessário ser tudo o que vocês não são: modesto, amável, benevolente, indulgente; assemelhar-se a Ku-Su e a Kou e não a Tomás de Aquino ou a Scot, cujas almas eram muito tenebrosas, ou a Calvino e a Lutero, cujas almas eram realmente duras e arrebatadas. Façam com que suas almas tenham um pouco da nossa, então vão zombar prodigiosamente de vocês mesmos (Nota de Voltaire, acrescentada em 1765).
9. Comparar esta passagem com o Salmo 68, versículos 16-17 (NT).
10. A solha é um tipo de peixe ósseo peculiar; quando filhote, não nada e fica deitado no fundo das águas, com o lado esquerdo encostado no chão; o olho desse lado migra para a face superior direita e se apresenta com os dois olhos do mesmo lado da cabeça e a boca na face cega; além disso, o lado esquerdo não se pigmenta, ao passo que o direito sim (NT).
11. *Talapão* é vocábulo que deriva do birmanês antigo (*tala poi*, grande senhor, meu senhor), com o qual os europeus do século XVII passaram a designar os monges budistas da Birmânia e da Tailândia (NT).
12. Termo composto de *dalai* (oceano) e *lama* (sacerdote, sábio), com o significado de "oceano de sabedoria"; é o título conferido, desde o século XVI, ao chefe supremo do budismo do Tibet (NT).
13. *Stelca ed isant Errepi* em chinês indica, na tradução francesa, o padre *Castel de Saint-Pierre* (Nota de Voltaire, acrescentada em 1765).
14. Anagrama de *Lelièvre*, isto é, Claude-Hugues Lelièvre (1752-1835), químico e minerólogo francês (NT).
15. Anagrama de *Arnoud*, farmacêutico que na época se tornou conhecido pela invenção de saquinhos especiais, de efeito duvidoso, na luta contra a apoplexia (NT).
16. É coisa notável que, invertendo Décon e Visbrunck, que são nomes chineses, resulte Condé e Brunsvick, tanto esses grandes

nomes são célebres em toda a terra! (*Nota de Voltaire*, acrescentada em 1765). Na realidade, Condé é uma casa de nobres e príncipes franceses, ramo dos Bourbon, que se inicia com Luís de Bourbon, príncipe de Condé (1530-1569) e se extinguiu em 1830. E Charles-Guillaume-Ferdinand, duque de Brunswick (1735-1806), foi um general prussiano (NT).

17. Samarcanda é uma das cidades mais antigas do mundo, fundada em torno do ano 3.000 antes de Cristo, e situada no Uzbequistão (NT).

18. A Tartária era uma região da Mongólia, muitas vezes confundida com esta, de onde partiram grandes exércitos em direção ao oeste, empreendendo guerras de conquista (NT).

CATECISMO DO JAPONÊS [Diálogo com um indiano]

Indiano - É verdade que antigamente os japoneses não sabiam cozinhar, que haviam entregue seu reino ao grande lama, que esse grande lama decidia soberanamente o que deviam comer e beber, que de tempos em tempos enviava a vocês um pequeno lama que vinha cobrar os tributos e que, em troca, lhes dava um sinal de proteção feito com os dois primeiros dedos e o polegar?

Japonês – Infelizmente! Nada mais verdadeiro! Todos os cargos de *canusi*[1], que são os grandes cozinheiros de nossa ilha, eram conferidos pelo lama e não eram dados certamente por amor de Deus. Além disso, cada casa de nossos cidadãos comuns pagava uma onça de prata por ano a esse grande cozinheiro do Tibete. Como compensação nos dava minguados pratos de claro mau paladar que são chamados *restos*. E quando lhe dava na cabeça alguma nova fantasia, como a de mover guerra aos povos do Tangut, levantava entre nós novos subsídios. Nossa nação se queixou muitas vezes, mas sem qualquer resultado; até mesmo, depois de cada queixa, nos obrigava a pagar um pouco mais. Por fim, o amor, que tudo resolve pelo melhor, nos libertou dessa servidão. Um de nossos imperadores entrou em desavença com o grande lama por causa de uma mulher; mas devo confessar que aqueles que mais nos valeram nessa questão foram nossos canusi, também chamados *paiscospies*[2]; a eles é que devemos o reconhecimento por termos sacudido o jugo; e foi assim que aconteceu.

O grande lama tinha uma mania engraçada: acreditava sempre ter razão; nosso dairi e nossos canusi queriam ter razão pelo menos uma que outra vez. O grande lama achou absurda tamanha pretensão; nossos canusi não desistiram de forma alguma e romperam definitivamente com ele.

Indiano – Pois bem! Desde esse tempo, sem dúvida, viveram felizes e tranquilos?

Japonês – De modo algum. Nós nos perseguimos, nos diláceramos, nos devoramos durante quase dois séculos. Nossos canusi queriam em vão ter razão; não faz mais que cem anos que são razoáveis. Por isso, desde essa época, podemos orgulhosamente considerar-nos como uma das nações mais felizes da terra.

Indiano – Como pode desfrutar de semelhante felicidade se, a crer no que me disseram, vocês têm doze facções de cozinha em seu império? Devem ter doze guerras civis por ano.

Japonês – Por quê? Se há doze chefes de cozinha, cada um com uma receita diferente, deveríamos por isso cortar-nos a garganta em vez degustar o jantar?

Pelo contrário, cada um vai comer muito bem a seu gosto, com o cozinheiro que mais lhe agradar.

Indiano – É verdade que gostos não se discutem; mas se discute, sim, e a discussão se acalora.

Japonês – Depois de muito discutirmos, vendo que todas essas divergências só ensinavam os homens a se prejudicar, optamos finalmente pelo partido da tolerância mútua e é, sem dúvida alguma, o que de melhor há a fazer.

Indiano – E quem são, por favor, esses chefes de cozinha que dividem sua nação na arte de beber e comer?

Japonês – Primeiramente há os *breuseh*[3], que em caso algum lhe dariam morcela ou toicinho; são apegados à cozinha antiga; prefeririam morrer a saborear um frango; por outro lado, são exímios calculadores e se, fosse o caso de dividir uma onça de prata entre eles e os outros onze cozinheiros, tomam logo a metade para eles, deixando o resto para aqueles que melhor souberem contar.

Indiano – Chego a pensar que dificilmente vocês tomam refeições com essa gente.

Japonês – Não. Em seguida vêm os *pispatas*[4] que, em determinados dias da semana e mesmo durante uma parte considerável do ano, prefeririam cem vezes comer por cem escudos rodovalhos, trutas, linguados, salmões, esturjões, a saborear uma carne de vitela ao molho que não lhes custaria mais que quatro tostões.

Quanto a nós, canusi, apreciamos muito a carne de vaca e certo doce que em japonês se chama *pudim*. De resto, todos concordam que nossos cozinheiros são infinitamente mais requintados que aqueles dos pispatas. Ninguém melhor que nós sabe preparar o *garum* dos romanos, as cebolas do antigo Egito, a pasta de gafanhoto dos primeiros árabes, a carne de cavalo dos tártaros; e sempre há alguma coisa a aprender nos livros dos canusi, comumente chamados *paiscospies*.

Não vou falar daqueles que só comem à *Teluro*[5], nem daqueles que seguem como regime único o de *Vicalno*[6], nem dos *batistapanas*[7] nem dos outros; mas os *quekars*[8] merecem atenção particular. São os únicos convivas que nunca vi se embriagar nem praguejar. Muito difíceis de enganar, também nunca enganam ninguém. Parece que a lei que manda amar o próximo como a si mesmo foi feita especialmente para eles; de fato, verdade seja dita, como pode um japonês dizer que ama o próximo como a si próprio se por uma bagatela qualquer lhe mete uma bala de chumbo na cabeça ou o degola com um *cris*[9] de quatro dedos de largura? Ele próprio se expõe a ser degolado e a receber uma bala de chumbo; desse modo, pode-se dizer com mais propriedade que ele odeia o próximo como a si mesmo. Os *quekars* nunca sentiram esses furores; dizem que os pobres humanos são vasos de argila feitos para durar muito pouco e que não vale a pena se despedaçarem, mesmo com cordial alegria, uns contra os outros.

Confesso que, se eu não fosse canusi, não me desagradaria ser quekar. É forçoso reconhecer que não há meio de brigar com cozinheiros tão pacíficos. Há outros, em número incontável, a que chamamos *diestas*⁽¹⁰⁾; esses dão de comer a todos indiferentemente e em sua casa cada um é livre de comer o que quiser e lhe agradar, com recheio, com toicinho, sem recheio, sem toucinho, com ovos, com óleo, perdiz, salmão, vinho rosado, vinho tinto, tudo lhes é indiferente, contanto que faça alguma oração a Deus antes ou depois do jantar, e mesmo simplesmente antes do almoço, e que seja honesto; de bom grado vão rir com vocês à custa do grande lama, de Teluro, de Vicalno, de Memnon, etc. Felizmente os diestas reconhecem que nossos canusi são muito hábeis na cozinha e, sobretudo, porque nunca falam em cortar nossas rendas; desse modo, vivemos juntos na mais perfeita harmonia.

Indiano – Mas afinal deve haver uma cozinha predominante, a cozinha do rei.

Japonês – Certamente, mas depois que o rei do Japão se banqueteou, deve estar de bom humor e não impede que seus bons súditos tenham uma boa digestão.

Indiano – Mas se alguns cabeçudos insistem em comer sob o nariz do rei salsichas pelas quais o rei tiver aversão, se se reúnem armados de grelhas, quatro ou cinco mil deles, para cozinhar suas salsichas, se insultam as pessoas que não as apreciam?

Japonês – Em tal caso será necessário puni-los como bêbedos que perturbam o repouso dos cidadãos. Previmos esse perigo. Só aqueles que comem à moda do rei são contemplados com as dignidades do Estado. Todos os outros podem comer como lhes ditar a fantasia, mas são excluídos dos cargos. Os ajuntamentos são soberanamente proibidos e punidos sem remissão; todas as discussões à mesa são reprimidas cuidadosamente, segundo o preceito de nosso grande cozinheiro japonês *Sufi Raho Cus Flac*⁽¹¹⁾, que escreveu na língua sagrada:

Natis in usum laetitae scyphis
pugnare Thracum est...

o que quer dizer: "O jantar foi feito para uma alegria recatada e honesta e não se deve jogar as taças na cabeça..."

Com essas máximas vivemos felizes em nossa terra; nossa liberdade individual se afirmou sob nossos axiomas; nossas riquezas aumentam, possuímos duzentos juncos de linha e somos o terror de nossos vizinhos.

Indiano – Por que motivo então o bom versificador Recina, filho desse poeta indiano Recina⁽¹²⁾, tão terno, tão exato, tão harmonioso, tão eloquente, disse numa obra didática em rimas, intitulada *A Graça* e não *As Graças*:

O Japão, onde outrora brilhou tanta luz,
Não é mais que um triste amontoado de loucas visões?

Japonês – O próprio Recina de que me fala é um grande visionário. Esse pobre indiano ignora que fomos nós que lhe ensinamos o que é a luz; que se hoje na Índia conhecem a rota dos planetas, a nós é que o devem; que somente nós ensinamos aos homens as leis primordiais da natureza e o cálculo do infinito; que, se for necessário descer a coisas que são do uso mais comum, somente de nós aprenderam os indianos a construir juncos segundo proporções matemáticas; que nos devem até as meias, chamadas *meias do ofício*, com que cobrem as pernas? Será possível que, tendo inventado tantas coisas admiráveis ou úteis, não passássemos de loucos e que um homem que escreveu em versos os devaneios dos outros fosse o único sábio? Que nos deixe com nossa cozinha e, se quiser, que faça versos sobre assuntos mais poéticos[13].

Indiano – Que quer! Ele está possuído pelos preconceitos de seu país, pelos de seu partido e pelos próprios dele.

Japonês – Oh! Preconceitos em demasia!

1. Os *canusi* são os antigos sacerdotes do Japão (*Nota de Voltaire*, acrescentada em 1765).
2. *Paiscopies*, anagrama de *episcopais* (*Nota de Voltaire*, acrescentada em 1765).
3. Pode-se ver muito bem que os *Breuseh* são os *hebreus*, *et sic de ceteris* (*Nota de Voltaire*, acrescentada em 1765). No texto francês figura *Breuxeh*, correspondendo a *hébreux* (hebreus); a expressão latina *et sic de ceteris* significa e assim para os outros, referência a outros anagramas ou inversões que serão explicadas em notas à medida que aparecerem (NT).
4. Anagrama de *papistas* (NT).
5. Anagrama de *Lutero*, isto é, Martinho Lutero (1483-1546), padre e teólogo católico que, com sua ideia de reforma a Igreja, deu origem à grande divisão dos cristãos ocidentais entre católicos e protestantes (NT).
6. Anagrama de *Calvino*, ou seja, João Calvino (1509-1564), fundador do calvinismo, corrente do protestantismo; refugiando-se em Genebra, Suíça, transforma a cidade numa cidade-igreja ou teocracia plena, regida pelos princípios do Evangelho (NT).
7. Anagrama de *anabatistas* que constituem um ramo do protestantismo que negavam a validade do batismo das crianças, exigindo o rebatismo (*anabaptistés* = que se batiza novamente) dos adultos; hoje recusam qualquer dependência do poder civil, guiando-se exclusivamente pela fé cristã (NT).
8. Anagrama de *quakers* ou *quacres* que constituem mais uma das muitas correntes protestantes fundada por George Fox em 1652; pautam sua vida sob inspiração direta do Espírito Santo que, ao descer sobre eles, os faz estremecer ou entrar em transe (por isso a denominação que lhe foi conferida desde o início: *quakers* significa tremedores, estremecedores); como instituição, rejeitam qualquer organização clerical, buscam a intensa vida interior, além de primar pela pureza moral e pela prática do pacifismo e da solidariedade (NT).
9. Cris (do malaio *kris*) é um tipo de punhal (NT).
10. Anagrama de *deístas* (NT).
11. Anagrama de *Horatius Flaccus*, isto é, de Quintus Horatius Flaccus (65-8 a.C.), o famoso poeta latino conhecido mais simplesmente como Horácio (NT).
12. *Racine*; provavelmente *Louis Racine*, filho do admirável Racine (*Nota de Voltaire*, acrescentada em 1765). Trata-se de Jean-Baptiste Racine (1639-1699), poeta trágico francês, e de seu filho Louis Racine (1692-1763), poeta e escritor (NT).
13. N.B. – Esse indiano Recina, dando crédito aos sonhadores de seu país, julgou que não se podia fazer bons molhos a não ser quando Brama, por uma vontade toda particular, ensinasse ele próprio o molho a seus privilegiados, porque havia um número infinito de cozinheiros, para os quais era impossível fazer um bom ensopado com a firme vontade de conseguir e porque Brama lhes subtraía os meios por pura maldade. Semelhante impertinência não pode ser creditada ao Japão e se considera como uma verdade incontestável essa máxima japonesa: *God never acts by partial will, but by general laws* (Deus nunca age por vontade parcial, mas por leis gerais) (*Nota de Voltaire*, acrescentada em 1765).

CATECISMO DO PADRE

– Áriston – Então, meu caro Teótimo! Vai ser padre vigário no interior?

Teótimo – Sim, confiaram-me uma pequena paróquia, mas a prefiro a uma grande. Sinto-me limitado em inteligência e em atividade; não poderia, certamente, dirigir 70 mil almas, visto que só tenho uma; sempre admirei a confiança daqueles que tomaram a seu encargo distritos tão grandes. Não me sinto capaz para semelhante administração; um grande rebanho me assusta, mas poderei fazer o bem a um pequeno. Estudei bastante jurisprudência para impedir, tanto quanto puder, que meus pobres paroquianos se arruínem em processos. Sei um pouco de medicina para lhes prescrever remédios simples quando caírem doentes. Conheço o suficiente em agricultura para lhes dar de vez em quando conselhos úteis. O senhor do lugar e sua esposa são honestos, embora não sejam devotos, e me ajudarão a fazer o bem. Espero viver bastante feliz e espero igualmente que não se tornem infelizes comigo.

Áriston – Não se incomoda por não ter uma esposa? Seria um grande consolo; seria muito bom, depois de ter pregado, cantado, confessado, comungado, batizado, enterrado, encontrar em casa uma mulher meiga, agradável e virtuosa que cuidasse de sua roupa e de sua pessoa, que o alegraria na saúde e o assistiria na doença, que lhe daria lindos filhos, cuja boa educação seria útil ao Estado! Lamento sua situação, você que serve os homens, ser privado de consolo tão necessário aos homens.

Teótimo – A Igreja grega estimula os padres ao casamento; a Igreja anglicana e as protestantes têm a mesma sabedoria; a Igreja latina tem uma sabedoria contrária; devo submeter-me a ela. Talvez hoje, que o espírito filosófico realizou tão notáveis progressos, um concílio emanasse leis mais favoráveis à humanidade que o concílio de Trento[1]. Esperando isso, devo me conformar com as leis vigentes no momento; é custoso, bem o sei, mas tantos que eram melhores que eu se submeteram a isso, que não tenho motivo para murmurar.

Áriston – Você é sábio e sábia é sua eloquência. Como julga que vai pregar aos camponeses?

Teótimo – Como pregaria diante dos reis. Vou falar sempre de moral e jamais de controvérsias; Deus me guarde de entrar em debates sobre a graça concomitante, a graça eficaz a que se resiste, a graça suficiente que não basta; de discutir se os anjos que comeram com Abraão e Lot tinham um corpo ou se fingiram comer. Há mil coisas que meu auditório não entenderia e eu tampouco. Vou me esforçar para fazer de meus paroquianos pessoas de bem e que assim permaneçam, mas não farei deles teólogos e eu o serei o menos possível.

Áriston – Oh! que belo padre vigário! Vou comprar uma casa de campo em sua paróquia. Diga-me, por favor, como vai usar da confissão?

Teótimo – A confissão é uma coisa excelente, um freio contra os crimes, inventada na mais remota antiguidade; era costume confessar-se na celebração de todos os mistérios; imitamos e santificamos essa sábia prática; é muito boa para mover os corações carcomidos de ódio a perdoar e para levar os pequenos ladrões a devolver o que roubaram do próximo. Ela tem alguns inconvenientes. Há muitos confessores indiscretos, particularmente entre os monges, que não raro ensinam às moças mais indecências que todos os rapazes de uma aldeia. Nada de detalhes na confissão; não se trata de um interrogatório judicial, é o reconhecimento das próprias faltas que um pecador assume perante o ser supremo e feito pelas mãos de outro pecador que, por seu turno, também vai se acusar. Esse desabafo salutar não é feito para satisfazer a curiosidade de alguém.

Áriston – E a excomunhão, vai usá-la?

Teótimo – Não. Há rituais em que se excomungam as bailarinas, os feiticeiros e os comediantes; não preciso proibir a entrada na igreja às bailarinas, uma vez que elas nunca vão; não vou excomungar os feiticeiros, pois não há feiticeiros; e, quanto aos comediantes, como são pagos pelo rei e autorizados pelo magistrado, vou me cuidar para não difamá-los. Até lhe confesso, como a amigo, que aprecio a comédia, quando não choca os bons costumes. Tenho verdadeira paixão por *O Misantropo*, *Atália*[2] e outras peças que me parecem da escola da virtude e do decoro. O senhor de minha aldeia faz representar em seu castelo algumas dessas peças por jovens de talento; esses espetáculos inspiram a virtude pelo atrativo do prazer; educam o gosto, ensinam a falar bem e a pronunciar bem. Não vejo nisso senão algo bem inocente e até mesmo muito útil; faço questão de assistir a esses espetáculos para minha instrução, mas num camarote fechado, para não escandalizar os fracos.

Áriston – Quanto mais me revela seus sentimentos, mais desejo tornar-me seu paroquiano. Há um ponto muito importante que me preocupa. Como vai fazer para evitar que os camponeses se embriaguem nos dias de festa? Essa é sua grande maneira de celebrar as festas. Alguns são vistos prostrados por um veneno líquido, de cabeça pendendo para os joelhos, mãos caídas, nada vendo, nada ouvindo, reduzidos a um estado muito abaixo daquele dos brutos, reconduzidos cambaleantes para casa pelas esposas desfeitas em pranto, incapazes de enfrentar o trabalho no dia seguinte, muitas vezes doentes e embrutecidos para o resto de sua vida. Outros são vistos, transformados em furiosos pelo vinho, travar brigas sangrentas, bater e apanhar, e às vezes acabar em morte, cenas horrorosas que são a vergonha da espécie humana. Deve-se dizê-lo, o Estado perde mais súditos por causa das festas do que em batalhas. Como vai poder diminuir em paróquia tão execrável abuso?

Teótimo – Já tomei minha decisão. Vou permitir e até vou pressioná-los a cultivar seus campos nos dias de festa, depois do serviço divino, que vou celebrar bem cedo. É a ociosidade do feriado que os leva à taverna. Os dias de trabalho não são os dias da devassidão e do assassinato. O trabalho moderado contribui para a saúde do corpo e para aquela da alma; além disso, esse trabalho é necessário para o Estado. Suponhamos 5 milhões de homens que realizam um trabalho diário que renda dez centavos cada, um pelo outro em média, cálculo, aliás, bem moderado; você torna úteis esses 5 milhões de homens inúteis durante trinta dias por ano: são, portanto, trinta vezes 5 milhões de moedas de dez centavos que o Estado perde em mão-de-obra. Ora, Deus certamente nunca ordenou nem essa perda nem a embriaguez.

Áriston - Assim vai conciliar a religião e o trabalho; um e outro foram prescritos por Deus. Vai servir a Deus e ao próximo. Mas nas disputas eclesiásticas, que partido vai tomar?

Teótimo – Nenhum. Nunca se discute sobre a virtude, porque ela vem de Deus. Discute-se sobre opiniões que vêm dos homens.

Áriston – Oh! Que ótimo padre! Que ótimo padre vigário!

---

1. O concílio de Trento, realizado em várias sessões de 1545 a 1563, não foi o que determinou o celibato dos padres católicos, mas se constituiu no maior concílio até então reunido e que tinha como primeiro objetivo enfrentar a grave crise provocada no cristianismo ocidental pelo movimento protestante liderado por Lutero; convencendo-se de que a cisão era irreversível, os bispos

conciliares reunidos em Trento, norte da Itália, passaram a estabelecer novas normas válidas para o catolicismo, rígidas por sinal e que vigorariam até o concílio Vaticano II, realizado entre 1963 e 1965. Entre as decisões do concílio Tridentino figurava a ratificação do celibato do clero que já havia sido sancionado pelos concílios de Latrão I (1123) e II (1139). A questão do celibato, na verdade, teve um longo percurso: desde os primeiros séculos do cristianismo havia certa tendência ao celibato clerical; com os abusos crescentes na Idade Média, especialmente por causa do favorecimento das mulheres e dos filhos dos padres e também por causa das concubinas dos padres e bispos, a Igreja insistia com sempre maior veemência em favor do celibato, até que foi decretado pelos mencionados concílios no século XII; no século XIV, porém, segundo fontes da época, calcula-se que ainda 50% dos padres continuavam casados ou casando, apesar da instituição do celibato; com o protestantismo a questão foi reaberta. De fato, Lutero era padre e eminente teólogo; ao se rebelar contra a Igreja, no intuito de reformá-la, abandonou a instituição e deu origem ao movimento protestante; obviamente, ele próprio repudiou o celibato e casou com uma ex-freira. Por essa razão e outras (como a moralização dos costumes, visto que no século XVI bispos e padres que viviam em concubinato era fato usual), o concílio de Trento ratificou a lei canônica do celibato dos padres (NT).

2. *O Misantropo* é uma peça teatral de Jean-Baptiste Poquelin, dito Molière (1622-1673), dramaturgo francês, e *Atália* é uma tragédia de Jean-Baptiste Racine (1639-1699), poeta trágico francês (NT).

CATECISMO DO QUITANDEIRO - [ou diálogo entre o paxá Tuctan e o quitandeiro Karpós] - **Tuctan** – Pois bem, meu amigo Karpós, vendes caro teus legumes, mas são bons... De que religião és hoje?

Karpós – Na verdade, meu paxá, é bem difícil dizê-lo. Quando nossa pequena ilha de Samos pertencia aos gregos, lembro-me que me obrigavam a dizer que o *ágion pneuma*[1] só era produzido pelo *tou patrou*, me faziam orar a Deus em pé, em posição ereta sobre minhas duas pernas, com as mãos cruzadas, e me proibiam de tomar leite durante a quaresma. Chegaram os venezianos, então o padre veneziano me obrigou a dizer que o *agion pneuma* vinha do *tou patrou* e do *tou uiou*, me permitiu tomar leite e me fez orar a Deus de joelhos. Os gregos voltaram e expulsaram os venezianos, então foi preciso renunciar ao *tou uiou* e à nata do leite. Vocês, por fim, expulsaram os gregos e os ouço gritar *Allah illa Allah* com todas as suas forças. Já não sei o que realmente sou; amo a Deus de todo o meu coração e vendo meus legumes por um preço razoável.

Tuctan – Tens mesmo belos figos.
Karpós – A seu inteiro dispor, meu paxá.
Tuctan – Dizem que tens também uma linda filha.
Karpós – Sim, meu paxá, mas ela não está a seu dispor.
Tuctan – Por que, miserável?
Karpós – Porque sou um homem honesto; realmente me é permitido vender meus figos, mas não vender minha filha.
Tuctan – E por qual lei não te é permitido vender essa fruta?
Karpós – Pela lei de todos os quitandeiros honestos; a honra de minha filha não me pertence, pertence a ela; não é uma mercadoria.
Tuctan – Não és, pois, fiel a teu paxá?
Karpós – Muito fiel nas coisas justas, tanto que você será meu senhor.
Tuctan – Mas se teu pai grego conspirasse contra mim e te ordenasse da parte do *tou patrou* e do *tou uiou* a participar de seu complô, não terias a devoção de fazê-lo?
Karpós – Eu? De jeito nenhum. Ficaria bem longe disso.
Tuctan – E por que recusarias obedecer a teu pai grego numa oportunidade tão bela?

Karpós – É que fiz juramento de obediência ao senhor e sei muito bem que o *tou patrou* não ordena conspirações.

Tuctan – Fico contente com isso, mas se por infelicidade teus gregos retomassem a ilha e me expulsassem, continuarias a ser-me fiel?

Karpós – Oh! Como poderia então ser-lhe fiel, visto que não seria mais meu paxá?

Tuctan – E o juramento que me fizeste, que viria a ser dele?

Karpós – Seria como meus figos, não há mais como apalpá-los. Não é verdade (com todo o respeito) que, se o senhor morresse no momento em que lhe falo, eu não lhe deveria mais nada?

Tuctan – A suposição é incivil, mas a coisa é verdadeira.

Karpós – Pois bem! Se o senhor fosse expulso, seria como se estivesse morto, pois teria um sucessor ao qual seria necessário que eu fizesse outro juramento. O senhor poderia exigir de mim uma fidelidade que não lhe serviria para nada? É como se, não podendo provar dos meus figos, quisesse me proibir de vendê-los a outros.

Tuctan – És um raciocinador; tens princípios, portanto?

Karpós – Sim, a meu modo; são poucos, mas me bastam; se tivesse mais, me atrapalhariam.

Tuctan – Fiquei curioso em conhecer teus princípios.

Karpós – É, por exemplo, ser bom marido, bom pai, bom vizinho, bom sujeito e bom quitandeiro; não vou mais longe que isso e espero que Deus tenha misericórdia de mim.

Tuctan – E acreditas que terá misericórdia de mim que sou o governador de tua ilha?

Karpós – E como quer que eu o saiba? Cabe a mim adivinhar como Deus se comporta com os paxás? É uma questão entre o senhor e ele; não me meto nisso de forma alguma. Tudo o que posso imaginar é que, se o senhor é um paxá honesto como eu sou um honesto quitandeiro, Deus o tratará muito bem.

Tuctan – Por Maomé! Fico muito contente com esse idólatra. Adeus, meu amigo! Que Alá te guarde!

Karpós – Muito obrigado! *Théos* (Deus) tenha piedade do senhor, meu paxá!

1. As expressões gregas *agion pneuma* (αγιον πνευμα), *tou patrou* (του πατρου), *tou uiou* (του υιου), significam respectivamente Espírito Santo, do Pai, do Filho, célebre questão teológica que se transformou na gota de água para a separação da Igreja grega da latina, cisma que teve seu desfecho final e irreversível no ano de 1054; a questão se resume no princípio de procedência do Espírito Santo: enquanto os gregos, como se vê no texto de Voltaire, afirmavam que o Espírito Santo só procede do Pai, os latinos sustentavam que procede do Pai e do Filho; a não menos célebre expressão latina *Filioque* (e do Filho) foi determinante para que a disputa teológica se radicalizasse e terminasse pela divisão da Igreja em ortodoxa (grega) e católica (latina), divisão que persiste até hoje (NT).

CERTO, CERTEZA

– "Que idade tem teu amigo Cristóvão? – Vinte e oito anos; vi sua certidão de casamento e de batismo; eu o conheço desde criança; tem vinte e oito anos, tenho certeza, estou certo."

Mal acabei de ouvir a resposta desse homem tão seguro do que diz e de vinte outros que confirmam a mesma coisa, fico sabendo que, por motivos secretos e singular manejo, a certidão de batismo de Cristóvão foi pré-datada. Aqueles com quem havia falado nada sabem ainda; entretanto, sempre têm a certeza daquilo que não é.

Se tivessem perguntado ao mundo inteiro, antes da época de Copérnico[1], "O sol se levantou hoje? O sol se pôs hoje?", todos teriam respondido: "Temos absoluta certeza disso." Eles estavam certos, mas estavam errados.

Os sortilégios, as adivinhações, as obsessões foram durante muito tempo as coisas mais certas do mundo aos olhos de todos os povos. Que multidão inumerável de pessoas viu todas essas belas coisas e que estava certa de tê-las visto! Hoje essa certeza está um pouco em descrédito.

Um jovem que começa a estudar geometria veio me visitar; não passou ainda da definição dos triângulos. Pergunto-lhe: "Não estás certo de que a soma dos três ângulos de um triângulo é igual à soma de dois ângulos retos?" Ele me responde que não somente não está certo a respeito, como não tem até mesmo uma ideia clara dessa proposição; então a demonstro e ele fica certo disso e assim ficará para o resto da vida.

Aí está uma certeza bem diferente das outras: algumas destas não eram mais que probabilidades e examinadas essas probabilidades posteriormente verificou-se que eram errôneas; mas a certeza matemática é imutável e eterna.

Existo, penso, sinto a dor; tudo isso será tão certo como uma verdade geométrica? Sim. Por que? Porque essas verdades se provam pelo mesmo princípio de que uma coisa não pode ser e não ser ao mesmo tempo. Não posso existir e não existir simultaneamente, sentir e não sentir. Um triângulo não pode ter ao mesmo tempo 180 graus, que é a soma de dois ângulos retos, e não tê-los ao mesmo tempo.

A certeza física de minha existência, de meu sentir e a certeza matemática têm, portanto, o mesmo valor, embora sejam de um gênero diferente.

O mesmo não acontece com a certeza que se funda nas aparências ou nos relatórios unânimes que os homens nos fazem.

"Ora essa! Então me dizem que não estão certos de que Pequim existe? Não têm em casa tecidos de Pequim? Homens de diferentes países, de diferentes opiniões e que escreveram violentamente uns contra os outros pregando todos a verdade em Pequim, não os convenceram da existência dessa cidade?" Respondo que é para mim extremamente provável que há então uma cidade chamada Pequim, mas não gostaria de apostar a vida que essa cidade existe; e vou apostar, quando quiserem, minha vida em como os três ângulos de um triângulo somados são iguais a dois ângulos retos.

Foi publicada no *Dicionário Enciclopédico* uma coisa muito engraçada; nele se afirma que um homem deveria estar tão seguro, tão certo de que o marechal Saxe ressuscitou, se toda a cidade de Paris dissesse que está tão certa disso como esse marechal ganhou a batalha de Fontenoy, coisa que toda a cidade de Paris confirma. Vejam, por favor, como este raciocínio é admirável: "Creio em Paris quando toda ela me diz uma coisa moralmente possível; portanto, devo crer nela quando me diz uma coisa moral e fisicamente impossível."

Parece que o autor desse artigo queria se divertir e rir e que o outro autor que se extasia no final desse artigo, escrito contra si próprio, também queria rir[2].

1. Nicolau Copérnico (1473-1543), astrônomo polonês, demonstrou a teoria do heliocentrismo que não era aceito pela religião cristã, pois, baseada na Bíblia, defendia o geo-centrismo, sistema que vigorava havia milênios (NT).
2. Vejam o artigo *certeza*, *Dicionário enciclopédico* (*Nota de Voltaire*).

CÉU DO ANTIGOS (O)

- Se um bicho-da-seda desse o nome de *céu* à tênue penugem que envolve internamente seu casulo, raciocinaria tão bem como os antigos que deram o nome de *céu* à atmosfera que é, como muito bem diz Fontenelle[1] em seu livro *Mundos*, a penugem de nosso casulo.

Os vapores que sobem de nossos mares e de nossa terra e que formam as nuvens, os meteoros e os trovões, foram de início tomados como a morada dos deuses. Em Homero[2], os deuses sempre descem em nuvens de ouro; por causa disso os pintores ainda hoje os representam sentados numa nuvem. Mas como era justo que o senhor dos deuses estivesse mais à vontade que os outros, deram-lhe uma águia para transportá-lo, porque a águia voa mais alto que as outras aves.

Os antigos gregos, vendo que os senhores das cidades moravam em cidadelas no alto de alguma montanha, julgaram que os deuses também deviam ter uma cidadela e a colocaram na Tessália, sobre o monte Olimpo, cujo vértice às vezes se esconde no meio das nuvens, de modo que seu palácio se achava no mesmo nível de seu céu.

As estrelas e os planetas, que parecem engastados na abóbada azul de nossa atmosfera, se tornaram logo as moradas dos deuses; sete dentre estes tiveram cada um seu planeta, os outros se alojaram onde melhor puderam. O conselho geral dos deuses se reunia numa grande sala à que se chegava pela Via Láctea, pois era realmente necessário que os deuses tivessem uma sala de reuniões no ar, visto que os homens tinham seus palácios de governo na terra.

Quando os titãs, espécie de animais entre os deuses e os homens, declararam uma guerra bastante justa a esses deuses, para reclamar uma parte de sua herança paterna, uma vez que eram filhos do Céu e da Terra, não tiveram mais que empilhar duas ou três montanhas umas sobre outras para se tornarem senhores do céu e do castelo do Olimpo.

Neve foret terris securior arduus aether,
affectasse ferunt regnum coeleste gigantes,
altaque congestos struxisse ad sidera montes.

Essa física de crianças e de velhas era prodigiosamente antiga; entretanto, é muito provável que os caldeus tivessem ideias tão sadias quanto nós daquilo que se chama *o céu*. Eles colocavam o sol no centro de nosso mundo planetário, numa distância de nosso globo aproximadamente como a conhecemos hoje; faziam girar em torno do sol a terra e todos os planetas; é o que nos informa Aristarco de Samos[3]; é o verdadeiro sistema do universo, posteriormente reeditado por Copérnico; mas os filósofos guardavam o segredo para si, a fim de serem mais respeitados pelos reis e pelo povo ou, melhor, para não serem perseguidos.

A linguagem do erro é tão familiar aos homens, que ainda chamamos nossos vapores e o espaço entre a terra e a lua com o nome de *céu*; dizemos *subir ao céu*, como dizemos que o sol gira, embora saibamos que não é assim; nós somos provavelmente o céu para os habitantes da lua e cada um coloca seu céu no planeta vizinho.

Se acaso se tivesse perguntado a Homero para que céu tinha ido a alma de Sarpedon, onde estava a de Hércules, Homero teria ficado embaraçado: teria respondido com versos harmoniosos.

Como saber se a alma aérea de Hércules se encontraria mais à vontade em Vênus, em Saturno do que na terra? Ou estaria no sol? É de crer que não estivesse muito à vontade nessa fornalha. Enfim, que entendiam os antigos por *o céu*? Não sabiam nada; sempre exclamavam: *o céu e a terra*; é como se disséssemos: o infinito e um átomo. Propriamente falando, não existe céu. O que há é uma quantidade prodigiosa de globos girando no espaço vazio e nosso globo gira como os outros.

Os antigos acreditavam que ir aos céus era subir; mas não se sobe de um astro a outro; os corpos celestes estão ora abaixo de nosso horizonte, ora acima dele. Assim, supondo que Vênus, tendo vindo a Pafos, regressasse a seu planeta quando este se tivesse posto, então a deusa Vênus não subiria em relação a nosso horizonte: pelo contrário, desceria e, nesse caso, se deveria dizer *descer ao céu*. Os antigos, porém, não entendiam tanta sutileza, tinham noções vagas, incertas, contraditórias sobre tudo o que se referia à física. Foram escritos volumes imensos para tentar saber o que pensavam sobre questões desse gênero. Três palavras seriam suficientes: *eles não pensavam*.

Sempre se deve excetuar um reduzido número de sábios, mas vieram mais tarde; pouco explicaram seus pensamentos e, quando o fizeram, os charlatães os mandaram para o céu pelo caminho mais curto

Um escritor chamado, me parece, Pluche[4] pretendeu fazer de Moisés um grande físico; outro, antes dele, havia conciliado Moisés com Descartes[5] e havia publicado o livro *Cartesius Mosaizans*; segundo ele, Moisés foi o primeiro a descobrir as causas dos turbilhões e a matéria sutil. Mas é mais que sabido que Deus, que fez de Moisés um grande legislador, um grande profeta, não quis de modo algum fazer dele um professor de física; Moisés instruiu os judeus sobre seu dever e não lhes ensinou uma palavra sequer de filosofia. Calmet[6], que compilou muito e nunca se deu o trabalho de raciocinar, fala do sistema dos hebreus; mas esse povo rude estava bem longe de ter um sistema; nem sequer possuíam escola de geometria, até mesmo o nome desta disciplina lhes era desconhecido; sua única ciência era o ofício de corretor e a usura.

Encontram-se em seus livros algumas ideias obscuras, incoerentes, dignas em tudo de um povo bárbaro, sobre a estrutura do céu. Seu primeiro céu era o ar; o segundo, o firmamento, onde estavam suspensas as estrelas; esse firmamento era sólido e de gelo e sustinha as águas superiores que, no período do dilúvio, vazaram desse reservatório por portas, eclusas e cataratas.

Acima desse firmamento ou dessas águas superiores estava o terceiro céu ou o empíreo, para onde são Paulo foi arrebatado. O firmamento era uma espécie de meia abóbada que envolvia a terra. O sol não fazia o giro de um globo que nem sequer conheciam. Chegando ao ocidente, voltava ao oriente por um caminho desconhecido; e, se não era mais visto, era, como o diz o barão de Foeneste[7], porque voltava de noite.

Os hebreus haviam adotado esses devaneios dos outros povos. A maioria das nações, excetuando-se a escola dos caldeus, considerava o céu como um sólido; a terra, fixa e imóvel, era um terço abundante mais comprida de oriente a ocidente do que de norte a sul; disso provêm os termos longitude e latitude que adotamos. Por isso santo Agostinho[8] trata a ideia de existência de antípodas como um *absurdo* e Lactâncio[9] diz expressamente: "Haverá gente tão louca a ponto de acreditar que possa haver homens de cabeça para baixo? etc."

São Crisóstomo[10] exclama em sua 14ª. homilia: "Onde estão aqueles que pretendem que os céus sejam imóveis e que sua forma seja circular?"

Lactâncio, no livro terceiro de suas *Instituições*, diz ainda: "Eu poderia demonstrar-lhes por meio de muitos argumentos que é impossível que o céu circunde a terra."

O autor do *Espetáculo da Natureza* poderá dizer a quem quiser e quanto quiser que Lactâncio e são Crisóstomo eram grandes filósofos; o que se poderá responder é que eram grandes santos e que não é indispensável, para ser santo, ser um bom astrônomo. Deve-se acreditar que eles estão no céu, mas deve-se confessar que não se sabe precisamente em que ponto do céu.

1. Bernard Bouvier de Fontenelle (1657-1757), escritor francês; o título completo do livro citado no texto é *Conversas sobre a pluralidade dos mundos* (NT).

2. Homero (séc. IX a.C.), poeta grego a quem são atribuídos os dois poemas épicos *Ilíada* e *Odisseia*, nos quais são narrados os atos heroicos dos gregos na guerra de Troia e as intermináveis aventuras do herói Ulisses; em ambos os poemas a intervenção dos deuses nos fatos e atos dos homens tem lugar de destaque (NT).

3. Aristarco de Samos (310-230 a.C.), astrônomo grego, precursor de Copérnico, pois afirmava que a terra girava em torno de si mesma e ao mesmo tempo em torno do sol (NT).

4. Noel-Antoine Pluche (1688-1761), padre, naturalista e escritor francês; sua única obra de valor, *Espetáculo da natureza*, teve sucesso estrondoso; as demais são de cunho religioso, fracas e piegas (NT).

5. René Descartes (1596-1650), filósofo, matemático e físico francês; dentre suas obras, *As paixões da alma* e *Discurso do método* já foram publicadas pela Editora Escala (NT).

6. Antoine Calmet (1672-1757), padre beneditino conhecido com o nome de Agostinho, teólogo e historiador francês (NT).

7. *As aventuras do barão de Foeneste*, obra de Théodore Agrippa d'Aubigné (1552-1630), poeta e escritor francês (NT).

8. Aurelius Augustinus (354-430), bispo de Hipona, norte da África, e doutor da Igreja, deixou uma obra imensa, destacando-se *A cidade de Deus* e *Confissões* (NT).

9. Lucius Caecilius Firmianus, dito Lactantius (260-325), apologista cristão do mundo latino; foi o primeiro a realizar uma tentativa de exposição completa dos princípios da fé cristã, especialmente em sua obra *Divinae instituiones* – Instituições divinas (NT).

10. João Crisóstomo (344-407), bispo de Constantinopla, reformador rigoroso, mas teólogo sem expressão (NT).

CHINA (DA) - Vamos para a China em busca de terra, como se nos faltasse; em busca de tecidos, como se não tivéssemos o suficiente; em busca de uma pequena erva para infundir na água, como se nossos climas não produzissem desses ingredientes. Como recompensa, nós queremos converter os chineses; zelo muito elogiável, mas nem por isso precisamos contestar sua antiguidade e lhes dizer que são idólatras. Seria justo, na verdade, que um capuchinho[1], depois de de ter sido generosamente acolhido num castelo pelos Montmorency[2], quisesse persuadi-los de que são nobres recém-nomeados, como o são os secretários do rei, e acusá-los de serem idólatras porque encontrou no castelo duas ou três estátuas de condestáveis a quem os Montmorency votassem profundo respeito?

O célebre Wolf[3], professor de matemática na universidade de Halle, pronunciou um dia um magnífico discurso em louvor da filosofia chinesa; elogiou essa antiga raça de homens, que difere de nós pela barba, pelos olhos, pelo nariz, pelas orelhas e pelo raciocínio, elogiou, repito, os chineses por adorarem um Deus supremo e amarem a virtude; fazia justiça aos imperadores da China, aos *kolao* (ministros), aos tribunais, aos letrados. A justiça que se presta aos bonzos é de um tipo diferente.

Convém saber que Wolf atraía a Halle um milheiro de estudantes de todas as nações. Havia na mesma universidade um professor de teologia chamado Lange que não atraía ninguém; este homem, com medo de congelar de frio sozinho no auditório, resolveu prejudicar o professor de matemática; segundo o costume de seus colegas, não perdeu a ocasião de acusar o professor de não crer em Deus.

Alguns escritores europeus, que nunca haviam estado na China, afirmavam que o governo de Pequim era ateu. Wolf havia elogiado os filósofos de Pequim; logo, Wolf era ateu. A inveja e o ódio não conseguem forjar silogismos melhores que este. Esse argumento de Lange, apoiado por uma cabala bem tramada e por um protetor, foi julgado conclusivo pelo rei do país, o qual propôs ao matemático um dilema formal: esse dilema lhe oferecia a opção de deixar Halle em 24 horas ou ser enforcado. E como Wolff raciocinava muito bem, apressou-se em partir; sua partida privou o rei de 200 ou 300 mil escudos anuais que esse filósofo fazia entrar em seu reino pela afluência de discípulos.

Este exemplo serve para mostrar aos soberanos que nem sempre é conveniente dar ouvidos à calúnia e sacrificar um grande homem à inveja de um imbecil. Voltemos à China.

Que proveito tiramos nós, aqui no extremo Ocidente, em discutir encarniçadamente e com torrentes de injúrias para saber se houve ou não catorze príncipes na China antes do imperador Fo-hi e se esse Fo-hi viveu há 3 mil ou há 2.900 anos antes de nossa era? Gostaria mesmo de ver dois irlandeses discutindo em Dublin para saber quem foi, no século XII, o possuidor das terras que hoje eu ocupo; não é evidente que deveriam se dirigir a mim porque tenho os arquivos em mãos? A meu ver, o mesmo ocorre com os primeiros imperadores da China: é necessário dirigir-se aos tribunais do país.

Discutam quanto quiserem sobre os catorze primeiros príncipes que reinaram antes de Fo-hi e sua bela discussão só vai provar que a China já era então densamente povoada e que nela as leis reinavam. Agora pergunto se uma nação unida, que tem leis e príncipes, não supõe uma prodigiosa antiguidade? Pensem em quanto tempo é necessário para que um singular concurso de circunstâncias leve a descobrir o ferro nas minas, para seja empregado na agricultura, para que seja inventado o arado e todas as outras artes.

Aqueles que fazem filhos a penadas imaginaram um cálculo muito engraçado. O jesuíta Pétau[4], por um cálculo extravagante, dá à terra, 285 anos depois do dilúvio, uma população cem vezes maior que aquela que não ousamos atribuir-lhe hoje. Os Cumberland[5] e os Whiston[6] fizeram cálculos tão cômicos quanto esse; essa boa gente nada mais tinha que fazer senão consultar os registros de nossas colônias na América para ficar realmente surpresa; teria ficado sabendo quão pouco o gênero humano se multiplica e que não raro diminui em vez de aumentar.

Deixemos, pois, nós que somos de ontem, nós descendentes dos celtas, nós que mal acabamos de derrubar as florestas de nossas regiões selvagens, deixemos os chineses e os indianos desfrutar em paz de seu belo clima e de sua antiguidade. Cessemos especialmente de chamar idólatras o imperador da China e o *subabo* do Dekan[7].

Também não é necessário ser fanático do mérito chinês; a constituição desse império é, na verdade, a melhor que se conheça no mundo, a única fundada no poder paternal (o que não impede que os mandarins deixem de espancar os filhos), a única na qual é punido o governador de província que, ao deixar o cargo, não seja aclamado pelo povo; a única que instituiu prêmios para a virtude, enquanto em todas as outras nações do mundo as leis se limitam a castigar o crime; a única que impôs suas leis aos próprios vencedores, enquanto nós ainda vivemos sujeitos aos costumes dos burgúndios, dos francos e dos godos que nos dominaram. Deve-se reconhecer, todavia, que a plebe, governada por bonzos, é tão velhaca como a nossa; que por lá tudo é vendido a altos preços ao estrangeiro, precisamente como nós fazemos também; que nas ciências os chineses estão ainda no estágio em que nós estávamos 200 anos atrás; que, como nós, têm mil preconceitos ridículos; que acreditam nos talismãs, na astrologia judiciária, como por muito tempo acreditamos nós também.

Confessemos ainda que ficaram surpresos com nosso termômetro, com nosso costume de gelar licores com salitre e com todas as experiências de Torricelli[8] e de Otto de Guericke[9], exatamente como nós ficamos ao vermos pela primeira vez esses brinquedos da física. Acrescentemos que seus médicos não curam melhor que os nossos as doenças graves e que, do mesmo modo que aqui, na China as pequenas doenças são curadas unicamente pela própria natureza. Nada disso impede, porém, que há quatro mil anos, quando sequer sabíamos ler, os chineses já estivessem de posse de todas as coisas essencialmente úteis de que hoje nos vangloriamos.

A religião dos letrados, repito, é admirável. Nada de superstições, nada de lendas absurdas, nada desses dogmas que insultam a razão e a natureza e aos quais os bonzos lhes conferem mil sentidos diferentes porque não têm nenhum. O culto mais simples lhes pareceu o melhor, ao final de quarenta séculos. Eles são o que nós pensamos que eram Set, Enoc e Noé; eles se contentam em adorar um Deus, como o fazem todos os sábios da terra, enquanto que na Europa nos dividimos entre Tomás e Boaventura, entre Calvino e Lutero, entre Jansênio e Molina[10].

1. Os padres capuchinhos constituem uma Ordem religiosa iniciada em 1528 por Matteo De Bascio, frade franciscano, que desejava retornar à pobreza original da Ordem e trabalhar mais especificamente na pregação popular; os capuchinos são, portanto, um ramo dos franciscanos que foram fundados por Francisco de Assis (1182-1226) no ano de 1209 (NT).

2. Os Montmorency constituíam uma nobre e prestigiada família francesa que se extinguiu no século XIX; o castelo citado no texto situava-se numa elevação dominando Paris; essa família, que surge no século X, deu muitos homens de destaque à França (NT).

3. Christian von Wolff (1679-1754), jurista, matemático e filósofo alemão; foi professor da Universidade de Halle, situada na cidade alemã de mesmo nome (NT).

4. Denis Pétau (1585-1652), padre jesuíta francês, teólogo e escritor (NT).

5. Alusão a Richard Cumberland (1631-1718), bispo inglês, filósofo e moralista (NT).

6. Referência a William Whiston (1667-1752), teólogo, historiador e matemático inglês (NT).

7. *Subabo* é o designativo de governante na Índia que, na época de Voltaire, era chamada também *Decan* ou *Dekan*, embora esta denominação na maioria das vezes indicasse somente o vasto planalto centro-meridional do território indiano (NT).

8. Evangelista Torricelli (1608-1637), físico e matemático italiano, fez importantes descobertas sobre o movimento dos corpos, a pressão atmosférica e o escoamento dos líquidos (NT).

9. Otto von Guericke (1602-1686), físico alemão, inventou a máquina pneumática e fez outras descobertas sobre a propagação do som e a natureza elétrica dos raios (NT).

10. Tomás de Aquino (1225-1274) e Boaventura (1221-1274) representam duas escolas ou correntes teológicas entre os católicos; João Calvino (1509-1564) e Martinho Lutero (1483-1546) refletem duas vertentes do protestantismo desde suas origens no século XVI; Cornélio Jansênio (1585-1638) e Luis Molina (1535-1601) espelham a diversa interpretação da moral na conduta dos cristãos, especialmente dos católicos (NT).

CIRCUNCISÃO

Quando Heródoto[1] narra o que lhe contaram os bárbaros entre os quais viajou, só diz tolices e é o que fazem quase todos os nossos viajantes; por isso ele não exige que se acredite quando fala da aventura de Gigés e Cândolo, de Árion montado num golfinho, do oráculo consultado para saber o que fazia Creso, o qual respondeu que estava cozinhando uma tartaruga numa panela tampada, do cavalo de Dario que, tendo sido o primeiro a relinchar, proclamou seu dono rei, e de cem outras fábulas próprias para divertir crianças e ser compiladas por oradores; mas quando fala do que viu, dos costumes dos povos que examinou, das coisas antigas que consultou, então sim fala para adultos.

"Parece, diz no livro *Eutérpio*, que os habitantes da Cólquida[2] sejam originários do Egito; julgo-o mais por mim mesmo que por ouvir-dizer, pois verifiquei que na Cólquida se lembravam mais dos antigos costumes egípcios do que no Egito se recordavam dos antigos costumes da Cólquida.

"Esses habitantes das margens do Ponto Euxino[3] pretendiam ser uma colônia fundada por Sesóstris[4]; quanto a mim, já o conjecturava, não somente por serem morenos com cabelos crespos, mas porque os povos da Cólquida, do Egito e da Etiópia são os únicos na terra que sempre praticaram a circuncisão; porque os fenícios e os habitantes da Palestina confessam que adotaram a prática da circuncisão dos egípcios. Os sírios, que hoje habitam as margens dos rios Termodon e Partênia, e seus vizinhos macrões reconhecem que não faz muito tempo que se conformaram com esse costume egípcio; é principalmente por isso que são reconhecidos como de origem egípcia.

"Quanto à Etiópia e ao Egito, como essa cerimônia da circuncisão é muito antiga nessas duas nações, não saberia dizer qual dos dois seguiu a prática da circuncisão do outro; é provável, no entanto, que os etíopes a tenham copiado dos egípcios, assim como, ao contrário, os fenícios aboliram o costume de circuncidar as crianças recém-nascidas logo que intensificaram o comércio com os gregos."

É evidente, por essa passagem de Heródoto, que muitos povos haviam aprendido do Egito o uso da circuncisão; nenhuma nação, porém, jamais pretendeu tê-la importado dos judeus. A quem se pode, pois, atribuir a origem dessa prática: à nação que cinco ou seis outras confessam tê-la recebido dela, ou a outra nação bem menos poderosa, menos comerciante, menos guerreira, escondida num canto da Arábia Petreia, que jamais comunicou a povo nenhum o mais insignificante de seus costumes?

Os judeus dizem que foram acolhidos outrora por caridade no Egito; não é muito provável que o povo pequeno imitasse um costume do grande povo e que os judeus tenham adotado alguns hábitos de seus senhores?

Clemente de Alexandria[5] relata que Pitágoras[6], viajando pelo Egito, foi obrigado a fazer-se circuncidar para ser admitido nos mistérios dos egípcios; era, portanto, absolutamente imprescindível ser circuncidado para ser admitido no número dos sacerdotes do Egito. Esses sacerdotes já existiam quando José chegou ao Egito; o governo era muito antigo e as cerimônias antigas do Egito eram observadas com a mais escrupulosa exatidão.

Os judeus confessam ter permanecido 205 anos no Egito; dizem que não praticaram o ritual da circuncisão durante esse espaço de tempo; é claro, portanto, que durante esses 205 anos os egípcios não poderiam ter adotado a circuncisão dos judeus. Porventura a teriam tomado deles, depois que os judeus lhes tinham roubado todos os vasos que lhes haviam sido emprestados anteriormente, e se puseram em fuga pelo deserto com sua presa, segundo o próprio testemunho deles? Um senhor adotaria o principal sinal da religião de seu escravo, ainda mais ladrão e fugitivo? Isso não é da natureza humana.

No livro de Josué se diz que os judeus foram circuncidados no deserto: "Eu os livrei daquilo que constituía seu opróbrio entre os egípcios." Ora, qual podia ser esse opróbrio para uma nação que se encontrava entre os povos da Fenícia, árabes e egípcios, senão o que a tornava desprezível aos olhos desses três povos? Como livrá-los desse opróbrio? Tirando-lhes um pouco do prepúcio. Não é o sentido natural dessa passagem?

O livro do *Gênesis* refere que Abraão havia sido circuncidado antes; mas Abraão viajou para o Egito, que era, havia muito tempo, um reino florescente, governado por um rei poderoso. Nada impede que nesse reino tão antigo a circuncisão fosse praticada desde muito tempo antes que se formasse a nação judaica. Além do mais, a circuncisão de Abraão não teve seguimento; sua posteridade foi circuncidada somente na época de Josué.

Ora, antes de Josué, os israelitas adotaram, como eles próprios confessam, muitos costumes dos egípcios; eles os imitaram em muitos sacrifícios, em muitas cerimônias, como os jejuns observados às vésperas das festas de Ísis, nas abluções, no costume de rapar a cabeça dos sacerdotes; o incenso, o candelabro, o sacrifício da vaca ruiva, a purificação com hissopo, a abstinência da carne de porco, a aversão aos utensílios de cozinha dos estrangeiros, tudo atesta que o pequeno povo hebreu, apesar de sua antipatia pela grande nação egípcia, tinha retido uma infinidade de usos de seus antigos senhores. O bode Hazael, que era despachado para o deserto carregado com os pecados do povo, era visível imitação de uma prática egípcia; os próprios rabinos concordam que a palavra *Hazazel* não é hebraica. Nada impede, portanto, que os hebreus tenham imitado os egípcios na circuncisão, como fizeram seus vizinhos árabes.

Nada há de extraordinário que Deus, que santificou o batismo, tão antigo entre os asiáticos, tenha santificado também a circuncisão, não menos antiga entre os africanos. Já observamos que cabe ao Senhor ligar suas graças aos sinais que se dignar escolher.

De resto, depois que, sob Josué, foram circuncidados, os judeus conservaram essa prática até nossos dias; os árabes também sempre foram fiéis a ela; mas os egípcios, que nos primeiros tempos circuncidavam os meninos e as meninas, com o tempo deixaram de submeter as meninas a essa operação e finalmente a restringiram aos sacerdotes, aos astrólogos e aos profetas. É o que nos ensinam Clemente de Alexandria e Orígenes[7]. Com efeito, nunca se ouviu dizer que os Ptolomeus[8] tivessem sido circuncidados.

Os autores latinos, que tratam os judeus com tão profundo desprezo que os chamam *curtus Apella*, por zombaria, *credat Judaeus Appella, curti Judaei*[9], os latinos, repetindo, não dão esses epítetos tais aos egípcios. Hoje todo o povo do Egito é circuncidado, mas por outra razão, ou seja, porque o maometismo adotou a antiga circuncisão da Arábia.

Foi essa circuncisão árabe que passou à Etiópia, onde ainda se circuncidam os meninos e as meninas.

Deve-se confessar que essa cerimônia da circuncisão parece, à primeira vista, muito estranha; deve-se notar, porém, que desde sempre os sacerdotes do Oriente se consagravam a suas divindades por marcas particulares. Nos sacerdotes de Baco[10] era gravada com um estilete uma folha de hera. Luciano[11] diz que os devotos da deusa Ísis gravavam caracteres no pulso e no pescoço. Os sacerdotes de Cibele[12] se tornavam eunucos.

É muito provável que os egípcios, que veneravam o instrumento da geração e que carregavam a imagem dele em suas procissões, tivessem a ideia de oferecer a Ísis e Osíris[13], deuses por meio dos quais tudo era gerado na terra, uma pequena parte do membro pelo qual esses deuses tinham querido que o gênero humano se perpetuasse. Os antigos costumes orientais são tão prodigiosamente diferentes dos nossos, que nada deve parecer extraordinário a quem quer que tenha um pouco de leitura. Um parisiense fica surpreso ao saber que os hotentotes cortam um dos testículos de seus filhos; os hotentotes talvez fiquem surpresos ao saber que os parisienses conservam os dois.

1. Heródoto (484-420 a.C.), historiador grego, considerado o pai da história (NT).

2. A Cólquida, para os antigos gregos, era a região a leste do mar Negro, rica em minas de ouro e de ferro; corresponde aproximadamente ao atual território da Geórgia (NT).

3. Antigo nome do mar Negro (NT).

4. Nome de três faraós do Egito da 12ª. dinastia, séculos XX e XIX antes de Cristo (NT).

5. Clemente de Alexandria (150-213), teólogo da Igreja grega, estudou as relações entre a filosofia grega e o cristianismo (NT).

6. Pitágoras (séc. VI a.C.), matemático e filósofo grego, são célebres seus teoremas e princípios matemáticos (NT).

7. Orígenes (185-254), escritor grego cristão, teólogo e comentarista da Bíblia (NT).

8. Ptolomeu é o nome de 16 soberanos de dinastia originalmente grega que reinaram no Egito entre 304 e 30 antes de Cristo (NT).

9. Antes de traduzir essas expressões latinas, cumpre lembrar que *Apella* é nome de um judeu que viveu no século I antes de Cristo e se difundiu com o significado de homem ingênuo, simplório, crédulo. *Curtus Apella* = Apella mutilado; *credat Judaeus Apella* = que o creia o judeu Apella; *curti Judaei* = judeus mutilados (NT).

10. Na mitologia latina, Baco era o deus do vinho; as festas em sua honra eram denominadas bacanais (NT).

11. Luciano de Samósata (125-192), pensador grego, crítico e satírico com relação à religião, à arte e ao valores estabelecidos; viveu muito tempo no Egito, onde morreu (NT).

12. Na mitologia grega, Cibele era chamada a *Grande Mãe* ou *Mãe dos deuses*, porque de fato teria sido mãe de Zeus, Juno, Plutão, Netuno e outros (NT).

13. Os deuses supremos da mitologia egípcia, que eram marido (Osíris) e mulher (Ísis) e deles tudo dependia na terra e no além (NT).

CONCÍLIOS

Todos os concílios são infalíveis, sem dúvida; isso porque são constituídos por homens. É impossível que jamais reinem nessas assembleias as paixões, as intrigas, o espírito de disputa, o ódio, a inveja, os preconceitos, a ignorância.

Mas então, pode-se perguntar, por que tantos concílios se realizaram em oposição a outros? Foi para experimentar nossa fé; todos estavam com a razão, cada um em sua respectiva época.

Atualmente, entre os católicos romanos, só se acredita nos concílios aprovados no Vaticano; entre os católicos gregos, só se acredita naqueles aprovados em Constantinopla. Os protestantes ridicuralizam uns e outros; desse modo, todos ficam contentes.

Aqui falaremos somente dos grandes concílios; dos pequenos, não vale a pena.

O primeiro foi o concílio de Niceia. Reuniu-se no ano 325 da era cristã, depois que Constantino[1] escreveu e enviou por meio de Ózio esta bela carta ao clero um tanto turbulento de Alexandria: "Estão discutindo por causa de um assunto muito insignificante. Essas sutilezas são indignas de pessoas sensatas." Tratava-se de saber se Jesus era criado ou incriado. Isso em nada feria a moral, que é o essencial. Que Jesus tenha sido no tempo ou antes do tempo, nada disso modifica que tenha sido um homem de bem. Depois de muitas altercações, ficou finalmente decidido que o Filho era tão antigo quanto o Pai, e *consubstancial* ao Pai. Essa decisão não se entende facilmente, mas não deixa de ser sublime. Dezessete bispos protestaram contra a sentença e uma antiga crônica de Alexandria, conservada em Oxford, diz que 2 mil padres protestaram também; mas os prelados não fazem geralmente grande caso dos simples padres, que geralmente são pobres. Seja como for, nesse primeiro concílio não se tratou de modo algum a Trindade. A fórmula diz: "Cremos em Jesus consubstancial ao Pai, Deus de Deus, luz de luz, gerado e não feito; cremos também no Espírito Santo". O Espírito Santo, deve-se confessá-lo, foi tratado bem cavalheirescamente.

Consta num suplemento do concílio de Niceia que os padres, vendo-se muito embaraçados para saber quais eram os livros autênticos e os apócrifos do Antigo e do Novo Testamento, colocaram-nos misturados numa grande confusão em cima de um altar. Os livros que caíram no chão naturalmente eram os que deviam ser rejeitados. É de se lamentar que tão bela receita esteja atualmente em desuso.

Depois do primeiro concílio de Niceia, constituído por 317 bispos infalíveis, foi realizado outro em Rimini, Itália; dessa vez, o número dos infalíveis foi de 400 bispos, sem contar um grande destacamento em Selêucia, de ceca de 200. Esses 600 bispos, depois de quatro meses de discussões, tiraram unanimemente a Jesus sua *consubstancialidade*. Mas foi-lhe restituída pouco depois, exceto entre os socinianos[2]; assim, tudo acabou bem.

Um dos grandes concílios foi o de Éfeso, em 431; o bispo de Constantinopla, Nestório[3], insistente perseguidor de hereges, ele próprio foi condenado como herege nesse concílio, por ter sustentado que, na verdade, Jesus era Deus, mas que sua mãe em absoluto era mãe de Deus, mas somente mãe de Jesus. Foi são Cirilo[4] que fez condenar Nestório; mas também os partidários de Nestório conseguiram destituir são Cirilo no referido concílio, o que deixou o Espírito Santo bastante embaraçado.

Neste ponto, leitor, repare muito atentamente que o Evangelho nunca diz uma só palavra da consubstancialidade do Verbo nem da honra que teria tido Maria em ser mãe de Deus, tampouco das outras disputas que motivaram a reunião dos concílios infalíveis.

Êutiques era um monge que tinha portestado muito contra Nestório, cuja heresia chegava a nada menos que supor duas pessoas em Jesus, o que é espantoso. O monge, para melhor contradizer o adversário, garante que Jesus só tinha uma natureza. Certo Flaviano, bispo de Constantinopla, sustenta que era absolutamente necessário que houvesse duas naturezas em Jesus. Convoca-se um grande concílio, que se reúne em Éfeso, no ano de 449; esse concílio foi realizado com não pouca pancadaria, como aconteceu no pequeno concílio de Cirte em 355 e em certa conferência realizada em Cartago. A natureza de Flaviano ficou moída de pancadas e duas naturezas foram atribuídas a Jesus. No concílio de Calcedônia, em 451, Jesus foi reduzido novamente a uma só natureza.

Passo por cima de concílios que se ocuparam apenas de minúcias e chego ao sexto concílio geral de Constantinopla, celebrado para saber ao certo se

Jesus, tendo só uma natureza, tinha duas vontades. É de notar quanto isso seria importante para agradar a Deus.

Esse concílio foi convocado por Constantino, o Barbudo[5], como todos os outros também tinham sido convocados pelos imperadores precedentes. Os legados do bispo de Roma ficaram à esquerda; os patriarcas de Constantinopla e de Antioquia ficaram à direita. Não sei se os caudatários de Roma achavam que a esquerda é o lugar de honra. Seja como for, Jesus, dessa vez, obteve duas vontades.

A lei mosaica havia proibido as imagens. Os pintores e os escultores nunca tinham feito fortuna entre os judeus. É sabido que Jesus nunca teve quadros, exceto, talvez, aquele de Maria, pintado por Lucas. Mas, enfim, em lugar nenhum Jesus Cristo recomenda que as imagens sejam adoradas. Entretanto, os cristãos as adoraram a partir do final do século IV, quando se familiarizaram com as belas-artes. O abuso foi levado tão longe no século VIII, que Constantino Coprônimo[6] reuniu em Constantinopla um concílio de 320 bispos, concílio que anatematizou o culto das imagens, considerando-o idolatria.

A imperatriz Irene[7], a mesma que tempos depois mandou arrancar os olhos ao filho, convocou o segundo concílio de Niceia, em 787; nesse concílio foi restabelecida a adoração das imagens. Hoje em dia se quer justificar esse concílio, dizendo que essa adoração era um culto de *dulia* e não de *latria* [8].

Quer se trate de latria, quer de dulia, Carlos Magno[9] em 794 mandou celebrar em Frankfurt outro concílio que acusou de idolatria o segundo concílio de Niceia. O papa Adriano I[10] enviou dois legados, mas não foi ele que convocou o concílio.

O primeiro grande concílio convocado por um papa foi o primeiro concílio de Latrão, em 1139; estiveram presentes cerca de mil bispos, mas não fizeram quase nada; só anatematizaram aqueles que diziam que a Igreja era muito rica.

Em outro concílio de Latrão, em 1179, convocado pelo papa Alexandre III[11], pela primeira vez os cardeais tiveram predomínio sobre os bispos; só foram discutidos, nesse concílio, problemas de disciplina eclesiástica.

No ano de 1215 foi reunido outro grande concílio em Latrão, Roma. O papa Inocêncio III[12] despojou o conde de Toulouse de todos os seus bens, em virtude da excomunhão pronunciada contra ele. Foi o primeiro concílio que falou de *transubstanciação*.

Em 1245, concílio geral de Lyon, então cidade imperial, no qual o papa Inocêncio IV[13] excomungou o imperador Frederico II[14] e, por conseguinte, o depôs e lhe proibiu o fogo e a água; foi também nesse concílio que foi dado aos cardeais um chapéu vermelho, para se lembrar que deviam banhar-se no sangue dos partidários do imperador. Esse concílio foi causa da destruição da Casa de Suábia[15] e de trinta anos de anarquia na Itália e na Alemanha.

Concílio geral de Viena em 1311, no Delfinado, onde foi abolida a Ordem dos Templários[16], cujos principais membros tinham sido condenados aos mais horríveis suplícios, com base em acusações que nunca foram provadas.

O grande concílio de Constança, em 1414, contentou-se em destituir o papa João XXIII[17], reconhecido como culpado de mil crimes, e em queimar João Hus[18] e Jerônimo de Praga[19] por serem hereges obstinados, visto que a obstinação é um crime muito mais grave que o assassinato, o rapto, a simonia e a sodomia.

O grande concílio de Basileia, realizado em 1431, não foi reconhecido por Roma, porque ali depuseram o papa Eugênio IV[20] que não se deixou depor.

Os romanos consideram como concílio geral o quinto concílio de Latrão, em 1512, convocado contra Luís XII[21], rei da França, pelo papa Júlio II[22]; mas como esse papa guerreiro morreu, esse concílio sequer conseguiu se reunir.

Por fim, temos o grande concílio de Trento[23], que não foi acatado na França no que concerne à disciplina; mas o dogma nele era incontestável, porquanto o Espírito Santo ia todas as semanas de Roma a Trento, na mala do correio, segundo nos diz frei Paolo Sarpi[24]; mas frei Paolo Sarpi cheirava um pouco como herege...

(*Por Abausit, o Jovem*)

---

1. Caius Flavius Valerius Aurelius Constantinus (270?-337), imperador romano de 306 a 337, no ano 313 proclamou o célebre *Edito de Milão*, pelo qual concedia liberdade de culto a todos, inclusive aos cristãos, aos quais determinava que lhes fossem devolvidos os bens confiscados (NT).

2. O socinianismo ou socinismo se deve aos ensinamentos de Lelio Sozzi (1525-1562) e de seu sobrinho Fausto Sozzini (1539-1604), cujos pontos principais eram a negação da Trindade e, em decorrência, a negação da divindade de Jesus Cristo e a negação da redenção na cruz e da eternidade das penas. Condenados e perseguidos, Lélio se refugiou na Suíça e Fausto fugiu para a Polônia, onde organizou a Igreja antitrinitária (NT).

3. Nestório (380-451), bispo de Constantinopla, foi condenado e deportado por causa de sua doutrina cristológica; ensinava que Cristo tinha duas naturezas, a divina e a humana, e, portanto, duas pessoas: a divina e a humana, por conseguinte, Maria não era mãe de Deus, mas somente mãe do homem Jesus (NT).

4. Cirilo de Alexandria (376?-444), bispo, teólogo, adversário do nestorianismo, doutrina cristológica defendida por Nestório (NT).

5. Constantino IV (654-685), imperador de 668 a 685 do Império do Oriente, convocou o concílio de Constantinopla, realizado nos anos de 680 e 681 (NT).

6. Constantino V (718-775), imperador de 741 a 775 do Império do Oriente ou Império Bizantino (NT).

7. Irene (752-803), imperatriz do Oriente ou do Império Bizantino; foi regente do império na minoridade do filho Constantino VI; abdicou quando este atingiu a maioridade; ávida pelo poder, destronou o próprio filho e mandou vazar-lhe os olhos para poder governar sozinha (NT).

8. A teologia católica e também a ortodoxa distinguem esses dois cultos: *dulia* é o culto de veneração que se presta aos anjos e santos, enquanto *latria*, que significa adoração, convém somente a Deus. Esta distinção teológica podia valer para os primeiros séculos do cristianismo e durante os períodos de evangelização dos povos politeístas, povos que prestavam culto de adoração a uma infinidade de deuses; uma vez que o monoteísmo prevaleceu nessas grandes áreas evangelizadas do mundo, os homens em geral sabem muito bem que um só ser supremo deve ser adorado e que santos, anjos e outros eventuais seres celestiais só merecem respeito e devoção. Esta questão interessa somente aos cristãos, visto que as religiões judaica e muçulmana proíbem a confecção de qualquer imagem (NT).

9. Carlos Magno (747-814), rei dos francos e dos lombardos desde 778 e imperador do Ocidente a partir do ano 800 (NT).

10. Adriano I (?-795), papa de 772 a 795 (NT).

11. Alexandre III (?-1181), papa de 1159 a 1181; diante da ingerência dos reis e potentados da época, decretou que o pontífice só poderia ser eleito se contasse com pelo menos dois terços dos votos dos cardeais (NT).

12. Inocêncio III (1160-1216), papa de 1198 a 1216, considerado o teórico da teocracia pontifícia, mas foi também grande reformador da Igreja, apoiando a vida austera dos cristãos e a difusão das comunidades religiosas (NT).

13. Inocêncio IV (1195-1254), papa de 1243 a 1254, teve sérias divergências com o imperador Frederico II (NT).

14. Frederico II (1194-1250), rei da Sicília (1197-1250) e imperador germânico (1220-1250), teve difícil relacionamento com os papas Inocêncio IV e Gregório VII na questão das investiduras ou ingerência do Estado na nomeação de prelados e bispos para cargos eclesiásticos; foi excomungado duas vezes (NT).

15. Ducado do sudoeste da Alemanha que tinha grande influência no Sacro Império Romano-germânico; foi declarado extinto em 1268, mas seus nobres representantes continuaram tendo peso político até meados do século XVII (NT).

16. A Ordem militar dos Templários foi fundada em 1119 por Hugues de Payns em Jerusalém, com o nome de Pobres Cavaleiros de Cristo, e se dedicou à proteção dos peregrinos na Terra Santa. Foi instalada pelo rei Balduíno II na parte meridional

do Templo de Salomão, do qual acabou adquirindo o nome. Sua confirmação pelo papa Inocêncio II em 1139 favoreceu o extraordinário desenvolvimento de sua riqueza. A Ordem se tornou o banco dos papas e soberanos. Apesar disso, permaneceu fundamentalmente uma ordem militar; participou das grandes batalhas travadas na Terra Santa e até mesmo na Espanha, durante a Reconquista... Filipe, o Belo (rei da França), que cobiçava suas riquezas, lutou contra ela. Em outubro de 1307, mandou prender e interrogar sob tortura 138 templarios. O papa protestou..., mas depois decidiu suprimir a Ordem (1312). O processo dos templários, iniciado em 1307, só terminou com a condenação de seu grão-mestre Jacques de Molay que foi queimado vivo em 18 de março de 1314. Os bens imóveis foram confiscados... Em Portugal, Dom Dinis não acatou a decisão do papa e criou a Ordem de Cristo (1318), que recebeu parte do espólio dos templários. O mestrado da nova Ordem coube aos soberanos portugueses e as riquezas acumuladas pelos templários tiveram importante papel no financiamento dos descobrimentos marítimos empreendidos pela Coroa de Portugal. A colonização portuguesa era feita em nome da Ordem de Cristo e a ela era devido o dízimo (NT – extraída da *Enciclopédia Larousse*, verbete *Templário*).

17. Trata-se de Baldassare Cossa que se considerou papa de 1410 a 1415, tomando o nome de João XXIII, mas que era considerado antipapa pelos eleitores que haviam escolhido já em 1406 Gregório XII (papa de 1406 a 1415); por essa razão, Angelo Giuseppe Roncalli, eleito papa em 1958, tomou o nome de João XXIII, governando a Igreja até 1963 (NT).

18. Jan Hus (1371-1415), reformador religioso e escritor tcheco, reitor da Universidade de Praga, atraiu sobre si a desgraça ao criticar a mediocridade e a devassidão do alto clero; foi condenado como herege e queimado vivo (NT).

19. Jerônimo de Praga (1380-1416), reformador religioso, discípulo de Jan Hus, foi condenado como herege pelo concílio de Constança e queimado vivo (NT).

20. Eugênio IV (1383-1447), papa de 1431 a 1447 (NT).

21. Luís XII (1462-1515), rei da França de 1498 a 1515 (NT).

22. Júlio II (1443-1513), papa de 1503 a 1513, mecenas e amante da pompa, na ânsia de transformar a Igreja numa potência política, entrou em guerra conta a república de Veneza, depois contra a França; conta-se que sempre trazia a couraça sob as vestes papais e ele próprio dirigia os exércitos em campo de batalha (NT).

23. O concílio de Trento, realizado em várias sessões de 1545 a 1563, se constituiu no maior concílio até então reunido e que tinha como primeiro objetivo enfrentar a grave crise provocada no cristianismo ocidental pelo movimento protestante liderado por Lutero; convencendo-se de que a cisão era irreversível, os bispos conciliares reunidos em Trento, norte da Itália, passaram a estabelecer novas normas válidas para o catolicismo, rígidas por sinal, e que vigorariam até o concílio Vaticano II, realizado entre 1963 e 1965 (NT).

24. Paolo Sarpi (1552-1623), padre erudito, escritor, historiador e cientista, amigo de Galileo Galilei, teólogo consultor da República de Veneza, foi excomungado pelo papa por questões políticas e outras controvérsias; entre suas várias obras, escreveu *História do Concílio de Trento* (NT).

CONFISSÃO

- Constitui-se ainda num problema saber se a confissão, a menos que seja considerada como questão política, tem feito mais bem que mal.

Costumava-se confessar-se nos mistérios de Ísis, de Orfeu e de Ceres[1] diante do hierofante[2] e dos iniciados, pois, visto que os mistérios eram expiações, era necessário realmente confessar os crimes a expiar.

Os cristãos adotaram a confissão nos primeiros séculos da Igreja, do mesmo modo que imitaram quase todos os ritos da antiguidade, como os templos, os altares, o incenso, as velas, as procissões, a água lustral, as vestes sacerdotais e várias fórmulas dos mistérios: o *Sursum corda*, o *Ite missa est*[3] e tantas outras. O escândalo da confissão pública de uma mulher, ocorrida em Constantinopla no século IV, levou a abolir a confissão.

A confissão secreta que um homem faz a outro só foi admitida em nosso Ocidente em torno do século VII. Os abades começaram a exigir que seus monges viessem duas vezes por ano para confessar-lhes todas as suas culpas. Foram esses abades que inventaram a fórmula: "Eu te absolvo conforme posso e conforme necessitas." Parece que teria sido mais respeitoso para com o ser supremo e mais justo dizer: "Possa ele perdoar tuas faltas e as minhas!"

O bem que a confissão trouxe é o de ter algumas vezes obtido restituições dos pequenos ladrões. O mal que trouxe é o de ter forçado algumas vezes, nas convulsões dos Estados, os penitentes a serem rebeldes e sanguinários, ficando com a consciência em paz. Os padres guelfos recusavam a absolvição aos gibelinos[4] e os padres gibelinos não davam a absolvição aos guelfos. Os assassinos dos Sforza, dos Médici, dos príncipes de Orange[5], dos reis da França se prepararam aos parricídios por meio do sacramento da confissão.

Luís XI[6], Brinvilliers[7] se confessavam depois de terem cometido um grande crime, e se confessavam muitas vezes, como os glutões que tomam remédio para terem mais apetite.

Se houvesse motivo para ficarmos supresos por alguma coisa, certamente ficaríamos com uma bula do papa Gregório XV[8], emanada por Sua Santidade no dia 30 de agosto de 1622, pela qual ordena revelar as confissões em determinados casos.

A resposta do jesuíta Coton[9] a Henrique IV[10] vai perdurar mais que a Ordem dos jesuítas[11]: "Revelaria a confissão de um homem disposto a me assassinar? – Não, mas eu me colocaria entre Vossa Majestade e ele."

1. Divindades egípcia, grega e romana: Ísis, esposa de Osíris, os dois deuses supremos do panteão egípcio; a Orfeu, na mitologia grega, se atribuía a invenção da lira e dos rituais divinatórios e mágicos; Ceres era a deusa romana que presidia a agricultura e as colheitas (NT).

2. Sumo sacerdote que presidia o culto dos deuses na antiga Grécia, especialmente em Elêusis, onde ocorriam os ritos de iniciação dos jovens (NT).

3. Expressões latinas que ocorrem na celebração da missa católica: *Sursum corda* significa "corações ao alto" e *Ite, missa est*, "vão, a missa terminou", fórmula conclusiva e de despedida na missa (NT).

4. Guelfos e gibelinos, dois partidos políticos que perduraram durante séculos no interior do Sacro Império Romano-germânico, instituído por Carlos Magno no ano 800; os guelfos eram partidários do papa nas questões políticas e se opunham aos gibelinos que apoiavam o imperador (NT).

5. Casas da nobreza europeia: a dos Sforza governou o ducado de Milão de 1450 a 1535; a dos Médici dominou os destinos do Grão-ducado de Florença de 1434 a 1737; a dos Orange teve grande influência na Alemanha e um ramo dela governou a Holanda durante séculos (NT).

6. Luís XI (1423-1483), rei da França de 1461 a 1483 (NT).

7. Marie-Madeleine d'Aubigny, marquesa de Brinvilliers (1630-1676): para tomar posse da herança da família envenenou seu pai e seus dois irmãos; presa, confessou os crimes e foi executada (NT).

8. Gregório XV (1554-1623), papa de 1621 a 1623 (NT).

9. Pierre Coton (1564-1626), padre jesuíta, confessor e conselheiro de Henrique IV (1553-1610), rei da França (NT).

10. Henrique IV (1553-1610), rei da França de 1589 a 1610 (NT).

11. Ordem religiosa de padres fundada por Inácio de Loyola (1491-1556), mais conhecida como Sociedade de Jesus ou Companhia de Jesus; seus membros levam a denominação de jesuítas (NT).

CONSCIÊNCIA - [Seção I – Consciência do Bem e do Mal]

Locke[1] demonstrou (se for permitido usar este termo em moral e metafísica) que não temos ideias inatas, nem princípios inatos. E foi obrigado a demonstrá-lo com insistência, poque nessa época o erro contrário era universal.

Disso se segue evidentemente que precisamos realmente que nos ponham na cabeça boas ideias e bons princípios, desde que possamos usar a faculdade do entendimento.

Locke mostra o exemplo dos selvagens que matam e devoram seu próximo sem qualquer remorso de consciência e soldados cristãos bem educados que, numa cidade tomada de assalto, pilham, degolam, violentam, não somente sem remorso, mas ainda com prazer expresso, com honra e glória, sob os aplausos de todos os seus companheiros de armas.

Certamente, nos massacres da noite de São Bartolomeu[2] e nos *autos de fé*[3], nos santos autos de fé da Inquisição, a consciência de nenhum assassino jamais se reprovou por ter massacrado homens, mulheres e crianças, por ter feito gritar, desmaiar, morrer sob tortura os infelizes que tinham como único crime celebrar a Páscoa de modo diverso daquele dos inquisidores.

Disso tudo resulta que temos apenas a consciência que nos é inspirada pelo tempo, pelo exemplo, por nosso temperamento, por nossas reflexões.

O homem nasceu sem princípio algum, mas com a faculdade de receber todos. Seu temperamento o tornará mais inclinado à crueldade ou à doçura; seu entendimento o fará compreender algum dia que o quadrado de 12 é 144, que não deve fazer aos outros o que não quer que lhe seja feito, mas não vai compreender por si essas verdades em sua infância; não vai entender a primeira e não vai sentir a segunda.

Caso um pequeno selvagem sentir fome e seu pai lhe der de comer um pedaço de outro selvagem, no dia seguinte pedirá o mesmo, sem imaginar que se deve tratar o próximo do mesmo modo que gostaríamos nós próprios de ser tratados. Faz de forma maquinal e insensível exatamente o contrário do que ensina essa verdade eterna.

A natureza preveniu contra esse horror conferindo ao homem a disposição para a piedade e o poder de compreender a verdade. Esses dois dons, dados por Deus, são o fundamento da sociedade civil; por isso sempre houve poucos antropófagos e a vida se tornou mais tolerável entre as nações civilizadas. Os pais dão a seus filhos uma educação que logo os torna sociáveis e conscientes.

Uma religião e uma moral puras, inspiradas de forma conveniente, moldam de tal modo a natureza humana que, em torno dos 7 até os 16 ou 17 anos, não se pratica má ação alguma sem que a consciência deixe de reprová-la. Em seguida, surgem as paixões violentas que combatem a consciência e que conseguem por vezes até sufocá-la. Durante esse conflito os homens, envoltos na tempestade, consultam em determinadas situações outros homens, como em suas doenças consultam aqueles que mostram uma aparência sadia.

Foi isso que produziu os casuístas, ou seja, pessoas que decidem casos de consciência. Um dos maiores sábios casuístas foi Cícero[4] que, em seu livro *Dos deveres*, isto é, dos deveres do homem, examina os pontos mais delicados e cruciais; mas muito antes dele Zoroastro[5] pareceu regulamentar a consciência com o mais belo preceito: "Na dúvida quanto à bondade ou à maldade de uma ação, convém abster-se" (Porta XXX). Falaremos disso em outro local.

[Seção II – Se um juiz deve julgar segundo sua consciência ou segundo as provas]

Tomás de Aquino[6], és um grande santo, um exímio teólogo e não há padre dominicano algum que tenha por ti mais veneração que eu. Decidiste, no entanto, em tua *Suma Teológica* que um juiz deve dar sua sentença segundo as alegações e as pretensas provas contra um acusado cuja inocência é por ele perfeitamente conhecida. Julgas que os depoimentos das testemunhas, só podendo ser falsos, as provas resultantes do processo são improcedentes e, contudo, devem se sobrepor ao testemunho de seus próprios olhos. Viu o crime ser cometido por outro e, segundo afirmas, deve condenar conscientemente o acusado quando sua consciência lhe diz que é inocente. Seria necessário então, segundo propões, que, se o juiz tivesse cometido o crime de que se trata, sua consciência deveria obrigá-lo a condenar o homem acusado de maneira falsa desse crime.

Em sã consciência, grande santo, acho que te enganaste de modo horrível e absurdo. É lamentável que, dominando tão bem o Direito canônico, tenhas conhecido tão mal o Direito natural. O primeiro dever de um magistrado é ser justo, bem antes de ser formalista. Se, em virtude das provas, que são apenas probabilidades, eu condenasse um homem de inocência claramente demonstrada, eu me julgaria um tolo e um assassino.

Felizmente todos os tribunais do mundo têm opinião diversa da tua. Não sei se *Farinacius* e *Grillandus*[7] são de teu parecer. Seja como for, se um dia encontrares Cícero, Ulpiano, Triboniano, Dumoulin[8], o chanceler de L'Hospital[9], o chanceler d'Aguesseau[10], pede a eles perdão pelo erro em que incidiste.

[Seção III – Da consciência enganadora]

O que talvez de melhor já se tenha dito sobre essa importante questão se encontra no livro cômico *Tristram Shandy*, escrito por um pastor chamado Sterne[11], o segundo Rabelais[12] da Inglaterra; ele se parece com esses pequenos sátiros da antiguidade que encerravam essências preciosas.

Dois velhos capitães a meio pagamento, assistidos pelo doutor Slop, fazem as perguntas mais ridículas. Nessas perguntas, os teólogos da França não são poupados. Insistem particularmente sobre um *Memorando* apresentado à Sorbonne por um cirurgião que pede permissão para batizar as crianças no ventre de suas mães por meio de uma cânula que seria convenientemente introduzida no útero, sem ferir a mãe nem a criança.

Finalmente, fazem com que um cabo leia um antigo sermão sobre a consciência, composto pelo próprio pastor Sterne.

Entre muitas pinturas, superiores até às de Rembrandt[13] e ao *crayon* de Callot[14], ele descreve um homem honesto do mundo passando seus dias nos prazeres da mesa, do jogo e da libertinagem, nada fazendo que a boa companhia pudesse recriminar-lhe e, por conseguinte, não se reprovando de nada. Sua consciência e sua honra o acompanham nos espetáculos, no jogo e especialmente quando paga com liberalidade a jovem que o entretém. Quando exerce seu cargo, pune severamente os pequenos furtos do povo comum; vive alegremente e morre sem o menor remorso.

O doutor Slop interrompe o leitor para dizer que isso é impossível na Igreja anglicana e só pode acontecer entre os papistas.

Por fim, o pastor Sterne cita o exemplo de Davi que tem, segundo ele, ora uma consciência delicada e esclarecida, ora uma consciência muito dura e tenebrosa.

Quando Davi pode matar seu rei numa caverna, contenta-se em lhe cortar uma ponta de sua capa: essa é uma consciência delicada. Passa um ano inteiro sem ter o menor remorso de seu adultério com Betsabeia e do assassinato de Urias: aí está a mesma consciência endurecida e privada de luz.

Assim é, diz ele, a maioria dos homens. Confessamos a esse pastor que os grandes do mundo estão muitas vezes nesse caso: a torrente dos prazeres e dos negócios os envolve, que não têm tempo de ter consciência; e isso é bom para o povo; os mesmos não a têm também quando se trata de ganhar dinheiro. É muito bom, portanto, despertar seguidamente a consciência das costureiras e dos reis com uma moral que possa impressioná-los, mas para causar essa impressão é melhor falar como não se fala hoje.

[Seção IV – Liberdade de consciência (Traduzido do alemão)]

Não adotamos todo este parágrafo; mas, como há algumas verdades, não julgamos dever omiti-lo e não nos encarregamos de justificar o que pode nele haver de pouco comedido e demasiado duro.

O padre capelão do príncipe de..., católico romano, ameaçava um anabatista[15] de expulsá-lo dos pequenos Estados do príncipe. Dizia-lhe que havia somente três seitas autorizadas no império e que ele, anabatista, que era de uma quarta, não era digno de viver nas terras do príncipe e finalmente, esquentando-se a conversa, o padre ameaçou o anabatista de mandar enforcá-lo.

– Tanto pior para Sua Alteza, responde o anabatista; sou um grande industrial; emprego 200 operários; faço entrar 200 mil escudos por ano em seus Estados; minha família irá se estabelecer em outro lugar e o príncipe perderá mais do que eu.

– E se o príncipe mandar enforcar teus 200 operários e tua família? – replica o padre. E se der tua indústria a bons católicos?

– Eu o desafio, diz o ancião. Não se dá uma indústria como se doa uma herdade, porque não se dá a criatividade. Seria loucura maior do que se mandasse matar todos os seus cavalos, só porque um deles o derrubou e porque tu és mau escudeiro. O interesse do príncipe não é que coma pão com ou sem fermento; é que eu forneça do que comer a seus súditos e que aumente seus rendimentos com meu trabalho. Sou um homem honesto e, se tivesse a infelicidade de não ter nascido assim, minha profissão me forçaria a tornar-me, pois, nos empreendimentos de negócios não é como naqueles da corte e nos teus: não há sucesso sem probidade. Que te importa que eu tenha sido batizado na chamada idade da razão, enquanto tu o foste sem o saber? Que te importa se adoro a Deus à maneira de meus pais? Se seguisses tuas belas máximas, se tivesses a força nas mãos, irias, pois, de um canto a outro do universo, mandando enforcar a teu bel-prazer o grego que não crê que o Espírito Santo procede do Pai e do Filho, todos os ingleses, todos os holandeses, os dinamarqueses, os suecos, islandeses, prussianos, os habitantes saxões de Hannover, os habitantes de Holsten, de Hess, de Wurtenberg, de Berna, de Hamburgo, os cossacos, os valáquios, os russos que não acreditam no papa infalível; todos os muçulmanos que acreditam num só Deus e os indianos, cuja religião é mais antiga que a dos judeus, e os letrados chineses, que há quatro mil anos servem um Deus único, sem superstição e sem fanatismo? É isso, portanto, que farias se tu fosses o senhor?

– Certamente, diz o monge, pois me sinto devorado pelo zelo da casa do Senhor: *Zelus domus suae comedit me* (O zelo de sua casa me devora).

– A propósito, caro padre capelão, dize-me só uma coisa – retrucou o anabatista – és dominicano[16], jesuíta[17] ou o diabo?

– Sou jesuíta, disse o outro.

– Ah! Meu amigo, se não és o diabo, por que dizes coisas tão diabólicas?

– Foi o reverendo padre reitor que me ordenou dizê-las.

– E quem ordenou essa abominação ao reverendo padre reitor?

– Foi o padre provincial.

– De quem o padre provincial recebeu essa ordem?

– De nosso padre geral e tudo para agradar a um senhor maior que ele, o papa.

– Deuses da terra, que com três dedos encontraram o segredo de se tornarem senhores de uma grande parte do gênero humano, se no fundo do coração confessam que suas riquezas e seu poder não são essenciais para sua salvação e para a nossa, desfrutem delas com moderação. Não queremos lhes tirar a mitra ou a tiara, mas não nos esmaguem. Desfrutem e deixem-nos em paz; tratem de seus interesses com os reis e deixem-nos nossas indústrias.

---

1. John Locke (1632-1704), filósofo e teórico político inglês; suas principais obras foram *Ensaio sobre o entendimento humano*, *Dois tratados sobre o governo*, *Cristianismo racional* e *Pensamentos sobre a educação* (NT).

2. Noite de massacre dos protestantes, ocorrida em Paris no dia 24 de agosto de 1572, festa de São Bartolomeu, por isso chamada de *La Saint-Barthélemy* (NT).

3. *Auto-de-fé* era, na Espanha e em Portugal, a proclamação solene da sentença proferida pela Inquisição contra um herege, contra um ateu ou contra um judeu (NT).

4. Marcus Tullius Cicero (106-43 a.C.), jurista, orador, filósofo e escritor latino; o livro citado é *De Officiis*; dentre os outros, já foram publicados pela Editora Escala: *A amizade* e *A velhice saudável* (NT).

5. Zoroastro ou Zaratustra (628-551 a.C.), sábio persa, fundador do zoroastrismo ou masdeísmo que opõe dois princípios fundamentais que governam o mundo e o homem: o bem e o mal; Zoroastro teria recebido do deus da sabedoria, numa visão, a missão de pregar e ensinar a verdade aos homens (NT).

6. Tomás de Aquino (1225-1274), filósofo e teólogo italiano, autor, dentre outras, da célebre *Summa Theologica* (Suma Teológica), considerada a obra mais importante do catolicismo na tentativa de conciliar fé e razão, para a qual Tomás se valeu particularmente da filosofia aristotélica (NT).

7. Paul Grillandus, autor de livros como *De maleficiis* (dos malefícios) e *Tractatus de haereticis et sortilegiis* (tratado sobre os hereges e sortilégios) era um mago e feiticeiro do século XVI (NT).

8. Jurisconsultos e juristas célebres: Marcus Tullius Cicero (106-43 a.C.), jurisconsulto e filósofo latino; Domitius Ulpianus (séc. III d.C.), jurisconsulto romano; Triboniano (?-545), jurisconsulto e estadista bizantino; Charles Dumoulin (1500-1566), jurista francês (NT).

9. Michel de L'Hospital (1505-1573), magistrado e estadista francês, como chanceler promoveu a reforma administrativa e judiciária da França (NT).

10. Henri François d'Aguesseau (1668-1751), procurador geral do parlamento e chanceler da França (NT).
11. Laurence Sterne (1713-1768), pastor protestante e escritor inglês que se celebrizou com o livro *Vida e opiniões do cavalheiro Tristram Shandy* (NT).
12. François Rabelais (1494-1553), padre e escritor francês que se tornou famoso por seus livros *Horríveis e espantosos feitos e proezas do mui afamado Pantagruel* e *Vida inestimável do grande Gargantua, pai de Pantagruel* (NT).
13. Harmenszoon Van Rijn, dito Rembrandt (1606-1669), pintor e gravador holandês (NT).
14. Jacques Callot (1592-1635), gravador e desenhista francês (NT).
15. Os *anabatistas* constituem um ramo do protestantismo; negam a validade do batismo das crianças, exigindo o rebatismo (*anabaptistés* = que se batiza novamente) dos adultos; hoje recusam qualquer dependência do poder civil, guiando-se exclusivamente pela fé cristã (NT).
16. Também ditos Ordem dos Pregadores, fundada por são Domingos (1170-1221), padre espanhol; os dominicanos foram os principais agentes da inquisição (NT).
17. Ordem religiosa de padres fundada por Inácio de Loyola (1491-1556), mais conhecida como Sociedade de Jesus ou Companhia de Jesus; seus membros levam a denominação de jesuítas (NT).

CONVULSÕES

Em torno do ano de 1724, houve danças no cemitério de Saint-Médard; ocorreram ali muitos milagres; aqui está um deles, relatado na canção da senhora duquesa de Maine[1]:

Um engraxate à real,
do pé esquerdo deficiente,
obteve por graça especial
ficar coxo do outro pé.

As convulsões miraculosas continuaram, como se sabe, até que foi posto um guarda no cemitério.

Por ordem do rei, fica proibido a Deus
de voltar a frequentar este local.

Os jesuítas, como também se sabe, não podendo mais fazer semelhantes milagres desde que seu Xavier[2] havia esgotado as graças da Companhia ao ressuscitar nove mortos contados a dedo, resolveram, para fazer balançar o crédito dos jansenistas[3], mandar gravar uma imagem de Jesus Cristo vestido de jesuíta. Um esperto brincalhão do partido jansenista, como se sabe ainda, escreveu embaixo da imagem estampada:

Admirem o artifício extremo
desses monges engenhosos,
eles o vestiram como eles,
meu Deus, de medo que ninguém o ame.

Os jansenistas, para provar melhor que Cristo jamais teria vestido o hábito de jesuíta, encheram Paris de convulsões e conseguiram atrair muitos para seu recinto. O conselheiro no Parlamento, Carré de Montgerou, apresentou ao rei um relatório de todos esses milagres, atestados por milhares de testemunhas. Foi transferido, como de direito, para um castelo, onde se tratou de restabelecer a sanidade de seu cérebro por um rigoroso regime; mas a verdade sempre leva a melhor em todas as perseguições: os milagres se perpetuaram durante trinta anos seguidos, sem solução de continuidade. Chamavam ao recinto a irmã Rosa, irmã Iluminada, irmã Prometida, irmã Confita: elas se sujeitavam aos açoites e, no dia seguinte, estavam como se nada houvesse acontecido; aplicavam-lhes bordoadas com achas de madeira no estômago bem recheado, bem estufado, sem que lhes fizessem nenhum mal; eram deitadas diante de uma grande fogueira, com o rosto repleto de graxa, sem que se queimassem; enfim, como todas as artes se aperfeiçoam, acabaram por lhes enterrar espadas nas carnes e por crucificá-las. Até um famoso teólogo teve também o benefício de ser crucificado: tudo isso para convencer o mundo que determinada bula era ridícula, o que poderia ter sido provado sem tantos custos. Apesar disso tudo, jesuítas e jansenistas se uniram contra o *Espírito dos leis*[4] e contra... e contra... e contra... e contra... E ainda temos a ousadia, depois disso, de zombar dos lapões, dos samoiedos e dos negros!

1. Anne Bénédicte Louise de Bourbon-Condé, duquesa de Maine (1676-1753), patrocinadora de salões literários de que participavam muitos eruditos e escritores da época, como Voltaire, Fontenelle, Montesquieu, Rousseau e outros (NT).
2. Francisco Xavier (1506-1552), padre jesuíta espanhol, cognominado o Apóstolo das Índias, desenvolveu suas atividades de evangelizador na Índia portuguesa, nas ilhas Molucas e no Japão; os jesuítas eram e são uma Ordem religiosa de padres fundada por Inácio de Loyola (1491-1556), mais conhecida como Sociedade de Jesus ou Companhia de Jesus (NT).
3. Jansenista, partidário do jansenismo, corrente teológica católica fundada por Cornélio Jansênio (1585-1638) que defendia a preponderância da iniciativa divina sobre a liberdade humana, conferindo à graça um predomínio peculiar, além de imprimir à prática religiosa e à moral um rigorismo extremo; essa doutrina foi condenada pelo Vaticano, mas a influência do jansenismo se fez sentir por longo tempo, até inícios do século XX (NT).
4. Obra de fôlego e de grande alcance de Charles de Secondat, barão de Montesquieu (1689-1755), pensador e escritor francês (NT).

CORPO - Assim como não sabemos o que é um espírito, ignoramos o que é um corpo; percebemos algumas de suas propriedades; mas que sujeito é esse em quem essas propriedades residem? Só há corpos, diziam Demócrito e Epicuro[1]; não há corpos, diziam os discípulos de Zenon de Eleia[2].

Berkeley[3], bispo de Cloyne, foi o último que, por meio de cem sofismas capciosos, pretendeu provar que os corpos não existem. Eles não têm, disse, nem cores, nem odores, nem calor; essas modalidades subsistem em nossas sensações e não nos objetos. Berkeley podia ter-se poupado ao trabalho de demonstrar essa verdade, que já era bastante conhecida. Mas daí passa à extensão, à solidez, que são essências do corpo, e julga provar que não há extensão numa peça de pano verde porque, com efeito, esse pano não é verde; essa sensação do verde só subsiste em nós. E, depois de ter destruído a extensão, conclui que a solidez, que a ela está ligada, cai por si mesma e, assim, não há nada no mundo a não ser nossas ideias, de modo que, segundo esse doutor, dez mil homens mortos por dez mil tiros de canhão não representam, no fundo, senão dez mil apreensões de nossa alma.

Só mesmo o bispo de Cloyne seria capaz de cair nesse extremo ridículo. Julga poder demonstrar que não existe extensão porque um corpo lhe pareceu, visto com suas lunetas, quatro vezes maior que visto a olho nu e quatro vezes menor com o auxílio de outra lente. Daí concluiu que, não podendo um corpo ter ao mesmo tempo quatro pés, dezesseis e um só pé de extensão, essa extensão não existe; logo, não há nada. Ora, era suficiente que tomasse uma medida e dissesse:

qualquer que seja a extensão que um corpo me pareça ter, tem exatamente a extensão de tantas dessas medidas.

Teria sido muito fácil para ele constatar que com a extensão e a solidez não ocorre o mesmo que acontece com os sons, as cores, os sabores, os odores, etc. É claro que há em nós sensações excitadas pela configuração das partes, mas a extensão não é uma sensação. Se esta acha de lenha se apaga, não sinto mais calor; se esse ar não vibra, deixo de ouvir; se essa rosa murcha, não vou mais sentir seu perfume; mas essa acha de lenha, esse ar, essa rosa têm extensão, independentemente de mim. Não vale a pena refutar o paradoxo de Berkeley.

Convém saber o que foi que o levou a semelhante paradoxo. Há muito tempo tive algumas conversas com ele; disse-me que a origem de sua opinião provinha de que não se pode conceber o que é esse sujeito que recebe a extensão. E, com efeito, ele triunfa em seu livro quando pergunta a Hilas o que é esse sujeito, esse *substrato*, essa substância. "É o corpo estendido", responde Hilas. Então o bispo, sob o nome de Filonous, zomba dele; e o pobre Hilas, percebendo que disse que a extensão é o sujeito da extensão e que disse uma tolice, fica todo confuso e confessa que não compreende nada, que não há corpo, que o mundo material não existe, que só existe um mundo intelectual.

Hilas devia dizer somente isso a Filonous: Nada sabemos sobre a essência desse sujeito, dessa substância estendida, sólida, divisível, móvel, figurada, etc.; não a conheço mais que o sujeito que pensa, que sente e que quer; mas esse existe realmente, porquanto tem propriedades essenciais das quais não pode ser despojado.

Somos todos como a maioria das damas de Paris: se deliciam em grandes banquetes sem saber o que entra nas iguarias; de igual modo, desfrutamos dos corpos sem saber de que se compõem. De que é feito o corpo? De partes, que por sua vez se resolvem em outras partes. Que são essas últimas partes? Sempre corpos; dividam sem cessar e jamais passarão disso.

Finalmente, um filósofo sutil, observando que um quadro é feito de ingredientes, dos quais nenhum é um quadro, e uma casa de materiais, dos quais nenhum é uma casa, imaginou (de maneira um pouco diferente) que os corpos são constituídos de uma infinidade de pequenos seres que não são corpos; e a isso se chama *mônadas*. Esse sistema não deixa de ter seu lado bom e, se fosse revelado, eu o creria até muito possível; todos esses pequenos seres seriam pontos matemáticos, espécies de almas que só esperariam uma veste para se meterem dentro dela; seria uma metempsicose contínua; uma mônada se instalaria ora numa baleia, ora numa árvore, ora no corpo de um jogador trapaceiro. Esse sistema vale tanto quanto outro; gosto tanto dele como a declinação dos átomos, as formas substanciais, a graça versátil e os vampiros de dom Calmet[(4)].

---

1. Demócrito (460-370 a.C.), filósofo grego, materialista, sua filosofia ensina que a natureza é composta de vazio e de átomos, partículas materiais indivisíveis, eternas e invariáveis. "Nada nasce do nada", segundo ele, e define por alma é feita de átomos, como os corpos são resultantes de combinações de átomos e que desaparecem com a separação dos mesmos. – Epicuro (341-270 a.C.), filósofo grego, materialista, fundador do epicurismo, doutrina que apregoa o desfrute dos bens materiais e espirituais para que se possa perceber sua excelência e extrair deles o que há de melhor em sua natureza, que é essencialmente boa (NT).

2. Zenon de Eleia (séc. V a.C.), filósofo grego pré-socrático, renovou a lógica, fez profundas reflexões sobre o tempo e o espaço; todos

os seus escritos foram perdidos, mas seu pensamento filosófico foi transmitido por outros filósofos, especialmente por Aristóteles (NT).

3. George Berkeley (1685-1753), bispo e filósofo irlandês; iniciador de uma filosofia totalmente idealista que assimila a materialidade do ser ao ato de conhecimento; suas obras principais obras são *Princípios do conhecimento humano*, já foi publicada pela Editora Escala, e *Diálogos entre Hilas e Filonous* (NT).

4. Antoine Calmet (1672-1757), padre beneditino conhecido com o nome de Agostinho, teólogo e historiador francês (NT).

CREDO
- Rezo meu *Pai-Nosso* e meu *Credo* todas as manhãs; não sou como Broussin de quem Reminiac[1] dizia:

Broussin, desde a mais tenra idade,
possuía seu lápis para desenho sombreado,
sem que seu professor jamais conseguisse
lhe ensinar nem seu Credo nem seu Pai-Nosso.

O *símbolo* ou a *colação* derivam da palavra grega *symbolein* (συμβολειν), símbolo; e a Igreja latina adota essa palavra, da mesma forma que tudo tomou da Igreja grega. Os teólogos um pouco instruídos sabem que esse símbolo, chamado dos *apóstolos*, não é de modo algum dos apóstolos.

Era chamado símbolo entre os gregos as palavras, os sinais, pelos quais os iniciados nos mistérios de Ceres, de Cibele, de Mitra[2] se reconheciam[3]; com o passar do tempo, os cristãos tiveram seu símbolo. Se tivesse existido desde a época dos apóstolos, é de se crer que são Lucas teria falado dele.

Atribui-se a santo Agostinho[4] uma história do símbolo em seu sermão 115; nesse sermão o santo se põe a dizer que Pedro havia começado o símbolo dizendo: *Creio em Deus Pai todo-poderoso*; João acrescentou: *Criador do céu e da terra*. Tiago continuou: *Creio em Jesus Cristo, seu Filho unigênito, nosso Senhor*. E assim por diante. Na última edição de Agostinho, essa fábula foi eliminada. Dirijo-me agora aos reverendos padres beneditinos para saber, ao certo, se era necessário ou não eliminar esse trecho, que é tão curioso.

O fato é que ninguém ouviu falar desse Credo durante mais de 400 anos. O povo diz que Paris não se fez num dia; em seus provérbios, o povo muitas vezes tem razão. Os apóstolos conservaram nosso símbolo no coração, mas não o deixaram por escrito. Na época de santo Irineu[5] foi composto um, que não se assemelha com aquele que recitamos hoje. Nosso símbolo, tal como é hoje, remonta sem variações ao século V. É posterior ao símbolo de Niceia[6]. O artigo que diz que Jesus desceu aos infernos e aquele que fala da comunhão dos santos não se encontram em nenhum dos símbolos que precederam o nosso. Com efeito, nem os *Evangelhos* nem os *Atos dos Apóstolos* dizem que Jesus desceu aos infernos. Era, porém, opinião corrente desde o século III que Jesus havia descido ao Hades, ao Tártaro, palavras que traduzimos por inferno. Nesse sentido, o inferno não é a palavra hebraica *scheol*, que significa subterrâneo, fossa. E é por isso que santo Atanásio[7] nos ensinou mais tarde como nosso Salvador havia descido aos infernos. "Sua humanidade, diz ele, não ficou toda inteira no sepulcro nem toda inteira no inferno. No sepulcro ficou segundo a carne e no inferno, segundo a alma."

Santo Tomás[8] garante que os santos que ressuscitaram no momento da morte de Jesus Cristo morreram outra vez para, em seguida, ressuscitar com ele; é a opinião mais seguida. Todas essas opiniões são totalmente estranhas à moral; devemos ser homens de bem, quer os santos tenham ressuscitado duas vezes, quer Deus os tenha feito ressuscitar apenas uma vez. Nosso símbolo foi elaborado tardiamente, confesso; mas a virtude existe desde toda a eternidade.

Se for permitido citar autores modernos em matéria tão grave, vou transcrever aqui o *Credo* do abade de Saint-Pierre[9], tal como ele o escreveu de próprio punho em seu livro sobre a pureza da religião, livro que não foi impresso mas que copiei fielmente.

"Creio num só Deus e amo-o. Creio que ilumina todas as almas deste mundo, segundo diz são João. Refiro-me a todas almas que o procuram de boa-fé."

"Creio num só Deus, porque só pode haver uma única alma do grande todo, um só ser vivicante, um formador único."

"Creio em Deus pai todo-poderoso, porque é pai comum da natureza e de todos os homens que são igualmente seus filhos. Creio que aquele que os fez nascer a todos igualmente, que organizou as energias de nossa vida da mesma maneira, que lhes deu os mesmos princípios de moral, percebida por eles desde que reflitam, não pôs nenhuma diferença entre seus filhos, a não ser aquela que separa o crime da virtude."

"Creio que o chinês, justo e caritativo, é mais precioso diante dele que um doutor da Europa, teimoso e arrogante."

"Creio que, sendo Deus nosso pai comum, devemos olhar todos os homens como nossos irmãos."

"Creio que o perseguidor é abominável e que vem logo depois do envenenador e do parricida."

"Creio que as disputas teológicas são a um tempo a farsa mais ridícula e o flagelo mais assustador da terra, imediatamente depois da guerra, da peste, da fome e da sífilis."

"Creio que os eclesiásticos devem ser pagos e bem pagos, como servidores do público, preceptores de moral, conservadores dos registros dos nascimentos e das mortes, mas que não se deve dar-lhes nem as riquezas dos arrendatários gerais nem a categoria de príncipes, porque umas e outra corrompem a alma e não há coisa mais revoltante que ver homens, tão ricos e tão orgulhosos, pregar a humildade e o amor da pobreza a pessoas que nada mais têm que cem moedas de ganho."

"Creio que todos os padres que prestam serviço numa paróquia devem ser homens casados, não somente para ter uma mulher honesta que tome conta de seu lar, mas para ser cidadãos melhores, para dar bons súditos ao Estado e ter muitos filhos bem-educados."

"Creio que é absolutamente necessário terminar com os monges, o que seria prestar um grande serviço à pátria e a eles próprios; trata-se de homens que Circe[10] transformou em porcos, o sábio Ulisses deve lhes restituir a forma humana."

Paraíso àqueles que fazem o bem!

---

1. Dois personagens da obra *Voyage de Chapelle e Bachaumot* (Viagem de Chapelle e Bachaumot) de Jean Marot, que se assinava Jean des Marets (1457?-1526), poeta francês de quadras populares (NT).

2. Ceres era a deusa romana que presidia a agricultura e as colheitas; Cibele, na mitologia grega, era chamada a *Grande Mãe* ou *Mãe dos deuses*, porque de fato teria sido mãe de Zeus, Juno, Plutão, Netuno e outros; Mitra era grande divindade dos persas, juiz dos mortos, deus da luz e deus da imortalidade (NT).

3. Arnóbio, livro V, *Symbola quae rogata sacrorum*, etc. Ver também Clemente de Alexandria em seu sermão protréptico ou *Cohortatio ad gentes* (*Nota de Voltaire*).

4. Aurelius Augustinus (354-430), bispo de Hipona, norte da África, e doutor da Igreja, deixou uma obra imensa, destacando-se *A cidade de Deus* e *Confissões*; seu livro *Solilóquios* já foi publicado pela Editora Escala (NT).

5. Ireneu (130-202) foi bispo de Lyon, França, e doutor da Igreja; toda a sua obra teológica é dirigida contra o gnosticismo (NT).

6. O *símbolo de Nicéia* foi elaborado por ocasião do concílio de Nicéia, no ano 325 (NT).

7. Atanásio (295-373), bispo de Alexandria e doutor da Igreja, foi o principal adversário de Ário e sua obra teológica é quase toda ela endereçada contra o arianismo (NT).

8. Tomás de Aquino (1225-1274), filósofo e teólogo italiano, autor, dentre outras, da célebre *Summa Theologica* (Suma Teológica), considerada a obra mais importante do catolicismo na tentativa de conciliar fé e razão, para a qual Tomás se valeu particularmente da filosofia aristotélica (NT).

9. Charles Irénée Castel, abade de Saint-Pierre (1658-1713), pensador e escritor francês (NT).

10. Na *Odisseia* de Homero, Circe é uma feiticeira que transformou em porcos os companheiros de Ulisses, o herói desse poema épico (NT).

CRISTIANISMO - [Pesquisas históricas sobre o cristianismo] - Muitos sábios manifestaram sua surpresa por não encontrar no historiador Josefo[1] o menor vestígio a respeito de Jesus Cristo, pois todos concordam hoje que a breve passagem em que trata de Cristo em sua *História* foi interpolada[2]. O pai de Josefo devia ter sido, no entanto, testemunha de todos os milagres de Jesus. Josefo era da casta sacerdotal, parente da rainha Mariana, esposa de Herodes; descreve até os mínimos detalhes todas as ações desse príncipe, mas não diz uma palavra sequer sobre a vida e a morte de Jesus; e esse historiador, que não dissimula nenhuma das crueldades de Herodes, não fala do massacre de todos os meninos, por ele ordenado, em consequência da notícia veiculada de que havia nascido um rei dos judeus. O calendário grego calcula em 14 mil crianças degoladas nessa ocasião.

É a ação mais horrível cometida por um tirano em todos os tempos. Não se encontra exemplo similar na história do mundo inteiro.

Entretanto, o melhor escritor que os judeus já tiveram, o único que era estimado por romanos e gregos, não faz nenhuma referência a esse acontecimento tão singular quanto pavoroso. Tampouco fala do aparecimento da nova estrela que teria aparecido no Oriente depois do nascimento do Salvador, fenômeno marcante que não deveria escapar a um historiador esclarecido como era Josefo. Guarda silêncio também sobre as trevas que, à morte do Salvador, cobriram toda a terra, em pleno meio-dia, durante três horas; cala-se ainda sobre a grande quantidade de túmulos que nesse momento se abriram e sobre a multidão dos justos que ressuscitaram.

Os sábios não cessam de manifestar sua surpresa ao constatar que nenhum historiador romano falou desses prodígios ocorridos sob o reinado de Tibério, diante dos olhos de um governador romano e de uma guarnição romana que deveria ter enviado ao imperador e ao senado um relatório circunstanciado do mais miraculoso acontecimento de que os homens jamais ouviram falar. A própria

Roma deveria ter sido imersa durante três horas em espessas trevas; esse prodígio deveria ter sido registrado nos fastos de Roma e naqueles de todas as nações. Deus, porém, não quis que essas coisas divinas fossem escritas por mãos profanas.

Os mesmos sábios encontram ainda outras dificuldades na história dos Evangelhos. Observam que, no Evangelho de Mateus, Jesus diz aos escribas e aos fariseus que todo o sangue inocente derramado na terra deve recair sobre eles, desde o sangue de Abel, o justo, até Zacarias, filho de Barac, por eles assassinado entre o templo e o altar.

Não há, dizem os sábios, na história dos hebreus nenhum Zacarias morto no templo antes da vinda do Messias nem em sua época; mas na história do cerco de Jerusalém escrita por Josefo se encontra um Zacarias, filho de Barac, morto no meio do templo pela facção dos zelotes. O fato está relatado no livro IV, capítulo XIX. Por causa disso os sábios suspeitam que o Evangelho de Mateus tenha sido escrito depois da tomada de Jerusalém por Tito[3]. Mas todas as dúvidas e objeções dessa espécie desaparecem desde que se considere a infinita diferença que deve haver entre os livros divinamente inspirados e os livros dos homens. Deus quis envolver numa nuvem tão respeitável quanto obscura seu nascimento, sua vida e sua morte. Suas vias são totalmente diferentes das nossas.

Os sábios se torturaram muito com a diferença das duas genealogias de Jesus Cristo. O Evangelho de Mateus dá por pai a José, Jacó; o pai de Jacó é Matan; o de Matan é Eleazar. O Evangelho de Lucas, ao contrário, diz que José era filho de Heli; Heli era filho de Matat, Matat o era de Levi, Levi de Jana, etc. Os sábios se torturam porque não conseguem conciliar os 56 ancestrais que Lucas atribui a Jesus remontando a Abraão com os 42 ancestrais diferentes que Mateus lhe atribui desde o mesmo Abraão. E ficavam espantados porque Mateus, falando de 42 gerações, se refere, contudo, somente a 41.

Encontram ainda dificuldades pelo fato de Jesus não ser filho de José, mas de Maria. Levantam também algumas dúvidas sobre os milagres de nosso Salvador, citando santo Agostinho, santo Hilário[4] e outros, que atribuíram aos relatos desses milagres um sentido místico, um sentido alegórico: como a figueira amaldiçoada e secada por não ter dado frutos, quando não era época de figos; como os demônios que entraram nos corpos dos porcos, num país onde não se criava porcos; como a água transformada em vinho no final de um banquete em que os convivas já se encontravam bem animados pelo álcool. Todas essas críticas dos sábios, porém, são confundidas pela fé, que com isso só se torna mais pura. O objetivo deste artigo é unicamente seguir o fio histórico e dar uma ideia precisa dos fatos sobre os quais ninguém discute.

Em primeiro lugar, Jesus nasceu sob a lei mosaica, segundo essa lei foi circuncidado, dela cumpriu todos os preceitos, celebrou todas as festas e só pregou a moral; não revelou o mistério da própria encarnação, jamais disse aos judeus que havia nascido de uma virgem; recebeu a bênção de João nas águas do rio Jordão, cerimônia a que muitos judeus se submetiam, mas nunca batizou ninguém; não falou dos sete sacramentos, não instituiu em vida hierarquia eclesiástica alguma. Ocultou a seus contemporâneos que era filho de Deus, eternamente gerado, consubstancial a Deus, e que o Espírito Santo procedia do Pai e do Filho. Não disse que sua pessoa era composta de duas naturezas e de duas vontades; quis que esses grandes mistérios fossem revelados aos homens no decorrer dos tempos por aqueles que haviam de ser esclarecidos pelas luzes do Espírito Santo. Enquanto foi vivo, em nada se afastou da lei de seus pais; apenas mostrou aos homens que era um justo agradável a Deus, perseguido pelos invejosos e condenado à morte por magistrados preconceituosos. Quis que sua santa Igreja, por ele fundada, fizesse o resto.

Josefo, no capítulo XII de sua *História*, fala de uma seita de judeus rigoristas, recentemente fundada por alguém chamado Judas da Galileia. "Eles desprezam, diz ele, os males da terra; triunfam sobre os tormentos pela constância; preferem a morte à vida, quando seu objetivo é honroso. Foram torturados a ferro e fogo e vi quebrar-lhes os ossos, mas não proferiram uma só palavra contra seu legislador e se recusaram a comer carnes proibidas."

Parece que esse retrato cabe melhor aos judaítas que aos essênios[5], pois estas são as palavras de Josefo: "Judas foi o autor de uma nova seita, totalmente diversa das três outras, isto é, daquelas dos saduceus, dos fariseus[6] e dos essênios." Continua e escreve: "São judeus de nacionalidade; vivem unidos entre si e consideram a voluptuosidade como um vício." O sentido natural desta frase revela que é dos judaítas que o autor fala.

Seja como for, esses judaítas já eram conhecidos antes que os discípulos de Cristo começassem a constituir um partido considerável no mundo.

Os terapeutas eram uma sociedade diferente dos essênios e dos judaítas; assemelhavam-se aos sofistas da Índia e aos bramas. Fílon[7] escreve a respeito deles: "São impelidos por um movimento de amor celeste que os transporta ao entusiasmo das bacantes e dos coribantes[8] e que os enleva no estado de contemplação a que aspiram. Essa seita nasceu em Alexandria, estava repleta de judeus e se alastrou intensamente pelo Egito."

Os discípulos de João Batista também se espalharam um pouco pelo Egito, mas principalmente na Síria e na Arábia; houve também alguns deles na Ásia Menor. Nos *Atos dos Apóstolos* (cap. XIX) se diz que Paulo encontrou vários deles na cidade de Éfeso e lhes perguntou: "Receberam o Espírito Santo?" Ao que lhe responderam: "Nem sequer ouvimos falar que houvesse um Espírito Santo." Continuou Paulo: "Que batismo receberam então?" Responderam-lhe: "O batismo de João."

Nos primeiros anos que se seguiram à morte de Cristo, havia sete sociedades ou seitas distintas entre os judeus: os fariseus, os saduceus, os essênios, os judaítas, os terapeutas, os discípulos de João e os discípulos de Cristo, cujo diminuto rebanho Deus conduzia por caminhos desconhecidos para a sabedoria humana.

Quem mais contribuiu para fortalecer essa sociedade nascente foi esse próprio Paulo que a havia perseguido com a maior crueldade. Paulo nasceu em Tarso, na

Cilícia, e foi educado pelo famoso doutor fariseu Gamaliel, discípulo de Hilel. Os judeus sustentam que ele rompeu com Gamaliel porque lhe recusou sua filha em casamento. Alguns vestígios desse fato se encontram na continuação dos *Atos de santa Tecla*. Esses atos referem que ele possuía testa larga, cabeça calva, sobrancelhas unidas, nariz aquilino, porte baixo e troncudo, pernas tortas. Luciano[9], em seu livro *Diálogo de Filopátris*, traça um retrato dele bastante parecido. Duvida-se muito que fosse cidadão romano, pois, naquele tempo, não se concedia esse título a nenhum judeu; os judeus tinham sido expulsos de Roma por Tibério[10] e Tarso só se tornou colônia romana quase cem anos depois, sob Caracala[11], como observa Cellarius[12] em sua *Geografia*, livro III, e Grotius[13] em seus *Comentários sobre os Atos*.

Os fiéis receberam pela primeira vez o nome de cristãos em Antioquia, em torno do ano 60 de nossa era; mas no império romano, como veremos adiante, foram conhecidos por outros nomes. Antes, eles só se distinguiam pela denominação de irmãos, santos ou fiéis. Deus, que havia descido à terra para ser exemplo de humildade e de pobreza, dava assim à sua Igreja os mais fracos inícios e a dirigia nessa mesma condição de humilhação em que ele quisera nascer. Todos os primeiros fiéis foram homens obscuros; todos trabalhavam com suas próprias mãos para seu sustento. O apóstolo Paulo afirma que ganhava a vida construindo tendas. São Pedro ressuscitou a costureira Dorcas, que confeccionava as roupas dos irmãos. A assembleia dos fiéis se reunia em Jope, na casa de um curtidor de nome Simão, como se pode constatar no capítulo IX dos *Atos dos Apóstolos*.

Os fiéis se espalharam secretamente na Grécia e de lá alguns foram para Roma, ficando no meio dos judeus, a quem os romanos permitiam que mantivessem uma sinagoga. Inicialmente não se separaram dos judeus; conservaram a prática da circuncisão e, como já assinalamos em outro local, os quinze primeiros bispos de Jerusalém foram todos circuncidados.

Ao tomar consigo Timóteo, que era filho de pai pagão, o apóstolo Paulo o circuncidou ele próprio na pequena cidade de Listra. Tito, porém, outro discípulo seu, não quis se submeter à circuncisão. Os irmãos, discípulos de Jesus, se mantiveram unidos aos judeus até o momento em que Paulo provocou uma perseguição em Jerusalém por ter levado estrangeiros ao templo. Era acusado pelos judeus de querer destruir a lei mosaica por causa de Jesus Cristo. Foi para se livrar dessa acusação que o apóstolo Tiago propôs ao apóstolo Paulo que mandasse rapar a cabeça e purificar-se no templo com quatro judeus que haviam feito voto de rapar o cabelo. "Toma-os contigo, disse-lhe Tiago (*Atos dos Apóstolos*, XXI), purifica-te com eles e que todos saibam que aquilo que se diz de ti é falso, que continuas a observar a lei de Moisés."

Desse modo, pois, Paulo, que no início havia sido o perseguidor sanguinário da pequena sociedade estabelecida por Jesus, Paulo, que depois quis governar essa sociedade nascente, Paulo, cristão, judaíza, a fim de que o mundo saiba que o caluniam quando dizem que é cristão, Paulo faz o que hoje é considerado como crime abominável entre todos os cristãos, um crime que é punido pelo fogo na Espanha, em Portugal e na Itália; e procede desse modo a conselho do apóstolo Tiago; e o faz depois de ter recebido o Espírito Santo, ou seja, depois de ter sido instruído pelo próprio Deus que é necessário renunciar a todos esses ritos judaicos, outrora instituídos pelo próprio Deus.

Paulo não se livrou, contudo, de ser acusado de impiedade e heresia e seu processo durou muito tempo; mas se constata evidentemente, pelas próprias acusações levantadas contra ele, que tinha ido a Jerusalém para observar os ritos judaicos.

A Festo, ele diz essas precisas palavras (*Atos dos Apóstolos*, capítulo XXV): "Não pequei nem contra a lei judaica nem contra o templo."

Os apóstolos anunciavam Jesus Cristo como judeu, observador da lei judaica, enviado por Deus para fazê-la observar.

"A circuncisão é útil, diz o apóstolo Paulo (*Epístola aos Romanos*, cap. II), se observarem a lei; mas se a violarem, sua circuncisão se transforma em prepúcio. Se um incircunciso observa a lei, será como se fosse circuncidado. O verdadeiro judeu é aquele que é judeu interiormente."

Quando esse apóstolo fala de Jesus Cristo em suas *Epístolas*, não revela o mistério inefável de sua consubstancialidade com Deus. "Somos libertados por ele, diz ele (*Epístola aos Romanos*, cap. V), da ira de Deus. O dom de Deus se derramou sobre nós pela graça dada a um só homem, que é Jesus Cristo... A morte reinou pelo pecado de um só homem; os justos reinarão na vida por um só homem, que é Jesus Cristo."

E no capítulo VIII: "Nós, os herdeiros de Deus e os co-herdeiros de Cristo." E no capítulo XVI: "A Deus, que é o único sábio, honra e glória por Jesus Cristo..." – "Vocês estão em Jesus Cristo e Jesus Cristo está em Deus" (1ª. *Epístola aos Coríntios*, cap. III).

E (1ª. *Epístola aos Coríntios*, cap. XV, v. 27): "A ele tudo está sujeito, excetuando sem dúvida Deus, que lhe sujeitou todas as coisas."

Houve certa dificuldade em explicar a passagem da *Epístola aos Filipenses*: "Nada façam por vanglória; creiam mutuamente por humildade que os outros lhes são superiores; tenham os mesmos sentimentos que Jesus Cristo que, tendo a natureza de Deus, nem por isso julgou que fosse nele usurpação por igualar-se a ele." Essa passagem parece bem aprofundada e colocada com toda a clareza numa carta que se conserva das igrejas de Viena e de Lyon, escrita no ano 117, e que é um precioso monumento da antiguidade. Nessa carta é elogiada a modéstia de alguns fiéis: "Eles não quiseram, diz a carta, assumir o grandioso título de mártires (por algumas tribulações) a exemplo de Jesus Cristo, o qual, sendo da natureza de Deus, não julgou ser nele usurpação a qualidade de ser igual a Deus." Orígenes[14] diz também, em seu *Comentário sobre João*: A grandeza de Jesus foi mais brilhante quando ele se humilhou "do que se tivesse feito um direito seu ser igual a Deus." Com efeito, a explicação contrária seria um contrassenso visível. Que significaria: "Julguem os outros superiores a vocês; imitem Jesus, que não julgou ser uma usurpação igualar-se a Deus"? Seria visivelmente contradizer-se, seria dar um exemplo de grandeza por um exemplo de modéstia; seria pecar contra o senso comum.

A sabedoria dos apóstolos fundava assim a igreja nascente. Essa sabedoria não foi alterada pela disputa que sobreveio entre os apóstolos Pedro, Tiago e João, de um lado, e Paulo de outro. Essa disputa aconteceu em Antioquia. O apóstolo Pedro, também chamado Cefas ou ainda Simão Bar Jonas, comia com os pagãos convertidos e com eles não observava as cerimônias da lei nem a distinção das carnes; comiam, ele, Barnabé e outros discípulos, indiferentemente carne de porco, carnes sufocadas, carnes dos animais que tinham a pata fendida e que não ruminavam; mas, chegando vários judeus cristãos, são Pedro guardou com eles a abstinência das carnes proibidas e se submeteu às cerimônias da lei mosaica.

Essa atitude parecia muito prudente; Pedro não queria escandalizar os judeus cristãos, seus companheiros; Paulo, porém, se levantou contra ele com um pouco de dureza. "Eu lhe resistia, diz ele, frente a frente, porque seu ato era condenável" (*Epístola aos Gálatas*, cap. II).

Essa discussão parece tanto mais extraordinária da parte de são Paulo porque, visto que inicialmente havia sido perseguidor, devia ser mais moderado e porque ele próprio havia ido oferecer sacrifícios no templo de Jerusalém, havia circuncidado seu discípulo Timóteo e havia observado os ritos judeus que agora censurava em Cefas. São Jerônimo[15] acha que essa disputa entre Paulo e Cefas era puro fingimento. Em sua primeira *Homilia* (Tomo III), diz que agiram como dois advogados que, para impressionar mais seus clientes, se exaltam e se criticam perante o tribunal; afirma que, uma vez que Pedro Cefas estava destinado a pregar aos judeus e Paulo aos pagãos, simularam discutir, Paulo para ganhar os pagãos e Pedro para conquistar os judeus. Santo Agostinho, porém, não é de modo algum do mesmo parecer: "Estou desgostoso, escreve na *Epístola a Jerônimo*, que um homem dessa envergadura se torne patrono da mentira, *patronum mendacii*."

De resto, se Pedro estava destinado aos judeus judaizantes e Paulo aos estrangeiros, é muito provável que Pedro não tenha ido a Roma. Os *Atos dos Apóstolos* não fazem menção alguma da viagem de Pedro à Itália.

Seja como for, foi por volta do ano 60 de nossa era que os cristãos começaram a se separar da comunhão judaica e foi o que lhes custou tantas disputas e tantas perseguições da parte das sinagogas disseminadas por Roma, Grécia, Egito e Ásia. Foram acusados de impiedade, de ateísmo por seus irmãos judeus que os excomungavam em suas sinagogas três vezes nos dias de sábado. Mas Deus sempre os protegeu no meio das perseguições.

Pouco a pouco várias igrejas se formaram e a separação se tornou total entre os judeus e os cristãos antes do final do primeiro século; o governo romano ignorava essa separação. O senado de Roma nem os imperadores se importavam com essas disputas num pequeno partido que Deus havia conduzido até ali na obscuridade e que ia fazendo progredir de maneira quase insensível.

É necessário verificar em que estado se encontrava então a religião do império romano. Em quase toda a terra gozavam de crédito os mistérios e as expiações. É verdade que os imperadores, os grandes e os filósofos não tinham a menor fé nesses mistérios; mas o povo que, em matéria de religião dita lei aos grandes, impunha-lhes a necessidade de se conformarem aparentemente com seu culto. É necessário, para acorrentar o povo, fingir suportar as mesmas correntes que ele. O próprio Cícero[16] foi iniciado nos mistérios de Elêusis. O conhecimento de um só Deus era o principal dogma que se anunciava nessas festas misteriosas e magníficas. Deve-se confessar que as orações e os hinos que chegaram até nós desses mistérios são tudo o que o paganismo tem de mais piedoso e admirável.

Os cristãos, que também adoravam um único Deus, tiveram por isso facilidade para converter muitos pagãos. Alguns filósofos da seita de Platão[17] se tornaram cristãos. É por isso que os Padres da Igreja[18] dos três primeiros séculos foram todos platônicos.

O zelo inconsiderado de alguns não prejudicou as verdades fundamentais. São Justino[19], um dos primeiros Padres, foi recriminado por ter dito, em seu *Comentário sobre Isaías*, que os santos desfrutariam, num reinado de mil anos sobre a terra, de todos os prazeres sensuais. Foi considerado crime o fato de ter dito, em sua *Apologia do Cristianismo*, que Deus, tendo criado a terra, deixou-a aos cuidados dos anjos, os quais, apaixonando-se pelas mulheres, com elas tiveram filhos, que são os demônios.

Foram condenados Lactâncio[20] e outros Padres por terem acreditado nas sibilas. Lactâncio achava que a sibila Eritreia havia composto estes quatro versos gregos, cuja tradução literal é a seguinte:

Com cinco pães e dois peixes
cinco mil homens no deserto alimentará;
e, juntando as migalhas,
com elas doze cestos encherá.

Recriminaram também aos primeiros cristãos a crença simplória em alguns versos acrósticos de uma antiga sibila, os quais começavam todos pelas letras iniciais do nome de Jesus Cristo, cada uma delas disposta em sua ordem. Acusaram-nos também de ter forjado cartas de Jesus Cristo ao rei de Edessa, na época em que não havia rei em Edessa; de ter forjado cartas de Maria, cartas de Sêneca a Paulo, cartas e atos de Pilatos, falsos evangelhos, falsos milagres e mil outras imposturas.

Temos ainda a história ou o Evangelho da natividade e do casamento da Virgem Maria, no qual se diz que foi levada ao templo, na idade de três anos, e que ela subiu os degraus sozinha. Ali se relata que uma pomba desceu do céu para avisar que era José que devia desposar Maria. Temos o protoevangelho de Tiago, irmão de Jesus, filho do primeiro casamento de José. Nele se diz que Maria, quando ficou grávida na ausência de seu marido e quando seu marido disso se queixou, os sacerdotes deram de beber a ambos a água do ciúme[21] e que os dois foram declarados inocentes.

Temos o Evangelho da infância, atribuído a são Tomé. Segundo esse Evangelho, Jesus, na idade de cinco anos, se divertia com crianças de sua idade em modelar barro, com o qual faziam pequenos pássaros; Jesus foi repreendido por isso e então ele deu vida aos pássaros que fugiram voando. Outra vez, um menino bateu nele e ele o fez morrer imediatamente. Temos ainda, em árabe, outro Evangelho da infância que é mais sério.

Temos um Evangelho de Nicodemos. Este parece merecer maior atenção porque nele se encontram os nomes daqueles que acusaram Jesus diante de Pilatos; eram os principais da sinagoga, Anás, Caifás, Sumas, Datan, Gamaliel, Judas, Neftalim. Há nessa história coisas que se conciliam bastante bem com os Evangelhos transmitidos e outras que não são encontradas em qualquer outro local. Nele se lê que a mulher curada de um fluxo de sangue se chamava Verônica. Nele se pode ler tudo o que Jesus fez quando desceu aos infernos.

Temos depois as duas cartas que se supõe que Pilatos tenha escrito a Tibério com relação ao suplício de Jesus, mas o péssimo latim em que estão escritas revela sua falsidade.

O falso zelo foi levado até o ponto de pôr em circulação várias cartas escritas por Jesus Cristo. Foi conservada a carta que se diz que teria escrito a Abgar, rei de Edessa, mas na época não havia mais rei em Edessa.

Fabricaram 50 Evangelhos que depois foram declarados apócrifos. O próprio são Lucas informa que muitas pessoas os haviam composto. Acreditou-se que havia um chamado o *Evangelho eterno*, conforme o que se diz no *Apocalipse*, cap. XIV: "Vi um anjo voando pelos céus e carregando o Evangelho eterno." No século XIII, os frades franciscanos, abusando dessas palavras, compuseram um *Evangelho eterno*, segundo o qual o reino do Espírito Santo devia substituir aquele de Jesus Cristo; mas nos primeiros séculos do cristianismo nunca houve livro algum com esse título.

Inventaram ainda cartas da Virgem Maria escritas ao mártir santo Inácio, aos habitantes de Messina, na Itália, e a outros.

Abdias, que viveu imediatamente depois dos apóstolos, escreveu a história destes, na qual introduziu fábulas tão absurdas que essas histórias foram completamente desacreditadas com o tempo; mas de início tiveram grande divulgação. É Abdias que relata o combate de são Pedro com Simão, o mago. Com efeito, havia em Roma um mecânico muito hábil, chamado Simão, que não só conseguia executar voos nos teatros, como se faz hoje, mas que ele próprio reproduziu o prodígio atribuído a Dédalo. Fabricou asas, voou e caiu como Ícaro; é o que contam Plínio[22] e Suetônio[23].

Abdias, que vivia na Ásia e que escrevia em hebraico, acredita que são Pedro e Simão se encontraram em Roma na época de Nero[24]. Um jovem, parente próximo do imperador, morreu; toda a corte suplicou a Simão que o ressuscitasse. São Pedro, por seu lado, se ofereceu para fazer isso. Simão empregou todos os segredos de sua arte; pareceu que havia conseguido porque o morto mexeu a cabeça. "Não é o suficiente, exclamou são Pedro, é necessário que o morto fale; que Simão se afaste do leito e logo se verá se o jovem está vivo." Simão se afastou, o morto não se mexeu mais e Pedro lhe restituiu a vida com uma única palavra.

Simão foi se queixar ao imperador que um miserável galileu se vangloriava de fazer mais prodígios que ele. Pedro compareceu na corte com Simão e cada um tentou superar o outro em sua arte. "Diga-me o que penso", gritou Simão a Pedro. "Que o imperador me dê um pão de cevada, respondeu Pedro, e verás se não sei o que tens na alma." Deram-lhe um pão. Imediatamente Simão faz surgir dois grandes cães que querem devorá-lo. Pedro lhes joga o pão e, enquanto o devoram, diz: "Pois bem! Não sabia o que tu pensavas? Querias que teus cães me devorassem."

Depois dessa primeira exibição, propuseram a Simão e a Pedro o combate do voo, para ver quem se elevaria mais alto no ar. Simão começou, Pedro fez o sinal da cruz, e Simão caiu e quebrou as pernas. Esse conto era imitação daquele que se encontra no *Sepher toldos Jeschut*, onde se diz que o próprio Jesus voou e Judas, que quis imitá-lo, caiu fragorosamente.

Nero, irritado com Pedro porque havia feito com que seu favorito quebrasse as pernas, mandou crucificar Pedro de cabeça para baixo; e foi a partir desse fato que se espalhou a lenda da estada de Pedro em Roma, de seu suplício e de seu sepulcro.

Foi o mesmo Abdias ainda que propagou a crença de que são Tomé foi pregar o cristianismo nas grandes Índias, na corte do rei Gondafer, e que para lá foi na qualidade de arquiteto.

A quantidade de livros dessa espécie escritos nos primeiros séculos do cristianismo é prodigiosa. São Jerônimo e santo Agostinho chegam a acreditar que as cartas trocadas entre Sêneca[25] e são Paulo são autênticas. Na primeira carta, Sêneca deseja que seu irmão Paulo esteja bem de saúde: *Bene te valere, frater, cupio* (desejo que estejas bem de saúde, irmão). Paulo não fala tão bem latim como Sêneca: "Recebi tuas cartas ontem com alegria – *Litteras tuas hilaris accepi*; e teria respondido logo se aqui estivesse o jovem que te teria enviado: *si praesentiam juvenis habuissem*." De resto, essas cartas, que se acreditava serem instrutivas, não passam de troca de cumprimentos.

Tantas mentiras forjadas por cristãos mal instruídos e falsamente zelosos não redundaram em prejuízo da verdade do cristianismo, não prejudicaram sua difusão; pelo contrário, mostram que a sociedade cristã aumentava todos os dias e que cada membro queria ajudar em seu crescimento.

Os *Atos dos Apóstolos* não falam que os apóstolos tenham convencionado algum *Símbolo*. Se tivessem efetivamente redigido o *Símbolo*, o *Credo*, como nós o temos, são Lucas não teria omitido em sua história esse fundamento essencial da religião cristã; a substância do *Credo* está esparsa nos Evangelhos, mas os artigos só foram reunidos muito tempo depois.

Nosso *Símbolo*, numa palavra, é incontestavelmente a crença dos apóstolos, mas não é um texto escrito por eles. Rufino, padre de Aquileia, foi o primeiro a falar dele; e uma homilia atribuída a santo Agostinho é o primeiro monumento que leva a supor a maneira pela qual esse *Credo* foi composto. Pedro diz na assembleia: *Creio em Deus Pai todo-poderoso*; André continua: *e em Jesus Cristo*; Tiago acrescenta: *que foi concebido pelo Espírito Santo*; e assim por diante.

Essa fórmula se chamava *symbolos* em grego, em latim *collatio*. Deve-se observar somente que o texto grego diz: *Creio em Deus Pai todo-poderoso, fazedor do céu e da terra* (Πιστευω εισ ενα θεον πατερα παντοκρατορα, ποιητην ουρανου και γησ); o latim traduziu *fazedor, formador* por *creatorem* (criador). Mas depois, no primeiro concílio de Niceia, puseram *factorem* (fautor, fazedor).

O cristianismo se estabeleceu primeiramente na Grécia. Ali os cristãos tiveram de combater uma nova seita de judeus, transformados em filósofos por sua convivência com os gregos; era a seita da gnose ou dos gnósticos; com eles os novos cristãos foram confundidos. Todas essas seitas gozavam então de inteira liberdade para dogmatizar, para pregar e escrever; mas sob Domiciano[26] a religião cristã começou a causar certa preocupação ao governo.

Mas esse zelo de alguns cristãos, que não estava de acordo com a doutrina, não impediu a Igreja de fazer os progressos que Deus lhe reservava. Os primeiros cristãos celebravam seus mistérios em casas retiradas, em subterrâneos, durante a noite; daí o apelativo de *lucifugaces* (fugitivos da luz) que lhes deram, segundo atesta Minúcio Félix[27]. Fílon chamava-os *gesséens*[28]. Nos quatro primeiros séculos foram mais comumente conhecidos por galileus e nazarenos; mas o designativo que prevaleceu foi o de cristãos.

Nem a hierarquia nem as práticas foram estabelecidas de uma vez; os tempos apostólicos foram diferentes dos que se seguiram. São Paulo, em sua *1ª. Epístola aos Coríntios*, nos informa que, estando os irmãos reunidos, circuncidãos ou não, quando vários profetas queriam falar, apenas dois ou três poderiam fazê-lo e se, nesse momento alguém tivesse uma revelação, o profeta que estivesse falando devia calar-se.

É sobre esse costume da Igreja primitiva que ainda hoje se baseiam algumas comunidades cristãs que realizam suas assembleias sem hierarquia. Naquele tempo, qualquer pessoa tinha o direito de falar na Igreja, exceto as mulheres. É verdade que Paulo lhes proíbe de falar na *1ª. Epístola aos Coríntios*, mas parece também autorizá-las a pregar, a profetizar, na mesma *Epístola*, cap. XI, 5: "Toda mulher que ora e profetiza de cabeça descoberta conspurca sua cabeça." É como se estivesse de cabelo rapado. As mulheres julgaram, portanto, que lhes era permitido falar, contanto que usassem véus na cabeça.

O que é hoje a santa missa, que se celebra pela manhã, era então a ceia, que se realizava à noite; esses costumes mudaram à medida que a Igreja se fortaleceu. Uma sociedade mais ampla passou a exigir evidentemente mais regulamentos e a prudência dos pastores soube se conformar com novos tempos e lugares.

São Jerônimo e Eusébio⁽²⁹⁾ contam que, quando as Igrejas foram ganhando forma, aos poucos se passou a distinguir cinco ou seis ordens diferentes: os vigilantes, *epíscopoi*, de onde provieram os bispos; os antigos da sociedade, *presbyteroi*, os padres; os *diaconoi*, os serventes ou diáconos; os *pistoi*, os crentes, iniciados, isto é, os batizados, que participavam das ceias dos ágapes; e os catecúmenos e energúmenos, que aguardavam o batismo. Ninguém vestia hábito diferente nessas cinco ordens; ninguém era obrigado ao celibato, como testemunha o livro de Tertuliano⁽³⁰⁾ dedicado a sua mulher, como testemunha o exemplo dos apóstolos. Nenhuma representação, quer em pintura, quer em escultura, em suas assembleias, durante os três primeiros séculos. Os cristãos escondiam cuidadosamente seus livros aos pagãos, só os confiavam aos iniciados; nem sequer era permitido aos catecúmenos recitar a oração dominical.

O que mais distinguia os cristãos, e que perdurou até nossos dias, era o poder de expulsar os demônios com o sinal da cruz. Orígenes, em seu no *Tratado contra Celso*, número 133, conta que Antinous, divinizado pelo imperador Adriano⁽³¹⁾, fazia milagres no Egito por força de encantamentos e prestígios, mas acrescenta que os demônios saem do corpo dos possessos pela simples invocação do nome de Jesus.

Tertuliano vai mais longe e dos fundos da África, onde estava, diz em seu *Apologético*, cap. XXIII: "Se vossos deuses não confessam que são demônios na presença de um verdadeiro cristão, de bom grado vos deixamos derramar o sangue desse cristão." Haverá demonstração mais clara?

Com efeito, Jesus Cristo enviou seus apóstolos para expulsar os demônios. Os judeus também tinham, em outros tempos, o dom de expulsá-los, pois, quando Jesus livrou possessos e mandou os demônios entrar nos corpos de uma vara de porcos e quando realizou outras curas semelhantes, os fariseus disseram: "Ele expulsa os demônios pelo poder de Belzebu. – Se é por Belzebu que os expulso, retrucou Jesus, por quem os expulsam seus filhos?" É incontestável que os judeus se vangloriavam desse poder; tinham exorcistas e exorcismos. Invocavam o nome do Deus de Jacó e de Abraão. Introduziam ervas consagradas no nariz dos demoníacos (José relata parte dessas cerimônias). Esse poder sobre os demônios que os judeus perderam foi transmitido aos cristãos, que também parecem tê-lo perdido há algum tempo.

No poder de expulsar os demônios estava incluído aquele de desfazer os efeitos das operações de magia, pois a magia sempre esteve em vigor em todas as nações. Todos os Padres da Igreja fazem referências à magia. São Justino, em sua *Apologética*, livro III, afirma que muitas vezes são invocadas as almas dos mortos e disso extrai um argumento em favor da imortalidade da alma. Lactâncio, no livro VII de suas *Instituições Divinas*, diz que "se ousássemos negar a existência das almas depois da morte, o mago logo nos convenceria da existência delas, fazendo-as aparecer". Irineu, Clemente Alexandrino, Tertuliano, o bispo Cipriano⁽³²⁾, todos afirmam a mesma coisa. É verdade que hoje tudo mudou e que já não há mais magos nem possessos do demônio, mas tornarão a aparecer quando for do agrado de Deus.

Quando as sociedades cristãs se tornaram um tanto numerosas e várias se levantaram contra o culto oficial do império romano, os magistrados agiram com rigor contra elas e sobretudo a população as perseguiram. Não eram perseguidos os judeus, que gozavam de privilégios particulares e que se encerravam em suas sinagogas; era-lhes permitido o exercício de sua religião, como ainda hoje é permitido em Roma; eram tolerados todos os cultos espalhados pelo império, embora o senado não os adotasse.

Os cristãos, porém, ao se declararem inimigos de todos esses cultos, e especialmente daquele do império, se expuseram muitas vezes a cruéis provações.

Um dos primeiros e mais célebres mártires foi Inácio[33], bispo de Antioquia, condenado pelo próprio imperador Trajano[34], então na Ásia, e por ordens suas transportado a Roma, a fim de ser exposto às feras, numa época em que ainda não era costume trucidar cristãos em Roma. Não se sabe do que era acusado perante esse imperador, renomado aliás por sua clemência; os inimigos de Inácio deviam ser influentes. De qualquer forma, conta a história de seu martírio que em seu coração foi visto o nome de Jesus Cristo gravado em letras de ouro; foi desse fato que alguns cristãos tomaram o nome *teóforos* (portadores de Deus), que Inácio se havia conferido a si mesmo.

Conserva-se uma carta dele em que pede aos bispos e aos cristãos não se oporem a seu martírio, quer porque já então eram bastante poderosos os fiéis para impedi-lo, quer porque houvesse entre eles alguns com bastante crédito para obter seu perdão. O que é também notável é que se tenha tolerado que os cristãos de Roma fossem admitidos na presença dele quando foi levado para a capital, o que prova que nele se punia a pessoa e não a seita.

As perseguições não foram contínuas. Orígenes, em seu *Tratado contra Celso*, livro III, escreve: "Podem ser contados facilmente os cristãos que morreram por sua religião, porque poucos morreram por causa dela e somente de tempos em tempos e por intervalos."

Deus cuidou tanto de sua Igreja que, apesar dos inimigos dela, fez com que tivesse cinco concílios no primeiro século, 16 no segundo e 30 no terceiro, ou seja, assembleias toleradas. Às vezes essas assembleias foram proibidas, quando a falsa prudência dos magistrados temia que degenerassem em tumultos. Poucos são os processos verbais que nos restam de procônsules e pretores que condenaram cristãos à morte. Esses seriam os únicos atos com os quais poderiam ser constatadas as acusações levantadas contra eles e os suplícios a que teriam sido submetidos.

Temos um fragmento de Dionísio de Alexandria[35], no qual se transcreve o extrato da chancelaria de um procônsul do Egito, sob o imperador Valeriano[36], que traz o seguinte:

"Introduzidos na sala de audiência Dionísio, Fausto, Máximo, Marcelo e Cheremon, o prefeito Emiliano lhes disse: Já conhecem, pelas conversas que tive com vocês e por tudo o que lhes escrevi a respeito, quanta bondade nossos príncipes testemunharam a seu respeito; quero repeti-lo novamente: eles fazem depender sua conservação e sua salvação de vocês mesmos, e seu destino está em suas mãos. Uma única coisa lhes pedem, coisa que a razão exige de toda pessoa razoável, que adorem os deuses protetores de seu império e que abandonem esse culto tão contrário à natureza e ao bom senso."

Dionísio respondeu: "Nem todos os homens têm os mesmos deuses e cada um adora aqueles que acredita serem verdadeiros."

O prefeito Emiliano replicou: "Vejo realmente que são ingratos e que abusam da bondade que os imperadores têm para com vocês. Pois bem! Não poderão mais ficar nesta cidade e vou enviá-los para Cefro, nos confins da Líbia; esse será o lugar de seu banimento, segundo a ordem que recebi de nossos imperadores; de resto, não pensem em realizar também por lá suas assembleias nem orar nesses lugares a que chamam cemitérios; isso lhes é terminantemente proibido e não o permitirei a ninguém."

Nada evidencia mais o caráter de autenticidade que esse processo. Com ele se constata que havia épocas em que as assembleias eram proibidas. É da mesma forma que entre nós é proibido aos calvinistas de se reunirem na região (francesa) do Languedoc; por vezes mandamos enforcar e torturar ministros ou pregadores que convocavam assembleias, a despeito das leis. É assim que na Inglaterra e na Irlanda são proibidas as assembleias de católicos romanos e houve ocasiões em que os transgressores foram condenados à morte.

Apesar dessas proibições das leis romanas, Deus inspirou a vários imperadores indulgência para com os cristãos. O próprio Diocleciano[37], que entre as pessoas ignorantes passa por perseguidor, Diocleciano, cujo primeiro ano de reinado ainda está abrangido na era dos mártires, foi durante mais de 18 anos protetor declarado do cristianismo, a ponto que muitos cristãos ocuparam cargos especiais junto dele. Chegou até a tolerar que em Nicomédia, onde residia, fosse erguida uma soberba igreja diante de seu palácio. Por fim, casou-se com uma cristã.

O coimperador Galério[38], tendo sido infelizmente advertido contra os cristãos, dos quais supunha ter razões de queixa, convenceu Diocleciano a mandar destruir a catedral de Nicomédia. Um cristão, mais zeloso que sensato, fez em pedaços o edito do imperador; desse fato resultou essa perseguição tão famosa, na qual houve mais de 200 pessoas condenadas à morte, em toda a extensão do império romano, sem contar aquelas que o furor do povo simples, sempre fanático e sempre bárbaro, pôde massacrar à margem das formas jurídicas.

Em tempos diversos, houve tão grande número de mártires que seria conveniente cuidar de não abalar a verdade da história desses verdadeiros confessores de nossa santa religião por meio de uma mistura perigosa de fábulas e de falsos mártires.

O monge beneditino Dom Ruinart[39], por exemplo, homem aliás tão instruído quanto respeitável e zeloso, deveria ter escolhido com mais discrição seus *Atos Sinceros*. Não é suficiente que um manuscrito seja encontrado entre os documentos da abadia de Saint-Benoît-sur-Loire ou de um convento de celestinos⁽⁴⁰⁾ de Paris ou que seja conforme a um manuscrito dos fuldenses⁽⁴¹⁾, para que seja tido como autêntico; é necessário que seja antigo, escrito por contemporâneos e que, além disso, apresente todas as características da verdade.

Poderia, portanto, ter deixado de relatar a aventura do jovem chamado Romano, caso ocorrido no ano 303. Esse jovem Romano havia obtido o perdão de Diocleciano em Antioquia. Entretanto, Dom Ruinart escreve que o juiz Asclepíades condenou o jovem a ser queimado. Alguns judeus presentes a esse espetáculo zombaram do jovem são Romano e recriminavam os cristãos porque seu Deus os deixava morrer queimados, esse Deus que havia livrado Sidrac, Misac e Abdenago⁽⁴²⁾ do fogo da fornalha. Logo, quando o tempo estava totalmente sereno, se levantou uma tempestade que apagou o fogo; então o juiz ordenou que cortassem a língua do jovem Romano; encontrando-se ali o primeiro médico do imperador, desempenhou oficiosamente a função de algoz e lhe cortou a língua pela raiz, mas logo o jovem, que era gago, começou a falar com toda a fluência. O imperador ficou tão impressionado com o fato de que alguém falasse tão bem sem língua, que o médico, para confirmar essa experiência, cortou imediatamente a língua de um transeunte, que morreu instantaneamente.

Eusébio, do qual o beneditino Ruinart extraiu esse conto, devia ter respeitado um pouco mais os verdadeiros milagres operados no Antigo e no Novo Testamento (dos quais ninguém jamais poderá duvidar) para não lhes acrescentar histórias tão suspeitas que poderiam escandalizar os fracos.

Essa última perseguição não se estendeu por todo o império. Havia então na Inglaterra algum cristianismo que logo se eclipsou, para reaparecer em seguida sob os reis saxões. As Gálias meridionais e a Espanha estavam repletas de cristãos. O coimperador Constâncio Cloro os protegeu muito em todas essas províncias. Tinha uma concubina que era cristã: a mãe de Constantino, conhecida com o nome de santa Helena. Nunca houve casamento declarado entre ela e ele e Constâncio até a renegou no ano 292, quando desposou a filha de Maximiano Hércules, mas Helena havia conservado grande ascendência sobre ele, inspirando-lhe profunda afeição à nossa santa religião.

A divina providência preparou, por vias que parecem humanas, o triunfo de sua Igreja. Constâncio Cloro morreu no ano 306, em York, Inglaterra, quando os filhos que tivera da filha de um imperador eram ainda crianças e não podiam ter a pretensão de assumir o império. Constantino⁽⁴³⁾ se fez eleger em York por cinco ou seis mil soldados, em sua maioria alemães, gauleses e ingleses. Não havia a menor possibilidade de que essa eleição, realizada sem consentimento de Roma, do senado e dos exércitos, pudesse prevalecer; mas Deus lhe deu a vitória sobre Maxêncio⁽⁴⁴⁾, eleito em Roma, e o livrou por fim de todos os seus rivais. Não se pode esconder que de início se tornou indigno dos favores do céu por ter mandado assassinar todos os seus parentes, sua mulher e o próprio filho.

Pode-se duvidar daquilo que Zósimo[45] relata a respeito. Conta que Constantino, torturado por remorsos depois de tantos crimes, perguntou aos pontífices do império se havia expiação possível para ele, ao que lhe responderam que não sabiam. É bem verdade que também não houvera expiação para Nero, que não havia ousado assistir aos sagrados mistérios na Grécia. Entretanto, os taurobólios[46] estavam ainda em uso e seria difícil crer que um imperador todo-poderoso não pudesse encontrar um sacerdote que celebrasse em seu favor sacrifícios expiatórios. Talvez seja até mesmo de crer que Constantino, absorvido pela guerra, por sua ambição, por seus projetos e cercado de bajuladores, não tivesse tempo para se dar a remorsos. Zósimo acrescenta que um sacerdote egípcio, vindo da Espanha e que frequentava a corte, lhe prometeu a expiação de todos os seus crimes na religião cristã. Suspeitou-se que esse padre fosse Ózio, bispo de Córdova.

Seja como for, Constantino comungou com os cristãos, embora nunca fosse mais que catecúmeno, e reservou seu batismo para a hora da morte. Mandou construir a cidade de Constantinopla, que se tornou centro do império e da religião cristã. Então a Igreja tomou uma forma augusta.

Cumpre notar que, desde o ano 314, antes que Constantino passasse a residir em sua nova cidade, aqueles que haviam perseguido os cristãos foram por estes punidos de suas crueldades. Os cristãos jogaram a mulher de Maximiano no rio Oronte, degolaram todos os seus parentes e trucidaram no Egito e na Palestina os magistrados que mais abertamente se haviam declarado contra o cristianismo. Escondidas em Tessalônica, a viúva e a filha de Diocleciano foram reconhecidas e seus corpos foram atirados no mar. Teria sido de desejar que os cristãos dessem menos ouvidos ao espírito de vingança; mas Deus, que pune segundo a justiça, quis que as mãos dos cristãos se tingissem do sangue de seus perseguidores, logo que esses cristãos tivessem a liberdade de agir.

Constantino convocou, reuniu em Niceia, situada defronte de Constantinopla, o primeiro concílio ecumênico, presidido por Ózio. Nele se resolveu a grande questão que agitava a Igreja, que dizia respeito à divindade de Jesus Cristo. Uns defendiam a opinião de Orígenes que, no capítulo VI de seu livro *Contra Celso*, escreve: "Fazemos nossas orações a Deus por intermédio de Jesus, que se conserva entre as naturezas criadas e a natureza incriada, que nos transmite a graça de seu pai e que apresenta nossas orações ao grande Deus, na qualidade de nosso pontífice." Eles se apoiavam também em diversas passagens de são Paulo, algumas das quais já foram citadas. Baseavam-se particularmente nestas palavras de Jesus Cristo: "Meu pai é maior do que eu." E consideravam Jesus como o primogênito da criação, a mais pura emanação do ser supremo, mas não precisamente como Deus.

Os outros, que eram ortodoxos, alegavam passagens mais conformes à divindade eterna de Jesus, como esta: "Meu pai e eu somos a mesma coisa". Estas palavras eram interpretadas pelos adversários com o seguinte significado: "Meu Pai e eu temos o mesmo desígnio, a mesma vontade; não tenho outros desejos a não ser os de meu Pai." Alexandre, bispo de Alexandria, e com ele Atanásio, chefiavam os ortodoxos. Eusébio, bispo de Nicomédia, com 17 outros bispos, o padre Ário[47] e muitos padres estavam no partido oposto. De início, a discussão foi violenta, porque Alexandre tratou seus adversários de anticristos.

Finalmente, depois de muitas discussões, o Espírito Santo assim se pronunciou no concílio, pela boca de 299 bispos contra 18: "Jesus é o filho único de Deus, gerado do Pai, isto é, da substância do Pai, Deus de Deus, luz de luz, verdadeiro Deus de verdadeiro Deus, consubstancial ao Pai; cremos também no Espírito Santo, etc." Foi a fórmula do concílio. Por esse exemplo se percebe como os bispos prevaleciam sobre os simples padres. Dois mil membros de segunda ordem eram do parecer de Ário, segundo o relatório de dois patriarcas de Alexandria que escreveram a crônica dessa cidade em árabe. Ário foi exilado por Constantino; mas Atanásio o foi também em seguida e Ário foi chamado de volta a Constantinopla; mas são Macário rogou a Deus tão fervorosamente que fizesse Ário morrer antes de entrar na catedral, que Deus ouviu sua oração. Ário morreu a caminho da igreja, no ano 330. O imperador Constantino veio a morrer em 337. Entregou seu testamento a um padre ariano e morreu nos braços do chefe dos arianos, Eusébio, bispo de Nicomédia, e só foi batizado no leito de morte. Deixou a igreja triunfante, mas dividida.

Os partidários de Atanásio e aqueles de Eusébio travaram uma guerra cruel e o chamado arianismo se manteve em vigor por muito tempo em todas as províncias do império.

Juliano[48], o filósofo, cognominado o *Apóstata*, quis acabar com essas divisões, mas não conseguiu.

O segundo concílio geral se realizou em Constantinopla, no ano 381. Nele se explicou o que o concílio de Niceia não havia julgado oportuno dizer sobre o Espírito Santo e se acrescentou à fórmula de Niceia que "O Espírito Santo é senhor vivificante que procede do Pai e que é adorado e glorificado com o Pai e o Filho".

Foi somente em torno do século IX que a Igreja latina estatuiu gradativamente que o Espírito Santo procede do Pai e do Filho.

Em 431, o terceiro concílio geral realizado em Éfeso resolveu que Maria foi verdadeiramente mãe de Deus e que Jesus tinha duas naturezas e uma pessoa. Nestório[49], bispo de Constantinopla, que queria que a Santa Virgem fosse chamada mãe de Cristo, foi insultado de Judas pelo concílio e as duas naturezas de Cristo foram confirmadas também pelo concílio de Calcedônia.

Vou passar rapidamente pelos séculos seguintes, cujos fatos são bastante conhecidos. Infelizmente não houve uma de todas essas disputas que não causasse guerras e a Igreja viu-se sempre obrigada a combater. Deus permitiu ainda, para pôr à prova a paciência dos fiéis, que no século IX gregos e latinos rompessem definitivamente; permitiu ainda que no Ocidente houvesse 29 cismas sangrantes pela disputa da cátedra de Roma.

Entretanto, a Igreja grega quase por inteiro e toda a Igreja da África se tornaram escravas sob os árabes, em seguida sob os turcos, os quais implantaram a religião maometana sobre as ruínas da religião cristã. A Igreja romana subsistiu, mas sempre manchada de sangue por mais de 600 anos de discórdia entre o império do Ocidente e o sacerdócio. Mas até essas lutas a tornaram mais poderosa. Na Alemanha, todos os bispos e abades se transformaram em príncipes e os papas, aos poucos, conquistaram o domínio absoluto em Roma e numa região de cem léguas. Desse modo, Deus pôs à prova sua igreja pelas humilhações, pelas perturbações e pelo esplendor.

No século XVI, essa Igreja latina perdeu metade da Alemanha, a Dinamarca, a Suécia, a Inglaterra, a Escócia, a Irlanda, a Suíça, a Holanda; ganhou mais terreno na América pelas conquistas dos espanhóis do que perdeu na Europa; mas apesar de ter mais território, tem muito menos súditos.

A providência divina parecia destinar o Japão, o Ceilão, a Índia e a China a se alinharem sob a obediência do papa, a fim de compensar pela Ásia Menor, Síria, Grécia, Egito, África, Rússia e pelos outros Estados que havia perdido e dos quais já falamos. São Francisco Xavier[50], que levou o santo Evangelho às Índias Orientais e ao Japão, quando os portugueses se dirigiram para lá em busca de mercadorias, fez inúmeros milagres, atestados todos pelos reverendos padres jesuítas[51]; alguns dizem que ressuscitou nove mortos; mas o padre Ribadeneyra[52], em seu livro *Flor dos Santos*, limita esse número em quatro, o que, aliás, já é bastante. A providência quis que em menos de cem anos houvesse milhares de católicos romanos nas ilhas do Japão; mas o diabo semeou seu joio no meio da boa semente. Os cristãos tramaram uma conspiração acompanhada de uma guerra civil, na qual foram totalmente exterminados em 1638. Então a nação japonesa fechou seus portos a todos os estrangeiros, exceto aos holandeses, em quem viam mercadores e não como cristãos, mas que ainda assim foram obrigados a pisar sobre a cruz para obter permissão de vender suas mercancias na prisão onde os encerram quando desembarcam em Nagasáki.

A religião católica, apostólica e romana foi proscrita da China nos últimos tempos, mas de uma maneira menos cruel. Na verdade, os jesuítas não haviam ressuscitado mortos na corte de Pequim; eles se haviam contentado em ensinar astronomia, fundir canhões e ser mandarins. Suas infelizes disputas com os padres dominicanos e outros escandalizaram a tal ponto o grande imperador Yong-tching que este príncipe, que era a justiça e a bondade em pessoa, foi bastante cego para não permitir mais que se ensinasse nossa santa religião, sobre a qual nem nossos missionários se punham de acordo. Expulsou-os com bondade paternal, fornecendo-lhes meios de subsistência e carruagens até os confins de seu império.

Toda a Ásia, toda a África, a metade da Europa, todas as colônias inglesas e holandesas da América, todas as tribos americanas não domadas, todas as terras austrais, que constituem um quinto do globo, ficaram à mercê do demônio, para provar esta santa sentença: "Muitos são os chamados, mas poucos os eleitos." Se há na terra em torno de um bilhão e 600 milhões de homens, como pretendem alguns doutos, a santa Igreja romana católica universal conta cerca de 60 milhões, o que corresponde a mais ou menos à 26ª parte dos habitantes do mundo conhecido.

1. Flávio Josefo (37-100), historiador judeu; suas principais obras, escritas em grego, são: *As antiguidades judaicas* e *A guerra judaica*; as duas tratam dos acontecimentos dos últimos séculos antes da era cristã e do primeiro século de nossa era (NT).

2. Os cristãos, por meio de uma dessas fraudes chamadas piedosas, falsificaram grosseiramente uma passagem de Josefo. Atribuem a esse judeu, tão obstinado em sua religião, quatro linhas ridiculamente interpoladas; e no final dessa passagem acrescentam: *Era Cristo*. O quê! Se Josefo tivesse ouvido falar de tantos acontecimentos que surpreenderam a natureza, Josefo só teria dado um valor de quatro linhas na história de seu país! O quê! Esse judeu obstinado teria dito: *Jesus era o Cristo*. Oh! Se tivesse acreditado que era o Cristo, teria sido cristão. Que absurdo fazer Josefo falar como cristão! Como ainda se encontram teólogos tão imbecis ou tão insolentes para tentar justificar essa impostura dos primeiros cristãos, reconhecidos como fabricantes de imposturas cem vezes mais graves! (*Nota de Voltaire*).

3. Titus Flavius Vespasianus (39-81), imperador romano de 79 a 81, havia tomado Jerusalém no ano 70 como principal general das tropas romanas (NT).

4. Aurelius Augustinus (354-430), bispo de Hipona, norte da África, e doutor da Igreja, deixou uma obra imensa, destacando-se *A cidade de Deus* e *Confissões*; Hilário de Poitiers (315-367), bispo e doutor da Igreja, teve papel importante na luta contra o arianismo (NT).

5. Membros de uma seita ou de uma corrente religiosa judaica (séc. II a.C.-séc. I d.C.) que formavam uma comunidade de vida ascética, seguindo uma observância rigorosa dos preceitos da lei mosaica; acredita-se que os essênios tenham influenciado o cristianismo nascente (NT).

6. Os fariseus formavam uma corrente religiosa dentro do judaísmo que se destacava por seu fervor na observância da lei mosaica, sua austeridade, embora nos Evangelhos os fariseus sejam descritos como rigoristas quanto à letra da lei, mas desprovidos do verdadeiro espírito religioso. Rivais dos fariseus, os saduceus eram conservadores sob o aspecto religioso (não acreditavam na ressurreição) e, sob o aspecto político, colaboravam com a ocupação romana de seu território (NT).

7. Fílon de Alexandria (13? a.C.-50 d.C.), filósofo judeu, natural de Alexandria do Egito, procurou conciliar o pensamento filosófico grego com a doutrina judaica (NT).

8. As bacantes eram mulheres que conduziam as celebrações em honra de Baco, deus do vinho, festejos geralmente marcados pela devassidão; os coribantes eram, na Grécia antiga, sacerdotes de Cibele, Mãe dos deuses, que celebravam o culto da deusa com danças e cantos, ao som de tamborins e cítaras (NT).

9. Luciano de Samósata (125-192), pensador grego, crítico e satírico com relação à religião, à arte e ao valores estabelecidos; viveu muito tempo no Egito, onde morreu (NT).

10. Tiberius Julius Caesar (42 a.C.-37 d.C.), imperador romano de 14 a 37 (NT).

11. Marco Aurélio Antonino Bassiano, cognominado Caracala (188-217), imperador romano de 211 a 217 (NT).

12. Christoph Cellarius (1638-1707), professor de filosofia e de história antiga (NT).

13. Hugo de Groot, dito Grotius (1583-1645), jurista e diplomata holandês, considerado o precursor do Direito das gentes e do Direito internacional moderno, celebrizou-se com sua densa obra intitulada *De jure belli ac pacis* (O Direito da guerra e da paz); protestante convicto e praticante, deixou também várias obras de caráter religioso e cristão (NT).

14. Orígenes (185-254), escritor, filósofo e teólogo grego cristão, fundou uma escola de catequese em Alexandria e deixou vasta obra quase toda centrada sobre o cristianismo (NT).

15. Sophronius Eusebius Hieronymus (331-420), escritor cristão e doutor da Igreja; além de seus numerosos escritos, dedicou parte de sua vida para traduzir toda a Bíblia do hebraico e do grego para o latim, tradução que levou o nome de *Bíblia Vulgata* (NT).

16. Marcus Tullius Cicero (106-43 a.C.), jurisconsulto, orador, filósofo e escritor latino; Eleusínias eram as cerimônias de iniciação celebradas, entre os gregos, na cidade de Elêusis; as cerimônias tinham por objetivo revelar aos novos iniciados os mistérios do santuário, os mistérios das divindades (NT).

17. Platão (427-347 a.C.), filósofo grego; dentre suas obras, *A República* já foi publicada pela Editora Escala (NT).

18. *Padres da Igreja* é uma expressão clássica da história antiga, com a qual são designados os grandes teólogos e escritores dos primeiros séculos do cristianismo; seus numerosos e seus escritos formam a chamada *Patrística*, *Patrologia*, ou seja, obras, textos, comentários bíblicos e doutrina desses autores, os quais fundamentaram toda a teologia cristã, e particularmente católica, que ainda vigora hoje; entre os principais Padres da Igreja, podem ser relembrados Ambrósio, Agostinho, Orígenes, Cirilo de Jerusalém, Cirilo de Alexandria, João Crisóstomo, Gregório Nazianzeno, Gregório de Nissa, Ireneu, etc.

19. Justino (100-165), filósofo, teólogo e mártir, em suas obras tenta harmonizar a filosofia com a doutrina cristã (NT).

20. Lucius Caecilius Firmianus, dito Lactantius (260-325), apologista cristão do mundo latino; foi o primeiro a realizar uma tentativa de exposição completa dos princípios da fé cristã, especialmente em sua obra *Divinae institutiones* – Instituições divinas (NT).

21. A água do ciúme era uma lei judaica, bem explicada no livro Números V, 11-31, que obrigava a mulher suspeita de adultério a tomar a água do ciúme, uma mistura de água com pó do templo e com farelo do pergaminho em que estava escrito que era inocente; depois de tomar essa mistura, se não lhe fizesse mal, era inocente; caso contrário, era culpada (NT).

22. Caius Plinius Secundus (23-79), naturalista e escritor latino (NT).
23. Caius Suetonius Tranquillus (69-126), historiador latino (NT).
24. Lucius Domitius Claudius Nero (37-68), imperador romano de 54 a 68 (NT).
25. Lucius Annaeus Seneca (4 a.C.-65 d.C.), filósofo latino; dentre suas obras, já foram publicadas pela Editora Escala as seguintes: *A constância do sábio, A tranquilidade da alma, A vida feliz* (NT).
26. Titus Flavius Domitianus (51-96), imperador romano de 81 a 96 (NT).
27. Marco Minúcio Félix (?-250 d.C.), orador e escritor latino; seu livro *Otávio* é um diálogo entre um pagão e um cristão, importante pelas informações sobre o cristianismo e o paganismo da época (NT).
28. Assim no original, termo inusitado até na língua francesa e de difícil interpretação; *gesseanos*? (NT).
29. Eusébio de Cesareia (265-340), padre e escritor grego; sua obra mais importante é a *História eclesiástica* (NT).
30. Quintus Septimius Florens Tertullianus (155-222), filósofo e teólogo cristão, deixou muitas obras de caráter apologético sobre o cristianismo (NT).
31. Publius Aelius Hadrianus (76-138), imperador romano de 121 a 138 (NT).
32. Irineu (130-202), bispo de Lyon, França, e doutor da Igreja; Clemente de Alexandria (150-213), teólogo, doutor da Igreja, estudou as relações entre o cristianismo e a filosofia grega; Cipriano (200-258), bispo e Padre da Igreja, entre suas obras principais convém lembrar *Sobre os caídos* e *Sobre a unidade da Igreja* (NT).
33. Inácio de Antioquia (?-107 d.C.), bispo martirizado em Roma; diversas cartas dele às igrejas do Oriente e de Roma chegaram até nós, documentos importantes sobre os inícios do cristianismo (NT).
34. Marcus Ulpius Trajanus (53-117), imperador romano de 98 a 117 (NT).
35. Dionísio de Alexandria (morto em 265 d.C.), bispo e discípulo de Orígenes na escola da Alexandria (NT).
36. Publius Licinius Valerianus (falecido em 260 d.C.), imperador romano de 253 a 260 (NT).
37. Caius Aurelius Valerius Diocletianus (245-313), imperador romano de 284 a 305; Diocleciano se associou a Maximiano na chefia do império e confiou a este o Ocidente, enquanto ele regia os destinos do Oriente, onde designou dois césares ou coimperadores na administração, Galério, que manteve no Oriente, e Constâncio Cloro que passou a secundar Maximiano no Ocidente; velho e doente, Diocleciano renunciou no ano 305, deixando o cargo a Galério (NT).
38. Caius Galerius Valerius Maximianus (250-311), coimperador romano do Oriente de 293 a 305 e imperador do Oriente de 305 a 311; pouco antes de sua morte promulgou um edito de tolerância para com os cristãos (NT).
39. Dom Ruinart (1657-1709), padre beneditino (da Ordem de São Bento, fundada por Bento de Nursia (480-547) em 529), escritor, autor de *Acta primorum martyrum sincera* – Atos sinceros dos primeiros mártires, obra citada no texto (NT).
40. Os celestinos formavam uma Ordem religiosa fundada em 1251 por Pietro Angeleri (futuro papa Celestino V) e supressa em 1791 (NT).
41. Derivado de Fulda, cidade da Alemanha, onde existia um célebre mosteiro de monges cistercienses, centro de cultura e de valiosos documentos antigos; na época de Voltaire, havia um mosteiro dessa Ordem religiosa em Paris, no bairro das Tuilleries (NT).
42. Referência ao fato de três jovens lançados numa fornalha e que saíram ilesos, narrado no livro bíblico de Daniel (NT).
43. Caius Flavius Valerius Aurelius Constantinus (270?-337), imperador romano de 306 a 337, filho de Constâncio Cloro e Helena; no ano 313 promulgou o *Edito de Milão*, com o qual garantia a liberdade de culto para todos os cidadãos e ordenava a restituição dos bens confiscados aos cristãos; esse foi o primeiro passo histórico para o estabelecimento de um império cristão; Constantino fundou a cidade de Constantinopla (atual Istambul) para rivalizar com Roma e que se tornou o berço do futuro império do Oriente ou bizantino (NT).
44. Marcus Aurelius Valerius Maxentius (280-312), imperador romano (306-312), eleito em Roma, rival de Constantino, com quem se bateu em Roma no ano 312 e foi derrotado (NT).
45. Zósimo (séc. V d.C.), historiador grego pagão; em sua obra *Nea Historia* procura demonstrar que a decadência de Roma devia ser imputada aos imperadores cristãos (NT).
46. O taurobólio era um sacrifício de expiação em uso na antiguidade: o penitente se punha de pé num fosso, acima do qual era sacrificado um touro; o sangue do animal escorria sobre o penitente que, desse modo, se purificava de seus crimes (NT).
47. Ver verbete *Ário* (NT).
48. Flavius Claudius Julianus (331-363), imperador romano de 361 a 363, educado como cristão, renegou o cristianismo (por isso foi chamado Apóstata) e favoreceu o renascimento do paganismo; chamado filósofo também porque deixou escritos filosóficos e políticos (NT).
49. Nestório (380-451), bispo de Constantinopla, foi condenado e deportado por causa de sua doutrina cristológica; ensinava que Cristo tinha duas naturezas, a divina e a humana, e, portanto, duas pessoas: a divina e a humana; por conseguinte, Maria não era mãe de Deus, mas somente mãe do homem Jesus (NT).
50. Francisco Xavier (1506-1552), padre jesuíta espanhol, cognominado o Apóstolo das Índias, desenvolveu suas atividades de evangelizador na Índia portuguesa, nas ilhas Molucas e no Japão (NT).
51. Ordem religiosa fundada por Inácio de Loyola (1491-1556), mais conhecida como Sociedade de Jesus ou Companhia de Jesus; seus membros levam a denominação de jesuítas (NT).
52. Pedro Ribadeneyra (1525-1611), padre jesuíta espanhol, autor da obra *Flos sanctorum* (título latino) publicada em 1599; é uma imensa coletânea de biografias de santos católicos (NT).

CRÍTICA - Não pretendo falar dessa crítica de escoliastas, que se limita a substituir por outra pior uma frase de um escritor antigo que antes se entendia muito bem. Não me refiro a essas verdadeiras críticas que desenredaram como é possível temas da história e da filosofia antiga. Tenho em vista as críticas que tendem à sátira.

Um amante das letras lia certa vez Tasso[1] comigo; parou nesta estrofe:
Chama os habitantes das sombras eternas
o som rouco da tartárea trombeta.
Tremem as espaçosas atras cavernas;
e o ar cego com aquele rumor ribomba.
Nem silvando assim das supernas
regiões dos céus o fulgor precipita;
nem tão sacudida jamais a terra,
quando os vapores no seio grávida encerra.

Leu em seguida, ao acaso, várias estrofes dessa força e harmonia. "Oh! então é isso, exclamou, o que seu Boileau[2] chama de falso brilho? Então é assim que pretende rebaixar um grande homem que viveu cem anos antes dele para melhor elevar outro grande homem que viveu 16 séculos antes e que ele próprio teria feito justiça a Tasso?" – "Console-se, lhe disse eu, vamos tomar as óperas de Quinault[3]."

Encontramos na abertura do livro do que nos encolerizarmos contra a crítica; o admirável poema *Armida* se apresentou a nossos olhos e vimos estas palavras:

Sidônia
O ódio é temível e bárbaro,
o amor coage os cursos de que se apodera
a sofrer males rigorosos.
Se sua sorte está em seu poder,
escolham indiferença:
ela garante um repouso feliz.

Armida
Não, não, não me é possível
passar de meu mal-estar a um estado pacífico;
meu coração não pode mais se acalmar;
Renaud me ofende demais, só é muito amável;
é já para mim uma escolha indispensável
odiá-lo ou amá-lo.

Lemos toda a peça *Armida*, na qual o gênio de Tasso recebe ainda novos encantos pelas mãos de Quinault. "Veja só! – disse a meu amigo – é, contudo, esse Quinault que Boileau sempre se esforçou em fazer ver como o escritor mais desprezível; chegou até a persuadir Luís XIV que esse escritor gracioso, comovente, patético, elegante, outro mérito não tinha além de copiar o músico Lulli[4]. – Compreende-se facilmente isso, me respondeu meu amigo; Boileau não invejava o músico, mas o poeta. Que pensar de um homem que, para rimar um verso em *aut*, denigrisse ora Boursault, ora Hénault[5], ora Quinault, conforme estivesse de bem ou não com esses senhores?"

"Mas, para não deixar arrefecer seu zelo contra a injustiça, ponha somente a cabeça à janela, olhe aquela bela fachada do Louvre, com a qual Perrault[6] se imortalizou; esse homem hábil era irmão de um acadêmico muito erudito, com quem Boileau havia tido algumas discussões; isso é o suficiente para ser tratado como arquiteto ignorante."

Meu amigo, depois de ter sonhado um pouco, prosseguiu, suspirando: "A natureza humana é assim. O duque de Sully[7], em suas *Memórias*, julga maus ministros o cardeal de Ossat[8] e o secretário Villeroi[9]; Louvois[10] fazia o que podia para não desmerecer o grande Colbert[11]." – "Não se estranhavam em nada um com o outro enquanto vivos, respondi; é uma tolice praticamente ligada só à literatura, à ironia e à teologia."

"Tivemos um homem de grande mérito; foi Lamotte[12], que compôs estrofes muito belas":

>Às vezes ao fogo que a encanta
>Resiste uma jovem beldade,
>E contra ela mesma se arma
>De uma penosa firmeza.
>Ai! essa coação extrema
>A priva do vício que ama
>Para fugir da vergonha que odeia.
>Sua severidade não passa de fasto
>E a honra de passar por casta
>A decide a sê-lo de fato.
>
>>Em vão esse severo estoico,
>>Sob mil defeitos abatido,
>>Se vangloria de alma heroica
>>Totalmente votada à virtude:
>>Não é a virtude que ama,
>>Mas seu coração, ébrio de si,
>>Gostaria de usurpar os altares,
>>E por sua sabedoria frívola
>>Só quer apostar o ídolo
>>Que oferece ao culto dos mortais.
>
>Os campos de Farsália e de Arbela
>Viram triunfar dois vencedores,
>Um e outro digno modelo
>Que se propõem os grandes corações.
>Mas o sucesso fez sua glória;
>E, se o selo da vitória
>Não tivesse consagrado esses semideuses,
>Alexandre, aos olhos do povo,
>Só teria sido um temerário,

E César somente um sedicioso.
"Esse autor, disse ele, era um sábio que mais de uma vez emprestou o encanto dos versos à filosofia. Se sempre tivesse escrito semelhantes estrofes, seria o maior dos poetas líricos; entretanto, foi justamente quando produzia esses belos versos que dele disse um de seus contemporâneos:
Certo filhote de ganso, caça de galinheiro."
"Em outra passagem, disse de Lamotte:
De seus versos a enfadonha beleza."
"E em outra:
... Só vejo nele um defeito:
É que o autor devia fazê-los em prosa.
Essas odes cheiram muito a Quinault."

"E o persegue em toda parte; ele lhe recrimina em tudo a secura e a falta de harmonia. Estaria curioso em ver as odes que, alguns anos depois, escreveu esse mesmo censor que julgava Lamotte de cátedra e o difamava como inimigo? Leia:
Essa influência soberana
Para ele é somente uma ilustre corrente
Que o liga à felicidade de outrem;
Todos os brilhantes que o embelezam,
Todos os talentos que o enobrecem,
Estão nele, mas não são dele.
  Nada há que o tempo não absorva, não devore,
  E os fatos que se ignora
  São bem pouco diferentes dos fatos não ocorridos.
A bondade que brilha nela
De seus encantos mais doces
É uma imagem daquela
Que vê brilhar em ti.
E só por ti enriquecida,
Sua polidez, libertada
Das menores obscuridades,
É o clarão refletido
De tuas sublimes claridades.
  Viram por tua boa fé
  De seus povos assustados de terror
  O temor felizmente desfeito,
  E desenraigado para sempre
  O ódio tantas vezes acatado
  Para a sobrevivência da paz.
Desvela à minha vista ansiosa
Essas deidades de adoção,

Sinônimos do pensamento,
Símbolos de abstração.
Não é uma fortuna,
Quando de um peso comum
Duas metades carregam o feixe,
Que a menor o reclama,
E que da felicidade da alma,
Só o corpo pague tributo?

"Não era necessário, diz então meu judicioso amante das letras, não era necessário sem dúvida dar obras tão detestáveis como modelo para aquele que se criticava com tanta amargura; teria sido melhor deixar seu adversário desfrutar em paz de seu mérito e conservar aquele que se tinha. Mas, que quer você? O gênio irritadiço dos poetas está enfermo da mesma bílis que o atormentava outrora. O público perdoa essas pobrezas às pessoas de talento, porque o público só pensa em se divertir. Ele vê, numa alegoria intitulada *Plutão*, juízes condenados a ser esfolados e a sentar-se nos infernos num banco coberto com a própria pele em vez de flores de lis; o leitor pouco se importa se esses juízes o merecem ou não, se o pleiteante que os cita perante Plutão tem razão ou não. Ele lê esses versos unicamente por prazer; se lhe derem realmente prazer, não quer mais nada; se não lhe agradam, deixa de lado a alegoria e não daria um único passo para fazer confirmar ou cassar a sentença."

"As inimitáveis tragédias de Racine[13] foram todas criticadas e muito mal; é que o eram por rivais. Os artistas são juízes de arte competentes, é verdade, mas esses juízes competentes são quase sempre corruptos."

"Um excelente crítico seria um artista que tivesse muita ciência e bom gosto, isento de preconceitos e de inveja. Difícil de encontrar."

---

1. Torquato Tasso (1544-1595), poeta e escritor italiano; suas principais obras são *Jerusalém libertada*, *Jerusalém conquistada*, *Rinaldo*, *Aminta*; os versos do texto são extraídos do canto IV de *Jerusalém libertada* (NT).

2. Nicolas Boileau, dito Boileau-Despréaux (1636-1711), escritor francês; menosprezou a literatura em geral e a veia satírica, preferindo um discurso moralista (NT).

3. Philippe Quinault (1635-1688), poe-ta dramático e libretista francês (NT).

4. Jean-Baptiste Lulli (1632-1687), compositor italiano naturalizado francês, nomeado por Luís XIV como músico da corte, deixou muitas óperas, algumas compostas em parceria com Quinault (NT).

5. Edme Boursault (1638-1701), escritor francês, autor de comédias; Charles-Jean-François Hénault (1685-1770), orador, poeta e dramaturgo (NT).

6. Claude Perrault (1613-1688), anatomista e arquiteto; projetou as colunatas do museu do Louvre, o Observatório de Paris e o Arco do Triunfo; deixou livros sobre a história natural dos animais; era irmão de Charles Perrault (1628-1703), grande escritor de contos infantis (NT).

7. Maximilien de Béthune, duque de Sully (1559-1641), estadista francês, ministro de Estado (NT).

8. Armand de Ossat (1536-1604), cardeal francês e conselheiro do rei Henrique IV (NT).

9. Nicolas de Neufville, senhor de Villeroi (1546-1617), diplomata e estadista francês (NT).

10. François Michel Le Tellier, marquês de Louvois (1639-1691), estadista francês, ministro de Estado (NT).

11. Jean-Baptiste Colbert (1619-1683), estadista francês, conselheiro e ministro de Estado (NT).

12. Toussaint Guillaume, conde Picquet de La Motte (1720-1791), navegador francês e chefe de esquadra em batalhas navais (NT).

13. Jean-Baptiste Racine (1639-1699), poeta trágico francês (NT).

DAVI - Se um jovem camponês, procurando mulas, encontra um reino, isso não acontece usualmente; se outro camponês cura seu rei de um acesso de loucura, tocando harpa, esse caso é igualmente muito raro; mas se esse pequeno tocador de harpa se torna rei, porque encontrou num lugar qualquer um sacerdote do interior que lhe despeja uma garrafa de óleo de oliva na cabeça, a coisa é ainda mais maravilhosa.

Quando e por quem essas maravilhas foram escritas? Não sei de nada; mas estou totalmente certo que não foi nem um Políbio[1], nem um Tácito[2]. Reverencio profundamente o digno judeu, quem quer que seja, que escreveu a história verdadeira do poderoso reino dos hebreus para instrução do universo, ditada pelo Deus de todos os mundos que inspirou esse bom judeu; mas fico decepcionado que meu amigo Davi comece reunindo um bando de ladrões, em número de 400, que na chefia dessa tropa de homens honestos ele se entenda com o sumo sacerdote Abimelec que o arma com a espada de Golias e lhe dê os pães consagrados (I *Reis*, XXI, 13).

Fico um pouco escandalizado que Davi, o ungido do Senhor, o homem segundo o coração de Deus, revoltado contra Saul, outro ungido do Senhor, se vá com 400 bandidos submeter o país ao tributo, vá roubar o honesto Nabal, e que imediatamente depois Nabal apareça morto, e que Davi se case com a viúva sem tardar (I *Reis*, XXV, 10-11).

Tenho alguns escrúpulos sobre sua conduta com o grande rei Aquis, possuidor, se não me engano, de cinco ou seis aldeias na região de Get. Davi estava então na chefia de 600 bandidos, fazia incursões nas terras dos aliados de seu benfeitor Aquis, pilhava tudo, matava tudo, velhos, mulheres e crianças de peito. E por que degolava as crianças de peito? "É de medo, diz o divino autor, que essas crianças não levassem a notícia ao rei Aquis" (I *Reis*, XXVII, 8-11).

Esses bandidos se revoltam contra ele e querem aperedejá-lo. Que faz esse judeu esperto? Consulta o Senhor e este lhe responde que deve ir atacar os amalecitas, porque esses bandidos vão recolher bons despojos e vão enriquecer (I *Reis*, XXX).

Entretanto, o ungido do Senhor, Saul, perde uma batalha contra os filisteus e se mata. Um judeu leva a notícia a Davi. Este, que aparentemente não tinha por que dar uma boa compensação ao estafeta, manda matá-lo como recompensa (II *Reis*, I, V, 10).

Isboset sucede a seu pai Saul; Davi é bastante forte para lhe mover guerra; finalmente, Isboset é assassinado.

Davi se apodera de todo o reino; surpreende a pequena cidade ou aldeia de Rabat e leva à morte todos os habitantes com suplícios bastante extraordinários; são serrados em dois, são rasgados com grades de ferro, são queimados em fornos de tijolos, maneira de fazer guerra totalmente nobre e generosa (II *Reis*, XII).

Depois dessas belas expedições, há fome de três anos no país. Acho até natural, pois a maneira pela qual Davi fazia guerra, as terras deviam estar muito mal cultivadas. Consulta-se o Senhor e se pergunta a ele porque há fome. A resposta era muito fácil: era certamente porque, num país que mal produz trigo, quando se manda cozinhar os lavradores em fornos de tijolos e que outros são serrados em dois, resta pouca gente para cultivar as terras; mas o Senhor responde que é porque Saul havia matado outrora alguns gabaonitas.

Que faz imediatamente o bom Davi? Reúne os gabaonitas e lhes diz que Saul havia agido de modo totalmente errado ao lhes mover guerra, que Saul não era como ele segundo o coração de Deus, que é justo punir a descendência de Saul; e lhes entrega sete netos de Saul para serem enforcados, os quais foram enforcados porque havia fome (II *Reis*, XXI).

É um prazer notar como esse imbecil de Dom Calmet[3] justifica e canoniza todas essas ações que fariam estremecer de horror se não fossem incríveis.

Não vou falar aqui do assassinato abominável de Urias e do adultério de Betsabeia, pois são fatos bastante conhecidos e as vias de Deus são tão diferentes das vias dos homens, que ele permitiu que Jesus Cristo descendesse dessa infame Betsabeia, tudo sendo purificado por esse santo mistério.

Não pergunto agora como o pregador Jurieu[4] teve a insolência de perseguir o sábio Bayle[5] por não ter aprovado todas as ações do bom rei Davi; mas pergunto como se pôde tolerar que um miserável como Jurieu molestasse um homem como Bayle[6].

---

1. Políbio (200?-120 a.C.), historiador grego, considerado o primeiro autor que estuda a filosofia da história, as causas dos grandes fatos históricos (NT).

2. Caius Cornelius Tacitus (55-120), escritor e historiador latino (NT).

3. Antoine Calmet (1672-1757), padre beneditino conhecido com o nome de Agostinho, teólogo e historiador francês (NT).

4. Pierre Jurieu (1637-1713), teólogo e polemista protestante francês; perseguido, refugiou-se na Holanda, de onde continuou suas virulentas críticas aos católicos franceses (NT).

5. Pierre Bayle (1647-1706), escritor francês, protestante, pregava a tolerância religiosa, um protestantismo ponderado, opondo-se à virulência de Jurieu (NT).

6. O texto deste verbete *Davi* é o da edição de 1767 do *Dicionário filosófico*; na edição de 1771 sua redação foi bastante modificada e lhe foram acrescentados oito parágrafos no início e mais alguns no decorrer do texto. O novo verbete da edição de 1771 começava, pois, assim:
Devemos reverenciar Davi como um profeta, como um rei, como um ancestral do santo esposo de Maria, como um homem que mereceu a misericórdia de Deus por sua penitência.
Vou dizer com ousadia que o artigo Davi, que suscitou tantos inimigos a Bayle, primeiro autor de um dicionário de fatos e de argumentos, não merecia o estranho rumor que então se fez. Não era Davi que se queria defender, era Bayle que se queria atacar. Alguns pregadores da Holanda, inimigos mortais dele, foram cegados por seu ódio a ponto de repreendê-lo por ter elogiado papas que julgava dignos desses elogios e por ter refutado as calúnias contra eles.
Essa ridícula e vergonhosa injustiça foi assinada por doze teólogos, no dia 20 de dezembro de 1698, no mesmo consistório em que fingiam fazer a defesa do rei Davi. Como ousavam manifestar uma paixão covarde que o resto dos homens se esforça sempre por esconder? Não era somente o cúmulo da injustiça e do desprezo de todas as ciências. Era o cúmulo do ridículo proibir a um historiador de ser imparcial e a um filósofo de ser racional. Um homem só não ousaria ser insolente e injusto a esse ponto, mas dez ou doze pessoas reunidas, com alguma espécie de autoridade, são capazes das injustiças mais absurdas. É que elas se apoiam umas nas outras e nenhuma delas toma em seu próprio nome o ônus da vergonha do grupo.
Uma grande prova que essa condenação de Bayle foi pessoal é o que aconteceu em 1761 a Hut, membro do parlamento da Inglaterra. Os doutores Chandler e Palmer havia pronunciado a oração fúnebre do rei Jorge II e, em seus discursos, o havia comparado ao rei Davi, segundo o costume da maioria dos pregadores que se propõem elogiar os reis.

Hut não considerou essa comparação como um elogio; publicou a famosa dissertação *The man after God's own heart* (o homem segundo o próprio coração de Deus). Nesse escrito quer fazer notar que Jorge II, rei muito mais poderoso que Davi, visto que não caiu nas faltas do rei judeu e, por conseguinte, não teve de se submeter à mesma penitência, não podia ser comparado a ele.
Segue passo a passo os livros dos *Reis*. Examina toda a conduta de Davi com muito mais severidade que Bayle e fundamenta seu parecer sobre o fato de que o Espírito Santo não profere nenhum elogio às ações que podem ser reprovadas em Davi. O autor inglês julga o rei da Judeia unicamente com as noções que temos hoje de justo e de injusto.
Depois do 10º. parágrafo, que termina com as palavras "porque havia fome" (II Reis XXI), Voltaire acrescenta estes seis parágrafos na edição de 1771:
Hut acha justo não insistir sobre o adultério com Betsabeia e sobre o assassinato de Urias, uma vez que o crime foi perdoado a Davi quando se arrependeu. O crime é horrível, abominável, mas, enfim, o Senhor transferiu seu pecado; o autor inglês o transfere também.
Ninguém na Inglaterra protestou contra o autor; seu livro foi reimpresso com a aprovação pública; a voz da equidade cedo ou tarde se faz ouvir entre os homens. O que parecia temerário há 80 anos, hoje parece apenas simples e razoável, contanto que a gente se mantenha nos limites de uma crítica sábia e do respeito devido aos livros divinos.
Por outro lado, a Inglaterra de hoje não é como a de outrora. Já vai longe o tempo em que um versículo de um livro hebraico, mal traduzido de um falar bárbaro para outro mais bárbaro ainda, punha em polvorosa três reinos. O parlamento tem pouco interesse por um reinozinho de um pequeno recanto da Síria.
Façamos justiça a Dom Calmet; ele não passou dos limites em seu *Dicionário da Bíblia*, no artigo Davi. "Não pretendemos, diz ele, aprovar a conduta de Davi; é provável que só tenha caído nesses excessos de crueldade antes que tivesse reconhecido o crime que havia cometido com Betsabeia." Vamos acrescentar que provavelmente os reconheceu todos, pois eram bastante numerosos.
Aqui devo fazer umas perguntas que me parecem importantes. Não nos equivocamos muitas vezes a respeito do verbete Davi? Trata-se de sua pessoa, de sua glória, do respeito devido aos livros canônicos? O que interessa ao gênero humano, não é que jamais se consagre o crime? Que importa o nome daquele que degolava as mulheres e os filhos de seus aliados, que mandava enforcar os netos de seu rei, que mandava cortar em dois, queimar em fornos, rasgar com grades de ferro infelizes cidadãos? São essas ações que julgamos e não as letras que compõem o nome do culpado; o nome não aumenta nem diminui o crime. Mais se reverencia Davi como reconciliado com Deus por seu arrependimento, mais se condenam as crueldades de que se tornou culpado. – Fim dos acréscimos de Voltaire ao texto original de 1767 (NT).

DELITOS LOCAIS

- Percorram a terra inteira, verão em toda parte que o roubo, o assassinato, o adultério, a calúnia são considerados como delitos que a sociedade condena e reprime; mas o que é tolerado na Inglaterra e condenado na Itália deve ser punido na Itália como um desses atentados contra toda a humanidade? A isso é que denomino "delito local". Tudo o que é criminoso somente no espaço limitado por algumas montanhas ou entre dois rios, não deve exigir mais indulgência dos juízes que esses atentados que são abomináveis em todas as regiões? O juiz não deverá dizer consigo mesmo: "Ousaria punir em Ragusa o que condeno em Loreto?" Essa reflexão não deverá amenizar em seu íntimo essa dureza que foi levado a adquirir no longo exercício de seu cargo?

Conhecemos as quermesses de Flandres; no século passado, eram celebradas com uma indecência que podia revoltar olhos desacostumados a esses espetáculos.

O Natal era festejado em algumas cidades do seguinte modo: primeiro, aparecia um jovem seminu, de asas nas costas; recitava a *Ave-Maria* a uma moça que lhe respondia *fiat* (faça-se) e o anjo a beijava na boca; em seguida, um menino enfiado dentro de um grande galo de papelão gritava, imitando o canto do galo: *Puer natus est nobis* (um menino nasceu para nós); um boi gordo mugindo dizia *ubi* (onde); uma ovelha balia gritando *Bethlem* (Belém); um asno zurrava *hihanus*, que queria dizer *eamus* (vamos). Uma longa procissão encerrava o cortejo, precedida de quatro doidos que agitavam guizos e chocalhos. Ainda hoje se encontram vestígios dessas devoções populares que, em povos mais civilizados, seriam consideradas profanações. Certa vez na cidade de Louvain, um suíço de mau humor e talvez mais bêbado que aqueles que representavam o papel do boi e do asno, discutiu com eles, mas acabou apanhando bastante; tentaram enforcar o suíço, que escapou por pouco.

O mesmo homem travou violenta discussão em Haia, na Holanda, por ter tomado abertamente o partido de Barneveldt[1] contra um fanático gomarista[2]. Foi preso em Amsterdã por ter dito que os padres são o flagelo da humanidade e a origem de todas as nossas desgraças. "Ora essa! – dizia ele – se alguém acredita que as boas ações podem servir para nossa salvação, é posto atrás das grades; se zomba de um galo e de um burro, arrisca a forca."

Por mais burlesca que possa ser essa aventura, mostra claramente que se pode ser condenado num ou dois pontos de nosso hemisfério e ser considerado absolutamente inocente no resto do mundo.

---

1. Jan Olden Barneveldt (1549-1621), ministro e diplomata holandês, foi condenado à morte pelo sínodo calvinista como herege e decapitado; havia aderido à doutrina de Armínio, contrária à de Gomar – ver nota seguinte (NT).

2. Partidário do gomarismo, doutrina de Franciscus Gomarus ou Gomar (1563-1641), teólogo protestante holandês, defensor intransigente da teoria da predestinação (desde toda a eternidade Deus destinou a maioria dos homens a queimar eternamente no fogo do inferno), conseguindo que suas ideias fossem aprovadas pelo Sínodo nacional (sendo adotadas pela casa principesca de Nassau) e condenassem a doutrina contrária do arminianismo, doutrina defendida por Jacob Harmens, dito Arminius (1560-1609), teólogo protestante holandês, segundo a qual a graça de Deus é oferecida a todos indistintamente e que o uso da liberdade intervém na determinação do destino eterno; contrastava, pois, frontalmente com a doutrina de Gomar e essas duas teorias sobre a predestinação conturbaram a vida política e social dos Países Baixos de 1600 a 1650 (NT).

DEMOCRACIA

– "O pior dos Estados é o Estado popular", assim se exprime Cina diante de Augusto. Máximo, porém, sustenta que "o pior dos Estados é o Estado monárquico"[1].

Bayle[2], tendo sustentado mais de uma vez em seu *Dicionário* o pró e o contra, no verbete *Péricles* traça um retrato realmente hediondo da democracia, principalmente daquela de Atenas.

Um republicano, grande amante da democracia e um de nossos fazedores de perguntas, nos envia sua refutação de Bayle e sua apologia de Atenas. Vamos expor suas razões. É privilégio de qualquer um que escreve julgar os vivos e os mortos, mas nós próprios somos julgados por outros, que o serão por sua vez e, de século em século, todas as sentenças são reformadas.

Bayle, portanto, após alguns lugares-comuns, diz estas palavras: "Em vão se procuraria na história da Mecedônia tanta tirania como nos apresenta a história de Atenas."

Talvez Bayle estivesse descontente com a Holanda, quando assim escrevia; e provavelmente meu republicano, que o refuta, esteja contente, *no momento presente*, com sua pequena cidade democrática.

É difícil pesar numa balança bem regulada as iniquidades da república de Atenas e aquelas da corte da Macedônia. Reprovamos ainda hoje os atenienses pelo banimento

Esses são, portanto, os atenienses, convictos de terem sido os juízes mais tolos e mais bárbaros da terra.

Deve-se, no entanto, colocar na balança os crimes da corte da Mecedônia; e se poderá ver que esta ultrapassa prodigiosamente Atenas em matéria de tirania e de perversidade. Reprovamos até hoje os atenienses pelo banimento de Címon, Aristides, Temístocles, Alcibíades[3], pelos julgamentos de morte proferidos contra Fócio[4] e contra Sócrates[5], julgamentos que se assemelham àqueles de alguns de nossos tribunais, absurdos e cruéis.

Enfim, o que não perdoamos aos atenienses é a morte de seus seis generais vitoriosos, condenados por não terem tido tempo de enterrar seus mortos após a vitória, porque foram impedidos por uma tempestade. Essa sentença é ao mesmo tempo tão ridícula e tão bárbara, revela um tal caráter de superstição e de ingratidão, que aquelas da Inquisição, aquelas que foram pronunciadas contra Urbano Grandier[6], contra a Marechala d'Ancre[7], contra Morin[8], contra tantos feiticeiros, etc., não são inépcias mais atrozes.

É inútil dizer, para desculpar os atenienses, que eles acreditavam, segundo Homero[9], que as almas dos mortos vagavam sempre errantes se não recebessem as honras da sepultura ou da pira: uma tolice não desculpa uma barbárie.

Que grande mal havia que as almas de alguns gregos passeassem uma ou duas semanas à beira do mar! O mal está em entregar seres vivos aos carrascos! Vivos que ganharam uma batalha e a quem se deveria agradecer de joelhos!

De modo geral, não há comparação alguma a fazer entre os crimes dos grandes, que são sempre ambiciosos, e os crimes do povo, que somente quer e sempre quis a liberdade e a igualdade. Esses dois sentimentos, liberdade e igualdade, não conduzem diretamente à calúnia, à rapina, ao assassinato, ao envenenamento, à devastação das terras de seus vizinhos, etc.; mas a grandeza ambiciosa e o desejo imoderado do poder provocam todos esses crimes em todos os tempos e em todos os lugares.

Só se vê nessa Macedônia, cuja virtude Bayle opõe à de Atenas, um tecido de crimes espantosos durante 200 anos seguidos.

Tio de Alexandre[10], o Grande, Ptolomeu[11] assassina seu irmão Alexandre para usurpar o reino.

Filipe[12], seu irmão, passa sua vida enganando e violando seus juramentos e acaba sendo apunhalado por Pausânias[13].

Olímpia[14] manda jogar a rainha Cleópatra e seu filho num tanque de bronze incandescente; assassina Arideu.

Antígono[15] assassina Eumênio[16].

Antígono Gônatas[17], seu filho, envenena o governador da cidadela de Corinto, casa com a viúva, expulsa-a e se apodera da cidadela.

Filipe[18], seu neto, envenena Demétrio e mancha toda a Macedônia com seus crimes.

Perseu[19] mata sua mulher com as próprias mãos e envenena seu irmão.

Essas perfídias e essas barbáries são famosas na história.

Desse modo, pois, durante dois séculos o furor do despotismo faz da Macedônia o teatro de todos os crimes; e, no mesmo espaço de tempo, podem ver o governo popular de Atenas enxovalhado somente com cinco ou seis iniquidades judiciárias e cinco ou seis julgamentos atrozes, dos quais o povo sempre se arrependeu e se retratou. Pediu perdão a Sócrates após sua morte e erigiu-lhe o pequeno templo de *Socratéion*. Pediu perdão a Fócio e ergueu-lhe uma estátua. Pediu perdão aos seis generais condenados tão ridiculamente e tão indignamente executados. Pôs a ferros o principal acusador, que escapou à vingança pública com dificuldade. O povo ateniense era, portanto, naturalmente tão bom quanto leviano. Em que Estado despótico se chorou algum dia a injustiça de suas sentenças precipitadas?

Dessa vez, pois, Bayle errou e meu republicano está com a razão. O governo popular é, portanto, por si mesmo menos iníquo, menos abominável que o poder tirânico.

O grande vício da democracia não é certamente a tirania e a crueldade; houve republicanos montanheses, selvagens e ferozes, mas não foi o espírito republicano que os fez assim, foi a natureza. A América setentrional estava toda dividida em repúblicas; e seus habitantes eram ursos.

O verdadeiro vício de uma república civilizada aparece na fábula turca do dragão com várias cabeças e do dragão com várias caudas. A multidão de cabeças se prejudica; a multidão de caudas obedece a uma só cabeça, mas esta quer devorar tudo.

A democracia só parece convir a um país muito pequeno e é necessário ainda que esteja situado favoravelmente. Por menor que seja, cometerá muitos erros, porque é composto de homens. A discórdia nele reinará, como num convento de monges; mas não haverá nem noite de são Bartolomeu[20], nem massacres da Irlanda, nem vésperas sicilianas, nem Inquisição, nem condenação às galés por ter apanhado água do mar sem pagar, a menos que se suponha essa república composta de demônios num canto do inferno.

Após ter tomado o partido de meu suíço contra o ambidestro Bayle, vou acrescentar:

– que os atenienses foram guerreiros como os suíços e polidos como os parisienses no reinado de Luís XIV[21];

– que tiveram sucesso em todas as artes que requerem o gênio e a mão, como os florentinos do tempo dos Médicis[22];

– que foram os mestres dos romanos nas ciências e na eloquência, mesmo na época de Cícero[23];

– que esse pequeno povo, que tinha apenas um território e que hoje está reduzido a uma tropa de escravos ignorantes, cem vezes menos numerosos que os judeus, tendo perdido até seu nome, prevalece, contudo, sobre o império romano por sua antiga reputação e triunfa sobre os séculos e a escravidão.

A velha Europa pôde ver uma república dez vezes menor ainda que Atenas⁽²⁴⁾ atrair os olhares da Europa durante 150 anos e seu nome colocado ao lado daquele de Roma, no tempo em que Roma ainda comandava os reis, condenava um Henrique, soberano da França, absolvia e chicoteava outro Henrique, primeiro homem de seu século; no tempo em que Veneza conservava seu antigo esplendor e que a nova república das sete Províncias Unidas⁽²⁵⁾ surpreendia a Europa e as Índias por seu estabelecimento e por seu comércio.

Esse formigueiro imperceptível não pôde ser destruído pelo rei-demônio do sul e dominador dos dois mundos⁽²⁶⁾, nem pelas intrigas do Vaticano, que faziam mover as molas de metade da Europa. Pelas palavras e pelas armas resistiu e, com a ajuda de um Picard⁽²⁷⁾ que escrevia e de um pequeno número de suíços que combateu, afirmou-se e triunfou, podendo dizer: *Roma e eu*. Dobrou todos os espíritos, divididos entre os ricos pontífices sucessores dos Cipiões, *Romanos rerum domínos* (romanos donos das coisas), e os pobres habitantes de um pedaço de terra ignorado, terra da pobreza e dos papudos.

Tratava-se na época de saber como a Europa pensaria sobre questões que ninguém entendia. Era a guerra do espírito humano. Teve seus Calvino, Bèze, Turretin⁽²⁸⁾, para os Demóstenes, Platão e Aristóteles⁽²⁹⁾.

Reconhecido enfim o absurdo da maioria das questões controvertidas que mantinha a Europa atenta, a pequena república se voltou para aquilo que parecia sólido, a aquisição de riquezas. O sistema de Law⁽³⁰⁾, mais quimérico e menos funesto que o dos supralapsários e o dos infralapsários, empenhou na aritmética aqueles que não podiam mais se fazer um nome em teo-moriânica⁽³¹⁾. Tornaram-se ricos e não foram nada mais.

Hoje se pensa que repúblicas existem somente na Europa. Ou me engano ou já o disse em outro local, mas foi uma grande inadvertência. Os espanhóis encontraram na América a república de Tlaxcala, muito bem estabelecida. Naquela parte do mundo, tudo o que não foi subjugado ainda é república. Em todo esse continente havia, quando foi descoberto, somente dois reinados e isso poderia muito bem provar que o governo republicano é o mais natural. É necessário ter-se refinado muito e ter passado por muitas provas para se submeter ao governo de um só homem.

Na África, os hotentotes, os cafres e muitas populações negras são democracias. O que geralmente se julga é que os países onde se vendem mais negros são governados por reis. Trípoli, Túnis e Argel são repúblicas de soldados e de piratas. Atualmente existem semelhantes na Índia: os maratas, muitas hordas de patanos, os siks, não possuem reis; elegem chefes quando vão pilhar. Desse modo permanecem ainda várias sociedades tártaras. Durante muito tempo, até o império turco foi uma república de janízaros que com frequência estrangulavam seu sultão, quando este não os mandava dizimar.

Sempre se pergunta se um governo republicano é preferível ao de um rei. A discussão sempre termina por concordar que é muito difícil governar os homens.

DICIONÁRIO FILOSÓFICO

Os judeus tiveram por senhor o próprio Deus; vejam o que lhes aconteceu: foram quase sempre vencidos e escravizados e, hoje, não acham que fazem bela figura?

1. Personagens da peça teatral *Cina* (ato II, cena I) de Pierre Corneille (1606-1684), poeta dramático francês (NT).

2. Pierre Bayle (1647-1706), escritor francês, protestante, pregava a tolerância religiosa, um protestantismo ponderado; publicou *Dicionário histórico e crítico* em 1696-97 (NT).

3. Címon (510-450 a.C.), estratego ateniense, conquistou um império marítimo para Atenas; Aristides (540-468 a.C.), estadista ateniense, cognominado o justo; Temístocles (528-462 a.C.), estadista ateniense, rival de Aristides, transformou Atenas em grande potência naval; Alcibíades (450-404 a.C.), estadista ateniense, teve de se exilar por envolvimento em escândalo religioso (NT).

4. Fócio (402?-318 a.C.), estadista ateniense, discípulo de Platão; por restaurar o governo democrático e por permitir o retorno dos exilados foi julgado e condenado a tomar cicuta (NT).

5. Sócrates (470-399 a.C.), filósofo grego; acusado de ateísmo e de corromper a juventude, foi julgado e condenado a beber cicuta (NT).

6. Urbain Grandier (1590-1634), padre francês; acusado de ser o causador de casos de possessão demoníaca ocorridos num convento, foi preso, julgado por bruxaria e condenado a ser queimado vivo (NT).

7. Trata-se de Leonora Dori, esposa de Concino Concini, marechal d'Ancre (1575-1617), italiano que estudou em Paris e entrou no séquito da rainha Maria de Médicis, esposa de Henrique IV; Luís XIII, que sucedeu ao pai no trono, não tolerava a influência de Concini sobre sua mãe Maria de Médicis e mandou assassiná-lo (abril de 1617); a mulher deste, Leonora, conhecida como marechala d'Ancre, foi presa, julgada como feiticeira e executada em Paris no dia 8 de julho de 1617 (NT).

8. Simon Morin era um tresloucado que afirmava ter visões divinas, que se dizia enviado de Deus e que incorporava o próprio Jesus Cristo; preso como louco, criou desavenças e desordem no hospício por encontrar outro semelhante a ele que também se dizia enviado de Deus; foi julgado como feiticeiro e queimado vivo em Paris no ano de 1663 (NT).

9. Homero (séc. IX a.C.), poeta grego a quem são atribuídos os dois poemas épicos *Ilíada* e *Odisseia*, nos quais são narrados os atos heroicos dos gregos na guerra de Troia e as intermináveis aventuras do herói Ulisses; em ambos os poemas a intervenção dos deuses nos fatos e atos dos homens têm lugar de destaque (NT).

10. Alexandre, o Grande (356-323 a.C.), rei da Macedônia e grande conquistador (NT).

11. Ptolomeu I, o Salvador (360-283 a.C.), rei do Egito e fundador da dinastia ptolemaica nesse país (NT).

12. Filipe II (382-336 a.C.), rei da Macedônia e depois da Grécia; assassinado por Pausânias (NT).

13. Pausânias de Orestis, oficial de Filipe, apunhala-o por rancor no ano 336 a.C., mas é imediatamente preso e executado (NT).

14. Olímpia (375-316 a.C.), rainha da Macedônia, mãe de Alexandre, o Grande; repudiada pelo marido, Filipe II, mandou matar a nova rainha Cleópatra; depois da morte de seu filho Alexandre, em 323, foi regente na Macedônia, mas acabou sendo assassinada (NT).

15. Antígono Monoftalmo, lugar-tenente de Alexandre, o Grande, tentou reconstituir o império do conquistador, mas foi vencido e morto pelos outros generais (NT).

16. Eumênio (360-316), general de Alexandre, o Grande; resistiu às pretensões de Antígono e foi executado (NT).

17. Antígono Gônatas (320-240 a.C.), rei da Macedônia de 276 a 240, restabeleceu o poderio desse reino (NT).

18. Filipe V (237-179), rei da Macedônia de 221 até a morte, resiste à ofensiva romana, celebra pactos e alianças de todo tipo, o que lhe garante um longo reinado (NT).

19. Perseu (212?-165 a.C.), último rei da Macedônia, filho de Filipe V; seu reino sucumbiu à conquista romana no ano 168 a.C.; preso, Perseu morreu no cativeiro (NT).

20. Noite de massacre dos protestantes, ocorrida em Paris no dia 24 de agosto de 1572, festa de São Bartolomeu, por isso chamada de *La Saint-Barthélemy* (NT).

21. Luís XIV (1638-1715), rei da França de 1643 a 1715, cognominado o rei Sol (NT).

22. Família de banqueiros florentinos que dominou os destinos políticos da república de Florença, depois chamada Grão-Ducado da Toscana, centro da Itália, de 1434 a 1737 (NT).

23. Marcus Tullius Cicero (106-43 a.C.), filósofo, orador e escritor latino; dentre suas obras, *A amizade* e *A velhice saudável* já foram publicadas pela Editora Escala (NT).

24. Referência a Genebra, na Suíça (NT).

25. Assim eram chamados na época os Países Baixos com um território aproximadamente igual ao da Holanda atual (NT).

26. Filipe II (1527-1598), rei da Espanha e das colônias americanas, africanas e asiáticas (NT).

27. Jean Picard (1620-1682), chamado padre Picard, astrônomo e geodesista francês (NT).

28. João Calvino (1509-1564), fundador do calvinismo, corrente do protestantismo; refugiando-se em Genebra, Suíça, transforma a cidade numa cidade-igreja ou teocracia plena, regida pelos princípios do Evangelho; Théodore de Bèze (1519-1605), teólogo protestante francês, sucessor de Calvino em Genebra, Suíça, poeta, deixou várias obras de caráter religioso e histórico, além dos poemas de sua juventude que, na velhice, deplorou; François Turretin (1623-1687), campeão da ortodoxia calvinista em Genebra (NT).

29. Demóstenes (384-322 a.C.), orador, escritor e estadista grego; Platão (427-347 a.C.), filósofo grego; dentre suas obras, *A República* já foi publicada pela Editora Escala; Aristóteles (384-322 a.C.), filósofo grego; dentre suas obras, *A Política* já foi publicada pela Editora Escala (NT).

30. John Law (1671-1729), financista escocês, criou em Paris um banco de crédito e descontos, transformado depois em banco

do reino da França; com seus métodos conseguiu reduzir a dívida do Estado e desenvolver o comércio marítimo e outros setores da economia francesa; quando estava no auge da expansão, o pânico provocado pelos especuladores levou-o à ruína (NT).

31. Termo inventado por Voltaire; talvez se refira ao governo teocrático de Israel: Deus estava presente e governava desde o templo de Salomão, construído sobre a colina de Moriá (NT).

DESTINO - De todos os livros que chegaram até nós o mais antigo é o de Homero[1]; é nele que encontramos os costumes da antiguidade profana, heróis rudes, deuses broncos feitos à imagem do homem; mas é nele também que encontramos as sementes da filosofia e especialmente a ideia do destino, que é senhor dos deuses, como os deuses são os senhores do mundo.

É em vão que Júpiter[2] quer salvar Heitor; consulta os destinos; pesa numa balança os destinos de Heitor e de Aquiles; logo vê que o troiano deve ser irrevogavelmente morto pelo grego; não pode se opor a isso; e, a partir desse momento, Apolo, o gênio guardião de Heitor, é obrigado a abandoná-lo[3]. Não que Homero muitas vezes não seja pródigo, em seu poema, de ideias totalmente opostas, seguindo o privilégio da antiguidade; mas, enfim, é o primeiro em que aparece a noção do destino. Devia estar, pois, muito em voga em seu tempo.

Os fariseus[4], no pequeno povo judeu, só adotaram a ideia do destino vários séculos depois, pois esses mesmos fariseus, que foram os primeiros letrados entre os judeus, eram muito recentes. Em Alexandria misturaram parte dos dogmas dos estoicos com as antigas ideias judaicas. São Jerônimo[5] julga até que sua seita não é muito anterior à nossa era.

Os filósofos nunca tiveram necessidade de Homero nem dos fariseus para se persuadirem de que tudo obedece a leis imutáveis, tudo está correlacionado, tudo é efeito necessário.

Ou o mundo subsiste por sua própria natureza, por suas leis físicas, ou um ser supremo o formou segundo suas leis supremas; em ambos os casos, essas leis são imutáveis; em ambos os casos, tudo é necessário; os corpos pesados tendem para o centro da terra, não podendo tender a flutuar no ar. As pereiras nunca podem dar ananases. O instinto de um cão não pode ser o instinto de uma avestruz. Tudo está ordenado, engrenado e limitado.

O homem só pode ter certo número de dentes, cabelos e ideias; tempo virá em que perde necessariamente seus dentes, seus cabelos e suas ideias.

É contraditório que aquilo que foi ontem não tivesse sido, que aquilo que é hoje não seja; é tão contraditório como aquilo que deve ser possa não dever ser.

Se tu pudesses modificar o destino de uma mosca, não haveria nenhuma razão que pudesse te impedir de traçar o destino de todas as outras moscas, de todos os outros animais, de todos os homens, de toda a natureza; tu te tornarias, no final das contas, mais poderoso que Deus.

Há imbecis que dizem: o médico curou minha tia de uma doença fatal e fez com que vivesse dez anos mais do que devia. Outros imbecis, que se acham capazes de

tudo, dizem: o homem prudente cria ele próprio seu destino.
*Nullum numen abest, si sit prudentia, sed nos
te facimus, fortuna, deam, coeloque locamus*[6].
A fortuna não é nada; é em vão que a adoramos.
A prudência é o deus que só devemos implorar.
Muitas vezes, porém, o prudente sucumbe a seu destino, em vez de conduzi-lo; é o destino que faz os prudentes.

Políticos de renome garantem que, se Cromwell, Ludlow, Ireton[7] e uma dúzia de outros parlamentares tivessem sido assassinados oito dias antes que a cabeça de Carlos I[8] fosse decepada, esse rei teria podido viver ainda e vir a morrer em sua cama; têm razão; e podem acrescentar ainda que, se toda a Inglaterra tivesse sido tragada pelo mar, esse monarca não teria morrido num patíbulo perto da Whitehall ou sala branca; as coisas, porém, estavam dispostas de maneira que Carlos devia morrer com o pescoço cortado.

O cardeal de Ossat[9] era sem dúvida mais prudente que um louco do hospício de Paris; mas não é evidente que os órgãos do sábio de Ossat eram constituídos de modo diverso daqueles desse desmiolado, da mesma forma que os órgãos de uma raposa são diferentes daqueles de uma cegonha ou de uma cotovia?

O médico salvou tua tia; mas certamente não contradisse nisso as leis da natureza; ele as seguiu. É claro que tua tia não podia deixar de nascer na cidade em que nasceu, não podia deixar de ter num certo momento certa doença, o médico não podia estar em outro local senão na cidade em que estava, tua tia devia chamá-lo e ele devia lhe prescrever as drogas que a curaram.

Um camponês acredita que foi por acaso que caiu granizo em seu campo; mas o filósofo sabe que não existe acaso e que era impossível, na constituição deste mundo, que não caísse granizo naquele dia e naquele lugar.

Há pessoas que, apavoradas com essa verdade, concordam com a metade dela, como devedores que oferecem metade a seus credores e pedem mora para pagar o resto da dívida. Há, dizem elas, acontecimentos necessários e outros que não o são. Seria engraçado que uma parte deste mundo fosse ordenada e a outra que não o fosse; que uma parte do que acontece tivesse de acontecer e que a outra não. Quando se olha de perto, percebe-se que a doutrina contrária àquela do destino é absurda; mas há muitas pessoas destinadas a raciocinar mal, outras a não raciocinar de modo algum e outras destinadas a perseguir aquelas que raciocinam.

Há pessoas que dizem: "Não acreditem no fatalismo; de fato, se tudo lhes parecer inevitável, não farão mais nada, estagnarão na indiferença, não gostarão nem das riquezas nem das honras nem dos elogios; não vão querer adquirir nada, se considerarão sem mérito algum como sem poder; nenhum talento será cultivado, tudo vai perecer pela apatia."

Não temam nada, senhores, teremos sempre paixões e preconceitos, porquanto é nosso destino estarmos sujeitos aos preconceitos e às paixões; saberemos muito bem que não depende mais de nós termos muito mérito e grandes talentos como não depende de nós termos cabelos bonitos e mãos perfeitas; ficaremos convencidos de que de nada podemos ser vaidosos e, no entanto, teremos sempre vaidade.

Eu tenho necessariamente paixão para escrever isso; e tu tens paixão em me condenar; ambos somos igualmente tolos, igualmente joguetes do destino. Tua natureza é de fazer o mal, a minha é de amar a verdade e de divulgá-la, apesar de tua posição contrária.

A coruja, que se alimenta de ratos em seu ninho, disse ao rouxinol: "Para de cantar sob tuas belas ramagens, vem até meu buraco, a fim de que te devore." O rouxinol respondeu: "Nasci para cantar aqui e para zombar de ti."

Perguntam-me agora o que vai ser da liberdade. Não os entendo. Não sei o que vem a ser essa liberdade de que falam; há tanto tempo que vocês discutem acerca de sua natureza que seguramente não a conhecem. Se quiserem ou, melhor, se puderem examinar calmamente comigo o que é, passem para a letra L.

1. Na realidade são dois os livros de Homero (séc. IX a.C.), poeta grego a quem são atribuídos os dois poemas épicos *Ilíada* e *Odisseia*, nos quais são narrados os atos heroicos dos gregos na guerra de Troia e as intermináveis aventuras do herói Ulisses; em ambos os poemas a intervenção dos deuses nos fatos e atos dos homens têm lugar de destaque. Os heróis da guerra de Troia, narrada na *Ilíada* são Heitor e Aquiles: Heitor, herói troiano, que provocou muitas baixas no exército grego, matando inclusive um dos comandantes helênicos, Pátroclo; para vingar a morte deste amigo, Aquiles matou Heitor e arrastou seu cadáver ao redor das muralhas de Troia, segundo relata Homero na *Ilíada* (NT).

2. Júpiter era o deus dos deuses, o supremo deus, na mitologia romana e correspondia a Zeus dos gregos, suprema divindade do Olimpo (NT).

3. *Ilíada*, livro XXII (NT).

4. Os fariseus constituíam uma corrente da religião judaica que privilegiava a estrita observância dos mandamentos e a submissão rigorosa à lei e que teve marcante influência na tradição rabínica da doutrina e da literatura hebraica (NT).

5. Sophronius Eusebius Hieronymus (331-420), escritor cristão e doutor da Igreja; além de seus numerosos escritos, dedicou parte de sua vida para traduzir toda a Bíblia do hebraico e do grego para o latim, tradução que levou o nome de *Bíblia Vulgata* (NT).

6. Versos do livro *Satirae* (X, V, 365), *Sátiras*, de Decimus Junius Juvenalis (60-130), poeta latino (NT).

7. Oliver Cromwell (1599-1658), político e ditador da Grã-Bretanha, assumiu o poder após ter depurado o parlamento para conseguir a condenação do rei Carlos I à morte; Edmund Ludlow (1617-1692), parlamentar inglês e membro do tribunal que condenou o rei à morte; Henry Ireton (1611-1651), general inglês ligado a Cromwell, cuja filha desposou (NT).

8. Carlos I (1600-1649), rei da Inglaterra, da Escócia e da Irlanda de 1625 a 1649; teve um governo marcado por dissensões internas, suspensão do parlamento, guerras civis; numa manobra política, Cromwell, após ter depurado o parlamento, conseguiu a condenação do rei à morte, a fim de se apoderar do poder; o rei foi decapitado (NT).

9. Armand de Ossat (1536-1604), cardeal francês e conselheiro do rei Henrique IV (NT).

DEUS, DEUSES - [Seção I]

Não se pode deixar de advertir que este *Dicionário* não foi feito para repetir o que tantos outros já disseram.

O conhecimento de um Deus não foi impresso em nós pelas mãos da natureza, pois, todos os homens teriam a mesma ideia, e ideia alguma nasce conosco. Ela não nos vem como a percepção da luz, da terra, etc., que recebemos a partir do momento em que nossos olhos e nosso entendimento se abrem. É uma ideia filosófica? Não. Os homens admitiram deuses antes que houvesse filósofos.

De onde veio, pois, essa ideia? Do sentimento e dessa lógica natural que se desenvolve com a idade nos homens mais rudes. Foram vistos efeitos surpreendentes da natureza, colheitas e secas, dias serenos e tempestades, benefícios e flagelos e um senhor foi sentido. Foram necessários chefes para governar sociedades e houve necessidade de admitir soberanos desses soberanos novos que a fraqueza humana se havia dado, seres cujo poder supremo fizesse tremer homens que pudessem oprimir seus iguais. Os primeiros soberanos empregaram, por sua vez, essas noções para firmar seu poder. Aí estão os primeiros passos, aí está por que cada pequena sociedade tinha seu deus. Essas noções eram grosseiras, porque tudo o era. É muito natural raciocinar por analogia. Uma sociedade com um chefe não negava que o povo vizinho tivesse também seu juiz, seu capitão; por conseguinte, não podia negar que tivesse também seu deus. Mas como cada povo tinha interesse que seu capitão fosse o melhor, tinha interesse também em acreditar e, por conseguinte, acreditava que seu deus era o mais poderoso. Assim surgem essas antigas fábulas, por tanto tempo geralmente difundidas, que os deuses de uma nação combatiam contra os deuses de outra. Assim surgem tantas passagens nos livros hebraicos que desvelam a todo momento a opinião dos judeus de que os deuses de seus inimigos existiam, mas que o deus deles era superior.

Entretanto, houve sacerdotes, magos, filósofos nos grandes Estados, onde a sociedade aperfeiçoada podia comportar homens ociosos, ocupados em especulações.

Alguns dentre eles aperfeiçoaram sua razão até reconhecer em segredo um Deus único e universal. Assim, embora entre os antigos egípcios se adorasse Osiri, Osíris ou, melhor, Osiret (que significa *esta terra é minha*), embora eles adorassem também outros seres superiores, admitiam, no entanto, um deus supremo, um princípio único que chamavam de *Knef* e cujo símbolo era uma esfera posta no frontispício do templo.

Segundo esse modelo, os gregos tiveram seu Zeus, seu Júpiter, senhor dos outros deuses, que não eram senão os anjos para os babilônios e para os hebreus e os santos, para os cristãos da comunhão romana.

É uma questão mais espinhosa do que se pensa, e muito pouco aprofundada, de que vários deuses iguais em poder pudessem subsistir ao mesmo tempo.

Nós não temos nenhuma noção adequada da divindade, nos deixamos levar somente de suspeita em suspeita, de verossimilhanças para probabilidades. Chegamos a um número muito restrito de certezas. Há alguma coisa, portanto, há alguma coisa de eterno, pois, nada se produz do nada. Esta é uma verdade certa, sobre a qual se baseia o espírito. Toda obra que nos mostrar meios e um fim, anuncia um artesão; logo, este universo, composto de molas, de meios, cada um dos quais tem seu fim, descobre um artesão muito poderoso, muito inteligente. Aí está uma probabilidade que se aproxima da maior certeza; mas esse artesão supremo é infinito? Está em toda parte? Está num só local? Como responder a esta pergunta com nossa inteligência limitada e com nossos fracos conhecimentos?

Só minha razão me prova um ser que formou a matéria deste mundo; mas minha razão é impotente para me provar que ele tenha feito esta matéria, que a tenha tirado do nada. Todos os sábios da antiguidade, sem nenhuma exceção, julgaram a matéria como eterna e subsistente por si. Tudo o que posso fazer sem o auxílio de uma luz superior é, portanto, crer que o Deus deste mundo é também eterno e existente por si, Deus e a matéria existem pela natureza das coisas. Outros deuses assim como outros mundos não subsistiriam? Nações inteiras, escolas muito esclarecidas admitiram realmente dois deuses neste mundo: um seria a fonte do bem e o outro, a fonte do mal. Admitiram uma guerra interminável entre duas potências iguais. Certamente a natureza pode mais facilmente tolerar na imensidão do espaço vários seres independentes, senhores absolutos, cada um em sua extensão, do que dois deuses limitados e impotentes neste mundo, dos quais um não pode fazer o bem e o outro não pode fazer o mal.

Se Deus e a matéria existem desde toda a eternidade, como a antiguidade acreditou, aí estão dois seres necessários; ora, se há dois seres necessários, pode haver trinta deles. Somente estas dúvidas, que são o germe de uma infinidade de reflexões, servem pelo menos para nos convencer da fraqueza de nosso entendimento. É necessário que confessemos nossa ignorância sobre a natureza da divindade com Cícero[1]. Nunca seremos mais que ele.

É em vão que as escolas nos dizem que Deus é infinito negativamente e não privativamente, *formaliter et non materialiter* (formalmente e não materialmente); que é o primeiro, o médio e o último ato; que está em toda parte sem estar em lugar algum; cem páginas de comentários sobre semelhantes definições não podem nos trazer a menor luz. Não possuímos degrau nem ponto de apoio para subir até semelhantes conhecimentos. Sentimos que estamos sob a mão de um ser invisível: é tudo, e não podemos fazer um passo sequer para além disso. Há uma temeridade insensata em querer adivinhar o que é esse ser, se é extenso ou não, se existe num lugar ou não, como existe, como opera[2].

[Seção II]

Sempre receio me enganar, mas todos os monumentos me levam a perceber com evidência que os antigos povos civilizados reconheciam um Deus supremo. Não há um só livro, uma medalha, um baixo-relevo, uma inscrição, em que se fale de Juno, de Minerva, de Netuno, de Marte e dos outros deuses como de um ser formador, soberano sobre toda a natureza. Pelo contrário, os mais antigos livros profanos de que dispomos, Hesíodo[3] e Homero[4], representam seu Zeus como o único a lançar o raio, como o único senhor dos deuses e dos homens; pune até mesmo os outros deuses; ele amarra a deusa Juno numa corrente, expulsa o deus Apolo do céu.

A antiga religião dos brâmanes, a primeira a admitir criaturas celestes, a primeira a falar de sua rebelião, explica de uma maneira sublime a unidade e o poder de Deus, como já vimos no verbete *anjo*.

Os chineses, por mais antigos que sejam, só vêm depois dos indianos! Reconheceram um só Deus desde tempos imemoriais, nada de deuses subalternos, nada de gênios ou demônios mediadores entre Deus e os homens, nada de oráculos, nada de dogmas abstratos, nada de disputas teológicas entre os letrados; o imperador sempre foi o primeiro pontífice, a religião sempre foi augusta e simples; foi assim que esse vasto império, embora subjugado duas vezes, sempre se conservou em sua integridade, foi assim que submeteu seus vencedores a suas leis e que, apesar dos crimes e das desgraças ligadas à raça humana, é ainda o Estado mais florescente da terra.

Os magos da Caldeia[5], os sabeus[6], não reconheciam senão um só Deus e o adoravam nas estrelas, que são obra sua.

Os persas o adoravam no sol. A esfera posta no frontispício do templo de Mênfis era o emblema de um Deus único e perfeito, chamado *Knef* pelos egípcios.

O título de *Deus optimus maximus* (Deus ótimo e máximo) nunca foi dado pelos romanos senão unicamente a Júpiter.

Hominum sator atque deorum[7].

Não se pode repetir em demasia essa grande verdade que assinalamos em outro local[8].

Essa adoração de um Deus supremo é confirmada desde Rômulo até a destruição total do império e de sua religião. Apesar de todas as loucuras do povo que venerava deuses secundários e ridículos e apesar dos epicuristas[9] que, no fundo, não reconheciam nenhum, está confirmado que os magistrados e os sábios adoraram, em todos os tempos, um Deus soberano.

Entre os inumeráveis testemunhos que nos restam dessa verdade, vou escolher em primeiro lugar aquele de Máximo de Tiro[10], que florescia sob os Antoninos[11], esses modelos da verdadeira piedade, uma vez que o eram da humanidade. Aqui estão suas palavras, extraídas de seu discurso intitulado *De Deus segundo Platão*. O leitor que quiser se instruir, convém que as pese muito bem.

"Os homens tiveram a fraqueza de conferir a Deus uma figura humana, porque nada tinham visto acima do homem; mas é ridículo imaginar, com Homero, que Júpiter ou a suprema divindade tenha as sobrancelhas negras e os cabelos de ouro, e que não pode sacudi-los sem abalar o céu. Quando se interroga os homens sobre a natureza da divindade, todas as suas respostas são diferentes. Entretanto, no meio dessa prodigiosa variedade de opiniões, um mesmo sentimento é encontrado em toda a terra, ou seja, que há um só Deus, que é o pai de todos, etc."

O que se tornarão, depois dessa confissão formal e depois dos discursos imortais dos Cícero, dos Antoninos, dos Epicteto[12], o que se tornarão, repito, as declamações que tantos pedantes ignorantes repetem ainda hoje? Para que servem essas eternas reprovações de um politeísmo grosseiro e de uma idolatria pueril senão para nos convencer que aqueles que as repetem não têm o mínimo conhecimento da sadia antiguidade? Tomaram os devaneios de Homero como se fossem a doutrina dos sábios.

Será necessário um testemunho ainda mais forte e expressivo? Vão encontrá-lo na carta de Máximo de Madaura[13] a santo Agostinho[14]; ambos eram filósofos e

oradores, pelos menos assim se diziam; escreviam livremente; eram amigos tanto quanto podem sê-lo um homem da antiga religião e um da nova.
Leiam a carta de Máximo de Madaura e a resposta do bispo de Hipona.
Carta de Máximo de Madaura
"Ora, que haja um Deus soberano que não tenha início e que, sem nada ter gerado de semelhante a ele, seja contudo o pai comum de todas as coisas, quem seria bastante estúpido e rude para duvidar disso?
É aquele de quem adoramos sob diversos nomes o poder difundido em todas as partes do mundo. Assim, honrando separadamente, por meio de diferentes espécies de culto, o que é como que seus diversos membros, nós o adoramos todo inteiro... Que esses deuses subalternos sejam conservados, com o nome dos quais e pelos quais todos nós, como mortais na terra, adoramos *o pai comum dos deuses e dos homens,* por meio de diferentes espécies de culto da verdade, mas que, em sua variedade, concordam e só tendem ao mesmo fim!"
Quem escrevia esta carta? Um africano da Numídia, um homem da região da Argélia.
Resposta de Agostinho
"Há na praça pública de sua cidade duas estátuas de Marte, aparecendo nu em uma e armado na outra; perto delas, uma estátua de um homem que, com três dedos apontados para Marte, controla essa divindade ameaçadora para toda a cidade... A respeito do que me diz sobre esses deuses que seriam como membros do único verdadeiro Deus, eu o advirto com toda a liberdade que me concede de tomar realmente cuidado para não cair nesses gracejos sacrílegos, pois, esse Deus único de que você fala é, sem dúvida, aquele que é reconhecido por todos e sobre o qual os ignorantes concordam com os sábios, como alguns antigos afirmaram. Ora, você diria que esse cuja força, para não dizer cuja crueldade, é reprimida pela figura de um homem morto, seja um membro daquele Deus? Seria fácil para mim discutir sobre esse assunto, pois, percebe muito bem o que se poderia dizer contra isso; mas me detenho, de medo que me diga que são as armas da retórica que emprego contra você, antes de me utilizar daquelas da verdade"[15].

Não sabemos o que significavam essas duas estátuas, das quais não ficou vestígio algum, mas todas as estátuas de que Roma estava repleta, o Panteão e todos os templos consagrados a todos os deuses subalternos, e mesmo aos doze grandes deuses[16], nunca impediram que *Deus optimus maximus, Deus ótimo e máximo,* fosse reconhecido em todo o império.

A infelicidade dos romanos era, portanto, a de ter ignorado a lei mosaica e, em seguida, a de ignorar a lei dos discípulos de nosso Salvador Jesus Cristo, de não ter tido a fé, de ter misturado ao culto de um Deus supremo o culto de Marte, Vênus, Minerva, Apolo, que não existiam, e de ter conservado essa religião até a época dos Teodósio[17]. Felizmente os godos, os hunos, os vândalos, os hérulos, os longobardos, os francos, que destruíram esse império, se submeteram à verdade e desfrutaram de uma felicidade que foi recusada aos Cipião, Catão, Metelo, Emílio, Cícero, Varrão, Virgílio e Horácio[18].

Todos esses grandes homens ignoraram Jesus Cristo, que não podiam conhecer, mas não adoraram o demônio, como o repetem todos os dias tantos pedantes. Como teriam adorado o demônio, uma vez que nunca tinham ouvido falar dele?

Uma calúnia de Warburton contra Cícero a respeito de um Deus supremo

Warburton[19] caluniou Cícero e a antiga Roma[20], bem como seus contemporâneos. Com ousadia supõe que Cícero pronunciou estas palavras em seu discurso em defesa do cidadão Flaco: "É indigno da majestade do império adorar um só Deus – *Majestatem imperii non decuit ut unus tantum Deus colatur.*"

Quem acreditaria nisso? Não há uma palavra a respeito na *Oração em defesa de Flaco* nem em qualquer outra obra de Cícero. Trata-se de alguns vexames de que se acusava Flaco que havia exercido a pretura na Ásia Menor. Era secretamente perseguido pelos judeus, de que Roma estava então inundada, pois tinham obtido a peso de dinheiro privilégios em Roma, na mesma época em que Pompeu, depois de Crasso, ao tomar Jerusalém, havia mandado enforcar seu rei fantoche Alexandre, filho de Aristóbulo. Flaco havia proibido que se deixasse passar ouro e prata para a cidade de Jerusalém, porque essas moedas voltavam alteradas, sofrendo com isso o comércio; havia mandado confiscar o ouro que se contrabandeava. Esse ouro, diz Cícero, está ainda no tesouro; Flaco se comportou com tanto desinteresse como Pompeu.

Em seguida Cícero, com sua ironia usual, pronuncia estas palavras: "Cada país tem sua religião; nós temos a nossa. Quando Jerusalém ainda estava livre e quando os judeus estavam em paz, esses judeus não abominavam com menor intensidade o esplendor deste império, a dignidade do nome romano, as instituições de nossos ancestrais. Hoje essa nação mostrou mais do que nunca, pela força de suas armas, o que deve pensar do império romano. Ela nos mostrou por seu valor como é cara aos deuses imortais; ela nos provou isso ao ser vencida, dispersa, ao tornar-se tributária. – *Sua cuique civitati religio est; nostra nobis. Stantibus Hierosolymis, pacatisque Judaeis, tamen istorum religio sacrorum, a splendore hujus imperii, gravitate nominis nostri, majorum institutis, abhorrebat: nunc vero, hoc magis, quod illa gens quid de imperio nostro sentiret, ostendit armis: quam cara diis immortalibus esset, docuit, quod est victa, quod elocata, quod servata*" (Cícero, *Oratio pro Flacco*, cap. XXVIII).

É, portanto, falso que Cícero ou qualquer romano tenha dito algum dia que não convinha à majestade do império reconhecer um Deus supremo. Seu Júpiter, esse Zeus dos gregos, esse Jehová dos fenícios, foi sempre considerado como o senhor dos deuses secundários; nunca se pode inculcar demasiadamente essa grande verdade.

Os romanos tomaram todos os seus deuses dos gregos?

Os romanos não teriam possuído muitos deuses que não tivessem adotado dos gregos?

Por exemplo, não podiam ter plagiado ao adorar *Coelum* (céu), quando os gregos adoravam *Ouranón* (céu), ao se dirigir a *Saturnus* (Saturno) e a *Tellus* (Terra), quando os gregos se dirigiam a *Gé* (Terra) e a *Chronos* (Tempo).

Chamavam *Ceres* aquela que os gregos denominavam *Deo* e *Deméter*.

Seu Netuno era Posêidon; sua Vênus era Afrodite; sua Juno se chamava em grego Hera; sua Prosérpina era Coré; enfim, seu favorito Marte era Arés; e sua favorita Belona era Ênio. Não há um nome que se assemelhe.

Os belos espíritos gregos e romanos se teriam encontrado ou uns tinham tomado dos outros a coisa de que disfarçavam o nome?

É bastante natural que os romanos, sem consultar os gregos, tenham criado seus deuses do céu, do tempo, de um ser que preside a guerra, a geração, as colheitas, sem pedir deuses à Grécia, como depois lhes pediram leis. Quando se encontra um nome que não se assemelha em nada, parece justo julgá-lo originário do país.

Mas Júpiter, o senhor de todos os deuses, não é uma palavra pertencente a todas as nações, desde o Eufrates até o Tibre?

Era Jow, Jovis para os primeiros romanos; Zeus, para os gregos; Jehová, para os fenícios, os sírios, os egípcios.

Essa semelhança não parece ser útil para confirmar que todos esses povos tinham conhecimento do ser supremo? Conhecimento confuso, é verdade, mas que homem pode tê-lo distinto?

[Seção III – Análise de Spinoza]

Spinoza[21] não pode deixar de admitir uma inteligência agindo na matéria e compondo um todo com ela.

"Devo concluir, diz ele[22], que o ser absoluto não é nem pensamento nem extensão, de modo exclusivo um ao outro, mas que a extensão e o pensamento são atributos necessários do ser absoluto."

É nisso que parece diferir de todos os ateus da antiguidade, Ocellus Lucanus, Heráclito, Demócrito, Leucipo, Estratão, Epicuro, Pitágoras, Diágoras, Zenon de Eleia, Anaximandro[23] e tantos outros. Difere deles especialmente por seu método, que havia haurido inteiramente na leitura de Descartes[24], do qual imitou até o estilo.

O que vai surpreender sobretudo a multidão daqueles que gritam Spinoza! Spinoza! e que nunca o leram é sua declaração que apresento a seguir. Não a faz para deslumbrar os homens, para apaziguar teólogos, para conseguir protetores, para desarmar um partido; fala como filósofo sem se denominar como tal, sem chamar a atenção; ele se exprime em latim para ser entendido por reduzido número. Aqui está sua profissão de fé.

Profissão de fé de Spinoza

"Se concluísse também que a ideia de Deus, compreendida sob a da infinidade do universo, me dispensa da obediência, do amor e do culto, faria também um uso mais pernicioso de minha razão, pois, é evidente para mim que as leis que recebi, não pela relação ou por intermédio dos outros, mas imediatamente dele, são aquelas que a luz natural me leva a conhecer como verdadeiras guias de uma conduta racional. Se eu faltasse de obediência sob esse aspecto, pecaria não somente contra o princípio de meu ser e contra a sociedade de meus semelhantes, mas contra mim mesmo, privando-me do mais sólido benefício de minha existência. É verdade que essa obediência só me obriga aos deveres de meu estado e me faz considerar todo o resto como práticas frívolas, inventadas supersticiosamente ou para a utilidade daqueles que as instituíram.

A respeito do amor de Deus, essa ideia não só não pode enfraquecê-lo, mas acredito que nenhuma outra é mais apropriada para aumentá-lo, uma vez que me faz saber que Deus é íntimo de meu ser, que me concede a existência e todas as minhas propriedades, mas que as dá a mim liberalmente, sem despeito, sem interesse, sem me sujeitar a outra coisa senão a minha própria natureza. Ela bane o temor, a inquietude, a desconfiança e todos os defeitos de um amor comum ou interesseiro. Ela me faz sentir que é um bem que não posso perder e que o possuo tanto melhor quanto mais o conhecer e o amar."

Será que foi o virtuoso e terno Fénelon[25], será que foi Spinoza quem escreveu esses pensamentos? Como dois homens tão opostos puderam se encontrar na ideia de amar a Deus por si, com noções de Deus tão diferentes? (Ver o verbete *Amor de Deus*).

Deve-se confessar que ambos caminhavam para o mesmo objetivo, um como cristão, o outro como homem que tinha a infelicidade de não sê-lo; o santo arcebispo, como filósofo persuadido de que Deus é distinto da natureza; o outro, como discípulo muito afastado de Descartes, que imaginava que Deus é a natureza inteira.

O primeiro era ortodoxo, o segundo se equivocava, devo convir, mas os dois estavam em boa-fé, ambos estimados em sua sinceridade como em seus hábitos amenos e simples, embora não tenha havido, aliás, nenhuma relação entre o imitador da *Odisseia* e um cartesiano seco, eriçado de argumentos, entre um belo espírito da corte de Luís XIV, revestido daquilo que se denomina *grande dignidade*, e um pobre judeu desjudaizado, vivendo com 300 florins de renda[26], na obscuridade mais profunda.

Se houver entre eles alguma semelhança, é que Fénelon foi acusado diante do sinédrio da nova lei e o outro, diante de uma sinagoga sem poder, bem como sem razão; mas um se submeteu e o outro se revoltou.

Do fundamento da filosofia de Spinoza

O grande dialético Bayle[27] refutou Spinoza[28]. Esse sistema não é, portanto, demonstrado como uma proposição de Euclides[29]. Se o fosse, não se poderia combatê-lo. É, pois, pelo menos obscuro.

Sempre tive alguma suspeita de que Spinoza, com sua substância universal, seus modos e seus acidentes, tivesse entendido outra coisa do que Bayle entendeu e que, por conseguinte, Bayle pode ter tido razão sem ter confundido Spinoza. Sempre acreditei particularmente que Spinoza muitas vezes não se entendia a si mesmo e essa é a principal razão pela qual não o entendemos.

Parece-me que se poderia derrubar os baluartes do espinozismo por um lado que Bayle negligenciou. Spinoza pensa que não pode existir senão uma só substância; e parece, por todo o seu livro, que ele se baseia no equívoco de Descartes, de que tudo é pleno. Ora, é tão falso que tudo seja pleno como é falso que tudo esteja vazio. Está demonstrado hoje que o movimento é tão impossível no pleno absoluto como é impossível que, numa balança igual, um peso de duas libras levante um peso de quatro.

Ora, se todos os movimentos exigem de modo absoluto espaços vazios, o que se tornará a substância única de Spinoza? Como a substância de uma estrela, entre a qual e nós há um espaço vazio tão imenso, será precisamente a substância de nossa terra, a substância de mim mesmo[30], a substância de uma mosca devorada por uma aranha?

Talvez me engane, mas nunca consegui me convencer como Spinoza, admitindo uma substância infinita, da qual o pensamento e a matéria são as duas modalidades, admitindo a substância, que ele chama Deus, e da qual tudo o que vemos é modo ou acidente, pôde, no entanto, rejeitar as causas finais. Se esse ser infinito, universal, pensa, como não teria desígnios? Se tem desígnios, como não teria uma vontade? Somos, diz Spinoza, modos desse ser absoluto, necessário, infinito. Digo a Spinoza: nós queremos, nós temos desígnios, nós que não somos senão modos; portanto, esse ser infinito, necessário, absoluto, não pode estar privado deles; logo, ele tem vontade, desígnios, poder.

Sei realmente que muitos filósofos, e especialmente Lucrécio[31], negaram as causas finais; sei também que Lucrécio, embora pouco punido, é um grande poeta em suas descrições e em sua moral, mas em filosofia, me parece, confesso, muito abaixo de um porteiro de colégio e de um sacristão de paróquia. Afirmar que nem o olho foi feito para ver, nem o ouvido para ouvir, nem o estômago para digerir, não será isso o maior absurdo, a mais revoltante loucura que algum dia já penetrou no espírito humano? Por mais descrente que eu seja, essa demência me parece evidente, e o confirmo.

Quanto a mim, só vejo na natureza, como nas artes, causas finais; e creio que uma macieira foi feita para dar maçãs, como creio que um relógio foi feito para marcar as horas.

Devo advertir aqui que, se Spinoza em várias passagens de suas obras zomba das causas finais, ele as reconhece mais expressamente que ninguém em sua primeira parte do *Ser em geral e em particular*. Aqui estão suas palavras:

"Que me seja permitido deter-me aqui alguns instantes para admirar a maravilhosa distribuição da natureza que, tendo enriquecido a constituição do homem com todos os impulsos necessários para prolongar até certo termo a duração de sua frágil existência e para animar o conhecimento que tem de si mesmo por meio daquele de uma infinidade de coisas distantes, parece ter propositadamente negligenciado de lhe dar meios para conhecer bem aquelas coisas de que é obrigado a fazer uso mais comum e mesmo para conhecer os indivíduos de sua própria espécie. Entretanto, tomando-o com critério, é menos o efeito de uma recusa do que o de uma extrema liberalidade, visto que se houvesse algum ser inteligente que pudesse penetrar em outro contra sua vontade, desfrutaria de tal vantagem acima dele que, por isso mesmo, seria excluído de sua sociedade; ao passo que, no estado presente, cada indivíduo, desfrutando de si mesmo com plena independência, só se comunica enquanto lhe convier."

Que vou concluir disso? Que Spinoza se contradiz muitas vezes; que nem sempre tinha ideias claras; que no grande naufrágio dos sistemas ele se salvava ora numa prancha, ora noutra; que se assemelhava, por essa fraqueza, a Malebranche, a Arnauld, a Bossuet, a Claude[32], que se contradisseram às vezes em suas discussões; que era igual a tantos metafísicos e teólogos. Vou concluir que devo desconfiar com maior razão de todas as minhas ideias em metafísica, que sou um animal muito fraco, caminhando sobre areias movediças que continuamente se movem sob meus pés, e que não há nada talvez de tão louco como acreditar ter sempre razão.

Tu és muito confuso Baruch Spinoza[33]; mas és tão perigoso como se diz? Tenho por mim que não; e minha razão é que és confuso, que escreveste em mau latim e que não há mais de dez pessoas na Europa que leiam teus livros de ponta a ponta, embora tenham traduzido teus escritos para o francês. Qual é o autor perigoso? É aquele que é lido pelos ociosos e pelas damas.

[Seção IV – Do sistema da natureza]

O autor do *Sistema da natureza*[34] teve a vantagem de ser lido pelos sábios, pelos ignorantes, pelas mulheres; tem, pois, no estilo méritos que Spinoza não tinha: muitas vezes clareza, às vezes eloquência, embora se possa recriminá-lo por repetir, declamar e se contradizer como todos os outros. Para a base das coisas, deve-se muitas vezes desconfiar em questões de física e moral. Trata-se aqui do interesse do gênero humano. Examinemos, pois, se sua doutrina é verdadeira e útil e sejamos breves, se pudermos.

"A ordem e a desordem não existem, etc."

O quê! Na física, uma criança nascida cega ou privada de suas pernas, um monstro não é contrário à natureza da espécie? Não é a regularidade usual da natureza que faz a ordem e a irregularidade que é a desordem? Não é um grande incômodo, uma desordem funesta o fato de uma criança a quem a natureza deu a fome lhe tenha fechado o esôfago? As evacuações de toda espécie são necessárias e muitas vezes os dutos não têm orifícios; deve-se remediar isso; essa desordem tem sua causa, sem dúvida. Nada de efeito sem causa, mas é um efeito totalmente desordenado.

O assassinato de seu amigo, de seu irmão, não é uma desordem horrível em moral? As calúnias de um Garasse, de um Le Tellier, de um Doucin[35] contra jansenistas[36] e aquelas dos jansenistas contra jesuítas; as imposturas dos Patouillet e Paulian[37] não são pequenas desordens? A noite de São Bartolomeu[38], os massacres da Irlanda, etc., etc., etc., não são desordens execráveis? Esse crime tem sua causa em paixões, mas o efeito é execrável, a causa é fatal, essa desordem faz estremecer. Falta descobrir, se for possível, a origem dessa desordem; mas ela existe.

"A experiência prova que as matérias que consideramos como inertes e mortas tomam ação, inteligência, vida, quando combinadas de certa maneira."

Essa é precisamente a dificuldade. Como um germe chega à vida? O autor e o leitor não sabem nada a respeito. Em decorrência disso, os dois volumes do *Sistema da natureza* e todos os sistemas do mundo não são sonhos?

"Seria necessário definir a vida e é o que acho impossível."

Essa definição não é muito fácil, muito comum? A vida não é organização com sentimento? Mas se forem consideradas essas duas propriedades somente da matéria, é disso que é impossível dar uma prova; e se não se puder provar, por que afirmá-lo? Por que dizer em alta voz *eu sei*, quando baixinho se diz *não sei*?

"Pergunta-se o que vem a ser o homem, etc."

Este artigo não é certamente mais claro que os mais obscuros de Spinoza e muitos leitores vão se indignar com esse tom tão decisivo que se toma sem nada explicar.

"A matéria é eterna e necessária, mas suas formas e suas combinações são passageiras e contingentes, etc."

É difícil compreender como a matéria, sendo necessária e não existindo nenhum ser livre, segundo o autor, haveria algo de contingente. Entende-se por contingência o que pode ser e o que pode não ser, mas tudo devendo ser por uma necessidade absoluta, toda maneira de ser, que ele chama aqui, fora de propósito, *contingente*, é de uma necessidade tão absoluta como o próprio ser. É por isso que nos encontramos ainda perdidos num labirinto, sem vislumbrar a saída.

Quando se ousa garantir que não há Deus, que a matéria age por si mesma, por uma necessidade eterna, deve-se demonstrá-lo como uma proposição de Euclides, sem o que o sistema se apoia sobre um talvez. Qual é o fundamento para a coisa que mais interessa o gênero humano?

"Se o homem, segundo sua natureza, é forçado a amar seu bem-estar, é forçado também a amar seus meios. Seria inútil e talvez injusto pedir a alguém ser virtuoso, se não puder sê-lo sem se tornar infeliz. Desde que o vício o torne feliz, deve amar o vício."

Essa máxima é ainda tão ou mais execrável em moral como as outras são falsas em física. Se fosse verdade que alguém não poderia ser virtuoso sem sofrer, seria necessário encorajá-lo para sê-lo. A proposição do autor seria visivelmente a ruína da sociedade. Por outro lado, como vai saber que não se pode ser feliz sem ter vícios? Pelo contrário, não está provado pela experiência que a satisfação de tê-los domado é cem vezes maior que o prazer de ter sucumbido a eles, prazer sempre envenenado, prazer que leva à infelicidade? Ao domar os vícios, se adquire a tranquilidade, o testemunho consolador da própria consciência; ao entregar-se a eles, perde-se o repouso, a saúde, arrisca-se tudo. Por isso o próprio autor em vinte passagens quer que tudo se sacrifique à virtude e só apresenta essa proposição para dar em seu sistema uma nova prova da necessidade de ser virtuoso.

"Aqueles que rejeitam com tanta razão as ideias inatas... teriam devido sentir que essa inteligência que se coloca no leme do mundo e, do qual nossos sentidos não podem constatar nem a existência nem as qualidades, é um ser de razão."

Na verdade, do fato de que não temos ideias inatas, como se segue que não há Deus? Essa consequência não é absurda? Há alguma contradição em dizer que Deus nos dá ideias por meio de nossos sentidos? Não é, ao contrário, da maior evidência que, se há um ser todo-poderoso do qual recebemos a vida, nós lhe devemos nossas ideias e nossos sentidos como todo o resto? Seria necessário ter provado antes que Deus não existe, o que o autor não o fez; é realmente o que não tentou fazer ainda até essa página do capítulo X.

No receio de fatigar os leitores pelo exame de todos esses trechos destacados, passo ao fundamento do livro e ao erro surpreendente sobre o qual ergueu seu sistema. Devo absolutamente repetir aqui o que se disse em outro local.

[Seção V - História das enguias sobre as quais está fundado o sistema]

Havia na França, em torno de 1750, um jesuíta inglês chamado Needham[39], disfarçado em secular, que era então preceptor do sobrinho de Dom Dillon, arcebispo da cidade de Toulouse. Needham fazia experiências de física e, sobretudo, de química.

Depois de ter colocado farinha de centeio atacado de fungos em garrafas bem tampadas e caldo de carneiro fervido em outras garrafas, acreditou que seu caldo de carneiro e seu centeio haviam feito nascer enguias, as quais até reproduziam logo outras e assim uma raça de enguias se formava indiferentemente de um caldo de carne ou de um grão de centeio.

Um físico de renome desconfiou que esse Needham fosse um profundo ateu. Concluiu que, da mesma forma que enguias eram feitas com farinha de centeio, assim também homens podiam ser feitos com farinha de trigo; concluiu também que, como a natureza e a química produziam tudo, estava demonstrado que se pode prescindir de um Deus formador de todas as coisas.

Essa propriedade da farinha enganou facilmente um homem[40], infelizmente perdido então em ideias que devem fazer tremer ante a fraqueza do espírito humano. Ele queria abrir um buraco até o centro da terra para ver o fogo existente no centro dela, dissecar os patagônios para conhecer a natureza da alma, untar os doentes de piche para impedi-los de transpirar, exaltar sua alma para predizer o futuro. Se se acrescentasse que foi ainda mais infeliz ao procurar oprimir dois de seus coirmãos, isso não constituiria honra para o ateísmo e serviria somente para nos levar a nos voltarmos confusos sobre nós mesmos.

É muito estranho que homens, negando um criador, se tenham atribuído o poder de criar enguias.

O que há de mais deplorável é que físicos mais instruídos adotaram o ridículo sistema do jesuíta Needham e o juntaram àquele de Maillet[41], que pretendia que o oceano tivesse formado os Pireneus e os Alpes e que os homens fossem originariamente marsuínos cuja cauda bipartida se transformou em coxas e pernas com o decorrer do tempo, como o dissemos em outro local. Semelhantes fantasias podem ser colocadas lado a lado com as enguias formadas pela farinha.

Não faz muito tempo houve quem garantisse que em Bruxelas uma galinha, cruzando com um coelho, tinha tido meia dúzia de coelhinhos.

Aquela transmutação de farinha e de caldo de carneiro em enguias foi demonstrada tão falsa e tão ridícula como de fato o é por Spallanzani[42], um observador um pouco melhor que Needham.

Não havia sequer necessidade dessas observações para demonstrar a extravagância de uma fantasia tão palpável. Logo as enguias de Needham iriam encontrar a galinha de Bruxelas.

Entretanto, em 1768, o tradutor exato, elegante e judicioso de Lucrécio[43], se deixou surpreender a ponto de não somente relatar em suas notas do livro VIII as pretensas experiências de Needham, mas também de fazer o que pôde para constatar sua validade.

Aí está, portanto, o novo fundamento do *Sistema da natureza*. O autor, já no segundo capítulo se exprime assim:

"Misturando farinha com água e fechando bem essa mistura, depois de algum tempo percebe-se, com a ajuda do microscópio, que produziu seres organizados que a farinha e a água eram julgadas incapazes de produzir. É assim que a natureza inanimada pode passar à vida, que ela própria não é outra coisa senão um conjunto de movimentos."

Se essa tolice inaudita fosse verdadeira, não vejo, raciocinando com rigor, que pudesse provar que não há Deus, pois, poderia muito bem haver um ser supremo, inteligente e poderoso que, tendo formado o sol e todos os astros, se dignasse formar também, sem germe, animálculos. Nisso não há contradição nos termos. Seria necessário procurar em outro lugar uma prova demonstrativa de que Deus não existe e é o que certamente ninguém encontrou nem vai encontrar.

O autor trata com desprezo as causas finais, porque é um argumento recorrente; mas esse argumento tão desprezado é de Cícero e de Newton[44]. Só por isso poderia deixar os ateus desconfiados de si próprios. É bastante grande o número de sábios que, observando o curso dos astros e a prodigiosa arte que reina na estrutura dos animais e dos vegetais, reconhece uma mão poderosa que opera essas maravilhas contínuas.

O autor acha que a matéria cega e sem escolha produz animais inteligentes. Produzir sem inteligência seres que a têm! Isso é concebível? Esse sistema está apoiado em alguma probabilidade, por menor que seja? Uma opinião tão contraditória exigiria provas tão surpreendentes quanto ela própria. O autor não apresenta nenhuma; nunca prova nada e afirma tudo o que escreve. Que caos! Que confusão! Mas que temeridade!

Spinoza confessava pelo menos uma inteligência que agia nesse grande todo que constituía a natureza; nisso havia alguma filosofia. Mas sou obrigado a dizer que não encontro qualquer vestígio de filosofia no novo sistema.

A matéria é extensa, sólida, gravitante, divisível; constato tudo isso tão bem como essa pedra. Mas já se viu uma pedra que sente e pensa? Se sou extenso, sólido, divisível, devo-o à matéria. Mas tenho sensações e pensamentos; a quem devo isso? Não é à água ou ao barro; é provável que seja alguma coisa mais poderosa que eu. É unicamente à combinação desses elementos, andam me dizendo. Provem-no, pois; façam-me, pois, ver claramente que uma causa inteligente não pode me ter dado a inteligência. Aí está a que vocês se reduziram.

O autor combate com sucesso o deus dos escolásticos, um deus composto de qualidades discordantes, um deus ao qual se confere, como àqueles de Homero, as paixões dos homens; um deus caprichoso, inconstante, vingativo, inconsequente, absurdo; mas não pode combater o Deus dos sábios. Os sábios, ao contemplar a natureza, admitem um poder inteligente e supremo. Talvez seja impossível à razão humana, destituída do auxílio divino, dar um passo mais adiante.

O autor pergunta onde reside esse ser e, pelo fato de que ninguém sem ser infinito pode dizer onde reside, conclui que ele não existe. Isso não é filosófico, pois, pelo fato de não podermos dizer onde está a causa de um efeito, disso não devemos concluir que não há causa. Se nunca tivessem visto canhoneiros, mas vissem o efeito de uma rajada de tiros de canhão, não poderiam dizer: A rajada age totalmente sozinha por sua própria força.

Bastaria, portanto, dizer somente "Não há Deus", para que acreditássemos simplesmente em sua palavra?

Finalmente, sua grande objeção se reporta às desgraças e aos crimes do gênero humano, objeção tão antiga quanto filosófica; objeção comum, mas fatal e terrível, para a qual não se encontra resposta a não ser na esperança de uma vida melhor. E qual é também essa esperança? Não podemos ter nenhuma certeza dela pela razão. Mas ouso dizer que, ao nos provarem que um vasto edifício, construído com a maior arte, foi construído por um arquiteto qualquer, devemos crer nesse arquiteto, mesmo que o edifício fosse tingido com nosso sangue, manchado por nossos crimes e que nos tivesse esmagado com sua eventual queda. Não paro para analisar se o arquiteto é bom; se estou satisfeito com seu edifício, se devo sair dele antes que morar nele, se aqueles que residem como eu nessa construção por alguns dias estão contentes, examino somente se é verdade que há um arquiteto ou, se essa construção, repleta de tantos belos apartamentos e também de recantos ruins, se construiu sozinha.

[Seção VI – Da necessidade de crer num ser supremo]

O grande objeto, o grande interesse, parece-me, não é argumentar de forma metafísica, mas pesar se é necessário, para o bem comum de nós, animais miseráveis e pensantes, admitir um Deus remunerador e vingador, que nos sirva a um tempo de freio e de consolação ou rejeitar essa ideia, abandonando-nos a nossas calamidades sem esperanças e a nossos crimes sem remorsos.

Hobbes[45] afirma que, se numa república onde não se reconhecesse nenhum Deus, algum cidadão propusesse um, ele o mandaria enforcar.

Por esse estranho exagero, entendia aparentemente um cidadão que quisesse dominar em nome de Deus, um charlatão que quisesse se tornar um tirano. Nós entendemos cidadãos que, sentindo a fraqueza humana, sua perversidade e sua miséria, procuram um ponto fixo para garantir sua moral e um apoio que os sustente nas dificuldades e nos horrores desta vida.

Desde Jó até nós, um número muito grande de homens amaldiçoou a própria existência; temos, portanto, uma necessidade perpétua de consolação e de esperança. Sua filosofia nos priva delas. A fábula de Pandora[46] era melhor, pois nos deixava a esperança, e vocês a tiram! A filosofia, segundo vocês, não fornece nenhuma prova de uma felicidade futura. Não, mas vocês não têm nenhuma demonstração do contrário. Pode ser que haja em nós uma mônada indestrutível que sente e pensa, sem que saibamos minimamente como essa mônada é feita. A razão não se opõe de modo algum a essa ideia, embora a razão sozinha não a prove. Essa opinião não tem uma prodigiosa vantagem sobre a de vocês? A minha é útil ao gênero humano, a sua é funesta; ela pode, por mais que digam, encorajar os Nero[47], os Alexandre VI[48] e os Cartouche[49]; a minha pode reprimi-los.

Marco Antonino[50], Epicteto[51], acreditavam que sua mônada, de qualquer espécie que fosse, se juntaria à mônada do grande ser; e foram os mais virtuosos dos homens.

Na dúvida em que nos encontramos todos, não lhe digo com Pascal[52]: *Tomem a mais segura*. Não há nada de seguro na incerteza. Não se trata aqui de apostar, mas de examinar: deve-se julgar e nossa vontade não determina nosso juízo. Não lhe proponho a acreditar em coisas extravagantes para tirá-lo do embaraço; não lhe digo: "Vá a Meca beijar a pedra negra, para se instruir segure a cauda de uma vaca, ponha um escapulário, seja imbecil e fanático para conseguir os favores do ser dos seres." Eu lhe digo: "Continue a cultivar a virtude, a ser benevolente, a considerar toda superstição com horror ou com compaixão; mas adore comigo o desígnio que se manifesta em toda a natureza e, por conseguinte, o autor desse desígnio, a causa primordial e final de tudo, espere comigo que nossa mônada que raciocina sobre o grande ser eterno possa se tornar feliz por causa desse mesmo grande ser." Nisso não há contradição. Você não poderá me demonstrar a impossibilidade disso, da mesma forma que não posso lhe demonstrar matematicamente que a coisa é assim. Não raciocinamos praticamente na metafísica senão sobre probabilidades; nadamos todos num mar do qual nunca vimos a praia. Infelizes daqueles que se debatem ao nadar! Quem puder vai chegar à praia, mas aquele que me grita "Você nada em vão, não há porto", me desencoraja e me tira todas as forças.

De que se trata em nossa discussão? De consolar nossa infeliz existência. Quem a consola? Você ou eu?

Você mesmo confessa, em algumas passagens de sua obra, que a crença em Deus deteve alguns homens na margem do crime; essa confissão me basta. Se essa opinião tivesse evitado somente dez assassinatos, dez calúnias, dez julgamentos iníquos na terra, tenho por mim que a terra inteira deve abraçá-la.

A religião, diz, produziu um número sem conta de crimes pela superstição que reina em nosso triste globo; é a mais cruel inimiga da adoração pura que se deve ao ser supremo. Detestamos esse monstro que sempre dilacerou o seio de sua mãe; aqueles que o combatem são os benfeitores do gênero humano; é uma serpente que envolve a religião com seu modo de se enroscar; é necessário esmagar sua cabeça sem ferir a vítima que infecta e devora.

Teme que, "adorando a Deus, logo nos tornemos supersticiosos e fanáticos"; mas não é de temer que, ao negá-lo, nos abandonemos às paixões mais atrozes e aos crimes mais hediondos? Entre esses dois excessos, não há um meio-termo razoável? Onde está o refúgio entre esses dois escolhos? É este: Deus e leis sábias.

Afirma ainda que é somente um passo que separa a adoração da superstição. Há passos infinitos para os espíritos bem constituídos e há grande número desses espíritos; estão na chefia das nações, influenciam nos costumes públicos e, de ano em ano, o fanatismo, que cobria a terra, vê lhe serem tiradas suas detestáveis usurpações.

Vou responder também brevemente a suas palavras da página 223: "Se acaso se presumir relações entre o homem e esse ser incrível, seria necessário erguer-lhe altares, oferecer-lhe presentes, etc.; se não se conceber nada a respeito desse ser, seria necessário dirigir-se a sacerdotes que... etc., etc., etc." O grande mal de se reunir na época das colheitas para agradecer a Deus pelo pão que nos deu, quem lhe disse que se deve fazer presentes a Deus? Essa ideia é ridícula; mas onde está o mal de encarregar um cidadão, denominado *ancião* ou *sacerdote*, de prestar ações de graças à divindade em nome dos outros cidadãos, contanto que esse sacerdote não seja um Gregório VII[53] que se impõe a todos os reis, ou um Alexandre VI, conspurcando por um incesto o seio de sua filha, que gerou por um estupro, e assassinando, envenenando, com a ajuda de seu filho bastardo[54], quase todos os príncipes vizinhos seus; contanto que numa paróquia esse sacerdote não seja um velhaco que rouba os bolsos dos penitentes que confessa e que emprega esse dinheiro para seduzir as jovens que catequiza; contanto que esse sacerdote não seja um Le Tellier⁽⁵⁵⁾ que incendeia todo um reino por velhacarias dignas do pelourinho; contanto que não seja um Warburton que viola as leis da sociedade, revelando os documentos secretos de um membro do parlamento para derrotá-lo, e que calunia todo aquele que não for de seu parecer? Esses últimos casos são raros. O estado do sacerdócio é um freio que obriga à boa conduta.

Um sacerdote tolo provoca desprezo; um mau sacerdote inspira horror; um bom sacerdote, meigo, piedoso, sem superstição, caridoso, tolerante, é um homem que deve ser amado e respeitado. Teme o abuso, e eu também. Vamos nos unir para preveni-lo, mas não condenemos o uso quando for útil à sociedade, quando não for pervertido pelo fanatismo ou pela maldade fraudulenta.

Tenho uma coisa muito importante a lhe dizer. Estou convencido de que você está em grande erro, mas estou igualmente convencido de que você se engana como homem honesto. Quer que sejamos virtuosos, mesmo sem Deus, embora tenha dito infelizmente que "desde que o vício torna o homem feliz, deve-se amar o vício", proposição espantosa que seus amigos deveriam induzi-lo a eliminar. Em todo o resto, você inspira probidade. Essa discussão filosófica só ocorrerá entre você e alguns filósofos espalhados pela Europa; o resto do mundo nem vai ouvir falar disso; o povo não lê. Se algum teólogo quisesse persegui-lo, seria um mau, seria um imprudente que só serviria para dar-lhe afirmação e para fazer novos ateus.

Você não tem razão, pois os gregos não perseguiram Epicuro e os romanos não perseguiram Lucrécio; você não tem razão, mas deve-se respeitar seu gênio e sua virtude ao mesmo tempo em que o refutamos com todas as nossas forças.

A mais bela homenagem, a meu ver, que se possa prestar a Deus é tomar sua defesa sem ira, pois o mais indigno retrato que se possa fazer dele é pintá-lo como vingativo e furioso. Ele é a própria verdade: a verdade não tem paixões. É ser discípulo de Deus anunciá-lo com coração meigo e com espírito inalterável.

Como você, penso que o fanatismo é um monstro mil vezes mais perigoso que o ateísmo filosófico. Spinoza não cometeu uma única má ação; Chastel e Ravaillac⁽⁵⁶⁾, ambos devotos, assassinaram Henrique IV.

O ateu de gabinete é quase sempre um filósofo tranquilo, o fanático é sempre turbulento, mas o ateu da corte, o príncipe ateu poderia ser o flagelo do gênero humano. Borgia e seus semelhantes fizeram quase tanto mal quanto os fanáticos de Munster⁽⁵⁷⁾ e de Cévennes⁽⁵⁸⁾, indicando os fanáticos dos dois partidos. A desgraça dos ateus de gabinete é a de produzir ateus da corte. É Quíron que cria Aquiles⁽⁵⁹⁾; ele o alimenta com tutano de leão; um dia Aquiles vai arrastar o corpo de Heitor em volta das muralhas de Troia e vai imolar doze cativos inocentes em sua vingança.

Deus nos guarde de um sacerdote abominável que corte um rei em pedaços com sua adaga sagrada⁽⁶⁰⁾ ou daquele que, trajando capacete e couraça, na idade de 72 anos, ouse assinar com seus três dedos ensanguentados a ridícula excomunhão⁽⁶¹⁾ de um rei da França, ou de..., ou de..., ou de...!

Mas que Deus nos guarde também de um déspota colérico e bárbaro que, não acreditando em Deus, se arvorasse no próprio deus; que se tornasse indigno de seu posto sagrado, calcando aos pés os deveres que esse posto lhe impõe; que sacrificasse sem remorsos seus amigos, seus parentes, seus servidores, seu povo, a suas paixões! Esses dois tigres, um tonsurado e outro coroado, devem ser temidos da mesma forma. Com que freio poderíamos detê-los? Etc., etc.

Se a ideia de um Deus ao qual nossas almas podem se unir fez os grandes imperadores romanos como Tito, Trajano, os Antoninos, Marco Aurélio, e esses grandes imperadores chineses cuja memória é tão preciosa no segundo dos mais antigos e dos mais vastos impérios do mundo, esses exemplos são suficientes para minha causa e minha causa é a de todos os homens.

Não creio que em toda a Europa haja um só homem de Estado, um só homem um pouco versado nos negócios do mundo, que não nutra o mais profundo desprezo por todas as lendas com as quais fomos inundados mais que o somos hoje com livros. Se a religião não gera mais guerras civis, é unicamente à filosofia que somos devedores por isso; as disputas teológicas começam a ser olhadas com os mesmos olhos que as discussões de João e Paulo na feira livre. Uma usurpação igualmente odiosa e ridícula, baseada de um lado na fraude e, de outro, na tolice, é a cada instante minada pela razão, que vai estabelecendo seu reino. A bula *In coena Domini*[(62)], a obra-prima da insolência e da loucura, não ousa mais aparecer nem mesmo em Roma. Se um regimento de monges executa a mínima evolução contra as leis do Estado, é dispersó imediatamente. Mas o quê! Porque os jesuítas foram expulsos, deve-se expulsar Deus também? Pelo contrário, deve-se amá-lo mais.

[Seção VII]

Sob o império de Arcádio, Logômacos, teólogo de Constantinopla, foi até a Cítia e se deteve ao pé do Cáucaso, nas férteis planícies de Zefirim, nas fronteiras da Cólquida[(63)]. O bom velho Dondindac estava em sua ampla sala baixa, entre seu grande aprisco e a vasta granja; ajoelhado, em companhia da mulher, dos cinco filhos e das cinco filhas, de seus pais e seus criados, todos cantavam louvores a Deus depois de uma leve refeição. "Que estás fazendo?" perguntou-lhe Logômacos. – "Não sou idólatra", respondeu Dondindac. – "Deves ser idólatra, disse Logômacos, pois és cita e não és grego. Pois bem, dize-me, que cantavas em teu bárbaro linguajar da Cítia?" – "Todas as línguas são iguais aos ouvidos de Deus, respondeu o cita; cantávamos seus louvores." – "Que coisa extraordinária, replicou o teólogo: uma família cita que ora a Deus sem ter sido instruída por nós!"

Logo se seguiu um diálogo com o cita Dondindac, pois o teólogo sabia um pouco de cita e o outro um pouco de grego. Esse diálogo foi encontrado num manuscrito conservado na biblioteca de Constantinopla.

Logômacos – Vamos ver se sabes teu catecismo. Por que oras a Deus?

Dondindac – Porque é justo adorar o ser supremo, de quem tudo temos.

Logômacos – Nada mal para um bárbaro! E que lhe pedes?

Dondindac – Agradeço-lhe os bens de que desfruto e até mesmo dos males com os quais me prova; mas evito de lhe pedir qualquer coisa; ele sabe melhor do que nós do que necessitamos e fico receoso, por outro lado, de lhe pedir bom tempo enquanto meu vizinho lhe estaria pedindo chuva.

Logômacos – Ah! Já desconfiava que ias me dizer alguma tolice. Vamos tomar as coisas de mais alto. Bárbaro, quem te disse que há um Deus?

Dondindac – A natureza inteira.

Logômacos – Isso não é suficiente. Que ideia tens de Deus?

Dondindac – A ideia que é meu criador, meu senhor, que vai me recompensar se praticar o bem e que vai me castigar se fizer o mal.

Logômacos – Que bagatelas, que pobreza de ideias! Vamos ao essencial. Deus é infinito *secundum quid* (segundo o que) ou segundo a essência?

Dondindac – Não o entendo.

Logômacos – Mas é mesmo um besta! Deus está em algum lugar ou fora de todo lugar ou em todo lugar?

Dondindac – Não sei nada disso... Será tudo como quiser.

Logômacos – Ignorante! Pode fazer com que o que foi não tenha sido e que um bastão não tenha duas pontas? Será que ele vê o futuro como futuro ou como presente? Como faz para tirar o ser do nada e para aniquilar o ser?

Dondindac – Nunca examinei essas coisas.

Logômacos – Que sujeito rude! Vamos, é preciso se abaixar, se proporcionar. Dize-me, meu amigo, crês que a matéria possa ser eterna?

Dondindac – Que me importa que exista desde toda a eternidade ou não? Eu mesmo sei que não existo desde toda a eternidade. Deus é sempre meu senhor; ele me deu a noção de justiça, devo segui-la; não quero ser filósofo, quero ser homem.

Logômacos – Que dificuldade com essas cabeças duras! Vamos, passo a passo: o que é Deus?

Dondindac – Meu soberano, meu juiz, meu pai.

Logômacos – Não é isso que pergunto. Qual é sua natureza?

Dondindac – Ser poderoso e bom.

Logômacos – Mas é corporal ou espiritual?

Dondindac – Como quer que o saiba?

Logômacos – O quê! Não sabes o que é um espírito?

Dondindac – Nem imagino: de que me serviria isso? Acaso eu seria mais justo? Seria melhor marido, melhor pai, melhor patrão, melhor cidadão?

Logômacos – É absolutamente necessário ensinar-te o que vem a ser um espírito; escuta bem: é, é, é... Outra vez vou te dizer.

Dondindac – Tenho medo realmente que me diga menos o que é do que ele não é. Permita-lhe agora lhe fazer uma pergunta por minha vez. Vi há tempos um de seus templos: por que é que vocês pintam Deus com uma longa barba?

Logômacos – É uma questão muito difícil e que requer instruções preliminares.

DICIONÁRIO FILOSÓFICO

Dondindac – Antes de receber suas instruções, devo lhe contar o que me aconteceu certo dia. Eu acabava de mandar construir uma privada no canto de meu jardim, quando ouvi uma toupeira conversando com um besouro: "Aí está uma bela fábrica, dizia a toupeira; deve ser uma toupeira bem poderosa que mandou fazer essa obra." – "Estás brincando, respondeu o besouro, é um besouro muito genial que é o arquiteto desse edifício." Desde então, resolvi nunca mais discutir.

1. Marcus Tullius Cicero (106-43 a.C.), filósofo, orador e escritor latino; dentre suas obras, *A amizade* e *A velhice saudável* já foram publicadas pela Editora Escala; para a questão da divindade, a principal obra de Cícero é *De natura deorum* – Da natureza dos deuses (NT).

2. Ver o verbete *Infinito* (Nota de Voltaire).

3. Hesíodo (séc. VIII a.C.), poeta grego; em seus poemas, *Os trabalhos e os dias*, *Teogonia* e *Escudo de Héracles*, ressalta a intervenção dos deuses na vida do homem (NT).

4. Homero (séc. IX a.C.), poeta grego a quem são atribuídos os dois poemas épicos *Ilíada* e *Odisseia*, nos quais são narrados os atos heroicos dos gregos na guerra de Troia e as intermináveis aventuras do herói Ulisses; em ambos os poemas a intervenção dos deuses nos fatos e atos dos homens têm lugar de destaque (NT).

5. Na antiguidade, era chamada Caldeia a região da baixa Mesopotâmia, área hoje situada no território do Iraque e pequena parte naquele do Irã (NT).

6. Habitantes do reino de Sabá, situado no extremo sul da península arábica, na região do atual Iêmen (NT).

7. *Criador dos homens e dos deuses*, verso da *Eneida* (I, 258 e XI, 725) de Publius Vergilius Maro (71-19 a.C.), poeta máximo da latinidade (NT).

8. O pretenso Júpiter, nascido em Creta, não passava de uma fábula histórica ou poética, como aquela dos outros deuses. *Jovis*, mais tarde *Júpiter*, era a tradução da palavra grega *Zeus*; e *Zeus* era a tradução da palavra fenícia *Jehova* (Nota de Voltaire).

9. Seguidores da filosofia de Epicuro (341-270 a.C.), filósofo grego, materialista, fundador do epicurismo, doutrina que apregoa o desfrute dos bens materiais e espirituais para que se possa perceber sua excelência e extrair deles o que há de melhor em sua natureza, que é essencialmente boa (NT).

10. Máximo de Tiro (séc. II d.C.), filósofo grego que se transferiu para Roma; acreditava num Deus supremo e invisível, na divindade da alma e nos demônios, instrumentos da providência (NT).

11. Dinastia imperial que regeu os destinos de Roma de 96 a 192 e que inclui os seguintes imperadores: Nerva (96-98), Trajano (98-117), Adriano (117-138), Antonino Pio (138-161), Marco Aurélio (161-180) e Cômodo (180-192); foi um século de grande progresso e de relativa paz nos territórios do império (NT).

12. Epicteto (50-130), filósofo estoico grego, escravo liberto por Nero, ministrava lições públicas; foi banido de Roma junto com todos os filósofos por ordem do imperador Domiciano, no ano 94; a máxima estoica de Epicteto era "Suporta e abstém-te" (NT).

13. Máximo de Madaura (séc. IV d.C.), orador e gramático latino, natural de Madaura, cidade e província romana do norte da África; foi colega de estudos de Agostinho; este se tornou cristão, mas Máximo se conservou pagão convicto, embora de espírito aberto e tolerante; continuou sempre amigo de Agostinho, bispo de Hipona, a quem submetia suas objeções contra o cristianismo (NT).

14. Aurelius Augustinus (354-430), bispo de Hipona, norte da África, e doutor da Igreja, deixou uma obra imensa, destacando-se *A cidade de Deus* e *Confissões* (NT).

15. Tradução do latim de Dubois, preceptor do último duque de Guise (Nota de Voltaire).

16. Na mitologia greco-romana, havia doze divindades superiores que formavam o Conselho do *Olimpo* grego ou do *Pantheon* romano (entre parêntesis figura a divindade grega correspondente à romana): Júpiter (Zeus), Juno (Hera), Vesta (Héstia), Ceres (Deméter), Apolo (Apolo), Diana (Ártemis), Minerva (Atena), Mercúrio (Hermes), Vênus (Afrodite), Vulcano (Hefesto), Netuno (Poseídon), Marte (Ares); além dessas, havia as divindades primordiais, as siderais, as dos ventos, das águas, etc. (NT).

17. São dois: Teodósio I (347-395), imperador romano de 379 a 395, assegurou o triunfo definitivo do cristianismo; Teodósio II (401-450), imperador do Oriente de 408 a 450, convocou o concílio de Éfeso em 431, mas não conseguiu debelar as incursões de povos estrangeiros no império (NT).

18. Ver o verbete *Ídolo, idólatra, idolatria* (Nota de Voltaire). – As personalidades citadas no texto representam políticos e literatos romanos proeminentes (NT).

19. William Warburton (1698-1779), bispo de Gloucester, autor de *Divine Legation of Moises demonstrated* – Divina legação de Moisés demonstrada (NT).

20. Prefácio da 2ª parte do tomo II de *Legação de Moisés* (Nota de Voltaire).

21. Baruch (Bento) de Spinoza (1632-1677), filósofo holandês; a novidade de suas ideias religiosas lhe atraiu perseguições tanto da parte dos cristãos como da parte dos judeus; dentre suas obras, *Tratado da reforma do entendimento* já foi publicada pela Editora Escala (NT).

22. Edição Poppens (Nota de Voltaire). – Na realidade, o texto não é de Spinoza, mas de Boulainvilliers que, fazendo uma refutação de Spinoza, havia exposto sua doutrina, atribuindo essa afirmação ao próprio Spinoza. O livro que contém a citação é *Refutação dos erros de Spinoza*, de autoria de Fénelon, Lamy e Boulainvilliers, editado realmente por Fr. Pop-pens, Bruxelas, em 1731 (NT).

23. Ocellus Lucanus (séc. VI a.C.), filósofo grego, escreveu sobre a natureza do universo, abordando temas de metafísica, física

e moral; Heráclito de Éfeso (550-480 a.c.), filósofo grego, afirma que o universo é uma eterna transformação,onde os contrários se equilibram; Demócrito (460-370 a.c.), filósofo grego, materialista, sua filosofia ensina que a natureza é composta de vazio e de átomos, partículas materiais indivisíveis, eternas e invariáveis. "Nada nasce do nada", segundo ele, e define que a alma é feita de átomos, como os corpos são resultantes de combinações de átomos e que desaparecem com a separação dos mesmos; Leucipo (460-370 a.c.), filósofo grego, fundador da teoria atomista; Straton ou Estratão de Lampsaco (?-268 a.c.), filósofo grego, negava as causas primeiras e finais; Epicuro (341-270 a.c.), filósofo grego, materialista, fundador do epicurismo, doutrina que apregoa o desfrute dos bens materiais e espirituais para que se possa perceber sua excelência e extrair deles o que há de melhor em sua natureza, que é essencialmente boa; Pitágoras (séc. VI a.C.), matemático e filósofo grego, são célebres seus teoremas e princípios matemáticos; Diágoras de Melos (sec. V a.C.), poeta grego, ateu confesso, jogou uma estátua de madeira de um deus no fogo e observou que a divindade nada mais tinha que fazer senão um milagre para se salvar; Zenon de Eleia (séc. V a.C.), filósofo grego pré-socrático, renovou a lógica, fez profundas reflexões sobre o tempo e o espaço; todos os seus escritos foram perdidos, mas seu pensamento filosófico foi transmitido por outros filósofos, especialmente por Aristóteles; Anaximandro de Mileto (610-574 a.c.), filósofo e astrônomo grego, julgava a terra em forma de disco e, para ele, a essência do universo é um conjunto indeterminado que contém os contrários e ainda, todo nascimento é separação dos contrários, toda morte é reunificação dos mesmos (NT).

24. René Descartes (1596-1650), filósofo, matemático e físico francês; dentre suas obras, *As paixões da alma* e *Discurso do método* já foram publicadas pela Editora Escala (NT).25. François de Salignac de La Mothe Fénelon (1651-1715), bispo, pensador e escritor francês (NT).

26. Depois de sua morte foi constatado, pelas contas dele, que às vezes não havia gasto mais que quatro tostões e meio num dia para sua alimentação. Isso nem sequer é uma refeição de monges reunidos em capítulo (*Nota de Voltaire*).

27. Pierre Bayle (1647-1706), escritor francês, protestante, pregava a tolerância religiosa, um protestantismo ponderado; publicou *Dicionário histórico e crítico* em 1696-97 (NT).

28. Ver o verbete Spinoza, *Dicionário de Bayle* (*Nota de Voltaire*).

29. Euclides (séc. III a.C.), matemático grego, célebre por sua geometria, seus postulados e axiomas matemáticos; Spinoza se inspirou nele para escrever a obra *Ethica ordine geometrico demonstrata* – A ética demonstrada segundo a ordem geométrica (NT).

30. O que fez com que Bayle não tivesse insistido nesse argumento é que não tinha conhecimento das demonstrações de Newton, de Keill, de Gregori, de Halley, isto é, que o vazio ou vácuo é necessário para o movimento (*Nota de Voltaire*).

31. Titus Lucretius Carus (98-55 a.C.), poeta latino; em sua obra *De natura rerum* (da natureza das coisas), analisa várias teorias filosóficas de pensadores gregos (NT).

32. Nicolau de Malebranche (1638-1715), filósofo francês; Antoine Arnauld (1612-1694), filósofo e teó-logo, principal defensor da corrente católica do jansenismo; Jacques Bénigne Bossuet (1627-1704), bispo, orador sacro e escritor francês; Jean Claude (1619-1687), pastor calvinista francês, célebre por suas controvérsias com Bossuet (NT).

33. Ele se chama Baruch e não Bento, pois nunca foi batizado (*Nota de Voltaire*) – Spinoza, mesmo em seus escritos, preferia assinar seu nome como *Benedictus* (Benedito, Bento) que é a tradução de seu nome original hebraico Baruch (NT).

34. *Le système de la nature*, publicada em 1770, obra de Paul Henri Thiry, barão de Holbach (1723-1789), filósofo e escritor francês; nesta obra afirma que a natureza material é a causa primeira de tudo e que existe desde a eternidade (NT).

35. Trata-se de personagens da época de Voltaire, geralmente padres jesuítas, como François Garasse (1585-1631), que investiam com vigor e rigor, em pregações e escritos, contra as heresias e contra os costumes libertinos (NT).

36. O jansenismo, partidário do jansenismo, corrente teológica católica fundada por Cornélio Jansênio (1585-1638) que defendia a preponderância da iniciativa divina sobre a liberdade humana, conferindo à graça um predomínio peculiar, além de imprimir à prática religiosa e à moral um rigorismo extremo; essa doutrina foi condenada pelo Vaticano, mas a influência do jansenismo se fez sentir por longo tempo, até inícios do século XX (NT).

37. Dois padres jesuítas, Louis Patouillet (1699-1779) e Aimé-Henri Paulian (1722-1802), que primavam pelas polêmicas e controvérsias (NT).

38. Noite de massacre dos protestantes, ocorrida em Paris no dia 24 de agosto de 1572, festa de São Bartolomeu, por isso chamada de *La Saint-Barthélemy* (NT).

39. John Turberville Needham (1713-1781), naturalista britânico; estudando formas de vida ao microscópio, chegou à conclusão de que a vida se produzia por geração espontânea; fez estudos mais profundos sobre as enguias e os polvos e suas formas de reprodução; enquanto os filósofos naturalistas se apoderavam das ideias dele para fundamentar seus sistemas, Needham procurava também provar que a hipótese da geração espontânea estava em perfeita consonância com as crenças religiosas (segundo ele, o homem surgiu da matéria por um ato de geração espontânea no simples chamado do criador e que a mulher não passou de uma súbita expansão do corpo do homem Adão, destacando-se de seu marido como um pólipo se destaca do pólipo-mãe); Voltaire condenava seu finalismo religioso (NT).

40. Maupertuis (Nota de Voltaire). – Trata-se de Pierre Louis Moreau de Maupertuis (1698-1759), matemático francês, mediu os meridianos da terra e deduziu que os polos são achatados; fez descobertas sobre a ação da luz, foi um dos poucos a defender Newton; por causa de algumas deduções teológicas de suas descobertas, provocou violenta reação de Voltaire, com quem manteve acirrada polêmica (NT).

41. Benoit Maillet (1656-1738), escritor francês, deixou uma obra sobre a formação e a evolução da terra (NT).

42. Lazzaro Spallanzani (1729-1799), biólogo italiano, demonstrou a ação do suco gástrico na digestão das carnes, elucidou o mecanismo de reprodução nos animais e realizou as primeiras experiências em fecundação artificial (NT).

43. Quanto a Lucrécio, ver nota 31 deste verbete; o tradutor referido é Lagrange (1738-1775) (NT).

44. Isaac Newton (1642-1727), físico, matemático e astrônomo inglês (NT).

45. Thomas Hobbes (1588-1679), filósofo inglês, autor de *Leviatã* e *Do cidadão* e outras obras (NT).

46. Segundo a mitologia grega, Pandora teria sido a primeira mulher da humanidade, a quem os deuses lhe conferiram todos os dons (*pan*, todo, *dóron*, dom); Zeus entregou-lhe uma caixa que continha todas as misérias e males e que devia ser mantida fechada; Pandora abriu-a e os males se espalharam pelo mundo, restando no fundo da caixa a esperança (NT).

47. Lucius Domitius Claudius Nero (37-68), imperador romano de 54 a 68 (NT).

48. Rodrigo Borgia (1431-1503), eleito papa em 1492, tomou o nome de Alexandre VI; foi um pontífice dissoluto, envolvido em lutas políticas e em negociatas, favoreceu abertamente seus filhos concedendo-lhes dinheiro, poder e territórios, deixou péssima imagem da Igreja no mundo da época (NT).

49. Louis Dominique Bourguignon, dito Cartouche (1693-1721), chefe de quadrilha de bandidos que assolava Paris, roubando e matando; traído por um dos membros de sua quadrilha, foi preso e executado (NT).

50. Marcus Aurelius Antoninus (121-180), imperador romano de 161 a 180, filósofo estoico, deixou a obra *Pensamentos e meditações* (NT).

51. Ver nota 12 deste verbete (NT).

52. Blaise Pascal (1623-1662), matemático, físico, filósofo e escritor; dentre suas obras, *Do espírito geométrico* já foi publicada pela Editora Escala (NT).

53. Gregório VII (1015-1085), papa de 1073 a 1085; teve sérias dificuldades na questão das investiduras ou ingerência do Estado na nomeação de prelados e bispos para cargos eclesiásticos especialmente com o imperador Henrique IV que acabou excomungado-o por duas vezes (NT).

54. Trata-se de Cesare Borgia (1473-1507), filho de Alexandre VI, feito cardeal da Igreja quando jovem ainda; abandonou a carreira eclesiástica e se dedicou à política, mas uma política de aventureiro sem escrúpulos para conquistar tudo quanto pudesse; para tanto, mandou matar seu irmão Giovanni, traiu e mandou matar vários príncipes para se apoderar de seus territórios; morreu numa emboscada (NT).

55. François Michel Le Tellier, marquês de Louvois (1639-1691), estadista francês, ministro de Estado (NT).

56. Jean Chastel ou Châtel (1575-1594) feriu Henrique IV, a quem pretendia assassinar; preso, foi esquartejado; François Ravaillac (1578-1610) era professor de escola, tornando-se frade depois; acreditava que salvaria a religião católica se matasse o rei que se aliara às potências protestantes para mover guerra à Áustria e à Espanha católicas; Ravaillac apunhalou mortalmente Henrique IV (1553-1610), rei da França de 1589 a 1610, em sua carruagem em maio de 1610; preso, foi esquartejado (NT).

57. Em 1535, época de efervescência religiosa por causa das posições da Reforma de Lutero, a cidade alemã de Munster se manteve católica, provocando a insurreição dos anabatistas que foi abafada como uma revolta de fanáticos (NT).

58. Região montanhosa da França, Cévennes foi palco da revolta dos calvinistas franceses, chamados camisardos, que se transformou em guerra civil religiosa em toda a região e perdurou de 1702 a 1704; dominados totalmente em 1704, alguns chefes camisardos continuaram, porém, com revoltas e incursões ocasionais até 1710 (NT).

59. Heitor, herói troiano, que provocou muitas baixas no exército grego, matando inclusive um dos comandantes helênicos, Pátroclo; para vingar a morte deste amigo, Aquiles matou Heitor e arrastou seu cadáver ao redor das muralhas de Troia, segundo relata Homero na *Ilíada* (NT).

60. Referência ao sacerdote e profeta Samuel que matou Agag, rei dos amalecitas, com as próprias mãos, tomando a espada de Saul; fato narrado no *primeiro livro de Samuel*, cap. XV (NT).

61. Referência ao papa Júlio II (1443-1513), papa de 1503 a 1513, mecenas e amante da pompa, na ânsia de transformar a Igreja numa potência política, entrou em guerra contra a república de Veneza, depois contra a França; conta-se que sempre trazia a couraça sob as vestes papais e ele próprio dirigia os exércitos em campo de batalha (NT).

62. A bula *In coena Domini* (Na ceia do Senhor), baixada pelo papa Paulo III (1468-1549 – papa de 1534 a 1549) em 1536 contra todos os hereges, os contumazes e os inimigos da Igreja, foi revogada por Clemente XIV (1705-1774 – papa de 1769 a 1774) em 1770 (NT).

63. A Cólquida, para os antigos gregos, era a região a leste do mar Negro, rica em minas de ouro e de ferro; corresponde aproximadamente ao atual território da Geórgia; a Cítia, para os mesmos gregos e romanos, indicava todos os territórios distantes e desconhecidos para além do mar Negro, em direção à Rússia atual e à Ásia centro-setentrional (NT).

DIREITO - [Seção I - Direito das gentes, Direito natural] - Não conheço nada melhor a esse respeito do que os versos de Ariosto[1], no canto XLIV, estrofe 2:

Fan lega oggi re, papi e imperatori,
Doman saran nimici capitali:
Perchè, qual l'apparenze esteriori,
Non hanno i cor, non han gli animi tali,
Che, non mirando al torto più che al dritto,
Attendon solamente al lor profitto.

> Unem-se em liga hoje reis, papas e imperadores,
> Amanhã serão inimigos capitais:
> Porque, segundo as aparências exteriores,
> Não têm os corações, não têm os ânimos tais
> Que, não olhando o errado mais que o certo,
> Só se interessam pelo próprio proveito.

Se houvesse somente dois homens na terra, como viveriam juntos? Eles se ajudariam, se prejudicariam, se acariciariam, se injuriariam, se combateriam, se reconciliariam, não poderiam viver um sem o outro, nem um com o outro. Fariam como fazem todos os homens hoje. Eles têm o dom do raciocínio, sim, mas possuem também o dom do instinto e sentirão, raciocinarão e agirão sempre como foram destinados pela natureza.

Um Deus não veio sobre nosso globo para reunir o gênero humano e lhe dizer: "Ordeno aos negros e aos cafres que andem nus e comam insetos."

"Ordeno aos samoiedos que se vistam com peles de rena e comam sua carne, por mais insípida que seja, com peixe seco e fétido, tudo sem sal. Os tártaros do Tibet devem acreditar em tudo que o dalai-lama lhes disser, e os japoneses, em tudo o que lhes disser seu dairi."

"Os árabes não deverão comer carne de porco e os habitantes alemães da Vestfália só se alimentarão de carne de porco."

"Vou traçar uma linha do monte Cáucaso até o Egito, e do Egito ao monte Atlas, e todos aqueles que habitarem a oriente dessa linha poderão desposar várias mulheres; aqueles que estiverem a ocidente só terão uma."

"Se do golfo Adriático, desde Zara até o Polésine[2], ou em direção aos pântanos dos rios Reno e Mosela, ou em direção ao monte Jura[3] ou mesmo na ilha de Albion[4] ou no território dos sármatas, ou dos escandinavos, qualquer pessoa resolver tornar um único homem déspota, ou resolver ele próprio tornar-se déspota, que lhe seja cortado o pescoço o mais rapidamente possível, esperando que o destino e eu tenhamos ordenado de forma diferente."

"Qualquer pessoa que tenha a insolência e a demência de querer estabelecer ou restabelecer uma grande assembleia de homens livres em Manzanares[5] ou na Propôntida[6], que seja empalado e arrastado por quatro cavalos."

"Se qualquer pessoa fizer suas contas seguindo uma determinada regra aritmética em Constantinopla, no grande Cairo, em Tafilet, em Délhi, em Andrinopla, será imediatamente empalada sem necessidade de processo; e qualquer um que ousar contar segundo outra regra em Roma, Lisboa, Madri, Champanha, Picardia e em direção ao Danúbio, desde Ulm até Belgrado, será devotamente queimado ao som do canto de alguns *miserere*[7]."

"Aquilo que for justo ao longo de toda a margem do rio Loire será injusto às margens do rio Tâmisa[8], pois minhas leis são universais, etc., etc., etc."

Deve-se confessar que não temos prova clara, nem mesmo no *Journal Chrétien*[9]

(Jornal cristão), nem na *Clef du cabinet des princes*⁽¹⁰⁾ (Chave do gabinete dos príncipes), de que um Deus tenha vindo à terra promulgar esse direito público. Entretanto, existe e é seguido ao pé da letra tal como acabamos de enunciá-lo, e foram compilados, compilados, compilados sobre esse direito das nações belos comentários que nunca renderam um escudo sequer aos que foram arruinados pela guerra, pelos decretos ou pelos empregados das grandes propriedades rurais.

Essas compilações se parecem muito com os *Casos de Consciência* de Jean Pontas⁽¹¹⁾. Eis um caso da lei para examinar: é proibido matar; todo assassino é punido, a menos que tenha matado em companhia de muitos e ao som de trombetas; é a regra.

Na época em que havia ainda antropófagos nas florestas de Ardenas⁽¹²⁾, um bom aldeão encontrou um antropófago que levava um menino para comer. Tomado de compaixão, o aldeão matou o comedor de crianças e livrou o menino, que logo fugiu. Dois passantes veem de longe o homem e o acusam diante do juiz de ter cometido um assassinato perto da estrada principal. O corpo de delito estava sob os olhos do juiz, duas testemunhas falavam, cem escudos deviam ser pagos ao juiz por seu tempo despendido, a lei era precisa, o aldeão foi enforcado imediatamente por ter feito o que teriam feito em seu lugar Hércules, Teseu, Rolando e Amadis⁽¹³⁾. Será que se devia enforcar o juiz que havia seguido a lei ao pé da letra? E o que se julgou na grande audiência? Para resolver mil casos dessa natureza foram escritos mil volumes.

Puffendorf⁽¹⁴⁾ estabeleceu inicialmente seres morais⁽¹⁵⁾. Diz ele: "São certos modos que os seres inteligentes unem às coisas naturais ou aos movimentos físicos, tendo em vista dirigir ou restringir a liberdade das ações voluntárias do homem, para colocar alguma ordem, alguma conveniência e alguma beleza na vida humana."

Em seguida, para dar ideias claras do justo e do injusto aos suecos e aos alemães, observa "que há duas espécies de espaço: um a respeito do qual se diz que as coisas estão em algum lugar, por exemplo, aqui, ali; outro, a respeito do qual se diz que as coisas existem num certo tempo, por exemplo, hoje, ontem, amanhã. Concebemos também duas espécies de estados morais: um que marca qualquer situação moral e que tem alguma conformidade com o lugar natural; o outro que designa certo tempo, enquanto disso provém algum efeito moral, etc."

Não é tudo; Puffendorf distingue muito curiosamente os modos morais simples e os modos de estima, as qualidades formais e as qualidades operativas. As qualidades formais são simples atributos, mas as operativas devem cuidadosamente se dividir em originais e em derivadas.

Entretanto, Barbeyrac comentou essas belas coisas que são ensinadas nas universidades. Em questões dessa importância, estamos divididos entre Grotius⁽¹⁶⁾ e Puffendorf. Creiam em mim, leiam *Dos deveres* de Cícero⁽¹⁷⁾.

[Seção II - Direito Público]

Nada talvez poderia contribuir mais para tornar um espírito falso, obscuro, confuso, incerto, do que a leitura de Grotius, de Puffendorf e de quase todos os comentários do Direito público.

Nunca se deve fazer um mal na esperança de um bem, diz a virtude, e ninguém escuta. É permitido mover guerra a uma potência que se torna demasiado preponderante, diz o *Espírito das Leis*[18].

Em que tempo os direitos devem ser constatados pela prescrição? Nesse ponto, os juristas especializados em Direito público chamam em seu socorro o Direito divino e o Direito humano; os teólogos se interessam pela questão. Abraão, dizem eles, e sua posteridade tinham direito sobre a terra de Canaã, porque viajaram por ela e Deus a deu a Abraão numa aparição. – Nossos sábios mestres, contudo, discutem há 547 anos para saber, de acordo com a *Vulgata*[19], de quem é o direito: se de Abraão, que comprou uma gruta na região, ou de Josué, que saqueou uma pequena parte dessa região. – Pouco importa, seu direito era claro e limpo. – Mas, e a prescrição?... – Sem prescrição. – Mas o que se passou outrora na Palestina deve servir de regra à Alemanha e à Itália?... – Sim, pois Deus assim o disse. – Que seja, senhores, não discuto contra vocês; Deus me livre!

Segundo dizem, os descendentes de Átila[20] se estabeleceram na Hungria; em que época os antigos habitantes começaram a ter consciência de serem servos dos descendentes de Átila?

Nossos doutores que escreveram sobre a guerra e a paz são bem profundos; a crer neles, tudo pertence de direito ao soberano para o qual escrevem; nada pode ser alienado de seu domínio. O imperador deve possuir Roma, a Itália e a França; era a opinião de Bartolo[21]: em primeiro lugar, porque o imperador se intitula rei dos romanos; em segundo lugar, porque o arcebispo de Colônia é chanceler da Itália e o arcebispo de Trier[22] é chanceler das Gálias. Além disso, o imperador da Alemanha traz um globo dourado em sua sagração, portanto, é senhor do globo da terra.

Em Roma, não há sacerdote que não tenha aprendido em seu curso de teologia que o papa deve ser soberano do mundo, visto que está escrito que foi dito a Simão, filho de Jonas da Galileia, denominado Pedro: "Tu és Pedro e sobre esta pedra construirei minha assembleia" (*Evangelho de Mateus*, XVI, 18). Era inútil dizer a Gregório VII[23]: "Trata-se unicamente das almas, trata-se somente do reino celeste." – "Maldito condenado, respondia ele, trata-se do terrestre." E, se pudesse, ele o condenaria e mandaria enforcá-lo.

Espíritos ainda mais profundos fortalecem esse raciocínio com um argumento sem réplica: aquele, de quem o bispo de Roma se diz representante, declarou que seu reino não é deste mundo (*Evangelho de João*, XVIII, 36); portanto, este mundo deve pertencer ao representante, desde que o mestre renunciou a ele. Quem deve vencer: o gênero humano ou as decretais? As decretais[24], sem dúvida.

Pergunta-se, em seguida, se há alguma justiça em massacrar dez ou doze milhões de homens desarmados na América. Responde-se que não há nada mais justo e mais santo, porquanto não eram católicos, apostólicos e romanos.

Não faz um século, em todas as declarações de guerra dos príncipes cristãos, a ordem de ataque imediato era sempre dada a todos os súditos do príncipe aos quais a guerra era anunciada por um arauto em cota de malha e de mangas pendentes. Desse modo, uma vez feito o anúncio, se um habitante de Auvergne[25] encontrasse uma alemã, era obrigado a matá-la, mas podia violentá-la antes ou depois.

Aí está uma questão bastante espinhosa nas escolas: uma vez que o anúncio e a convocação ordenem ir para matar e deixar-se matar no campo de batalha, os suábios, estando persuadidos de que a guerra ordenada é da mais horrível injustiça, deveriam ir? Alguns doutores diziam que sim; alguns justos diziam que não; o que diziam os políticos?

Quando já se havia discutido muito sobre essas grandes questões preliminares, com as quais nenhum soberano se envolve nem se envolverá, foi necessário discutir então os direitos respectivos de 50 ou 60 famílias do condado de Alost, da cidade de Orchies, do ducado de Berg e de Juliers, do condado de Tournai, do condado de Nice[26], de todas as fronteiras de todas as províncias: e o mais fraco sempre perdeu sua causa.

Durante cem anos se discutiu com veemência se os duques de Orléans, Luís XII e Francisco I[27], tinham direito ao ducado de Milão em virtude do contrato de casamento de Valentina de Milão, neta bastarda de um bravo camponês chamado Giacomo Muzio[28]; o processo foi julgado pela batalha de Pavia.

Os duques de Savoia, de Lorena, da Toscana[29] também reclamavam o ducado de Milão, mas acreditava-se que havia no Friuli[30] uma família de cavalheiros pobres, descendente em linha reta de Albuíno[31], rei dos lombardos, que tinha um direito bem anterior.

Os especialistas em Direito público escreveram espessos livros sobre os direitos ao reino de Jerusalém. Os turcos não os escreveram, mas Jerusalém lhes pertence, pelo menos até o presente ano de 1770; e Jerusalém não é um reino.

---

1. Ludovico Ariosto (1474-1533), poeta italiano; sua obra-prima e mais conhecida é *Orlando furioso*, da qual é extraída a estrofe citada por Voltaire (NT).

2. Zara é a atual cidade e porto de Zadar, na Croácia; Polésine é uma pequena região do norte da Itália, imediatamente ao sul de Veneza (NT).

3. Jura é um conjunto de montanhas que se estende entre a França e a Suíça (NT).

4. Albion era o nome que os antigos davam à ilha da Grã-Bretanha (NT).

5. Nome de afluente do Jarama, rio que atravessa Madri (NT).

6. Nome que os antigos gregos davam à região situada entre o mar Egeu e o mar Negro, na qual se situava o mar de Mármara que permitia a passagem entre os dois mares anteriores (NT).

7. Palavra latina que inicia (e que significa *tenha misericórdia*) a oração ou canto fúnebre no ofício de exéquias da Igreja católica (NT).

8. O Loire é um dos principais rios do território da França e o Tâmisa atravessa a cidade de Londres (NT).

9. Jornal católico do século XVIII, cujo principal redator foi o padre Joanet (1716-1789) (NT).

10. Jornal mensal conservador do século XVIII, cujo principal editor foi André Chevalier (1660-1747) e cujo título completo era *Clef du cabinet des princes d'Europe ou Reccueil historique e politique* – Chave do gabinete dos príncipes da Europa ou coleta histórica e política (NT).

11. Jean Pontas (1638-1728) publicou o *Dictionnaire des cas de conscience* (Dicionário dos casos de consciência), no qual relata e analisa as decisões das mais consideráveis dificuldades concernentes à moral e à disciplina eclesiástica (NT).

12. *Ardennes*, em francês, é uma região que ocupa pequena parte dos territórios da Bélgica, de Luxemburgo e da França, coberta de florestas naturais (NT).

13. Os personagens mencionados são heróis da antiguidade e da Idade Média. Hércules, herói lendário grego que a literatura

tornou célebre por seus doze trabalhos, nos quais se notam força, coragem e ousadia. Teseu, herói mitológico grego, matou o Minotauro, monstro metade homem e metade touro, devorador de rapazes e moças. Rolando, herói medieval, cavaleiro cristão que se destacou em batalhas com Carlos Magno (séc. VIII-IX) e foi imortalizado no poema medieval *Canção de Rolando*. Amadis de Gaula, herói medieval (séc. XIII), cognominado o "amante taciturno", modelo de cavaleiro andante e fiel à sua amada (NT).

14. Samuel Puffendorf (1632-1694), jurista e historiador alemão; sua obra mais importante, *De jure naturae et gentium* (Do Direito da natureza e das gentes), escrita em latim, 2 tomos, é considerada um dos pilares do Direito internacional moderno, doutrina jurídica que seria desenvolvida posteriormente por outros autores (NT).

15. Tomo I, página 2, tradução de Barbeyrac, com comentários (*Nota de Voltaire*).

16. Hugo de Groot, dito Grotius (1583-1645), jurista e diplomata holandês; considerado o fundador do Direito internacional moderno, por suas ideias e por sua atuação como diplomata e particularmente pela obra *De jure belli ac pacis* (O Direito da guerra e da paz), publicada em 1625 em dois volumes; foi traduzida para o português e publicada em 2004 pela Editora Unijuí (Ijuí, RS) com patrocínio da Fondazione Cassamarca di Treviso (Treviso, Itália), em 2 volumes, com um total de 1.476 páginas, tradução de Ciro Mioranza (NT).

17. Trata-se da obra *De Officiis* (já publicado pela Editora Escala na edição em língua portuguesa) de Marcus Tullius Cicero (106-43 a.C.), orador, escritor, filósofo e jurisconsulto latino (NT).

18. *L'Esprit des lois* (livro X, cap. II), obra de Charles de Secondat, barão de Montesquieu (1689-1755), pensador e escritor francês; o livro *Cartas persas*, do mesmo autor, já foi publicado pela Editora Escala (NT).

19. Ou *Bíblia Vulgata*, assim é chamada a tradução da Bíblia feita, a partir do hebraico e do grego por Jerônimo ou Sophronius Eusebius Hieronymus (331-420), escritor cristão e doutor da Igreja (NT).

20. Átila (séc. V d.C.), rei dos hunos, devastou o império do Oriente nos anos 441 a 443; em 452 dirigiu-se com suas tropas sobre Roma, mas foi persuadido pelo papa Leão I a não atacar a cidade; retirou-se e morreu pouco depois (NT).

21. Bartolo da Sassoferrato (1313-1359), jurista italiano, autor de diversos pequenos tratados sobre os soberanos, os tiranos, a constituição do Estado, os territórios e outros, considerado um dos precursores do Direito moderno (NT).

22. Fundada em torno do ano 15 a.C. por César Augusto com o nome de *Augusta Treverorum*, a cidade de Trier (Trèves em francês e Tréveris em português) era o principal centro dos gauleses tréviros; na Idade Média, o arcebispo de Trier era um dos príncipes eleitores do imperador; no século XIX, a cidade se tornou sucedânea de Colônia (NT).

23. Gregório VII (1015-1085), papa de 1073 a 1085; teve sérias dificuldades na questão das investiduras ou ingerência do Estado na nomeação de prelados e bispos para cargos eclesiásticos especialmente com o imperador Henrique IV que acabou excomungado-o por duas vezes (NT).

24. Decisões papais em resposta a uma consulta e que passam a ser consideradas como fonte de Direito (NT).

25. Região da França (NT).

26. Pequenos condados da época de Voltaire e que hoje pertencem à Bélgica (Alost e Tournai), à Alemanha (Berg e Juliers), à França (Orchies e Nice), notando-se que Nice era condado italiano até 1860 (NT).

27. Orléans era uma casa principesca francesa que deu vários reis à França, entre os quais Luís XII (1462-1515), reinou de 1498 a 1515, e Francisco I (1494-1547) que reinou de 1515 a 1547 (NT).

28. Giacomo Muzio Attendolo (1369-1424), cognominado Sforza por sua ousadia e intrepidez, era um aventureiro e mercenário que pôs suas tropas a serviço dos Visconti, duques de Milão; seu filho Francisco Sforza se apoderou do ducado em 1450, ficando nas mãos da família até 1535, salvo o período de ocupação francesa (1499-1513); em 1535, na batalha de Pavia, o ducado foi ocupado pelas tropas espanholas e ficou sob a dominação dos reis da Espanha até 1706, passando depois ao domínio austríaco até as guerras de unificação da Itália na segunda metade do século XIX (NT).

29. A Casa de Savoia ocupava territórios dos Alpes ocidentais franceses e italianos; houve, no decorrer dos séculos, várias divisões territoriais entre os dois países; hoje, uma região da França ainda conserva o nome, enquanto que na Itália os antigos territórios da Savoia correspondem aproximadamente à atual região do Piemonte; cumpre salientar que os reis que governaram a Itália de 1860 até 1946 eram da Casa de Savoia. O ducado de Lorena surgiu no século IX sob o domínio germânico; coube alternadamente à França e à Alemanha no decorrer dos séculos, até passar definitivamente para os reis da França em 1766. O ducado ou Grão-ducado da Toscana corresponde hoje à região italiana da Toscana, cuja capital é Firenze (Florença); ducado independente desde o século IX, foi anexado ao recém-constituído reino da Itália em 1860 (NT).

30. Região do nordeste da Itália, conhecida outrora como Patriarcado ou Pátria do Friuli, confinante com as repúblicas da Áustria e da Eslovênia (NT).

31. Albuíno, rei dos longobardos ou lombardos de 561 a 572, invadiu a Itália e estabeleceu o reino dos lombardos no norte, na cidade de Verona, próxima de Milão (NT).

DIVINDADE DE JESUS

Os socinianos[1], que são considerados blasfemos, não reconhecem a divindade de Jesus Cristo. Ousam pretender, com os filósofos da antiguidade, com os judeus, os maometanos e tantas outras nações, que a ideia de um Deus homem é monstruosa, que a distância de um Deus ao homem é infinita e que é impossível que o ser infinito, imenso, eterno, tenha sido contido num corpo perecível.

Chegam a citar em seu favor Eusébio[2], bispo de Cesareia, que, em sua *História eclesiástica*, livro I, cap. XI, declara que é absurdo que a natureza não gerada, imutável, do Deus todo-poderoso, tome a forma de um homem. Citam os Padres da Igreja[3], Justino e Tertuliano, que disseram a mesma coisa: Justino em seu *Diálogo com Trifão* e Tertuliano em seu *Discurso contra Práxeas*.

Citam são Paulo que nunca chama Jesus Cristo de Deus e que o chama com frequência homem. Levam sua audácia até o ponto de afirmar que os cristãos passaram três séculos inteiros formando aos poucos a apoteose de Jesus e que só erguiam esse surpreendente edifício a exemplo dos pagãos que haviam divinizado mortais. Inicialmente, segundo eles, Jesus era considerado apenas como um homem inspirado por Deus; a seguir, como uma criatura mais perfeita que as outras. Algum tempo depois, foi-lhe conferido um lugar acima dos anjos, como o diz são Paulo (*Epístola aos Hebreus* I, 4). A cada dia acrescentavam algo à sua grandeza. Tornou-se uma emanação de Deus produzida no tempo. Não foi suficiente; foi feito nascer até mesmo antes do tempo. Finalmente, foi feito Deus, consubstancial a Deus. Crellius, Voquelsius, Natalis Alexander, Hornebeck[4] apoiaram todos esses blasfemos por meio de argumentos que surpreendem os sábios e que pervertem os fracos. Foi especialmente Fausto Sozzini que espalhou as sementes dessa doutrina na Europa; e, no final do século XVI, faltou pouco para que estabelecesse uma nova espécie de cristianismo; já tinha havido mais de trezentas espécies dele.

---

1. Parditários do socinianismo ou socinismo, doutrina que teve origem nos ensinamentos de Lelio Sozzini (1525-1562) e de seu sobrinho Fausto Sozzini (1539-1604), cujos pontos principais eram a negação da Trindade e, em decorrência, a negação da divindade de Jesus Cristo e a negação da redenção na cruz e da eternidade das penas. Condenados e perseguidos, Lélio se refugiou na Suíça e Fausto fugiu para a Polônia, onde organizou a Igreja antitrinitária (NT).

2. Eusébio de Cesareia (265-340), bispo e escritor grego, sua obra mais importante é a *História eclesiástica* (NT).

3. *Padres da Igreja* é uma expressão clássica da história antiga, com a qual são designados os grandes teólogos e escritores dos primeiros séculos do cristianismo; são numerosos e seus escritos formam a chamada *Patrística*, *Patrologia*, ou seja, obras, textos, comentários bíblicos e doutrina desses autores, os quais fundamentaram toda a teologia cristã, e particularmente católica, que ainda vigora hoje; entre os principais Padres da Igreja, podem ser relembrados Ambrósio, Agostinho, Orígenes, Cirilo de Jerusalém, Cirilo de Alexandria, João Crisóstomo, Gregório Nazianzeno, Gregório de Nissa, Ireneu, Justino, Tertuliano, etc.

4. Dentre esses teólogos e pregadores, se destacam Jan Crell, latinizado em Johannes Crellius (1590-1633), teólogo polono-alemão, discípulo de Sozzini, deixou várias obras sobre o cristianismo; Alexandre Noël, latinizado em Alexander Natalis (1639-1724), padre dominicano, autor de uma volumosa *História eclesiástica* e outras obras teológicas (NT).

DIVÓRCIO - [Seção I] - Na *Enciclopédia* se diz, no verbete *Divórcio*, que "o costume do divórcio, tendo sido introduzido nas Gálias pelos romanos, foi assim que Bissínia ou Bazina deixou o rei da Turíngia[1], seu marido, para seguir Childerico[2], que a desposou". É como dizer que os troianos, tendo introduzido o divórcio em Esparta, Helena repudiou Menelau, segundo a lei, para ir embora com Páris para a Frígia[3].

A agradável fábula de Páris e a fábula ridícula de Childerico, que nunca foi rei da França e que se pretende que tenha criado Bazina, mulher de Bazin, nada têm em comum com a lei do divórcio.

Cita-se ainda Cariberto[4], régulo da pequena cidade de Lutécia, perto de Issy[5], *Lutetia Parisiorum* (Lutécia dos parisienses), que repudiou sua mulher. O padre Velly[6], em sua *História da França*, diz que Cheriberto ou Cariberto repudiou sua mulher Ingoberga para desposar Miraflor, filha de um artesão, e em seguida Teudegilda, filha de um pastor, que "foi elevada ao primeiro trono do império francês".

Não havia então nem primeiro nem segundo trono entre esses bárbaros que o império romano jamais reconheceu como reis. Não havia império francês.

O império dos francos começou somente com Carlos Magno[7]. É de duvidar muito que a palavra *Miraflor* estivesse em uso na língua *welche*[8] ou gaulesa, que era um dialeto da fala celta; esse dialeto não possuía expressões tão doces.

O que se diz ainda é que o régulo Chilperico[9], senhor da província de Soissons, e que é chamado rei da França, tivesse se divorciado da rainha Andove ou Andovera; e aqui vai a razão desse divórcio.

Essa Andovera, depois de ter dado ao senhor de Soissons três filhos homens, deu à luz uma filha. Os francos eram, de alguma forma, cristãos desde Clóvis[10]. Andovera, depois de se recuperar do parto, apresentou sua filha para o batismo. Chilperico de Soissons, que aparentemente já estava cansado dela, lhe declarou que era um crime irremissível ser madrinha da filha dele, que, portanto, não poderia mais ser sua mulher pelas leis da Igreja e desposou Fredegunda; depois disso expulsou Fredegunda, desposou uma visigoda e, no fim, retomou Fredegunda.

Tudo isso não tem nada de realmente legal e não deve mais ser citado do que aquilo que se passava na Irlanda e nas ilhas Órcadas[11].

O código Justiniano[12], que adotamos em diversos pontos, autoriza o divórcio, mas o Direito canônico, que os católicos adotaram ainda mais, não o permite.

O autor do artigo diz que "o divórcio é praticado nos Estados da Alemanha da confissão de Augsburgo".

Pode-se acrescentar que esse uso está estabelecido em todos os países do norte, em todos os reformados de todas as confissões possíveis e em toda a Igreja grega.

O divórcio tem provavelmente a mesma idade aproximada do casamento. Creio, no entanto, que o casamento tenha algumas semanas a mais, isto é, que se passou a discutir com a mulher depois de quinze dias de casados, que se passou a bater nela depois de um mês e que se terminou separando-se dela depois de seis semanas de coabitação.

Justiniano, que reuniu todas as leis feitas antes dele, às quais acrescentou as dele, não somente confirma o divórcio, mas lhe confere maior extensão ainda, a ponto de toda mulher cujo marido não fosse escravo, mas simplesmente prisioneiro de guerra durante cinco anos, podia, após os cinco anos completos, contrair outro casamento.

Justiniano era cristão e até teólogo; como foi, pois, que a Igreja chegou a derrogar suas leis? Foi quando a Igreja se tornou soberana e legisladora. Os papas não tiveram dificuldade em substituir o código por suas decretais no Ocidente mergulhado na ignorância e na barbárie. Aproveitaram-se de tal forma da estupidez dos homens que Honório III, Gregório IX, Inocêncio III[13], proibiram por suas bulas que se ensinasse o Direito civil. Dessa ousadia se pode dizer: não é de acreditar, mas é verdade.

Como a Igreja julgava sozinha a respeito do casamento, sozinha também julgou a respeito do divórcio. Não houve nenhum príncipe que se tenha divorciado e que tenha desposado uma segunda mulher sem a ordem do papa, antes de Henrique VIII[14], rei da Inglaterra, que só prescindiu do papa depois de ter solicitado durante muito tempo seu processo na corte de Roma.

Esse costume, estabelecido nos tempos de ignorância, se perpetuou nos tempos de esclarecimento pela simples razão de que ele existia. Todo abuso se eterniza por si: é o estábulo de Áugias[15], é necessário um Hércules para limpá-lo.

Henrique IV[16] não pôde ser pai de um rei da França senão por uma sentença do papa; uma vez mais era necessário, como já foi notado[17], não conceder um divórcio, mas mentir, dizendo que não havia ocorrido casamento.

[Seção II - Memorando de um magistrado, escrito em torno do ano de 1764(18)]

1. Região no leste da Alemanha, antigo reino dos turíngios, povo germânico que habitava na área (NT).

2. Childerico I (436-482), rei dos francos, povo germânico que ocupou a França, dominando as antigas populações locais (NT).

3. Páris era filho de Príamo, rei de Troia. Como um adivinho havia predito que Páris haveria de trazer a ruína de Troia, logo depois do nascimento foi abandonado nas montanhas e foi criado por pastores. Adulto, voltou a Troia e o pai o reconheceu. Viajando para Esparta, na Grécia, Páris foi hóspede do rei Menelau, mas raptou-lhe a esposa Helena, considerada a mulher mais linda da Grécia. O fato desencadeou a guerra de Troia, cidade bem fortificada que se situava na Frígia (parte do atual território da Turquia). Os gregos se coligaram e moveram guerra a Troia para recuperar Helena, acabando por destruir a cidade, depois de um cerco de dez anos (NT).

4. Cariberto I, rei de Paris de 561 a 567 (NT).

5. Lutécia é a atual cidade de Paris; na realidade, a chamada *Île de la Cité*, hoje centro histórico da capital francesa; Issy é uma área ao sul de Paris, às margens do rio Sena (NT).

6. Paul François Velly (1700-1756), padre e historiador francês (NT).

7. Carlos Magno (747-814), rei dos francos e dos lombardos de 768 a 814 e imperador do Ocidente de 800 a 814 (NT).

8. O termo *welche* se referia, na Idade Média, a certas populações rurais da Baviera e da Áustria e a seu linguajar mesclado com o latim; anteriormente, o vocábulo era usado pelos germânicos para indicar os romanos (NT).

9. Chilperico I (539-584), rei dos francos na região setentrional de Soissons, porquanto havia dividido todo o reino dos francos com outros três irmãos; por desavenças políticas e territoriais, mandou assassinar o irmão Sigeberto, mas acabou sendo assassinado pelo filho deste, Childeberto II (NT).

10. Clóvis ou Clodoveu (465-511), rei dos francos de 481 a 511, foi o grande unificador de quase todos os povos da Gália, lançando as bases para a construção da futura França; convertido ao cristianismo, exemplo de rei aglutinador, é considerado um dos precursores da formação do Ocidente cristão (NT).

11. *Orkney*, em inglês, é um arquipélago britânico, situado a nordeste da Escócia (NT).

12. Maior acervo de leis do mundo antigo e dos inícios da Idade Média, mandado coletar por Flavius Petrus Sabbatius Justinianus (482-565), imperador do Oriente ou bizantino de 527 a 565, formando o que é conhecido até hoje como Código Justiniano (NT).

13. Honório III (?-1227), papa de 1216 a 1227; Gregório IX (1170-1241), papa de 1227 a 1241; Inocêncio III (1160-1216), papa de 1198 a 1216 (NT).

14. Henrique VIII (1491-1547), rei da Inglaterra de 1509 a 1547; chamado protetor da Igreja, consultou o papa Leão X para se divorciar de Catarina de Aragão e desposar Ana Bolena; o papa teria respondido que, "se tivesse duas almas, arriscaria uma para lhe conceder o divórcio, mas como tinha uma só, negava-lhe a permissão"; Henrique VIII não se fez de rogado: rompeu com o papado, casou em 1533 com Ana Bolena (que mandou decapitar em 1536 para casar com outra) e se impôs como chefe supremo da Igreja cristã na Inglaterra, que passou a ser denominada Igreja anglicana (NT).

15. Áugias, lendário rei da antiguidade, deu a Hércules a tarefa de limpar seus imensos estábulos; Hércules, para tanto, desviou o

curso do rio Alfeu; Áugias, no entanto, se recusou a pagar o concordado e Hércules o matou (NT).

16. Henrique IV (1553-1610), rei da França de 1589 a 1610; rei polêmico, quando não extravagante, ora era protestante, ora católico, ora calvinista, voltando definitivamente ao catolicismo, quando se casou com Maria de Médicis por permissão especial do papado; apesar de seu caráter religioso instável, foi um rei de grande visão e que modernizou a França (NT).

17. Ver verbete *Adultério* (NT).

18. Na edição de 1767, este trecho fazia parte do verbete *Divórcio*, como 2ª seção; na edição de 1770, o mesmo foi transferido para o verbete *Adultério*; veja-se, portanto, este último verbete, onde consta como parte dele com o subtítulo indicado no texto (NT).

DOGMAS - No dia 18 de fevereiro do ano de 1763 de nossa era, quando o sol entrava no signo de peixes, subi ao céu, como o sabem todos os meus amigos. Mas não foi a jumenta Borac[1] de Maomé que me serviu de montaria; não foi o carro em chamas de Elias[2] que me serviu de carruagem; não fui levado no dorso do elefante de Samonocodom[3], o siamês, nem no dorso do belo cavalo de são Jorge[4], patrono da Inglaterra, nem no lombo do porco de santo Antão[5]: confesso com ingenuidade que minha viagem se fez não sei como.

Certamente pensarão que eu estava deslumbrado; mas o que ninguém vai acreditar é que eu vi julgar todos os mortos. E quem eram os juízes? Eram, embora isso os desagrade, todos aqueles que fizeram o bem aos homens: Confúcio, Sólon, Sócrates, Tito, os Antoninos, Epicteto[6], todos os grandes homens que, tendo ensinado e praticado as virtudes que Deus exige, pareciam ser os únicos com direito a pronunciar suas sentenças.

Não vou dizer em que tronos estavam sentados, nem quantos milhões de seres celestes estavam prosternados diante do criador de todos os globos, nem que multidão de habitantes desses globos inumeráveis compareceu perante os juízes. Vou contar aqui somente algumas pequenas particularidades muito interessantes, com as quais fiquei impressionado.

Reparei que cada morto, que defendia sua causa e alardeava seus belos sentimentos, tinha a seu lado todas as testemunhas de seus atos. Por exemplo, quando o cardeal de Lorena se vangloriava de ter feito adotar algumas de suas opiniões pelo concílio de Trento[7] e que, como prêmio de sua ortodoxia, pedia a vida eterna, imediatamente apareciam em torno dele vinte cortesãs ou damas da corte, todas elas trazendo gravado na testa o número de seus encontros amorosos com o cardeal. Com ele eram vistos também aqueles que haviam lançado os fundamentos da Liga[8]; todos os cúmplices de seus perversos desígnios vinham cercá-lo.

Bem defronte do cardeal de Lorena estava Calvino[9], que se vangloriava, em seu rude dialeto, de ter dado alguns pontapés no ídolo papal depois que outros o tinham derrubado. Dizia: "Escrevi contra a pintura e a escultura; mostrei com toda a evidência que as boas obras não servem para absolutamente nada e provei que é diabólico dançar o minueto; expulsem depressa daqui o cardeal de Lorena e coloquem-me ao lado de são Paulo."

Enquanto falava, foi vista surgir ao lado dele uma fogueira de grandes labaredas; um espectro horroroso, trazendo ao pescoço uma gola preguenda, meio chamuscada, saía do meio das chamas, soltando gritos medonhos. "Monstro – exclamava – monstro execrável, treme! Reconhece em mim esse Servet[10] que mandaste matar no mais cruel dos suplícios, só porque tinha discutido contigo a respeito da maneira pela qual três pessoas podem formar uma única substância." Então todos os juízes ordenaram que o cardeal de Lorena fosse precipitado no abismo, mas que Calvino fosse punido com maior rigor ainda.

Vi uma prodigiosa multidão de mortos e todos diziam: "Eu cri, eu acreditei"; mas na testa deles estava escrito: "Eu fiz"; e eram condenados.

Aparecia em seguida, todo altivo, o jesuíta Le Tellier[11], trazendo nas mãos a bula *Unigenitus*[12]. Mas de repente se acumulou ao lado dele uma pilha de duas mil cartas com sigilo real. Surge um jansenista[13] que põe fogo nelas. Le Tellier ficou queimado até os ossos; e o jansenista, que não tinha maquinado menos tramas escusas que o jesuíta, teve sua parte nas chamas ardentes.

Eu via chegar, pela direita e pela esquerda, tropas de faquires, de talapões[14], de bonzos, de monges brancos, negros e cinzentos, que todos tinham imaginado que, para prestar homenagem ao ser supremo, era necessário cantar ou se açoitar ou andar completamente nus. Ouvi então uma voz terrível que lhes perguntou: "Qual foi o bem que fizeram aos homens?" A essa voz se seguiu um morno silêncio; ninguém ousou responder e foram todos eles conduzidos ao manicômio do universo: é uma das maiores construções que se possa imaginar.

Um gritava: "É nas metamorfoses de Xaca[15] que devemos acreditar"; outro berrava: "É naquelas de Samonocodom." – "Baco[16] fez parar o sol e a lua", dizia este. – "Os deuses ressuscitaram Pélope[17]", dizia aquele. "Aqui está a bula *In coena Domini*[18]", intervinha um recém-chegado; e o porteiro dos juízes gritava: "Todos para o manicômio, para o manicômio!"

Quando todos esses processos foram concluídos, ouvi então ser proferida esta sentença: "*Em nome do eterno criador, conservador, remunerador, vingador, perdoador*, etc., que seja notório a todos os habitantes dos cem mil milhões de bilhões de mundos que nos aprouve formular que nunca vamos julgar nenhum dos mencionados habitantes com base em suas ideias ocas, mas unicamente por suas ações, pois esta é nossa justiça."

Confesso que foi a primeira vez que ouvi semelhante édito; todos aqueles que haviam lido neste pequeno grão de areia onde nasci terminavam por estas palavras: *porque esta é nossa vontade.*

---

1. Maomé, segundo a tradição, teria sido levado num instante ao templo de Jerusalém e de lá para o céu no dorso do animal alado fabuloso Borac (NT).
2. O profeta Elias foi arrebatado ao céu num carro de fogo puxado por cavalos de fogo, segundo se relata no 2º. *livro dos Reis*, II, 11-12 (NT).
3. Samonocodom, deus dos siameses, desceu várias vezes à terra para ensinar suas regras aos homens (NT).
4. Na lenda cristã, Jorge (mártir que teria vivido no século IV), lutou contra um dragão e venceu-o, montado em seu cavalo (NT).
5. Na hagiografia cristã, santo Antão (250?-356), viveu isolado no deserto egípcio em jejum e oração contínuos; procurado por discípulos, fundou dois mosteiros; a iconografia sempre o representou acompanhado de um porco (NT).
6. Confúcio (551-479? A.C.), filósofo chinês, considerado o fundador do confucionismo, doutrina filosófica e moral; Sólon (640-558 a.C.), estadista grego, um dos sete sábios da Grécia antiga, reformou a vida social e política de Atenas, lançou as bases da futura de-

mocracia grega e escreveu poemas de inspiração cívica; Sócrates (470-399 a.c.), filósofo grego, foi acusado de ateu e de corruptor da juventude, por defender a ideia de uma divindade única, e condenado à morte; (3) Titus Flavius Vespasianus (39-81), imperador romano de 79 a 81, tomou e destruiu Jerusalém no ano 70; os Antoninos formaram uma dinastia imperial que regeu os destinos de Roma de 96 a 192 e que inclui os seguintes imperadores: Nerva (96-98), Trajano (98-117), Adriano (117-138), Antonino Pio (138-161), Marco Aurélio (161-180) e Cômodo (180-192); foi um século de grande progresso e de relativa paz nos territórios do império; Epicteto (50-130), filósofo estoico grego, escravo liberto por Nero, ministrava lições públicas; foi banido de Roma junto com todos os filósofos por ordem do imperador Domiciano, no ano 94; a máxima estoica de Epicteto era "Suporta e abstém-te" (NT).

7. O concílio de Trento, realizado em várias sessões de 1545 a 1563, se constituiu no maior concílio até então reunido e que tinha como primeiro objetivo enfrentar a grave crise provocada no cristianismo ocidental pelo movimento protestante liderado por Lutero; convencendo-se de que a cisão era irreversível, os bispos conciliares reunidos em Trento, norte da Itália, passaram a estabelecer novas normas válidas para o catolicismo, rígidas por sinal, e que vigorariam até o concílio Vaticano II, realizado entre 1963 e 1965 (NT).

8. Trata-se da Liga ou Santa União, movimento religioso e político francês, organizado pelos católicos, que pôs fim às guerras de religião do século XVI entre protestantes e católicos na França (NT).

9. João Calvino (1509-1564), fundador do calvinismo, corrente do protestantismo; refugiando-se na Suíça, transforma Genebra numa cidade-igreja ou teocracia plena, regida pelos princípios do Evangelho (NT).

10. Miguel Servet, também conhecido como Miguel de Villanueva (1511-1553), médico e teólogo espanhol; em suas obras, questionava o dogma da Trindade e a doutrina do pecado original; escapando da Inquisição, refugiou-se em Genebra, onde Calvino mandou queimá-lo como herege (NT).

11. Michel Le Tellier (1643-1719), padre jesuíta francês, confessor do rei Luís XIV, moveu guerra sem tréguas contra os jansenistas (NT).

12. A bula *Unigenitus* foi lavrada pelo papa Clemente XI em 1713; condenava mais de cem proposições jansenistas como errôneas ou heréticas e concedia ao rei Luís XIV a liberdade de eliminar o foco jansenista que nascera e se alastrara na França (NT).

13. Jansenista, partidário do jansenismo, corrente teológica católica fundada por Cornélio Jansênio (1585-1638) que defendia a preponderância da iniciativa divina sobre a liberdade humana, conferindo à graça um predomínio peculiar, além de imprimir à prática religiosa e à moral um rigorismo extremo; essa doutrina foi condenada pelo Vaticano, mas a influência do jansenismo se fez sentir por longo tempo, até inícios do século XX (NT).

14. *Talapão* é vocábulo que deriva do birmanês antigo (*tala poi*, grande senhor, meu senhor), com o qual os europeus do século XVII passaram a designar os monges budistas da Birmânia e da Tailândia (NT).

15. Divindade hindu (NT).

16. Na mitologia latina, Baco era o deus do vinho; as festas em sua honra eram denominadas bacanais (NT).

17. Herói mitológico grego, Pélope foi morto e cortado em pedaços por seu pai Tântalo, rei da Frigia, e depois servido num festim dos deuses para testá-los. Exceto um que comeu uma espádua, todos os outros deuses, percebendo a trama, reconstituíram o corpo de Pélope e lhe restituíram a vida, cuidando em substituir a espádua devorada por uma de marfim, que tinha o dom de curar doenças de quem a tocasse (NT).

18. A bula *In coena Domini* (Na ceia do Senhor), baixada por papa Paulo III (1468-1549 – papa de 1534 a 1549) em 1536 contra todos os hereges, os contumazes e os inimigos da Igreja, foi revogada por Clemente XIV (1705-1774 – papa de 1769 a 1774) em 1770 (NT).

E

ENTUSIASMO - Esta palavra grega significa *emoção das entranhas, agitação interior*. Os gregos inventaram esta palavra para exprimir os abalos que experimentamos nos nervos, a dilatação e o aperto dos intestinos, as violentas contrações do coração, a corrida precipitada desses espíritos de fogo que sobem das entranhas ao cérebro quando estamos vivamente emocionados?

Ou então deram no início o nome de *entusiasmo*, de agitação das entranhas, às contorções que essa pítia[1] que, na trípode de Delfos, recebia o espírito de Apolo por um local que parece feito apenas para receber corpos?

Que devemos entender por entusiasmo? Quantos matizes em nossas afeições! Aprovação, sensibilidade, emoção, perturbação, surpresa, paixão, arrebatamento, demência, furor, raiva: aí estão todos os estados pelos quais pode passar essa pobre alma humana. Um geômetra assiste a uma tragédia comovente; repara somente que é bem representada. Um jovem a seu lado está tão emocionado que não repara em nada; uma mulher chora; outro jovem ficou tão enlevado que, para sua infelicidade, resolve escrever também uma tragédia: a doença do entusiasmo o contagiou.

O centurião ou o tribuno militar, que considerava a guerra apenas como um ofício no qual podia ganhar uma pequena fortuna, ia tranquilamente para o combate, como um pedreiro sobe num telhado para repará-lo. César chorava quando via a estátua de Alexandre[2].

Ovídio[3] só falava do amor espirituosamente. Safo[4] exprimia o entusiasmo dessa paixão; e se é verdade que esta lhe custou a vida, é que nela o entusiasmo se tornou loucura.

O espírito de partido predispõe maravilhosamente para o entusiasmo; não há facção que não tenha seus energúmenos.

O entusiasmo é especialmente a herança da devoção mal compreendida. O jovem faquir, que vê somente a ponta de seu nariz ao fazer suas orações, se exalta gradativamente até acreditar que, se conseguir suportar o peso de correntes pesando 50 libras, o ser supremo lhe será muito agradecido. Adormece com a imaginação repleta de Brama[5] e não deixa de vê-lo em sonho. Às vezes até, nesse estado em que não se está nem adormecido nem desperto, centelhas saltam de seus olhos; é que vê Brama resplandecente de luz, entra em êxtase e essa doença se torna muitas vezes incurável.

A coisa mais rara é conseguir unir a razão ao entusiasmo; a razão consiste em ver as coisas como elas são. Aquele que, na embriaguez, vê os objetos duplicados está então privado de sua razão.

O entusiasmo é precisamente como o vinho; pode excitar tanto tumulto nos vasos sanguíneos e tão violentas vibrações nos nervos, que a razão fica totalmente destruída. Pode causar somente leves abalos que só fazem dar ao cérebro um pouco mais de atividade; é o que acontece nos grandes gestos da eloquência e particularmente na poesia sublime. O entusiasmo racional só é próprio dos grandes poetas.

Esse entusiasmo racional é a perfeição de sua arte poética; foi isso que outrora levou a acreditar que os poetas eram inspirados pelos deuses e é o que nunca se disse dos outros artistas.

Como o raciocínio pode comandar o entusiasmo? É que um poeta desenha primeiramente a disposição de seu quadro; a razão então empunha o lápis. Mas se quiser animar suas personagens e dar-lhes o caráter das paixões, então a imaginação se aquece, o entusiasmo age; é como um cavalo que se lança impetuosamente na corrida, mas a pista por onde corre foi regularmente traçada.

1. Pitonisa ou sacerdotisa de Apolo que, em Delfos da Grécia antiga, sentada sobre um tripé, entrava em transe ou em "delírio divino" e proferia palavras que eram interpretadas como oráculos do próprio deus Aplo (NT).

2. Caius Julius Caesar (103-44 a.C.), general e imperador romano; Alexandre Magno (356-323 a.C.), grande conquistador grego do mundo antigo (NT).
3. Publius Ovidius Naso (43 a.C.-18 d.C.), poeta latino (NT).
4. Safo (625-586 a.C.), poetisa grega, natural da ilha de Lesbos; de seus nove livros só restaram pouco mais de 600 versos, em sua maioria endereçados a adolescentes do sexo feminino; por causa disso e por ter nascido em Lesbos, formaram-se os termos *safismo* e *lesbianismo* para designar o homossexualismo feminino (NT).
5. Brama ou Brahma, no hinduísmo, é o deus criador ou o princípio criador do universo; com Shiva e Vishnu forma a Trimurti ou a trindade hindu (NT).

ESCRAVOS - [Seção I]

Por que denominamos *escravos* aqueles que os romanos chamavam *servi* e os gregos, *douloi*? A etimologia nos faz falta nessas horas e os Bochart[1] não poderão fazer com que esta palavra venha do hebraico.

O documento mais antigo que temos notícia do registro do vocábulo escravo é o testamento de um tal Ermangaut, arcebispo de Narbona, que dá ao bispo de Frédelon seu escravo Anaph, *Anaphum slavonium*. Esse Anaph foi realmente um felizardo, por ter pertencido a dois bispos em sequência.

Não deixa de ser provável que os eslavos, vindos dos confins do norte, com tantos homens indigentes e conquistadores, para pilhar o que o Império Romano tinha arrebatado das nações, e principalmente da Dalmácia e da Ilíria, levassem os italianos a chamar *schiavitù* (escravidão) a infelicidade de cair em suas mãos, e *schiavi* (escravos)[2] os que ficavam em cativeiro em seus novos antros.

Tudo o que se pode recolher do emaranhado da história da Idade Média é que no tempo dos romanos nosso universo conhecido se dividia em homens livres e em escravos. Quando os eslavos, alanos, hunos, hérulos, lombardos, ostrogodos, visigodos, vândalos, borguinhões, francos, normandos vieram dividir os despojos do mundo, não parece que a multidão de escravos tenha diminuído: de antigos senhores foram reduzidos à servidão; uma inexpressiva minoria acorrenta a maioria, como se vê nas colônias onde são empregados os negros e como se pratica em mais de um gênero.

Nada encontramos nos escritores antigos com relação aos escravos dos assírios e dos egípcios.

A *Ilíada*[3] é o livro em que mais se fala de escravos. Inicialmente, a bela Criseia é escrava na casa de Aquiles. Todas as troianas e, especialmente as princesas, temem ser escravas dos gregos e ser tomadas para fiar para as mulheres desses gregos.

A escravidão é tão antiga quanto a guerra, e a guerra é tão antiga quanto a natureza humana.

Estávamos tão acostumados a essa degradação da espécie, que Epitecto[4], que certamente valia mais que seu senhor, nunca se espantou por ser escravo.

Nenhum legislador da antiguidade tentou ab-rogar a servidão; ao contrário, os povos mais entusiastas da liberdade, como os atenienses, os espartanos, os romanos, os cartagineses foram os que tiveram as leis mais duras contra os servos ou escravos. O direito de vida e de morte sobre eles era um dos princípios da sociedade. Deve-se admitir que, de todas as guerras, a de Espártaco[5] é a mais justa, e talvez a única justa.

Quem poderia acreditar que os judeus, formados, ao que parece, para servir a todas as nações sucessivamente, também tivessem tido alguns escravos? Em suas leis[6] consta que poderão comprar seus irmãos por seis anos e os estrangeiros para sempre. Consta que os filhos de Esaú deviam ser os servos dos filhos de Jacó. Mas posteriormente, sob outra economia, os árabes, que se diziam filhos de Esaú, reduziram os filhos de Jacó à escravidão.

Os evangelhos não colocam na boca de Jesus Cristo uma única palavra que lembre ao gênero humano sua liberdade primitiva, para a qual parece ter nascido. Nada é dito no Novo Testamento sobre esse estado de opróbrio e de pena ao qual a metade do gênero humano estava condenada; nenhuma palavra nos escritos dos apóstolos e dos Padres da Igreja[7] para transformar bestas de carga em cidadãos, como se começou a fazer entre nós a partir do século XIII. Se os evangelhos falam de escravidão, é sobre a escravidão do pecado que falam.

É difícil compreender como, em São João[8], os judeus podem dizer a Jesus: "Jamais servimos sob alguém". Logo eles que eram então súditos dos romanos; eles, que tinham sido vendidos no mercado após a tomada de Jerusalém; eles, cujas dez tribos, levadas como escravas por Salmanazar, tinham desaparecido da face da terra, e cujas duas outras tribos postas sob grilhões durante setenta e dois anos pelos babilônios; eles, sete vezes reduzidos à escravidão em sua Terra Prometida, como eles próprios confessavam; eles, que em todos os seus escritos falavam de sua servidão no Egito, nesse Egito que detestavam e para onde correram em massa para ganhar algum dinheiro, desde que Alexandre[9] se dignou permitir-lhes que ali se estabelecessem. O reverendo padre Calmet[10] diz que é preciso entender aqui uma *servidão intrínseca*, o que não é menos difícil de compreender.

A Itália, as Gálias, a Espanha e uma parte da Alemanha eram habitadas por estrangeiros, que se tornaram senhores e pelos nativos, que se tornaram servos. Quando Opas, bispo de Sevilha, e o conde Juliano chamaram os mouros maometanos contra os reis visigodos cristãos, que reinavam do outro lado dos Pireneus, os maometanos, segundo seu costume, propuseram ao povo visigodo que se submetesse à circuncisão ou que se batesse em guerra ou que pagasse um tributo em dinheiro e em jovens mulheres. O rei Roderico foi vencido: não houve escravos, a não ser aqueles que foram presos pelos muçulmanos na guerra; os camponeses conservaram seus bens e sua religião porque pagaram. Foi assim que os turcos fizeram depois na Grécia, mas impuseram aos gregos um tributo de seus filhos: os do sexo masculino, para serem circuncidados e servirem como lacaios e janízaros; as meninas, para serem criadas nos serralhos. Esse tributo foi depois resgatado a peso de moeda. Os turcos só têm escravos praticamente para o serviço interior das casas e os compram dos circassianos, dos mingrelianos e dos tártaros.

Entre os africanos muçulmanos e os europeus cristãos sempre subsistiu o costume de pilhar e de escravizar tudo o que é encontrado no mar. São aves de rapina que se atiram uns sobre os outros. Argelinos, marroquinos, tunisianos, vivem de pirataria. Os religiosos de Malta, sucessores dos religiosos de Rodes[11], juram pilhar e acorrentar todos os muçulmanos que encontrarem. As embarcações do papa vão prender argelinos ou são capturadas nas costas setentrionais da África. Aqueles que se dizem brancos vão comprar negros a bom preço para revendê-los na América. Somente os habitantes da Pensilvânia renunciaram solenemente, há pouco tempo, a esse tráfico, que lhes pareceu desonesto.

[Seção II]

No monte Krapack, onde todos sabem que moro, há pouco tempo li um livro impresso em Paris, cheio de espírito, de paradoxos, de visão e de coragem, sob certos aspectos como os de Montesquieu[12], mas escrito contra Montesquieu. Nesse livro, prefere-se muito mais a escravidão a ser criado doméstico e especialmente a submeter-se ao estado livre de serviçal. Nele é lamentada a sorte desses infelizes homens livres que podem ganhar sua vida onde quiserem pelo trabalho, para o qual o homem nasceu, e que é tanto o guardião da inocência como o consolador da vida. Ninguém, diz o autor, está encarregado da alimentá-los, de socorrê-los; ao passo que os escravos eram nutridos e cuidados por seus senhores como tratavam de seus cavalos. Isso é verdade; mas a espécie humana prefere prover para si do que depender de outrem, e os cavalos, nascidos nas florestas, preferem a estas que as estrebarias.

Observa com razão que os operários perdem muitos dias de trabalho, nos quais lhes é proibido ganhar seu sustento; mas isso não ocorre porque são livres, é porque temos algumas leis ridículas e muitas festas.

Fala com muita propriedade que não foi a caridade cristã que rompeu as correntes da servidão, visto que essa caridade as apertou durante mais de doze séculos; e poderia acrescentar também que, entre os cristãos, os próprios monges, por mais caridosos que sejam, ainda possuem escravos, reduzidos a um estado horroroso sob o nome de "*amortalháveis*", "*mãos-mortáveis*" e "*servos da gleba*".

Afirma – o que não deixa de ser verdade – que os príncipes cristãos só libertaram os servos por avareza. Com efeito, foi para ter o dinheiro amontoado por esses infelizes que lhes assinaram cartas de alforria; não lhe deram a liberdade, mas a venderam a eles. O imperador Henrique V[13] começou isso: libertou os servos de Spire a Worms, no século XII; os reis da França o imitaram. Isso prova o preço da liberdade, uma vez que esses homens grosseiros pagaram um preço muito alto por ela.

Enfim, cabe aos homens, cujo estado de servidão se discute, decidir qual é o estado que preferem. Perguntem ao mais vil serviçal, coberto de farrapos, nutrido com pão preto, dormindo sobre a palha numa cabana entreaberta; perguntem-lhe se gostaria de ser escravo, mais bem nutrido, mais bem vestido, mais bem acomodado; não somente responderá recuando horrorizado, mas haverá alguns a quem nem mesmo ousariam apresentar-lhes a proposta.

Perguntem em seguida a um escravo se desejaria ser libertado e verão o que vai responder. Só com isso a questão já se decide por si.

Considerem ainda que o serviçal possa tornar-se fazendeiro e, de fazendeiro, proprietário. Na França, pode até mesmo chegar a ser conselheiro do rei, se conseguiu amealhar bens. Na Inglaterra, pode ser vassalo proprietário, nomear um deputado ao parlamento; na Suécia, ele próprio pode tornar-se um membro dos Estados da nação. Essas perspectivas são preferíveis àquela de morrer abandonado num canto de um estábulo do patrão.

[Seção III]

Puffendorf[14] afirma que a escravidão foi estabelecida "por um livre consentimento das partes e por um contrato para fazer a fim de receber". Só vou acreditar em Puffendorf quando me mostrar o primeiro contrato.

Grotius[15] pergunta se um homem feito prisioneiro na guerra tem o direito de fugir (cumpre notar que não fala de um prisioneiro sob palavra de honra). Conclui que não tem esse direito. Não diz também que, tendo sido ferido, não tem o direito de se fazer tratar? A natureza decide contra Grotius.

Aqui está o que diz o autor de *O Espírito das Leis*[16], após ter pintado a escravidão dos negros com o pincel de Molière: "O senhor Perry conta que os moscovitas se vendem facilmente; sei muito bem a razão disso: é que sua liberdade não vale nada."

O capitão John Perry[17], inglês, que escrevia em 1714 o livro *O presente estado da Rússia*, não diz uma palavra do que *O Espírito das Leis* o faz dizer. Há no relato de Perry apenas algumas linhas a respeito da escravidão dos russos; são estas: "O czar ordenou que, em todos os seus Estados, ninguém no futuro deveria dizer-se seu *golup* ou escravo, mas somente *raab*, que significa *súdito*. É verdade que esse povo não tirou nenhuma vantagem real disso, pois ainda hoje é efetivamente escravo."

O autor de *O Espírito das Leis* acrescenta que, segundo o relato de William Dampier[18], "todos se vendem no reino de Achem". Um estranho comércio, sem dúvida. Nada vi na *Viagem de Dampier* que se aproxime de semelhante ideia. É lamentável que um homem de espírito tão superior tenha arriscado dizer tantas coisas e citado falsamente tantas vezes.

[Seção IV - Servos de corpo, servos de gleba, mãos-mortas, etc.]

Comumente se diz que não há mais escravos na França; que a França é o reino dos francos; que escravo e franco são contraditórios; que se é tão franco que muitos banqueiros são os últimos a morrer, deixando mais de trinta milhões de francos adquiridos às expensas dos descendentes dos antigos francos, se é que ainda os há. Feliz da nação francesa por ser tão franca! Como concordar, no entanto, tanta liberdade com tantas espécies de servidão como, por exemplo, aquela da mão-morta?

Mais de uma bela senhora de Paris, toda elegante num camarote de ópera, ignora que descende de uma família da região da Borgonha ou daquela de Bourbon ou daquela do Franco-condado ou da Marca ou ainda de Auvergne e que sua família é ainda escrava amortalhável ou mão-mortável!

Desses escravos, uns são obrigados a trabalhar três dias por semana para seu senhor, outros, dois. Se morrem sem filhos, seus bens pertencem a seu senhor; se deixam filhos, o senhor toma somente os animais mais belos, os melhores móveis à sua escolha, em mais de um costume. Em outros costumes, se o filho do escravo mão-mortável não está na casa da escravidão paterna há pelo menos um ano e um dia da morte do pai, perde todos os seus bens e permanece ainda escravo: isto é, se ganhar algum bem por sua habilidade, ao morrer esse pecúlio pertencerá ao senhor.

Melhor ainda: se um bom parisiense for visitar seus pais na Borgonha ou no Franco-condado, permanecer um ano e um dia numa casa mão-mortável e retornar a Paris, todos os seus bens, em qualquer lugar que estejam, pertencerão ao senhor fundiário, caso esse homem morra sem deixar descendência.

Pergunta-se, a propósito, como o condado de Borgonha recebeu o apelido de *franco* com semelhante servidão. Sem dúvida, imitou-se os gregos que deram às Fúrias o nome de Eumênides[19], *bons corações*. O mais curioso, porém, o mais consolador de toda essa jurisprudência, é que os monges são donos da metade das terras mão-mortáveis.

Se por acaso um príncipe de sangue ou um ministro de Estado ou um chanceler ou algum de seus secretários, lançasse os olhos sobre este verbete, seria prudente, na ocasião, que se lembrasse que o rei da França declara à nação, em sua ordenação de 18 de maio de 1713, que "os monges e os beneficiários possuem mais da metade dos bens do Franco-condado".

O marquês d'Argenson, no *Direito Público Eclesiástico*[20], diz que na região de Artois, de dezoito arados existentes, treze são dos monges. Os próprios monges se chamam *pessoas de mão-morta*, e possuem escravos. Melhor remeter essa posse monacal ao verbete das contradições.

Quando ousamos fazer algumas modestas recriminações a respeito dessa estranha tirania das pessoas que juraram a Deus serem pobres e humildes, responderam-nos: Há seiscentos anos que usufruem desse direito; como despojá-los dele? Replicamos humildemente: Há trinta ou quarenta mil anos, mais ou menos, que as fuinhas devoram nossos frangos, mas deram-nos permissão para destruí-las quando as encontrarmos.

Observação: É pecado mortal comer um pedaço de carne de ovelha para um religioso da Ordem dos cartuxos, mas pode em sã consciência devorar os bens de uma família inteira. Vi os cartuxos de minha vizinhança herdar cem mil escudos de um de seus escravos mão-mortáveis, o qual tinha amealhado essa fortuna com seu comércio em Frankfurt. É verdade, a bem da justiça, que a família despojada teve a permissão de pedir esmola à porta do convento. Digamos, portanto, que os monges têm ainda cinquenta ou sessenta mil escravos mão-mortáveis no reino dos Francos. Até o presente não se pensou em reformar essa jurisprudência cristã que acaba de ser abolida nos Estados do rei da Sardenha; mas certamente se haverá de pensar nisso. Vamos esperar somente mais alguns séculos, quando as dívidas do Estado tiverem sido pagas.

1. Referência a Samuel Bochart (1599-1667), erudito, linguista e escritor francês (NT).

2. A história desta palavra tem sua origem realmente no vocábulo *eslavo*. O império do Oriente ou bizantino subjuga os povos eslavos no século IX e, junto com os turcos, passa a escravizá-los; a República de Veneza, que mantinha estreitas relações comerciais com o Oriente, foi a responsável pela introdução de eslavos na Itália, na condição de trabalhadores livres ou escravos; por essas razões, o termo grego bizantino *sklábos*, eslavo, foi latinizado em *sclavus* e, embora indicasse originalmente indivíduo da raça eslava, passou a seguir a designar propriamente o escravo; da forma latina *sclavus* derivou o vocábulo italiano *schiavo* e, deste, *schiavitù* (escravidão). Cumpre notar que o termo original grego *sklábos*, por esse caminho histórico, se fixou em português como *escravo*, em francês como *esclave*, no espanhol como *esclavo*, no inglês como *slave*; enquanto isso, o vocábulo latino *servus*, que indicava o escravo, passou a ter outro sentido em todos esses idiomas (NT).

3. Junto com a *Odisseia*, obra-prima de Homero (séc. IX a.C.), poeta grego a quem são atribuídos esses dois poemas épicos; na *Ilíada*, o poeta narra os atos heroicos dos gregos na guerra de Troia (NT).

4. Epicteto (50-130), filósofo estoico grego, escravo liberto por Nero, ministrava lições públicas; foi banido de Roma junto com todos os filósofos por ordem do imperador Domiciano, no ano 94; a máxima estoica de Epicteto era "Suporta e abstém-te" (NT).

5. Spartacus (séc. I a.C.), escravo romano natural da Ásia Menor liderou uma rebelião contra o governo de Roma e chegou a reunir um exército de 100 mil escravos; obteve várias vitórias contra as tropas romanas, mas foi finalmente vencido pelos exércitos oficiais em torno do ano 70 a.C. (NT).

6. *Êxodo*, cap. xxi; *Levítico*, cap. xxv, etc.; *Gênesis*, cap. xxvii, xxxii (Nota de Voltaire).

7. *Padres da Igreja* é uma expressão clássica da história antiga, com a qual são designados os grandes teólogos e escritores dos primeiros séculos do cristianismo; são numerosos e seus escritos formam a chamada *Patrística*, *Patrologia*, ou seja, obras, textos, comentários bíblicos e doutrina desses autores, os quais fundamentaram toda a teologia cristã, e particularmente católica, que ainda vigora hoje; entre os principais Padres da Igreja, podem ser relembrados Ambrósio, Agostinho, Orígenes, Cirilo de Jerusalém, Cirilo de Alexandria, João Crisóstomo, Gregório Nazianzeno, Gregório de Nissa, Irineu, etc. (NT).

8. Evangelho de João, cap. VIII (Nota de Voltaire).

9. Alexandre Magno (356-323 a.C.), rei da Macedônia, Grécia, conquistou todo o mundo oriental conhecido na época, do Egito à Índia (NT).

10. Antoine Calmet (1672-1757), padre beneditino conhecido com o nome de Agostinho, teólogo e historiador francês (NT).

11. Alusão à Ordem dos Hospitalários, ordem militar cristã fundada em 1099, em Jerusalém, para defender os lugares santos do cristianismo. Conhecidos também com o nome Cavaleiros de São João de Jerusalém, Cavaleiros de Rodes, Cavaleiros de Malta, porque de Jerusalém se mudaram para Chipre, depois para Rodes e, finalmente, para Malta (NT).

12. Charles de Secondat, barão de Montesquieu (1689-1755), pensador e escritor francês, autor da densa obra intitulada *L'Esprit des lois* (O espírito das leis); outra obra dele, *Cartas persas*, já foi publicada pela Editora Escala na coleção "Grandes Obras do Pensamento Universal". O livro de que Voltaire fala no texto é *Théorie des lois civiles* (Teoria das leis civis) de Simon Nicolas Henri Linguet (1736-1794), escritor e crítico francês (NT).

13. Henrique V (1081?-1125), rei da Alemanha e imperador germânico de 1106 a 1125 (NT).

14. Trata-se da obra principal intitulada *De jure naturae et gentium* (Do Direito da natureza e das gentes) de Samuel Puffendorf (1632-1694), jurista e historiador alemão (NT).

15. Refere-se ao livro *De jure belli ac pacis* (Do Direito da guerra e da paz) de Hugo de Groot, dito Grotius (1583-1645), jurista e diplomata holandês; existe a tradução – única – em português desta obra, em dois volumes, totalizando 1476 páginas, publicada pela Editora Unijuí, Ijuí, RS, 2004 (NT).

16. Livro XV, cap. VI (Nota de Voltaire). Ver nota 12 logo acima.

17. John Perry (1670-1732), engenheiro inglês que passou 14 anos a serviço do governo russo; de volta à Inglaterra, publicou a obra citada no texto (NT).

18. William Dampier (1652-1715), navegador e corsário inglês, pilhou as costas da América em favor da pátria e partiu depois para o oceano Índico, onde se dedicou a descobrir novas terras; deixou a obra *Viagem ao redor do mundo* (NT).

19. Deusas romanas infernais, as Fúrias eram chamadas, na mitologia grega, Erínias (eram três, Alecto, Tisífone e Megera); eram chamadas também Eumênides, benevolentes, para afastar e debelar seus malefícios; eram representadas como monstros com serpentes enroladas nos braços e nos cabelos (NT).

20. Obra de René Louis de Voyer Paulmy, marquês d'Argenson (1694-1757), ministro de Estado e escritor francês (NT).

ESPÍRITO FALSO

- Há cegos, zarolhos, vesgos, caolhos, de vista longa, de vista curta ou de vista distinta ou confusa ou fraca ou infatigável. Tudo isso é uma imagem bastante fiel de nosso entendimento, mas praticamente não conhecemos vista falsa. Não deve haver homens que confundam sempre um galo com um cavalo, nem um urinol com uma casa. Por que encontramos muitas vezes espíritos, aliás muito justos, que são totalmente falsos sobre coisas importantes? Por que o mesmo siamês, que nunca se deixará enganar quando for questão de pagar-lhe três rúpias, crê firmemente nas metamorfoses de Samonocodom[1]? Por que estranha bizarrice homens sensatos se assemelham a Dom Quixote[2], que acreditava ver gigantes onde os outros homens só viam moinhos de vento? Dom Quixote era, no entanto, mais desculpável que o siamês que acredita que Samonocodom veio várias vezes à terra e que o turco que está persuadido de que Maomé[3] colocou metade da lua em sua manga; de fato, Dom Quixote, com a ideia de que deve combater gigantes, pode imaginar que um gigante deveria ter o corpo do tamanho de um moinho e os braços tão longos como as pás do moinho; mas de que suposição pode partir um homem sensato para se persuadir de que metade da lua entrou numa manga e de que um Samonocodom desceu do céu para empinar pipas em Sião, cortar uma floresta e fazer truques de mágica?

Os maiores gênios podem ter espírito falso sobre um princípio que admitiram sem exame. Newton[4] tinha o espírito realmente falso quando comentava o *Apocalipse*.

Tudo o que certos tiranos das almas desejam é que os homens a quem ensinam tenham o espírito falso. Um faquir cria uma criança que promete muito; investe cinco ou seis anos a meter-lhe na cabeça que o deus Fô apareceu aos homens como um elefante branco e persuade a criança de que será açoitado, após sua morte, durante quinhentos mil anos, se não acreditar nessas metamorfoses. Acrescenta que no fim do mundo o inimigo do deus Fô virá combater contra essa divindade.

A criança estuda e se torna um prodígio; argumenta a partir das lições de seu mestre; conclui que Fô só pôde transformar-se em elefante branco porque este é o mais belo dos animais. "Os reis de Sião e de Pegu, diz ele, guerrearam por um elefante branco; certamente, se Fô não se tivesse escondido nesse elefante, esses reis não teriam sido tão insensatos de combater pela posse de um simples animal. O inimigo de Fô virá desafiá-lo no fim do mundo; com certeza, esse inimigo será um rinoceronte, pois, o rinoceronte combate o elefante." É assim que raciocina numa idade madura o sábio aluno do faquir e torna-se uma das luzes da Índia. Quanto mais sutil for seu espírito, mais falso será e, em seguida, forma espíritos falsos como ele.

Mostramos a todos esses energúmenos um pouco de geometria e a aprendem facilmente; mas, coisa estranha, seu espírito não se endireita com isso; percebem as verdades da geometria, mas esta não lhes ensina a pesar as probabilidades; já se fixaram de tal modo em seu jeito, que raciocinarão ao viés durante toda a sua vida; fico com pena deles.

Infelizmente, há muitas maneiras de ter o espírito falso:

1ª. Não examinar se o princípio é verdadeiro, mesmo quando dele deduzimos consequências justas; essa maneira é muito comum.

2ª. Tirar consequências falsas de um princípio reconhecido por verdadeiro. Por exemplo, perguntam a um criado se seu patrão está em seu quarto; quem pergunta são pessoas que ele suspeita que queiram matar seu amo: se fosse tão tolo para lhes dizer a verdade, sob pretexto de que não se deve mentir, é evidente que teria tirado uma consequência absurda de um princípio realmente verdadeiro. Um juiz que condenasse um homem que matou um assassino, porque o homicídio é proibido, seria tão iníquo quanto mau raciocinador. Casos semelhantes se dividem em mil matizes diferentes. O bom espírito, o espírito justo, é o que os desenreda: disso decorre o fato de termos visto tantos julgamentos iníquos; não porque o coração dos juízes fosse mau, mas porque não eram suficientemente esclarecidos.

1. Divindade dos siameses ou do reino de Sião, atual Sri Lanka (NT).
2. Obra-prima de Miguel de Cervantes Saavedra (1547-1616), escritor espanhol, na qual narra as aventuras e desventuras de um cavaleiro sonhador (NT).
3. Maomé (570-632), fundador do islamismo ou religião muçulmana, condensada no livro sagrado Corão ou Alcorão (NT).
4. Isaac Newton (1642-1727), físico, matemático e astrônomo inglês (NT).

ESTADOS, GOVERNOS - [Qual é o melhor?]

- Até o presente não conheci ninguém que tenha governado algum Estado. Não falo dos senhores ministros que de fato governam, uns dois ou três anos, outros seis meses, outros seis semanas; falo de todos os outros homens que, na hora do jantar ou em seu gabinete, expõem seu sistema de governo, reformando os exércitos, a Igreja, a magistratura e as finanças.

O padre de Bourzeis se pôs a governar a França em torno do ano de 1645, sob o nome de cardeal de Richelieu[1], e redigiu esse *Testamento político*, no qual pretende alistar a nobreza na cavalaria por três anos, fazer pagar a talha aos tribunais de contas e aos parlamentos e privar o rei do produto da gabela[2]; garante sobretudo que, para entrar em campanha com 50 mil homens, se deve por economia recrutar 100 mil. Afirma que "só a Provença[3] tem muito mais belos portos marítimos que a Espanha e Itália juntas".

O padre de Bourzeis não tinha viajado. De resto, sua obra está repleta de anacronismos e erros; faz o cardeal Richelieu assinar como nunca assinou, bem como falar como nunca falou. Além disso, emprega um capítulo inteiro para dizer que "a razão deve ser a regra de um Estado" e atentar provar essa descoberta. Essa obra de trevas, produto desse bastardo de padre de Bourzeis, durante muito tempo passou por filha legítima do cardeal Richelieu; e todos os acadêmicos, em seus discursos de recepção, nunca deixavam de louvar desmedidamente essa obra-prima de política.

O senhor Gatien de Courtilz[4], vendo o sucesso do *Testamento político* de Richelieu, mandou imprimir em Haia o *Testamento de Colbert*, com uma bela carta de Colbert[5] ao rei. É claro que, se esse ministro tivesse feito semelhante testamento, teria sido necessário proibi-lo; entretanto, esse livro foi citado por alguns autores. Outro velhaco, cujo nome se ignora, se empenhou em publicar o *Testamento de Louvois*⁽⁶⁾, pior ainda, se possível, do que aquele de Colbert; e um padre de Chevremont fez outro também em favor de Carlos, duque de Lorena⁽⁷⁾. Tivemos os *Testamentos políticos* do cardeal Alberoni⁽⁸⁾, do marechal de Belle-Isle⁽⁹⁾ e, finalmente, aquele de Mandrin⁽¹⁰⁾.

O senhor de Bois-Guillebert⁽¹¹⁾, autor do *Détail de la France*, impresso em 1695, sob o nome do marechal de Vauban, apresentou o projeto inexequível do dízimo real.

Um doido chamado La Jonchère, que não tinha do que comer, escreveu em 1720 um projeto de finanças em 4 volumes; e alguns tolos citaram essa produção como obra de La Jonchère⁽¹²⁾, o tesoureiro geral, imaginando que um tesoureiro não pode compor um mau livro de finanças.

Deve-se convir, porém, que homens muito sábios, muito dignos talvez ao governar, escreveram sobre a administração dos Estados, quer na França, quer na Espanha ou na Inglaterra. Seus livros foram de grande utilidade: não porque tenham corrigido os ministros que estavam no poder quando esses livros apareceram, pois um ministro não se corrige nem pode ser corrigido; ele já tomou sua posição; nada de instruções, nada de conselhos, ele não tem tempo para ouvi-los; a corrente dos negócios o arrebata; mas esses bons livros formam os jovens destinados aos cargos; formam os príncipes, e a segunda geração é instruída.

Os pontos fortes e fracos de todos os governos foram examinados de perto ultimamente. Digam-me, portanto, vocês que viajaram, que leram e viram, em que Estado, em que tipo de governo gostariam de ter nascido? Acredito que um grande proprietário de terras na França não ficaria aborrecido de ter nascido na Alemanha; seria soberano em vez de ser súdito. Um par da França se sentiria muito bem ao desfrutar dos privilégios do pariato inglês; seria legislador.

O magistrado e o administrador de finanças se sentiriam melhor na França que em qualquer outro lugar.

Mas que pátria escolheria um homem sábio, livre, um homem de fortuna medíocre e sem preconceitos?

Um membro do conselho de Pondichéry⁽¹³⁾, bastante instruído, voltava à Europa por terra em companhia de um brâmane, mais instruído que o comum dos brâmanes. "O que pensa do governo do Grão-Mogol?" – perguntou o conselheiro. – "Abominável, respondeu o brâmane. Como quer que um estado seja bem governado pelos tártaros? Nossos *rajás*, nossos *omrás*, nossos nababos estão muito contentes, mas os cidadãos não estão, e milhões de cidadãos são alguma coisa."

O conselheiro e o brâmane atravessaram, conversando, toda a alta Ásia. "Refleti sobre o caso, disse o brâmane, e observei que não há nenhuma república em toda esta vasta parte do mundo." – "Houve outrora aquela de Tiro, retrucou o conselheiro, mas não durou muito. Houve ainda outra, perto da Arábia Petreia, num pequeno recanto denominado Palestina, se é que se pode honrar com o nome de república uma horda de ladrões e de usurários, ora governada por juízes, ora por espécies de reis, ora por grandes pontífices, que se tornou escrava sete ou oito vezes e, finalmente, foi expulsa do país que havia usurpado."

"Acredito, disse o brâmane, que não se deve encontrar na terra senão poucas repúblicas. Os homens raramente são dignos de se governarem a si próprios. Essa felicidade não deve pertencer senão a pequenos povos que se ocultam em ilhas ou entre montanhas, como coelhos que se escondem dos animais carnívoros; mas com o tempo são descobertos e devorados."

Quando os dois viajantes chegaram à Ásia Menor, o conselheiro perguntou ao brâmane: "Acredita realmente que houve uma república formada num canto da Itália, que durou mais de 500 anos e que possuiu esta Ásia Menor, a Ásia, a África, a Grécia, as Gálias, a Espanha e a Itália inteira?" – "Pois então, ela se transformou bem depressa em monarquia?", indagou o brâmane. – "Adivinhou, replicou o outro; mas essa monarquia caiu e escrevemos todos os dias belas dissertações para encontrar as causas de sua decadência e queda." – "Preocupam-se por nada, disse o indiano; esse império caiu porque existia. Mais dia menos dia tudo cai; espero que aconteça outro tanto ao império do Grão-Mogol."

"A propósito, disse o europeu, acredita que seja necessária mais honra num Estado despótico e mais virtude numa república?" O indiano pediu que lhe explicasse o que se entende por honra e respondeu que a honra era mais necessária numa república e que havia necessidade muito maior de virtude num Estado monárquico. "Porque, acrescentou, um homem que pretende ser eleito pelo povo, não o será se não for honrado; ao passo que na corte poderia facilmente obter um cargo, segundo a máxima de um grande príncipe, que costumava dizer que um cortesão, para ter sucesso, não deve ter honra nem humor. Com relação à virtude, é necessário tê-la em altíssimo grau numa corte para ousar dizer a verdade. O homem virtuoso está muito mais à vontade numa república, pois nela não tem que lisonjear ninguém."

"Acredita, perguntou o homem da Europa, que as leis e religiões sejam feitas para os climas, do mesmo modo que se necessita de peles em Moscou e tecidos leves em Délhi? – "Sim, sem dúvida, respondeu o brâmane. Todas as leis que se relacionam com o físico são calculadas pelo meridiano em que se habita; para um alemão uma mulher é suficiente, mas um persa precisa de três ou quatro. Os ritos da religião são de mesma natureza. Como haveria de querer que eu, se fosse cristão, dissesse a missa em minha província, onde não há pão nem vinho? No tocante aos dogmas, o caso é outro; nisso, o clima nada conta. Sua religião não começou na Ásia, de onde foi expulsa? Não existe para os lados do mar Báltico, onde era desconhecida?"

"Em que Estado, sob que regime preferiria viver?" – perguntou o conselheiro. – "Em qualquer lugar que não fosse em minha terra, respondeu seu companheiro; e encontrei muitos siameses, tonquineses, persas e turcos que diziam outro tanto." – "Mas, uma vez mais, insistiu o europeu, que Estado escolheria?" – O brâmane respondeu: "Aquele onde se obedece somente às leis." – "É uma velha resposta", redarguiu o conselheiro. – "E não é tão má assim", retrucou o brâmane. – "Onde fica esse país?" – perguntou o conselheiro. O brâmane respondeu: "Deve-se procurá-lo."[14]

1. Armand Jean du Plessis, cardeal de Richelieu (1585-1642), prelado e estadista francês, foi primeiro-ministro do rei Luís XIII de 1624 a 1642; homem de visão política e oportunista, elaborou um programa de recuperação do reino, exposto em seu *Testamento político*; na realidade, este livro teria sido escrito por Amable de Bourzeis (1606-1672), padre escritor, secretário de Richelieu – esta é a razão pela qual Voltaire mescla os dois nomes (NT).

2. Gabela era o nome conferido a um imposto sobre o sal, em vigor na França durante o antigo regime, ou seja, até a Revolução de 1789 (NT).

3. Região do sudeste da França (NT).

4. Gatien de Courtilz de Sandras (1644-1712), capitão e escritor francês, fecundo e imprudente no cenário político (NT).

5. Jean-Batpiste Colbert (1619-1683), homem forte do primeiro-ministro Mazarino no governo de Luís XIII da França, político e administrador notável das finanças do reino (NT).

6. François Michel Le Tellier de Louvois (1641-1691), homem de Estado francês e ministro (NT).

7. Trata-se do *Testamento político* de Carlos, duque de Lorena (1604-1675), nobre e comandante de exércitos, obra atribuída a Henri de Straatman e publicada por intermédio do padre locado em Chevremont, cidade francesa (NT).

8. Giulio Alberoni (1664-1752), cardeal italiano, homem de Estado da Espanha; destituído, retorna à Itália e tenta a eleição ao papado, sem sucesso, mas permanece ligado à política dos Estados pontifícios (NT).

9. Charles-Louis-Auguste Fouquet de Belle-Isle (1684-1761), marechal de elite francês que se distinguiu em guerras e foi também ministro de Estado (NT).

10. Louis Mandrin (1725-1755), célebre chefe de quadrilha de banditismo na França, lutava contra o poder constituído; preso, foi executado, mas se tornou lenda e mito no folclore popular (NT).

11. Bois-Guillebert, magistrado e economista falecido em 1714, publicou a obra mencionada em 1695, na qual propunha reformas do Estado; a 2ª edição apareceu em 1712 com o título de *Testamento político de Vauban* – Sébastien Le Prestre, marquês de Vauban (1633-1707), engenheiro e arquiteto militar, economista e escritor francês (NT).

12. Antoine-Simon Lecuyer de La Jonchère (1689-1747) (NT).

13. Cidade da Índia, situada no golfo de Bengala, possessão da França na época (NT).

14. Ver o verbete *Genebra* na *Enciclopédia* (*Nota de Voltaire*).

EVANGELHO – Constitui-se em grande questão saber quais são os primeiros evangelhos. É uma verdade indubitável, diga o que disser Abbadie[1], que nenhum dos primeiros Padres da Igreja[2], inclusive até Irineu[3], cita qualquer passagem dos quatro Evangelhos que conhecemos. Pelo contrário, os teodosianos[4] rejeitaram constantemente o Evangelho de são João e dele sempre falavam com desprezo, como afirma santo Epifânio[5] em sua 34ª. homilia. Nossos inimigos observam ainda que não somente os mais antigos Padres da Igreja nunca citam nada de nossos Evangelhos, como ainda referem várias passagens que só se encontram nos Evangelhos apócrifos, rejeitados pelo cânon.

São Clemente[6], por exemplo, narra que Nosso Senhor, ao ser interrogado a respeito do tempo em que seu reino viria, respondeu: "Será quando dois forem só um, quando o que está fora se assemelha ao que está dentro e quando não houver macho nem fêmea." Ora, deve-se confessar que esta passagem não se encontra em nenhum de nossos Evangelhos. Há cem outros exemplos que provam esta verdade; podem ser recolhidos no *Exame crítico*, de Fréret[7], secretário perpétuo da Academia das Belas-letras de Paris.

O sábio Frabricius[8] deu-se ao trabalho de reunir os antigos Evangelhos que o tempo conservou; o de Tiago parece ser o primeiro. É certo que ainda goza de grande autoridade em algumas Igrejas do Oriente. É chamado o *primeiro Evangelho*. Resta-nos a paixão e a ressurreição que se supõe que tenham sido escritas por Nicodemos. Este Evangelho de Nicodemos é citado por são Justino[9] e por Tertuliano[10]; é nele que se encontram os nomes dos acusadores do Salvador: Anás, Caifás, Sumas, Datan, Gamaliel, Judas, Levi, Neftalim; a atenção em transmitir esses nomes nos dá certa aparência de sinceridade da obra. Nossos adversários concluíram que, uma vez que tantos falsos Evangelhos foram reconhecidos no início como verdadeiros, pode-se também ter suposto como autênticos aqueles que hoje são objeto de nossa crença. Insistem muito na fé dos primeiros hereges que morreram por causa desses Evangelhos apócrifos. Houve, portanto, falsários, sedutores e pessoas seduzidas que morreram pelo erro; isso não seria, pois, uma prova da verdade de nossa religião o fato de ter havido mártires que se sacrificaram até a morte por ela?

Além disso, acrescentam que nunca se perguntou aos mártires: "Acreditam no Evangelho de João ou no Evangelho de Tiago?" Os pagãos não podiam basear seus interrogatórios em livros que não conheciam; os magistrados puniram alguns cristãos como perturbadores da ordem pública, mas nunca os interrogaram sobre nossos quatro Evangelhos. Consta que esses livros foram conhecidos um pouco entre os romanos somente no tempo de Trajano[11] e não chegaram às mãos do público antes dos últimos anos de Diocleciano[12].

Os socinianos[13] rígidos consideram, pois, nossos quatro Evangelhos somente como obras clandestinas, fabricadas cerca de um século depois de Jesus Cristo e cuidadosamente escondidas dos pagãos durante mais um século; são obras, dizem eles, grosseiramente redigidas por homens rudes, obras que durante muito tempo se destinavam somente ao uso do povo simples. Não queremos repetir aqui as outras blasfêmias que proferiam. Embora bastante difundida, essa seita está tão escondida hoje como estavam antigamente os primeiros Evangelhos. É muito difícil convertê-los, porque só acreditam na razão deles. Os outros cristãos combatem contra eles apenas com a voz sagrada da Escritura; por isso é impossível que uns e outros, sendo sempre inimigos, possam algum dia se reconciliar.

(*Pelo padre Tilladet*)

---

1. Jacques Abbadie (1654-1727), teólogo protestante francês, autor de várias obras sobre a religião cristã (NT).

2. *Padres da Igreja* é uma expressão clássica da história antiga, com a qual são designados os grandes teólogos e escritores dos primeiros séculos do cristianismo; são numerosos e seus escritos formam a chamada *Patrística*, *Patrologia*, ou seja, obras, textos, comentários bíblicos e doutrina desses autores, os quais fundamentaram toda a teologia cristã, e particularmente católica, que ainda vigora hoje; entre os principais Padres da Igreja, podem ser relembrados Ambrósio, Agostinho, Orígenes, Cirilo de Jerusalém, Cirilo de Alexandria, João Crisóstomo, Gregório Nazianzeno, Gregório de Nissa, Ireneu, Tertuliano, etc.

3. Ireneu (130-202), bispo de Lyon, França, e doutor da Igreja (NT).

4. O designativo teodosiano se refere claramente a partidário de Teodósio, mas é difícil saber quem Voltaire queria realmente indicar: se os seguidores de Teodósio, o Grande (346-395), imperador romano, cristão professo ou se um dos vários santos e bispos cristãos de mesmo nome (NT).

5. Epifânio (315-403), bispo de Salamina, Chipre, conhecido por suas contínuas polêmicas com escritores, particularmente com Orígenes, sobre questões que envolviam o cristianismo (NT).

6. Clemente de Alexandria (150-213), doutor da Igreja grega, fundador de uma escola em Alexandria do Egito; estudou as relações entre o cristianismo e as escolas filosóficas gregas (NT).

7. Nicolas Fréret (1688-1749), historiador e linguista francês; a obra citada no texto é *Examen critique des apologistes de la religion chrétienne* – Exame crítico dos apologistas da religião cristã (NT).

8. Johann Albert Fabricius (1668-1736), erudito e bibliógrafo alemão, recolheu muitas obras da antiguidade e catalogou a maioria delas; dentre suas mais de 200 obras, as principais são: *Bibliotheca latina, Bibliotheca graeca, Bibliotheca antiquaria, Bibliotheca latina mediae et infimae aetatis, Bibliotheca ecclesiastica* (NT).

9. Justino (100-165), filósofo, teólogo e mártir, em suas obras tenta harmonizar a filosofia com a doutrina cristã (NT).

10. Quintus Septimius Florens Tertullianus (155-222), filósofo e teólogo cristão, deixou muitas obras de caráter apologético sobre o cristianismo (NT).

11. Marcus Ulpius Trajanus (53-117), imperador romano de 98 a 117 (NT).

12. Caius Aurelius Valerius Diocletianus (245-313), imperador romano de 284 a 305; Diocleciano se associou a Maximiano na chefia do império e confiou a este o Ocidente, enquanto ele regia os destinos do Oriente, onde designou dois césares ou coimperadores na administração, Galério, que manteve no Oriente, e Constâncio Cloro que passou a secundar Maximiano no Ocidente; velho e doente, Diocleciano renunciou no ano 305, deixando o cargo a Galério (NT).

13. Parditários do socinianismo ou socinismo, doutrina que teve origem nos ensinamentos de Lelio Sozzi (1525-1562) e de seu sobrinho Fausto Sozzini (1539-1604), cujos pontos principais eram a negação da Trindade e, em decorrência, a negação da divindade de Jesus Cristo e a negação da redenção na cruz e da eternidade das penas. Condenados e perseguidos, Lélio se refugiou na Suíça e Fausto fugiu para a Polônia, onde organizou a Igreja antitrinitária (NT).

EZEQUIEL - [Sobre algumas passagens singulares desse profeta e alguns costumes antigos]

Sabe-se muito bem hoje que não devemos julgar os costumes antigos pelos modernos: quem desejasse reformar a corte de Alcínoo[1], na *Odisseia*, nos moldes daquela do Grão-turco ou daquela de Luís XIV[2], não seria bem visto pelos sábios; quem reprovasse Virgílio[3] por ter descrito o rei Evandro coberto com uma pele de urso e acompanhado de dois cães para receber embaixadores, seria considerado mau crítico.

Os costumes dos antigos judeus são mais diferentes ainda dos nossos do que aqueles do rei Alcínoo, de sua filha Nausícaa e do bom e honesto Evandro.

Ezequiel[4], escravo dos caldeus, teve uma visão perto do riacho Cobar que deságua no rio Eufrates. Não devemos nos surpreender que tenha visto animais de quatro rostos e quatro asas, com patas de bezerro, nem que tenha visto rodas que giravam por si e que tinham o espírito de vida; esses símbolos agradam realmente à imaginação, mas vários críticos se revoltaram contra a ordem que o Senhor lhe deu de comer, durante 390 dias, pão de cevada, de trigo e de sorgo, coberto de merda.

O profeta exclamou: "Aqh! Aqh! Aqh! Minha alma nunca foi contaminada até hoje." E o Senhor lhe respondeu: "Pois bem, vou te dar estrume de boi em lugar de excrementos humanos, mas deves amassar teu pão com esse estrume."

Como não costuma comer semelhantes coberturas no pão, a maioria dos homens acha essas ordens indignas da majestade divina. Entretanto, deve-se admitir que o estrume de vaca e todos os diamantes do Grão-Mogol são perfeitamente iguais, não somente aos olhos de um ser divino, mas também aos olhos de um verdadeiro filósofo; e, a respeito das razões que Deus poderia ter para ordenar ao profeta semelhante refeição, não nos cabe a nós questionar.

É suficiente verificar que essas ordens, que nos parecem estranhas, não o eram para os judeus. É verdade que a sinagoga não permitia, na época de são Jerônimo[5], a leitura de Ezequiel antes da idade de trinta anos, mas isso porque, no capítulo 18, ele diz que o filho não arcará mais com a iniquidade do pai e que não se dirá mais: "Os pais comeram uva verde e os dentes dos filhos ficaram embotados."

Nesse ponto se achava expressamente em contradição com Moisés que, no capítulo 28 do livro dos Números, garante que os filhos carregam a iniquidade dos pais até a terceira e a quarta geração.

Ezequiel, no capítulo 20, induz o Senhor a dizer que deu aos judeus *preceitos que não são bons*. Essa é a razão pela qual a sinagoga proibia aos jovens uma leitura que poderia levá-los a duvidar da infalibilidade das leis de Moisés.

Os censores de nossos dias ficam ainda mais surpresos com o capítulo 16 de Ezequiel: aqui está como o profeta se desdobra para dar a conhecer os crimes de Jerusalém. Ele apresenta o Senhor falando a uma jovem e dizendo a ela: "Quando nasceste, ainda não tinham cortado teu cordão umbilical, ainda não tinham te lavado, estavas completamente nua, eu tive pena de ti; depois cresceste, teus seios se formaram, teus pelos apareceram, passei, eu te vi, compreendi que era o tempo dos amantes; cobri tua ignomínia e me estendi por sobre ti com meu manto; vieste a mim, eu te lavei, te perfumei, te vesti bem e te dei belos calçados; eu te dei ainda um manto de algodão, braceletes, um colar; coloquei joias em teu nariz, brincos nas orelhas e uma coroa na cabeça, etc."

"Então, confiando em tua beleza, fornicaste por tua conta com todos os passantes... E montaste até um local mal afamado... e te prostituíste até nas praças públicas e abriste tuas pernas a todos os transeuntes... e te deitaste com egípcios... e, finalmente, pagaste amantes, dando-lhes presentes para que deitassem contigo... e pagando em vez de ser paga, fizeste o contrário do que fazem as outras jovens... O provérbio diz: *tal mãe, tal filha*; e é isso que se diz de ti, etc."

Protestam mais ainda contra o capítulo 28. Uma mãe tinha duas filhas que perderam sua virgindade muito cedo; a mais velha se chamava Oola e a mais jovem, Ooliba... "Oola era louca por jovens senhores, magistrados, cavaleiros; deitou com egípcios desde a adolescência... Ooliba, sua irmã, fornicou muito mais ainda com oficiais, magistrados e cavaleiros bem apessoados; descobriu sua vergonha; multiplicou suas fornicações; procurou com entusiasmo os abraços daqueles cujo membro se parece com o de um asno e que espirram seu sêmen como cavalos..."

Essas descrições, que transtornam tantos espíritos fracos, não significam, entretanto, senão as iniquidades de Jerusalém e de Samaria; as expressões que nos parecem livres não o eram então. A mesma transparência aparece sem receio em mais de uma passagem das Escrituras. Fala-se com frequência em abrir a vulva. Os termos de que a Escritura se serve para explicar as relações sexuais de Booz com Rute[6], de Judá com sua nora[7], não são desonestos em hebraico, mas o seriam em nossa língua.

Ninguém se cobre com um véu quando não tem vergonha da própria nudez;

como é que nesses remotos tempos haviam de corar ao falar dos órgãos genitais, quando era costume tocar os genitais daqueles a quem se fazia alguma promessa? Era um sinal de respeito, um símbolo de fidelidade, como outrora entre nós os senhores castelães punham suas mãos entre aquelas de seus suseranos.

Optamos por traduzir o termo *órgãos genitais* por coxa. Assim, Eliezer põe a mão sob a coxa de Abraão; José põe a mão sob a coxa de Jacó. Esse costume era muito antigo no Egito. Os egípcios estavam tão longe de considerar torpe aquilo que nós não ousamos descobrir nem nomear, que levavam em procissão uma grande imagem do membro viril, chamada *phallum*, para agradecer aos deuses a bondade demonstrada em fazer com que esse membro servisse para a propagação do gênero humano.

Tudo isso prova que nossas conveniências não são as conveniências dos outros povos. Em que época houve entre os romanos maior polidez que no século de Augusto[8]? Entretanto, Horácio[9] não mostra qualquer relutância em dizer numa peça moral:

Nec vereor ne, dum futuo, vir rure recurrat.

Augusto se serve da mesma expressão num epigrama contra Fúlvia.

Um homem que entre nós pronunciasse a palavra correspondente a *futuo* (fodo) seria considerado um bêbado que não consegue enfiar a chave na fechadura da porta; essa palavra e muitas outras, das quais se servem Horácio e outros autores, nos parecem ainda mais indecentes que as expressões de Ezequiel. Livremo-nos de todos os nossos preconceitos quando lermos autores antigos ou quando viajarmos por nações distantes. A natureza é a mesma em toda parte, mas em toda parte esses costumes são diferentes.

N.B. – Encontrei um dia, em Amsterdam, um rabino todo envolvido por esse capítulo e me disse: "Ah! Meu amigo, como lhe somos agradecidos! Você deu a conhecer toda a sublimidade da lei mosaica, a refeição de Ezequiel, as belas atitudes dele pelo lado canhestro; Oola e Ooliba são coisas admiráveis; são tipos, meu irmão, tipos que preanunciam que um dia o povo judeu será senhor de toda a terra; mas por que omitiu tantos outros que são revestidos aproximadamente dessa mesma força? Por que não falou do Senhor que diz ao sábio Oseias[10], logo no segundo versículo do primeiro capítulo: "Oseias, toma uma prostituta e faz com ela filhos de prostituta." Estas são suas próprias palavras. Oseias tomou a donzela e teve com ela um filho e depois uma filha e, mais adiante, mais um filho; era um tipo, e esse tipo durou três anos. "Não é tudo, diz o Senhor, no terceiro capítulo: vai e toma uma mulher que seja não somente devassa, mas adúltera." Oseias obedeceu; mas isso lhe custou quinze escudos e uma medida e meia de cevada, pois você sabe que na terra prometida havia muito pouco trigo. Mas sabe o que tudo isso significa?" – "Não", respondi. – "Nem eu", disse o rabino.

Um sábio compenetrado se aproximou e nos disse que eram ficções engenhosas e muito engraçadas. "Ah, senhor, lhe respondeu um jovem muito instruído, se quiser ficções, acredite em mim, dê preferência àquelas de Homero, de Virgílio, de Ovídio[11]. Quem gostar das profecias de Ezequiel merece fazer suas refeições com ele."

1. Alcínoo era rei dos feácios, povo que habitava a ilha de Esquéria (hoje Corfu, na Grécia); acolheu junto com sua filha Nausícaa o herói Ulisses e lhe cedeu um navio para que voltasse à sua pátria, segundo narra Homero (séc. IX a.C.) em seu poema épico *Odisseia* (NT).
2. Luís XIV (1638-1715), rei da França de 1643 a 1715, cognominado rei-sol (NT).
3. Publius Vergilius Maro (71-19 a.C.), poeta latino, autor da obra-prima poética *Eneida*, na qual narra que Evandro, príncipe lendário do Lácio, se uniu a Eneias, herói da *Eneida*, contra os latinos (NT).
4. Trata-se de um dos grandes profetas de Israel, exilado em Babilônia (cidade que se situava no território do Iraque atual) no século VI a.C., deixou um livro bíblico que leva seu nome como título, no qual o profeta narra seus feitos e suas muitas visões (NT).
5. Sophronius Eusebius Hieronymus (331-420), escritor cristão e doutor da Igreja; além de seus numerosos escritos, dedicou parte de sua vida para traduzir toda a Bíblia do hebraico e do grego para o latim, tradução que levou o nome de *Biblia Vulgata* (NT).
6. Livro de Rute, um dos livros do Antigo Testamento da Bíblia (NT).
7. Fato narrado no livro do *Gênesis*, capítulo 38; Judá mantém relações com sua nora, disfarçada de prostituta, e desse relacionamento nascem dois gêmeos (NT).
8. César Augusto Otávio ou Otaviano (63 a.C.-14 d.C.), imperador romano de 43 a.C. a 14 d.C. (NT).
9. Quintus Horatius Flaccus (65-8 a.C.), poeta latino; o verso citado no texto é extraído da obra *Satirae*, I, II, 127, e significa: "Nem receio que, enquanto mantenho relações sexuais, o marido volte do campo" (NT).
10. Trata-se do profeta Oseias, cujo livro faz parte da Bíblia, no qual esses fatos são narrados pela própria boca do profeta (NT).
11. Publius Ovidius Naso (43 a.C.-18 d.C.), poeta latino (NT).

F

FÁBULAS - As mais antigas fábulas não são visivelmente alegóricas? A primeira que conhecemos, em nossa maneira de calcular o tempo, não é aquela que é narrada no capítulo nove do livro dos *Juízes*? Tratava-se de escolher um rei entre as árvores; a oliveira não quis largar o cuidado com seu azeite, nem a figueira o de seus figos, nem a parreira o de seu vinho, nem as outras árvores os de seus frutos; o espinheiro, que para nada prestava, se tornou rei, porque tinha espinhos e podia agredir[1].

A antiga fábula de Vênus, tal como é relatada por Hesíodo[2], não é uma alegoria da natureza inteira? Os elementos da geração caíram do éter nas praias do mar; Vênus nasce dessa espuma preciosa; seu primeiro nome é o de amante da procriação: haverá imagem mais transparente? Essa Vênus é a deusa da beleza; a beleza deixa de ser atraente se abandona as graças; a beleza faz nascer o amor; o amor tem setas que traspassam os corações; traz uma venda que esconde os defeitos do objeto amado.

A sabedoria é concebida no cérebro do senhor dos deuses sob o nome de

Minerva; a alma do homem é um fogo divino que Minerva mostra a Prometeu, que se serve desse fogo divino para animar o homem.

É impossível não reconhecer nessas fábulas uma pintura viva da natureza inteira. A maioria das outras fábulas são ou a corrupção das histórias antigas ou o resultado dos caprichos da imaginação. Ocorre com as fábulas antigas o mesmo que acontece com nossos contos modernos: há aquelas morais, que são encantadoras; há outras, que são insípidas.

As fábulas dos antigos povos inventivos foram grosseiramente imitadas por povos rudes; testemunham isso as fábulas de Baco, de Hércules, de Prometeu, de Pandora[3] e tantas outras; elas eram o entretenimento do mundo antigo. Os bárbaros, que delas ouviram falar de forma confusa, as incluíram em sua mitologia selvagem e, em seguida, se atreveram a dizer: "Fomos nós que as inventamos." Ai! pobres povos ignorados e ignorantes, que não conheceram nenhuma arte agradável nem útil, que até o nome de geometria nunca chegaram a conhecer, podem realmente dizer que inventaram alguma coisa? Não souberam nem descobrir verdades nem mentir com habilidade.

1. Fábula narrada no livro bíblico dos *Juízes*, IX, 8-15 (NT).
2. Hesíodo (séc. VIII a.C.), poeta grego; em seus poemas, *Os trabalhos e os dias, Teogonia* e *Escudo de Heracles*, ressalta a intervenção dos deuses na vida do homem (NT).
3. Na mitologia latina, Baco era o deus do vinho e havia ensinado aos homens a produção dessa bebida. Hércules, herói lendário grego que a literatura tornou célebre por seus doze trabalhos, nos quais se notam força, coragem e ousadia. Prometeu, na mitologia grega, roubou o fogo dos deuses e o deu aos homens; como castigo, foi atado a uma rocha e uma água vinha lhe devorar o fígado continuamente. Na mitologia grega ainda, Pandora teria sido a primeira mulher da humanidade, a quem os deuses lhe conferiram todos os dons (*pan*, todo, *dóron*, dom); Zeus entregou-lhe uma caixa que continha todas as misérias e males e que devia ser mantida fechada; Pandora abriu-a e os males se espalharam pelo mundo, restando no fundo da caixa somente a esperança (NT).

FALSIDADE DAS VIRTUDES HUMANAS

— Quando o duque de La Rochefoucaud[1] escreveu seus pensamentos sobre o amor-próprio e revelou esse impulso do homem, um senhor chamado padre Esprit[2], do Oratório[3], escreveu um livro capcioso intitulado *Da falsidade das virtudes humanas*. Esse Esprit diz que não há virtude, mas por gracejo termina cada capítulo remetendo à caridade cristã. Assim, segundo o senhor Esprit, nem Catão, nem Aristides, nem Marco Aurélio, nem Epicteto[4] eram pessoas de bem; estas só podem ser encontradas entre os cristãos. Entre os cristãos, só há virtude entre os católicos; entre os católicos, seria necessário ainda excetuar os jesuítas[5], inimigos dos oratorianos; portanto, a virtude só se encontraria realmente entre os inimigos dos jesuítas.

Esse senhor Esprit começa dizendo que a prudência não é uma virtude e seu argumento é que ela é frequentemente enganada. É como se se dissesse que César não foi um grande comandante por ter sido derrotado em *Dyrrachium*[6].

Se esse Esprit tivesse sido um filósofo, não teria examinado a prudência como uma virtude, mas como um talento, como uma qualidade útil, feliz, pois um celerado pode ser prudente e conheci gente dessa espécie. Oh! a raiva de pretender que *Ninguém possa ter virtude senão nós e nossos amigos!*[7]. O que é a virtude, meu amigo? É praticar o bem: faz-nos o bem e isso basta. Então nós te agradeceremos certamente. Como! A teu ver, não haveria nenhuma diferença entre o conselheiro de Thou e Ravaillac[8], entre Cícero e esse Popílio[9] ao qual lhe havia salvado a vida e que lhe cortou a cabeça por dinheiro? E ainda afirmas que Epicteto e Porfírio[10] eram libertinos por não terem seguido nossos dogmas? Tamanha insolência revolta. Não vou dizer mais nada, pois acabaria ficando irritado.

1. François, conde de La Rochefoucauld (1613-1680), escritor francês; sua principal obra, *Máximas e reflexões* já foi publicada pela Editora Escala (NT).

2. Jacques Esprit (1611-1677), escritor francês, muitas vezes chamado de padre, embora nunca o tivesse sido (NT).

3. Sociedade católica, formada especialmente por padres sem o vínculo dos votos religiosos, fundada por Filipe Néri (1515-1595) em 1575; conhecida como Sociedade do Oratório ou oratorianos, esse nome se origina do pequeno *Oratório do amor divino*, no qual se reuniam; outra congregação de oratorianos foi fundada nos mesmos moldes na França, em 1611, pelo cardeal Pierre de Bérulle (1575-1629) e sua denominação se origina do *Oratório de Jesus*, ponto de encontro de seus membros no início (NT).

4. Personalidades proeminentes da antiguidade: Catão, em latim, Marcus Porcius Cato (234-149 a.C.), homem de Estado romano, lutou contra o luxo e, como estoico, pregava uma moral mais austera; Aristides (540-468 a.c.), estadista ateniense, cognominado o justo; Marcus Aurelius Antoninus (121-180), imperador romano de 161 a 180, filósofo estoico, deixou a obra *Pensamentos e meditações*; Epicteto (50-130), filósofo estoico grego, escravo liberto por Nero; sua máxima estoica era "Suporta e abstém-te" (NT).

5. Ordem religiosa fundada por Inácio de Loyola (1491-1556), mais conhecida como Sociedade de Jesus ou Companhia de Jesus; seus membros levam a denominação de jesuítas (NT).

6. Colônia grega fundada em 627 a.C. nas costas da atual Albânia, com o nome de Epidamnos, passando depois a chamar-se Dyrrákhion; os romanos latinizaram seu nome em Dyrrachium; porto da República de Veneza na Idade Média, passou a chamar-se Durazzo; hoje é chamada, em albanês, Durres (NT).

7. Verso da peça teatral *Les femmes savantes* (As mulheres sábias), ato III, cena II, de Jean-Baptiste Poquelin, dito Molière (1622-1673), dramaturgo francês (NT).

8. François Auguste de Thou (1607-1642), magistrado francês e conselheiro do Parlamento, foi decapitado com seu amigo Cinq-Mars, cuja conspiração não havia denunciado. François Ravaillac (1578-1610) era professor de escola, tornando-se frade depois; acreditava que salvaria a religião católica se matasse o rei que se aliara às potências protestantes; Ravaillac apunhalou mortalmente Henrique IV (1553-1610), rei da França de 1589 a 1610; preso, foi esquartejado (NT).

9. Marcus Tullius Cicero (106-43 a.C.), jurista, orador, filósofo e escritor latino, por suas posições políticas contrárias às do imperador foi jurado de morte; Cícero fugiu de Roma, mas perto de Nápoles foi alcançado pelos perseguidores e foi morto pelo tribuno militar Popílio, a quem Cícero havia livrado da morte, defendendo-o da acusação de parricídio (NT).

10. Porfírio (234-305), filósofo grego, estudou em Atenas e Alexandria do Egito, ingressando depois na escola de Plotino em Roma; transcreveu toda a filosofia de Plotino em seis livros, além de escrever obras próprias (NT).

FANATISMO - O fanatismo é para a superstição o que o delírio é para a febre, o que a raiva é para a cólera. Aquele que tem êxtases, visões, que toma os sonhos como realidades, e suas imaginações como profecias, é um entusiasta; aquele que alimenta sua loucura com o assassinato é um fanático. Juan Díaz[1], retirado em Nuremberg, Alemanha, estava firmemente convencido de que o papa é o anticristo do Apocalipse e que tem o signo da besta, esse Juan não era mais que um entusiasta; seu irmão Bartolomeu Díaz, que partiu de Roma para ir assassinar santamente seu irmão e que efetivamente o matou por amor de Deus, era um dos mais abomináveis fanáticos que a superstição jamais pôde produzir.

Polieuto[2], que vai ao templo num dia de solenidade derrubar e destruir as estátuas e os ornamentos, é um fanático menos horrível que Díaz, mas não menos tolo. Os assassinos do duque François de Guise, de Guilherme, príncipe de Orange, do rei Henrique III, do rei Henrique IV⁽³⁾ e de tantos outros, eram energúmenos afetados pela doença da mesma raiva de Díaz.

O mais detestável exemplo de fanatismo é aquele dos burgueses de Paris que correram para assassinar, degolar, atirar pelas janelas, despedaçar, na noite de São Bartolomeu⁽⁴⁾, seus concidadãos que não iam à missa.

Há fanáticos de sangue-frio: são os juízes que condenam à morte aqueles cujo único crime é não pensar como eles; e esses juízes são tanto mais culpados, tanto mais merecedores da execração do gênero humano quanto, não estando tomados de um acesso de furor, como os Clément, os Chatêl, os Ravaillac, os Gérard, os Damiens⁽⁵⁾, à primeira vista parece que poderiam escutar a voz da razão.

A partir do momento em que o fanatismo atacou profundamente o cérebro, a doença é quase incurável. Eu vi pessoas atacadas de convulsões que, ao se falar dos milagres de são Pâris⁽⁶⁾, sem querer se exaltavam sempre mais: seus olhos se inflamavam, seus membros tremiam, o furor desfigurava seu rosto e teriam matado qualquer um que os tivesse contrariado.

Não há outro remédio contra essa doença epidêmica senão o espírito filosófico que, difundido pouco a pouco, suaviza enfim os costumes dos homens, prevenindo os acessos do mal; de fato, logo que esse mal faz progressos, deve-se fugir e esperar que o ar se purifique. As leis e a religião não são suficientes contra a peste das almas; a religião, longe de ser para elas um alimento salutar, transforma-se em veneno nos cérebros infectados. Esses miseráveis têm incessantemente presente no espírito o exemplo de Aod que assassina o rei Eglon⁽⁷⁾; de Judite⁽⁸⁾, que corta a cabeça de Holofernes ao deitar com ele; de Samuel⁽⁹⁾, que corta em pedaços o rei Agag. Eles só veem esses exemplos, que são respeitáveis para a antiguidade, mas são abomináveis nos tempos de hoje; eles haurem seus furores da própria religião que os condena.

As leis são ainda muito impotentes contra esses acessos de raiva; é como se lessem uma sentença do conselho a um frenético. Essas pessoas estão persuadidas de que o espírito santo que as penetra está acima das leis e que seu entusiasmo é a única lei a que devem seguir.

Que responder a um homem que lhes diz que prefere obedecer a Deus que aos homens e que, em decorrência, está certo de merecer o céu ao degolá-los?

Geralmente são os velhacos que conduzem os fanáticos e que põem o punhal nas mãos deles; assemelham-se a esse Velho da Montanha que fazia, segundo se diz, provar as alegrias do paraíso a imbecis e que lhes prometia uma eternidade desses prazeres, dos quais lhes havia feito provar um aperitivo, com a condição de assassinarem todos aqueles que ele lhes indicasse. Só houve uma religião no mundo que não foi manchada pelo fanatismo, é aquela dos letrados da China. As seitas dos filósofos estavam não somente isentas dessa peste, mas eram o remédio contra ela, pois o efeito da filosofia é tornar a alma tranquila e o fanatismo é incompatível com a tranquilidade. Se nossa santa religião foi com tanta frequência corrompida por esse furor infernal, é a loucura dos homens que deve ser culpada por isso.

Assim, da plumagem que teve,
Ícaro lhe perverteu o uso;
Ele a recebeu para sua salvação,
Mas se serviu dela para seu dano.
(*Bertaud*, bispo de Séez).

1. Juan Diaz (1510-1546), teólogo evangélico espanhol; estudando em Paris, optou pela Reforma e teve contatos com Calvino; retirando-se para a Alemanha, escreveu o livro *Suma da religião cristã*; foi morto como herege (NT).

2. Polieuto (séc. III d.C.), oficial romano cristão, realmente derrubou e estraçalhou ídolos durante uma celebração; preso, foi torturado e morto (NT).

3. François de Guise (1520-1563), foi morto durante as guerras de religião na França; Guilherme I de Nassau, príncipe de Orange (1533-1584), rei dos Países Baixos, católico, aliou-se aos calvinistas por questões políticas, foi assassinado pelos espanhóis que então dominavam o território; Henrique III (1551-1589), rei da França, tentou reconciliar católicos e protestantes por uma política de tolerância; acusado de não defender os católicos, foi apunhalado; Henrique IV (1553-1610), rei da França, indefinido quanto à religião, ora sendo católico, ora sendo protestante, foi assassinado por Ravaillac (NT).

4. Noite de massacre dos protestantes, ocorrida em Paris no dia 24 de agosto de 1572, festa de São Bartolomeu, por isso chamada de *La Saint-Barthélemy* (NT).

5. Jacques Clément (1567-1589), padre francês, apunhalou o rei Henrique III; preso no ato, foi massacrado pelos guardas palacianos; Jean Chastel ou Châtel (1578-1594) feriu Henrique IV, a quem pretendia assassinar; preso, foi esquartejado; François Ravaillac (1578-1610) era professor de escola, tornando-se frade depois; acreditava que salvaria a religião católica se matasse o rei que se aliara às potências protestantes para mover guerra à Áustria e à Espanha católicas; Ravaillac apunhalou mortalmente Henrique IV (1553-1610), rei da França de 1589 a 1610, em sua carruagem em maio de 1610; preso, foi esquartejado; Balthazar Gérard, assassino de Guilherme de Orange em 1684; Robert François Damiens (1715-1757), tentou assassinar o rei Luís XV com um canivete, mas foi preso pelos guardas, condenado e executado (NT).

6. François de Pâris (1690-1727), diácono francês, seguidor do jansenismo (corrente católica rigorista); após sua morte, correu a voz de milagres que se realizavam em seu túmulo; o povo afluía ao local e muitos entravam em transe ou em convulsão (foram chamados por isso convulsionários); o governo interditou o cemitério em 1732 (NT).

7. Fato narrado no livro bíblico dos *Juízes* (III, 12-30): Aod ou Ehud apunhalou Eglon, rei dos moabitas (NT).

8. Fato narrado no livro bíblico de *Judite* (XIII, 1-16): Judite mata o general assírio na cama; este livro não consta na Bíblia hebraica, nem na protestante (NT).

9. Referência ao sacerdote e profeta Samuel que matou Agag, rei dos amalecitas, com as próprias mãos, tomando a espada de Saul; fato narrado no *primeiro livro de Samuel*, cap. XV (NT).

FÉ - [Seção I]

Certo dia, o príncipe Pico della Mirandola[1] encontrou-se com o papa Alexandre VI[2] em casa da cortesã Emília, quando Lucrécia, filha do santo padre, estava em trabalhos de parto e não se sabia em Roma se o filho dela era do papa ou do filho deste, o duque de Valentinois[3], ou do marido de Lucrécia, Afonso de Aragão que, segundo se falava, era impotente. A conversa foi, de início, muito descontraída. O cardeal Bembo relata uma parte dela.

– Pico – perguntou o papa – quem achas que é o pai de meu neto?

– Acho que é seu genro, respondeu Pico.

– Eh! Como podes acreditar em tamanha tolice?

– Creio, porque tenho fé.

– Não sabes, pois, que um impotente não pode ter filhos?

– A fé consiste – replicou Pico – em crer nas coisas porque elas são impossíveis; além do mais, a honra de sua casa exige que o filho de Lucrécia não possa ser fruto de um incesto. Por outra, Vossa Santidade me faz acreditar em mistérios mais incompreensíveis. Não sou obrigado a acatar que uma serpente falou, que desde esse tempo todos os homens foram condenados, que o asno de Balaão também falou com grande eloquência e que as muralhas de Jericó caíram ao som das trombetas?

Em seguida, Pico desfiou uma ladainha de todas as coisas admiráveis em que acreditava.

Alexandre caiu no sofá de tanto rir.

– Acredito em tudo isso como tu, dizia, pois, sei muito bem que só posso ser salvo pela fé e que não o serei por minhas obras.

– Ah! Santo padre, exclamou Pico, o senhor não tem necessidade nem de obras nem de fé; isso serve somente para pobres profanos, como nós; mas o senhor, que é vice-Deus, pode crer e fazer tudo o que lhe aprouver. Tem as chaves do céu e, sem dúvida, São Pedro não vai lhe bater a porta no nariz. Quanto a mim, porém, confesso que necessitaria de uma poderosa proteção se, por ser um pobre príncipe, tivesse ido para a cama com uma filha minha e tivesse utilizado o punhal e os sussurros tantas vezes como Vossa Santidade.

Alexandre VI entendia muito bem os gracejos.

– Vamos falar seriamente, disse ao príncipe della Mirandola. Dize-me que mérito podemos ter ao dizer a Deus que estamos persuadidos de coisas de que, na realidade, não podemos ser persuadidos? Que prazer pode dar isso a Deus? Cá entre nós, dizer que se acredita naquilo que é impossível acreditar, é mentir.

Pico della Mirandola fez um grande sinal da cruz.

– Oh! Deus paternal – exclamou – que Vossa Santidade me perdoe, mas não é cristão.

– Não, palavra de honra – disse o papa.

– Já desconfiava disso – concluiu Pico della Mirandola.

(Por um descendente de Rabelais[4])

[Seção II]

O que é a fé? Seria acreditar naquilo que parece evidente? Não; para mim é evidente que há um ser necessário, eterno, supremo, inteligente; isso não é questão de fé, mas de razão. Não tenho nenhum mérito em pensar que esse ser eterno, infinito, que é a virtude, a própria bondade, queira que eu seja bom e virtuoso. A fé consiste em crer não naquilo que parece verdadeiro, mas naquilo que parece falso a nosso entendimento. Somente pela fé é que os asiáticos podem crer na viagem de Maomé pelos sete planetas, nas encarnações do deus Fô, de Vishnu, de Xaca, de Brama, de Samonocodom, etc., etc., etc. Eles submetem seu entendimento, tremem ao analisar os fatos, não querem ser empalados nem jogados na fogueira e confessam: "Eu creio!"

Há fé nas coisas espantosas e há fé nas coisas contraditórias e impossíveis.

Vishnu se encarnou quinhentas vezes; isso é algo realmente espantoso, mas no final das contas isso não é fisicamente impossível; de fato, se Vishnu tem uma alma, pode ter posto sua alma em quinhentos corpos para se divertir. Na verdade, o indiano não tem uma fé muito viva; não está intimamente persuadido dessas metamorfoses, mas enfim dirá a seu bonzo: "Tenho fé. Você afirma que Vishnu passou por quinhentas encarnações, o que lhe garantirá quinhentas rúpias de renda; muito bem; se eu não tiver fé, irá me condenar, me denunciar e arruinar meus negócios. Pois bem! Tenho fé e toma mais dez rúpias que lhe dou". O indiano pode jurar a esse bonzo que ele acredita, sem fazer um falso juramento, pois, apesar de tudo, não lhe é demonstrado que Vishnu não tenha vindo quinhentas vezes na Índia.

Se o bonzo, porém, exigir dele que creia numa coisa contraditória, impossível, por exemplo, que dois e dois são cinco, que o mesmo corpo pode estar em mil lugares diferentes, que ser e não ser é precisamente a mesma coisa; então, se o indiano disse que tem fé, mentiu; e se jura que crê, comete um perjúrio. Então, diz ao bonzo:

– Reverendo pai, não posso garantir que acredito nesses absurdos, só porque valem dez mil rúpias de renda em vez de quinhentas.

– Meu filho – responde o bonzo – dá vinte rúpias e Deus te fará a graça de acreditar em tudo aquilo que não crês.

– Como poderá querer – responde o indiano – que Deus opere em mim o que não pode operar em si mesmo? É impossível que Deus faça coisas contraditórias ou nelas acredite; caso contrário, não seria Deus. Gostaria de lhe dizer, só para agradar, que creio no que é obscuro, mas não posso lhe dizer que acredito no impossível. Deus quer que sejamos virtuosos, mas não que sejamos absurdos. Já lhe dei dez rúpias, e dou-lhe mais vinte; creia em trinta rúpias, seja homem de bem se puder e não torture mais minha cabeça.

1. Giovanni Pico della Mirandola (1463-1494), filósofo e humanista italiano; sua obra principal, *A dignidade do homem*, foi publicada pela Editora Escala na coleção Grandes obras do Pensamento Universal (NT).
2. Rodrigo Borgia ou de Borja (1431-1503), eleito papa em 1492 com o nome de Alexandre VI; foi um prelado e papa mundano, ambicioso, ávido de poder e riqueza, mulherengo, despótico, lembrando mais um ditador perverso que um chefe supremo da cristandade (NT).
3. Trata-se de Cesare Borgia (1475-1597), filho do papa Alexandre VI, foi nomeado arcebispo de Valência pelo pai em 1492 e cardeal, em 1493. Em 1498, Cesare abdicou de todas as suas funções eclesiásticas e recebeu, do rei da França, o Ducado de Valentinois; por essa razão, Cesare passou a ser chamado Valentino (NT).
4. François Rabelais (1494-1553), escritor francês, autor de vários livros sobre os *Feitos e proezas de Pantagruel* (NT).

FILOSOFIA - [Seção I]

Escreva *filosofia* ou *philosophia*, como quiser, mas deve concordar que desde que aparece é perseguida. Os cães aos quais se oferece um alimento de que não gostam, mordem.

Pode dizer que me repito, mas é necessário colocar cem vezes diante dos olhos do gênero humano que a sagrada Congregação condenou Galileu[1] e que os pedantes que declararam excomungados todos os bons cidadãos que se submetessem ao grande Henrique IV[2] foram os mesmos que condenaram as únicas verdades que podiam ser encontradas nas obras de Descartes[3].

Todos os cães do lodo teológico, que ladravam uns contra os outros, latiram juntos contra De Thou[4], contra La Mothe-le-Vayer[5], contra Bayle[6]. Quantas tolices foram escritas pelos estudantes gauleses contra o sábio Locke[7]!

Esses gauleses dizem que César, Cícero, Sêneca, Plínio, Marco Aurélio[8] podiam ser filósofos, mas isso não é permitido entre os gauleses. Podemos responder-lhes que é realmente permitido e útil para os franceses, que nada foi melhor para os ingleses e que já é hora de exterminar com a barbárie.

Podem me replicar que não chegaremos a uma conclusão. Não entre o povo e os imbecis, mas entre todos os homens honestos é questão pacífica.

[Seção II]

Uma das maiores desgraças, figurando como uma das coisas mais ridículas do gênero humano, é que em todos os países chamados politizados, exceto talvez na China, os sacerdotes tomaram para si o que competia aos filósofos. Esses sacerdotes puseram-se a regulamentar o ano; era, diziam eles, seu dever, pois, era necessário que os povos conhecessem seus dias de festa. Desse modo, os sacerdotes caldeus, egípcios, gregos e romanos se julgaram matemáticos e astrônomos; mas que matemática e que astronomia! Estavam muito ocupados com seus sacrifícios, com seus oráculos, com suas adivinhações, com seus augúrios, para estudar seriamente. Qualquer um que faça da charlatanice uma profissão não pode ter o espírito justo e esclarecido. Tornaram-se astrólogos e nunca astrônomos.

Os próprios sacerdotes gregos constituíram de início o ano com somente trezentos e sessenta dias. Foi necessário que os geômetras lhes ensinassem que se haviam enganado em cinco dias e algo mais. Reformaram, então, seu ano. Outros geômetras lhes mostraram ainda que se haviam enganado em seis horas. Ífito[9] obrigou-os a mudar seu almanaque grego. Acrescentaram um dia a cada quatro anos em seu ano defeituoso; e Ífito celebrou essa mudança com a instituição das Olimpíadas.

Viram-se finalmente obrigados a recorrer ao filósofo Meton[10] que, combinando o ano lunar com o solar, compôs seu ciclo de dezenove anos, no fim dos quais o sol e a lua voltavam ao mesmo ponto, com a diferença de cerca de uma hora e meia. Esse ciclo foi gravado em ouro na praça pública de Atenas; e foi esse famoso *número de ouro* de que nos servimos ainda hoje com as correções necessárias.

Sabe-se muito bem a ridícula confusão que os sacerdotes romanos tinham introduzido no cômputo do ano. Seus equívocos foram tão grandes que suas festas de verão caíam no inverno. César, o universal César, foi obrigado a fazer vir de Alexandria o filósofo Sosígenes[11] para reparar os enormes erros dos pontífices.

Quando foi novamente necessário reformar o calendário de Júlio César, sob o pontificado de Gregório XIII[12], quem foi convocado? Algum inquisidor? Não, foi um filósofo, um médico chamado Lílio[13].

Que se encarregue o professor Cogé, reitor da Universidade, para elaborar o livro do *Conhecimento dos tempos*, e não saberá nem mesmo do que se trata. Será necessário recorrer ao senhor De Lalande[14], da Academia de Ciências, encarregado desse penoso trabalho muito mal remunerado.

O reitor Cogé cometeu um engano realmente estranho ao propor para os louros da Universidade este tema tão singularmente enunciado: *Non magis Deo quam regibus, infensa est ista quae vocatur hodie philosophia* – "Esta, que chamamos hoje filosofia, não é mais inimiga de Deus do que dos reis". Queria dizer *menos* inimiga. Tomou *magis* (mais) por *minus* (menos). E o pobre homem deveria saber que nossas academias não são inimigas do rei nem de Deus.

[Seção III]

Se a filosofia honrou tanto a França com a Enciclopédia, deve-se admitir também que a ignorância e a inveja, que ousaram condenar essa obra, teriam coberto a França de opróbrio, se doze ou quinze convulsionários, que formaram uma cabala, pudessem ser vistos como os órgãos da França, quando na verdade só eram ministros do fanatismo e da sedição, que chegaram a forçar o rei a eliminar a corporação que tinham seduzido. Suas manobras não foram tão violentas quanto as do tempo da Fronda[15], mas não foram menos ridículas. Sua fanática credulidade pelas convulsões e pelos sortilégios miseráveis de Saint-Médard[16] era tão forte, que obrigaram um magistrado, aliás sábio e respeitável, a dizer em pleno parlamento "que os milagres da Igreja católica subsistiam sempre". Por esses milagres só se pode entender os ligados a essas convulsões. Certamente, não se operam outros, a menos que se acredite nas crianças ressuscitadas por Santo Ovídio. O tempo dos milagres já passou; a Igreja triunfante não necessita mais deles. Em sã consciência, havia um só entre os perseguidores da *Enciclopédia* que entendesse uma palavra dos artigos de astronomia, de dinâmica, de geometria, de metafísica, de botânica, de medicina, de anatomia, que encheu os tomos desse livro tão necessário? Que multidão de imputações absurdas e de calúnias grosseiras não foi sendo acumulada contra esse tesouro de todas as ciências! Bastaria reimprimi-las logo após a *Enciclopédia* para eternizar sua vergonha. Aí está o que acontece quando se quer julgar uma obra que não se está sequer em condições de estudá-la. Covardes! Gritaram que a filosofia arruinava a catolicidade. O quê!? Em vinte milhões de homens houve um único que tivesse molestado minimamente o seguidor da Igreja? Somente um que tivesse faltado alguma vez com o respeito nas igrejas? Um só que tivesse proferido publicamente contra nossas cerimônias uma única palavra que se aproximasse da virulência com a qual se bradava contra a autoridade real?

Convém repetir que jamais a filosofia fez mal ao Estado, enquanto o fanatismo, unido ao espírito de corporação, o prejudicou muito em todos os tempos.

[Seção IV - Manual de filosofia antiga]

Consumi perto de quarenta anos de minha peregrinação em dois ou três recantos deste mundo procurando essa pedra filosofal chamada *verdade*. Consultei todos os adeptos da Antiguidade, Epicuro[17] e Agostinho[18], Platão[19] e Malebranche[20], e permanecei em minha pobreza. Talvez em todos esses cadinhos dos filósofos haja uma ou duas onças de ouro, mas todo o resto é coisa morta, lodo insípido, de que nada pode nascer.

Parece-me que os gregos, nossos mestres, escreviam muito mais para mostrar seu espírito do que se serviam de seu espírito para se instruir. Não consigo ver um único autor da Antiguidade que tenha um sistema consequente, metódico, claro, seguindo de consequência em consequência.

Quando quis aproximar e combinar os sistemas de Platão, do mestre de Alexandre[21], de Pitágoras[22] e dos orientais, aqui está mais ou menos o que consegui extrair:

O acaso é uma palavra vazia de todo sentido; nada pode existir sem causa. O mundo está estruturado segundo leis matemáticas; portanto, é estruturado por uma inteligência.

Não foi um ser inteligente como eu que presidiu a formação deste mundo, pois, não consigo formar nem sequer um verme; logo, este mundo é obra de uma inteligência prodigiosamente superior.

Esse ser, que possui a inteligência e o poder em grau tão elevado, existe necessariamente? Deve existir, sem falta, pois, é necessário que tenha recebido o ser de outro ou que exista por sua própria natureza. Se recebeu seu ser de outro – o que é difícil de conceber – é necessário, portanto, que eu recorra a esse outro e esse outro será o primeiro motor. Para qualquer lado que me volte, devo, portanto, admitir um motor primeiro, poderoso e inteligente, que assim é necessariamente por sua própria natureza.

Esse primeiro motor produziu as coisas do nada? Isso é inconcebível; criar do nada é mudar o nada em alguma coisa. Não devo admitir semelhante produção, a menos que encontre razões invencíveis que me forcem a admitir aquilo que meu espírito não pode jamais compreender.

Tudo o que existe parece existir necessariamente, uma vez que existe. De fato, se há hoje uma razão para a existência das coisas, houve uma ontem e houve uma em todos os tempos. E essa causa deve ter tido sempre seu efeito, sem o que teria sido durante toda a eternidade uma causa inútil.

De que modo as coisas terão existido sempre, estando visivelmente sob a mão do motor primeiro? É necessário, portanto, que essa potência tenha agido sempre; do mesmo modo que, mais ou menos, não há sol sem luz, não há movimento sem um ser que passe de um ponto do espaço a outro.

Há, portanto, um ser poderoso e inteligente que sempre agiu; e se esse ser não tivesse agido, de que lhe teria servido sua existência?

Todas as coisas são, pois, emanações desse primeiro motor.

Mas como imaginar que a pedra e a lama sejam emanações do ser eterno, inteligente e poderoso?

De duas uma, ou a matéria dessa pedra e dessa lama existia necessariamente por si mesma, ou esses elementos existem necessariamente por esse primeiro motor; não há meio-termo.

Assim, portanto, só há dois partidos a tomar: ou admitir a matéria eterna por si mesma ou a matéria fluindo eternamente do ser poderoso, inteligente, eterno.

Entretanto, subsistente por sua própria natureza ou emanada do ser produtor, ela existe desde toda a eternidade, visto que existe e que não há nenhuma razão para que não tivesse existido antes.

Se a matéria é eternamente necessária, é, portanto, impossível, é, portanto, contraditório que não seja; mas qual é o homem que pode assegurar que é impossível, que é contraditório, que esse pedregulho e que essa mosca não tenham existência? Somos, portanto, forçados a engolir esta dificuldade que surpreende muito mais a imaginação do que pode contradizer os princípios do raciocínio.

Com efeito, desde que se admitiu que tudo emanou do ser supremo e inteligente, que nada emanou sem razão, que esse ser sempre existente deve ter agido sempre, que, por conseguinte, todas as coisas devem ter emanado eternamente do interior da existência dele, não se deve mais recusar a crer que a matéria, de que são formados esse pedregulho e essa mosca, é uma produção eterna, como ninguém recusa conceber a luz como uma emanação eterna do ser todo-poderoso.

Visto que sou um ser extenso e pensante, minha extensão e meu pensamento são, portanto, produções necessárias desse ser. É evidente que eu não posso dar a mim mesmo a extensão nem o pensamento: logo, recebi um e outro desse ser necessário.

Ele pode ter-me dado o que não tem? Tenho inteligência e estou no espaço; logo, ele é inteligente e está no espaço.

Afirmar que esse ser eterno, esse Deus todo-poderoso, desde sempre preencheu necessariamente o universo com suas produções, não é tirar-lhe a liberdade; ao contrário, pois, a liberdade não é senão o poder de agir. Deus sempre agiu plenamente; logo, Deus sempre usou a plenitude de sua liberdade.

A liberdade, que denominamos *indiferença*, é uma palavra sem ideia, um absurdo; de fato, seria determinar-se sem razão, seria um efeito sem causa. Deus, portanto, não pode ter essa pretensa liberdade, que é uma contradição em termos. Ele, portanto, sempre agiu com essa mesma necessidade que constitui sua existência.

É, portanto, impossível que o mundo exista sem Deus; é impossível que Deus exista sem o mundo.

Este mundo está repleto de seres que se sucedem; portanto, Deus sempre produziu seres que se sucederam.

Estas asserções preliminares são a base da antiga filosofia oriental e daquela dos gregos. Deve-se excetuar Demócrito[23] e Epicuro, cuja filosofia corpuscular combateu esses dogmas. Notemos, porém, que os epicuristas se fundamentavam numa física inteiramente errônea e que o sistema metafísico de todos os outros filósofos subsiste com todos os sistemas físicos. Toda a natureza, excetuando-se o vácuo, contradiz Epicuro; e nenhum fenômeno contradiz a filosofia que acabo de explicar. Ora, uma filosofia que está de acordo com tudo o que se passa na natureza e que satisfaz os espíritos mais perspicazes não é superior a qualquer outro sistema não revelado?

Depois das asserções dos antigos filósofos, que tentei expor da forma que me foi possível, o que nos resta? Um caos de dúvidas e de quimeras. Não creio que possa ter havido um filósofo vinculado a esse sistema que no fim de sua vida não tenha confessado ter perdido seu tempo. Deve-se admitir que os inventores das artes mecânicas foram muito mais úteis aos homens que os inventores dos silogismos: aquele que imaginou o tear ganhou de longe daquele que imaginou as ideias inatas.

1. Galileo Galilei (1564-1642), astrônomo, físico e escritor italiano; foi condenado como herege pelo Vaticano por sustentar a teoria do heliocentrismo; sua condenação foi revogada depois de Galileu ter-se retratado (NT).

2. Henrique IV (1553-1610), rei da França de 1589 a 1610 (NT).

3. René Descartes (1596-1650), filósofo, físico e matemático francês (NT).

4. Jacques Auguste De Thou (1553-1617), historiador e magistrado francês, conselheiro de Estado (NT).

5. François de La Mothe-Le-Vayer (1588-1672), escritor e filósofo francês; em suas obras prega o ceticismo, o racionalismo e se opõe a correntes religiosas rigoristas (NT).

6. Pierre Bayle (1647-1706), escritor francês, protestante, defendia a tese de que o ateísmo é mais lúcido e coerente do que a idolatria (NT).

7. John Locke (1632-1704), filósofo e teórico político inglês; adepto do materialismo, favorável ao liberalismo político e defensor da tolerância religiosa, deixou várias obras de cunho filosófico, político e pedagógico (NT).

8. Personagens da história e cultura romanas: Caius Julius Caesar (103-44 a.C.), general e imperador romano; Marcus Tullius Cicero (106-43 a.C.), jurista, orador, político, filósofo e escritor latino; Lucius Annaeus Seneca (1 a.C.-65 d.C.), filósofo estoico e dramaturgo latino; Caius Plinius Secundus (23-79), naturalista e escritor latino; Marcus Aurelius Antoninus (121-180), imperador romano de 161 a 180, filósofo estoico, deixou a obra *Pensamentos e meditações* (NT).

9. Segundo a mitologia grega, Ífito, rei de Élida, teria reorganizado os jogos olímpicos (NT).

10. Meton (séc. V a.C.), astrônomo grego, estabeleceu a concordância entre o calendário lunar e o solar, tendo sido adotado na Grécia em 432 a.C. (NT).

11. Sosígenes de Alexandria (séc. I a.C.), astrônomo grego, forneceu a Júlio César os elementos para a reforma do calendário (NT).

12. Gregório XIII (1502-1585), papa de 1572 a 1585, ficou conhecido por sua reforma do calendário que vigora até hoje em praticamente todo o mundo (NT).

13. Luigi Lilio (?-1576), médico, filósofo e cronologista italiano, um dos especialistas convidados pelo papa Gregório XIII para proceder à reforma do calendário (NT).

14. Joseph Jérôme Lefrançois de Lalande (1732-1807), astrônomo francês (NT).

15. Nome dado a distúrbios e sublevações ocorridos na França entre 1648 e 1653 contra o absolutismo monárquico e o sistema fiscal (NT).

16. Cemitério de Paris, onde ocorriam fenômenos supostamente milagrosos; ver verbete *Convulsões* (NT).

17. Epicuro (341-270 a.C.), filósofo grego, materialista, fundador do epicurismo, doutrina que apregoa o desfrute dos bens materiais e espirituais para que se possa perceber sua excelência e extrair deles o que há de melhor em sua natureza, que é essencialmente boa (NT).

18. Aurelius Augustinus (354-430), bispo de Hipona, norte da África, e doutor da Igreja, deixou uma obra imensa, destacando-se *A cidade de Deus* e *Confissões* (NT).

19. Platão (427-347 a.C.), filósofo grego; dentre suas obras, *A República* já foi publicada na coleção Grandes Obras do Pensamento Universal da Editora Escala (NT).

20. Nicolau de Malebranche (1638-1715), filósofo francês (NT).

21. Trata-se de Aristóteles (384-322 a.C.), filósofo grego; foi realmente preceptor de Alexandre Magno (356-323), função que lhe foi confiada por Filippe II, pai de Alexandre (NT).

22. Pitágoras (séc. VI a.C.), matemático e filósofo grego, são célebres seus teoremas e princípios matemáticos (NT).

23. Demócrito (460-370 a.C.), filósofo grego, materialista, sua filosofia ensina que a natureza é composta de vazio e de átomos, partículas materiais indivisíveis, eternas e invariáveis. "Nada nasce do nada", segundo ele, e define que a alma é feita de átomos, como os corpos são resultantes de combinações de átomos e que desaparecem com a separação dos mesmos (NT).

DICIONÁRIO FILOSÓFICO

FILÓSOFO - Filósofo, *amante da sabedoria*, ou seja, *da verdade*. Todos os filósofos tiveram esse duplo caráter; não houve nenhum na Antiguidade que não tenha dado exemplos de virtude aos homens e lições de verdades morais. Puderam ter-se enganado sobre a física, mas ela é tão pouco necessária à conduta da vida que os filósofos não tinham necessidade dela. Séculos foram necessários para conhecer uma parte das leis da natureza. Um dia é suficiente para um sábio conhecer os deveres do homem.

O filósofo não é entusiasta, não se erige como profeta, não se diz inspirado pelos deuses. Desse modo, não vou incluir na categoria dos filósofos nem o antigo Zoroastro[1], nem Hermes[2], nem o antigo Orfeu[3], nem qualquer um desses legisladores de que se orgulhavam os povos da Caldeia, da Pérsia, da Síria, do Egito e da Grécia. Aqueles que se disseram filhos dos deuses eram os pais da impostura; serviram-se da mentira para ensinar verdades, eram indignos de ensiná-las, não eram filósofos: eram, quando muito, mentirosos muito prudentes.

Por qual fatalidade, vergonhosa talvez para os povos ocidentais, é necessário ir ao extremo Oriente para encontrar um sábio simples, sem fausto, sem impostura, que ensinava os homens a viver felizes, seiscentos anos antes de nossa era, numa época em que todo o setentrião ignorava o uso das letras e quando os gregos mal começavam a distinguir-se pela sabedoria? Esse sábio é Confúcio[4] que, único entre os legisladores, jamais quis enganar os homens. Que regra de conduta mais bela foi algum dia transmitida, depois dele, em toda a terra?

"Governem um Estado como administram uma família; só se pode administrar bem a própria família dando-lhe o exemplo."

"A virtude deve ser comum ao trabalhador e ao monarca."

"Preocupa-te em prevenir os crimes para diminuir a preocupação de puni-los."

"No reinado dos bons reis Yao e Xu, os chineses foram bons; no reinado dos maus reis Kie e Chu, os chineses foram maus."

"Faz aos outros o que costumas fazer para ti mesmo."

"Ama os homens em geral, mas demonstra maior ternura pelas pessoas de bem. Esquece as injúrias, mas jamais os benefícios."

"Vi homens incapazes para as ciências, mas nunca vi incapazes de virtude."

Admitamos que não houve legislador que tenha anunciado verdades mais úteis ao gênero humano.

Uma multidão de filósofos gregos ensinou depois uma moral tão pura. Se eles se tivessem limitado a seus vãos sistemas de física, hoje só seriam pronunciados seus nomes para zombar deles. Se ainda são respeitados é porque foram justos e ensinaram os homens a sê-lo.

Não se pode ler certas passagens de Platão[5], principalmente o admirável exórdio das leis de Zaleuco[6], sem sentir no coração o amor pelas ações honestas e generosas. Os romanos tiveram seu Cícero[7], que sozinho vale talvez todos os filósofos da Grécia. Depois dele surgem homens mais respeitáveis ainda, mas que são difíceis de imitar: é o caso de Epicteto⁽⁸⁾ na escravidão, são os Antoninos e os Julianos no trono do império.

Entre nós, que cidadão se privaria, como Juliano⁽⁹⁾, Antonino⁽¹⁰⁾ e Marco Aurélio⁽¹¹⁾, de todas as delicadezas de nossa vida mole e efeminada? Quem dormiria como eles no chão duro? Quem gostaria de se impor sua frugalidade? Quem marcharia como eles a pé e de cabeça descoberta à frente dos exércitos, expostos ora aos ardores do sol, ora às geadas? Quem como eles comandaria todas as suas paixões? Há entre nós devotos, mas onde estão os sábios? Onde estão as almas inabaláveis, justas e tolerantes?

Na França, houve filósofos de gabinete e todos, exceto Montaigne⁽¹²⁾, foram perseguidos. É, ao que me parece, o último grau da malignidade de nossa natureza que consiste em querer oprimir os filósofos que pretendem corrigi-la.

Consigo realmente entender que os fanáticos de uma seita degolem os entusiastas de outra, que os franciscanos odeiem os dominicanos⁽¹³⁾ e que um mau artista arme tramas para prejudicar aquele que o supera; mas que o sábio Charron⁽¹⁴⁾ tenha estado ameaçado de perder a vida, que o sábio e generoso Ramus⁽¹⁵⁾ tenha sido assassinado, que Descartes⁽¹⁶⁾ tenha sido obrigado a fugir para a Holanda a fim de escapar à raiva dos ignorantes, que Gassendi⁽¹⁷⁾ tenha sido obrigado diversas vezes a refugiar-se em Digne, longe das calúnias de Paris, esse é o opróbrio eterno de uma nação.

Um dos filósofos mais perseguidos foi o imortal Bayle⁽¹⁸⁾, honra da natureza humana. Poderão me dizer que o nome de Jurieu⁽¹⁹⁾, seu caluniador e perseguidor, tornou-se execrável, reconheço-o; o do jesuíta Le Tellier⁽²⁰⁾ também se tornou assim; mas grandes homens que ele oprimia deixaram de acabar seus dias no exílio e na miséria?

Um dos pretextos utilizados para oprimir Bayle e para reduzi-lo à pobreza foi o verbete *Davi*, de seu útil dicionário. Foi criticado por não ter elogiado ações que em si são injustas, sanguinárias, atrozes, ou contrárias à boa-fé, ou ainda que fazem corar o pudor.

Na verdade, Bayle não elogiou Davi por ter reunido, segundo os livros hebraicos, seiscentos vagabundos cobertos de dívidas e de crimes; por ter pilhado seus compatriotas, à frente desses bandidos; por ter premeditado degolar Nabal e toda a sua família, porque não quisera pagar as contribuições; por ter ido vender seus serviços ao rei Aquis, inimigo de seu povo; por ter traído esse rei Aquis, seu benfeitor; por ter saqueado as aldeias aliadas desse rei Aquis; por ter massacrado nessas aldeias até as crianças de peito, com medo de que aparecesse um dia alguém que pudesse denunciar suas depredações, como se uma criança de peito fosse capaz de revelar seus crimes; por ter feito perecer todos os habitantes de outras aldeias por meio de serras, grades de ferro, a machadadas e em fornos de tijolos; por ter roubado o trono a Isboset, filho de Saul, graças a uma perfídia; por ter despojado e feito perecer Mifiboset, neto de Saul e filho de seu amigo e protetor Jônatas; por ter entregue aos gabaonitas dois outros filhos de Saul e cinco dos netos deste, que morreram no cadafalso.

Não falo da prodigiosa incontinência de Davi, de suas concubinas, de seu adultério com Betsabeia e do assassinato de Urias.

O quê! Os inimigos de Bayle pretendiam então que Bayle tecesse elogios de todas essas crueldades e de todos esses crimes? Teria sido necessário que dissesse: "Príncipes da terra, imitem o homem segundo o coração de Deus; massacrem sem piedade os aliados de seu benfeitor, degolem ou mandem degolar toda a família de seu rei; durmam com todas as mulheres enquanto mandam derramar o sangue dos homens; e serão um modelo de virtudes quando se disser que compuseram salmos?"

Bayle não tinha realmente razão ao dizer que, se Davi foi segundo o coração de Deus, só podia ter sido por sua penitência e não por seus crimes? Bayle não prestava serviço ao gênero humano ao dizer que Deus, que sem dúvida ditou toda a história judaica, não canonizou todos os crimes relatados nessa história?

Apesar disso, Bayle foi perseguido. E por quem? Por homens perseguidos em outros lugares, por fugitivos que em sua pátria teriam sido lançados às chamas; e esses fugitivos eram combatidos por outros fugitivos chamados jansenistas[21], expulsos de seu país pelos jesuítas[22], que, por sua vez, foram finalmente expulsos.

Desse modo, todos os perseguidores se declararam uma guerra mortal, enquanto o filósofo, oprimido por todos eles, se contentou em lamentá-los.

É bem conhecido o caso de Fontenelle[23] que, em 1713, esteve a ponto de perder suas pensões, seu posto e sua liberdade, por ter redigido na França, vinte anos antes, o *Tratado dos Oráculos* do sábio Van Dale[24], do qual havia expurgado com precaução tudo o que podia alarmar o fanatismo. Um jesuíta escreveu contra Fontenelle, mas este não se dignou responder; isso foi suficiente para que o jesuíta Le Tellier, confessor de Luís XIV[25], acusasse Fontenelle de ateísmo para o rei.

No depoimento de Argenson[26], acontecia que o digno filho de um falsário, procurador em Vire, e ele próprio reconhecido como falsário, conseguia prescrever a velhice do sobrinho de Corneille[27].

É tão fácil seduzir seu penitente, que devemos dar graças a Deus que esse Le Tellier não tenha causado maior mal ainda. Há dois covis no mundo em que não é possível fazer frente à sedução e à calúnia: a cama e o confessionário.

Os filósofos sempre foram perseguidos por fanáticos; ma será possível que literatos se imiscuam também e eles próprios afiem muitas vezes contra seus irmãos as armas com que todos são trespassados, uns após outros?

Infelizes letrados! Cabe a vocês ser delatores? Vejam se alguma vez entre os romanos houve um Garasse[28], um Chaumeix[29], um Hayer[30], que acusasse os Lucrécio[31], os Posidônio[32], os Varrão[33], os Plínio[34].

Ser hipócrita, que baixeza! Mas ser hipócrita e maldoso, que horror! Nunca houve hipócritas na antiga Roma, que nos contassem sobre uma pequena parte de seus súditos. Havia espertos, reconheço, mas não hipócritas da religião, que constituem a espécie mais covarde e mais cruel de todas. Por que não são vistos na Inglaterra e por que ainda existem na França? Filósofos, será fácil resolver esse problema.

1. Zoroastro ou Zaratustra (628-551 a.c.), sábio persa, fundador do zoroastrismo ou masdeísmo que opõe dois princípios fundamentais que governam o mundo e o homem: o bem e o mal; Zoroastro teria recebido do deus da sabedoria, numa visão, a missão de pregar e ensinar a verdade aos homens (NT).

2. Deus da mitologia grega, divindade protetora dos rebanhos, dos viajantes, do comércio e dos ladrões (NT).

3. Poeta e músico da mitologia grega, encantava a todos com sua lira, até mesmo os deuses (NT).

4. Confúcio (551-479? A.C.), filósofo chinês, considerado o fundador do confucionismo, doutrina filosófica e moral (NT).

5. Platão (427-347 a.c.), filósofo grego; dentre suas obras, *A República* já foi publicada pela Editora Escala (NT).

6. Zaleuco (séc. VI-V a.c.), legislador (segundo alguns, lendário) que deixou um código de leis para manter os bons costumes e no qual defendia a necessidade de uma religião para o homem (NT).

7. Marcus Tullius Cicero (106-43 a.c.), filósofo, orador e escritor latino; dentre suas obras, *A amizade*, *A velhice saudável* e *Os deveres* já foram publicadas pela Editora Escala (NT).

8. Epicteto (50-130), filósofo estoico grego, escravo liberto por Nero, ministrava lições públicas; foi banido de Roma junto com todos os filósofos por ordem do imperador Domiciano, no ano 94; a máxima estoica de Epicteto era "Suporta e abstém-te" (NT).

9. Flavius Claudius Julianus, conhecido como Juliano, o Apóstata (331-363), escritor e imperador romano, educado no cristianismo, abjurou a fé cristã e restabeleceu o paganismo no império, chegando a proibir o ensino aos cristãos (NT).

10. Titus Aelius Hadrianus Antoninus Pius (86-161), imperador romano de 136 a 161, grande administrador da coisa pública e conhecido como Pius (piedoso) por ser de índole pacífica e muito humano (NT).

11. Marcus Aurelius Antoninus (121-180), imperador romano de 161 a 180, filósofo estoico, deixou a obra *Pensamentos e meditações* (NT).

12. Michel Eyquem de Montaigne (1533-1592), pensador e escritor francês; toda a sua obra está contida em seus *Ensaios* (NT).

13. Franciscanos: Ordem religiosa católica fundada por Francisco de Assis (1182-1226) no ano de 1209; dominicanos: Ordem religiosa católica de padres, fundada por São Domingos (1170-1221), também chamada Ordem dos pregadores; os dominicanos foram os principais agentes da Inquisição (NT).

14. Pierre Charron (1541-1603), padre e moralista francês (NT).

15. Pierre de La Ramée, dito Ramus (1515-1572), humanista, matemático e filósofo francês (NT).

16. René Descartes (1596-1650), filósofo, físico e matemático francês (NT).

17. Pierre Gassend, dito Gassendi (1592-1655), filósofo e cientista francês, criticou as doutrinas de Aristóteles e fez importantes descobertas em astronomia e física (NT).

18. Pierre Bayle (1647-1706), escritor francês, protestante, defendia a tese de que o ateísmo é mais lúcido e coerente do que a idolatria (NT).

19. Pierre Jurieu (1637-1713), teólogo e polemista protestante francês; perseguido, refugiou-se na Holanda, de onde continuou suas virulentas críticas aos católicos franceses (NT).

20. Michel Le Tellier (1643-1719), padre jesuíta francês, confessor do rei Luís XIV, moveu guerra sem tréguas contra os jansenistas, partidários de corrente religiosa católica de moral rigorosa (NT).

21. Jansenista, partidário do jansenismo, corrente teológica católica fundada por Cornélio Jansênio (1585-1638) que defendia a preponderância da iniciativa divina sobre a liberdade humana, conferindo à graça um predomínio peculiar, além de imprimir à prática religiosa e à moral um rigorismo extremo; essa doutrina foi condenada pelo Vaticano, mas a influência do jansenismo se fez sentir por longo tempo, até inícios do século XX (NT).

22. Ordem religiosa católica fundada por Inácio de Loyola (1491-1556), mais conhecida como Sociedade de Jesus ou Companhia de Jesus e, popularmente, jesuítas (NT).

23. Bernard Bouvier de Fontenelle (1657-1757), escritor francês; o título completo do livro citado no texto é *Conversas sobre a pluralidade dos mundos* (NT).

24. Antonius Van Dale (1638-1708), médico e erudito holandês (NT).

25. Luís XIV (1638-1715), rei da França de 1643 a 1715, cognominado rei-sol (NT).

26. René Louis de Voyer Paulmy, marquês d'Argenson (1694-1757), ministro de Estado e escritor francês (NT).

27. Pierre Corneille (1606-1684), poeta dramático francês (NT).

28. François Garasse (1585-1631), padre jesuíta, pregador extremamente virulento contra os costumes e a libertinagem, temido até por seus colegas e desmentido muitas vezes por eles (NT).

29. Abraham-Joseph Chaumeix (170-1790), crítico e escritor francês; todas as suas obras constituem uma crítica severa dos enciclopedistas e dos filósofos (NT).

30. Jean-Nicolas Hayer (1708-1780), filósofo e teólogo francês; em suas obras critica a religião, especialmente a cristã (NT).
31. Titus Lucretius Carus (98-55 a.C.), poeta latino que, em sua obra *De natura rerum* (da natureza das coisas), analisou o pensamento de Demócrito, Empédocles e Epicuro (NT).
32. Posidônio (135-50 a.C.), filósofo grego, fundador da escola estoica de Rodes (NT).
33. Marcus Terentius Varro Reatinus (116-27 a.C.), gramático, historiador e literato latino (NT).
34. Caius Plinius Secundus (23-79), naturalista e escritor latino, autor da obra *Naturalis Historia* (NT).

FIM, CAUSAS FINAIS

Parece que seria necessário estar fora de si para negar que os estômagos sejam feitos para digerir, os olhos para ver, os ouvidos para ouvir.

Por outro lado, é necessário ter um estranho amor às causas finais para afirmar que a pedra foi feita para construir casas e que os bichos-da-seda nasceram na China para que possamos ter cetim na Europa.

Mas, dizem, se Deus fez visivelmente uma coisa por desígnio, logo, fez todas as coisas com desígnio específico. É ridículo admitir a Providência num caso e negá-la nos outros. Tudo o que está feito foi previsto, foi elaborado. Não há nenhuma elaboração sem objeto, nenhum efeito sem causa; portanto, tudo é igualmente o resultado, o produto de uma causa final; logo, é tão verdadeiro dizer que os narizes foram feitos para levar óculos e os dedos para ser ornados de diamantes, como é verdadeiro dizer que os ouvidos foram formados para ouvir os sons e os olhos para receber a luz.

Creio que se pode facilmente esclarecer essa dificuldade. Quando os efeitos são invariavelmente os mesmos em todo lugar e em todos os tempos, quando esses efeitos uniformes são independentes dos seres aos quais pertencem, então há visivelmente uma causa final.

Todos os animais têm olhos, e enxergam; todos têm ouvidos, e ouvem; todos têm uma boca com a qual comem; um estômago, ou coisa semelhante, pelo qual digerem; todos têm um orifício que expele os excrementos, todos têm um órgão da geração: e esses dons da natureza operam neles sem que nenhuma arte interfira. Aí estão causas finais claramente estabelecidas e seria perverter nossa faculdade de pensar ao negar uma verdade tão universal.

Mas as pedras, em toda parte e em todos os tempos, não compõem construções; todos os narizes não levam óculos; nem todos os dedos carregam um anel; nem todas as pernas são recobertas por meias de seda. Um bicho-da-seda, portanto, não foi criado para cobrir minhas pernas, assim como sua boca foi feita para comer e seu traseiro para ir ao banheiro. Há, portanto, efeitos produzidos por causas finais e muitos efeitos que não o são.

Uns e outros, porém, estão igualmente no plano da Providência geral: nada sem dúvida pode ser feito apesar dela, nem mesmo sem ela. Tudo o que pertence à natureza é uniforme, imutável, é obra imediata do Senhor; foi ele que criou as leis pelas quais a lua entra em seus três quartos nas causas do fluxo e do refluxo do oceano e o sol em seu quarto; foi ele que deu um movimento de rotação ao sol, por meio do qual esse astro envia, em cinco minutos e meio, raios de luz aos olhos dos homens, dos crocodilos e dos gatos.

Mas se depois de tantos séculos nos lembramos de inventar tesouras e espetos, de tosquiar com umas a lã dos carneiros e de assá-los com os outros para comê-los, que outra coisa se pode inferir disso, senão que Deus nos fez de modo que um dia nos tornássemos necessariamente industriosos e carnívoros?

Sem dúvida, os cordeiros não foram feitos de forma alguma para serem assados e comidos, visto que muitas nações se abstêm dessa coisa horrorosa; os homens não foram criados essencialmente para se massacrar, pois, os brâmanes e os quakers[1] não matam ninguém; mas a massa de que somos moldados produz muitas vezes massacres, como produz calúnias, vaidades, perseguições e impertinências. Não que a formação do homem seja precisamente a causa final de nossos furores e de nossas tolices: de fato, uma causa final é universal e invariável em todos os tempos e em todos os lugares; mas os horrores e os absurdos da espécie humana não figuram menos na ordem eterna das coisas. Quando batemos nosso trigo, o batedor é a causa final da separação do grão. Mas se esse batedor, ao bater meu grão, esmaga também milhares de insetos, não é por minha vontade determinada, não é tampouco por acaso: é que esses insetos se encontraram nessa ocasião sob meu batedor e aí mesmo deviam se encontrar.

É uma consequência da natureza das coisas que um homem seja ambicioso, que esse homem arregimente algumas vezes outros homens, que seja vencedor ou que seja vencido; mas nunca se poderá dizer: O homem foi criado por Deus para ser morto na guerra.

Os instrumentos que a natureza nos deu não podem ser sempre causas finais em movimento, que tenham seu efeito infalível. Os olhos, dados para ver, não estão sempre abertos; cada sentido tem seus momentos de repouso. Há até sentidos que nunca usamos. Por exemplo, uma pobre imbecil, encerrada num convento aos catorze anos, fecha para sempre em si a porta pela qual deveria sair uma nova geração; mas a causa final não deixa de subsistir: ela agirá logo que estiver livre.

1. *Quakers* ou *quacres* constituem uma das muitas correntes protestantes, fundada por George Fox em 1652; pautam sua vida sob inspiração direta do Espírito Santo que, ao descer sobre eles, os faz estremecer ou entrar em transe (por isso a denominação que lhes foi conferida desde o início: *quakers* significa tremedores, estremecedores); como instituição, rejeitam qualquer organização clerical, buscam a intensa vida interior, além de primar pela pureza moral e pela prática do pacifismo e da solidariedade (NT).

FRAUDE - [Se se deve usar de fraudes piedosas com o povo]

- O faquir Bambabef encontrou um dia um dos discípulos de Kong-fu-tsé, que chamamos *Confúcio*[1], e esse discípulo se chamava Uang; e Bambabef sustentava que o povo tem necessidade de ser enganado e Uang acreditava que nunca se deve enganar ninguém; e aqui está o resumo da discussão deles.

Bambabef - Deve-se imitar o ser supremo, que não nos mostra as coisas tais como são; ele nos faz ver o sol sob um diâmetro de dois ou três pés, embora esse astro seja um milhão de vezes maior que a terra; ele nos faz ver a lua e as estrelas fixadas sobre um mesmo fundo azul, enquanto estão realmente a distâncias diferentes. Ele quer que uma torre quadrada nos pareça redonda de longe; quer que o fogo nos pareça quente, embora não seja nem quente nem frio; enfim, ele nos cerca de erros convenientes à nossa natureza.

Uang - O que tu chamas erro realmente não o é. O sol, tal como está colocado a milhões de milhões de *lis*[2] para além de nosso globo, não é o que vemos. Não percebemos realmente, nem podemos perceber, a não ser o sol que se grava em nossa retina, sob um ângulo determinado. Nossos olhos não nos foram dados para conhecer as grandezas e as distâncias; são necessários outros recursos e outras operações para conhecê-las.

Bambabef ficou muito surpreso com essa proposição. Uang, que era muito paciente, explicou-lhe a teoria da ótica; e Bambabef, que tinha certo tino, rendeu-se às demonstrações do discípulo de Confúcio. Depois retomou a discussão nestes termos:

Bambabef - Se Deus não nos engana por meio de nossos sentidos, como eu pensava, deves admitir pelo menos que os médicos enganam sempre as crianças para o próprio bem delas: dizem-lhes que lhes dão açúcar e, na realidade, eles lhes ministram ruibarbo. Posso, portanto, como faquir, enganar o povo, que é tão ignorante como as crianças.

Uang - Tenho dois filhos e nunca os enganei; quando ficaram doentes, eu lhes disse: "Aqui está um remédio muito amargo, é necessário coragem para tomá-lo; se fosse doce, lhes faria mal." Nunca admiti que suas amas e seus preceptores lhes causassem medo com histórias de espíritos, fantasmas, duendes, feiticeiros: com isso, os criei como cidadãos corajosos e sábios.

Bambabef - O povo em geral não nasceu tão feliz como tua família.

Uang - Todos os homens se parecem; nasceram com as mesmas disposições. São os faquires que corrompem a natureza dos homens.

Bambabef - Nós lhes ensinamos erros, reconheço; mas é para seu bem. Nós os induzimos a crer que, se não comprarem nossos pregos bentos, se não expiarem seus pecados dando-nos dinheiro, tornar-se-ão, em outra vida, cavalos de troca, cães ou lagartos: isso os intimida e se tornam pessoas de bem.

Uang - Não vês que perverteis essas pobres pessoas? Há entre elas, muito mais do que se pensa, aquelas que raciocinam, que zombam de teus milagres, de tuas superstições, que veem muito bem que não serão transformadas em lagartos nem em cavalos de troca. Que acontece? Elas têm bastante bom senso para ver que lhes pregas uma religião impertinente, mas não têm suficiente bom senso para se elevar para uma religião pura e isenta de superstições como é a nossa. Suas paixões lhes fazem crer que não há religião, porque a única que lhes é ensinada é ridícula; tu te tornas culpado de todos os vícios nos quais mergulham.

Bambabef - De modo algum, pois, nós só lhes ensinamos uma boa moral.

Uang - Serias apedrejado pelo povo se lhe ensinasses uma moral impura. Os homens são feitos de forma tal que querem realmente cometer o mal, mas não admitem que lhes seja pregado. Seria necessário somente não mesclar uma moral sábia com fábulas absurdas, porque enfraqueces com tuas imposturas, que poderias dispensar, essa moral que és forçado a ensinar.

Bambabef - Como! Julgas que se pode ensinar a verdade ao povo sem sustentá-la por fábulas?

Uang - Creio-o firmemente. Nossos letrados são da mesma massa que nossos alfaiates, nossos tecelões e nossos camponeses. Adoram um Deus criador, remunerador e vingador. Não contaminam seu culto nem com sistemas absurdos nem com cerimônias extravagantes; e há muito menos crimes entre os letrados que entre o povo. Por que não nos dignamos instruir nossos operários como instruímos nossos letrados?

Bambabef - Farias uma grande tolice; é como se quisesses que eles tivessem a mesma polidez, que fossem jurisconsultos: isso não é possível nem conveniente. É necessário que se dê pão branco para os donos e pão negro para os criados.

Uang - Reconheço que nem todos os homens devem ter os mesmos conhecimentos; mas há coisas necessárias a todos. É necessário que cada um seja justo e a maneira mais segura de inspirar a justiça a todos os homens é inspirar-lhes a religião sem superstição.

Bambabef - É um belo projeto, mas é impraticável. Julgas que é suficiente aos homens acreditar num Deus que pune e recompensa? Tu me disseste que ocorre com frequência que os mais instruídos entre o povo se revoltam contra minhas fábulas; de igual modo se revoltarão contra tua verdade. Dirão: Quem me garante que Deus pune e recompensa? Onde está a prova? Que missão tens? Que milagre fizeste para que eu creia em ti? Zombarão de ti muito mais do que de mim.

Uang - Aí está teu erro. Imaginas que vão sacudir o jugo de uma ideia honesta, verossímil, útil a todos, de uma ideia que está em perfeito acordo com a razão humana, porque são rejeitadas coisas desonestas, absurdas, inúteis, perigosas, que fazem estremecer o bom senso.

O povo está sempre muito disposto a crer em seus magistrados: quando seus magistrados só não lhe propõem uma crença razoável, o povo a abraça de boa vontade. Não há necessidade de prodígios para crer num Deus justo, que lê no coração do homem; essa ideia é muito natural para ser combatida. Não é necessário dizer precisamente como Deus punirá e recompensará; é suficiente crer em sua justiça. Asseguro que vi cidades inteiras que não tinham outros dogmas e são também aquelas onde constatei mais virtude.

Bambabef - Cuidado! Encontrarás nessas cidades filósofos que negarão tanto as penas como as recompensas.

Uang - Deverias admitir que esses filósofos negariam com muito mais vigor tuas invenções; assim nada ganhas com isso. Mesmo que houvesse filósofos que não concordassem com meus princípios, nem por isso deixariam de ser pessoas de bem; não deixariam de cultivar a virtude, que deve ser abraçada por amor e não por temor. Além do mais, afirmo que filósofo algum jamais estará plenamente certo de que a Providência reserva castigos aos maus e recompensas aos bons; de fato, se eles me perguntarem quem me disse que Deus pune, eu lhes perguntarei quem lhes disse que Deus não pune. Enfim, garanto que os filósofos vão me ajudar, em vez de me contradizer. Queres ser filósofo?

Bambabef - Com muito gosto; mas não o digas aos faquires.

1. Confúcio (551-479? A.C.), filósofo chinês, considerado o fundador do confucionismo, doutrina filosófica e moral (NT).

G

GÊNESIS - Não vamos adiantar aqui o que diremos sobre Moisés em seu respectivo verbete; vamos seguir algumas das principais passagens do *Gênesis*, uma após outra.

"No princípio, Deus criou o céu e a terra."

Assim é que foi traduzido, mas a tradução não é exata. Não há homem um pouco instruído que não saiba que o texto traz: "No princípio, os deuses fizeram *ou* os deuses fez o céu e a terra". Aliás, essa leitura concorda com a antiga ideia dos fenícios, que haviam imaginado que Deus empregou deuses inferiores para desmembrar o caos, o *chautereb*. Desde longo tempo, os fenícios eram um povo poderoso, que possuía sua teogonia muito antes que os hebreus se apoderassem de algumas aldeias perto de sua região. É muito natural supor que, quando os hebreus conseguiram finalmente estabelecer-se perto da Fenícia, começassem a aprender a língua, especialmente quando ali foram escravos. Então, aqueles que se dedicaram a escrever copiaram alguma coisa da antiga teologia de seus senhores: é a marcha do espírito humano.

Na época em que situamos Moisés, os filósofos fenícios sabiam provavelmente o suficiente para olhar a terra como um ponto, em comparação com a infinita multidão de globos que Deus colocou na imensidão do espaço, chamado *céu*. Mas essa ideia, tão antiga e tão falsa, de que o céu foi feito para a terra, quase sempre prevaleceu entre o povo ignorante. É praticamente o mesmo que se dissesse que Deus criou todas as montanhas e um grão de areia e que se imaginasse que essas montanhas tinham sido criadas para esse grão de areia. É pouco provável que os fenícios, tão bons navegadores, não tivessem bons astrônomos; mas os velhos preconceitos prevaleciam e esses velhos preconceitos foram a única ciência dos judeus.

"A terra era *tohu-bohu* e vazia; as trevas pairavam sobre a face do abismo e o espírito de Deus era levado sobre as águas."

Tohu-bohu significa precisamente caos, desordem; é uma dessas palavras imitativas que se encontram em todas as línguas, como *de cabeça para baixo, zoeira, trique-traque*. A terra não era ainda formada tal qual é; a matéria existia, mas a potência divina não a havia organizado ainda. O espírito de Deus significa o *sopro*, o *vento*, que agitava as águas. Essa ideia está expressa nos fragmentos do autor fenício Sanchoniathon[1]. Os fenícios acreditavam, como todos os outros povos, na matéria eterna. Não há um único autor na Antiguidade que tenha dito que se tivesse tirado alguma coisa do nada. Mesmo na Bíblia, não se encontra qualquer passagem em que se diga que a matéria foi feita do nada.

Os homens sempre se dividiram quanto à questão da eternidade do mundo, mas nunca quanto à eternidade da matéria.

Ex nihilo nihil, in nihilum nil posse reverti (Do nada, nada; ao nada, nada pode retornar).

Essa é a opinião de toda a Antiguidade.

"Deus disse: Faça-se a luz, e a luz foi feita; e viu que a luz era boa; e separou a luz das trevas; e à luz chamou *dia* e às trevas, *noite*; e a tarde e a manhã formaram um dia. E Deus disse também: Que o firmamento se faça no meio das águas e que separe as águas das águas; e Deus fez o firmamento e dividiu as águas acima do firmamento das águas abaixo do firmamento; e ao firmamento Deus chamou *céu*; e a tarde e a manhã formaram o segundo dia, etc. E Deus viu que isso era bom."

Comecemos por examinar se o bispo de Avranches, Huet[2], e Leclerc[3] não têm evidentemente razão contra aqueles que pretendem encontrar aqui um traço de eloquência sublime.

Essa eloquência não comparece em nenhuma história escrita pelos judeus. Aqui o estilo é da maior simplicidade, como em todo o resto da obra. Se um orador, para dar a conhecer o poder de Deus, empregasse somente esta expressão: "Ele disse: Que a luz seja, e a luz se fez", seria então algo sublime. Assim é esta passagem de um salmo: *Dixit, et facta sunt* (Disse, e as coisas foram feitas). É uma passagem que, sendo única nesse contexto e colocada para transmitir uma grande imagem, atinge o espírito e o enleva. Mas aqui a narrativa é das mais simples. O autor judeu não fala da luz de maneira diferente dos outros objetos da criação; diz igualmente em cada versículo: *E Deus viu que isso era bom*. Tudo é sublime na criação, sem dúvida; mas aquela da luz não o é mais que a da erva dos campos: o sublime é o que se eleva acima do resto, e o mesmo estilo reina em toda parte nesse capítulo.

Era também uma opinião muito antiga de que a luz não vinha do sol. Era vista difundida no ar antes do nascer do sol e depois do desaparecimento desse astro; imaginava-se que o sol servia somente para torná-la mais intensa. Por isso o autor do *Gênesis* se conforma com esse erro popular e, por uma singular reviravolta da ordem das coisas, não faz criar o sol e a lua senão quatro dias depois da luz. Não se pode conceber como há uma manhã e uma tarde antes que haja um sol. Subsiste nisso uma confusão impossível de desdobrar. O autor inspirado se conformava com os preconceitos vagos e grosseiros de sua nação. Deus não pretendia ensinar filosofia aos judeus. Podia elevar o espírito deles até a verdade; mas preferia descer até eles.

A separação da luz e das trevas não se insere na melhor física; parece que a noite e o dia estivessem misturados do mesmo modo que grãos de espécies diferentes que são separados uns dos outros. Todos sabem que as trevas são simplesmente a privação de luz e que não há luz, de fato, enquanto nossos olhos não receberem essa sensação; mas naquela época estavam muito longe de conhecer estas verdades.

A ideia de um firmamento remonta igualmente à mais alta Antiguidade. Os antigos imaginavam que os céus eram muito sólidos, porque viam sempre os mesmos fenômenos. Os céus rolavam sobre nossas cabeças, portanto, deviam ser de matéria muito dura. Como avaliar a quantidade de exalações da terra e dos mares que podiam fornecer água às nuvens? Não havia um Halley[4] que pudesse fazer esse cálculo. Havia, portanto, reservatórios de água no céu. Esses reservatórios só podiam ser sustentados por uma boa abóbada; podia-se enxergar através dessa abóbada, logo, era de cristal. Para que as águas superiores caíssem dessa abóbada sobre a terra, era necessário que houvesse comportas, eclusas, cataratas, que se abrissem e fechassem. Essa era a astronomia judaica; e visto que se escrevia para judeus, era realmente necessário adotar suas ideias.

"Deus fez duas grandes luminárias; uma para presidir o dia e a outra, a noite; fez também as estrelas."

Sempre a mesma ignorância da natureza. Os judeus não sabiam que a lua só ilumina mediante uma luz refletida. O autor fala aqui das estrelas como de uma bagatela, embora sejam outros tantos sóis, cada um deles com mundos girando em sua volta. O Espírito Santo se acomodava ao espírito do tempo.

"Deus disse também: Façamos o homem à nossa imagem, e que domine os peixes, etc."

Que entendiam os judeus por *Façamos o homem à nossa imagem*? O que toda a Antiguidade entendia:

Finxit in effigiem moderantum cuncta deorum (Modelou-as à imagem dos deuses que governam todas as coisas).

Imagens são feitas somente dos corpos. Nenhuma nação imaginou um deus sem corpo e é impossível representá-lo de outra forma. Pode-se realmente dizer "Deus não é nada daquilo que conhecemos"; mas não se pode ter qualquer ideia do que seja. Os judeus acreditaram constantemente num Deus corporal, como todos os outros povos. Todos os primeiros Padres da Igreja[5] também acreditaram num Deus corporal, antes de abraçarem as ideias de Platão[6].

"Ele os criou macho e fêmea."

Se Deus ou os deuses secundários criaram o homem macho e fêmea à sua semelhança, parece nesse caso que os judeus consideravam Deus e os deuses como machos e fêmeas. Por outro lado, não se sabe se o autor quer dizer que o homem tinha de início os dois sexos ou se entende que Deus fez Adão e Eva no mesmo dia. O sentido mais natural é que Deus formou Adão e Eva ao mesmo tempo; mas esse sentido contradiria inteiramente a formação da mulher, feita de uma costela do homem, muito tempo depois dos sete dias.

"E Deus descansou no sétimo dia."

Os fenícios, os caldeus, os indianos diziam que Deus fizera o mundo em seis tempos, que o velho Zoroastro[7] chama os seis *gahambârs*, tão célebres entre os persas.

É incontestável que todos esses povos tinham uma teologia antes que a horda judaica habitasse os desertos de Horeb e do Sinai, antes que pudesse ter escritores. É, portanto, de todo provável que a história dos seis dias seja uma imitação daquela dos seis tempos.

"Do lugar de delícias saía um rio que regava o jardim e de lá se dividia em quatro rios; um se chama Pison, que escorre pelo país de Hevilat de onde vem o ouro... O segundo se chama Geon, que contorna a Etiópia... O terceiro é o Tigre e o quarto, o Eufrates."

De acordo com esta versão, o paraíso terrestre continha perto de um terço da Ásia e da África. O Eufrates e o Tigre têm suas nascentes a mais de sessenta vastas léguas um do outro, em montanhas horríveis que em nada se assemelham a um jardim. O rio que limita a Etiópia, e que não pode ser senão o Nilo ou o Níger, começa a mais de setecentas léguas das nascentes do Tigre e do Eufrates; e se Pison é o Fase, não deixa de ser surpreendente colocar no mesmo local as nascentes de um rio da Cítia e aquelas de um rio da África.

De resto, o jardim do Éden é visivelmente tomado dos jardins do Éden em Saana, na Arábia Feliz, famosa em toda a Antiguidade. Os hebreus, povo bem mais recente, eram uma horda árabe. Sentiam-se honrados com o que havia de mais belo no melhor cantão da Arábia. Aliás, sempre fizeram uso próprio das antigas tradições das grandes nações, no meio das quais eram um enclave.

"O Senhor tomou, pois, o homem e o pôs no jardim de delícias, para que o cultivasse."

É realmente louvável *cultivar seu jardim*, mas parece difícil que Adão pudesse cultivar um jardim de setecentas ou oitocentas léguas de extensão: aparentemente deve ter recebido auxiliares.

"Não comerás do fruto da ciência do bem e do mal."

É difícil imaginar que houvesse uma árvore que ensinasse o bem e o mal, como há pereiras e pessegueiros. Além do mais, por que Deus não quer que o homem conheça o bem e o mal? O contrário não seria muito mais digno de Deus e muito mais necessário ao homem? Parece, à nossa pobre razão, que Deus devia ordenar ao homem comer muito desse fruto; mas devemos submeter nossa razão.

"Se dele comeres, morrerás."

Apesar disso, Adão comeu dele e não morreu. Muitos Padres da Igreja consideraram tudo isso como uma alegoria. Com efeito, poder-se-ia dizer que os outros animais não sabem que vão morrer, ao passo que o homem o sabe em virtude de sua razão. Essa razão é a árvore da ciência que o faz prever seu fim. Esta explicação seria talvez a mais razoável.

"O Senhor disse também: não é bom que o homem fique só; façamos-lhe uma auxiliar semelhante a ele."

Naturalmente se espera que o Senhor lhe vá dar uma mulher; nada disso: o Senhor lhe traz todos os animais.

"E o nome que Adão deu a cada um dos animais é o verdadeiro nome deles."

O que se pode entender pelo verdadeiro nome de um animal seria um nome que designasse todas as propriedades de sua espécie ou, pelo menos, as principais; mas isso não ocorre em nenhuma língua. Há em cada uma delas algumas palavras imitativas, como *coq* em celta, que de certo modo designa o canto do galo, *lupus* (lobo) em latim, etc. Mas estas palavras imitativas são em número muito reduzido. Além do mais, se Adão tivesse conhecido assim todas as propriedades dos animais, ou já tinha comido do fruto da ciência, ou Deus não precisava lhe proibir esse fruto.

Observem que é aqui que Adão é citado pela primeira vez no *Gênesis*. O primeiro homem, entre os antigos brâmanes, prodigiosamente anteriores aos judeus, se chamava Adimo, filho da terra, e sua mulher, Procriti, a vida; é o que está escrito no *Veidam*, que é talvez o livro mais antigo do mundo. Adão e Eva significavam estas mesmas coisas na língua fenícia.

"Logo que Adão adormeceu, Deus tomou uma de suas costelas e pôs carne em seu lugar; e da costela que havia tirado de Adão formou uma mulher, e a levou a Adão."

Um capítulo antes, o Senhor já havia criado o macho e a fêmea; por que, pois, tirar uma costela do homem para com ela fazer uma mulher que já existia? Respondem muitos que o autor anuncia num local o que explica em outro.

"Ora, a serpente era o mais astuto de todos os animais da terra, etc.; e disse à mulher, etc."

Em toda esta passagem não se faz qualquer menção ao demônio; tudo nela é físico. A serpente era considerada não só como o mais astuto dos animais por todas as nações orientais, mas também como imortal. Os caldeus tinham uma fábula sobre uma disputa entre Deus e a serpente; essa fábula tinha sido conservada por Ferécides[8]. Orígenes[9] cita-a em seu Livro VI contra Celso. Nas festas de Baco[10], uma serpente era carregada. Os egípcios associavam uma espécie de divindade à serpente, segundo o relato de Eusébio[11] em sua *Preparação Evangélica*, Livro I, cap. 10. Na Arábia e nas Índias, na própria China, a serpente era considerada como símbolo da vida; disso resultou que os imperadores da China, anteriores a Moisés, sempre levaram no peito a imagem de uma serpente.

Eva não fica surpresa quando a serpente lhe fala. Em todas as histórias antigas os animais falaram e, por isso mesmo, quando Pilpai e Loqman[12] fizeram falar os animais, ninguém se surpreendeu.

Toda essa aventura é tão física e tão desprovida de qualquer alegoria, que nos damos conta da razão pela qual a serpente rasteja desde então sobre o ventre, da razão pela qual sempre procuramos esmagá-la e porque ela sempre procura nos picar; precisamente como se davam conta, nas antigas metamorfoses, do motivo pelo qual o corvo, que era branco outrora, agora é preto, do motivo pelo qual a coruja só sai de seu buraco à noite, do motivo pelo qual o lobo gosta da carniça, etc.

"Multiplicarei tuas misérias e tuas concepções: terás teus partos na dor; ficarás sob o poder do homem e ele te dominará."

Por nada se imagina que a multiplicação das concepções seja uma punição. Ao contrário, era uma grande bênção, principalmente entre os judeus. As dores do parto só são consideráveis nas mulheres delicadas; aquelas que estão acostumadas aos trabalhos do parto dão à luz facilmente, de modo particular nos climas quentes. Às vezes há animais que sofrem muito durante o parto e há até mesmo os que chegam a morrer por causa dele. E quanto à superioridade do homem sobre a mulher, trata-se de uma coisa inteiramente natural: é o efeito da força do corpo e até mesmo da força do espírito. Os homens em geral dispõem de órgãos mais capazes de atenção continuada que as mulheres e são mais aptos para os trabalhos da cabeça e dos braços. Mas quando uma mulher tem o pulso e o espírito mais fortes que seu marido, torna-se em qualquer situação a dominadora: então o marido se torna submisso à mulher.

"O Senhor lhes teceu túnicas de peles."

Esta passagem prova muito bem que os judeus acreditavam num Deus corporal, uma vez que o fazem exercer o ofício de alfaiate. Um rabino chamado Eliezer escreveu que Deus cobriu Adão e Eva com a própria pele da serpente que os havia tentado; e Orígenes supõe que essa túnica de pele era uma nova carne, um novo corpo que Deus fez para o homem.

"E o Senhor disse: Aí está Adão, que se tornou como um de nós."

É necessário renunciar ao senso comum para não aceitar que os judeus admitiram de início numerosos deuses. É mais difícil entender o que eles entendem por esta palavra Deus, *Eloim*. Alguns comentadores julgaram que esta expressão *um de nós* significa a Trindade; mas seguramente nunca se trata da Trindade na *Bíblia*. A Trindade não é um composto de vários deuses, mas é o próprio Deus triplo, e os judeus nunca ouviram falar de um Deus em três pessoas. Por estas palavras, *semelhantes a nós*, é muito provável que os judeus entendiam os anjos, *Eloim*, e que, portanto, este livro só teria sido escrito depois que adotaram a crença nesses deuses inferiores.

"O Senhor o expulsou do jardim de delícias, para que cultivasse a terra."

Mas o Senhor o havia posto no jardim de delícias *para que ele cultivasse esse jardim*. Se Adão, de jardineiro se tornou lavrador, devemos admitir que nisso seu estado não piorou muito: um bom lavrador equivale realmente a um bom jardineiro.

Toda esta história se refere em geral à ideia que todos os homens tiveram, e ainda têm, de que os primeiros tempos valiam mais que os novos. Sempre se lamentou o presente e se elogiou o passado. Sobrecarregados de trabalhos, os homens colocaram a felicidade na ociosidade, sem pensar que o pior dos estados é o de um homem que não tem nada a fazer. Viram-se muitas vezes infelizes e forjaram a ideia de um tempo em que todos eram felizes. É mais ou menos como se disséssemos: "Houve um tempo em que nenhuma árvore perecia, em que nenhum animal ficava doente, nem era fraco, nem era devorado por outro." Disso decorre a ideia do século de ouro, do ovo trespassado por Arimane[13], da serpente que furtou do asno a receita da vida feliz e imortal, que o homem havia colocado em sua sela; disso se origina esse combate de Tífon[14] contra Osíris[15], de Ofioneu[16] contra os deuses, e essa famosa caixa de Pandora[17], e todos esses velhos contos, alguns dos quais são divertidos, mas nenhum deles é instrutivo.

"E pôs no jardim de delícias um querubim com uma espada rodopiante e flamejante para guardar a entrada da árvore da vida."

A palavra *kerub* significa *boi*. Um boi armado com um sabre flamejante não deixa de ser uma estranha figura diante de uma porta. Mas os judeus representaram depois anjos em forma de bois e de gaviões, embora lhes fosse proibido fazer qualquer imagem. Tomaram certamente esses bois e esses gaviões dos egípcios, dos quais imitaram tantas coisas. De início, os egípcios veneraram o boi como símbolo da agricultura e o gavião como símbolo dos ventos; mas nunca fizeram de um boi um porteiro.

"Os deuses, *Eloim*, viram que as filhas dos homens eram belas e tomaram por esposas aquelas que escolheram."

Esta é também uma imaginação comum a todos os povos. Não há nenhuma nação, com exceção da China, em que algum deus não tenha vindo fazer filhos com as jovens. Esses deuses corporais desciam com frequência à terra para visitar seus domínios, viam nossas filhas e tomavam para eles as mais belas; as crianças nascidas das relações entre esses deuses e as mortais deviam ser superiores aos outros homens; por isso o *Gênesis* não deixa de afirmar que esses deuses que dormiram com nossas filhas produziram gigantes.

"E farei vir sobre a terra as águas do dilúvio[18]."

Vou observar aqui somente o que Santo Agostinho[19], na *Cidade de Deus*, n.º 8, diz: *Maximum illud diluvium Graeca nec Latina novit historia*: nem a história grega nem a latina conhecem esse grande dilúvio. Com efeito, nunca se havia conhecido senão os de Deucalião[20] e Oxyges[21], na Grécia, vistos como universais nas fábulas recolhidas por Ovídio[22], mas inteiramente ignorados na Ásia oriental.

"Deus disse a Noé: Vou fazer uma aliança contigo e com tua semente depois de ti, e com todos os animais."

Imagine-se Deus fazendo uma aliança com os animais! Que aliança! – exclamam os incrédulos. Mas se ele se alia com o homem, por que não com o animal? O animal tem sentimento e há algo de divino no sentimento como no mais metafísico dos pensamentos. Além disso, os animais sentem melhor do que pensa a maioria dos homens. Foi aparentemente em virtude dessa aliança que Francisco de Assis[23], fundador da Ordem seráfica, dizia às cigarras e às lebres: "Canta, irmã cigarra; rói, irmã lebre". Mas quais foram as condições do tratado? Que todos os animais se devorassem uns aos outros; que se nutrissem de nosso sangue e nós do deles; que, depois de tê-los comido, nós nos exterminaríamos com raiva e que só nos faltaria comer nossos semelhantes degolados com nossas mãos. Se tivesse havido semelhante pacto, teria sido feito com o diabo.

Provavelmente toda esta passagem não quer dizer outra coisa senão que Deus é igualmente senhor absoluto de tudo o que respira.

"E colocarei meu arco nas nuvens, e ele será um sinal de meu pacto, etc."

Observem que o autor não diz "Coloquei meu arco nas nuvens", mas diz "Colocarei", o que leva evidentemente a supor que, segundo a opinião comum, o arco-íris nem sempre existira. É um fenômeno causado pela chuva e aqui é dado como algo de sobrenatural que adverte a terra que não será mais inundada. É estranho escolher sinal da chuva para garantir que ninguém mais será afogado. Mas também se pode responder que, em perigo de inundação, somos tranquilizados pelo arco-íris.

"E, pela tarde, os dois anjos chegaram em Sodoma, etc."

Toda a história dos dois anjos, que os sodomitas quiseram violentar, é provavelmente a mais extraordinária que a Antiguidade inventou. Mas deve-se considerar que quase toda a Ásia acreditava que existiam demônios íncubos e súcubos; além do mais, esses dois anjos eram criaturas mais perfeitas que os homens e deveriam ser mais belos, despertando mais desejos num povo corrompido do que excitariam homens comuns.

Quanto a Lot, que oferece aos sodomitas suas duas filhas em lugar dos dois anjos, e quanto à mulher de Lot, transformada em estátua de sal, e quanto a todo o resto da história, que se poderá dizer? A antiga fábula arábica de Ciniras e de Mirra[24] tem alguma relação com o incesto de Lot premeditado pelas filhas; e a aventura de Filêmon e de Báucide[25] não deixa de ter semelhança com os dois anjos que apareceram a Lot e a sua mulher. No tocante à estátua de sal, não sabemos a que se assemelha: será semelhante à história de Orfeu e de Eurídice[26]?

Houve alguns sábios que defenderam que se deveria cortar dos livros canônicos todas essas coisas incríveis que escandalizam os fracos; mas foi dito que esses sábios eram corações corrompidos, homens dignos da fogueira, e que é impossível ser honesto sem acreditar que os sodomitas quiseram violentar dois anjos. É assim que raciocina uma espécie de monstros que quer dominar os espíritos.

Alguns célebres Padres da Igreja tiveram a prudência de transformar todas essas histórias em alegorias, a exemplo dos judeus e principalmente de Fílon[27]. Mais prudentes ainda, alguns papas quiseram impedir que esses livros fossem traduzidos em língua popular, com medo de que os homens ficassem em posição de questionar o que lhes era proposto a adorar.

Certamente devemos concluir disso que aqueles que entendem perfeitamente este livro devem tolerar aqueles que não o entendem; de fato, se estes nada entendem dele, não é por sua culpa; mas aqueles que não compreendem nada dele devem tolerar também aqueles que compreendem tudo.

1. Sanchoniathon (teria vivido no séc. XI a.C.), sacerdote ou historiador fenício, escreveu uma obra sobre a história do mundo; no séc. I de nossa era a obra foi traduzida para o grego por Fílon de Biblos e Eusébio de Cesareia, historiador cristão do século III, cita reiteradas vezes o livro de Sanchoniathon (NT).
2. Pierre Daniel Huet (1630-1721), bispo e erudito francês (NT).
3. Georges-Louis Leclerc (1707-1788), naturalista, matemático, biólogo, cosmólogo e escritor francês (NT).
4. Edmund Halley (1656-1742), físico e astrônomo inglês; ficou célebre por ter descoberto o movimento e a órbita dos cometas e ter determinado a periodicidade da volta nas proximidades da terra do cometa que leva seu nome (NT).
5. *Padres da Igreja* é uma expressão clássica da história antiga, com a qual são designados os grandes teólogos e escritores dos primeiros séculos do cristianismo; são numerosos e seus escritos formam a chamada *Patrística, Patrologia*, ou seja, obras, textos, comentários bíblicos e doutrina desses autores, os quais fundamentaram toda a teologia cristã, e particularmente católica, que ainda vigora hoje; entre os principais Padres da Igreja, podem ser relembrados Ambrósio, Agostinho, Orígenes, Cirilo de Jerusalém, Cirilo de Alexandria, João Crisóstomo, Gregório Nazianzeno, Gregório de Nissa, Irineu, etc.
6. Platão (427-347 a.C.), filósofo grego; dentre suas obras, *A República* já foi publicada pela Editora Escala (NT).
7. Zoroastro ou Zaratustra (628-551 a.C.), sábio persa, fundador do zoroastrismo ou masdeísmo que opõe dois princípios fundamentais que governam o mundo e o homem: o bem e o mal; Zoroastro teria recebido do deus da sabedoria, numa visão, a missão de pregar e ensinar a verdade aos homens (NT).
8. Ferécides de Syros (séc. VI a.C.), filósofo grego; teria sido o primeiro a falar da imortalidade da alma (NT).
9. Orígenes (185-254), escritor, filósofo e teólogo grego cristão, fundou uma escola de catequese em Alexandria e deixou vasta obra quase toda centrada sobre o cristianismo (NT).
10. Na mitologia latina, Baco era o deus do vinho; as festas em sua honra eram denominadas bacanais (NT).
11. Eusébio de Cesareia (265-340), bispo e escritor grego, sua obra mais importante é a *História eclesiástica* (NT).
12. Pilpai teria sido o autor indiano do poema épico Panchatantra, cuja compilação definitiva teria sido feita nos seculos V-VI de nossa era; Loqman foi um fabulista indiano da antiguidade (NT).
13. Na mitologia persa, Arimane ou Ahriman era o príncipe das trevas e chefe dos demônios, eterno destruidor do bem, personificação do mal, dispensador da doença e da morte; seu símbolo era uma serpente (NT).
14. Na mitologia grega, Tífon era um monstro criado em Delfos pela serpente Píton; insurgindo-se contra Zeus, Tífon foi vencido e enterrado sob o monte Etna (NT).
15. Divindade da mitologia egípcia, presidia o mundo infernal e era o juiz dos mortos (NT).
16. Na mitologia grea, Ofioneu era o chefe dos maus gênios ou demônios, que liderou uma revolta generalizada contra os deuses (NT).
17. Segundo a mitologia grega, Pandora teria sido a primeira mulher da humanidade, a quem os deuses lhe conferiram todos os dons (*pan*, todo, *dóron*, dom); Zeus entregou-lhe uma caixa que continha todas as misérias e males e que devia ser mantida fechada; Pandora abriu-a e os males se espalharam pelo mundo, restando no fundo da caixa a esperança (NT).
18. Ver o verbete *Inundação* (Nota de Voltaire).
19. Aurelius Augustinus (354-430), bispo de Hipona, norte da África, e doutor da Igreja, deixou uma obra imensa, destacando-se *A cidade de Deus* e *Confissões* (NT).
20. Na mitologia grega, Deucalião era rei da Tessália numa época em que os homens se degradavam em vícios e maldade. Zeus decidiu então destruí-los com um dilúvio. Deucalião construiu uma espécie de cofre e nele se encerrou com sua mulher Pirra. O dilúvio matou todos os homens, mas Deucalião flutuou durante nove dias e nove noites, salvando-se e desembarcando no monte Parnaso. Depois Zeus providenciou um nascimento milagroso de novos homens e mulheres para repovoar a terra (NT).
21. Oxyges ou Ogygés, rei lendário da Beócia, viu seu reino inundado por um grande transbordamento das águas de um lago e fugiu para o território grego de Ática, onde fundou uma cidade onde passou a residir (NT).
22. Publius Ovidius Naso (43 a.C.-18 d.C.), poeta latino (NT).

23. Francisco de Assis (1182-1226), místico e santo católico, fundou em 1209 a Ordem dos frades franciscanos, conhecida também com a denominação de Ordem Seráfica (NT).

24. Segundo a lenda, Mirra se apaixona por seu pai Ciniras e se entrega a loucos amores; preocupado com as consequências e querendo casar a filha, Ciniras pergunta a Mirra com que homem gostaria de se casar; ela responde: "Com alguém como tu" (NT).

25. O casal Filêmon e Báucide ou Báucis acolheram sem saber o deus supremo Zeus em sua cabana; como recompensa, Zeus transformou sua casa em templo e realizou seu desejo de morrer juntos: Filêmon foi transformado em carvalho e Báucide em tília (NT).

26. Segundo a mitologia grega, Orfeu era poeta e exímio tocador de lira, encantando até os próprios deuses; casado com Eurídice, esta morreu em decorrência de uma picada de serpente. Inconsolável, Orfeu foi procurá-la nos infernos. Obteve a permissão de sair com ela de lá, sob condição de ir na frente sem olhar para trás. Na saída dos infernos, não resistiu e voltou-se para vê-la; Eurídice foi-lhe arrebatada para sempre (NT).

27. Fílon de Alexandria (13? a.C.-50 d.C.), filósofo judeu, natural de Alexandria do Egito, procurou conciliar o pensamento filosófico grego com a doutrina judaica (NT).

GLÓRIA

- Ben al Betif, esse digno chefe dos dervixes, lhes dizia um dia: "Meus irmãos, é muito bom que se sirvam muitas vezes desta fórmula sagrada de nosso Alcorão: *Em nome de Deus misericordioso*, pois, Deus usa de misericórdia e aprenderão a praticá-la repetindo muitas vezes as palavras que recomendam uma virtude, sem a qual poucos homens restariam na terra. Mas, meus irmãos, evitem imitar esses temerários que se vangloriam a todo momento de trabalhar pela glória de Deus. Se um jovem imbecil sustenta uma tese sobre as categorias, tese presidida por um ignorante bem vestido, não deixa de escrever em grossos caracteres no cabeçalho de sua tese: *Ek Allah abron doxa*: *ad majorem Dei gloriam* (para a maior glória de Deus). Um bom muçulmano mandou pintar seu salão, gravando essa tolice em sua porta; um saca[1] carrega água para a maior glória de Deus. É um costume ímpio, piedosamente posto em uso. Que diriam de um simples criado que, ao limpar o banheiro de nosso ilustre sultão, exclamasse: "Para a maior glória de nosso invencível monarca"? Há certamente maior distância do sultão a Deus que do sultão ao simples criado.

"Que têm de comum, miseráveis vermes da terra, chamados *homens*, com a glória do ser infinito? Pode ele amar a glória? Pode recebê-la de vocês? Pode saboreá-la? Até quando, animais bípedes, sem penas, farão Deus à sua imagem? Como! Porque vocês são vãos, porque amam a glória, querem que Deus a ame também? Se houvesse muitos deuses, cada um deles talvez quisesse obter os sufrágios de seus semelhantes. Isso seria para a glória de um deus. Se pudéssemos comparar a grandeza infinita com a baixeza extrema, esse deus seria como o rei Alexandre ou Scander, que não queria entrar em luta senão com reis. Mas vocês, pobres diabos, que glória podem dar a Deus? Cessem de profanar seu nome sagrado. Um imperador chamado Otávio Augusto proibiu que o elogiassem nas escolas de Roma com receio de que seu nome fosse aviltado. Mas vocês não podem nem aviltar o ser supremo nem honrá-lo. Humilhem-se, adorem e calem-se."

Assim falava Ben al Betif; e os dervixes exclamaram: "Glória a Deus! Ben al Betif falou muito bem."

1. Saca era um povo indo-europeu que, desde a antiguidade até o século IV d.C., habitava em vastas regiões da Ásia central (NT).

GRAÇA - Sagrados consultores da Roma moderna, ilustres e infalíveis teólogos, ninguém tem mais respeito que eu por suas divinas decisões; mas se Paulo Emílio, Cipião, Catão, Cícero, César, Tito, Trajano, Marco Aurélio[1] voltassem a essa Roma a que outrora concederam certo crédito, deveriam admitir que eles ficariam um tanto surpresos com suas decisões sobre a graça. Que diriam eles se ouvissem falar da graça de saúde segundo Santo Tomás[2] e da graça medicinal segundo Cajetan[3]; da graça exterior e interior, da graça gratuita, da santificante, da atual, da habitual, da cooperante; da eficaz, que algumas vezes não surte efeito; da suficiente, que às vezes não é suficiente; da versátil e da côngrua? Palavra de honra, eles compreenderiam mais do que eu e vocês?

Que necessidade teriam esses pobres homens de suas instruções sublimes? Parece-me ouvi-los dizer:

Meus reverendos padres, vocês são uns gênios terríveis; pensávamos tolamente que o ser eterno não se guia jamais por leis particulares como os vis humanos, mas por suas leis gerais, eternas como ele. Ninguém dentre nós jamais imaginou que Deus se assemelhasse a um senhor insensato que concede um pecúlio a um escravo e recusa a alimentação a outro; que ordena a um deficiente das mãos a amassar farinha, a um mudo a ler para ele, a um deficiente das pernas a ser seu mensageiro.

Tudo é graça da parte de Deus: concedeu ao globo que habitamos a graça de formá-lo; às árvores, a graça de fazê-las crescer; aos animais, a graça de nutri-los. Mas, poderão dizer, se um lobo encontrar em seu caminho um cordeiro para seu almoço, enquanto outro lobo morre de fome, Deus concedeu a esse primeiro lobo uma graça particular? Ele se terá ocupado, por uma amável graça, em fazer crescer um carvalho de preferência a outro carvalho ao qual faltou a seiva? Se em toda a natureza todos os seres estão sujeitos às leis gerais, como uma única espécie de animais não estaria sujeita a elas?

Por que o senhor absoluto de tudo teria estado mais ocupado em dirigir o interior de um único homem do que conduzir o resto da natureza inteira? Por que extravagância haveria de mudar alguma coisa no coração de um habitante da Curlândia ou da Biscaia, enquanto nada modifica das leis que impôs a todos os astros?

Que coisa estranha supor que ele faz, desfaz, refaz continuamente sentimentos em nós! E que audácia nos julgarmos como exceção de todos os seres! Ainda não é senão para aqueles que confessam que todas essas mudanças são imaginadas. Um habitante da Savoia, um habitante da cidade de Bérgamo, terá na segunda-feira a graça de mandar oficiar uma missa por doze tostões; na terça, ele irá ao cabaré e a graça lhe faltará; na quarta, terá uma graça cooperante que o conduzirá à confissão, mas não terá a graça eficaz da contrição perfeita; na quinta, terá uma graça suficiente que não lhe será suficiente, como já foi dito. Deus trabalhará continuamente na cabeça desse cidadão de Bérgamo, ora com força, ora delicadamente, e o resto da terra nada será para ele! Não se dignará inteirar-se do que ocorre com os hindus e os chineses! Se ainda lhes sobra uma partícula de razão, meus reverendos padres, não acham esse sistema prodigiosamente ridículo?

Infelizes, vejam esse carvalho que eleva sua copa às nuvens e esse caniço que rasteja a seus pés; vocês não dizem que a graça eficaz foi dada ao carvalho e faltou ao caniço. Elevem seus olhos ao céu, vejam o eterno demiurgo criando milhões de mundos que gravitam todos entre si por causa de leis gerais e eternas. Vejam a mesma luz refletir-se do sol a Saturno e de Saturno a nós; e nesse concerto de tantos astros embalados por um rápido curso, nessa obediência geral de toda a natureza, ousem crer, se puderem, que Deus se ocupa em conceder uma graça versátil à irmã Teresa e uma graça concomitante à irmã Inês!

Átomo, a quem um tolo átomo disse que o eterno tem leis particulares para alguns átomos de tua vizinhança; que ele concede sua graça àquele e a recusa a este; que um que não possuía a graça ontem, vai tê-la amanhã; não repitas essa tolice. Deus fez o universo e não vai criar ventos novos para remover alguns gravetos de palha num canto desse universo. Os teólogos são como os combatentes de Homero[4], que acreditavam que os deuses ora se armavam contra eles, ora a favor deles. Se Homero não fosse considerado como poeta, o seria como blasfemador.

É Marco Aurélio quem fala e não eu; de fato, Deus, que os inspira, me concede a graça de acreditar em tudo o que vocês dizem, em tudo o que disseram e em tudo o que dirão.

1. Personalidades do mundo político romano: Lucius Aemilius Paulus (séc. III a.C.), general e cônsul de Roma; Publius Cornelius Scipio (235-183 a.C.), general e cônsul de Roma; Marcus Porcius Cato (234-149 a.C.), estadista romano; Marcus Tullius Cicero (106-43 a.C.), filósofo, orador e escritor latino; Caius Julius Caesar (103-44 a.C.), general e imperador romano; Titus Flavius Vespasianus (39-81), imperador romano de 79 a 81; Marcus Ulpius Trajanus (53-117), imperador romano de 98 a 117; Marcus Aurelius Antoninus (121-180), imperador romano de 161 a 180, filósofo estoico, deixou a obra *Pensamentos e meditações* (NT).

2. Tomás de Aquino (1225-1274), filósofo e teólogo italiano, autor, dentre outras, da célebre *Summa Theologica* (Suma Teológica), considerada a obra mais importante do catolicismo na tentativa de conciliar fé e razão, para a qual Tomás se valeu particularmente da filosofia aristotélica (NT).

3. Giacomo de Vio, dito Tommaso Cajetan (1468-1534), cardeal e teólogo italiano; tentou reinserir Lutero na Igreja católica, mas fracassou (NT).

4. Homero (séc. IX a.C.), poeta grego a quem são atribuídos os dois poemas épicos Ilíada e Odisseia, nos quais são narrados os atos heroicos dos gregos na guerra de Troia e as intermináveis aventuras do herói Ulisses; em ambos os poemas a intervenção dos deuses nos fatos e atos dos homens têm lugar de destaque (NT).

GUERRA - A miséria, a peste e a guerra são os três ingredientes mais famosos deste mundo vil. Podem ser incluídas na categoria da fome todas as más alimentações a que a penúria nos força a recorrer para abreviar nossa vida na esperança de sustentá-la.

Na peste estão incluídas todas as doenças contagiosas, que são em número de duas ou três mil. Esses dois presentes nos vêm da Providência. Mas a guerra, que reúne todos esses dons, nos vem da imaginação de trezentas ou quatrocentas pessoas disseminadas pela superfície deste globo com o nome de príncipes ou ministros; e é talvez por essa razão que em muitas dedicatórias são chamados imagens vivas da divindade.

O mais determinado dos aduladores deverá convir sem esforço que a guerra acarreta sempre como consequência a peste e a fome, por pouco que tenha visto os hospitais dos exércitos da Alemanha e que tenha passado em aldeias onde houve grande embate bélico.

É sem dúvida uma bela arte a de desolar os campos, destruir as habitações e fazer morrer, anualmente, quarenta mil homens sobre cem mil. Essa invenção foi de início cultivada por nações reunidas para o próprio bem comum; por exemplo, a assembleia dos gregos declarou à assembleia da Frígia e dos povos vizinhos que ia partir num milhar de barcos de pesca para exterminá-los, se pudesse.

O povo romano reunido julgava que era de seu interesse ir combater antes da colheita contra o povo de Véies ou contra os volscos. E alguns anos depois, todos os romanos, estando encolerizados contra todos os cartagineses, bateram-se por muito tempo em mar e em terra. Não ocorre o mesmo hoje em dia.

Um genealogista prova a um príncipe que este descende em linha direta de um conde cujos pais tinham feito um pacto de família, há trezentos ou quatrocentos anos, com uma casa de que nem sequer existe memória. Essa casa tinha remotas pretensões sobre uma província cujo último possessor morreu de apoplexia: o príncipe e seu conselho concluem sem dificuldade que essa província lhe pertence por direito divino. Essa província, que está a algumas centenas de léguas, em vão protesta que não o conhece, que não tem vontade alguma de ser governada por ele; que, para dar leis aos habitantes, é necessário ao menos ter o consentimento deles: esses discursos chegam aos ouvidos do príncipe, cujo direito é incontestável. Ele recruta imediatamente um grande número de homens que nada têm a fazer nem a perder; veste-os com um grosso pano azul a cento e dez soldos cada, borda seus chapéus com fio branco grosseiro, manda-os manobrar à direita e à esquerda e marcha para a glória.

Os outros príncipes que ouvem falar desse exército tomam parte nele, cada um segundo seu poder, e cobrem uma pequena extensão do país de tantos matadores mercenários como Gêngis Khan[1], Tamerlão[2], Bajazé[3] jamais tiveram em seu séquito.

Povos bastante afastados ouvem dizer que vai haver guerra e que há cinco ou seis soldos diários a ganhar se quiserem tomar parte: dividem-se logo em dois bandos, como ceifeiros, e vão vender seus serviços a quem quiser empregá-los.

Essas multidões se lançam umas contra as outras, não somente sem ter nenhum interesse no processo, mas sem mesmo saber do que se trata.

Há ao mesmo tempo seis potências beligerantes, ora três contra três, ora duas contra quatro, ora uma contra cinco, detestando-se todas igualmente entre si, unindo-se e atacando-se sucessivamente; todas de acordo num único ponto, o de fazer todo o mal possível.

O maravilhoso dessa empresa infernal é que cada comandante dos matadores manda benzer suas bandeiras e invoca solenemente a Deus antes de ir exterminar seu próximo. Se um comandante não teve a felicidade de fazer degolar dois ou três mil homens, não agradece a Deus; mas quando tiver conseguido exterminar uns dez mil pelo fogo e pelo ferro e quando, por cúmulo da graça, tiver destruído alguma cidade de ponta a ponta, então canta-se aos quatro ventos uma longa canção, composta numa língua desconhecida de todos os que combateram e repleta de barbarismos. A mesma canção serve para os casamentos e para os nascimentos, bem como para os morticínios: o que é imperdoável, sobretudo na nação mais famosa por suas novas canções.

A religião natural mil vezes impediu cidadãos a cometer crimes. Uma alma bem nascida não se sente atraída a isso; uma alma terna se apavora com isso; ela imagina um Deus justo e vingador. Mas a religião artificial encoraja a todas as crueldades praticadas em companhia, conjurações, sedições, bandidagem, emboscadas, tomadas de cidades, pilhagens, assassinatos. Cada um marcha alegremente para o crime sob a bandeira de seu santo.

Paga-se por toda parte certo número de discursadores para celebrar essas jornadas de morticínio; uns se vestem com longos gibões pretos, com uma capa curta sobreposta; outros usam uma camisa por cima da roupa; outros levam duas faixas pendentes de tecido colorido por cima da camisa. Todos falam muito; citam o que foi feito outrora na Palestina, a propósito de um combate em Veterávia[4].

O resto do ano esses indivíduos discursam contra os vícios. Provam em três pontos e por antíteses que as damas que espalham levemente um pouco de carmim em suas belas bochechas serão eterno objeto de eternas vinganças do Eterno; que *Polieuto*[5] e *Atália*[6] são obras do demônio; que um homem que manda servir à sua mesa duzentos escudos de peixe fresco num dia de quaresma colabora infalivelmente para sua salvação, ao passo que um pobre coitado que come dois soldos e meio de carneiro irá para sempre a todos os diabos.

De cinco ou seis mil discursos dessa espécie, há quando muito três ou quatro compostos por um gaulês chamado Massillon[7], que um homem honesto pode ler sem desgosto; mas em todos esses discursos não há um só em que o orador ouse se insurgir contra esse flagelo e esse crime da guerra, que contém todos os flagelos e todos os crimes. Os infelizes discursadores falam sem cessar contra o amor, que é a única consolação do gênero humano e a única maneira de repará-lo; nada dizem dos esforços abomináveis que fazemos para destruí-lo.

Fizeste um péssimo sermão sobre a impureza, ó Bourdaloue[8]! mas nenhum sobre essas chacinas variadas de tantas maneiras, sobre essas rapinas, sobre esses banditismos, sobre essa raiva universal que desola o mundo. Todos os vícios reunidos de todas as épocas e de todos os lugares não igualarão jamais os males que uma única campanha bélica produz.

Miseráveis médicos das almas, gritam durante cinco quartos de hora por causa de algumas picadas de espinho e nada dizem sobre a doença que nos estraçalha em mil pedaços! Filósofos moralistas, queimem seus livros. Enquanto o capricho de alguns homens fizer lealmente degolar milhares de nossos irmãos, a parte do gênero humano consagrada ao heroísmo será o que há de mais horroroso em toda a natureza.

DICIONÁRIO FILOSÓFICO

O que se tornam, e que me importam, a humanidade, a beneficência, a modéstia, a temperança, a doçura, a sabedoria, a compaixão, quando meia libra de chumbo atirada de seiscentos passos me destroça o corpo e morro aos vinte anos em tormentos inexprimíveis, no meio de cinco ou seis mil moribundos, enquanto meus olhos, que se abrem pela última vez, veem a cidade em que nasci destruída pelo ferro e pelas chamas, e os derradeiros sons que meus ouvidos captam são os gritos das mulheres e das crianças que expiram sob ruínas, tudo por pretensos interesses de um homem que não conhecemos?

E o que é pior, é que a guerra é um flagelo inevitável. Se observarmos bem, todos os homens adoraram o deus Marte[9]: Sabaot, entre os judeus, significa o deus das armas; mas Minerva[10], em Homero[11], considera Marte um deus furioso, insensato e infernal.

1. Gêngis Khan (1155?-1227), conquistador e fundador do império mongol que compreendia grande parte da Ásia central e se estendia até Pequim (NT)
2. Tamerlão ou Timur Lang (1336-1405), conquistador e continuador das guerras de conquista de Gêngis Khan (NT).
3. Bajazé ou Bayezid (1360-1403), sultão otomano, guerreou contra as forças europeias presentes no Oriente próximo; foi vencido por Tamerlão em 1402 em Ankara (NT).
4. Antiga denominação de região da Alemanha (NT).
5. Título de tragédia escrita por Pierre Corneille (1606-1684), poeta dramático francês (NT).
6. *Atália* é uma tragédia de Jean-Baptiste Racine (1639-1699), poeta trágico francês (NT). 7. Referência a Jean-Baptiste Massillon (1663-1742), bispo católico e orador sacro, tido como o mais ilustre orador de sua época (NT).
8. Louis Bourdaloue (1632-1704), padre e orador sacro francês, pregador de uma moral rigorista (NT).
9. Na mitologia romana, Marte era o deus da guerra (NT).
10. Minerva, na mitologia romana, era a deusa da guerra e da paz, das atividades artesanais, deusa da sabedoria e do conhecimento, protetora de Roma (NT).
11. Homero (séc. IX a.C.), poeta grego a quem são atribuídos os dois poemas épicos *Ilíada* e *Odisseia*, nos quais são narrados os atos heroicos dos gregos na guerra de Troia e as intermináveis aventuras do herói Ulisses; em ambos os poemas a intervenção dos deuses nos fatos e atos dos homens têm lugar de destaque (NT).

H

HISTÓRIA - [Seção I - Definição]

A história é o relato dos fatos considerados verdadeiros, ao contrário da fábula, que é a narração dos fatos considerados fictícios.

Há também a história das opiniões, que não passa de simples coleta dos erros humanos.

A história das artes pode ser a mais útil de todas, quando une ao conhecimento da invenção e do progresso das artes a descrição de seu mecanismo.

A história natural, impropriamente denominada história, é uma parte essencial da física. Dividiu-se a história dos acontecimentos em sagrada e profana; a história sagrada é uma sequência de operações divinas e milagrosas, pelas quais aprouve a Deus guiar outrora a nação judaica e influenciar hoje em nossa fé.

Se eu aprendesse o hebraico, as ciências, a história,
Tudo isso é o mar a beber[1].

(La Fontaine, VIII, fábula 25)

[Primeiros fundamentos da História]

Os primeiros fundamentos de toda história são os relatos dos pais aos filhos, transmitidos em seguida de uma geração a outra; em sua origem são quando muito prováveis, desde que não choquem o senso comum, e perdem um grau de probabilidade a cada geração. Com o tempo, a fábula cresce e a verdade se perde: disso decorre que todas as origens dos povos são absurdas. Assim, os egípcios teriam sido governados pelos deuses durante muitos séculos; em seguida por semideuses; finalmente, teriam tido reis durante onze mil e trezentos e quarenta anos; e o sol, nesse espaço de tempo, teria mudado quatro vezes de oriente a ocidente.

Na época de Alexandre[2], os fenícios julgavam estar estabelecidos em seu país havia trinta mil anos; esses trinta mil anos estavam repletos de outros tantos prodígios como na cronologia egípcia. Devo admitir que é fisicamente muito possível que a Fenícia tenha existido não somente trinta mil anos, mas trinta mil milhões de séculos e que tenha experimentado, como o resto do globo, trinta mil revoluções. Mas não temos conhecimentos disso.

Todos sabem que maravilhoso ridículo reina na história dos gregos.

Os romanos, tão sérios como eram, também não deixaram de envolver em fábulas a história de seus primeiros séculos. Esse povo, tão recente em comparação com os asiáticos, ficou quinhentos anos sem historiadores. Por isso não é surpreendente que Rômulo[3] tenha sido filho de Marte[4], que uma loba o tenha amamentado, que tenha marchado com mil homens da aldeia de Roma contra vinte e cinco mil combatentes das aldeias dos sabinos; que em seguida se tenha tornado deus; que Tarquínio, o Velho[5], tenha cortado uma pedra com uma navalha e que uma vestal tenha puxado com seu cinto um navio para a terra, etc.

Os primeiros anais de todas as nações modernas não são menos fabulosos. As coisas prodigiosas e improváveis devem ser às vezes relatadas, mas como prova da credulidade humana elas entram na história das opiniões e das tolices; mas o campo é por demais imenso.

[Dos monumentos]

Para conhecer com alguma certeza algo da história antiga, o único meio é ver se restam alguns monumentos incontestáveis. Só temos três por escrito: o primeiro é a coletânea das observações astronômicas feitas durante mil e novecentos anos seguidos em Babilônia e enviados à Grécia por Alexandre. Essa sequência de observações, que remonta a 2.234 anos antes de nossa era, prova claramente que os babilônios existiam como povo organizado muitos séculos antes; de fato, as artes são obra do tempo e a preguiça natural dos homens os deixa milhares de anos sem outros conhecimentos e sem outros talentos que aqueles próprios para se alimentar, para se defender contra as inclemências do clima e para se degolar uns aos outros. Que se julgue isso pelos germânicos e pelos ingleses dos tempos de César, pelos tártaros de hoje, pelos dois terços da África e por todos os povos encontrados na América, com exceção, sob alguns aspectos, dos reinos do Peru e do México e da república de Tlaxcala. Cumpre lembrar que em todo esse Novo Mundo ninguém sabia ler nem escrever.

O segundo monumento é o eclipse central do sol, calculado na China 2.155 anos antes de nossa era, e reconhecido como verdadeiro por todos os nossos astrônomos. Deve-se dizer dos chineses a mesma coisa que se disse dos povos da Babilônia: já constituíam sem dúvida um vasto império politizado. Mas o que põe os chineses acima de todos os povos da terra é que nem suas leis, nem seus costumes, nem a língua falada por seus letrados mudaram há mais de quatro mil anos. Apesar disso, esta nação e a Índia, as mais antigas de todas as que subsistem hoje, as que possuem os mais vastos e belos países, as que inventaram quase todas as artes antes que nós tivéssemos aprendido algumas, sempre foram omitidas até nossos dias em nossas pretensas histórias universais. E quando um espanhol e um francês fazem o catálogo das nações, nem um nem outro deixam de indicar seu próprio país como a primeira monarquia do mundo e seu rei como o maior rei do mundo, com a esperança de receber uma pensão do rei, se este se dignar ler seu livro.

O terceiro monumento, muito inferior aos dois outros, subsiste nos mármores de Arundel[6]; a crônica de Atenas está aí gravada desde 263 anos antes de nossa era, mas remonta somente apenas até Cécrope[7], isto é, 1.319 anos antes de sua gravação. Aí estão, na história de toda a antiguidade, as únicas épocas incontestáveis de que dispomos.

Merecem especial atenção esses mármores trazidos da Grécia por Arundel. Sua crônica começa 1.582 anos antes de nossa era. Atingem hoje, portanto, 3.353 anos de existência e neles não se vislumbra nenhum fato que penda para o milagroso, o prodigioso. Pode-se dizer o mesmo das Olimpíadas; não é por esses documentos que se pode dizer *Graecia mendax*, Grécia mentirosa. Os gregos sabiam muito bem distinguir a fábula da história e os fatos reais dos contos de Heródoto[8]: tanto assim que em seus assuntos sérios, seus oradores não tomavam nada dos discursos dos sofistas nem das imagens dos poetas.

A data da tomada de Troia está indicada nesses mármores; mas neles nada se diz das flechas de Apolo, nem do sacrifício de Ifigênia[9], nem dos combates ridículos dos deuses. Encontra-se também a data das invenções de Triptólemo[10] e de Ceres[11], mas Ceres não é chamada *deusa*. Neles se menciona um poema sobre o rapto de Prosérpina⁽¹²⁾, mas não se diz que é filha de Júpiter e de uma deusa e que é a mulher do deus dos infernos.

Hércules⁽¹³⁾ é iniciado nos mistérios de Elêusis⁽¹⁴⁾, mas não há uma palavra sobre seus doze trabalhos, nem sobre sua passagem pela África em sua taça, nem sobre sua divindade, nem sobre o grande peixe que o engoliu e que o manteve em seu ventre durante três dias e três noites, segundo Licofrão⁽¹⁵⁾.

Entre nós, ao contrário, um estandarte é trazido do céu por um anjo aos monges de Saint Denis; um pombo traz uma garrafa de óleo a uma igreja de Reims; dois exércitos de serpentes entram em batalha na Alemanha; um arcebispo de Mainz é sitiado e comido por ratos; e, para o cúmulo, tem-se até o cuidado de assinalar o ano dessas aventuras. E o padre Lenglet compila essas impertinências; e os almanaques as repetiram centenas de vezes; e é assim que se instruiu a juventude; e todas essas tolices entraram na educação dos príncipes.

Toda história é recente. Não é surpreendente que não se tenha história antiga profana para além de aproximadamente quatro mil anos. As revoluções deste globo, a longa e universal ignorância dessa arte que transmite os fatos pela escrita, são as causas disso. Há muitos povos ainda que não têm história. Esta arte só foi comum a um número muito pequeno de nações politizadas e, mesmo nestas, foi cultivada por poucas mãos. Nada mais raro entre os franceses e os alemães do que saber escrever; até o século XIV de nossa era, quase todos os atos eram atestados unicamente por testemunhas. Na França, só a partir de 1454, com Carlos VII, se começou a redigir alguns costumes do país. A arte de escrever era ainda mais rara entre os espanhóis e por isso sua história é tão seca e incerta até a época de Fernando e Isabel⁽¹⁶⁾. Por aí se vê como o reduzido número daqueles que sabiam escrever podiam impor os mais disparatados absurdos – e como foi fácil para eles levar-nos a crer nesses absurdos.

Há nações que subjugaram uma parte da terra sem conhecer o uso da escrita. Sabemos que Gêngis Khan⁽¹⁷⁾ conquistou parte da Ásia no começo do século XIII, mas não foi por ele nem pelos tártaros que o soubemos. Sua história, escrita pelos chineses e traduzida pelo padre Gaubil⁽¹⁸⁾, diz que esses tártaros não conheciam ainda a arte de escrever.

Essa arte não foi menos desconhecida pelo cita Oguskan⁽¹⁹⁾, denominado Madies pelos persas e pelos gregos, o qual conquistou uma parte da Europa e da Ásia, muito tempo antes do reino de Ciro⁽²⁰⁾. É quase certo que então, sobre cem nações, havia apenas duas ou três que empregavam a escrita. Talvez num antigo mundo destruído os homens tivessem conhecido a escrita e as outras artes; mas no nosso, elas são muito recentes.

Restam ainda monumentos de outra espécie, que servem somente para constatar a grande antiguidade de certos povos e que precedem todas as épocas conhecidas e todos os livros; são os prodígios da arquitetura, como as pirâmides e os palácios do Egito, que resistiram ao tempo. Heródoto, que viveu há 2.400 anos e que os havia visto, não conseguiu saber dos sacerdotes egípcios em que tempo haviam sido construídos.

É difícil dar à mais antiga das pirâmides menos de quatro mil anos; mas deve-se considerar que esses esforços de ostentação dos reis só puderam ter começado muito tempo depois da fundação das cidades. Mas para construir cidades num país inundado anualmente, observemos sempre que havia sido necessário antes elevar o terreno das cidades sobre pilastras nessa área invadida e torná-lo inacessível à inundação; havia sido necessário, antes de chegar a isso e antes de tentar esses grandes trabalhos, que a população fosse retirada durante as cheias do Nilo, estabelecendo-a no meio dos rochedos que formam duas cadeias à direita e à esquerda desse rio. Havia sido necessário que essas populações tivessem os instrumentos para a agricultura, aqueles específicos da arquitetura, um conhecimento de agrimensura, com leis e uma política. Tudo isso requer um espaço de tempo prodigioso. Vemos, pelos longos detalhes que todos os dias se referem a nossos empreendimentos mais necessários, bem como aos menores, como é difícil fazer grandes coisas e que se torna necessária não somente uma obstinação infatigável, mas também muitas gerações animadas por essa obstinação.

No entanto, que tenha sido Menés, Thot ou Quéops, ou Ramsés, o que mandou construir um ou dois desses monumentos prodigiosos, nem por isso ficaremos mais informados sobre a história do antigo Egito, visto que a língua desse povo se perdeu[21]. Não sabemos, portanto, outra coisa senão que, antes dos mais antigos historiadores, já havia material para escrever uma história antiga.

[Seção II]

Como já temos mais de vinte mil obras, a maioria delas em vários volumes, somente sobre a história da França, se um homem estudioso vivesse cem anos não teria tempo de lê-las; por isso julgo que é necessário saber selecionar. Sentimo-nos obrigados também a unir ao conhecimento de nosso país a história de nossos vizinhos. Nem sequer nos é permitido, além de tudo, ignorar as grandes ações dos gregos e dos romanos, uma vez que suas leis são ainda em grande parte as nossas. Mas se a esse estudo quiséssemos acrescentar o de uma antiguidade mais remota, faríamos como um homem que, deixando Tácito[22] e Tito Lívio[23] de lado, se pusesse a estudar seriamente as *Mil e Uma Noites*. Todas as origens dos povos são invariavelmente fábulas; a razão disso é que provavelmente os homens viveram por muito tempo agrupados como povoações e aprenderam a fazer pão e roupas (o que era difícil) antes de aprender a transmitir todos os seus pensamentos à posteridade (o que era mais difícil ainda). A arte de escrever certamente não tem mais de seis mil anos entre os chineses e, digam o que disserem os egípcios e os caldeus, não parece que tenham sabido ler e escrever correntemente mais cedo.

A história dos tempos anteriores só pôde, portanto, ser transmitida de memória; e sabe-se muito bem como a lembrança das coisas passadas se altera de geração a geração. Foi somente a imaginação que elaborou as primeiras histórias. Não só cada povo inventou sua própria, mas inventou também a origem do mundo inteiro.

Se acreditarmos em Sanchoniathon⁽²⁴⁾, as coisas começaram na origem por um ar espesso que o vento foi dissipando; o desejo e o amor nasceram disso e da união do desejo e do amor foram formados os animais. Os astros só vieram depois, mas somente para ornar o céu e para alegrar a vista dos animais que estavam na terra.

O Knef[25] dos egípcios, seu Oshiret e sua Ishet, que chamamos Osíris e Ísis[26], não são em nada menos engenhosos e ridículos. Os gregos embelezaram todas essas ficções; Ovídio[27] as recolheu em suas *Metamorfoses* e as ornou com os encantos da mais bela poesia. O que ele diz de um deus que desfaz o caos e da formação do homem é sublime.

Só restava a Hesíodo[28] e aos outros que escreveram muito tempo antes que se tivessem expressado com essa elegante sublimidade. Mas, desde esse belo momento em que o homem foi formado até a época das Olimpíadas, tudo mergulhou numa escuridão profunda.

Heródoto chega aos jogos olímpicos e faz relatos aos gregos reunidos, como uma velha o faz a crianças. Começa dizendo que os fenícios navegaram do mar Vermelho ao Mediterrâneo, o que supõe que esses fenícios tinham dobrado nosso cabo da Boa Esperança e tinham contornado toda a África.

Depois vem o rapto de Io[29], depois a fábula de Giges e de Candaulo[30], depois belas histórias de ladrões e aquela da filha do faraó do Egito Quéops[31] que, tendo exigido uma pedra de cantaria de cada um dos amantes dela, teve pedras suficientes para construir uma das mais belas pirâmides.

Acrescente-se a isso oráculos, prodígios, muitos sacerdotes e ter-se-á a história do gênero humano.

Os primeiros tempos da história romana parecem escritos por algum Heródoto; nossos vencedores e nossos legisladores não sabiam contar seus anos a não ser fixando pregos numa muralha pelas mãos de seu sumo pontífice.

O grande Rômulo, rei de uma aldeia, é filho do deus Marte e de uma religiosa que ia buscar água com sua ânfora. Tem um deus por pai, uma prostituta por mãe e uma loba que o amamenta. Um escudo cai do céu especialmente para Numa[32]. Há também os belos livros das Sibilas[33]. Um áugure corta uma grande pedra com uma navalha com a permissão dos deuses. Uma vestal desencalha um grande navio, puxando-o com seu cinto. Castor e Pólux[34] vêm combater pelos romanos e as pegadas de seus cavalos ficam gravadas na rocha. Os gauleses ultramontanos vêm saquear Roma: uns dizem que foram expulsos por gansos, outros afirmam que levam muito ouro e prata; mas é provável que naqueles tempos, na Itália, havia muito menos ouro que gansos. Nós imitamos os primeiros historiadores romanos, pelo menos em seu gosto pelas fábulas. Nós temos nossa auriflama trazida por um anjo, a santa ampola trazida por um pombo e, quando chegamos a isso, o manto de São Martinho[35] nos torna fortes.

Qual seria a história útil? Aquela que nos ensinasse nossos deveres e nossos direitos, sem ter a pretensão de querer nos ensiná-los.

Muitas vezes se pergunta se a fábula do sacrifício de Ifigênia foi tomada da história de Jefté[36]; se o dilúvio de Deucalião[37] é uma imitação do dilúvio de Noé; se a aventura de Filêmon e Báucide[38] é tirada do caso de Lot e sua mulher. Os judeus afirmam que não se comunicavam com os estrangeiros e que seus livros só foram conhecidos pelos gregos depois da tradução feita por ordem de Ptolomeu[39]; mas os judeus foram durante muito tempo corretores e usurários entre os gregos de Alexandria. Os gregos nunca foram vender tecidos em Jerusalém. Parece que nenhum povo imitou os judeus e que estes tomaram muitas coisas dos babilônios, dos egípcios e dos gregos.

Todas as antiguidades judaicas são sagradas para nós, apesar de nosso ódio e de nosso desprezo por esse povo. Na verdade, podemos acreditar nelas pela razão, mas nós nos submetemos aos judeus pela fé. Há aproximadamente oitenta sistemas para sua cronologia e muitas maneiras mais para explicar os acontecimentos de sua história: não sabemos qual é a verdadeira, mas reservamos-lhes nossa fé para o tempo em que a verdadeira for descoberta.

Temos tantas coisas a acreditar desse povo sábio e magnânimo, que toda nossa crença está esgotada, de modo que não nos resta nenhuma para os prodígios de que a história das outras nações está repleta. É em vão que Rollin[40] nos repete os oráculos de Apolo[41] e as maravilhas de Semíramis[42]; é em vão transcrever tudo o que ele disse sobre a justiça desses antigos citas que pilharam com tanta frequência a Ásia e que devoravam homens nessas incursões; tudo isso desperta a incredulidade nas pessoas honestas.

O que mais admiro em nossos modernos compiladores é a sabedoria e a boa-fé com que nos provam que tudo o que aconteceu outrora nos maiores impérios do mundo só aconteceu para instruir os habitantes da Palestina. Se os reis de Babilônia, em suas conquistas, caem de passagem sobre o povo hebreu é unicamente para corrigir esse povo de seus pecados. Se o rei Ciro se torna senhor de Babilônia, é para dar a alguns judeus a permissão de retornarem a seu país. Se Alexandre vence Dario[43], é para estabelecer mascates judeus em Alexandria. Quando os romanos acrescentam a Síria a seu vasto domínio e englobam o pequeno país da Judeia em seu império, é novamente para instruir os judeus; os árabes e os turcos só vieram para corrigir esse povo amável. Devemos admitir que esse povo recebeu uma excelente educação; nunca se viu tantos preceptores: e aí está como a história é útil!

Mas o que temos de mais instrutivo é a justiça rigorosa que os clérigos aplicaram a todos os príncipes que detestavam. Vejam com que candura imparcial São Gregório de Nazianzo[44] julga o imperador Juliano[45], o filósofo: declara que este imperador, que não acreditava no demônio, mantinha contato secreto com ele e que um dia os demônios lhe apareceram envoltos em chamas e sob figuras hediondas; ele os expulsou fazendo por inadvertência o sinal da cruz. Ele o chama de *furioso, miserável*; assegura que Juliano imolava rapazes e moças todas as noites em seus porões. É assim que fala do mais clemente dos homens, que nunca se vingou das invectivas que o próprio Gregório proferiu contra ele durante seu reinado. O melhor método para justificar as calúnias contra um inocente é fazer a apologia de um culpado. Com isso tudo se compensa; e foi a maneira empregada pelo próprio santo de Nazianzo. O imperador Constâncio, tio e predecessor de Juliano, ao subir ao trono do império havia mandado matar Júlio, irmão de sua mãe, e seus dois filhos, os três com o título de augustos; seguia o método de seu pai Constantino, o Grande[46]; a seguir, mandou assassinar Galo, irmão de Juliano. Essa crueldade, que exerceu contra sua família, repetiu-a contra o império; mas era devoto; mesmo na batalha decisiva que sustentou contra Magnêncio, orou a Deus numa igreja durante todo o tempo em que os exércitos estiveram em combate. Esse foi o homem de quem Gregório fez o panegírico. Se é dessa maneira que os santos nos ensinam a verdade, o que não devemos esperar dos profanos, principalmente quando são ignorantes, supersticiosos e levados pelas paixões?

Às vezes usamos da história atualmente de um modo um tanto estranho. Desenterramos documentos da época de Dagoberto[47], a maioria deles suspeitos e mal compreendidos, e deles inferimos muitos costumes, direitos e prerrogativas que subsistiam então e julgamos que devam reviver hoje. Aconselho àqueles que estudam e raciocinam desse modo que digam ao mar: "Outrora banhavas Águas Mortas, Fréjus, Ravena, Ferrara; retorna imediatamente para lá!"

[Seção III - A utilidade da história]

Essa vantagem consiste especialmente na comparação que um homem de Estado, um cidadão pode fazer das leis e dos costumes estrangeiros com aqueles de seu país; é o que incita a emulação das nações modernas nas artes, na agricultura, no comércio.

As grandes falhas do passado servem muito sob qualquer aspecto; não se poderia ter demasiadamente diante dos olhos os crimes e as desgraças. Pode-se, diga-se o que se disser, prevenir uns e outras; a história do tirano Christiern[48] pode impedir uma nação de confiar o poder absoluto a um tirano; e o desastre de Carlos XII[49] diante de Pultava advertiu um general de não penetrar mais na Ucrânia sem ter víveres.

Foi por ter lido os detalhes das batalhas de Crécy, de Poitiers, de Azincourt, de Saint-Quentin, de Gravelines, etc., que o célebre marechal Saxe se determinava a procurar, quanto possível, contatos de todo tipo.

Os exemplos causam grande efeito no espírito de um príncipe que lê com atenção. Henrique IV[50] só empreendeu sua grande guerra, que devia mudar o sistema da Europa, depois de ter-se assegurado da nervura central da guerra para poder sustentá-la vários anos sem ter de recorrer continuamente a novos financiamentos.

A rainha Elisabeth[51], somente com os recursos do comércio e com uma sábia economia, resistiu ao poderoso Filipe II[52]; de cem navios que ela pôs no mar contra a Invencível Armada, três quartos eram fornecidos pelas cidades dadas ao comércio da Inglaterra.

A França sob o reinado de Luís XIV[53], depois de nove anos da guerra mais desastrosa, mostrará evidentemente a utilidade das praças fortes fronteiriças que construiu. Em vão um escritor recrimina Justiniano[54] por não ter tido a mesma política; só devia recriminar os imperadores que negligenciaram essas praças fortes nas fronteiras e que abriram as portas do império aos bárbaros.

Uma vantagem que a história moderna tem sobre a antiga é a de ensinar a todos os potentados que desde o século XV todos se uniram contra uma potência demasiado preponderante. Esse sistema de equilíbrio sempre foi desconhecido pelos antigos e é uma das razões do sucesso do povo romano que, tendo formado uma milícia superior à dos outros povos, os subjugou um após outro, do Tibre até o Eufrates.

É necessário ter diante dos olhos com frequência as usurpações dos papas, as escandalosas discórdias de seus cismas, a demência das disputas, as perseguições, as guerras geradas por essa demência e os horrores que elas produziram.

Se não transmitirmos esse conhecimento aos jovens, se só houvesse um reduzido número de sábios conhecedores desses fatos, o público seria tão imbecil como era na época de Gregório VII[55]. As calamidades desses tempos de ignorância renasceriam infalivelmente, porque não tomaríamos nenhuma precaução para preveni-las. Todos sabem em Marselha por que inadvertência a peste foi trazida do Levante[56] e todos tomam suas precauções.

Eliminem o estudo da história e verão talvez outras Saint-Barthélemy[57] na França e outros Cromwell[58] na Inglaterra.

[Certeza da história]

Toda certeza que não é uma demonstração matemática não passa de uma simples probabilidade; não há outra certeza histórica.

Quando Marco Polo[59] por primeiro e sozinho falou da grandeza e da população da China, não mereceu crédito de ninguém e não pôde exigir que acreditassem. Os portugueses, que entraram nesse vasto império séculos mais tarde, começaram a tornar a coisa provável. Hoje é certa, com essa certeza que decorre dos depoimentos unânimes de milhares de testemunhas oculares de diferentes nações, sem que ninguém tenha duvidado de seu testemunho.

Se apenas dois ou três historiadores tivessem escrito sobre a aventura do rei Carlos XII que, obstinando-se em permanecer nos Estados do sultão, seu benfeitor, contra a vontade deste, e que se batia com seus criados contra um exército de janízaros e de tártaros, eu teria posto em dúvida isso; mas falando com várias testemunhas oculares e nunca tendo ouvido pôr em dúvida essa ação, tive de acreditar, porque, além de tudo, se não for nem sensata nem usual, não é contrária às leis da natureza nem ao caráter do herói.

O que contraria o curso normal da natureza não deve ser acreditado, a menos que seja atestado por homens imbuídos verdadeiramente pelo espírito divino e que seja impossível duvidar de sua inspiração. Aí está porque, no verbete *Certeza* do *Dicionário Enciclopédico*, se configura um grande paradoxo dizer que se deveria acreditar tanto em toda Paris que afirmasse ter visto um morto ressuscitar, como se acredita em toda Paris quando afirma que ganhamos a batalha de Fontenoy. Parece evidente que o testemunho de toda Paris sobre uma coisa improvável não poderia ser igual ao testemunho de toda Paris sobre uma coisa provável. Essas são as primeiras noções da lógica sadia. Semelhante dicionário deveria ser consagrado unicamente à verdade.

[Incerteza da história]

Distinguem-se os tempos em fabulosos e históricos. Mas os tempos históricos deveriam ser divididos eles próprios em verdades e fábulas. Não falo aqui das fábulas reconhecidas como tais hoje; não se trata, por exemplo, dos prodígios com que Tito Lívio embelezou ou estragou sua história, mas nos fatos admitidos: e neles, quantas razões para duvidar!

Cumpre observar que a república romana permaneceu quinhentos anos sem historiadores; que o próprio Tito Lívio deplora a perda dos monumentos que pereceram quase todos no incêndio de Roma; que se pense que nos trezentos primeiros anos a arte de escrever era muito rara; diante disso, será permitido duvidar de todos os acontecimentos que não se enquadram na ordem usual das coisas humanas.

Será muito provável que Rômulo, neto do rei dos sabinos, teria sido forçado a raptar sabinas para ter mulheres? A história de Lucrécia[60] será verdadeira? Poder-se-á crer facilmente na palavra de Tito Lívio de que o rei Porsenna[61] fugiu cheio de admiração pelos romanos, porque um fanático tinha querido assassiná-lo? Não seria o caso, ao contrário, de acreditar em Políbio[62], que viveu duzentos anos antes de Tito Lívio? Políbio diz que Porsenna subjugou os romanos; isso é muito mais provável que a aventura de Cévola, que queimou inteiramente sua mão direita porque ela se havia enganado. Eu teria desafiado a Poltrot[63] a fazer outro tanto.

A aventura de Régulo[64], encerrado pelos cartagineses num tonel guarnecido de pontas de ferro, merece ser acreditada? Políbio, que era contemporâneo, não teria falado se fosse verdadeira? Não diz uma palavra a respeito: não é uma grande presunção a de que esse conto tenha sido inventado somente muito tempo depois para tornar os cartagineses odiosos?

Abram o *Dicionário de Moréri*, no verbete *Regulus*: garante que o suplício desse romano é relatado por Tito Lívio, mas a década em que Tito Lívio poderia ter falado disso está perdida; só se tem pequeno suplemento dela; além do mais, esse dicionário só citou a respeito um alemão do século XVII, acreditando citar um romano dos tempos de Augusto. Poderiam ser elaborados volumes imensos de todos os fatos célebres e admitidos, dos quais se deve duvidar. Mas os limites deste verbete não permitem estender-se mais.

[Os templos, as festas, as cerimônias anuais, as próprias medalhas, são provas históricas?]

Somos naturalmente levados a crer que um monumento erigido por uma nação para celebrar um acontecimento atesta sua certeza; se esses monumentos, contudo, não foram elevados por contemporâneos, se celebram alguns fatos pouco prováveis, provam outra coisa a não ser que se quis consagrar uma opinião popular?

A coluna erigida em Roma pelos contemporâneos de Duílio[65] é sem dúvida uma prova da vitória naval de Duílio, mas a estátua do áugure Névio, que cortava uma pedra com uma navalha, provava que Névio havia operado esse prodígio? As estátuas de Ceres e Triptólemo, em Atenas, eram testemunhas incontestáveis de que Ceres havia descido de não sei qual planeta para ensinar a agricultura aos atenienses? O famoso Laocoonte[66], que subsiste hoje tão inteiro, atesta realmente a verdade da história do cavalo de Troia?

As cerimônias, as festas anuais estabelecidas por toda uma nação, não constatam melhor a origem à qual são atribuídas. (...) A famosa festa das Lupercálias era celebrada em honra da loba que amamentou Rômulo e Remo. (...) Quase todas as festas romanas, sírias, gregas, egípcias, eram fundadas sobre contos, bem como os templos e as estátuas dos antigos heróis: eram monumentos que a credulidade consagrava ao erro.

Uma medalha, mesmo contemporânea, às vezes não é uma prova. Sabe-se como a imaginação e a desinformação cunhou medalhas de batalhas totalmente indecisas, classificadas como vitórias, e de empreendimentos sem sucesso que foram classificados de conquistas somente na lenda. (...) As medalhas são testemunhas irrepreensíveis somente quando o acontecimento é atestado por autores contemporâneos; então essas provas, sustentando-se umas às outras, constatam a verdade.

[Deve-se inserir discursos na história e elaborar retratos?]

Se numa ocasião um general de exército, um homem de Estado falou de maneira singular e decisiva, que caracteriza seu gênio e o de sua época, deve-se sem dúvida transcrever seu discurso palavra por palavra; semelhantes discursos são talvez a parte mais útil da história. Mas por que fazer dizer a um homem o que não disse? Seria praticamente atribuir-lhe o que não fez. É uma ficção que imita Homero, mas o que é ficção num poema se torna, a rigor, mentira num historiador. Muitos antigos seguiram esse método; isso só prova que muitos antigos quiseram demonstrar sua eloquência à custa da verdade.

Os retratos mostram ainda muito mais a vontade de brilhar do que instruir. Contemporâneos estão no direito de produzir o retrato dos homens de Estado com os quais negociaram, dos generais sob cujo comando fizeram a guerra. Mas o que se deve temer é que o pincel seja guiado pela paixão! (...) Querer pintar os antigos, porém, esforçar-se em mostrar suas almas, olhar os acontecimentos como características com as quais se pode ler seguramente o fundo dos corações, é uma empresa muito delicada e, em muitos, é uma puerilidade.

[Da máxima de Cícero referente à história: que o historiador não ouse dizer uma falsidade nem esconder uma verdade]

A primeira parte deste preceito é incontestável; é necessário examinar a segunda. Se uma verdade puder ser de alguma utilidade para o Estado, teu silêncio é condenável. Mas suponhamos que escrevas a história de um príncipe que te confiou um segredo: deves revelá-lo? Deves dizer à posteridade aquilo de que serias culpado se o dissesses em segredo até para um único homem? O dever de um historiador deverá vencer um dever maior?

Suponhamos ainda que foste testemunha de uma fraqueza que não teve influência sobre os negócios públicos; deves revelá-la? Neste caso, a história seria uma sátira.

Devemos admitir que a maioria dos escritores de pequenos fatos é mais indiscreta que útil. Que dizer então desses compiladores insolentes que, fazendo da maledicência um mérito, imprimem e vendem escândalos como se vendessem peixe? (...)

[Seção IV - Do método, da maneira de escrever a história e do estilo]

Tanto se disse sobre essa matéria, que aqui se deve dizer muito pouco. Sabe-se muito bem que o método e o estilo de Tito Lívio, sua gravidade, sua eloquência sábia, convêm à majestade da república romana; que Tácito é feito mais para pintar tiranos; Políbio, para dar lições de guerra; Dionísio de Halicarnasso[67], para desenvolver as antiguidades.

Mas, seguindo o modelo geral desses grandes mestres, temos hoje que suportar um fardo mais pesado que o deles. Exigem-se dos historiadores modernos mais detalhes, fatos mais constatados, datas precisas, autoridades, mais atenção aos usos, às leis, aos costumes, ao comércio, às finanças, à agricultura, à população: passa-se com a história o mesmo que com a matemática e a física; a estrada alongou-se prodigiosamente. Nos dias de hoje é mais fácil fazer uma coletânea de jornais do que escrever a história.

(...) Uma das exigências é a de que a história de um país estrangeiro não seja inserida na mesma estrutura que a de sua pátria. Se se escreve a história da França, não se é obrigado a descrever o curso dos rios Sena e Loire; mas quando se narra ao público as conquistas portuguesas na Ásia, exige-se uma topografia dos países descobertos. Deve-se conduzir o leitor pela mão através da África, das costas da Pérsia e da Índia; espera-se que sejam dadas informações sobre os costumes, as leis e os usos dessas nações novas para a Europa.

Dispomos de vinte histórias do estabelecimento dos portugueses na Índia, mas nenhuma nos informou sobre os diversos governos desses países, suas religiões, suas antiguidades, os brâmanes, os discípulos de São João, os guebros e outros. Conservaram, é verdade, as cartas de Xavier[68] e de seus sucessores. Transmitiram-nos histórias sobre a Índia, escritas em Paris, segundo os relatos desses missionários que não sabiam a língua dos brâmanes. Repetem-nos em centenas de escritos que os indianos adoram o demônio. Padres de uma companhia de comércio já partem com esse preconceito e, logo que veem figuras simbólicas nas costas de Coromandel[69], não deixam de escrever que são retratos do diabo, que estão em seu império e que vão combatê-lo. Não pensam que somos nós que adoramos o demônio Mammon[70] e que vamos levar-lhe nossos votos a seis mil léguas de nossa pátria para conseguir dinheiro.

(...) É suficiente saber que o método conveniente à história de seu país não é próprio para descrever as descobertas do Novo Mundo; que não se deve escrever sobre uma pequena cidade como se escreve sobre um grande império; que não se pode escrever a história íntima de um príncipe como se fosse a história da França e a da Inglaterra. Se alguém não tem outra coisa a nos dizer senão que um bárbaro sucedeu a outro bárbaro, qual a utilidade disso para o público?

Essas regras são bastante conhecidas, mas a arte de bem escrever a história sempre será rara. Sabe-se em geral que é necessário um estilo grave, puro, variado, agradável. Há regras para escrever a história como as há para todas as artes de espírito; mas há mais preceitos que grandes artistas.

[Seção V – História dos reis judeus e Paralipômenos]

Todos os povos escreveram sua história, desde que o puderam fazer. Os judeus também escreveram a sua. Antes que tivessem reis, viviam sob uma teocracia; eram governados pelo próprio Deus.

Quando os judeus quiseram ter um rei como os outros povos, seus vizinhos, o profeta Samuel lhes declarou da parte de Deus que era o próprio Deus que eles rejeitavam: assim a teocracia entre os judeus terminou e a monarquia começou.

Poder-se-ia, pois, dizer sem blasfemar que a história dos reis judeus foi escrita como aquela dos outros povos e que Deus não se deu ao trabalho de contar ele próprio a história de um povo que não governava mais.

É com extrema desconfiança que se aventa essa opinião. O que poderia confirmá-la é que os *Paralipômenos*[71] contradizem com muita frequência o *Livro dos Reis* na cronologia e nos fatos, como nossos historiadores profanos se contradizem algumas vezes. Além disso, se Deus sempre escreveu a história dos judeus, deve-se crer, portanto, que continua a escrevê-la, pois, os judeus continuam sendo seu povo predileto. Eles deverão se converter um dia e parece que então estarão também no direito de considerar a história de sua dispersão como sagrada, assim como têm o direito de dizer que Deus escreveu a história de seus reis.

Pode-se fazer ainda uma reflexão: é que, tendo sido Deus seu único rei durante muito tempo e em seguida seu historiador, devemos ter para com todos os judeus o mais profundo respeito. Não há mascate judeu que não esteja infinitamente acima de César e de Alexandre. Como não se prosternar diante de um mascate que lhe prova que sua história foi escrita pela própria divindade, enquanto as histórias gregas e romanas nos foram transmitidas somente por profanos?

Se o estilo da *História dos Reis* e dos *Paralipômenos* é divino, ocorre também que as ações relatadas nessas histórias não são de modo algum divinas. Davi assassina Urias; Isboset e Mifiboset são assassinados; Absalão assassina Amon; Joab assassina Absalão; Salomão assassina Adonias, seu irmão; Baasa assassina Nadab; Zambri assassina Ela; Amri assassina Zambri; Acab assassina Nabot; Jeú assassina Acab e Joram; os habitantes de Jerusalém assassinam Amasias, filho de Joás; Selum, filho de Jabes, assassina Zacarias, filho de Jeroboão; Manaém assassina Selum, filho de Jabes; Faceia, filho de Romélio, assassina Faceias, filho de Manaém; Ozeias, filho de Ela, assassina Faceia, filho de Romélio. Silenciamos muitos outros assassinatos miúdos. Deve-se admitir que, se o Espírito Santo escreveu essa história, não escolheu um assunto muito edificante.

[Seção VI – Más ações consagradas ou escusadas]

É muito usual que historiadores elogiem homens muito maus que prestaram serviço à seita dominante ou à pátria. Esses elogios são talvez de um cidadão zeloso, mas esse zelo ultraja o gênero humano. Rômulo assassina seu irmão e, apesar disso, é feito deus. Constantino degola seu filho, asfixia sua mulher, assassina quase toda a família, mas foi elogiado em Concílios, embora a história deva detestar suas barbáries. É realmente bom para nós, sem dúvida, que Clóvis[72] tenha sido católico; é bom para a Igreja anglicana que Hernique VIII[73] tenha abolido os monges, mas deve-se admitir que Clóvis e Henrique VIII eram monstros cruéis.

Quando o jesuíta Berruyer[74] que, embora jesuíta era um tolo, decidiu parafrasear o Antigo e o Novo Testamentos em estilo popular, sem outra intenção a não ser de favorecer sua leitura, espalhou flores de retórica sobre o punhal de dois gumes que o judeu Aod enterrou com o cabo no ventre do rei Eglon, sobre o sabre com que Judite cortou a cabeça de Holofernes depois de se ter prostituído com ele e sobre vários outros atos desse gênero. O parlamento, respeitando a Bíblia que relata esses fatos, condenou o jesuíta que os elogiava e mandou queimar o Antigo e Novo Testamentos produzidos por ele.

Mas como os juízos dos homens são sempre diferentes em casos semelhantes, a mesma coisa aconteceu a Bayle[75] num caso totalmente oposto; foi condenado por não ter elogiado todas as ações de Davi, rei da província da Judeia. Um senhor Jurieu[76], pregador refugiado na Holanda, com outros pregadores refugiados, quiseram obrigá-lo a retratar-se. Mas como retratar-se sobre fatos consignados pela Escritura? Bayle não tinha alguma razão de pensar que todos os fatos relatados nos livros judeus não são ações santas; que Davi cometeu como outro ações criminosas e que, se é chamado o homem segundo o coração de Deus, é em virtude de sua penitência e não por causa de seus crimes?

Deixemos de lado os nomes e pensemos somente nas coisas. Suponhamos que, durante o reinado de Henrique IV, um padre sectário derramou secretamente uma garrafa de óleo na cabeça de um pastor da região de Brie, que esse pastor vai à corte, que o padre o apresente a Henrique IV como um bom tocador de violino que poderá dissipar sua melancolia, que o rei o nomeie seu escudeiro e lhe dê uma de suas filhas em casamento; que em seguida o rei, aborrecendo-se com o pastor, este se refugie junto de um príncipe da Alemanha, inimigo de seu sogro, que arme seiscentos salteadores endividados e libertinos, que percorra os campos com essa corja, que degole amigos e inimigos, que extermine até mulheres e crianças de peito, a fim de que não haja ninguém que possa difundir essa matança: suponhamos ainda que esse mesmo pastor de Brie se torne rei da França depois da morte de Henrique IV e que mande assassinar o neto dele, depois de tê-lo convidado à sua mesa, e mande matar também outros netos de seu rei; que homem não deveria admitir que esse pastor de Brie é um pouco duro?

Os comentadores concordam que o adultério de Davi e o assassinato de Urias são faltas que Deus perdoou. Pode-se concordar, portanto, que os massacres citados são faltas que Deus também perdoou.

Entretanto, não se deu tréguas a Bayle. Mas, finalmente, alguns pregadores de Londres, tendo comparado Jorge II[77] a Davi, um dos criados desse monarca mandou publicar um livreto em que lamenta essa comparação. Examina toda a conduta de Davi e vai muito mais longe que Bayle: trata Davi com maior severidade do que Tácito[78] trata Domiciano[79]. Esse livreto não suscitou a menor queixa na Inglaterra; todos os leitores perceberam que as más ações são sempre más, que Deus pode perdoá-las quando a penitência é proporcional ao crime, mas que ninguém deve aprová-las.

Há, portanto, mais bom senso na Inglaterra do que havia na Holanda na época de Bayle. Percebe-se hoje que não se deve apresentar como modelo de santidade o que é digno do suplício derradeiro; e sabe-se também que, se não se deve consagrar o crime, não se deve também acreditar no absurdo.

---

1. Jean de La Fontaine (1621-1695), poeta e fabulista francês (NT).
2. Alexandre Magno (356-323 a.C.), rei da Macedônia, Grécia, conquistou todo o mundo oriental conhecido na época, do Egito à Índia (NT).
3. Lendário fundador de Roma, que teria ocorrido no ano 753 a.C. (NT).
4. Na mitologia romana, Marte era o deus da guerra (NT).
5. Lucius Tarquinius Priscus (610-579), quinto rei de Roma (NT).
6. Mármores de Arundel: inscrições gregas encontradas no século XVII e adquiridas por Thomas Howard, conde de Arundel; relatam os principais acontecimentos da história grega desde a fundação de Atenas até 263 a.C. (NT).
7. Herói e rei lendário da Ática, considerado o fundador de Atenas (NT).
8. Heródoto (484-420 a.C.), historiador grego, considerado o pai da história (NT).
9. Ifigênia deveria ser sacrificada por seu pai para que a deusa Ártemis soprasse ventos favoráveis à partida da frota em direção a

Troia; Ártemis, porém, preferiu o sacrifício de uma corça e tomou a donzela como sua sacerdotisa (NT).
10. Rei lendário de Elêusis que teria recebido dos deuses a arte de cultivar os cereais (NT).
11. Deusa da agricultura, dos campos, dos cereais, das colheitas (NT).
12. Prosérpina ou Perséfone, filha de Deméter, raptada por Plutão, que a levou para seu reino dos infernos (NT).
13. Hércules, herói lendário grego que a literatura tornou célebre por seus doze trabalhos, nos quais se notam força, coragem e ousadia (NT).
14. Elêusis era uma pequena cidade grega onde se erigia o mais célebre santuário da antiguidade, meta de peregrinações; dedicado a Deméter, deusa das terras cultivadas, o templo era um centro de ritos iniciáticos (NT).
15. Licofrão ou Lícofron (séc. IV-III a.C.), poeta grego (NT).
16. Fernando II (1452-1516), rei da Espanha, casado com Isabel de Castela (NT).
17. Gêngis Khan (1155?-1227), conquistador e fundador do império mongol que compreendia grande parte da Ásia central e se estendia até Pequim (NT)
18. Antoine Gaubil (1689-1759), padre jesuíta, missionário na China, historiador, tradutor e intérprete da corte imperial chinesa (NT).
19. Oguskan ou Ogus Khan, conquistador cita; os citas constituíam um povo que habitava partes da atual Rússia e vastas áreas da Ásia centro-setentrional (NT).
20. Ciro II (556?-530), fundador do império persa, rei dos medos e persas (NT).
21. Quando Voltaire, na década de 1760, escrevia este texto, os hieróglifos egípcios constituíam ainda total mistério; a escrita egípcia só seria decifrada no século seguinte por Jean-François Champollion (1790-1832), arqueólogo francês (NT).
22. Caius Cornelius Tacitus (55-120), escritor e historiador latino (NT).
23. Titus Livius (59 a.C.-17 d.C.), historiador latino, autor da grande obra *Ab Urbe Condita* (NT).
24. Sanchoniathon (teria vivido no séc. XI a.C.), sacerdote ou historiador fenício, escreveu uma obra sobre a história do mundo; no séc. I de nossa era a obra foi traduzida para o grego por Fílon de Biblos e Eusébio de Cesareia, historiador cristão do século III, cita reiteradas vezes o livro de Sanchoniathon (NT).
25. Principal divindade de Tebas, chamado também Amon ou Knef-Amon (NT).
26. Ísis era a deusa principal do panteão egípcio, irmã e esposa de Osíris; ambos teriam sido os grandes fundadores da civilização do Egito (NT).
27. Publius Ovidius Naso (43 a.C.-18 d.C.), poeta latino (NT).
28. Hesíodo (séc. VIII a.C.), poeta grego; em seus poemas, *Os trabalhos e os dias, Teogonia* e *Escudo de Héracles*, ressalta a intervenção dos deuses na vida do homem (NT).
29. Na mitologia grega, Io era sacerdotisa e a amada de Zeus que, para subtraí-la aos desejos de outra divindade, a transformou em novilha (NT).
30. Candaulo ou Candaule era rei da Lídia no século VII a.C. e foi morto por Giges que o sucedeu no trono (NT).
31. Quéops (c. de 2600 a.C.), faraó do Egito, conhecido especialmente por sua pirâmide, a maior de todas (NT).
32. Numa Pompílio (715-672 a.C.), segundo rei de Roma, a quem foi atribuída a organização religiosa e os ritos de culto de Roma (NT).
33. Entre os gregos, as Sibilas eram sacerdotisas de Apolo, encarregadas de transmitir seus oráculos (NT).
34. Castor e Pólux, na mitologia romana, eram irmãos gêmeos (NT).
35. Martinho (315-307), bispo de Tours, difundiu o cristianismo nas Gálias (NT).
36. Segundo a Bíblia, um dos Juízes de Israel, cuja atuação é narrada no livro dos Juízes; ver também verbete *Jefté* deste dicionário (NT).
37. Na mitologia grega, Deucalião era rei da Tessália numa época em que os homens se degradavam em vícios e maldade. Zeus decidiu então destruí-los com um dilúvio. Deucalião construiu uma espécie de cofre e nele se encerrou com sua mulher Pirra. O dilúvio matou todos os homens, mas Deucalião flutuou durante nove dias e nove noites, salvando-se e desembarcando no monte Parnaso. Depois Zeus providenciou um nascimento milagroso de novos homens e mulheres para repo-voar a terra (NT).
38. O casal Filêmon e Báucide ou Báucis acolheram sem saber o deus supremo Zeus em sua cabana; como recompensa, Zeus transformou sua casa em templo e realizou seu desejo de morrer juntos: Filêmon foi transformado em carvalho e Báucide em tília (NT).
39. Ptolomeu III Evérgetes (280-221 a.C.), rei do Egito; de fato, sob seu reinado os judeus de fala grega de Alexandria do Egito começaram a tradução da Bíblia para o grego, tradução que se tornou conhecida como Bíblia dos Setenta (NT).
40. Charles Rollin (1661-1741), historiador e escritor francês (NT).
41. Apolo era o deus sol na mitologia grega (NT).
42. Rainha lendária da Assíria, a quem a tradição grega atribuiu a fundação de Babilônia com seus famosos jardins suspensos (NT).
43. Dario III, rei da Pérsia de 336 a 330, derrotado em Issos em 333 e em Gaugamelos em 331 (NT).
44. Gregório de Nazianzo (330-390), bispo e doutor da Igreja (NT).

DICIONÁRIO FILOSÓFICO

45. Flavius Claudius Julianus, conhecido como Juliano, o Apóstata (331-363), escritor e imperador romano, educado no cristianismo, abjurou a fé cristã e restabeleceu o paganismo no império, chegando a proibir o ensino aos cristãos (NT).

46. Caius Flavius Valerius Aurelius Constantinus (270?-337), imperador romano de 306 a 337, no ano 313 proclamou o célebre *Edito de Milão*, pelo qual concedia liberdade de culto a todos, inclusive aos cristãos, aos quais determinava que lhes fossem devolvidos os bens confiscados (NT).

47. Voltaire se refere a um desses três reis dos francos: Dagoberto I (600?-638), Dagoberto II (650?-679), Dagoberto III (690?-715), visto que há documentos históricos a respeito de todos eles (NT).

48. Christiern (1481-1558), rei da Dinamarca (NT).

49. Carlos XII (1682-1718), rei da Suécia de 1697 a 1718 (NT).

50. Henrique IV (1553-1610), rei da França (NT).

51. Elisabeth I (1533-1603), rainha da Inglaterra de 1558 a 1603 (NT).

52. Filipe II (1527-1598), rei da Espanha e das colônias americanas, africanas e asiáticas (NT).

53. Luís XIV (1638-1715), rei da França de 1643 a 1715, cognominado rei-sol (NT).

54. Flavius Petrus Sabbatius Justinianus (482-565), imperador bizantino (NT).

55. Gregório VII (1015-1085), papa de 1073 a 1085; teve sérias dificuldades na questão das investiduras ou ingerência do Estado na nomeação de prelados e bispos para cargos eclesiásticos especialmente com o imperador Henrique IV que acabou excomungado-o por duas vezes (NT).

56. A cidade de Marselha foi dizimada por uma peste em 1720; importante porto marítimo, com vasta rede de comércio, a peste teria vindo do Oriente, trazida pelos navios (NT).

57. Noite de massacre dos protestantes, ocorrida em Paris no dia 24 de agosto de 1572, festa de São Bartolomeu, por isso chamada de *La Saint-Barthélemy* (NT).

58. Oliver Cromwell (1599-1658), político inglês, implantou uma ditadura militar no Reino Unido, tornando-se governante absoluto (NT).

59. Marco Polo (1254-1324), viajante veneziano, tornou-se famoso pelos relatos de suas viagens à China, contidos nos livros que publicou (NT).

60. Sexto Tarquínio, sobrinho de Tarquínio, o Soberbo, rei de Roma (séc. VI a.C.), estuprou Lucrécia, esposa do cidadão Tarquínio Colatino; depois de delatar seu estuprador, sentindo-se atingida em sua honra, Lucrécia se suicidou (NT).

61. Porsenna (séc. VI a.C.), rei etrusco, cercou Roma; durante a noite, o soldado romano Múcio Cévola invadiu o acampamento e penetrou na tenda do rei, matando seu secretário, pensando tratar-se do próprio rei; ao descobrir seu erro, Cévola colocou sua mão direita sobre o fogo, queimando-a, por achá-la culpada de seu equívoco (NT).

62. Políbio (200?-120 a.c.), historiador grego, considerado o primeiro autor que estuda a filosofia da história, as causas dos grandes fatos históricos (NT).

63. Jean de Poltrot de Méré (1537-1563), protestante francês, assassinou o duque de Guise, comandante dos exércitos católicos, durante as guerras de religião na França (NT).

64. Marcus Attilius Regulus, general romano, foi preso pelos cartagineses em 256 a.C.; enviado a Roma para negociar a paz, dissuadiu o Senado a aceitar as condições do inimigo; retornou a Cartago, onde morreu sob tortura (NT).

65. Caius Duilius, cônsul romano em 260 a.C., comandou a frota romana durante a guerra contra Cartago e conquistou a vitória nas costas da Sicília (NT).

66. Sacerdote de Apolo em Troia, aconselhou os troianos a não recolherem o cavalo de madeira; em vez de ser ouvido, foi castigado pelas divindades protetoras dos gregos e foi morto, com seus dois filhos, por duas enormes serpentes saídas do mar (NT).

67. Dionísio de Halicarnasso (séc. I a.C.), historiador grego, deixou a obra *Antiguidades romanas* (NT).

68. Francisco Xavier (1506-1552), padre jesuíta, missionário na Índia e no Japão (NT).

69. Parte da costa leste da península da Índia, no golfo de Bengala (NT).

70. Termo aramaico que significa riqueza, dinheiro; no Evangelho é encontrado com o mesmo sentido, indicando o dinheiro que escraviza o mundo (NT).

71. Denominação tradicional dos *Livros das Crônicas* da Bíblia, que descrevem a história do reino de Israel; as divergências a que alude Voltaire aparecem ao comparar a história dos reis de Israel relatada nos livros dos Reis e nos livros das Crônicas da mesma Bíblia (NT).

72. Clóvis I ou Clodoveu (465-511), rei dos francos (NT).

73. Henrique VIII (1491-1547), rei da Inglaterra, fundador da Igreja anglicana (NT).

74. Isaac Joseph Berruyer (1681-1758), padre jesuíta francês, publicou a obra *História do povo de Deus* em 14 volumes; obteve enorme sucesso, mas a obra foi condenada pela Igreja e pelo poder público (NT).

75. Pierre Bayle (1647-1706), escritor francês, protestante, defendia a tese de que o ateísmo é mais lúcido e coerente do que a idolatria (NT).

76. Pierre Jurieu (1637-1713), teólogo e polemista protestante francês; perseguido, refugiou-se na Holanda, de onde continuou suas virulentas críticas aos católicos franceses (NT).

77. Jorge II (1683-1760), rei da Inglaterra (NT).

78. Caius Cornelius Tacitus (55-120), escritor e historiador latino (NT).

79. Titus Flavius Domitianus (51-96), imperador romano de 81 a 96 (NT).

HOMEM - Para conhecer a física da espécie humana, é necessário ler as obras de anatomia, os artigos do *Dicionário enciclopédico* de Venel[1] ou, antes, fazer um curso de anatomia. Para conhecer o homem que denominamos moral, é necessário sobretudo ter vivido e ter refletido.

Todos os livros de moral não estão contidos nestas palavras de Jó[2]:*Homo natus de muliere, brevi vivens tempore, repletur multis miseriis; qui quasi flos egreditur et conteritur, et fligit velut umbra?* "O homem nascido da mulher vive pouco; está repleto de misérias; é como uma flor que desabrocha, fenece e que é esmagada: ele passa como uma sombra."

Já vimos que a raça humana tem apenas cerca de vinte e dois anos para viver, contando aqueles que morrem no regaço de suas amas e aqueles que arrastam até cem anos os restos de uma vida imbecil e miserável.

Que belo apólogo é essa antiga fábula do primeiro homem, que estava destinado, de início, a viver no máximo vinte anos: o que se reduzia a cinco anos, avaliando uma vida com outra. O homem estava desesperado; estavam perto dele uma lagarta, uma borboleta, um pavão, um cavalo, uma raposa e um macaco.

"Prolonga minha vida, diz ele a Júpiter[3]; valho mais que todos estes animais: é justo que eu e meus filhos vivamos muito tempo para mandar em todos os animais."

"De bom grado, responde Júpiter, mas tenho apenas poucos dias a compartilhar como todos os seres aos quais dei a vida. Só posso dar algo mais a ti, tirando dos outros. De fato, não imagines, porque sou Júpiter, que eu seja infinito e todo-poderoso: tenho minha natureza e minha medida. Pois bem, pretendo realmente te dar alguns anos a mais, tirando-os desses seis animais de que tens ciúmes, sob a condição de que assumas sucessivamente os modos deles de ser. O homem será primeiramente lagarta, arrastando-se como ela em sua primeira infância. Terá até quinze anos a leveza de uma borboleta; em sua juventude, a vaidade do pavão. Será necessário, na idade viril, que suporte tantos trabalhos como o cavalo. Por volta dos cinquenta anos, terá a astúcia da raposa; e em sua velhice, será feio e ridículo como um macaco." E este é, de modo geral, o destino do homem.

Observem ainda que, apesar da bondade de Júpiter, este animal, feitas todas as compensações, visto que só tem no máximo 22 a 23 anos para viver, tomando o gênero humano em geral, é necessário tirar um terço para o tempo de sono, durante o qual o homem está morto; restam quinze ou cerca disso: desses quinze tiremos pelo menos oito para a primeira infância, que é, como já disse, o primeiro vestíbulo da vida. O resultado final líquido será de sete anos; desses sete anos, a metade pelo menos é consumida em dores de toda espécie; além disso, três anos e meio para trabalhar, aborrecer-se e para ter um pouco de satisfação – e quanta gente não tem satisfação alguma! Pois bem! Pobre animal, tens coragem de te mostrar orgulhoso ainda?

Infelizmente, nesta fábula, Deus esqueceu de vestir esse animal, como tinha vestido o macaco, a raposa, o cavalo, o pavão e até a lagarta. A espécie humana teve apenas sua pele lisa que, continuamente exposta ao sol, à chuva, ao granizo, ficou rachada, curtida, manchada. O macho, em nosso continente, foi desfigurado por cabelos esparsos em seu corpo, que o tornaram horrível sem cobri-lo. Seu rosto ficou escondido debaixo de seus cabelos. Seu queixo se tornou um solo áspero, no qual cresceu uma floresta de caules miúdos, cujas raízes estavam no alto e os ramos embaixo. Foi nesse estado, e de acordo com essa imagem, que esse animal ousou pintar a Deus quando, na sequência dos tempos, aprendeu a pintar.

A fêmea, sendo mais fraca, se tornou ainda mais desagradável e mais horrorosa em sua velhice: o objeto da terra mais medonho é uma decrépita. Finalmente, sem os alfaiates e as costureiras, a espécie humana nunca teria ousado mostrar-se diante dos outros. Mas antes de ter roupas, antes mesmo de saber falar, muitos séculos decorreram. Isso está provado, mas é necessário repeti-lo com frequência.

> *Esse animal não civilizado, abandonado a si mesmo,*
> *deve ter sido o mais sujo e mais pobre de todos os animais.*
> *Meu caro Adão, meu guloso, meu bom pai,*
> *que fazias nos jardins do Éden?*
> *Trabalhavas para esse tolo gênero humano?*
> *Acariciavas a senhora Eva, minha mãe?*
> *Confessa que ambos tinham*
> *as unhas longas, um tanto pretas e imundas,*
> *a cabeleira bastante desleixada,*
> *a tez queimada, a pele rude e curtida.*
> *Sem limpeza, o amor mais feliz*
> *não é mais amor, é uma necessidade vergonhosa.*
> *Logo cansados de sua bela aventura,*
> *embaixo de um carvalho, jantam educadamente*
> *com água, painço e bolotas;*
> *terminada a refeição, dormem no chão duro.*
> *Aí está o estado de natureza pura*[4].

Não deixa de ser extraordinário que se tenha importunado, difamado e perseguido um filósofo muito estimado de nossos dias, o inocente e bom Helvétius[5], por ter dito que, se os homens não tivessem mãos, não teriam podido construir casas e trabalhar em tapeçaria de alta qualidade. Evidentemente aqueles que condenaram essa proposta devem ter segredo para cortar as pedras e a madeira e para trabalhar com a agulha com seus pés.

Eu gostava do autor do livro *Do Espírito*. Esse homem valia mais que todos os seus inimigos juntos; mas nunca aprovei nem os erros de seu livro, nem as verdades triviais que enfatiza. Tomei seu partido com vigor, quando homens absurdos o condenaram por causa dessas verdades.

Não tenho palavras para exprimir o tamanho de meu desprezo por aqueles que, por exemplo, quiseram proscrever magistralmente esta proposição: "Os turcos podem ser considerados deístas[6]."

Oh! Empregadinhos de colégio, como querem então que sejam considerados? Como ateus, porque adoram somente um único Deus.

Condenam também esta proposta: "O homem de espírito sabe que os homens são o que devem ser; que todo ódio entre eles é injusto; que um tolo profere tolices como um cavalo para enxertia produz frutos amargos."

Ah! Plantas selvagens da escola, perseguem um homem porque não os odeia. Deixemos de lado a escola e vamos prosseguir.

Com a razão, com mãos industriosas, uma cabeça capaz de generalizar ideias, uma língua bastante flexível para exprimi-las, esses são os grandes benefícios atribuídos pelo ser supremo ao homem, em detrimento dos outros animais.

O macho em geral vive um pouco menos que a fêmea. É sempre mais alto, guardadas as proporções. O homem de alta estatura tem geralmente duas ou três polegadas a mais que a mulher mais alta.

Sua força é quase sempre superior; é mais ágil; e, visto que tem todos os órgãos mais fortes, é mais capaz de uma atenção contínua. Todas as artes foram inventadas por ele e não pela mulher. Deve-se observar que não foi o fogo da imaginação, mas a meditação perseverante e a combinação das ideias que o levaram a inventar as artes, como a mecânica, a pólvora, a tipografia, o relógio, etc.

A espécie humana é a única que sabe que deve morrer e o sabe apenas pela experiência. Uma criança que cresce sozinha, transferida numa ilha deserta, não desconfiaria disso mais que uma planta e um gato.

Um homem muito singular[7] escreveu que o corpo humano é um fruto que fica verde até a velhice e que o momento da morte é a maturidade. Estranha maturidade essa feita de podridão e cinza! A cabeça desse filósofo não era e não estava madura. Como a ansiedade de dizer coisas novas levou tantos a dizer coisas extravagantes!

As principais ocupações de nossa espécie são a moradia, o alimento e o vestuário; todo o resto é acessório e é esse pobre acessório que produziu tantos assassinatos e devastações.

[Diferentes raças de homens]

Vimos em outro local como este globo tem raças de homens diferentes e até que ponto o primeiro negro e o primeiro branco que se encontraram certamente ficaram surpresos ao se verem um perante o outro.

É realmente bastante provável que várias espécies de homens e de animais demasiado fracos pereceram. É por isso que não encontramos mais múrices, cuja espécie foi devorada provavelmente por outros animais que surgiram depois de vários séculos nas margens habitadas por esse pequeno marisco.

São Jerônimo[8], em sua *História dos padres do deserto*, fala de um centauro que teve uma conversa com o eremita santo Antão. A seguir relata uma conversa mais longa que o mesmo Antão teve com um sátiro.

Santo Agostinho[9], no seu 33º sermão, intitulado "A seus irmãos no deserto", diz coisas tão extraordinárias como Jerônimo: "Eu já era bispo de Hipona quando fui à Etiópia com alguns servos de Cristo para lá pregar o Evangelho. Vimos nesse país muitos homens e mulheres sem cabeça, que tinham dois grandes olhos no peito; vimos também nessas regiões mais meridionais um povo que tinha apenas um olho na fronte, etc."

Parece quase certo que Agostinho e Jerônimo falavam por interesse; aumentavam as obras da criação para manifestar com maior evidência as obras de Deus. Queriam impressionar os homens com fábulas, para torná-los mais submissos ao jugo da fé.

Podemos ser realmente bons cristãos sem acreditar em centauros, em homens sem cabeça, naqueles que tinham um único olho ou uma só perna, etc. Mas não podemos duvidar que a estrutura interna de um negro não seja diferente daquela de um branco, porquanto a camada mucosa ou gordurosa é branca em uns e preta nos outros. Já disse isso, mas vocês são surdos.

Os albinos e os darienos[10], os primeiros originários da África e os segundos, da América central, são tão diferentes de nós como os negros. Há raças amarelas, vermelhas, cinzentas. Já vimos que todos os americanos não têm barba e nenhum cabelo no corpo, excetuando as sobrancelhas e os cabelos da cabeça. Todos são igualmente homens, mas como um abeto, um carvalho e uma pereira são igualmente árvores; a pereira não vem do abeto e o abeto não vem do carvalho.

Mas por que no meio do oceano Pacífico, numa ilha chamada Taiti, os homens são barbudos? É o mesmo que perguntar por que nós o somos, enquanto os peruanos, os mexicanos e os canadenses não o são; é perguntar por que os macacos têm cauda e por que a natureza nos recusou esse ornamento que, pelo menos entre nós, é de uma raridade extrema.

As inclinações, os caracteres dos homens, diferem tanto quanto seus climas e seus governos. Nunca foi possível compor um regimento de lapões e de samoiedos[11], enquanto os siberianos, seus vizinhos, se tornam soldados intrépidos.

Não se chegará tampouco a transformar em bons granadeiros um pobre dariano ou um albino. Não é porque têm olhos de perdiz; não é porque seus cabelos e suas sobrancelhas são de uma seda mais fina e mais branca; mas é porque seu corpo e, por conseguinte, sua coragem, é de uma fraqueza extrema. Somente um cego, e um cego obstinado, é que pode negar a existência de todas essas diferentes espécies. Essa diferença é tão grande e tão notável como aquela existente entre os macacos.

[Todas as raças de homens sempre viveram em sociedade]

Todos os homens que foram descobertos nos países mais incultos e mais assustadores vivem em sociedade como os castores, as formigas, as abelhas, e várias outras espécies de animais.

Nunca foi visto um país em que vivessem separados, onde o macho se juntasse com a fêmea somente por acaso e a abandonasse no momento seguinte por desgosto; onde a mãe ignorasse seus filhos depois de tê-los criado, onde se vivesse sem família e sem sociedade alguma. Alguns maus piadistas abusaram de seu espírito até o ponto de arriscar o surpreendente paradoxo de que o homem é criado originalmente para viver sozinho como um lince e que foi a sociedade que depravou a natureza. Seria a mesma coisa que dizer que, no mar, os arenques foram originalmente feitos para nadar isolados e que foi por um excesso de corrupção que passam em bandos vindos do mar glacial, aportando em nossas costas; que antigamente os grous voavam sozinhos no ar e que, por uma violação do direito natural, passaram a voar em grupo.

Todo animal tem seu instinto; e o instinto do homem, fortalecido pela razão, o leva à sociedade como a comer e a beber. Bem ao contrário de a necessidade da sociedade ter degradado o homem, é o afastamento dela que o degrada. Quem vivesse absolutamente só, logo perderia a faculdade de pensar e de se exprimir; estaria a cargo de si mesmo; só chegaria a se metamorfosear em animal. O excesso de um orgulho impotente, que se ergue contra o orgulho dos outros, pode levar uma alma melancólica a fugir dos homens. É nesse momento que ela se deprava. Ela se pune a si própria: seu orgulho se torna seu suplício; ela se corrói na solidão do despeito secreto por ser desprezada e esquecida; ela se submeteu à mais horrível escravidão para ser livre.

Houve quem ultrapassasse os limites da loucura ao dizer que não é natural que um homem se aproxime da mulher durante os nove meses de gravidez; uma vez o apetite satisfeito, diz o autor desses paradoxos, o homem não tem mais necessidade dessa mulher, nem a mulher desse homem; este não tem a menor preocupação, nem talvez a mínima ideia das consequências de sua ação. Um vai para seu lado, e outro para outro lado; e não parece que, ao final de nove meses, se lembrem de ter-se conhecido... Para que ampará-la depois do parto? Por que ajudá-la a criar um filho que não sabe sequer se é dele[12]?

Tudo isso é execrável; mas felizmente nada é mais falso. Se essa indiferença bárbara fosse o verdadeiro instinto da natureza, a espécie humana teria feito quase sempre assim. O instinto é imutável; suas inconstâncias são muito raras. O pai sempre teria abandonado a mãe, a mãe teria abandonado seu filho e haveria muito menos homens na terra do que animais carnívoros, pois, os animais selvagens, mais bem providos, mais bem armados, têm um instinto mais rápido, meios mais seguros e um alimento mais garantido que a espécie humana.

Nossa natureza é bem diferente desse espantoso romance que esse energúmeno fez dela. Excetuando algumas almas bárbaras inteiramente embrutecidas, ou talvez um filósofo mais embrutecido ainda, os homens mais duros gostam, por um instinto dominante, do filho que ainda não nasceu, do ventre que o carrega e da mãe que redobra de amor por aquele do qual recebeu em seu seio o germe de um ser semelhante a ela.

O instinto dos carvoeiros da Floresta Negra lhes fala tão alto, os anima tão vigorosamente em favor de seus filhos como o instinto dos pombos e dos rouxinóis os obriga a alimentar seus filhotes. Perde-se, portanto, o próprio tempo a escrever essas futilidades abomináveis.

O grande defeito de todos esses livros de paradoxos não é o de supor sempre a natureza diversamente do que é? Se as sátiras sobre o homem e a mulher, escritas por Boileau[13], não fossem brincadeiras, pecariam por esse erro essencial de supor todos os homens loucos e todas as mulheres impertinentes.

O mesmo autor, inimigo da sociedade, semelhante à raposa sem rabo, que queria que todas as suas coirmãs cortassem a cauda, assim se exprime com um toque magistral:

"O primeiro que, ao cercar um terreno, resolveu dizer *Isto é meu* e se deparou com homens bem simples que acreditaram nisso, foi o verdadeiro fundador da sociedade civil. Quantos crimes, guerras, assassinatos, quantas misérias e horrores não poderiam ter sido poupados ao gênero humano por aquele que, arrancando os postes da cerca ou cobrindo o fosso, tivesse clamado a seus semelhantes: "Deixem de escutar esse impostor; estão perdidos se esquecerem que os frutos são de todos e que a terra não é de ninguém!"

Assim, de acordo com esse belo filósofo, um ladrão, um destruidor teria sido o benfeitor do gênero humano; e teria sido necessário punir um homem honesto que tivesse dito a seus filhos: "Vamos imitar nosso vizinho; ele cercou suas terras, os animais não entrarão mais para devastá-lo, seu terreno se tornará mais fértil; vamos trabalhar o nosso como ele trabalhou o dele, ele nos vai ajudar e nós o ajudaremos; cada família cultivando seu terreno, nos alimentaremos melhor, ficaremos mais sadios, mais tranquilos, menos infelizes. Tentaremos estabelecer uma justiça distributiva que console nossa pobre espécie e valeremos mais que as raposas e as fuinhas, às quais esse extravagante quer que nos assemelhemos."

Este discurso não seria mais sensato e mais honesto que aquele do louco selvagem que quisesse destruir o pomar do pobre homem?

Qual é, pois, a espécie de filosofia que leva a dizer coisas que o senso comum rejeita do fundo da China até o Canadá? Não é aquela de um mendigo que gostaria que todos os ricos fossem roubados pelos pobres, a fim de melhor estabelecer a união fraternal entre os homens?

É verdade que, se todas as sebes, todas as florestas, todas as planícies, estivessem cobertas de frutos nutritivos e deliciosos, seria impossível, injusto e ridículo guardá-los todos.

Se há algumas ilhas onde a natureza fornece prodigamente os alimentos e todo o necessário sem trabalho, vamos para lá viver longe do acúmulo de nossas leis: mas logo que as tivermos povoado, será necessário retornar ao meu e ao teu, e a essas leis que muitas vezes são extremamente ruins, mas das quais não se pode prescindir.

[O homem nasceu mau?]

Não parece demonstrado que o homem nasceu perverso e filho do demônio? Se essa fosse sua natureza, cometeria atrocidades, perversidades logo que conseguisse caminhar; ele utilizaria a primeira faca que encontrasse para ferir qualquer um que não fosse de seu agrado.

Pelo contrário, em toda a terra, quando criança, é de um caráter semelhante aos cordeiros. Por que então e como se torna com tanta frequência lobo e raposa? Não será porque, uma vez que não é nem bom nem mau, a educação, o exemplo, o governo com que se depara, a ocasião, enfim, o determinam à virtude ou ao crime?

Talvez a natureza humana não podia ser diferente. O homem não podia ter sempre pensamentos falsos, nem sempre pensamentos corretos, afeições sempre amenas, nem sempre cruéis.

Parece demonstrado que a mulher vale mais que o homem; vemos cem irmãos inimigos contra uma *Clitemnestra*[14].

Há profissões que tornam necessariamente a alma implacável; a de soldado, de açougueiro, de arqueiro, de carcereiro, e todos os ofícios que se baseiam na desgraça dos outros. O arqueiro, o guarda-costas, o carcereiro, por exemplo, estão felizes apenas quando fazem o papel de opressores. Na verdade, são necessários contra os malfeitores e, com isso, úteis à sociedade, mas sobre mil homens desse tipo, não há um só que aja por causa do bem público e que chegue mesmo a saber o que é bem público.

É particularmente curioso ouvi-los falar de suas proezas, contar o número de suas vítimas, seus estratagemas para apanhá-las, os males que lhes infligiram e o dinheiro que receberam por isso.

Quem teve a oportunidade de conhecer os bastidores de um tribunal, quem conseguiu ouvir os procuradores discorrendo familiarmente entre eles e descrever as misérias de seus clientes, pode realmente ficar com uma opinião muito negativa da natureza.

Há profissões mais terríveis e que são, no entanto, disputadas como um título de cônego.

Há profissões que transformam um homem honesto em trapaceiro e que o acostumam, contra sua vontade, a mentir, a enganar, sem que o perceba; acostumam-no a colocar uma venda nos olhos, a abusar por interesse e pela vaidade de sua condição, a mergulhar sem remorso a espécie humana numa cegueira estúpida.

As mulheres, incessantemente ocupadas na educação dos filhos e absorvidas em seus cuidados domésticos, são excluídas de todas essas profissões que pervertem a natureza humana e que a tornam atroz. Em toda parte elas são menos bárbaras que os homens.

A física se junta à moral para afastá-las dos grandes crimes; seu sangue é mais suave; elas gostam menos dos licores fortes que incitam à ferocidade. Uma prova evidente é que, de mil vítimas da justiça, de mil assassinos executados, mal se chega a contar quatro mulheres, como o provamos em outro local. Não creio mesmo que na Ásia haja dois exemplos de mulheres condenadas a um suplício público.

Parece, portanto, que nossos usos e costumes tornaram muito má a espécie do sexo masculino.

Se essa verdade fosse geral e sem exceções, essa espécie seria mais horrível do que é a nossos olhos aquela das aranhas, dos lobos e das fuinhas. Mas felizmente as profissões que endurecem o coração e o enchem de paixões odiosas são muito raras. Observem que, numa nação de cerca de vinte milhões de habitantes, há no máximo duzentos mil soldados. É apenas um soldado por duzentos indivíduos. Esses duzentos mil soldados são mantidos na mais severa disciplina. Entre eles há aqueles muito honestos que retornam à sua aldeia para viver sua velhice como bons pais e bons maridos.

Os outros ofícios perigosos para os bons costumes são de número reduzido.

Os agricultores, os artesãos, os artistas, estão muito ocupados para se entregarem com frequência ao crime. A terra sempre terá homens maus detestáveis. Os livros sempre vão exagerar seu número que, embora demasiado grande, é sempre menor do que se diz.

Se o gênero humano tivesse estado sob o domínio do demônio, não haveria mais ninguém na terra.

Consolemo-nos; vimos, veremos sempre belas almas desde Pequim até Rochelle; e, digam o que disserem licenciados e bacharéis, os Tito[15], os Trajano[16], os Antonino[17] e Pierre Bayle[18] foram pessoas extremamente honestas.

[O homem no estado de natureza pura]

Que seria o homem no estado que se denomina *natureza pura*? Um animal muito abaixo dos primeiros iroqueses que foram encontrados no norte da América. Seria muito inferior a esses iroqueses, visto que estes sabiam acender o fogo e confeccionar flechas. Foram necessários séculos para chegar a essas duas artes.

O homem abandonado à natureza pura teria como linguagem apenas alguns sons mal articulados; a espécie seria reduzida a um número muito pequeno pela dificuldade do alimento e pela falta de recursos, pelo menos em nossos tristes climas. Não teria tampouco conhecimento de Deus e da alma, bem como da matemática; suas ideias estariam reduzidas ao cuidado de alimentar-se. A espécie dos castores seria preferível.

É precisamente nessa época que o homem não passaria de uma criança robusta; e já vimos muitos homens que não estão muito acima desse estado.

Os lapões, o samoiedos, os habitantes de Kamtchatka[19], os cafres, os hotentotes, são em relação ao homem no estado de natureza pura o que eram outrora as cortes de Ciro e Semíramis[20] em comparação com os habitantes de Cévennes[21]. E, no entanto, esses habitantes de Kamtchatka e esses hotentotes de nossos dias, tão superiores ao homem inteiramente selvagem, são animais que vivem seis meses do ano em cavernas, onde comem a mancheias os vermes que depois os devorarão. Em geral a espécie humana não é dois ou três graus mais civilizada que os habitantes de Kamtchatka. A multidão dos animais brutos chamados *homens*, comparada com o pequeno número daqueles que pensam, está pelo menos na proporção de cem para um em muitas nações.

É agradável considerar de um lado o padre Malebranche[22] que conversa familiarmente com o Verbo e, do outro lado, esses milhões de animais semelhantes a ele que nunca ouviram falar do Verbo e que não têm qualquer ideia metafísica.

Entre os homens de puro instinto e os homens de gênio, flutua esse número imenso ocupado unicamente em subsistir. Essa subsistência custa trabalhos tão prodigiosos, que muitas vezes é necessário, no norte da América, que uma imagem de Deus corra cinco ou seis milhas para ter do que jantar e que, entre nós, a imagem de Deus regue a terra com seus suores todo o ano para que se possa ter pão. Acrescentem a esse pão, ou ao equivalente, uma choça e uma roupa surrada; aí está o homem como é em geral de uma extremidade a outra do universo. E foi somente depois de uma multidão de séculos que conseguiu chegar a esse alto grau.

Finalmente, após mais séculos, as coisas chegam ao ponto em que as vemos. Aqui é representada uma tragédia em música; lá, os homens se matam no mar, em outro hemisfério, com mil peças de bronze; a Ópera e um navio de guerra de primeira linha sempre surpreendem minha imaginação. Duvido que se possa ir mais longe em nenhum dos globos semeados pela extensão do espaço. Entretanto, mais da metade da terra habitável ainda está povoada de animais de dois pés que vivem nesse horrível estado que se aproxima da natureza pura, mal tendo do que viver e vestir, mal desfrutando do dom da palavra, mal percebendo que são infelizes, vivendo e morrendo quase sem o saber.

[Análise de um pensamento de Pascal sobre o homem]

"Posso imaginar um homem sem mãos, sem pés, e o imaginaria mesmo sem cabeça, se a experiência me dissesse que é com ela que pensa" (*Pensamentos* de Pascal[23], parte I, IV, 2).

Como imaginar um homem sem pés, sem mãos e sem cabeça? Seria tão diferente de um homem como uma abóbora.

Se todos os homens não tivessem cabeça, como a sua poderia imaginar que são animais como você, porquanto não teriam nada do que constitui principalmente seu ser? Uma cabeça é alguma coisa; os cinco sentidos se encontram nela, o pensamento também. Um animal que se assemelhasse da nuca para baixo a um homem, ou a um desses macacos chamados *orangotangos*, ou ao homem das florestas, não seria mais homem que um macaco ou que um urso, aos quais se teria cortado a cabeça e a cauda.

"É, portanto, teu pensamento que faz o ser do homem, etc." Nesse caso, o pensamento seria sua essência, como a extensão e a solidez são a essência da matéria. O homem pensaria essencialmente e sempre, como a matéria é sempre extensa e sólida. Pensaria num profundo sono sem sonhos, num desmaio, numa letargia, no ventre de sua mãe. Sei muito bem que nunca pensei em nenhum desses estados; confesso-o com frequência e desconfio que os outros sejam como eu.

Se o pensamento fosse essencial ao homem, como a extensão à matéria, disso se seguiria que Deus não pôde privar esse animal de entendimento, porquanto não pode privar a matéria de extensão, pois, então não seria mais matéria. Ora, se o entendimento é essencial ao homem, é, portanto, pensante por sua própria natureza, como Deus é Deus por sua própria natureza.

Se eu quisesse tentar definir Deus, como um ser tão fraco como nós pode defini-lo, diria que o pensamento é seu ser, sua essência; mas o homem!

Temos a faculdade de pensar, de andar, de falar, de comer, de dormir, mas não usamos sempre essas faculdades; isso não é de nossa própria natureza.

O pensamento em nós não é um atributo? E é tão bem um atributo, que ora é fraco, ora é forte, ora razoável, ora extravagante. Ele se esconde, se mostra; foge, retorna; é nulo, é reproduzido. A essência é algo totalmente diferente: ela não varia nunca; não conhece o mais ou o menos. Qual seria, portanto, o animal sem cabeça suposto por Pascal? Um ser de razão. Teria podido supor igualmente uma árvore à qual Deus teria dado o pensamento, como se disse que os deuses tinham atribuído voz às árvores de Dodona[24].

[Reflexão geral sobre o homem]

São necessários vinte anos para levar o homem do estado de planta, que é no ventre de sua mãe, e do estado de puro animal, que é a partilha de sua primeira infância, até o estado em que a maturidade da razão começa a despontar. Foram necessários trinta séculos para conhecer um pouco sua estrutura. Seria necessária a eternidade para conhecer alguma coisa de sua alma. Não é necessário mais que um instante para matá-lo.

---

1. Gabriel François Venel (1723-1775), químico, farmacêutico e médico francês, enciclopedista, elaborou 673 verbetes do *Dictionnaire encyclopédique* – Dicionário enciclopédico, publicado na França no decorrer do século XVIII (NT).

2. Livro bíblico de Jó, XIV, 1-2 (NT).

3. Júpiter era o deus dos deuses, o supremo deus, na mitologia romana e correspondia a Zeus dos gregos, suprema divindade do Olimpo (NT).

4. Estes versos são do próprio Voltaire, extraídos da obra *Pièces en vers* – Peças em verso (NT).

5. Claude-Adrien Helvétius (1715-1771), filósofo francês; sua obra mais importante é *De l'esprit* (Do espírito), na qual expõe seu sistema materialista e antirreligioso; provocou na época grande escândalo, mas o livro marcou profundamente o pensamento francês desse século (NT).

6. *De l'esprit*, cap. XXIV; a outra proposição citada logo a seguir está no cap. X deste mesmo livro (NT).

7. Pierre Louis Moreau de Maupertuis (1698-1759), matemático francês; suas enunciações de natureza matemática criou um clima tenso entre ele e Voltaire, levando-os a acirradas discussões (NT).

8. Sophronius Eusebius Hieronymus (331-420), escritor cristão e doutor da Igreja; além de seus numerosos escritos, dedicou parte de sua vida para traduzir toda a Bíblia do hebraico e do grego para o latim, tradução que levou o nome de *Bíblia Vulgata* (NT).

9. Aurelius Augustinus (354-430), bispo de Hipona, norte da África, e doutor da Igreja, deixou uma obra imensa, destacando-se "A cidade de Deus e Confissões"(NT).

10. Habitantes da província de Darién, república do Panamá (NT).

11. Os lapões habitam áreas próximas do polo norte, na chamada Lapônia, região constituída de partes dos territórios da Noruega, da Suécia, da Finlândia e da Rússia. Os samoiedos são de raça mongol e habitam nas estepes da Sibéria ártica (NT).

12. Alusão a Jean-Jacques Rousseau (1712-1778), filósofo e romancista francês, pela afirmação contida no livro *Discurso sobre a origem da desigualdade entre os homens* (livro já publicado pela Editora Escala) (NT).

13. Nicolas Boleau, dito Boileau-Despréaux (1636-1711), escritor francês; menosprezou a literatura em geral e a veia satírica, preferindo um discurso moralista (NT).

14. Segundo a mitologia grega, Clitemnestra era esposa de Agamenon, comandante de tropas na guerra de Troia; durante a ausência dele, manteve uma ligação adúltera com Egisto; quando Agamenon retornou, Clitemnestra e Egisto o enforcaram (NT).
15. Titus Flavius Vespasianus (39-81), imperador romano de 79 a 81, havia tomado Jerusalém no ano 70 como principal general das tropas romanas (NT).
16. Marcus Ulpius Trajanus (53-117), imperador romano de 98 a 117 (NT).
17. Marcus Aurelius Antoninus (121-180), imperador romano de 161 a 180, filósofo estoico, deixou a obra *Pensamentos e meditações* (NT)
18. Pierre Bayle (1647-1706), escritor francês, protestante, defendia a tese de que o ateísmo é mais lúcido e coerente do que a idolatria (NT).
19. Península do extremo leste do território da Rússia (NT).
20. Ciro II (556?-530), fundador do império persa, rei dos medos e persas; Semíramis foi uma lendária rainha da Assíria, a quem a tradição grega atribuiu a fundação de Babilônia com seus famosos jardins suspensos (NT).
21. Região montanhosa da França, Cévennes foi palco da revolta dos calvinistas franceses, chamados camisardos, que se transformou em guerra civil religiosa em toda a região e perdurou de 1702 a 1704 (NT).
22. Nicolau de Malebranche (1638-1715), filósofo francês (NT).
23. Blaise Pascal (1623-1662), matemático, físico, filósofo e escritor (NT).
24. Cidade da antiga Grécia, importante pelo templo dedicado a Zeus, o deus supremo do Olimpo, que proferia seus oráculos e sua voz era ouvida no farfalhar das folhas e ramos dos carvalhos sagrados dos arredores do templo e da cidade (NT).

IDADE - Não temos vontade nenhuma de falar das idades do mundo, pois, são tão conhecidas e tão uniformes! Não vamos falar tampouco da idade dos primeiros reis ou deuses do Egito; é sempre a mesma coisa. Viviam centenas de anos; isso não nos diz respeito. O que nos interessa muito, porém, é a duração média da vida humana. Essa teoria é perfeitamente bem tratada no *Dicionário enciclopédico*, no verbete *vida*, por autores como Halley, Kerseboom e Deparcieux. Em 1741, Kerseboom me transmitiu seus cálculos sobre a cidade de Amsterdam; aqui está o resultado:

Sobre 100 mil pessoas, havia casadas	34.500
Viúvos, sozinhos	1.500
Viúvas	4.500

Isso não provaria que as mulheres vivem mais que os homens na proporção de 45 a 15 e que haveria três vezes mais mulheres que homens, mas provaria que havia três vezes mais holandeses que tinham ido morrer em Batávia ou na pesca da baleia do que mulheres, as quais geralmente permanecem em casa; e esse cálculo é também prodigioso:

Celibatários, jovens e crianças dos dois sexos	45.000
Do lar	10.000
Viajantes	4.000
Total	99.500

Por seu cálculo, deveria haver aproximadamente um milhão de habitantes dos dois sexos, dos 16 aos 50 anos, em torno de 20 mil homens como soldados, sem prejudicar as outras profissões. Vejam, porém, os cálculos de Deparcieux, Saint-Maur e Buffon[1]; são ainda mais precisos e mais instrutivos sob qualquer aspecto.

Essa aritmética não é favorável à mania de formar grandes exércitos. Todo príncipe que reúne soldados demais pode arruinar seus vizinhos, mas certamente arruína seu Estado. Esse cálculo desmente também em muito a conta ou, melhor, o conto de Heródoto[2], que faz Xerxes[3] chegar à Europa seguido de aproximadamente 2 milhões de homens. De fato, se um milhão de habitantes dá 20 mil soldados, resulta disso que Xerxes tinha 100 milhões de súditos, o que é praticamente inacreditável. Dizem isso, contudo, da China, mas ela não tem um milhão de soldados: desse modo, o imperador da China é duplamente mais sábio que Xerxes.

A antiga cidade de Tebas, de cem portas, que deixava sair 10 mil soldados por cada porta, teria tido, segundo a suposição holandesa, 50 milhões de habitantes, entre cidadãos e cidadãs. Fazemos um cálculo mais modesto no verbete *recenseamento*.

Uma vez que a idade do serviço de guerra pode ser colocada entre 20 e 50 anos, deve-se estabelecer uma prodigiosa diferença entre portar armas fora do país e permanecer soldado na própria pátria. Xerxes deve ter perdido dois terços de seu exército em sua viagem à Grécia. César diz que os suíços saíram de seu país em 388 mil para ir até algumas províncias da Gália, a fim de matar e despojar seus habitantes, mas ele conseguiu derrotá-los tão eficazmente que só sobraram 110 mil. Teriam sido necessários dez séculos para repovoar a Suíça, pois se sabe muito bem hoje que os filhos não são feitos nem a pedradas, como nos tempos de Deucalião e de Pirra[4], nem a penadas, como o padre jesuíta Pétau[5], que faz nascer 700 bilhões de homens de um só dos filhos do pai Noé em menos de 300 anos.

Carlos XII[6] convocou um quinto dos homens da Suécia para ir mover guerra em países estrangeiros e despovoou sua pátria.

Continuemos a percorrer as ideias e os números do calculador holandês, sem nada responder, porque é perigoso ser contador.

[Cálculo da vida]

Segundo ele, numa grande cidade, de 26 casais não restam mais que oito filhos. Sobre mil legítimos, ele conta 65 ilegítimos.

De 700 filhos, após um ano restam em torno de	*560*
Após 10 anos	445
Após 20 anos	405
Após 40 anos	300
Após 60 anos	190
Após 80 anos	50
Após 90 anos	5
Aos 100 anos, ninguém	0

Com isso se percebe que, de 700 crianças nascidas no mesmo ano, só há 5 chances para chegar aos 80 anos. Sobre 140, só uma única chance; e sobre um número menor, não há chance alguma.

Não é, portanto, senão sobre um grande número de existências que se pode esperar levar a própria até 90 anos e sobre um número bem maior ainda para poder esperar viver um século.

São grandes números de loteria, sobre os quais não se deve contar e não são até mesmo a desejar, embora sejam sempre desejados; isso não passa de uma longa morte.

Quantos encontramos desses anciãos chamados *felizes*, cuja felicidade consiste em não poder desfrutar de nenhum prazer da vida, em fazer somente e com dificuldade duas ou três funções desgostosas, em não distinguir nem os sons nem as cores, em não conhecer alegria nem esperança e cuja felicidade total é saber de modo confuso que são um fardo da terra, batizados ou circuncidados há cem anos?

Há um só deles sobre 100 mil, quando muito, em nosso hemisfério.

Vejam as listas dos mortos de cada ano em Paris e em Londres; essas cidades, pelo que se diz, têm em torno de 700 mil habitantes. É muito raro encontrar nelas, ao mesmo tempo, sete centenários e muitas vezes não há um só deles.

Em geral, a média de idade pela qual a espécie humana é devolvida à terra, de onde sai, é de 22 a 23 anos, quando muito, segundo os melhores observadores.

De mil bebês nascidos num mesmo ano, uns morrem aos seis meses, outros aos 15 meses; este morre aos 18 anos, aquele aos 36, alguns aos 60; três ou quatro octogenários, sem dentes e sem olhos, morrem depois de ter sofrido 80 anos. Tomem um número médio, cada um carregou seu fardo durante 22 ou 23 anos.

Segundo esse princípio, que não deixa de ser bem verdadeiro, é vantajoso para um Estado bem administrado e que dispõe de fundos de reserva constituir muitas rendas vitalícias. Príncipes econômicos que quiserem enriquecer sua família ganham consideravelmente com isso; a cada ano a soma que devem pagar diminui.

O mesmo não ocorre com um Estado endividado. Como paga juros mais altos que os juros usuais, logo se vê desprovido de fundos; é obrigado a fazer novos empréstimos; é um círculo perpétuo de dívidas e de inquietudes.

As tontinas[6], invenção do usurário chamado *Tonti*, são bem mais ruinosas. Nenhum alívio durante 80 anos pelo menos. Acaba-se pagando todas as rendas ao último sobrevivente. Na última tontina organizada na França em 1759, uma sociedade de calculadores tomou uma classe específica; escolheu a de 40 anos porque se depositava mais dinheiro nessa idade do que nas idades de um a 40 anos e porque há quase tantas chances de chegar de 40 a 80 anos como do berço a 40.

Dava-se 105 às pessoas influentes de 40 anos e o último a viver herdava de todos os mortos. É um dos piores negócios que um Estado possa fazer.

Julga-se ter observado que os que desfrutam de rendas vitalícias vivem um pouco mais que os outros homens, o que deixa os pagadores bastante aborrecidos. A razão disso pode ser que esses que vivem de rendas são, em sua maioria, pessoas de bom senso, bem constituídas, que receberam benefícios, celibatários ocupados unicamente consigo mesmos, vivendo como pessoas que querem viver muito tempo. Dizem: "Se eu comer demais, se cometer um excesso, o rei será meu herdeiro; o empresário que paga minha renda vitalícia e que se diz meu amigo vai rir de mim ao ver que estão me enterrando." Isso os detém e seguem um regime; passam a vegetar alguns minutos a mais que os demais homens.

Para consolar os devedores, deve-se dizer a eles que, em qualquer idade que se lhes dê um capital para rendas vitalícias, mesmo que fosse por uma criança que é batizada, sempre fazem um ótimo negócio. Não há uma tontina sequer que seja onerosa; por isso os monges nunca aderiram a nenhuma. Mas tratando-se de dinheiro em rendas vitalícias, eles tomavam tudo avidamente, mesmo na época em que esse jogo lhes era proibido. Com efeito, nos livramos do fardo de pagar depois de 30 ou 40 anos, mas continuaremos a pagar uma renda fundiária durante toda a eternidade. Foi-lhes proibido também tomar capitais em rendas perpétuas e o motivo disso é que não se quis desviá-los demasiadamente de suas ocupações espirituais.

1. Antoine Deparcieux (1703-1768), matemático francês; Nicolas-François Dupré de Saint-Maur (1695-1774), economista e estatístico francês; Georges Louis Leclerc, conde de Buffon (1707-1788), escritor e naturalista francês (NT).
2. Heródoto (484-420 a.C.), historiador grego, considerado o pai da história (NT).
3. Xerxes I (519-465 a.C.), rei da Pérsia, conquistou parte da Grécia, tomou Atenas, mas foi derrotado em Salamina (NT).
4. Segundo a mitologia grega, Deucalião reinava na Grécia e os homens se afundavam cada vez mais em depravação. Zeus decidiu destruí-los com um dilúvio. Deucalião construiu uma espécie de grande caixa e se encerrou nela com a mulher Pirra. Com o dilúvio, todos os homens morreram. Ao parar de chover, a caixa de Deucalião pousou no monte Parnaso. Vendo-se sós, marido e mulher pediram a Zeus que lhes desse companheiros. Zeus lhes recomendou que jogassem pedras por cima dos ombros. Todas as lançadas por Deucalião se transformaram em homens e todas aquelas lançadas por Pirra se tornaram mulheres. E a terra foi repovoada (NT).
5. Denis Pétau (1585-1652), padre jesuíta, erudito e escritor (NT).
6. Termo derivado de *Tonti*, sobrenome do banqueiro italiano que implantou o sistema; a tontina é uma associação de pessoas de diferentes idades; com a morte de uma delas, o capital passa para os sobreviventes, havendo partilha entre eles ou a constituição de uma renda vitalícia (NT).

IDEIA - Que é uma ideia?

É uma imagem que se grava em meu cérebro.

Todos os seus pensamentos são, portanto, imagens?

Certamente. De fato, as ideias mais abstratas não passam de consequências de todos os objetos que percebi. Só pronuncio a palavra *ser* em geral, porque conheci seres particulares. Pronuncio a palavra *infinito*, porque vi limites e porque recuo esses limites em meu entendimento tanto quanto possível; certamente só tenho ideias porque tenho imagens na cabeça.

Quem foi o pintor que compôs esse quadro?

Não fui eu, porque não sou bom desenhista; foi aquele que me fez, que faz minhas ideias.

Então segue a opinião de Malebranche[1], que afirmava que vemos tudo em Deus?

Pelo menos estou certo de que, se não vemos as coisas em Deus, nós as vemos por meio de sua ação todo-poderosa.

De que modo se realiza essa ação?

Já lhe disse cem vezes em nossas conversas que nada sabia a esse respeito e que Deus não transmitiu seu segredo a ninguém. Ignoro o que faz meu coração bater, meu sangue correr nas veias; ignoro o princípio de todos os meus movimentos; e quer que lhe diga como sinto e como penso! Isso não é justo.

Mas sabe pelo menos se sua faculdade de ter ideias está ligada à extensão?

De modo algum. É verdade que Taciano[2], em seu discurso aos gregos, diz que a alma é manifestamente composta de um corpo. Irineu[3], no capítulo 62 de seu segundo livro, diz que o Senhor ensinou que nossas almas guardam a figura de nosso corpo para conservar dele a memória. Tertuliano[4] afirma, em seu segundo livro de *A alma*, que esta é um corpo. Arnóbio[5], Lactâncio[6], Hilário[7], Gregório de Nissa[8], Ambrósio[9] não têm opinião diferente. Alguns pretendem que outros Padres da Igreja[10] asseguram que a alma não tem qualquer extensão, seguindo nisso a opinião de Platão[11], o que é muito duvidoso. Eu mesmo não me atrevo a ter opinião alguma; só vejo incompreensibilidade em ambos os sistemas; e, depois de haver pensado sobre isso durante toda a minha vida, estou tão adiantado quanto no primeiro dia.

Não valeria, pois, a pena pensar nisso.

É verdade: aquele que se diverte com isso sabe mais que aquele que reflete ou, no mínimo, sabe-o melhor, é mais feliz; mas que quer? Não dependeu de mim acatar ou rejeitar todas as ideias que vieram a meu cérebro combater umas contra as outras e que se apropriaram de minhas células medulares como seu campo de batalha. Depois de longa luta, de seus despojos só recolhi a incerteza.

É realmente triste ter tantas ideias e não saber ao certo a natureza das ideias!

É o que admito; mas é bem mais triste e muito mais tolo julgar saber o que não se sabe.

---

1. Nicolau de Malebranche (1638-1715), filósofo francês (NT).

2. Taciano (120-173), escritor sírio, apologista cristão; reuniu os Evangelhos num único texto (NT).

3. Irineu (130-202), bispo de Lyon, França, e doutor da Igreja (NT).

4. Quintus Septimius Florens Tertullianus (155-222), filósofo e teólogo cristão, deixou muitas obras de caráter apologético sobre o cristianismo (NT).

5. Arnóbio (séc. III d.C.), escritor latino da África, cristão (NT).

6. Lucius Caecilius Firmianus, dito Lactantius (260-325), apologista cristão do mundo latino; foi o primeiro a realizar uma tentativa de exposição completa dos princípios da fé cristã, especialmente em sua obra *Divinae institutiones* – Instituiçoes divinas (NT).

7. Hilário de Poitiers (315-367), bispo e doutor da Igreja, teve papel importante na luta contra o arianismo (NT).

8. Gregório de Nissa (335-394), bispo e doutor da Igreja (NT).

9. Ambrósio (340-397), bispo de Milão e doutor da Igreja; converteu Agostinho ao cristianismo; seus escritos refletem uma moral rígida, estoica (NT).

10. *Padres da Igreja* é uma expressão clássica da história antiga, com a qual são designados os grandes teólogos e escritores dos primeiros séculos do cristianismo; são numerosos e seus escritos formam a chamada *Patrística, Patrologia*, ou seja, obras, textos, comentários bíblicos e doutrina desses autores, os quais fundamentaram toda a teologia cristã, e particularmente católica, que ainda vigora hoje; entre os principais Padres da Igreja, podem ser relembrados Ambrósio, Agostinho, Orígenes, Cirilo de Jerusalém, Cirilo de Alexandria, João Crisóstomo, Gregório Nazianzeno, Gregório de Nissa, Irineu, etc.

11. Platão (427-347 a.C.), filósofo grego; dentre suas obras, *A República* já foi publicada pela Editora Escala (NT).

ÍDOLO, IDÓLATRA, IDOLATRIA

- Ídolo vem do grego *eidos* (ειδοσ), figura; *eidolon* (ειδωλον), representação de uma figura; *latreuein* (λατρευειν), servir, reverenciar, adorar. O termo adorar é latino e tem várias acepções diferentes: significa levar a mão à boca falando com respeito, curvar-se, ajoelhar-se, saudar e, enfim, comumente, prestar um culto supremo.

É útil assinalar aqui que o *Dictionnaire de Trévoux* começa este verbete dizendo que todos os pagãos eram idólatras e que os hindus ainda o são. Primeiramente, ninguém era chamado *pagão* antes de Teodósio[1], o Jovem. Este designativo foi conferido então aos habitantes dos povoados da Itália, *pagorum incolae, pagani* (habitantes dos povoados, pagãos), que conservaram sua antiga religião. Em segundo lugar, o Industão é maometano e os maometanos são inimigos implacáveis das imagens e da idolatria. Terceiro, não devem ser chamados idólatras muitos povos da Índia que pertencem à antiga religião dos parsis, nem a certas castas que não têm ídolos.

[Exame – Se algum dia houve um governo idólatra]

Parece que nunca houve nenhum povo sobre a terra que tenha assumido esse designativo de *idólatra*. Esta palavra é uma injúria, um termo ultrajante, como o de *gavachos*[2], que os espanhóis davam outrora aos franceses, e o de *marranos*[3] que os franceses davam aos espanhóis. Se se tivesse perguntado ao senado de Roma, ao areópago de Atenas, à corte dos reis da Pérsia: "Vocês são idólatras?", mal teriam entendido a pergunta. Ninguém teria respondido: "Adoramos imagens, ídolos." Não se encontra o termo *idólatra, idolatria*, nem em Homero[4], nem em Hesíodo[5], nem em Heródoto[6], nem em qualquer outro autor da religião dos povos antigos. Nunca houve um edito, alguma lei que ordenasse a adoração de ídolos, que fossem tratados como deuses, que fossem considerados como deuses.

Quando os capitães romanos e cartagineses celebravam um tratado, invocavam todos os seus deuses. "É em sua presença, diziam eles, que juramos a paz." Ora, as estátuas de todos esses deuses, cuja enumeração seria muito longa, não estavam na tenda dos generais. Consideravam os deuses como presentes nas ações dos homens, como testemunhas, como juízes. E certamente não era o simulacro que constituía a divindade.

Com que olhos viam, pois, as estátuas de suas falsas divindades nos templos? Com os mesmos olhos, se for permitido assim se expressar, com que vemos as imagens dos objetos de nossa veneração. O erro não era adorar um pedaço de madeira ou de mármore, mas adorar uma falsa divindade representada por essa madeira e por esse mármore. A diferença entre eles e nós não é que eles tivessem imagens e nós não: a diferença é que suas imagens representavam seres fantásticos numa religião falsa e as nossas representam seres reais numa religião verdadeira. Os gregos tinham a estátua de Hércules[7] e nós a de São Cristóvão[8]; tinham Esculápio[9] e sua cabra e nós, São Roque[10] e seu cão; tinham Júpiter[11] armado com um feixe de raios e nós, Santo Antônio de Pádua[12] e São Tiago de Compostela[13].

Quando o cônsul Plínio dirige suas orações aos *deuses imortais*, no exórdio do *Panegírico de Trajano*[14], não é às imagens que se dirige. Essas imagens não eram imortais.

Nem os últimos tempos do paganismo nem os mais remotos oferecem um único fato que possa levar a concluir que um ídolo fosse adorado. Homero fala apenas de deuses que habitam o alto Olimpo. O *palladium*, embora caído do céu, era apenas um penhor sagrado da proteção de Palas[15]; era ela que era venerada no *palladium*.

Mas os romanos e os gregos se ajoelhavam diante das estátuas, ofereciam-lhes coroas, incenso, flores, conduziam-nas em triunfo nas praças públicas. Nós santificamos esses costumes e não somos idólatras.

As mulheres, em tempos de seca, carregavam as estátuas dos deuses depois de haver jejuado. Caminhavam descalças, descabeladas e logo chovia a cântaros, como dizia Petrônio[16], *statim urceatim pluebat*. Não consagramos esse uso, ilegítimo entre os pagãos e legítimo sem dúvida entre nós? Em quantas cidades não são levados de pés descalços os andores dos santos para obter as bênçãos do céu por sua intercessão? Se um turco, um letrado chinês presenciasse essas cerimônias, poderia por ignorância nos acusar de pormos nossa confiança nos simulacros que dessa maneira carregamos em procissão; mas bastaria uma palavra para desmenti-los.

Ficamos surpresos com o número prodigioso de discursos pronunciados em todos os tempos contra a idolatria dos romanos e dos gregos; e logo ficamos mais surpresos ainda ao vermos que não eram idólatras.

Havia templos mais privilegiados que outros. A grande Diana[17] de Éfeso tinha mais prestígio que uma Diana de aldeia. Operavam-se mais milagres no templo de Esculápio em Epidauro que em outro qualquer de seus templos. A estátua de Júpiter Olímpico atraía mais oferendas que a de Júpiter da Paflagônia. Mas, visto que é necessário sempre opor aqui os costumes de uma religião verdadeira aos de uma religião falsa, não tivemos nós, desde séculos, mais devoção a certos altares que a outros? Não levamos mais oferendas a Nossa Senhora de Loreto que a Nossa Senhora das Neves? Cabe a nós verificar se devemos tomar esse pretexto para acusar-nos de idolatria.

Não se havia imaginado senão uma só Diana, um só Apolo[18], um só Esculápio, e não tantos Apolos, Dianas e Esculápios, com seus templos e estátuas. Está provado, pois, tanto quanto o pode ser um ponto histórico, que os antigos não acreditavam que uma estátua fosse uma divindade, que o culto não podia ser relacionado a essa estátua, a esse ídolo e que, por conseguinte, os antigos não eram idólatras.

Um populacho grosseiro e supersticioso, que não raciocinava, que não sabia nem duvidar, nem negar, nem crer, que acorria aos templos por ociosidade e porque neles os pequenos são iguais aos grandes, que levava sua oferenda por costume, que falava continuamente de milagres sem nunca ter examinado um deles e que não estava acima das vítimas que levava; esse populacho, repito, podia muito bem, à vista da grande Diana e de Júpiter troante, ser atingido de um terror religioso e adorar, sem o saber, a própria estátua. É o que em nossos templos aconteceu algumas vezes a nossos grosseiros concidadãos; e não foi por falta de esclarecê-los que é aos bem-aventurados, aos imortais recebidos no céu, que eles devem pedir sua intercessão e não a figuras de madeira e de pedra, e que só devem adorar a Deus.

Os gregos e romanos aumentaram o número de seus deuses por apoteoses. Os gregos divinizavam os conquistadores, como Baco[19], Hércules e Perseu[20]. Roma erigiu altares a seus imperadores. Nossas apoteoses são de gênero diferente; temos santos em lugar de seus semideuses, de seus deuses secundários; mas não os consideramos por sua categoria ou por suas conquistas. Elevamos templos a homens simplesmente virtuosos que seriam, na maioria, ignorados na terra se não tivessem sido colocados no céu. As apoteoses dos antigos inspiravam-se na lisonja, as nossas pelo respeito à virtude. Mas essas antigas apoteoses constituem ainda uma prova convincente de que os gregos e os romanos não eram propriamente idólatras. Está claro que não admitiam mais uma virtude divina na estátua de Augusto[21] e de Cláudio[22] que em suas medalhas.

Cícero[23], em suas obras filosóficas, não deixa sequer suspeitar que se possa enganar quanto às estátuas dos deuses e confundi-las com os próprios deuses. Seus interlocutores fulminam a religião estabelecida; mas nenhum deles sonha em acusar os romanos de tomar o mármore e o bronze como divindades. Lucrécio[24] não recrimina essa tolice a ninguém, ele que tudo reprova nos supersticiosos. Portanto, ainda uma vez, essa opinião não existia, não se fazia dela ideia alguma; não havia idólatras.

Horácio[25] faz uma estátua de Príapo[26] falar e a leva a dizer: "Outrora eu era um tronco de figueira; um carpinteiro, não sabendo se faria de mim um deus ou um banco, decidiu finalmente fazer-me deus, etc." Que concluir desse gracejo? Príapo era dessas pequenas divindades subalternas, abandonadas aos gracejadores; esse próprio gracejo é a prova mais evidente de que essa imagem de Príapo, que era colocada nas hortas para espantar os pássaros, não era muito venerada.

Dacier[27], entregando-se ao espírito comentador, não deixou de observar que Baruc[27b] havia predito essa aventura, dizendo: "Eles serão apenas o que quiserem os artesãos"; mas deveria observar também que se pode dizer outro tanto de todas as estátuas.

Pode-se, de um bloco de mármore, extrair tanto uma lareira como uma figura de Alexandre ou de Júpiter, ou qualquer outra coisa mais respeitável. A matéria de que eram formados os querubins do Santo dos Santos teria podido servir igualmente às funções mais vis. Um trono, um altar, são menos venerados porque um artesão poderia ter feito deles uma mesa de cozinha?

Dacier, em lugar de concluir que os romanos adoravam a estátua de Príapo e que Baruc o havia predito, deveria concluir que os romanos se riam dela. Consultem todos os autores que falam das estátuas de seus deuses e não vão encontrar nenhum que fale de idolatria: dizem expressamente o contrário. Vejam em Marcial[28]:

Qui finxit sacros auro vel marmore vultus non facit ille deos... (Quem modelou imagens com ouro ou mármore não faz delas deuses sacros).

Em Ovídio[29]: *Colitur pro Jove forma Jovis* (Para Júpiter toma-se a forma de Júpiter).

Em Estácio[30]: *Nulla autem effigies, nulli commissa metallo forma Dei; mentes habitare et pectora gaudet* (Nenhuma imagem transmite pelo metal a forma de nenhum deus; habita nas mentes e o coração se alegra).

Em Lucano[31]: *Estne Dei sedes, nisi terra et pontus et aer?* (Por acaso a morada de Deus não é exclusivamente a terra, o mar e o ar?).

Poderia ser feito um volume de todas as passagens que afirmam que as imagens são unicamente imagens.

Há apenas o caso em que as estátuas transmitiam oráculos que pode fazer pensar que essas estátuas tinham alguma coisa de divino. Mas certamente a opinião reinante era que os deuses tinham escolhido certos altares, certas imagens, para neles residir algumas vezes, para dar audiências aos homens, para lhes responder. Não vemos em Homero e nos coros das tragédias gregas senão preces a Apolo, que transmite seus oráculos nas montanhas, em tal templo, em tal cidade; não há em toda a antiguidade o menor vestígio de uma oração dirigida a uma estátua.

Aqueles que professavam a magia, que a julgavam uma ciência ou que fingiam crê-lo, pretendiam ter o segredo de fazer os deuses descer nas estátuas; não os grandes deuses, mas os deuses secundários, os gênios. É o que Mercúrio Trismegisto[32] chamava *fazer deuses*; é isso que Santo Agostinho[33] refuta em sua *Cidade de Deus*. Mas isso mostra evidentemente que as imagens nada tinham de divino, porque era necessário que um mago as animasse. Parece-me que era muito raro que um mago fosse bastante hábil para dar alma a uma estátua, para fazê-la falar.

Numa palavra, as imagens dos deuses não eram deuses. Júpiter, e não sua imagem, lançava o trovão; e não era a estátua de Netuno[34] que agitava os mares, nem a de Apolo que dava a luz. Os gregos e os romanos eram pagãos, politeístas e não idólatras.

[Se os persas, os sabeus, os egípcios, os tártaros, os turcos foram idólatras e a quanto tempo remonta a origem das imagens chamadas ídolos. História de seu culto.]

É um grande erro chamar *idólatras* os povos que prestaram culto ao sol e às estrelas. Essas nações não tiveram por muito tempo nem imagens nem templos. Se elas se enganaram, foi em prestar aos astros o que deviam ao criador dos astros. O dogma de Zoroastro[35] ou Zerdusto, recolhido no Sadder[36], apresenta também um ser supremo, vingador e remunerador; e isto está bem longe de ser idolatria. O governo da China nunca ídolo algum; sempre conservou o culto simples do Senhor dos Céus, King-tien. Gêngis Khan[37], entre os tártaros, não era idólatra nem possuía imagem alguma. Os muçulmanos, que se difundiram na Grécia, na Ásia Menor, na Síria, na Pérsia, na Índia e na África, chamam os cristãos de *idólatras*, *infiéis*, porque acreditam que os cristãos prestam culto às imagens. Quebraram muitas estátuas que encontraram em Constantinopla, em Santa Sofia, na igreja dos Santos Apóstolos e em muitas outras que transformaram em mesquitas. A aparência os enganou como sempre engana os homens e lhes fez crer que templos dedicados a santos que tinham sido homens outrora, imagens desses santos veneradas de joelhos, milagres operados nesses templos eram provas irrefutáveis da mais completa idolatria. Não há nada disso, porém. Com efeito, os cristãos não adoram senão um Deus único e não veneram nos bem-aventurados senão a própria virtude de Deus que age em seus santos. Os iconoclastas e os protestantes fizeram a mesma recriminação de idolatria à Igreja e a mesma resposta lhes foi dada.

Como os homens muito raramente tiveram ideias precisas e menos ainda exprimiram suas ideias com termos precisos e inequívocos, chamamos *idólatras* os pagãos e sobretudo os politeístas. Foram escritos volumes imensos, opiniões diversas foram aventadas sobre a origem desse culto prestado a Deus ou a vários deuses sob figuras sensíveis: esta multidão de livros e de opiniões não prova senão ignorância.

Não se sabe quem inventou as roupas e os calçados e se pretende saber quem por primeiro inventou os ídolos. Que importa uma passagem de Sanchoniathon[38], que viveu antes da guerra de Troia? Que nos ensina ele quando diz que o caos, o espírito, isto é, *o sopro*, enamorado de seus princípios, separou o lodo, tornou o ar luminoso, que o vento Colp e sua mulher Bau geraram Éon, que Éon gerou Genos, que Cronos, seu descendente, tinha dois olhos atrás como na frente, que se tornou deus e que deu o Egito a seu filho Thot? Aí está um dos mais respeitáveis monumentos da antiguidade.

Orfeu[39], anterior a Sanchoniathon, não vai nos ensinar nada de novo em sua *Teogonia*, que Damáscio[40] nos transmitiu. Ele apresenta o princípio do mundo sob a imagem de um dragão de duas cabeças, uma de touro, outra de leão, um rosto pela metade, que chama *rosto-deus*, e asas douradas nas costas.

Mas dessas estranhas ideias podem extrair duas grandes verdades: uma, que as imagens sensíveis e os hieróglifos são da mais alta antiguidade; outra, que todos os filósofos antigos reconheceram um primeiro princípio.

Quanto ao politeísmo, o bom senso lhes dirá que, desde que houve homens, isto é, frágeis animais, capazes de razão e de loucura, sujeitos a todos os acidentes, à doença e à morte, esses homens sentiram sua fraqueza e sua dependência; reconheceram facilmente que há algo de mais poderoso que eles; sentiram uma força na terra que fornece seus alimentos, uma no ar que muitas vezes os destrói, uma no fogo que consome e na água que submerge. Que mais natural, em homens ignorantes, que imaginar seres que presidiam a esses elementos? Que mais natural que venerar a força invisível que fazia brilhar aos olhos o sol e as estrelas? E, desde que se quis formar uma ideia dessas forças superiores ao homem, que mais natural ainda que figurá-las de uma maneira sensível? Poderia ser de outra forma? A religião judaica, que precedeu a nossa e que foi dada pelo próprio Deus, estava repleta dessas imagens sob as quais Deus é representado. Ele se digna falar num arbusto a língua humana; aparece sobre uma montanha; os espíritos celestes que envia vêm todos sob forma humana; enfim, o santuário está repleto de querubins, que são corpos de homens com asas e cabeças de animais. Foi o que deu lugar ao erro de Plutarco[41], de Tácito[42], de Apiano[43] e de tantos outros que recriminaram os judeus por adorarem uma cabeça de asno. Deus, apesar de sua proibição de pintar e esculpir imagens, dignou-se, portanto, favorecer a fraqueza humana, que pedia que se falasse aos sentidos por meio de imagens.

Isaías, no capítulo 6, vê o Senhor sentado num trono e a cauda de suas vestes que enchia o templo. O Senhor estende sua mão e toca a boca de Jeremias, no capítulo 1º. desse profeta. Ezequiel, no capítulo 3, vê um trono de safira, e Deus que aparece como um homem sentado nesse trono. Essas imagens não alteram a pureza da religião judaica, que jamais empregou os quadros, as estátuas, os ídolos, para representar Deus aos olhos do povo.

Os letrados chineses, os parsis, os antigos egípcios não tiveram ídolos; mas logo Ísis e Osíris tiveram suas imagens; logo de Bel, em Babilônia, foi feito um grande colosso; Brama foi um monstro bizarro na península da Índia. Os gregos principalmente multiplicaram os nomes dos deuses, as estátuas e os templos, mas sempre atribuindo o poder supremo a seu Zeus, chamado pelos latinos Júpiter, senhor dos deuses e dos homens. Os romanos imitaram os gregos. Esses povos colocaram sempre todos os deuses no céu, sem saber o que entendiam pelo céu e por seu Olimpo; não havia indício de que esses deuses habitassem nas nuvens, que são apenas água. De início haviam colocado sete deuses em sete planetas, entre os quais figurava o sol; mas depois a morada de todos os deuses foi a amplidão celeste.

Os romanos tiveram seus doze grandes deuses, seis varões e seis fêmeas, que denominaram *Dii majorum gentium*: Júpiter, Netuno, Apolo, Vulcano, Marte, Mercúrio; Juno, Vesta, Minerva, Ceres, Vênus, Diana. Plutão foi então esquecido; Vesta tomou seu lugar.

Em seguida vinham os deuses *minorum gentium*, os deuses indígetes, os heróis, como Baco, Hércules, Esculápio; os deuses infernais, Plutão, Proserpina; os do mar, como Tétis, Anfitrite, as Nereidas, Glauco; depois as Dríades, as Náiades; os deuses dos jardins, dos pastores. Havia deuses para cada profissão, para cada ação da vida, para as crianças, para as jovens núbeis, para as casadas, para as parturientes; houve o deus Pet. Foram divinizados, por fim, os imperadores. Nem esses imperadores, nem o deus Pet, nem a deusa Pertunda, nem Priapo, nem Rumília, a deusa dos seios, nem Estercúcio, o deus do guarda-roupa, foram na verdade considerados como senhores do céu e da terra. Os imperadores tiveram às vezes templos, os pequenos deuses penates não os tiveram; mas todos tiveram sua imagem, seu ídolo.

Eram pequenos bonecos com os quais eram ornados os gabinetes; eram os brinquedos das velhas senhoras e das crianças, que não eram admitidas em nenhum culto público. Deixava-se que cada particular cultivasse suas superstições como quisesse. Ainda são encontrados esses pequenos ídolos nas ruínas das antigas cidades. Se ninguém sabe quando os homens começaram a fabricar seus ídolos, sabe-se, no entanto, que remontam à mais alta antiguidade. Taré, pai de Abraão, fazia ídolos em Ur da Caldeia. Raquel roubou e carregou os ídolos de seu avô Labão[44]. Não se consegue ir mais longe.

Mas que noção precisa tinham as nações antigas a respeito desses simulacros? Que virtude, que poder lhes atribuíam? Acreditavam que os deuses desciam do céu para se esconder nessas estátuas, ou que lhes comunicavam uma parte do espírito divino, ou que não lhes comunicavam absolutamente nada? É também um tema sobre o qual se tem escrito inutilmente; é claro que cada homem julgava segundo seu grau de razão, ou de credulidade, ou de fanatismo. É evidente que os sacerdotes atribuíam a maior divindade possível a suas estátuas, para atrair mais oferendas. Sabe-se que os filósofos reprovavam essas superstições, que os guerreiros escarneciam delas, que os magistrados as toleravam e que o povo, sempre absurdo, não sabia o que fazia. Em poucas palavras é a história de todas as nações a que Deus não se deu a conhecer.

Pode-se fazer a mesma ideia do culto que todo o Egito prestava a um boi e que várias cidades o prestaram a um cão, a um macaco, a um gato, a cebolas. Há fortes indícios de que de início tenham servido como emblemas. Em seguida certo boi Ápis, certo cão chamado Anúbis, foram adorados; sempre se comia carne de boi e cebolas; mas é difícil saber o que pensavam as velhas senhoras do Egito a respeito das cebolas sagradas e dos bois.

Os ídolos falavam com bastante frequência. Em Roma se comemorava, no dia da festa de Cibele, as belas palavras que a estátua havia pronunciado ao ser transladada do palácio do rei Átalo.

Ipsa peti volui; ne sit mora, mitte volentem:
dignus Roma locus quo deus omnis eat.

(Eu quis que me levassem, levem-me depressa; Roma é digna de que todos os deuses nela se estabeleçam.)

A estátua da Fortuna havia falado: os Cipiões, os Cíceros, os Césares, na verdade, não acreditavam; mas a velha senhora a quem Encolpo deu um escudo para comprar gansos e deuses bem poderia acreditar.

Os ídolos transmitiam também oráculos e os sacerdotes, escondidos dentro das estátuas ocas, falavam em nome da divindade.

Como, no meio de tantos deuses e de tantas teogonias diferentes e de cultos particulares, jamais houve guerras de religião entre os povos chamados *idólatras*? Essa paz foi um bem que nasceu de um mal, do próprio erro; de fato, cada nação reconhecendo vários deuses inferiores, achou bom que seus vizinhos tivessem também os seus. Se excetuarem Cambises[45], a quem se recrimina haver matado o boi Ápis, não se encontra na história profana nenhum conquistador que tenha maltratado os deuses de um povo vencido. Os pagãos não tinham nenhuma religião exclusiva e os sacerdotes pensaram apenas em multiplicar as oferendas e os sacrifícios.

As primeiras oferendas foram frutos. Logo depois foram necessários animais para a mesa dos sacerdotes; eles próprios os degolavam; tornaram-se carniceiros e cruéis; enfim, introduziram o costume horrível de sacrificar vítimas humanas e sobretudo crianças e meninas. Nunca os chineses nem os parsis nem os hindus foram culpados de tais abominações; mas em Hierópolis, no Egito, segundo relato de Porfírio[46], homens eram imolados.

Na Táurida[47] eram sacrificados estrangeiros; felizmente os sacerdotes da Táurida não deviam ter muitas práticas. Os primeiros gregos, os cipriotas, os fenícios, os tírios, os cartagineses cultivaram essa superstição abominável. Os próprios romanos incorreram nesse crime de religião e Plutarco[48] relata que eles imolaram dois gregos e dois gauleses para expiar as aventuras amorosas de três vestais. Procópio[49], contemporâneo do rei dos francos Teodoberto[50], diz que estes imolaram homens quando entraram na Itália com este príncipe. Os gauleses, os germânicos faziam comumente esses horrendos sacrifícios. Não se pode ler a história sem conceber horror ao gênero humano.

É verdade que, entre os judeus, Jefté[51] sacrificou sua filha e Saul esteve prestes a imolar seu filho; e é verdade que aqueles que estivessem votados ao Senhor por anátema não podiam ser resgatados como se resgatavam os animais, devendo perecer. Samuel, sacerdote de Deus, cortou em pedaços com o auxílio de um santo sabre o rei Agag, prisioneiro de guerra a quem Saul havia perdoado e Saul foi reprovado por ter observado o Direito das gentes com esse rei. Mas Deus, senhor dos homens, pode tirar-lhes a vida quando quiser, como quiser e por quem quiser; não cabe aos homens colocar-se no lugar do senhor da vida e da morte e usurpar os direitos do ser supremo.

Para consolar o gênero humano desse quadro horrível, desses piedosos sacrilégios, é importante saber que, em quase todas as nações chamadas *idólatras*, havia a teologia sagrada e o erro popular, o culto secreto e as cerimônias públicas, a religião dos sábios e a do povo. Não se ensinava senão um Deus único aos iniciados nos mistérios; basta pôr os olhos no hino atribuído ao velho Orfeu, que era cantado nos mistérios de Ceres em Elêusis, tão célebre na Europa e na Ásia: "Contempla a natureza divina, ilumina teu espírito, governa teu coração, caminha na via da justiça; que o Deus do céu e da terra esteja sempre presente a teus olhos: ele é único, existe por si mesmo; todos os seres lhe devem sua existência; ele os sustenta a todos; ele jamais foi visto pelos mortais e vê todas as coisas."

Que se leia ainda esta passagem do filósofo Máximo de Madaura[52], em sua *Carta a Santo Agostinho*: "Que homem é bastante grosseiro, bastante estúpido para duvidar que haja um Deus supremo, eterno, infinito, que nada gerou de semelhante a si próprio e que é o pai comum de todas as coisas?"

Há milhares de provas de que os sábios abominavam não só a idolatria, mas também o politeísmo.

Epicteto⁽⁵³⁾, esse modelo de resignação e paciência, esse homem tão grande de uma condição tão baixa, nunca fala senão de um único Deus. Aqui, uma de suas máximas: "Deus me criou, Deus está dentro de mim; levo-o comigo por toda parte. Poderia eu maculá-lo com pensamentos obscenos, com ações injustas, com desejos infames? Meu dever é agradecer a Deus por tudo, louvá-lo por tudo e não cessar de bendizê-lo senão quando cessar de viver." Todas as ideias de Epicteto giram em torno desse princípio.

Marco Aurélio⁽⁵⁴⁾, talvez tão grande no trono do império romano como Epicteto na escravidão, fala muitas vezes realmente dos deuses, seja para se conformar à linguagem corrente, seja para exprimir seres intermediários entre o ser supremo e os homens; mas em quantas passagens não deixa transparecer que reconhece um único Deus eterno, infinito! "Nossa alma, diz ele, é uma emanação da divindade. Meus filhos, meu corpo, meus espíritos, me vêm de Deus."

Os estoicos⁽⁵⁵⁾, os platônicos admitiam uma natureza divina e universal; os epicuristas⁽⁵⁶⁾ a negavam. Os pontífices só falavam de um único Deus em seus mistérios. Onde estavam, portanto, os idólatras?

De resto, é um dos grandes erros do *Dictionnaire de Moréri* dizer que no tempo de Teodósio, o Jovem⁽⁵⁷⁾, não havia mais idólatras a não ser nos remotos países da Ásia e da África. Havia ainda na Itália muitos povos pagãos, mesmo no século VII. O norte da Alemanha, desde o Weser, não era cristão na época de Carlos Magno⁽⁵⁸⁾. A Polônia e todo o norte da Europa ficaram muito tempo depois dele no que se chama *idolatria*. A metade da África, todos os reinos além do rio Ganges, o Japão, o povo da China, centenas de hordas de tártaros conservaram seu antigo culto. Na Europa há apenas alguns lapões, alguns samoiedos, alguns tártaros que perseveraram na religião de seus ancestrais.

Terminemos por observar que, na época que denominamos *Idade Média*, chamávamos o país dos maometanos de *Pagânia*; tratávamos de *idólatras*, *adoradores de imagens*, um povo que tem horror de imagens. Confessemos uma vez mais que os turcos são mais escusáveis ao nos julgar idólatras quando veem nossos altares carregados de imagens e de estátuas.

---

1. Teodósio I (347-395), imperador romano (NT).

2. Termo espanhol que significa sem-vergonha, canalha (NT).

3. Do espanhol *marrano*, porco de engorda; o termo era aplicado, na Espanha, a todo judeu ou mouro que, embora seguisse publicamente o cristianismo para evitar perseguições, secretamente continuava fiel à sua religião de origem (NT).

4. Homero (séc. IX a.C.), poeta grego a quem são atribuídos os dois poemas épicos *Ilíada* e *Odisseia*, nos quais são narrados os atos heroicos dos gregos na guerra de Troia e as intermináveis aventuras do herói Ulisses; em ambos os poemas a intervenção dos deuses nos fatos e atos dos homens têm lugar de destaque (NT).

5. Hesíodo (séc. VIII a.C.), poeta grego; em seus poemas, *Os trabalhos e os dias*, *Teogonia* e *Escudo de Héracles*, ressalta a intervenção dos deuses na vida do homem (NT).

6. Heródoto (484-420 a.C.), historiador grego, considerado o pai da história (NT).

7. Hércules, herói lendário grego que a literatura tornou célebre por seus doze trabalhos, nos quais se notam força, coragem e ousadia (NT).

8. Cristóvão, lendário santo católico, foi retirado do calendário em 1970, mas ainda é muito cultuado em certos meios, especialmente entre os motoristas (NT).

9. Esculápio, deus romano da medicina (NT).

10. Roque (1295-1327), santo católico, natural da França, padroeiro dos cardadores e invocado contra a peste e as doenças contagiosas (NT).

11. Júpiter era o deus dos deuses, o supremo deus, na mitologia romana e correspondia a Zeus dos gregos, suprema divindade do Olimpo (NT).

12. Antônio de Pádua ou de Lisboa (1190-1231), franciscano, santo católico natural de Lisboa, missionário na África e depois pregador e professor em Pádua, Itália; é um dos santos de maior devoção popular (NT).

13. Tiago, o Maior, apóstolo de Cristo e venerado em Santiago de Compostela, Espanha (NT).

14. Marcus Ulpius Trajanus (53-117), imperador romano de 98 a 117 (NT).

15. Palas Atena ou simplesmente Atena era uma das principais divindades da mitologia grega; deusa guerreira era também a divindade que presidia a razão e a sabedoria, protetora das artes e das cidades (NT).

16. Caius Petronius Arbiter (?-66 d.C.), escritor latino; sua obra *Satyricon* chegou até nós fragmentada, mas não deixa de ser um escrito importante, pois narra a vida cotidiana, os costumes e a moral (bem como a devassidão) de Roma do século I de nossa era (NT).

17. Diana na mitologia romana, Ártemis na mitologia grega, era a deusa da caça (NT).

18. Apolo era o deus sol na mitologia grega (NT).

19. Na mitologia latina, Baco era o deus do vinho; as festas em sua honra eram denominadas bacanais (NT).

20. Perseu (212?-165 a.C.), último rei da Macedônia, filho de Filipe V; seu reino sucumbiu à conquista romana no ano 168 a.C.; preso, Perseu morreu no cativeiro (NT).

21. Caius Julius Caesar Octavianus Augustus (63 a.C.-14 d.C.), imperador romano (NT).

22. Tiberius Claudius Caesar Augustus Germanicus (10 a.C.-54 d.C.), imperador romano (NT).

23. Marcus Tullius Cicero (106-43 a.C.), filósofo, orador e escritor latino; dentre suas obras, *A amizade* e *A velhice saudável* e *Os Deveres* já foram publicadas pela Editora Escala (NT).

24. Titus Lucretius Carus (98-55 a.C.), poeta latino que, em sua obra *De natura rerum* (da natureza das coisas), analisou o pensamento de Demócrito, Empédocles e Epicuro (NT).

25. Quintus Horatius Flaccus (65-8 a.C.), poeta latino (NT).

26. Na mitologia greco-romana, divindade rústica venerada pelos agricultores e pastores; simbolizava a virilidade física (NT).

27. Anne Lefebvre, madame Dacier (1647-1720), filóloga e escritora francesa, tradutora da *Ilíada* e da *Odisseia* de Homero para o francês (NT).

27b. Livro bíblico do profeta Baruc, cap. VI; este livro não consta da Bíblia hebraica e protestante, mas é considerado canônico pelas igrejas católioca e ortodoxa (NT).

28. Marcus Valerius Martialis (40-104), poeta satírico latino (NT).

29. Publius Ovidius Naso (43 a.C.-18 d.C.), poeta latino (NT).

30. Publius Papinius Statius (40-96), poeta latino (NT).

31. Ocellus Lucanus (séc. VI a.C.), filósofo grego, escreveu sobre a natureza do universo, abordando temas de metafísica, física e moral (NT).

32. Na mitologia romana, Mercúrio era o deus da eloquência, do comércio, dos viajantes e dos ladrões; o apelativo Trismegisto foi conferido a Mercúrio pelos romanos; significa três vezes máximo (NT).

33. Aurelius Augustinus (354-430), bispo de Hipona, norte da África, e doutor da Igreja, deixou uma obra imensa, destacando-se *A cidade de Deus* e *Confissões* (NT).

34. Segundo a mitologia romana, Netuno era o deus do mar (NT).

35. Zoroastro ou Zaratustra (628-551 a.C.), sábio persa, fundador do zoroastrismo ou masdeísmo que opõe dois princípios fundamentais que governam o mundo e o homem: o bem e o mal; Zoroastro teria recebido do deus da sabedoria, numa visão, a missão de pregar e ensinar a verdade aos homens (NT).

36. Obra em que está contida a doutrina de Zoroastro (NT).

37. Gêngis Khan (1155?-1227), conquistador e fundador do império mongol que compreendia grande parte da Ásia central e se estendia até Pequim (NT).

38. Sanchoniathon (teria vivido no séc. XI a.C.), sacerdote ou historiador fenício, escreveu uma obra sobre a história do mundo; no séc. I de nossa era a obra foi traduzida para o grego por Filon de Biblos e Eusébio de Cesareia, historiador cristão do século III, cita reiteradas vezes o livro de Sanchoniathon (NT).

39. Poeta e músico da mitologia grega, encantava a todos com sua lira, até mesmo os deuses (NT).

40. Damáscio (séc. V a.C.), filósofo grego (NT).

41. Plutarco (50-125), escritor grego, autor de *Obras morais* e *Vidas paralelas* (NT).

42. Caius Cornelius Tacitus (55-120), escritor e historiador latino (NT).

43. Apiano (95-160), historiador grego, escreveu a história de Roma e dos romanos desde as origens até o final do século I d.C. (NT).

44. Fato narrado no livro bíblico do *Gênesis*, cap. 31 (NT).
45. Cambises, rei da Pérsia de 530 a 522 a.C., sucessor de Ciro, conquistou o Egito no ano 525 (NT).
46. Porfírio (234-305), filósofo grego, estudou em Atenas e Alexandria do Egito, ingressando depois na escola de Plotino em Roma, onde passou a viver; transcreveu toda a filosofia de Plotino em seis livros, além de obras próprias, todas elas baseadas na filosofia helênica (NT).
47. Nome que os gregos davam à península da Crimeia, norte do mar Negro, atualmente parte do território da Ucrânia (NT).
48. Plutarco (50-125), escritor grego, autor de *Obras morais* e *Vidas paralelas* (NT).
49. Procópio (?-562 d.C.), historiador grego-bizantino (NT).
50. Teodoberto II (586-612), rei dos francos, deposto e morto por seu irmão Teodorico (NT).
51. Segundo a Bíblia, um dos Juízes de Israel, cuja atuação é narrada no livro dos Juízes; ver também verbete *Jefté* deste dicionário (NT).
52. Máximo de Madaura (séc. IV d.C.), orador e gramático latino, natural de Madaura, cidade e província romana do norte da África; foi colega de estudos de Agostinho; este se tornou cristão, mas Máximo se conservou pagão convicto, embora de espírito aberto e tolerante; continuou sempre amigo de Agostinho, bispo de Hipona, a quem submetia suas objeções contra o cristianismo (NT).
53. Epicteto (50-130), filósofo estoico grego, escravo liberto por Nero, ministrava lições públicas; foi banido de Roma junto com todos os filósofos por ordem do imperador Domiciano, no ano 94; a máxima estoica de Epicteto era "Suporta e abstém-te" (NT).
54. Marcus Aurelius Antoninus (121-180), imperador romano de 161 a 180, filósofo estoico, deixou a obra *Pensamentos e meditações* (NT).
55. Seguidores do estoicismo, doutrina filosófica que aprega a austeridade, a rigidez, viver a vida como se apresenta; conhecida sobretudo por sua moral rígida e sem concessão, seu principal lema era "suporta e abstém-te" (NT).
56. Seguidores da filosofia de Epicuro (341-270 a.C.), filósofo grego, materialista, fundador do epicurismo, doutrina que aprega o desfrute dos bens materiais e espirituais para que se possa perceber sua excelência e extrair deles o que há de melhor em sua natureza, que é essencialmente boa (NT).
57. Teodósio I (347-395), imperador romano de 379 a 395, assegurou o triunfo definitivo do cristianismo (NT).
58. Carlos Magno (747-814), rei dos francos e dos lombardos desde 778 e imperador do Ocidente a partir do ano 800 (NT).

IGUALDADE

- O que um cão deve a um cão e um cavalo deve a um cavalo? Nada. Nenhum animal depende de seu semelhante; mas o homem, visto que recebeu o raio da divindade chamado *razão*, qual é o fruto disso? O de ser escravo em quase toda a terra.

Se esta terra fosse o que parece dever ser, isto é, se o homem encontrasse em toda parte uma subsistência fácil e certa e um clima apropriado à sua natureza, é evidente que teria sido impossível a um homem escravizar outro. Se este globo se cobrisse de frutos salutares; se o ar que deve contribuir para nossa vida não nos transmitisse as doenças e a morte; se o homem não tivesse necessidade de outra morada e de outro leito que aqueles dos cervos e dos cabritos monteses: em tal caso, Gêngis Khan[1] e Tamerlão[2] só teriam como vassalos os próprios filhos, que deveriam ser bastante honestos para ajudá-los na velhice.

Nesse estado tão natural de que gozam os quadrúpedes, as aves e os répteis, o homem seria tão feliz como eles, a dominação seria então uma quimera, um absurdo em que ninguém pensaria, pois, para que procurar servos quando não se tem necessidade de serviço algum?

Se passasse pelo espírito de algum indivíduo de pendor tirânico e de braços impacientes para escravizar seu vizinho menos forte que ele, a coisa seria impossível: o oprimido já estaria a cem léguas de distância antes que o opressor tivesse tomado suas medidas para sujeitá-lo.

Todos os homens seriam, portanto, necessariamente iguais, se não tivessem necessidades. A miséria ligada à nossa espécie subordina um homem a outro; não é a desigualdade que é um mal real, é a dependência. Importa muito pouco que tal homem seja chamado Sua Alteza e outro Sua Santidade; duro, porém, é servir a um ou a outro.

Uma família numerosa cultivou um bom terreno; duas pequenas famílias vizinhas têm campos ingratos e rebeldes: é necessário que as duas famílias pobres sirvam a família opulenta ou que a degolem, isso é descontado. Uma das duas famílias indigentes vai oferecer seus braços à rica para ganhar seu pão; a outra vai atacá-la e é derrotada. A família que se presta a servir constitui a origem dos criados e dos operários; a família vencida é a origem dos escravos.

É impossível, neste mundo infeliz, que os homens que vivem em sociedade não sejam divididos em duas classes, uma de opressores, outra de oprimidos; essas duas classes se subdividem em mil outras e essas mil apresentam ainda características diferentes.

Nem todos os oprimidos são absolutamente infelizes. A maioria nasce nesse estado e o trabalho contínuo impede os oprimidos de sentir demasiado sua própria condição; mas quando a sentem, eclodem guerras, como aquela do partido popular contra o partido do senado em Roma, como aquelas dos camponeses na Alemanha, na Inglaterra e na França. Todas essas guerras terminam, cedo ou tarde, com a sujeição do povo, porque os poderosos têm dinheiro e o dinheiro é senhor de tudo no Estado; digo num Estado, porque o mesmo não se dá de nação para nação. A nação que melhor se servir das armas sempre subjugará aquela que tiver mais ouro e menos coragem.

Todo homem nasce com forte inclinação para a dominação, a riqueza e os prazeres e com uma acentuada queda para a preguiça; por conseguinte, todo homem gostaria de ter dinheiro e as mulheres ou as filhas dos outros, ser seu senhor, sujeitá-las a todos os seus caprichos e não fazer nada ou pelo menos só fazer coisas muito agradáveis. Podem ver muito bem que com essas belas disposições é tão impossível que os homens sejam iguais como é impossível que dois pregadores ou dois professores de teologia não tenham ciúmes um do outro.

O gênero humano, tal como é, não pode subsistir, a menos que haja uma infinidade de homens úteis que não possuam absolutamente nada; pois, certamente, um homem que estiver bem de vida não vai deixar suas terras para vir cultivar a sua; e, se você tiver necessidade de um par de sapatos, não será um relator de causas que o fará. A igualdade é, portanto, a um tempo a coisa mais natural e a mais quimérica.

Como os homens são excessivos em tudo, sempre que puderam, levaram essa desigualdade ao exagero; em vários países se chegou a proibir a um cidadão de sair da região onde o acaso o fez nascer; o sentido dessa lei é visivelmente o seguinte: *Este país é tão ruim e tão mal governado que proibimos a todo indivíduo de sair dele, de medo que todos saiam dele*. Que se faça melhor: infundam a todos os seus súditos a vontade de permanecer em seu Estado, e aos estrangeiros a vontade de entrar nele.

Todo homem, no íntimo de seu coração, tem direito de se crer inteiramente igual aos outros homens; disso não se segue que o cozinheiro de um cardeal ordene a seu senhor de lhe preparar o jantar; mas o cozinheiro pode dizer: "Sou homem como meu amo, nasci como ele chorando; ele vai morrer como eu nas mesmas angústias e com as mesmas cerimônias. Temos ambos as mesmas funções animais. Se os turcos se apoderarem de Roma e eu me tornar cardeal e meu senhor cozinheiro, então vou tomá-lo a meu serviço." Todo este discurso é razoável e justo, mas, enquanto espera o grão-turco se apoderar de Roma, o cozinheiro tem de cumprir seu dever, ou toda a sociedade humana estará pervertida.

Com relação a um homem que não é cozinheiro de um cardeal nem ocupa qualquer cargo no Estado; com relação a um particular que não deve nada a ninguém, mas que fica aborrecido por ser recebido em toda parte com ar de proteção ou de desprezo, que vê evidentemente que muitos *senhores* não têm mais ciência, nem mais espírito, nem mais virtude que ele e que se aborrece às vezes por ter de ficar na antecâmara deles, que partido deve tomar? Aquele de cair fora.

1. Gengis Khan (1152?-1227), fundador do império mongol, foi grande conquistador, anexando a seu império grande parte da China, todas as regiões da Ásia central, o Irã, o Afganistão e parte da Índia (NT).
2. Timur Lang ou Tamerlão (1336-1405), chefe mongol, repetiu as conquistas de Gengis Khan, ampliando-as até a Turquia e a Síria (NT).

IMAGINAÇÃO - [Seção I]

A imaginação é o poder que cada ser sensível sente em si para representar em seu cérebro as coisas sensíveis. Essa faculdade é dependente da memória. Homens, animais, jardins são percebidos: essas percepções entram pelos sentidos; a memória as retém; a imaginação as compõe. Aí está por que os antigos gregos chamavam as musas *filhas da memória*.

É fundamental notar que não essas três faculdades de receber ideias, de retê-las, de compô-las estão na categoria das coisas de que não podemos conferir nenhuma razão. Essas molas invisíveis de nosso ser provêm das mãos da natureza e não das nossas.

Talvez esse dom de Deus, a imaginação, seja o único instrumento com o qual compomos ideias, mesmo as mais metafísicas.

Ao pronunciar a palavra *triângulo*, se não se representarem a imagem de um triângulo qualquer, terão pronunciado somente um som. Certamente não tiveram a ideia de um triângulo senão porque viram um, se tiverem olhos, ou tocado num, se forem cegos. Não se pode pensar no triângulo em geral, se sua imaginação não se configurar, ao menos confusamente, algum triângulo particular. Calculam, mas precisam representar unidades duplicadas, caso contrário, somente suas mãos operam.

Termos abstratos como *grandeza, verdade, justiça, finito, infinito* são pronunciados; mas a palavra grandeza é mais um movimento de sua língua no ar, se não tiverem a imagem de alguma grandeza? Que querem dizer as palavras *verdade, mentira*, se não tiverem percebido por seus sentidos que certa coisa que lhes disseram existir, existia efetivamente, e que outra não existia? Dessa experiência não compõem as ideias gerais de verdade e mentira? Quando lhes perguntam o que entendem por essas palavras, podem impedir de se configurar alguma imagem sensível, que os faça lembrar que um dia lhes disseram que existia e muitas vezes que não existia?

Teriam a noção de *justo* e de *injusto* se não fosse por meio de ações que lhes pareceram tais? Começaram em sua infância por aprender a ler com vontade de soletrar junto com um mestre e soletraram mal: seu mestre ficou zangado e isso lhes pareceu injusto. Viram o salário recusado a um operário e cem outras coisas semelhantes. A ideia do justo e do injusto é outra coisa senão esses fatos confusamente mesclados em sua imaginação?

O *finito* em seu espírito não é apenas a imagem de uma coisa limitada em sua medida? O *infinito* não é a imagem dessa mesma medida que pode ser prolongada sem fim? Todas essas operações não se assemelham da mesma maneira à leitura de um livro? Quando leem, nem se preocupam com as letras, sem as quais, contudo, não se poderia ter pela leitura qualquer noção das coisas: basta um pouco de atenção e então percebem esses caracteres sobre os quais seus olhos deslizavam. Desse modo, todos os seus raciocínios, todos os seus conhecimentos estão fundados em imagens traçadas em seu cérebro. Não percebem isso, mas detenham-se um momento para pensar e então veem que essas imagens são a base de todas as suas noções. Cabe ao leitor pesar essa ideia, compreendê-la, retificá-la.

O célebre Addison[1], em seus *Onze ensaios sobre a imaginação*, afirma de início que "o sentido da vista é o único que fornece ideias à imaginação". Deve-se admitir, contudo, que os outros sentidos também contribuem. Um cego de nascença ouve em sua imaginação a harmonia que não atinge mais seus ouvidos; está à mesa e sonha; os objetos que resistiram ou cederam a suas mãos continuam fazendo o mesmo efeito em sua cabeça. É verdade que o sentido da vista é o único que fornece imagens e, como é uma espécie de tato que se estende até as estrelas, sua imensa extensão enriquece mais a imaginação que todos os outros sentidos juntos.

Há duas espécies de imaginação: uma que consiste em reter uma simples impressão dos objetos; outra, que arranja as imagens recebidas e as combina de mil maneiras. A primeira foi denominada *imaginação passiva*; a segunda, *ativa*. A passiva não vai muito além da memória; é comum aos homens e aos animais. Por isso o caçador e seu cão perseguem igualmente animais em seus sonhos, ouvem o ruído dos cervos, que um grita e o outro ladra dormindo. Os homens e os animais fazem mais do que se lembrar, pois, os sonhos nunca são imagens fiéis. Essa espécie de imaginação compõe os objetos, mas não é nela que o entendimento age, é a memória que se engana.

A imaginação passiva certamente não necessita da ajuda de nossa vontade, seja no sono, seja na vigília; ela desenvolve, contra nossa vontade, o que os olhos viram, ouve o que nossos ouvidos ouviram, e toca o que tocamos; além disso, acrescenta ou diminui. É um sentido interior que age necessariamente; por isso é tão comum ouvir dizer: "Não se é senhor de sua imaginação".

É aqui que devemos nos surpreender e nos convencer de nosso pouco poder. Por que em sonho às vezes fazemos discursos coerentes e eloquentes, versos que não faríamos sobre o mesmo tema estando despertos? Por que resolvemos até problemas de matemática? Aí estão ideias muito concatenadas que não dependem de nós de forma alguma. Ora, se é incontestável que ideias consequentes se formam em nós, independentemente de nossa vontade, durante o sono, quem nos assegurará que não são produzidas também durante a vigília? Há alguém que possa prever a ideia que terá dentro de um minuto? Não parece que nos venham exatamente como os movimentos de nossas fibras? Se o padre Malebranche[2] insistia em dizer que todas as nossas ideias são dadas por Deus, quem ousaria combatê-lo?

Essa faculdade passiva, independente da reflexão, é a fonte de nossas paixões e de nossos erros. Longe de depender da vontade, ela a determina, nos impele para objetos que cria, afasta-nos deles, segundo a maneira como os representa. A imagem de um perigo inspira medo; a de um bem inspira desejos violentos; sozinha produz o entusiasmo da glória, de partidos, de fanatismo; é ela que espalha tantas doenças do espírito, fazendo cérebros fracos, fortemente excitados, imaginar que seus corpos se transformavam em outros; foi ela que persuadiu tantos homens que estavam obsedados ou enfeitiçados e que iam efetivamente ao "sabá", porque se lhes dizia que fossem. Essa espécie de imaginação servil, quinhão usual do povo ignorante, foi o instrumento usado pela imaginação forte de certos homens para dominar. É ainda essa imaginação passiva de cérebros facilmente abaláveis que às vezes transmite aos filhos sinais evidentes da impressão que a mãe recebeu; os exemplos são inumeráveis; e aquele que escreve este verbete presenciou alguns tão surpreendentes, que desementiria seus olhos se duvidasse deles. Esse efeito da imaginação não é praticamente inexplicável; mas nenhuma outra operação da natureza não o é mais; somos incapazes de melhor definir como temos percepções, como as retemos, como as arranjamos: há o infinito entre nós e os impulsos de nosso ser.

A imaginação ativa é aquela que une a reflexão e a combinação à memória. Aproxima vários objetos distantes; separa aqueles que se misturam, compõe e modifica; parecer criar, quando só arranja, pois, não é dado ao homem produzir ideias; só pode modificá-las.

Essa imaginação ativa é, portanto, no fundo uma faculdade independente de nós como a imaginação passiva. E uma prova de que não depende de nós é que, se propuserem a cem pessoas igualmente ignorantes imaginar certa máquina nova, haverá noventa e nove que não conseguirão imaginar nada, apesar de seus esforços. Se o centésimo imaginar alguma coisa, não é evidente que recebeu um dom particular? É esse dom que denominamos gênio; é aí que reconhecemos algo de inspirado e de divino.

Esse dom da natureza é imaginação inventiva nas artes, no ordenamento de um quadro, de um poema. Não pode existir sem a memória, mas serve-se dela como de um instrumento com que faz todas as suas obras.

Depois de ter visto que se podia levantar com um bastão uma grande pedra que não podia ser removida com as mãos, a imaginação ativa inventou as alavancas e, em seguida, as forças moventes compostas que são apenas alavancas disfarçadas; é necessário antes configurar no espírito as máquinas e seus efeitos para depois executá-las.

Não é essa espécie de imaginação que o povo chama, bem como a memória, inimiga do raciocínio. Ao contrário, ela só pode agir com um juízo profundo; combina sem cessar seus quadros, corrige seus erros, eleva todos os seus edifícios com ordem. Há uma imaginação surpreendente na matemática prática e Arquimedes[3] tinha pelo menos tanta imaginação quanto Homero[4]. Com ela é que o poeta cria seus personagens, lhes confere um caráter, paixões, inventa sua fábula, apresenta a exposição, duplica o enredo, prepara o desenrolar, trabalho que requer um juízo ainda mais profundo e, ao mesmo tempo, mais refinado.

É necessária grande arte em todas essas imaginações inventivas e também nos romances. Aqueles que não a possuem são desprezados pelos espíritos bem feitos. Um juízo sempre sadio reina nas fábulas de Esopo[5], que serão sempre as delícias das nações. Há mais imaginação nos contos de fada, mas essas imaginações fantásticas, desprovidas de ordem e de bom senso, não podem ser estimadas; são lidas por fraqueza e condenadas pela razão.

A segunda parte da imaginação ativa é a dos detalhes; e é chamada usualmente imaginação no mundo. É ela que produz o encanto da conversa, pois, apresenta incessantemente ao espírito o que os homens mais gostam, objetos novos. Ela pinta com cores vivas aquilo que espíritos frios mal desenham, emprega as circunstâncias mais marcantes, apresenta exemplos e, quando esse talento se mostra com a sobriedade que convém a todos os talentos, concilia-se com o domínio da sociedade. O homem é de tal modo uma máquina, que o vinho às vezes eleva essa imaginação que a embriaguez aniquila; há nisso do que se humilhar, mas também de se admirar. Como pode um pouco de certo licor, que impede de fazer um cálculo, produzir ideias brilhantes?

É particularmente na poesia que essa imaginação de detalhes e de expressão deve reinar. Além do mais, ela é agradável, mas na poesia é também necessária. Quase tudo é imagem nos poetas, sem que alguém se perceba disso. A tragédia requer menos imagens, menos expressões pitorescas, grandes metáforas, alegorias, que o poema épico ou a ode, mas a maioria dessas belezas, bem administradas, produz na tragédia um efeito admirável. (...)

A imaginação ativa, que faz os poetas, lhes dá o entusiasmo, isto é, segundo a palavra grega, essa emoção interna que agita de fato o espírito e que transforma o autor no personagem que ele faz falar, pois, assim é o entusiasmo, ele consiste na emoção e nas imagens. (...)

Emprega-se menos imaginação na eloquência que na poesia. E a razão é evidente. O discurso usual deve se afastar menos das ideias conhecidas. O orador fala a língua de todos; o poeta tem por base de sua obra a ficção; por isso a imaginação é a essência de sua arte, enquanto é um acessório para o orador.

Certos vestígios de imaginação acrescentaram, dizem, grande beleza à pintura. Mencionam especialmente o artifício com o qual um pintor põe um véu sobre certas imagens fortes (...). A imaginação dos pintores, em geral, quando não é engenhosa, honra mais o espírito do artista do que contribui para a beleza da arte. Todas as composições alegóricas não valem a bela execução da mão que valorizou o quadro.

Em todas as artes a bela imaginação é sempre natural; a falsa é aquela que reúne objetos incompatíveis; a bizarra pinta objetos que não têm analogia, nem alegoria, nem verossimilhança, como espíritos que se atiram das montanhas em seus combates, que atiram com canhão contra o céu, que se divertem no caos; Lúcifer que se transforma em sapo, um anjo cortado em dois por um tiro de canhão e cujas partes imediatamente se recompõem, etc. A imaginação forte aprofunda os objetos; a fraca os aflora; a doce repousa nas pinturas agradáveis; a ardente amontoa imagem sobre imagem; a sábia emprega com discernimento todos os caracteres diversos, mas raramente admite o bizarro e sempre rejeita o falso.

A memória bem nutrida e exercitada é a fonte de toda imaginação; mas quando a memória é sobrecarregada faz a imaginação perecer. Desse modo, aquele que encheu a cabeça de nomes e datas não tem meio necessário para compor imagens. As pessoas muito ocupadas com cálculos ou com negócios espinhosos têm geralmente a imaginação estéril.

Quando a imaginação é muito ardente e tumultuada, pode degenerar em demência; mas foi observado que essa doença dos órgãos do cérebro ocorre mais nas imaginações passivas, limitadas a receber a impressão dos objetos do que nas imaginações ativas e laboriosas que reúnem e combinam ideias, pois, essa imaginação ativa sempre necessita do juízo, enquanto a outra é independente.

Não é inútil acrescentar que pelas palavras *percepção, memória, imaginação, juízo,* não se entende órgãos distintos, dos quais um tem o dom de sentir, outro de lembrar, o terceiro de imaginar, o quarto de julgar. Os homens são levados, mais do que se pensa, a acreditar que são faculdades diferentes e separadas, mas é o mesmo ser que faz todas essas operações, que só conhecemos por seus efeitos, sem nada poder conhecer desse ser.

[Seção II]

Os animais têm imaginação como nós; prova é que nosso cão caça em seus sonhos. "As coisas se desenham na fantasia", diz Descartes[6]. Sim, mas o que é a fantasia? E como se elaboram nela? É com matéria sutil? *Que sei eu*? É a resposta a todas as perguntas referentes aos primeiros impulsos.

Nada chega ao entendimento sem uma imagem. Para adquirir essa ideia tão confusa de um espaço infinito, é necessário ter tido a imagem de um espaço de alguns metros. Para ter a ideia de Deus, é necessário que a imagem de algo mais poderoso que nós tenha remexido nosso cérebro.

Nenhuma ideia, nenhuma imagem é criada; desafio pensar o contrário. Não fazemos nenhuma imagem, nós reunimos as imagens, as combinamos. As extravagâncias das *Mil e uma noites* e dos *Contos de fada*, etc., etc., não passam de combinações.

Aquele que recolhe mais imagens no armazém da memória é o que tem mais imaginação. A dificuldade não é acumular essas imagens com prodigalidade e sem seleção. Alguém poderia passar o dia inteiro representando-se sem esforço e quase sem nenhuma atenção um belo velho com grande barba branca, vestido de roupagens amplas, carregado numa nuvem branca por crianças bochechudas providas de belas asas ou por uma enorme águia; todos os deuses e todos os animais em torno dele; tripés de ouro que correm para chegar a seu conselho; rodas que giram por si, que caminham girando, que têm quatro faces, que são cobertas de olhos, de ouvidos, de línguas e de narizes; entre esses tripés e essas rodas, uma multidão de mortos que ressuscitam com o rumor do trovão; as esferas celestes que dançam e que dão um concerto harmonioso, etc., etc. Os hospitais de loucos estão repletos de semelhantes imaginações.

Distingue-se a imaginação que dispõe os acontecimentos de um poema, de um romance, de uma tragédia, de uma comédia, que confere caráter e paixões aos personagens; é o que requer o mais profundo discernimento e mais refinado conhecimento do coração humano, talentos necessários com os quais, no entanto, ainda nada se fez: não é senão o projeto do edifício. A imaginação que confere a todos esses personagens a eloquência própria de sua condição é que convém à sua situação: essa é a grande arte, mas não basta ainda. (...)

Distinguimos, no grande *Dicionário enciclopédico*, a imaginação ativa e a passiva. A ativa é aquela de que tratamos, é esse talento em elaborar novas formas de todas aquelas que estão em nossa memória. A passiva não é praticamente outra coisa senão a memória, mesmo num cérebro vivamente comovido...

---

1. Joseph Addison (1672-1719), escritor e jornalista inglês (NT).
2. Nicolau de Malebranche (1638-1715), filósofo francês (NT).
3. Arquimedes (287-212 a.C.), matemático e inventor grego; seus princípios matemáticos são utilizados até hoje (NT).
4. Homero (séc. IX a.C.), poeta grego a quem são atribuídos os dois poemas épicos *Ilíada* e *Odisseia*, nos quais são narrados os atos heroicos dos gregos na guerra de Troia e as intermináveis aventuras do herói Ulisses; em ambos os poemas a intervenção dos deuses nos fatos e atos dos homens têm lugar de destaque (NT).
5. Esopo (séc. VII ou VI a.C.), fabulista grego; suas fábulas que chegaram até nós foram compiladas no século IV por Demétrio de Falero (NT).
6. René Descartes (1596-1650), filósofo, físico e matemático francês (NT).

INFERNO - Desde que os homens começaram a viver em sociedade, devem ter percebido que muitos culpados escapavam da severidade das leis. Puniam os crimes públicos; tornava-se necessário estabelecer um freio para os crimes secretos; só a religião podia ser esse freio. Os persas, os caldeus, os egípcios, os gregos imaginaram castigos depois desta vida; e, de todos os povos antigos que conhecemos, os judeus foram os únicos que só admitiram castigos temporais. É ridículo acreditar, ou fingir acreditar, com base em passagens muito obscuras, que o inferno era admitido pelas antigas leis dos judeus, por seu *Levítico* ou por seu *Decálogo*, quando o autor dessas leis não diz uma só palavra que possa ter a menor relação com os castigos da vida futura. Ter-se-ia o direito de dizer ao redator do *Pentateuco*[1]: "És um homem inconsequente e sem probidade, bem como sem razão, realmente indigno do nome de legislador que te arrogas. O quê? Conheces um dogma tão repressor, tão necessário ao povo como aquele do inferno, e não o anuncias expressamente? E, enquanto é admitido em todas as nações que te cercam, tu te contentas em deixar adivinhar esse dogma por alguns comentaristas que virão quatro mil anos depois e que vão torcer algumas de tuas palavras para encontrar nelas o que tu não disseste? Ou és um ignorante que não sabes que essa crença era universal no Egito, na Caldeia, na Pérsia, ou és um homem muito mal preparado se, ao ter conhecimento desse dogma, não fizeste dele a base de tua religião."

Os autores das leis judaicas poderiam, quando muito, responder: "Confessamos que somos excessivamente ignorantes; que aprendemos a escrever muito tarde; que nosso povo era uma horda selvagem e bárbara que, confirmamos, errou perto de meio século por desertos impraticáveis; que nossa nação conseguiu finalmente usurpar uma pequena região por meio das mais odiosas rapinas e por meio das mais detestáveis crueldades que a história jamais registrou. Não tínhamos qualquer comércio com as nações civilizadas: como querem que pudéssemos (nós, os mais terrestres dos homens) inventar um sistema inteiramente espiritual?"

"Empregávamos a palavra correspondente a *alma* somente para significar *a vida*; não conhecemos nosso Deus e seus ministros, seus anjos, senão como seres corporais; a distinção entre alma e corpo, a ideia de uma vida após a morte só podem ser fruto de uma longa meditação e de uma filosofia muito refinada. Perguntem aos hotentotes e aos negros, que habitam um país cem vezes mais extenso que o nosso, se conhecem a vida futura. Acreditamos ter feito muito ao persuadir nosso povo de que Deus punia os malfeitores até a quarta geração, fosse pela lepra, fosse por mortes súbitas, fosse pela perda do pouco que se podia possuir."

A essa apologia se poderia replicar: "Vocês inventaram um sistema cujo ridículo salta aos olhos, pois, o malfeitor que estivesse muito bem e cuja família prosperasse devia necessariamente zombar de vocês."

O apologista da lei judaica responderia então: "Enganam-se; porque, para um criminoso que raciocinasse corretamente, havia cem que nem sequer raciocinavam. Aquele que, cometido um crime, não se sentisse punido nem em seu corpo, nem naquele de seu filho, temia por seu neto. Além do mais, se não tivesse hoje alguma úlcera purulenta, de que éramos acometidos com frequência, no decorrer de alguns anos haveria de ter uma; sempre há desgraças numa família e facilmente lhes fazíamos acreditar que eram enviadas por uma mão divina, vingadora dos pecados secretos."

Seria fácil retrucar a essa resposta e dizer: "Suas desculpas não valem nada, pois acontece todos os dias que pessoas realmente honestas perdem a saúde e os bens; e, se não há família à qual não aconteçam desgraças, se essas desgraças são castigos de Deus, então todas as suas famílias eram famílias de trapaceiros."

O sacerdote judeu poderia replicar ainda; diria que há desgraças ligadas à natureza humana e outras que são enviadas expressamente por Deus. Mas se poderia fazer ver a esse raciocinador como é ridículo pensar que a febre e o granizo são ora uma punição divina, ora um efeito natural.

Finalmente, os fariseus e os essênios[2], entre os judeus, admitiram a crença de um inferno à sua moda; esse dogma já havia passado dos gregos aos romanos e foi adotado pelos cristãos.

Vários Padres da Igreja[3] não acreditaram nas penas eternas; parecia-lhes absurdo queimar durante toda a eternidade um pobre homem só por ter roubado uma cabra. É em vão que Virgílio[4] diz em seu sexto canto da *Eneida*:

... *Sedet aeternumque sedebit*
infelix Theseus[5].

Acha que é em vão que Teseu[6] fique sentado para sempre numa cadeira e que essa postura seja seu suplício. Outros acreditavam que Teseu é um herói que não está sentado no inferno, mas que se encontra nos Campos Elíseos[7].

Não faz muito tempo que um bom e honesto ministro huguenote[8] pregou e escreveu que os condenados teriam um dia sua graça, que era necessário haver uma proporção entre o pecado e o suplício e que uma falta de um instante não pode merecer um castigo infinito. Os sacerdotes, seus confrades, destituíram esse juiz indulgente; um deles lhe disse: "Meu amigo, não creio no inferno eterno mais que você; mas é bom que sua criada, seu alfaiate e mesmo seu procurador acreditem nele."

---

1. Com este termo é designado o conjunto dos cinco primeiros livros da Bíblia: *Gênesis, Êxodo, Números, Levítico e Deuteronômio* (NT).

2. Os fariseus constituíam uma corrente da religião judaica que privilegiava a estrita observância dos mandamentos e a submissão rigorosa à lei e que teve marcante influência na tradição rabínica da doutrina e da literatura hebraica; os essênios, que em período desconhecido da história judaica se retiraram para o deserto, eram estritos observantes da lei mosaica e conduziam uma vida ascética, desligados dos movimentos políticos do judaísmo – segundo se pensa hoje, teriam tido influência sobre os ensinamentos difundidos por Cristo (NT).

3. *Padres da Igreja* é uma expressão clássica da história antiga, com a qual são designados os grandes teólogos e escritores dos primeiros séculos do cristianismo; são numerosos e seus escritos formam a chamada *Patrística, Patrologia*, ou seja, obras, textos, comentários bíblicos e doutrina desses autores, os quais fundamentaram toda a teologia cristã, e particularmente católica, que ainda vigora hoje; entre os principais Padres da Igreja, podem ser relembrados Ambrósio, Agostinho, Orígenes, Cirilo de Jerusalém, Cirilo de Alexandria, João Crisóstomo, Gregório Nazianzeno, Gregório de Nissa, Irineu, Tertuliano, etc.

4. Publius Vergilius Maro (71-19 a.C.), poeta latino, autor da obra-prima poética *Eneida* (NT).

5. Versos latinos que significam: "Está sentado e eternamente estará sentado o infeliz Teseu" (NT).

6. Teseu, herói mitológico grego, matou o Minotauro, monstro metade homem e metade touro, devorador de rapazes e moças (NT).

7. Na mitologia grega, os Campos Elíseos eram a região dos infernos onde moravam os heróis e os homens virtuosos após a morte, local de felicidade, concórdia e paz (NT).

8. Designativo (provém da alteração ou da adaptação francesa do vocábulo alemão *Eidgenossen*, confederados) conferido aos calvinistas na época das guerras de religião (séculos XVI e XVII) na França (NT).

INQUISIÇÃO - A inquisição é, como se sabe, uma invenção admirável e totalmente cristã para tornar o papa e os monges mais poderosos e para tornar hipócrita todo um reino.

Geralmente se considera São Domingos[1] como o primeiro a quem se deve essa santa instituição. Com efeito, conservamos ainda uma declaração desse grande santo, formulada com estas palavras: "Eu, irmão Domingos, reconcilio com a Igreja o dito Rogério, com a condição de que se submeta a ser açoitado por um padre três domingos consecutivos desde a entrada da cidade até a porta da igreja, que faça abstinência de carne por toda a sua vida, que jejue durante três quaresmas do ano, que nunca beba vinho, que vista o sambenito[2] com cruzes, que recite o breviário todos os dias, que diga dez *Pai-nossos* por dia e vinte à meia-noite, que guarde doravante a continência e que se apresente todos os meses ao padre de sua paróquia, etc., tudo isso sob pena de ser tratado como herege, perjuro e impenitente."

Embora Domingos seja o verdadeiro fundador da Inquisição, Luís de Páramo[3], um dos mais respeitáveis escritores e das mais brilhantes luminárias do Santo Ofício, refere no título segundo de seu segundo livro que Deus foi o primeiro instituidor do Santo Ofício e exerceu o poder dos irmãos pregadores contra Adão. De início, Adão é citado perante o tribunal: *Adam, ubi es*? (Adão, onde estás?) e, com efeito, acrescenta ele, a falta de citação teria tornado nulo o processo divino.

Os hábitos de pele que Deus fez para Adão e Eva foram o modelo do *sambenito* que o Santo Ofício obriga os hereges a usar. É verdade que por este argumento se prova que Deus foi o primeiro alfaiate; mas não é menos evidente que foi também o primeiro inquisidor.

Adão foi privado de todos os bens imóveis que possuía no paraíso terrestre: por isso o Santo Ofício confisca os bens de todos aqueles que condena.

Luís de Paramo observa que os habitantes de Sodoma foram queimados como hereges, porque a sodomia é uma heresia formal. Disso passa à história dos judeus; nela encontra o Santo Ofício em toda a parte.

Jesus Cristo é o primeiro inquisidor da nova lei; os papas foram inquisidores de direito divino e, finalmente, transmitiram seu poder a São Domingos.

Enumera em seguida todos aqueles que a inquisição levou à morte e encontra muito mais de cem mil deles.

Seu livro foi impresso no ano de 1598 em Madri, com a aprovação dos doutores, os elogios do bispo e o privilégio do rei. Hoje não concebemos horrores ao mesmo tempo tão extravagantes e tão abomináveis; mas naquela época, nada parecia mais natural e mais edificante. Todos os homens se parecem com Luís de Páramo quando fanáticos.

Esse Páramo era um homem simples, extremamente exato nas datas, não omitia nenhum fato interessante e calculava com escrúpulo o número de vítimas humanas que o Santo Ofício imolou em todos os países.

Relata com a maior ingenuidade o estabelecimento da inquisição em Portugal e está perfeitamente de acordo com quatro outros historiadores que escreveram como ele. Aqui está o que relatam unanimemente.

Fazia muito tempo que o papa Bonifácio IX[4], no começo do século XV, havia delegado irmãos pregadores que em Portugal iam de cidade em cidade para queimar os hereges, os muçulmanos e os judeus; mas eram ambulantes e os próprios reis se queixaram algumas vezes de seus vexames. O papa Clemente VII[5] quis lhes dar um estabelecimento fixo em Portugal, como tinham em Aragão e em Castela. Houve dificuldades entre a corte de Roma e a de Lisboa; os ânimos se exaltaram; a inquisição sofria com isso e não estava adequadamente estabelecida.

Em 1539, apareceu em Lisboa um legado do papa que viera, dizia ele, para estabelecer a santa inquisição em fundamentos inabaláveis. Entrega ao rei João III[6] cartas do papa Paulo III[7]. Trazia outras cartas de Roma para os principais funcionários da corte; suas credenciais de legado estavam devidamente seladas e assinadas; mostrou os poderes mais amplos para criar um grande inquisidor e nomear todos os juízes do Santo Ofício. Esse senhor era um falsário chamado Saavedra, que sabia falsificar todas as assinaturas, fabricar e apor falsos selos e falsos timbres. Havia aprendido esse ofício em Roma e se havia aperfeiçoado em Sevilha, de onde chegava com dois outros trapaceiros. Seu séquito era magnífico; era composto de mais de cento e vinte criados. Para prover a essa enorme despesa, ele e seus dois confidentes tomaram emprestado em Sevilha somas imensas em nome da Câmara apostólica de Roma. Tudo estava arranjado com o mais espetacular artifício.

O rei de Portugal ficou surpreso de início que o papa lhe enviasse um legado *a latere* sem avisá-lo. O legado respondeu altivamente que em assunto tão premente como o estabelecimento fixo da inquisição, Sua Santidade não podia perder tempo e que o rei devia sentir-se honrado pelo fato de o primeiro mensageiro que lhe trazia a notícia ser um delegado do Santo Padre. O rei não ousou replicar. O legado, no mesmo dia, estabeleceu um grande inquisidor, mandou cobrar dízimos por toda parte e, antes que a corte pudesse receber respostas de Roma, já havia mandado queimar duzentas pessoas e arrecadado mais de duzentos mil escudos.

Entretanto, o marquês de Villanova, senhor espanhol de quem o falso legado havia tomado emprestado em Sevilha considerável soma com papéis falsos, julgou oportuno cobrar seu dinheiro por suas próprias mãos, em vez de eventualmente se comprometer com o falsário em Lisboa. O legado fazia então uma incursão perto da fronteira da Espanha. O marquês marcha para a região com cinquenta homens armados, rapta-o e o leva para Madri.

O golpe logo foi descoberto em Lisboa e o conselho de Madri condenou o legado Saavedra ao açoite e a dez anos de prisão. Mas o que aconteceu de realmente admirável é que o papa Paulo IV[8] confirmou depois tudo o que esse falsário havia estabelecido. Ratificou com a plenitude de seu poder divino todas as pequenas irregularidades dos processos e tornou sagrado o que havia sido puramente humano.

DICIONÁRIO FILOSÓFICO

Que importa o braço de que Deus se digna servir-se?
Aí está como a Inquisição se estabeleceu de modo fixo em Lisboa e todo o reino admirou a Providência.

De resto, todos os procedimentos desse tribunal são bastante conhecidos; sabe-se como são opostos à falsa equidade e à cega razão de todos os outros tribunais do universo. Alguém é preso pela simples denúncia das pessoas mais infames; um filho pode denunciar o pai, uma mulher, o marido; nunca se vê acareação com os acusadores; os bens são confiscados em proveito dos juízes; é assim pelo menos que a inquisição se comportou até nossos dias. Há nisso algo de divino, pois, é incompreensível que os homens tenham suportado pacientemente esse jugo.

Enfim, o conde de Aranda[9] foi abençoado pela Europa inteira ao aparar as garras e ao limar os dentes do monstro; mas ele ainda respira.

1. Domingos (1170-1221), padre espanhol, fundador da Ordem dos Pregadores, mais conhecida como padres dominicanos; estes foram os principais agentes da inquisição (NT).
2. Roupão amarelo que deviam vestir aqueles que haviam sido condenados à fogueira pela inquisição (NT).
3. Luis de Páramo (séc. XVI-XVII), padre espanhol, inquisidor, autor do livro *De origine et progressu Officii Sanctae Inquisitionis – Da origem e do progresso do Ofício da santa inquisição* (NT).
4. Bonifácio IX (1355-1404), papa de 1394 a 1404 (NT).
5. Clemente VII (1478-1534), papa de 1523 a 1534 (NT).
6. João III (1502-1557), rei de Portugal (NT).
7. Paulo III (1468-1549), papa de 1534 a 1549 (NT).
8. Paulo IV (1476-1559), papa de 1555 a 1559 (NT).
9. Pedro Pablo Abarca de Bolea, conde de Aranda (1719-1798), presidente do Conselho de Castela de 1766 a 773, expulsou os padres jesuítas da Espanha (NT).

INSTINTO - *Instinctus, impulsus,* impulso. Mas que poder nos impele? Todo sentimento é instinto. Certa conformidade secreta de nossos órgãos com os objetos forma nosso instinto.

Não é senão por instinto que fazemos mil movimentos involuntários, do mesmo modo que é por instinto que somos curiosos, que o corremos atrás de novidades, que a ameaça nos assusta, que desprezo nos irrita, que o ar submisso nos tranquiliza, que o choro nos enternece.

Somos governados pelo instinto como os gatos e as cabras. Continua sendo uma semelhança que temos com os animais, semelhança tão incontestável como a de nosso sangue, de nossas necessidades, das funções de nosso corpo. Nosso instinto não é tão eficiente como o dos animais, nem mesmo se aproxima do deles. Desde o momento de seu nascimento, um cervo, um cordeiro correm para as tetas da mãe; uma criança morreria se sua mãe não lhe oferecesse seu seio, apertando-a em seus braços.

Nunca uma mulher, quando grávida, foi inapelavelmente determinada pela natureza a preparar com suas próprias mãos um lindo berço de vime para seu filho, como uma toutinegra o faz com seu bico e suas patas. Mas o dom que temos para refletir, somado às duas mãos habilidosas, que a natureza nos presenteou, coloca-nos acima do instinto dos animais e, com o passar do tempo, infinitamente acima deles, tanto em bem como em mal: proposição condenada pelos senhores do antigo parlamento e pela Sorbonne, esses grandes filósofos naturalistas que, como se sabe, contribuíram em muito para o aperfeiçoamento das artes.

Nosso instinto nos leva primeiramente a agredir nosso irmão que nos magoa, se formos coléricos e nos sentirmos mais fortes que ele. Em seguida, nossa sublime razão nos faz inventar as flechas, a espada, a lança e, enfim, o fuzil, com os quais matamos nosso próximo.

Somente o instinto nos leva a todos igualmente a fazer amor, *amor omnibus idem* (o amor é igual para todos), mas só Virgílio[1], Tibulo[2] e Ovídio[3] o cantam.

Unicamente pelo instinto é que um jovem serviçal se detém com admiração e respeito diante da carruagem toda dourada de um coletor de impostos. O serviçal dá asas à sua razão, torna-se empregado do comércio, educa-se, rouba, torna-se por sua vez um grande senhor e enlameia seus antigos companheiros, tranquilamente estendido numa carruagem ainda mais dourada que aquela que antigamente admirava.

Que é esse instinto que governa todo o reino animal e que em nós é fortalecido pela razão ou reprimido pelo hábito? Será a *divinae particula aurae*[4] (partícula de aura divina)? Sim, sem dúvida, é algo divino, visto que tudo o é. Tudo é o efeito incompreensível de uma causa incompreensível. Tudo é determinado pela natureza. Raciocinamos a respeito de tudo e não nos damos nada.

1. Publius Vergilius Maro (71-19 a.C.), poeta latino, autor da obra clássica *Eneida* e de outros livros de poemas (NT).
2. Albius Tibullus (50-18 a.C.), poeta latino (NT).
3. Publius Ovidius Naso (43 a.C.-18 d.C.), poeta latino (NT).
4. Sátiras, II, vers. 79 de Quintus Horatius Flaccus (65-8 a.C.), poeta latino (NT).

INUNDAÇÃO - Houve um tempo em que o globo foi inteiramente inundado? Isso é fisicamente impossível.

Pode ser que sucessivamente o mar tenha coberto todas as terras, uma após outra; e isso não pode ter acontecido senão por uma gradação lenta, numa prodigiosa série de séculos. O mar, em quinhentos anos, retirou-se de Aigues-Mortes, de Fréjus, de Ravena, que eram grandes portos, e deixou cerca de duas léguas de terreno seco. Com essa progressão, é evidente que seriam necessários dois milhões e duzentos e cinquenta mil anos para dar a volta de nosso globo. O que é notável é que esse período se aproxima muito do que seria necessário ao eixo da terra para se elevar e coincidir com o equador: movimento muito provável, que há cinquenta anos se começou a suspeitar dele, e que não pode se efetuar senão num espaço de mais de dois milhões e trezentos mil anos.

Os leitos, as camadas de conchas descobertas por todas as costas a sessenta, a oitenta, mesmo a cem léguas do mar, constituem prova incontestável de que ele depositou aos poucos seus produtos marinhos sobre terrenos que eram outrora as margens do oceano; mas que a água tenha coberto inteiramente todo o globo de uma vez, é uma quimera absurda em física, demonstrada impossível pelas leis da gravidade, pelas leis dos fluidos, pela insuficiência da quantidade de água. Não é que se pretenda atacar a grande verdade do dilúvio universal, relatada no *Pentateuco*: ao contrário, é um milagre; logo, deve-se crer nele; é um milagre, logo, não pôde ter sido executado pelas leis físicas.

Tudo é milagre na história do dilúvio: milagre que quarenta dias de chuva tenham inundado as quatro partes do mundo e que a água se tenha elevado quinze côvados acima de todas as mais altas montanhas; milagre que tenham existido cataratas, portas, aberturas no céu; milagre que todos os animais se tenham dirigido para a arca, vindos de todas as partes do mundo; milagre que Noé tenha encontrado com que alimentá-los durante seis meses; milagre que todos os animais tenham cabido na arca, com todas as provisões; milagre que a maioria não tenha morrido; milagre que tenham encontrado de que se alimentar ao sair da arca; milagre ainda, mas de outra espécie, que um tal de Le Pelletier[1] tenha julgado explicar como todos os animais puderam caber e nutrir-se naturalmente na Arca de Noé.

Ora, uma vez que a história do dilúvio é a coisa mais miraculosa de que jamais se ouviu falar, seria insensato explicá-la: trata-se desses mistérios que se acreditam pela fé; e a fé consiste em crer no que a razão não crê, o que passa a ser também outro milagre.

Assim a história do dilúvio universal é como aquela da torre de Babel, do asno de Balaão, da queda de Jericó ao som das trombetas, das águas transformadas em sangue, da passagem do mar Vermelho e de todos os prodígios que Deus se dignou fazer em favor dos eleitos de seu povo; são profundezas que o espírito humano não pode sondar.

1. Jean Le Pelletier (1633-1711), alquimista francês, autor de várias obras sobre alquimia e da curiosa Dissertação sobre a Arca de Noé (NT).

J

JEFTÉ - [ou dos sacrifícios de sangue humano] - É evidente, pelo texto do livro dos *Juízes*, que Jefté prometeu sacrificar a primeira pessoa que saísse de sua casa para vir felicitá-lo por sua vitória sobre os amonitas. Sua filha única foi a que foi a seu encontro; ele rasgou suas próprias vestes e a imolou, depois de ter-lhe permitido ir chorar nas montanhas a infelicidade de morrer virgem. As moças judias celebraram durante muito tempo esse fato, pranteando a filha de Jefté por quatro dias[1].

Em qualquer época que essa história tenha sido escrita, seja ela uma imitação das histórias gregas de Agamenon[2] e Idomeneu[3] ou tenha sido modelo desta, que seja anterior ou posterior a semelhantes histórias assírias, não é isso que examino; atenho-me ao texto: Jefté votou sua filha ao holocausto e cumpriu seu voto.

Era expressamente ordenado pela lei judaica imolar os homens votados ao Senhor. "Todo homem votado não será resgatado, mas será morto sem remissão.". A *Vulgata*[4] traduz: *Non redimetur, sed morte morietur* (Não será redimido, mas será morto) (*Levítico*, XVII, 29).

Foi em virtude dessa lei que Samuel cortou em pedaços o rei Agag[5], a quem Saul havia perdoado; e foi justamente por ter poupado Agag que Saul foi reprovado pelo Senhor e perdeu seu reino.

Aí estão, pois, os sacrifícios de sangue humano claramente estabelecidos; não há nenhum ponto da história mais bem constatado. Só se pode julgar uma nação por seus arquivos e por aquilo que ela relata de si própria.

1. Ver capítulo XII do livro dos *Juízes* (Nota de Voltaire).
2. Herói grego, Agamenon era o comandante da frota que se dirigia contra Troia; em pleno mar, a frota fica bloqueada porque Agamenon havia ofendido a deusa Ártemis. Um adivinho diz que, para apaziguar a deusa e desbloquear a frota, Agamenon deve imolar sua própria filha Ifigênia; ele consente e, antes do sacrifício, Ártemis se apiacou e deixou a frota partir (NT).
3. Idomeneu era o comandante das tropas de Creta que cercaram Troia; na volta, colhido por uma tempestade no mar, prometeu ao deus do mar Posseidon, se conseguisse salvar-se, imolar-lhe o primeiro ser vivo que visse em terra firme; aportando em Creta, seu próprio filho foi o primeiro que ele avistou; cumprindo sua promessa, atirou-o ao mar, sacrificando-o a Posseidon (NT).
4. Assim foi e é chamada a tradução latina da Bíblia, feita por Jerônimo ou Sophronius Eusebius Hieronymus (331-420), escritor cristão e doutor da Igreja (NT).
5. Referência ao sacerdote e profeta Samuel que matou Agag, rei dos amalecitas, com as próprias mãos, tomando a espada des mãos de Saul; fato narrado no *1º. Livro de Samuel*, cap. XV (NT).

JÓ - Bom dia, meu amigo Jó! Tu és um dos mais antigos excêntricos que os livros mencionam; tu não eras judeu. Sabe-se que o livro que leva teu nome é mais antigo que o *Pentateuco*. Se os hebreus, que o traduziram do árabe, se serviram da palavra Javé para significar Deus, é porque tomaram esta palavra dos fenícios e dos egípcios, como os verdadeiros sábios não duvidam. A palavra *satã* não era hebraica, era caldeia, o que é sabido por todos.

Habitavas nos confins da Caldeia. Comentadores, dignos de sua profissão, julgam que tu acreditavas na ressurreição, porque, deitado em teu monturo, disseste, no capítulo XIX, *que dali te levantarias um dia*. Um doente que espera sua cura, nem por isso espera a ressurreição, mas quero falar-te de outras coisas.

Confessa que eras um grande tagarela; mas teus amigos o eram mais ainda. Está escrito que possuías sete mil carneiros, três mil camelos, mil bois e quinhentos asnos. Quero fazer a conta.

Sete mil carneiros, a três libras e dois vinténs por cabeça, dão vinte e duas mil e quinhentas libras de Tours, logo   *22.500 libras.*
Avalio os três mil camelos a cinquenta escudos
por cabeça   *450.000 esc.*
Mil bois não podem ser avaliados, uns pelos outros,
por menos de   *80.000.*
E quinhentos asnos a vinte francos cada   *10.000*
O total soma   *562.500 libras.*
Sem contar teus móveis, anéis e joias.

Eu fui muito mais rico que tu; e embora tenha perdido uma grande parte de meus bens e que esteja doente como tu, não murmurei contra Deus, como teus amigos parecem recriminar-te por isso algumas vezes.

Estou desapontado com satanás que, para te induzir ao pecado e te levar a esquecer a Deus, pede permissão para tirar teus bens e te dar a sarna. É nesse estado que os homens sempre recorrem à divindade; são as pessoas felizes que a esquecem. Satã não conhecia muito bem o mundo: ele só aprendeu depois; e quando quer assegurar-se de alguém, torna-o intendente-geral ou qualquer coisa de melhor, se possível. Foi o que nosso amigo Pope[1] nos mostrou claramente na história do cavaleiro Balaão.

Tua mulher era uma impertinente, mas teus pretensos amigos Elifaz, nativo de Teman na Arábia, Baldad de Suez e Sofar de Naamat, eram bem mais insuportáveis que ela. Eles te exortam à paciência de uma maneira a impacientar o mais pacífico dos homens: eles te dirigem longos sermões mais fastidiosos que prega o esperto V..., em Amsterdã, e o ..., etc.

É verdade que não sabes o que dizes quando exclamas: "Meu Deus! Sou um mar ou uma baleia, para ter sido encerrado por ti como numa prisão?" Mas teus amigos não sabem muito mais quando te respondem "que o dia não pode reverdecer sem umidade e que a erva dos prados não pode crescer sem água". Nada é menos consolador que este axioma.

Sofar de Naamat te recrimina porque te acha um tagarela; mas nenhum desses bons amigos te empresta um pouco de dinheiro. Eu não teria te tratado desse modo. Nada é mais comum que pessoas que aconselham, nada mais raro que pessoas que socorrem. Não vale a pena ter três amigos para não receber deles uma gota de caldo quando se está doente. Imagino que, quando Deus te deu riquezas e saúde, esses eloquentes personagens não ousaram apresentar-se diante de ti: por isso a expressão *amigos de Jó* passou a figurar como provérbio.

Deus não gostou nada deles e lhes disse sem rodeios, no capítulo XLII, que são *aborrecidos e imprudentes*; e os condena a uma multa de sete touros e sete carneiros por terem proferido tolices. Eu os teria condenado por não terem socorrido o amigo.

Peço-te que me digas se é verdade que viveste mais cento e quarenta anos depois dessa aventura. Fico feliz ao ver que os honestos vivem muito tempo, mas os homens de hoje devem ser grandes trapaceiros, pois, tão curta é sua vida!

(*Por um doente nas águas de Aix-la-Chapelle*)

De resto, o livro de Jó é um dos mais preciosos de toda a Antiguidade. É evidente que este livro é de um árabe que viveu antes da época em que situamos Moisés. Conta-se que Elifaz, um dos interlocutores, é de Teman: é uma antiga cidade da Arábia. Baldad era de Suez, outra cidade da Arábia. Sofar era de Naamat, região da Arábia ainda mais oriental.

O que é muito mais notável, porém, e o que demonstra que esta fábula não pode ser de um judeu, é que nela se fala das três constelações que designamos por Ursa, Órion e Hiades. Os hebreus nunca tiveram o mínimo conhecimento de astronomia, não dispunham sequer da palavra para exprimir essa ciência; tudo o que se refere às artes do espírito lhes era desconhecido, inclusive o termo geometria.

Os árabes, ao contrário, habitando em tendas, estando sempre em condições de observar os astros, foram talvez os primeiros que regularam seus anos por meio da inspeção do céu.

Uma observação mais importante é que só se fala de um Deus único neste livro. Foi um erro absurdo ter imaginado que os judeus fossem os únicos a reconhecer um Deus único; era a doutrina de quase todo o Oriente; nisso os judeus não foram senão plagiários, como o foram em tudo.

O próprio Deus, no capítulo XXXVII, fala a Jó do meio de um turbilhão e é o que foi imitado depois no *Gênesis*. Não se pode repetir em demasia que os livros dos judeus são muito recentes. A ignorância e o fanatismo proclamam que o *Pentateuco* é o livro mais antigo do mundo. É evidente que são aqueles de Sanchoniathon[2], aqueles de Thot[3], anteriores em oitocentos anos aos de Sanchoniathon, aqueles do primeiro Zerdust[4], o *Shasta*, o *Veidam* dos indianos que ainda conservamos, os cinco *Kings*[5] dos chineses, enfim, o livro de Jó, são de uma antiguidade muito mais recuada que qualquer livro judeu. Está demonstrado que esse pequeno povo só passou a ter anais quando teve um governo estável; que só teve esse governo sob os reis; que sua própria língua só se formou com o tempo, derivada de uma mistura de fenício e de árabe. Há provas incontestáveis que os fenícios cultivavam as letras muito antes dos judeus. A profissão destes foi o banditismo e o comércio; foram escritores só por acaso. Os livros dos egípcios e dos fenícios foram perdidos; os chineses, os brâmanes, os guebros e os judeus conservaram os seus. Todos esses monumentos são curiosos, mas não passam de monumentos da imaginação humana, nos quais não se pode aprender uma única verdade, quer física, quer histórica. Qualquer pequeno livro de física de hoje é muito mais útil que todos os livros da Antiguidade.

O bom Calmet[6] ou Dom Calmet (pois os beneditinos querem ser tratados de Dom), esse ingênuo compilador de tantos devaneios e imbecilidades, esse homem cuja simplicidade tornou tão útil a quem quiser rir das tolices antigas, relata fielmente as opiniões daqueles que quiseram adivinhar a doença de que Jó foi acometido, como se Jó tivesse sido um personagem real. Não hesita em afirmar que Jó tinha varíola e acumula passagem por passagem, como é seu hábito, para provar o que não existe. Não tinha lido a história da varíola de Astruc[7], pois, uma vez que Astruc não era um Padre da Igreja[8], nem doutor de Salamanca, mas médico muito sábio, o bom Calmet nem sequer sabia que ele existia; os monges compiladores são uns pobres coitados.

1. Alexander Pope (1688-1744), poeta e satírico inglês (NT).
2. Sanchoniathon (teria vivido no séc. XI a.C.), sacerdote ou historiador fenício, escreveu uma obra sobre a história do mundo; no séc. I de nossa era a obra foi traduzida para o grego por Fílon de Biblos e Eusébio de Cesareia, historiador cristão do século III, cita reiteradas vezes o livro de Sanchoniathon (NT).
3. Na mitologia egípcia, Tot ou Thot era uma divindade representada com corpo humano e cabeça de íbis; foi o deus inventor da escrita e era o juiz que pesava as almas dos mortos (NT).
4. Outro nome, especialmente em turco, de Zoroastro ou Zaratustra (628-551 a.C.), sábio persa, fundador do zoroastrismo ou masdeísmo que opõe dois princípios fundamentais que governam o mundo e o homem: o bem e o mal; Zoroastro teria recebido do deus da sabedoria, numa visão, a missão de pregar e ensinar a verdade aos homens (NT).
5. Os Cinco livros canônicos ou Grandes Kings de Cheu-King, que remontam ao segundo milênio antes de nossa era; são livros de sabedoria e de moral (NT).
6. Antoine Calmet (1672-1757), padre beneditino conhecido com o nome de Agostinho, teólogo e historiador francês (NT).
7. Jean Astruc (1684-1766), médico e biblista francês; publicou uma obra crítica sobre a composição do livro do Gênesis, o que fez dele um dos precursores da crítica bíblica moderna (NT).
8. *Padres da Igreja* é uma expressão clássica da história antiga, com a qual são designados os grandes teólogos e escritores dos primeiros séculos do cristianismo; são numerosos e seus escritos formam a chamada *Patrística, Patrologia*, ou seja, obras, textos, comentários bíblicos e doutrina desses autores, os quais fundamentaram toda a teologia cristã, e particularmente católica, que ainda vigora hoje; entre os principais Padres da Igreja, podem ser relembrados Ambrósio, Agostinho, Orígenes, Cirilo de Jerusalém, Cirilo de Alexandria, João Crisóstomo, Gregório Nazianzeno, Gregório de Nissa, Ireneu, etc.

JOSÉ

- A história de José, se não for considerada somente como objeto de curiosidade e literatura, é um dos monumentos mais preciosos da antiguidade que chegaram até nós. Parece ser o modelo de todos os escritores orientais; é mais enternecedora que a *Odisseia* de Homero[1], pois, um herói que perdoa é mais tocante que aquele que se vinga.

Consideramos os árabes como os primeiros autores dessas ficções engenhosas que passaram para todas as línguas; mas não vejo neles nenhuma aventura comparável à de José. Quase tudo nela é maravilhoso e o final pode fazer verter lágrimas de enternecimento. É um jovem de dezesseis anos invejado por seus irmãos; é vendido por eles a uma caravana de mercadores ismaelitas, conduzido ao Egito e comprado por um eunuco do rei. Esse eunuco tinha uma mulher, o que não é de todo surpreendente: o Kizlar-Aga, eunuco perfeito, a quem tudo foi cortado, tem hoje um serralho em Constantinopla; deixaram-lhe os olhos e as mãos e a natureza não perdeu seus direitos em seu coração. Os outros eunucos, aos quais apenas cortaram os dois acompanhantes do órgão da geração, fazem uso muitas vezes ainda desse órgão; e Putifar, a quem José foi vendido, poderia muito bem pertencer ao número desses eunucos.

A mulher de Putifar se apaixona pelo jovem José que, fiel a seu senhor e benfeitor, repudia o assédio dessa mulher. Ela fica irritada por isso e acusa José de querer seduzi-la. É a história de Hipólito e Fedra[2], de Belerofonte e Estenobeia[3], de Hebro e Damasipe[4], de Tanis e Peribeia[5], de Mirtilo e Hipodâmia[6], de Peleu e Demenetes[7].

É difícil saber, de todas essas histórias, qual é a original; mas nos antigos autores árabes há uma passagem, referente à aventura de José e da mulher de Putifar, que é muito engenhosa. O autor supõe que Putifar, indeciso entre sua mulher e José, não consdierou a túnica de José, que sua mulher havia rasgado, como uma prova do atentado do jovem.

Havia um menino no berço, no aposento da mulher; José dizia que ela lhe havia rasgado e tirado a túnica na presença da criança. Putifar consultou o menino, cujo espírito era bem desenvolvido para sua idade; este disse a Putifar: "Verifica se a túnica está rasgada na frente ou atrás: se estiver rasgada na frente, é prova de que José quis tomar tua mulher, que se defendia, à força; se estiver rasgada por trás, é prova de que tua mulher corria atrás dele." Putifar, graças ao gênio desse menino, reconheceu a inocência de seu escravo. É assim que essa aventura foi relatada no *Alcorão* pelo antigo autor árabe. Ele não se preocupa em nos dizer de quem era o menino que julgou com tanto espírito; se era filho da mulher de Putifar, José não teria sido o primeiro a ser desejado por essa mulher.

Seja como for, José, segundo o livro do *Gênesis*, é posto na prisão e ali se encontra em companhia do copeiro e do padeiro do rei do Egito. Esses dois prisioneiros do Estado sonham à noite: José explica seus sonhos; ele lhes prediz que dentro de três dias o copeiro será agraciado e que o padeiro será enforcado, o que não deixou de acontecer.

Dois anos depois, o rei do Egito também sonha; seu copeiro lhe diz que há um jovem judeu na prisão, que é o primeiro homem do mundo na interpretação de sonhos; o rei mandar chamar o jovem, que lhe prediz sete anos de abundância e sete anos de esterilidade.

Vamos interromper um pouco o fio da história para verificar de que prodigiosa antiguidade é a interpretação dos sonhos. Jacó havia visto em sonho a escada misteriosa no alto da qual estava o próprio Deus; aprendeu em sonhos o método de multiplicar os rebanhos, método que deu resultado somente para ele. O próprio José havia sido advertido num sonho que um dia haveria de dominar seus irmãos. Abimelec, muito antes, havia sido advertido em sonho de que Sara era mulher de Abraão[8].

Voltemos a José. Logo que explicou o sonho do faraó, foi imediatamente nomeado primeiro-ministro. É de se duvidar que hoje um rei, mesmo na Ásia, concedesse tal cargo pela explicação de um sonho. O faraó deu por esposa a José uma filha de Putifar. Sabe-se que esse Putifar era sumo sacerdote de Heliópolis: não era, portanto, o eunuco, seu primeiro senhor; ou, se fosse ele, teria ainda certamente outro título que não o de sumo sacerdote e sua mulher teria sido mãe mais de uma vez.

Entretanto, a fome chegou, como José havia predito; e ele, para merecer as boas graças de seu rei, obrigou todo o povo a vender suas terras ao faraó; e toda a nação se tornou escrava para ter trigo: essa provavelmente é a origem do poder despótico. Deve-se admitir que jamais um rei fez melhor negócio; mas também o povo não devia ter motivos para bendizer o primeiro-ministro.

Finalmente, o pai e os irmãos de José também tiveram necessidade de trigo, pois, *a fome assolava então toda a terra*. Não vale a pena relatar aqui como José recebeu seus irmãos, como os perdoou e enriqueceu. Encontramos nessa história tudo o que constitui um interessante poema épico: exposição, enredo, reconhecimento, peripécia e maravilhoso. Nada mais marcante do gênio oriental.

O que o bom Jacó, pai de José, respondeu ao faraó, deve realmente comover os que sabem ler. "Qual é sua idade?" – perguntou-lhe o rei. – "Tenho cento e trinta anos" – respondeu o ancião – "e não tive ainda um dia feliz nessa curta peregrinação."

1. Homero (séc. IX a.C.), poeta grego a quem são atribuídos os dois poemas épicos *Ilíada* e *Odisseia*, nos quais são narrados os atos heroicos dos gregos na guerra de Troia e as intermináveis aventuras do herói Ulisses; em ambos os poemas a intervenção dos deuses nos fatos e atos dos homens têm lugar de destaque (NT).

2. Na mitologia grega, Fedra, mulher de Teseu, se apaixonou por seu enteado Hipólito que rejeitou suas investidas; ela então o acusou de tentar violentá-la. Hipólito foi executado e Fedra se enforcou (NT).

3. Belerofonte vivia na corte de Próclus, rei de Argos. Estenobeia, mulher do rei, apaixonou-se por Belerofonte, mas este a rejeitou; ela o acusou então de querer seduzi-la. O rei, para não violar os direitos de hospitalidade, mandou Belerofonte para o exílio (NT).

4. Cassandro, rei da Trácia, teve um filho chamado Hebro de seu primeiro casamento; casou em segundas núpcias com Damasipe; esta se apaixonou pelo enteado, mas Hebro repeliu suas investidas, sendo acusado então por ela de querer seduzi-la. Temendo o pai, Hebro fugiu para as montanhas, onde vivia de caça. Seu pai, no entanto, foi a seu encalço; vendo-se cercado, Hebro jogou-se de um precipício num rio que passou a ser chamado Hebro (NT).

5. Segundo os comentadores, parece que Voltaire faz confusão nesta passagem, pois, não se trata de Tanis, nem de Tantis (como aparece em algumas edições da época), mas de Telamon, embora a história dele seja um pouco diversa e não se encaixaria no perfil desses contos mitológicos (NT).

6. Hipodâmia era filha de Enômao, rei de Pisa, na Grécia. Não querendo que a filha se casasse, o rei afastava seus pretendentes, vencendo-os numa corrida de carruagens. Apaixonada por Pélope, Hipodâmia convenceu seu escudeiro Mirtilo a sabotar as rodas da carruagem do pai, facilitando a vitória de Pélope; com o acidente da carruagem, Enômao morreu, mas antes de morrer pediu que se vingassem do escudeiro; de fato, foi jogado ao mar, mas as ondas devolveram seu corpo às praias; o deus do mar, transformou-o num arbusto que passou a ser chamado mirtilo (NT).

7. Peleu saiu de sua terra para ir viver em Iolcos, na Tessália, na corte do rei Acasto. A rainha Demenetes se apaixonou por ele, mas foi rejeitada pelo jovem; então ela o acusou de ter tentado seduzi-la. O rei prendeu Peleu e largou-o nas montanhas, algemado e agrilhoado, deixando-o ao sabor dos animais selvagens. Peleu conseguiu se libertar dos grilhões, voltou a Iolcos e matou a rainha (NT).

8. Ver o verbete *Sonhos* (Nota de Voltaire).

JUDEIA

- Não estive na Judeia, graças a Deus, e nunca irei. Encontrei pessoas de todas as nações que voltaram de lá: todas me disseram que a situação de Jerusalém é horrível; que toda a área dos arredores é pedregosa; que as montanhas estão desprovidas de qualquer vegetação; que o famoso rio Jordão não tem mais de 45 pés de largura; que o único local muito bom desse país é Jericó; finalmente, falam como contava são Jerônimo[1], que residiu tanto tempo em Belém, e que descrevia essa região como o refúgio da natureza. Diz que no verão não há simplesmente água para beber. Esse país, contudo, devia parecer aos judeus um lugar de delícias em comparação com os desertos de onde eram originários. Miseráveis que tivessem abandonado a região francesa de Landes, para habitar em algumas montanhas de Lampourdan, elogiariam suas novas terras e se tivessem a oportunidade de penetrar até as belas áreas do Languedoc, seria para eles a terra prometida.

Aí está precisamente a história dos judeus: Jericó, Jerusalém são como Toulouse e Montpellier e o deserto do Sinai corresponde à região entre Bordeaux e Bayonne.

Mas se Deus, que guiava os judeus, queria lhes dar uma boa terra, se esses infelizes tinham, de fato, residido no Egito, por que não os deixou no Egito? A isso não se responde senão por meio de frases teológicas.

A Judeia, dizem, era a terra prometida. Deus disse a Abraão: "Eu te darei toda esta região, desde o rio do Egito até o Eufrates"[2].

Ai! Seus amigos, nunca tiveram essas margens férteis do Eufrates e do Nilo. Riram de vocês. Os senhores do Nilo e do Eufrates foram sucessivamente seus senhores. Vocês foram quase sempre escravos. Prometer e ter são duas coisas diferentes, meus pobres judeus. O que têm é um velho rabino que, ao ler suas sábias profecias que lhes anunciam uma terra de leite e de mel, lamentou que lhes haviam prometido mais manteiga que pão. Sabem realmente que, se os turcos me oferecessem hoje o domínio de Jerusalém, eu não iria aceitá-lo?

Frederico II[3], ao ver esse detestável país, disse publicamente que Moisés foi de fato imprudente ao levar para lá essa multidão de leprosos: "Por que não foi para Nápoles?" – dizia Frederico. Adeus, meus caros judeus; fico decepcionado ao constatar que terra prometida é terra perdida.

(*Do barão de Brukana*)

---

1. Sophronius Eusebius Hieronymus (331-420), escritor cristão e doutor da Igreja; além de seus numerosos escritos, dedicou parte de sua vida para traduzir toda a Bíblia do hebraico e do grego para o latim, tradução que levou o nome de *Bíblia Vulgata* (NT).

2. Gênesis, cap. XV, versículo 18 (Nota de Voltaire).

3. Frederico II (1194-1250), rei da Sicília (1197-1250) e imperador germânico (1220-1250), teve difícil relacionamento com o papa Gregório VII na questão das investiduras ou ingerência do Estado na nomeação de prelados e bispos para cargos eclesiásticos; foi excomungado duas vezes (NT).

JULIANO, O FILÓSOFO - [Imperador romano]

Por vezes se faz justiça muito tarde. Dois ou três autores, ou mercenários, ou fanáticos, falam do bárbaro e do efeminado Constantino[1] como de um Deus e tratam como celerado o justo, o sábio, o grande Juliano[2]. Todos os outros, copistas dos primeiros, repetem os elogios e as calúnias. Tornam-se quase um artigo de fé. Finalmente chega o tempo da santa crítica e, depois de 1.400 anos, homens esclarecidos reveem o processo que a ignorância havia julgado. Vê-se em Constantino um ambicioso que ri de Deus e dos homens. Tem a insolência de fingir que Deus lhe enviou pelos ares uma insígnia que lhe garante a vitória. Ele se banha no sangue de todos os seus parentes e dorme na moleza; mas era cristão, foi canonizado.

Juliano é sóbrio, casto, desinteressado, valoroso, clemente, mas não era cristão; durante muito tempo foi visto como um monstro.

Hoje, depois de haver comparado os fatos, os monumentos, os escritos de Juliano e aqueles de seus inimigos, somos obrigados a reconhecer que, se não gostava do cristianismo, era escusado por odiar uma seita conspurcada pelo sangue de toda a sua família; que, tendo sido perseguido, preso, exilado, ameaçado de morte pelos galileus sob o reino do bárbaro Constâncio[3], jamais os perseguiu; que, ao contrário, perdoou a dez soldados cristãos que haviam conspirado contra ele. Lendo suas cartas, nos admiramos:

"Os galileus, diz ele, sofreram sob meu predecessor o exílio e a prisão; foram massacrados aqueles que são chamados hereges; eu repatriei seus exilados, libertei seus prisioneiros; devolvi os bens aos proscritos e os obriguei a viver em paz. Mas o furor inquieto dos galileus é tamanho que se queixam de não poder mais se devorarem uns aos outros." Que carta! Que sentença emanada pela filosofia contra o fanatismo perseguidor!

Por fim, ao analisar os fatos, fomos obrigados a concordar que Juliano tinha todas as qualidades de Trajano[4], menos o gosto havia tanto tempo perdoado aos gregos e romanos; todas as virtudes de Catão[5], menos sua obstinação e seu mau humor; tudo o que se admirava em Júlio César[6], menos todos os seus vícios; teve a continência de Cipião[7]. Finalmente, foi em tudo igual a Marco Aurélio[8], o primeiro dos homens.

Não ousamos mais repetir hoje, segundo o caluniador Teodoreto[9], que ele imolou uma mulher no templo de Carres para tornar propícios os deuses. Não dizemos mais que, ao morrer, ele lançou com sua mão algumas gotas de seu sangue ao céu, dizendo a Jesus Cristo: "Tu venceste, Galileu!" – como se tivesse combatido contra Jesus, ao guerrear contra os persas; como se esse filósofo, que morreu com tanta resignação, tivesse reconhecido Jesus; como se tivesse acreditado que Jesus estava nos ares e que o ar era o céu! Essas tolices de homens que chamamos Padres da Igreja[10] não são mais repetidas hoje.

Por fim, chegou-se a ridicularizá-lo, como faziam os cidadãos frívolos de Antioquia. Era criticado por sua barba mal aparada e pelo modo como caminhava. Mas, senhor padre de La Bletterie[11], tu não o viste caminhar e não leste suas cartas e suas leis, monumentos de suas virtudes. Que importa que tivesse a barba suja e o andar precipitado, contanto que seu coração fosse magnânimo e que todos os seus passos tendessem à virtude?

Resta hoje ainda um fato importante a examinar. Recrimina-se a Juliano ter pretendido tornar mentirosa a profecia de Jesus Cristo, ao reconstruir o templo de Jerusalém. Dizem que fogo saiu da terra para impedir a obra. Dizem que foi um milagre e que esse milagre não converteu Juliano, nem Alípio, intendente dessa obra, nem ninguém de sua corte; e sobre isso o padre de La Bletterie se exprime dessa forma: "Ele e os filósofos de sua corte utilizaram, sem dúvida, o que sabiam de física para furtar à divindade um prodígio tão evidente. A natureza sempre foi o recurso dos incrédulos, mas ela serve à religião de modo tão oportuno, que eles deveriam pelo menos suspeitar dela de conluio."

Primeiro, não é verdade que no Evangelho se afirme que o templo judeu nunca mais será reconstruído. O Evangelho de Mateus, escrito claramente depois da tomada de Jerusalém por Tito[12], profetiza, de fato, que não restaria pedra sobre pedra desse templo do idumeu Herodes[13], mas nenhum evangelista diz que nunca mais será reconstruído.

Segundo, que importa à divindade que haja um templo judeu ou um centro de comércio ou uma mesquita no mesmo local onde os judeus matavam bois e vacas?

Terceiro, não se sabe se foi dos muros da cidade ou do recinto do templo de onde partiram essas pretensas chamas que, segundo alguns, queimavam os operários. Mas não se vê por que Jesus teria queimado os operários do imperador Juliano e por que não queimou aqueles do califa Omar[14] que, muito tempo depois, construiu uma mesquita sobre as ruínas do templo; nem aqueles do grande Saladino[15] que restaurou essa mesma mesquita. Jesus teria tanta predileção pelas mesquitas dos muçulmanos?

Quarto, ao predizer que não ficaria pedra sobre pedra em Jerusalém, Jesus não havia impedido de reconstruí-la.

Quinto, Jesus predisse várias coisas cuja realização Deus não permitiu. Predisse o fim do mundo e sua vinda sobre as nuvens com grande poder e majestade no final da geração que vivia naquela época. O mundo, contudo, continua e vai durar provavelmente muito tempo ainda (Evangelho de Lucas, cap. XXI).

Sexto, se Juliano tivesse escrito sobre esse milagre, eu diria que o teriam enganado para fazê-lo cair no ridículo; acreditaria que os cristãos, seus inimigos, armaram tudo para se opor à sua obra, que mataram seus operários e espalharam o boato de que estes teriam sido mortos por milagre. Mas Juliano não diz uma palavra. A guerra contra os persas o ocupava sobremodo então. Adiou por um tempo a edificação do templo e morreu antes de poder começar esse edifício.

Sétimo, esse prodígio é relatado por Amiano Marcelino[16], que era pagão. É muito provável que esta seja uma interpolação dos cristãos: tantas outras que foram verificadas lhes foram recriminadas! Mas não é menos provável que, numa época em que só se falava de prodígios e de contos de feiticeiros, Amiano Marcelino tenha relatado esta fábula confiando na palavra de algum espírito crédulo. Desde Tito Lívio[17] até De Thou[18] inclusive, todas as histórias estão infestadas de prodígios.

Oitavo, se Jesus fazia milagres, seria para impedir que se reconstruísse um templo em que ele próprio ofereceu sacrifícios e no qual foi circuncidado? Não faria milagres para converter em cristãs tantas nações que ridicularizam o cristianismo ou, melhor, para tornar mais sensatos e mais humanos seus cristãos que, desde Ário[19] e Atanásio[20] até os Roland[21] e os camisardos de Cévennes[22], verteram torrentes de sangue e se comportaram como canibais?

Disso concluo que a *natureza* não está em *conluio* com o *cristianismo*, como diz La Bletterie, mas que este está em conluio com contos de velhas, como diz Juliano: *Quibus cum stolidis aniculis negotium erat* (Os quais tinham contato com estultas velhinhas).

DICIONÁRIO FILOSÓFICO

La Bletterie, depois de ter feito justiça a algumas virtudes de Juliano, termina, no entanto, a história desse grande homem dizendo que sua morte foi um efeito "da vingança divina". Se isso for verdade, todos os heróis que morreram jovens, desde Alexandre[23] até Gustavo Adolfo[24], foram, portanto, punidos por Deus. Juliano morreu com a mais bela das mortes, perseguindo seus inimigos após várias vitórias. Joviano[25], que lhe sucedeu, reinou muito menos tempo que ele, e de modo vergonhoso. Não vejo a vingança divina e em La Bletterie só vejo um discursador de má-fé. Mas onde estão os homens que ousam dizer a verdade? (vocês; mas não é o caso de imitá-los).

O estoico Libânio[26] foi um desses homens raros; celebrou o bravo e clemente Juliano diante de Teodósio[27], o assassino dos tessalonicenses; mas Le Beau[28] e La Bletterie tremem de medo em elogiá-lo diante de seus devotos paroquianos.

1. Caius Flavius Valerius Aurelius Constantinus (270?-337), imperador romano de 306 a 337, no ano 313 proclamou o célebre *Edito de Milão*, pelo qual concedia liberdade de culto a todos, inclusive aos cristãos, aos quais determinava que lhes fossem devolvidos os bens confiscados (NT).

2. Flavius Claudius Julianus, conhecido como Juliano, o Apóstata (331-363), escritor e imperador romano, educado no cristianismo, abjurou a fé cristã e restabeleceu o paganismo no império, chegando a proibir o ensino aos cristãos (NT).

3. Marcus Flavius Valerius Constantius (225-306), imperador romano de 305 a 306 (NT).

4. Marcus Ulpius Trajanus (53-117), imperador romano de 98 a 117 (NT).

5. Marcus Porcius Cato (234-149 a.C.), homem de Estado romano, lutou contra o luxo e, como estoico, pregava uma moral mais austera (NT).

6. Caius Julius Caesar (103-44 a.C.), general e imperador romano (NT).

7. Publius Cornelius Scipio (235-183 a.C.), general e cônsul de Roma (NT).

8. Marcus Aurelius Antoninus (121-180), imperador romano de 161 a 180, filósofo estoico, deixou a obra *Pensamentos e meditações* (NT).

9. Teodoreto de Ciro (393-466), bispo e teólogo grego, que deixou imensa obra teológica e histórica (NT).

10. *Padres da Igreja* é uma expressão clássica da história antiga, com a qual são designados os grandes teólogos e escritores dos primeiros séculos do cristianismo; são numerosos e seus escritos formam a chamada *Patrística, Patrologia*, ou seja, obras, textos, comentários bíblicos e doutrina desses autores, os quais fundamentaram toda a teologia cristã, e particularmente católica, que ainda vigora hoje; entre os principais Padres da Igreja, podem ser relembrados Ambrósio, Agostinho, Orígenes, Cirilo de Jerusalém, Cirilo de Alexandria, João Crisóstomo, Gregório Nazianzeno, Gregório de Nissa, Irineu, etc.

11. Jean Philippe René de La Bletterie (1696-1772), padre e historiador francês; entre suas obras, destaca-se *Vida do imperador Juliano* (NT).

12. Titus Flavius Vespasianus (39-81), imperador romano de 79 a 81, havia tomado Jerusalém no ano 70 como principal general das tropas romanas (NT).

13. Herodes I, o Grande (73-4 a.C.), rei dos judeus de 37 a.C. até sua morte; odiado pelos judeus, foi, no entanto, astuto político e grande administrador (NT).

14. Omar ibn Al-Khattab ou Omar I (581-644), segundo califa sucessor de Maomé, morreu assassinado em 644 (NT).

15. Saladino ou Salah Al-Din Yusuf (1138-1193), sultão árabe, empreendeu grandes conquistas e é considerado o campeão da guerra santa do islamismo; venceu os cruzados e se apoderou de Jerusalém, mas depois celebrou a paz com os cristãos (NT).

16. Amiano Marcelino (335-400), historiador latino de origem grega (NT).

17. Titus Livius (59 a.C.-17 d.C.), historiador latino, autor da grande obra *Ab Urbe Condita* (NT).

18. Jacques Auguste De Thou (1553-1617), historiador e magistrado francês, conselheiro de Estado (NT).

19. Ário (256-336), padre de Alexandria, afirmava que Jesus Cristo possuía uma divindade subordinada, como que emprestada por Deus, negando, portanto, que Cristo tivesse a mesma substância de Deus Pai; denominada de heresia cristológica, o arianismo atacava direta e indiretamente o mistério do dogma da Trindade e, por essa razão, essa heresia foi classificada como antitrinitária. O arianismo se difundiu amplamente na Igreja grega, atingindo também as populações germânicas recém-convertidas do centro-norte da Europa; embora combatida insistentemente, essa heresia só foi erradicada três séculos depois. (NT).

20. Atanásio (295-373), bispo de Alexandria e doutor da Igreja, foi o principal adversário de Ário e sua obra teológica é quase toda ela endereçada contra o arianismo (NT).

21. Rolando, herói medieval, cavaleiro cristão que se destacou em batalhas com Carlos Magno (séc. VIII-IX) e foi imortalizado no poema medieval *Canção de Rolando* (NT).

22. Região montanhosa da França, Cévennes foi palco da revolta dos calvinistas franceses, chamados camisardos, que se transformou em guerra civil religiosa em toda a região e perdurou de 1702 a 1704; dominados totalmente em 1704, alguns chefes camisardos continua-ram, porém, com revoltas e incursões ocasionais até 1710 (NT).

23. Alexandre Magno (356-323 a.C.), rei da Macedônia, Grécia, conquistou todo o mundo oriental conhecido na época, do Egito à Índia (NT).

24. Gustavo Adolfo II (1594-1632), rei da Suécia de 1611 a 1632; morreu em campo de batalha (NT).

25. Flavius Claudius Jovianus (331-364), imperador romano (NT).

26. Libânio (314-393), retórico grego, deixou discursos e cartas que refletem a vida no século IV (NT).

27. Teodósio I (347-395), imperador romano de 379 a 395, assegurou o triunfo definitivo do cristianismo (NT).

28. Augustin-Théodore-Vincent Le Beau de Schosne (séc. XVIII), padre e escritor francês (NT).

JUSTO E DO INJUSTO (DO)

Quem nos deu o sentimento do justo e do injusto? Deus, que nos deu um cérebro e um coração. Mas quando sua razão lhe ensina que há vício e virtude? Quando nos ensina que dois e dois são quatro. Não há conhecimento inato pela mesma razão que não há árvore que produza folhas e frutos ao sair da terra. O que se chama inato não é nada, isto é, não nasceu desenvolvido; mas, convém repeti-lo, Deus nos faz nascer com órgãos que, à medida que crescem, nos fazem sentir tudo o que nossa espécie deve sentir para a conservação dessa mesma espécie.

De que modo se opera esse contínuo mistério? Digam-me, habitantes amarelos das ilhas Sonda, negros africanos, canadenses imberbes, e vocês, Platão[1], Cícero[2], Epicteto[3]. Todos vocês sentem igualmente que é melhor dar o supérfluo de seu pão, de seu arroz ou de sua mandioca ao pobre, que humildemente pede, do que matá-lo ou vazar-lhe os olhos. É evidente para todos que um benefício é mais honesto que um ultraje, que a brandura é preferível à exaltação.

Trata-se apenas de nós, portanto, de nos servirmos de nossa razão para discernir os matizes do honesto e do desonesto. O bem e o mal são vizinhos muitas vezes; nossas paixões os confundem. Quem vai nos esclarecer? Nós mesmos, nos momentos de tranquilidade. Quem quer que tenha escrito sobre nossos deveres escreveu bem em todos os países do mundo, porque só escreveu com sua razão. Todos disseram a mesma coisa: Sócrates[4] e Epicuro[5], Confúcio[6] e Cícero, Marco Antonino[7] e Amurat II[8] tiveram a mesma moral.

Repitamos todos os dias a todos os homens: "A moral é uma, vem de Deus; os dogmas são diferentes, vêm de nós."

Jesus não ensinou nenhum dogma metafísico; não escreveu cadernos teológicos; não disse: "Sou consubstancial; tenho duas vontades e duas naturezas numa só pessoa." Deixou aos franciscanos[9] e aos dominicanos[10], que deviam chegar 1.200 anos depois dele, o cuidado de argumentar para saber se sua mãe foi concebida com o pecado original; nunca disse que o casamento é o sinal visível de uma coisa invisível; não proferiu palavra sobre a graça concomitante; não instituiu monges nem inquisidores; nada ordenou do que vemos hoje.

Deus tinha dado o conhecimento do justo e do injusto em todos os tempos que precederam o cristianismo. Deus não mudou e não pode mudar: a essência de nossa alma, nossos princípios de razão e de moral serão eternamente os mesmos. De que servem à virtude as distinções teológicas, dogmas baseados nessas distinções, perseguições fundamentadas nesses dogmas? A natureza, aterrorizada e revoltada com horror contra todas essas invenções bárbaras, clama a todos os homens: "Sejam justos e não sofistas perseguidores".

Podem ler no *Sadder*, que é o compêndio das leis de Zoroastro[11], esta sábia máxima: "Quando estás em dúvida se uma ação que te é proposta é justa ou injusta, abstém-te". Quem alguma vez deu uma regra mais admirável? Que legislador falou melhor? Nela não se vê o sistema das opiniões prováveis, inventado por homens que se denominavam *Sociedade de Jesus*[12].

1. Platão (427-347 a.C.), filósofo grego; dentre suas obras, *A República* já foi publicada pela Editora Escala (NT).
2. Marcus Tullius Cicero (106-43 a.C.), filósofo, orador e escritor latino; dentre suas obras, *A amizade* e *A velhice saudável* e *Os Deveres* já foram publicadas pela Editora Escala (NT).
3. Epicteto (50-130), filósofo estoico grego, escravo liberto por Nero, ministrava lições públicas; foi banido de Roma junto com todos os filósofos por ordem do imperador Domiciano, no ano 94; a máxima estoica de Epicteto era "Suporta e abstém-te" (NT).
4. Sócrates (470-399 a.C.), filósofo grego, foi acusado de ateu e de corruptor da juventude, por defender a ideia de uma divindade única, e condenado à morte; preferiu tomar cicuta a ser executado (NT).
5. Epicuro (341-270 a.C.), filósofo grego, materialista, fundador do epicurismo, doutrina que apregoa o desfrute dos bens materiais e espirituais para que se possa perceber sua excelência e extrair deles o que há de melhor em sua natureza, que é essencialmente boa (NT).
6. Confúcio (551-479? A.C.), filósofo chinês, considerado o fundador do confucionismo, doutrina filosófica e moral (NT).
7. Marcus Aurelius Antoninus (121-180), imperador romano de 161 a 180, filósofo estoico, deixou a obra *Pensamentos e meditações* (NT).
8. Amurat II (1404-1451), imperador ou sultão dos turcos (NT).
9. Ordem religiosa católica fundada por Francisco de Assis (1182-1226) no ano de 1209 (NT).
10. Também ditos Ordem dos Pregadores, fundada por são Domingos (1170-1221), padre espanhol, os dominicanos foram os principais agentes da inquisição (NT).
11. Zoroastro ou Zaratustra (628-551 a.C.), sábio persa, fundador do zoroastrismo ou masdeísmo que opõe dois princípios fundamentais que governam o mundo e o homem: o bem e o mal; Zoroastro teria recebido do deus da sabedoria, numa visão, a missão de pregar e ensinar a verdade aos homens (NT).
12. Ordem religiosa católica fundada por Inácio de Loyola (1491-1556), padre espanhol, mais conhecida como Sociedade de Jesus ou Companhia de Jesus ou simplesmente jesuítas (NT).

L

LEI NATURAL - [Diálogo] - B – Que é a lei natural?

A – O instinto, que nos confere o sentimento de justiça.

B – O que os homens chamam de justo e injusto?

A – Tudo o que parece como tal ao universo inteiro.

B – O universo é composto de muitas cabeças. Contam que em Esparta os ladrões eram aplaudidos e que os mesmos eram condenados às minas em Atenas.

A – Jogo de palavras, logomaquia, equívoco; não se podia cometer furtos em Esparta, pois, tudo era comum. O que chamam *roubo* era a punição da avareza.

B – Em Roma era proibido casar com a própria irmã. Entre os egípcios, os atenienses e mesmo entre os judeus era permitido desposar a irmã por parte de pai. Cito a contragosto esse pequeno povo judeu que certamente não deve servir de regra a ninguém e que (deixando a religião de lado) sempre foi um povo de salteadores ignorantes e fanáticos. Mas, enfim, segundo seus livros, a jovem Tamar, antes de ser violentada por seu irmão Amon, lhe diz: "Meu irmão, não faças tolices, mas pede-me em casamento a meu pai; ele não vai recusar[1]."

A – Tudo isso não passa de leis de convenção, costumes arbitrários, modas que passam; o essencial permanece sempre. Mostra-me um país onde é honesto arrebatar o fruto de meu trabalho, violar uma promessa, mentir para prejudicar, caluniar, assassinar, envenenar, ser ingrato para com seu benfeitor, espancar o pai e a mãe quando te dão de comer.

B – Esqueces que Jean-Jacques, um dos pais da Igreja moderna, disse: "O primeiro que ousou cercar e cultivar um terreno *foi o inimigo* do gênero humano." Acrescentava que seria necessário exterminá-lo e que "os frutos são de todos e que a terra não pertence a ninguém"? Já não examinamos essa bela proposta tão útil à sociedade?

A – Quem é esse Jean-Jacques[2]? Com certeza não é João Evangelista, nem João Batista, nem Tiago Maior, nem Tiago Menor. Quem escreveu essa abominável impertinência só pode ser um belo espírito ou algum *bufo magro* (pobre bufão) divertido e de mau gosto que quis zombar daquilo que o mundo inteiro tem de mais sério. De fato, em vez de ir estragar o terreno de um vizinho sensato e trabalhador, só teria de imitá-lo; e cada pai de família, tendo seguido esse exemplo, logo uma bela aldeia se teria formado. O autor dessa passagem me parece um animal bem insociável.

B – Crês, portanto, que, ao ultrajar e roubar o coitado que recintou com uma cerca-viva seu jardim e seu galinheiro, faltou com os deveres da lei natural?

A – Sim, sim, torno a repetir. Há uma lei natural que consiste em não fazer o mal a outrem e a não se alegrar com o mal feito.

B – Admito que o homem não goste e só pratique o mal em proveito próprio. Mas quantas pessoas são levadas a tentar tirar proveito da infelicidade do próximo. A vingança é uma paixão muito violenta e vemos muitos exemplos funestos dela; a ambição, mais fatal ainda, inundou a terra com tanto sangue que, quando imagino o horrível quadro, fico tentado a confessar que o homem é realmente diabólico. Pouco adianta ter em meu coração a noção do justo e do injusto. Um Átila[3] que é cortejado por São Leão[4]; um Focas[5], que São Gregório[6] bajula com a mais baixa covardia; um Alexandre VI[7], manchado com tantos incestos, com tantos homicídios, com tantos envenenamentos, com o qual Luís XII[8], chamado o Bom, faz a mais indigna e estreita aliança; um Cromwell⁽⁹⁾, de quem o cardeal Mazarino⁽¹⁰⁾ procura a proteção e por causa do qual expulsa da França os herdeiros de Carlos I⁽¹¹⁾, primos-irmãos de Luís XVI⁽¹²⁾, etc., etc.; cem exemplos semelhantes desnorteiam minhas ideias e eu não sei mais onde estou.

A – Pois bem! As tempestades impedem que gozemos hoje de um belo sol? O terremoto que destruiu metade da cidade de Lisboa⁽¹³⁾ impediu que viajasses confortavelmente para Madri? Se Átila foi um salteador e o cardeal Mazarino um trapaceiro, não haverá príncipes e ministros honestos? Não foi observado que na guerra de 1701 o conselho de Luís XIV⁽¹⁴⁾ era composto pelos homens mais virtuosos, o duque de Beauvilliers, o marquês de Torcy, o marechal Villars, finalmente, Chamillart, que passou por incapaz, mas nunca por desonesto? A ideia da justiça não subsiste sempre? Sobre ela é que estão fundadas todas as leis. Os gregos as chamavam *filhas do céu*, o que simplesmente quer dizer *filhas da natureza*. Não tens leis em teu país?

B – Sim, umas boas, outras más.

A – De onde terias tirado a ideia de justiça senão das noções da lei natural, que todo homem tem em si quando é de espírito bem formado? Realmente devem ter sido tiradas de lá ou de lugar algum.

B – Tens razão, há uma lei natural; mas é ainda mais natural para muitos esquecê-la.

A – É natural também ser caolho, corcunda, coxo, disforme, doentio; mas preferimos as pessoas bem feitas e sadias.

B – Por que há tantos espíritos caolhos e disformes?

A – Paz! Consulta o verbete *Onipotência*.

---

1. Ver *2º. Livro dos Reis*, cap. XIII, versículos 12-13 (NT).

2. Alusão irônica e crítica a Jean-Jacques Rousseau (1712-1778), filósofo e romancista francês, pela afirmação citada e contida no livro *Discurso sobre a origem da desigualdade entre os homens* (livro já publicado pela Editora Escala); note-se que Voltaire brinca com os dois nomes próprios desse escritor, Jean (João) e Jacques (Tiago), ligando-os a nomes bíblicos (NT).

3. Átila (séc. V d.C.), rei dos hunos, devastou o império do Oriente nos anos 441 a 443; em 452 dirigiu-se com suas tropas sobre Roma, mas foi persuadido pelo papa Leão I a não atacar a cidade; retirou-se e morreu pouco depois (NT).

4. Leão Magno ou Leão I (?-461), papa de 440 a 461 (NT).

5. Focas (séc. VII), imperador bizantino de 602 a 610; foi deposto por Heráclio e linchado pela multidão (NT).

6. Gregório I, o Grande (540-604), papa de 590 a 604 (NT).

7. Rodrigo Borgia (1431-1503), eleito papa em 1492, tomou o nome de Alexandre VI; foi um pontífice dissoluto, envolvido em lutas políticas e em negociatas, favoreceu abertamente seus filhos concedendo-lhes dinheiro, poder e territórios, deixou péssima imagem da Igreja no mundo da época (NT).

8. Luís XII (1462-1515), rei da França de 1498 a 1515 (NT).

9. Oliver Cromwell (1599-1658), político inglês, implantou uma ditadura militar no Reino Unido, tornando-se governante absoluto (NT).

10. Jules Mazarino (1602-1661), cardeal e político francês, ministro de Estado durante a minoridade e nos primeiros anos de reinado de Luís XIV (NT).

11. Carlos I (1600-1649), rei da Inglaterra, da Escócia e da Irlanda de 1625 a 1649; numa manobra política, Cromwell, após ter depurado o parlamento, conseguiu a condenação do rei à morte, a fim de se apoderar do poder; o rei foi decapitado (NT).

12. Luís XVI (1754-1793), rei da França de 1774 a 1791 (NT).

13. Terremoto ocorrido em 1755 que destruiu parte da cidade (NT).

14. Luís XIV (1638-1715), rei da França de 1643 a 1715, cognominado rei-sol (NT).

LEIS (DAS) - **[Seção I]** - Nos tempos de Vespasiano[1] e Tito[2], quando os romanos massacravam os judeus, um israelita muito rico, que não queria sofrer morte tão horrível, fugiu com todo o ouro que ganhara em seu ofício de usurário e levou para Eziongaber toda a sua família, que consistia em sua velha mulher, um filho e uma filha. Com ele partiram também dois eunucos, um dos quais lhe servia de cozinheiro e o outro era lavrador e vinhateiro. Um bom essênio[3], que conhecia o *Pentateuco* de cor, servia-lhe de sacerdote. Embarcaram no porto de Eziongaber, atravessaram o mar chamado *Vermelho*, mas que não o é, e entraram no golfo Pérsico, para procurar a terra de Ofir, sem saber onde ficava. Podem crer realmente que sobreveio uma terrível tempestade que levou a família hebraica para as costas da Índia; o navio naufragou numa das ilhas Maldivas, chamada hoje Padrabranca, que era então deserta.

O velho ricaço e a velha se afogaram; o filho, a filha, os dois eunucos e o essênio se salvaram; tiraram como puderam algumas provisões do navio, construíram pequenas cabanas na ilha e aí viveram com certa comodidade. Sabem que a ilha de Padrabranca está situada a cinco graus da linha do equador e que nela se encontram os maiores cocos e os melhores ananases do mundo. Era muito agradável viver ali na época em que em outros lugares degolavam o resto da nação querida; mas o essênio chorava, considerando que talvez não ficassem mais judeus na terra e que a semente de Abraão iria terminar.

– Cabe a ti ressuscitá-la, disse o jovem judeu, desposa minha irmã.

– Bem o desejaria, disse o sacerdote, mas a lei se opõe a isso. Sou essênio, fiz voto de jamais me casar; a lei manda que cada um cumpra seu voto; que a raça judaica se extinga, se assim quer, mas certamente eu jamais desposaria tua irmã, por mais bonita que seja.

– Meus dois eunucos não podem ter filhos com ela, retrucou o judeu; eu mesmo vou ter filhos com ela, se assim for de teu agrado e se te dignares abençoar o casamento.

– Preferiria mil vezes ser massacrado pelos soldados romanos, respondeu o sacerdote, do que te levar a cometer um incesto; se ela fosse tua irmã por parte de pai, ainda era possível, pois, a lei o permite; mas ela é tua irmã por parte de mãe e isso é abominável.

– Compreendo muito bem, concluiu o jovem, que isso seria um crime em Jerusalém, onde eu encontraria outras jovens; mas na ilha de Padrabranca, onde só vejo cocos, ananases e ostras, creio que a coisa é permitida.

O judeu casou-se, pois, com sua irmã, apesar dos protestos do essênio, e teve uma filha: foi o único fruto de um casamento que um julgava legítimo e outro, abominável.

Depois de catorze anos, a mãe morreu; disse o pai ao sacerdote:

– Deixaste de lado finalmente teus antigos preconceitos? Queres desposar minha filha?

– Deus me livre! – retrucou o essênio.

– Pois bem! Então eu vou me casar com ela, disse o pai; que seja o que for, mas não quero que a semente de Abraão seja reduzida a nada.

O essênio, espantado com esse horroroso propósito, não quis permanecer junto com um homem que violava a lei e fugiu. O recém-casado inutilmente lhe gritava:

– Fica, meu amigo; eu observo a lei natural, sirvo à pátria, não abandones teus amigos.

O outro o deixava gritar, sempre com a lei na cabeça, e fugiu a nado para a ilha vizinha.

Era a grande ilha de Atola, muito povoada e muito civilizada; mal chegou, foi feito escravo. Aprendeu a balbuciar a língua de Atola; queixou-se amargamente pela forma pouco hospitaleira com que tinha sido recebido: disseram-lhe que era a lei e que, desde que a ilha estivera a ponto de ser atacada de surpresa pelos habitantes da ilha de Ada, havia-se sabiamente estabelecido que todos os estrangeiros que aportassem em Atola seriam feitos escravos. "Não pode ser uma lei, disse o essênio, pois, não está escrito no *Pentateuco*." Responderam-lhe que essa lei estava no código do país e ele permaneceu escravo: felizmente, tinha um ótimo senhor, que o tratou muito bem e ao qual se afeiçoou profundamente.

Alguns assassinos vieram um dia para matar o dono e roubar-lhe seus tesouros; perguntaram aos escravos se estava em casa e se tinha muito dinheiro. "Juramos, disseram os escravos, que ele não tem dinheiro e que não está em casa." Mas o essênio disse: "A lei não me permite mentir; juro que ele está em casa e que tem muito dinheiro." Assim o senhor da casa foi roubado e morto. Os escravos acusaram o essênio perante os juízes de haver traído seu patrão; o essênio retrucou que não queria mentir e que não mentiria por nada deste mundo; foi enforcado.

Esta história e muitas outras parecidas me foram contadas na última viagem que fiz das Índias à França. Quando cheguei, fui a Versalhes para alguns negócios; vi passar uma bela mulher seguida de várias outras belas mulheres.

– Quem é esta mulher? – perguntei a meu advogado no parlamento, que viera comigo; de fato, eu tinha um processo no parlamento de Paris, por causa de meus hábitos que tinham sido confeccionados na Índia, e eu queria sempre ter meu advogado a meu lado.

– É a filha do rei, respondeu; é encantadora e caridosa; é uma grande pena que, em caso algum, possa um dia ser rainha de França.

– O quê? Disse-lhe eu; se tivéssemos a desgraça de perder todos os seus parentes e os príncipes de sangue (que Deus não queira!), ela não poderia herdar o reino de seu pai?

– Não, disse o advogado; a lei sálica[4] se opõe formalmente a isso.

– E quem fez essa lei? – perguntei ao advogado.

– Não sei nada esse respeito, respondeu; mas julga-se que num antigo povo, chamado sálio, que não sabia ler nem escrever, havia uma lei escrita que dizia que em terra sálica nenhuma filha podia herdar propriedade alguma; e essa lei foi adotada em terras não sálicas.

— E eu, lhe disse, ab-rogo-a por minha conta; tu me garantiste que essa princesa é encantadora e caridosa; portanto, ela teria um direito incontestável à coroa, se a desgraça a deixasse como única remanescente de sangue real: minha mãe herdou de seu pai e eu quero que a princesa herde do dela.

No dia seguinte, meu processo foi julgado numa câmara do parlamento e perdi por unanimidade; meu advogado me assegurou que eu teria ganho também por unanimidade em outra câmara.

— Isso é realmente cômico, disse-lhe; assim, pois, cada câmara uma lei.

— Sim, respondeu; há vinte e cinco comentários sobre a lei local de Paris; isto é, provou-se vinte e cinco vezes que a lei local de Paris é equívoca; e, se houvesse vinte e cinco câmaras de juízes, haveria também vinte e cinco jurisprudências diferentes. Temos, continuou ele, a quinze léguas de Paris uma província chamada Normandia, onde serias julgado de forma totalmente diferente daqui.

Isso me deu vontade de ver a Normandia. Fui para lá com um de meus irmãos. No primeiro hotel encontramos um jovem que estava desesperado; perguntei-lhe qual o motivo de sua desgraça; respondeu-me que era a de ter um irmão mais velho.

— Acaso é uma desgraça ter um irmão mais velho? — perguntei-lhe; meu irmão é mais velho que eu e, no entanto, vivemos muito bem juntos.

— Ai! senhor, disse-me ele; a lei daqui transmite tudo aos primogênitos e nada deixa aos irmãos mais jovens.

— Tens razão de estar magoado, concluí; em nossa terra, dividimos igualmente e, às vezes, nem por isso os irmãos se estimam mais.

Estas pequenas aventuras me levaram a fazer belas e profundas reflexões sobre as leis e constatei que elas variam como nossos trajes: em Constantinopla fui obrigado a usar um dólmã e, em Paris, uma jaqueta.

Se todas as leis humanas são convenções, dizia comigo, o que vale é fazer um bom contrato. Os burgueses de Delhi e Agra dizem que fizeram um péssimo contrato com Tamerlão[5]; os burgueses de Londres se felicitam por terem feito um ótimo trato com o rei Guilherme de Orange[6]. Um cidadão de Londres me dizia certo dia: "É a necessidade que faz as leis, e a força as faz observar." Perguntei-lhe se a força não fazia também leis às vezes e se Guilherme, o Bastardo e Conquistador[7], não lhes havia dado ordens sem estabelecer nenhum trato com eles. "Sim, disse ele; nós éramos uns bois na época; Guilherme nos colocou um jugo e nos fez caminhar a golpes de aguilhão; depois nos transformamos em homens, mas os chifres ficaram e com eles ferimos todos aqueles que querem nos fazer trabalhar para eles e não para nós."

Imerso em todas estas reflexões, comprazia-me em pensar que há uma lei natural, independente de todas as convenções humanas: o fruto de meu trabalho deve ser meu; devo honrar meu pai e minha mãe; não tenho nenhum direito sobre a vida de meu próximo e meu próximo não o tem sobre a minha, etc. Mas quando pensei que, desde Codorlaomor⁽⁸⁾ até Mentzel ⁽⁹⁾, coronel dos hussardos, cada um mata lealmente e saqueia o próximo com uma autorização no bolso, fiquei muito aflito.

Contaram-me que entre os ladrões havia leis e que havia leis também na guerra. Perguntei quais eram essas leis da guerra. "A lei é, disseram-me, enforcar um bravo oficial que tenha resistido numa péssima posição, sem canhão, a um exército real; a lei é enforcar um prisioneiro se o inimigo enforcou um dos seus; a lei é pôr a fogo e sangue as aldeias que não tiverem levado todos os seus víveres no dia marcado segundo as ordens do gracioso soberano das vizinhanças." – Perfeito, disse eu, aí está o *Espírito das leis*⁽¹⁰⁾.

Depois de muito bem informado, descobri que há sábias leis, por meio das quais um pastor é condenado a nove anos de cadeia por ter dado um pouco de sal estrangeiro a seus carneiros. Meu vizinho foi arruinado por um processo por causa de dois carvalhos que lhe pertenciam, mas que tinha cortado em seu bosque, porque não havia observado uma formalidade que não chegou a conhecer; sua mulher morreu na miséria e seu filho se arrasta numa vida infeliz. Confesso que essas leis são justas, embora sua execução seja um tanto dura; mas sinto náuseas pelas leis que autorizam cem mil homens a ir degolar lealmente cem mil vizinhos. Pareceu-me que a maioria dos homens recebeu da natureza um senso comum suficiente para fazer leis, mas nem todo mundo tem justiça suficiente para fazer boas leis.

Reúnam de uma ponta a outra da terra os simples e tranquilos agricultores; todos eles concordarão facilmente que deve ser permitido vender aos vizinhos o excedente de seu trigo e que a lei contrária é desumana e absurda; que as moedas representativas das mercadorias não devem ser mais alteradas como não o são os frutos da terra; que um pai de família deve ser senhor em sua casa; que a religião deve reunir os homens para uni-los e não para fazer deles fanáticos e perseguidores; que aqueles que trabalham não devem ser privados do fruto de seu trabalho para alimentar a superstição e a ociosidade: eles farão numa hora trinta leis dessa espécie e todas elas úteis ao gênero humano.

Caso Tamerlão chegue e subjugue a Índia, só verão leis arbitrárias. Uma sufocará uma província para enriquecer um usurário de Tamerlão; outra transformará num crime de lesa-majestade ter falado mal da mulher do primeiro criado de um paxá; uma terceira se apoderará da metade da colheita do agricultor e lhe contestará o resto; haverá, finalmente, leis pelas quais um criado tártaro virá arrancar seus filhos do berço, fará do mais robusto um soldado e, do mais fraco, um eunuco, deixando os pais sem consolo e sem amparo.

Ora, é preferível ser o cão de Tamerlão ou seu súdito? É claro que a condição de seu cão é muito superior.

[Seção II]

Os carneiros vivem em sociedade muito pacificamente; seu caráter parece realmente bonachão, porque não vemos a prodigiosa quantidade de animais que devoram. É de se pensar até mesmo que os comam inocentemente e sem saber, como nós comemos um bom queijo de Sassenage. A república dos carneiros é a imagem perfeita da idade de ouro.

Um galinheiro é claramente o Estado monárquico mais perfeito. Não há rei comparável a um galo. Se caminha altivamente no meio de seu povo, não é por vaidade. Se o inimigo se aproximar, ele não dá ordens a seus súditos para ir se matar por ele, em virtude de seu conhecimento e pleno poder; vai ele próprio, reúne suas galinhas atrás dele e combate até a morte. Se sair vencedor, é ele mesmo que canta o *Te Deum*[11]. Na vida civil, nada há de tão galanteador, de tão honesto, de tão desinteressado. Tem todas as virtudes. Se tiver em seu bico um grão de trigo, um verme, ele o dá à primeira de suas súditas que se apresentar. Enfim, Salomão[12] em seu serralho não chegava a ser um galo de verdade.

Se for verdade que as abelhas são governadas por uma rainha, à qual todos os seus súditos lhe devotam amor, então é um governo mais perfeito ainda.

As formigas representam uma excelente democracia. Esta democracia está acima de todos os outros Estados, porque todos os habitantes do formigueiro são iguais e cada um trabalha para o bem-estar de todos.

A república dos castores é superior ainda à das formigas, pelo menos se julgarmos por suas obras de edificação.

Os macacos parecem mais saltimbancos que um povo politizado; não parece que estejam reunidos sob leis fixas e fundamentais, como as espécies precedentes.

Nós nos assemelhamos mais aos macacos que a qualquer outro animal pelo dom da imitação, pela leviandade de nossas ideias e por nossa inconstância, que nunca nos permitiram termos leis uniformes e duradouras.

Quando a natureza formou nossa espécie e nos deu alguns instintos, o amor-próprio para nossa conservação, a benevolência para a conservação dos outros, o amor, que é comum com todas as espécies, e o dom inexplicável de combinar mais ideias que todos os outros animais juntos; depois de ter-nos dado assim nosso quinhão, a natureza nos disse: "Façam como puderem."

Não há nenhum código bom em nenhum país. A razão disso é evidente: as leis foram feitas sob medida, segundo os tempos, os lugares, as necessidades, etc.

Quando as necessidades mudaram, as leis que permaneceram se tornram ridículas. Assim, a lei que proibia comer carne de porco e tomar vinho era razoável na Arábia, onde a carne de porco e o vinho são prejudiciais; mas é absurda em Constantinopla.

A lei que concede toda a herança ao primogênito é muito boa numa época de anarquia e de pilhagem. Então o primogênito é o capitão do castelo que, cedo ou tarde, os bandidos haverão de assaltar; os irmãos mais jovens serão seus primeiros oficiais, os agricultores serão seus soldados. Tudo o que se deve temer é que o irmão mais jovem assassine ou envenene o senhor sálio, seu irmão mais velho, para se tornar, por sua vez, dono da propriedade, mas esses casos são raros, porque a natureza combinou de tal modo nossos instintos e nossas paixões, que temos mais horror a assassinar nosso irmão mais velho que vontade de ocupar seu lugar. Ora, essa lei, conveniente para possuidores de fortificações na época de Quilperico[13], é detestável quando se trata de dividir os rendimentos numa cidade.

Para vergonha dos homens, sabemos que as leis do jogo são as únicas justas, claras, invioláveis e executadas em toda parte. Por que o hindu, que estabeleceu as regras do jogo de xadrez, é obedecido de bom grado em toda a terra e que os decretos dos papas, por exemplo, são hoje objeto de horror e de desprezo? É que o inventor do xadrez combinou tudo com justeza para a satisfação dos jogadores, enquanto os papas, em seus decretos, só tiveram em vista sua vantagem. O hindu quis exercitar igualmente o espírito dos homens e lhes dar prazer; os papas quiseram embrutecer o espírito dos homens. Por isso a essência do jogo de xadrez permaneceu a mesma há cinco mil anos, é comum a todos os habitantes da terra; e os decretos dos papas são reconhecidos somente em Spoleto, em Orvieto, em Loreto[14], onde o mais ínfimo dos jurisconsultos os detesta e os despreza em segredo.

1. Titus Flavius Vespasianus (9 d.C.-79), imperador romano de 69 a 79 (NT).

2. Titus Flavius Vespasianus (39-81), imperador romano de 79 a 81, havia tomado Jerusalém no ano 70 como principal general das tropas romanas (NT).

3. Os essênios, que em período desconhecido da história judaica se retiraram para o deserto, eram estritos observantes da lei mosaica e conduziam uma vida ascética, desligados dos movimentos políticos do judaísmo – segundo se pensa hoje, teriam tido influência sobre os ensinamentos difundidos por Cristo (NT).

4. É chamada *lei sálica* uma coletânea de leis dos antigos francos sálios; os sálios estavam estabelecidos ao norte da atual França e nos Países Baixos. Embora esse código de leis fosse constituído basicamente de penalidades pecuniárias, continha uma determinação que excluía as mulheres da sucessão da terra e, por extensão, à sucessão do trono da França (NT).

5. Tamerlão ou Timur Lang (1336-1405), conquistador e continuador das guerras de conquista de Gêngis Khan (NT).

6. Guilherme II de Orange (1626-1650), rei dos Países Baixos, morreu assassinado (NT).

7. Guilherme, o Bastardo e Conquistador (1028-1087), duque da Normandia e rei da Inglaterra de 1066 a 1087 (NT).

8. Codorlaomor, rei dos elamitas, que é derrotado, segundo o livro *Gênesis*, cap. XIV, por Abraão, derrota infligida a outros três reis aliados de Codorlaomor (NT).

9. O barão de Mentzel era o comandante dos hussardos (soldados de cavalaria ligeira) austríacos; morreu em campo de batalha, na guerra contra a França, em 1743 (NT).

10. Alusão à grande obra *Espírito das Leis*, de autoria de Charles de Secondar, barão de Montesquieu (1689-1755), escritor e pensador francês (NT).

11. Tradicional hino católico para cantar louvores a Deus; começa com as palavras *Te Deum laudamus* – louvamos-te, Deus (NT).

12. Salomão, filho e sucessor de Davi, teria reinado em Israel de 970 a 931 a.C. (NT).

13. Quilperico ou Chilperico I (539-584), rei dos francos (NT).

14. Três cidades da região central da Itália e que faziam parte dos antigos Estados Pontifícios ou territórios sob administração direta do papa (NT).

LEIS CIVIS E ECLESIÁSTICAS

— Foram encontradas nos papéis de um jurisconsulto estas notas, que talvez merecem um breve exame.

Que jamais qualquer lei eclesiástica terá força a não ser quando tiver a sanção expressa do governo. Foi por esse meio que Atenas e Roma nunca tiveram querelas religiosas. Essas disputas são patrimônio das nações bárbaras ou que se tornaram em bárbaras.

Que somente o magistrado possa permitir ou proibir o trabalho nos dias de festa, porque não cabe a sacerdotes proibir aos homens de cultivar seus campos.

Que tudo o que se refere aos casamentos dependa unicamente do magistrado e que os sacerdotes se atenham à augusta função de abençoá-los.

Que o empréstimo a juros seja puramente objeto da lei civil, porque só ela preside o comércio.

Que todos os eclesiásticos sejam submetidos em todos os casos ao governo, porque são súditos do Estado.

Que nunca se cometa o ato ridículo e vergonhoso de pagar a um sacerdote estrangeiro a primeira anualidade da renda de uma terra que cidadãos deram a um sacerdote concidadão.

Que sacerdote algum possa jamais tirar de um cidadão a mínima prerrogativa, sob pretexto de que esse cidadão é um pecador, porque o sacerdote pecador deve orar pelos pecadores e não julgá-los.

Que os magistrados, os lavradores e os sacerdotes paguem igualmente os impostos do Estado, porque todos pertencem igualmente ao estado.

Que só haja um peso, uma medida, um costume.

Que os suplícios dos criminosos sejam úteis. Um homem enforcado não serve para nada e um homem condenado aos trabalhos públicos ainda serve à pátria, e é uma lição viva.

Que toda lei seja clara, uniforme e precisa: interpretá-la é quase sempre corrompê-la.

Que nada seja infame, a não ser o vício.

Que os impostos sejam sempre proporcionais.

Que a lei nunca esteja em contradição com o costume, pois, se o costume é bom, a lei não vale nada[1].

1. Ver o poema da Lei natural (Nota de Voltaire).

LETRAS - [Homens de letras ou letrados]

Em nossos tempos bárbaros, quando os francos, os germânicos, os lombardos, os moçárabes espanhóis não sabiam ler nem escrever, foram instituídas escolas, universidades, compostas quase todas por eclesiásticos que, sabendo apenas sua língua, ensinaram essa língua a quem quisesse aprendê-la; só muito tempo depois surgiram as academias; elas desprezaram as tolices das escolas, mas nem sempre ousaram levantar-se contra elas, porque há tolices que são respeitadas, desde que se refiram a coisas respeitáveis.

Os homens de letras que prestaram mais serviços ao reduzido número de seres pensantes espalhados pelo mundo são os letrados isolados, os verdadeiros sábios encerrados em seus gabinetes, que não argumentaram nos bancos das universidades nem disseram coisas pela metade nas academias; e esses foram quase todos perseguidos. Nossa miserável espécie é feita de tal maneira que aqueles que seguem por caminhos já batidos sempre atiram pedras contra aqueles que ensinam um caminho novo.

Montesquieu[1] conta que os citas vazavam os olhos a seus escravos para que se distraíssem menos ao bater a manteiga. De igual modo age a inquisição e quase todos são cegos nos países onde este monstro reina. Há mais de cem anos que na Inglaterra se costuma ter dois olhos; os franceses começam a abrir um olho; mas às vezes há homens nos postos públicos que não querem mesmo permitir que sejamos caolhos.

Esses pobres coitados que ocupam cargos são como o doutor Balouard da comédia italiana, que só quer ser servido pelo balordo Arlequim[2] e que receia ter um criado muito perspicaz.

Componham odes em louvor de monsenhor Superbus Fadus[3], madrigais à sua amante; dediquem a seu porteiro um livro de geografia e serão bem recebidos; instruam os homens e serão esmagados.

Descartes[4] é obrigado a abandonar a pátria, Gassendi[5] é caluniado, Arnauld[6] arrasta seus dias no exílio; todo filósofo é tratado como os profetas entre os judeus.

Quem poderia acreditar que no século XVIII um filósofo fosse levado diante dos tribunais seculares e tratado de ímpio pelos tribunais de instrução, por ter dito que os homens não poderiam exercer as artes se não tivessem mãos? Não duvido que logo se condene à prisão o primeiro que tiver a insolência de sustentar que o homem não poderia pensar se não tivesse cabeça: "De fato, lhe dirá um bacharel, a alma é um espírito puro, a cabeça é apenas matéria; Deus pode colocar a alma no calcanhar, bem como no cérebro; logo, eu o denuncio como ímpio."

A maior desgraça de um homem de letras não é talvez ser objeto dos ciúmes de seus coirmãos, vítima da cabala, do desprezo dos grandes do mundo; é a de ser julgado por tolos. Os tolos vão longe às vezes, principalmente quando o fanatismo se alia à inépcia e, à inépcia, o espírito de vingança. A maior desgraça ainda é de um homem de letras geralmente não apegar-se a nada. Um burguês adquire um pequeno local e é logo ajudado por seus coirmãos. Se cometem uma injustiça contra ele, encontra logo defensores. Ninguém ajuda o homem de letras; assemelha-se aos peixes voadores: se sai da água um pouco, os pássaros o devoram; se mergulha, os outros peixes o comem.

Todo homem público paga tributo à malignidade; mas recebe em ressarcimento dinheiro e honras. O homem de letras paga o mesmo tributo sem nada receber; desceu, por próprio prazer, na arena, ele próprio se condenou às feras.

---

1. Charles de Secondat, barão de Montesquieu (1689-1755), pensador e escritor francês, autor da densa obra intitulada *L'Esprit des lois* (O espírito das leis); outra obra dele, *Cartas persas*, já foi publicada pela Editora Escala na coleção "Grandes Obras do Pensamento Universal" (NT).

2. Personagem burlesco da *Opera dell'Arte* italiana que entretinha o público nos intervalos das peças teatrais; o doutor Balouard era um dos interlocutores desse personagem cômico (NT).

3. Nome inventado por Voltaire para criticar o poderio e a opressão da Igreja através de seus representantes (NT).

4. René Descartes (1596-1650), filósofo, físico e matemático francês (NT).

5. Pierre Gassend, dito Gassendi (1592-1655), filósofo e cientista francês, criticou as doutrinas de Aristóteles e fez importantes descobertas em astronomia e física (NT).

6. Antoine Arnauld (1612-1694), filósofo e teólogo, principal defensor da corrente católica do jansenismo (NT).

LIBERDADE (DA)

A – Aí está uma bateria de canhões que atira rente a nossos ouvidos; tens a liberdade de ouvi-la ou de não ouvi-la?

B – Sem dúvida, não não posso deixar de ouvi-la.

A – Gostarias que esse canhão atingisse tua cabeça e as de tua mulher e filha que passeiam contigo?

B – Que proposição é esta que me fazes? Em são juízo, não posso de forma alguma querer semelhante coisa; isso é impossível.

A – Muito bem; ouves necessariamente esse canhão e queres necessariamente não morrer, tu e tua família, de um tiro de canhão enquanto passeias; não tens nem o poder de não ouvi-lo nem o poder de querer permanecer aqui.

B – Isso é evidente[1].

A – Em consequência, deste uns trinta passos para ficar ao abrigo do canhão; tiveste o poder de caminhar comigo esses poucos passos?

B – Isso também é de todo evidente.

A – E se tivesses sido paralítico, não terias podido evitar de ficar exposto a essa bateria; não terias tido o poder de estar onde estás: terias necessariamente ouvido e recebido um tiro de canhão e estarias necessariamente morto?

B – Nada mais verdadeiro.

A – Em que consiste, pois, tua liberdade, se não está no poder que teu indivíduo exerceu de fazer o que tua vontade exigia com absoluta necessidade?

B – Tu me deixas embaraçado; a liberdade, portanto, não é outra coisa senão o poder de fazer o que eu quiser?

A – Reflete um pouco e vê se a liberdade pode ser entendida de outra forma.

B – Neste caso, meu cão de caça é tão livre como eu; ele tem necessariamente a vontade de correr quando vê uma lebre e o poder de correr se não estiver com dor nas pernas. Eu nada tenho, pois, mais que meu cão; tu me reduzes ao estado dos animais.

A – Aí estão os pobres sofismas dos pobres sofistas que te instruíram. Aí estás tu, todo decepcionado por ser livre como teu cão! Pois! Não te assemelhas com teu cão em mil coisas? A fome, a sede, a vigília, o dormir, os cinco sentidos não são comuns com ele? Pretenderias cheirar de outra forma que não fosse com o nariz? Por que queres ter a liberdade de outra maneira que não a dele?

B – Mas eu tenho uma alma que raciocina muito bem e meu cão não raciocina em absoluto. Ele só tem ideias simples, enquanto eu tenho mil ideias metafísicas.

A – Pois bem! És mil vezes mais livre que ele, isto é, tens mil vezes mais poder de pensar que ele; mas não és livre de modo diferente dele.

B – O quê! Não tenho a liberdade de querer o que quero?

A – Que entendes com isso?

B – O que todos entendem. Não se diz todos os dias: "As vontades são livres"?

A – Um provérbio não é uma razão; explica-te melhor.

B – Entendo que sou livre de querer como melhor me aprouver.

A – Com tua permissão, isso não faz sentido; não percebes que é ridículo dizer:

"Eu quero querer"? Tu queres necessariamente, em consequência, ideias que se apresentaram a ti. Queres casar-te, sim ou não?

B – Mas se eu te dissesse que não quero nem uma nem outra coisa?

A – Responderias como aquele que dizia: "Uns pensam que o cardeal Mazarino[2] está morto; outros, que está vivo; eu não creio nem numa coisa nem em outra."

B – Pois bem! Quero me casar.

A – Ah! Isso é responder! Por que queres te casar?

B – Porque estou apaixonado por uma jovem, bela, doce, bem educada, bastante rica, que canta muito bem, filha de pais honestos e que me orgulho por ser amado por ela e muito benquisto por sua família.

A – Esta é uma razão. Vês que não podes querer sem razão. Declaro que tens a liberdade de te casar; isto é, que tens o poder de assinar o contrato.

B – Como! Não posso querer sem razão? Oh! Que seria então deste provérbio: *Sit pro ratione voluntas* (Que a vontade concorde com a razão): minha vontade é minha razão; quero porque quero?

A – Isso é absurdo, meu caro amigo: haveria em ti um efeito sem causa.

B – O quê? Quando jogo par ou ímpar, tenho então uma razão para escolher par em vez de ímpar?

A – Sim, sem dúvida.

B – E qual é essa razão, por favor?

A – É que a ideia de par se apresentou a teu espírito antes que a ideia oposta. Seria cômico se houvesse casos em que queres porque há uma causa de querer e que houvesse alguns casos em que quisesses sem causa. Quando queres te casar, sentes a razão dominante, evidentemente; não a sentes quando jogas par ou ímpar e, no entanto, é realmente necessário que haja uma.

B – Mas, uma vez ainda: eu não sou livre, portanto?

A – Tua vontade não é livre, mas tuas ações o são. Tens a liberdade de fazer quando tiveres o poder de fazer.

B – Mas todos os livros que li sobre a liberdade de indiferença...

A – São tolices: não há liberdade de indiferença; é uma expressão destituída de sentido, inventada por pessoas que não a possuíam.

---

1. Um pobre de espírito, num pequeno escrito honesto, polido e principalmente bem elaborado objeta que, se o príncipe ordenar a B de ficar exposto ao canhão, ele ficará. Sim, sem dúvida, si tiver mais coragem ou, melhor, mais medo da vergonha do que amor pela vida, como muitas vezes acontece. Primeiro, trata-se aqui de um caso totalmente diferente. Segundo, quando o instinto do medo da vergonha supera o instinto da conservação de si, o homem sente necessidade tanto de ficar exposto ao canhão como de fugir quando não tiver vergonha de fazê-lo. O pobre de espírito se sentia na necessidade de fazer objeções ridículas e de proferir injúrias, e os filósofos se sentem na necessidade de zombar um pouco dele e de perdoá-lo (Nota de Voltaire).

2. Jules Mazarino (1602-1661), cardeal e político francês, ministro de Estado durante a minoridade e nos primeiros anos de reinado de Luís XIV (NT).

LIBERDADE DE PENSAMENTO – Em torno do ano de 1707, época em que os ingleses ganharam a batalha de Saragoça, protegeram Portugal e durante algum

tempo deram um rei à Espanha, milorde Boldmind⁽¹⁾, oficial general, que tinha sido ferido, estava nas águas de Barèges. Ali encontrou o conde Medroso, que caíra do cavalo, atrás das bagagens, a uma légua e meia do campo de batalha e também tinha vindo tratar-se nas águas. Era ligado à inquisição; milorde Boldmind era familiar apenas na conversação. Certo dia, depois de beber, teve com Medroso a seguinte conversa:

Boldmind - Então, és sargento dos dominicanos⁽²⁾? Exerces realmente um ofício vil.

Medroso - É verdade; mas preferi ser criado que vítima deles e preferi a desgraça de queimar meu próximo àquela de ser eu mesmo assado.

Boldmind - Que horrível alternativa! Eras cem vezes mais feliz sob o jugo dos mouros que te deixavam te corromper livremente em todas as tuas superstições e que, por mais vencedores que fossem, não se arrogavam o direito inaudito de pôr as almas nos ferros.

Medroso - Que queres? Nada é permitido; nem escrever, nem falar, nem mesmo pensar. Se falamos, é fácil interpretar nossas palavras e mais ainda nossos escritos. Enfim, como não podem nos condenar num auto-de-fé⁽³⁾ por nossos pensamentos secretos, nos ameaçam de sermos eternamente queimados por ordem do próprio Deus, se não pensarmos como os jacobinos⁽⁴⁾. Persuadiram o governo de que, se tivéssemos o senso comum, todo o Estado ficaria em combustão e a nação se tornaria a mais infeliz da terra.

Boldmind - Achas que somos tão infelizes nós, os ingleses, que cobrimos os mares de navios e que viemos ganhar para vocês batalhas nos confins da Europa? Acreditas que os holandeses, que lhes arrebataram quase todas as suas descobertas na Índia e que hoje se incluem na categoria de seus protetores, sejam amaldiçoados por Deus por terem concedido inteira liberdade à imprensa e por fazerem o comércio dos pensamentos dos homens? O império romano ficou menos poderoso porque Cícero⁽⁵⁾ escreveu com liberdade?

Medroso - Quem é Cícero? Nunca ouvi falar desse homem; aqui não se trata de Cícero, trata-se de nosso santo padre o papa e de Santo Antônio de Pádua⁽⁶⁾, e sempre ouvi dizer que a religião romana está perdida se os homens começarem a pensar.

Boldmind - Não cabe a ti acreditar nisso, pois, estás certo que tua religião é divina e que as portas do inferno não podem prevalecer contra ela. Se assim é, nada poderá destruí-la.

Medroso - Não, mas pode ser reduzida a pouca coisa; e é por ter pensado que a Suécia, a Dinamarca, toda a tua ilha e metade da Alemanha gemem na espantosa desgraça de não serem mais súditos do papa. Dizem até mesmo que, se os homens continuarem a seguir suas falsas luzes, logo se contentarão com a simples adoração de Deus e com a virtude. Se as portas do inferno prevalecerem até esse ponto, o que se tornará o Santo Ofício?

Boldmind - Se os primeiros cristãos não tivessem tido a liberdade de pensar, não é verdade que não existiria cristianismo?

Medroso - Que queres dizer? Não te entendo.

Boldmind - Acredito realmente. Quero dizer que, se Tibério e os primeiros imperadores tivessem tido jacobinos que tivessem impedido os primeiros cristãos de usar canetas e tinta; se durante tanto tempo não tivesse sido permitido pensar livremente no império romano, teria sido impossível para os cristãos estabelecer seus dogmas. Se, portanto, o cristianismo só se formou pela liberdade de pensamento, por que contradição, por que injustiça haveria ele de querer aniquilar hoje essa liberdade sobre a qual ele foi fundado?

Quando alguém te propõe algum negócio de teu interesse, não o examinas longamente, antes de concluí-lo? Que maior interesse há no mundo que o de nossa felicidade ou de nossa eterna desgraça? Há cem religiões na terra e todas te condenam se acreditares em teus dogmas, que elas chamam de absurdos e ímpios; examina, portanto, esses dogmas.

Medroso - Como posso examiná-los? Não sou jacobino.

Boldmind - És homem, e isso basta.

Medroso - Ai de mim! Tu és muito mais homem que eu.

Boldmind - Cabe somente a ti aprender a pensar; nasceste com espírito; és um pássaro na gaiola da inquisição; o Santo Ofício te cortou as asas, mas elas podem voltar a crescer. Aquele que não sabe geometria, pode aprendê-la; todo homem pode instruir-se: é vergonhoso pôr a própria alma nas mãos daqueles em quem não confiarias teu dinheiro; ousa pensar por ti mesmo.

Medroso - Dizem que, se todos pensassem por si, grande e estranha seria a confusão.

Boldmind - Pelo contrário. Quando assistimos a um espetáculo, cada um expressa livremente sua opinião e a paz não é perturbada; mas se algum protetor insolente de um mau poeta quiser forçar todas as pessoas de bom gosto a considerar bom o que lhes parece mau, então as vaias poderiam ser ouvidas e os dois partidos poderiam acabar atirando-se maçãs na cabeça, como aconteceu uma vez em Londres. Foram esses tiranos dos espíritos que causaram uma parte das desgraças do mundo. Na Inglaterra, só somos felizes desde que cada um usufrua livremente do direito de expressar sua opinião.

Medroso - Nós também estamos muito tranquilos em Lisboa, onde ninguém pode expressar sua opinião.

Boldmind - Estão tranquilos, mas não felizes; é a tranquilidade dos escravos das galés que remam em cadência e em silêncio.

Medroso - Acreditas, pois, que minha alma está nas galés?

Boldmind - Sim; e gostaria de libertá-la.

Medroso - Mas se eu me sentir bem nas galés?

Boldmind - Nesse caso, mereces estar nelas.

---

1. Boldmind (que significa espírito audaz, mente perspicaz) é nome fictício como o de Medroso, que Voltaire atribui a esses personagens (NT).

2. Também ditos Ordem dos Pregadores, fundada por são Domingos (1170-1221), padre espanhol, os dominicanos foram os principais agentes da inquisição (NT).

3. *Auto-de-fé* era, na Espanha e em Portugal, a proclamação solene da sentença proferida pela Inquisição contra um herege, contra um ateu ou contra um judeu (NT).

4. Sinônimo de dominicanos na França, apelativo derivado da igreja de Saint-Jacques (São Tiago), administrada por esses padres; o cognome se forma a partir do nome latino do santo, *Jacobus* (NT).

5. Marcus Tullius Cicero (106-43 a.C.), filósofo, orador e escritor latino; dentre suas obras, *A amizade*, *A velhice saudável* e *Os deveres* já foram publicadas pela Editora Escala (NT).

6. Antônio de Pádua ou de Lisboa (1190-1231), franciscano, santo católico natural de Lisboa, missionário na África e depois pregador e professor em Pádua, Itália; é um dos santos de maior devoção popular (NT).

LIMITES DO ESPÍRITO HUMANO

- Estes limites estão em toda parte, pobre doutor. Queres saber como teu braço e teu pé obedecem à tua vontade e como teu fígado não obedece? Procuras saber como o pensamento se forma em teu mísero entendimento e como se forma essa criança no útero dessa mulher? Eu de dou todo o tempo para me responder. Que é a matéria? Teus colegas escreveram dez mil volumes sobre este assunto; descobriram algumas qualidades dessa substância: as crianças as conhecem como tu. Mas essa substância, o que é, no fundo? E o que é o que denominaste *espírito*, que provém da palavra latina que quer dizer *sopro*, não podendo fazer melhor, porque não tens a mínima ideia a respeito?

Olha este grão de trigo que lanço na terra e dize-me por que brota para produzir um caule carregado com uma espiga. Explica-me como a mesma terra produz uma maçã no alto desta árvore e uma castanha na árvore vizinha. Eu poderia te fazer um calhamaço de perguntas, às quais não deverias responder senão por quatro palavras: *Não sei nada disso*.

E, no entanto, tu estudaste, tens teus diplomas, levas teu chapéu de doutor e te chamam *mestre*. E esse outro impertinente, que comprou um cargo, acredita ter comprado o direito de julgar e condenar aquilo que não entende.

A divisa de Montaigne[1] era: *Que sei eu?* E a tua é: *Que é que eu não sei?*

1. Michel Eyquem de Montaigne (1533-1592), pensador e escritor francês; toda a sua obra está contida em seus Ensaios (NT).

LITERATURA

- Literatura. Esta palavra é um desses termos vagos tão frequentes em todas as línguas: assim é tambem *filosofia*, termo pelo qual designamos ora as pesquisas de um metafísico, ora as demonstrações de um geômetra ou a sabedoria de um homem desenganado do mundo, etc. O mesmo acontece com a palavra *espírito*, prodigalizada indiferentemente e que sempre necessita de uma explicação para delimitar seu sentido. E assim acontece com todos os termos gerais, cuja acepção precisa não é determinada em nenhuma língua a não ser pelos objetos a que são aplicados.

A literatura é precisamente o que era a gramática entre os gregos e os romanos. A palavra *letra* de início só significava *gramma*. Mas como as letras do alfabeto são o fundamento de todos os conhecimentos, com o tempo foram chamados gramáticos não somente os que ensinavam a língua, mas também aqueles que se aplicavam à filologia, ao estudo dos poetas e dos oradores, aos escólios, às discussões dos fatos históricos.

Foi dado, por exemplo, o nome de gramático a Ateneu[1], que viveu na época de Marco Aurélio[2] e foi autor do *Banquete dos Filósofos*, compilação, agradável então, de citações e de fatos verdadeiros ou falsos. Aulus Gelius[3], que comumente chamamos Aulo Gélio, e que viveu no tempo de Adriano[4], é considerado um gramático por causa de suas *Noites Áticas*, nas quais encontramos uma grande variedade de críticas e de pesquisas; as *Saturnálias* de Macróbio[5], no século IV, obra de uma erudição instrutiva e agradável, foram também chamadas obra de um bom gramático.

A literatura, que é essa gramática de Aulo Gélio, de Ateneu, de Macróbio, designa em toda a Europa um conhecimento de obras de bom gosto, uma tintura de história, de poesia, de eloquência e de crítica.

Alguém que domina os autores antigos, que comparou suas traduções e seus comentários, tem maior literatura que aquele que, com mais gosto, se limitou aos bons autores de seu país e que teve como preceptor unicamente um prazer fácil.

A literatura não é uma arte particular; é uma luz adquirida sobre as belas-artes, luz muitas vezes enganadora. Homero[6] foi um gênio, Zoilo[7] um literato. Corneille[8] foi um gênio; um jornalista que escreve sobre suas obras-primas é um homem de literatura. Não se distinguem as obras de um poeta, de um orador, de um historiador, pelo termo vago literatura, embora seus autores possam demonstrar um conhecimento muito variado e possuir tudo o que entendemos pelo termo letras. Racine[9], Boileau[10], Bossuet[11], Fénelon[12], que tinham muito mais literatura do que seus críticos, seriam muito mal definidos se fossem chamados homens de letras, literatos; da mesma forma que não nos limitaríamos a dizer que Newton[13] e Locke[14] são homens de espírito.

Alguém pode ter literatura sem ser o que chamamos um *sábio*. Qualquer um que tenha lido com proveito os principais autores latinos em sua língua materna possui literatura; mas o saber requer estudos mais vastos e mais aprofundados. Seria insuficiente dizer que o Dicionário de Bayle[15] é uma coletânea de literatura; não seria até mesmo suficiente dizer que é uma obra muito sábia, porque o caráter distintivo e superior deste livro é uma dialética profunda e que, se não fosse um dicionário de raciocínio mais do que de fatos e de observações, na maioria inúteis, não teria essa reputação tão justamente adquirida e que conservará para sempre. Ele forma literatos, mas está acima deles.

Denominamos bela literatura aquela que se liga aos objetos que possuem *beleza*, à poesia, à eloquência, à história bem escrita. A simples crítica, a polimatia, as diversas interpretações dos autores, as opiniões dos antigos filósofos, a cronologia, não são bela literatura, porque essas pesquisas são *destituídas de beleza*. Uma vez que os homens convencionaram chamar *belo* todo objeto que sem esforço inspira sentimentos agradáveis, tudo o que é somente exato, difícil e útil não pode pretender a beleza. Assim, não se diz um belo escólio, uma bela crítica, uma bela discussão, como se diz um belo trecho de Virgílio[16], de Horácio[17], de Cícero[18], de Bossuet, de Racine, de Pascal[19]. Uma dissertação bem feita, tão elegante como exata, e que espalha flores sobre um tema espinhoso também pode ser chamada de um *belo* trecho de literatura, embora numa categoria muito subordinada às obras de gênio.

Entre as artes liberais, chamadas belas-artes, justamente porque deixam de ser artes, quando não possuem beleza, ou quando não atendem à grande finalidade de agradar, há muitas que não são objeto da literatura; tais são a pintura, a arquitetura, a música, etc; estas artes, por si mesmas, não têm relação com as letras, com a arte de exprimir pensamentos: desse modo, a expressão *obra literária* não convém a um livro que ensina arquitetura ou música, fortificações, acampamentos militares, etc.; são obras técnicas, mas quando se escreve a história dessas artes...

1. Ateneu (séc. II-III d.C.) escritor e gramático grego (NT).
2. Marcus Aurelius Antoninus (121-180), imperador romano de 161 a 180, filósofo estoico, deixou a obra *Pensamentos e meditações* (NT).
3. Aulus Gelius (130?-180), gramático latino, autor de *Noctes Atticae* (NT).
4. Publius Aelius Hadrianus (76-138), imperador romano de 121 a 138 (NT).
5. Macróbio (séc. IV-V d.C.), escritor e gramático latino, além da obra de compilação citada no texto, escreveu comentários sobre obras de Cícero (NT).
6. Homero (séc. IX a.C.), poeta grego a quem são atribuídos os dois poemas épicos *Ilíada* e *Odisseia*, nos quais são narrados os atos heroicos dos gregos na guerra de Troia e as intermináveis aventuras do herói Ulisses; em ambos os poemas a intervenção dos deuses nos fatos e atos dos homens têm lugar de destaque (NT).
7. Zoilo (séc. IV a.C.), sofista grego, ficou célebre por seu volumoso tratado sobre os absurdos e as contradições de Homero em seus poemas épicos (NT).
8. Pierre Corneille (1606-1684), poeta dramático francês (NT).
9. Jean-Baptiste Racine (1639-1699), poeta trágico francês (NT).
10. Nicolas Boleau, dito Boileau-Despréaux (1636-1711), escritor francês; menosprezou a literatura em geral e a veia satírica, preferindo um discurso moralista (NT).
11. Jacques Bénigne Bossuet (1627-1704), bispo, orador sacro e escritor francês (NT).
12. François de Salignac de La Mothe Fénelon (1651-1715), bispo, pensador e escritor francês (NT).
13. Isaac Newton (1642-1727), físico, matemático e astrônomo inglês (NT).
14. John Locke (1632-1704), filósofo e teórico político inglês; adepto do materialismo, favorável ao liberalismo político e defensor da tolerância religiosa, deixou várias obras de cunho filosófico, político e pedagógico (NT).
15. Pierre Bayle (1647-1706), escritor francês, protestante, defendia a tese de que o ateísmo é mais lúcido e coerente do que a idolatria (NT).
16. Publius Vergilius Maro (73-19 a.C.), poeta latino, autor da obra-prima *Eneida* (NT).
17. Quintus Horatius Flaccus (65-8 a.C.), poeta latino (NT).
18. Marcus Tullius Cicero (106-43 a.C.), filósofo, orador e escritor latino; dentre suas obras, *A amizade*, *A velhice saudável* e *Os deveres* já foram publicadas pela Editora Escala (NT).
19. Blaise Pascal (1623-1662), matemático, físico, filósofo e escritor (NT).

LOUCURA - Não se trata de reeditar o livro de Erasmo[1] que, na atualidade, não seria mais que um lugar comum bastante insípido.

Chamamos loucura a essa doença dos órgãos do cérebro que impede um homem realmente de pensar e de agir como os outros. Não podendo gerir seus bens, é interdito; não podendo ter ideias convenientes para a sociedade, é excluído; se for perigoso, é enclausurado; se for furioso, é amarrado.

O que é importante observar é que esse homem não está privado de ideias; ele as tem como todos os outros homens quando desperto e, com frequência, quando dorme. Pode-se perguntar como sua alma espiritual, imortal, alojada em seu cérebro, recebendo todas as ideias por meio dos sentidos muito nítidos e distintos, não possa concluir nunca, contudo, um julgamento sadio. Ela vê os objetos como os viam a alma de Aristóteles[2] e de Platão[3], de Locke[4] e de Newton[5]; ouve os mesmos sons, tem o mesmo sentido do tato; como, pois, recebendo as percepções que os mais sábios experimentam, forma com elas um conjunto extravagante, sem poder usufruir delas?

Se essa substância simples e eterna tem para suas ações os mesmos instrumentos das almas dos cérebros mais sábios, deve raciocinar como eles. O que pode impedi-la a isso? Percebo muito bem que, se meu louco vê vermelho e os sábios, azul; se, quando os sábios ouvem uma música, meu louco ouve o zurrar de um asno; se, quando eles estão no sermão, meu louco julga estar na comédia; se, quando eles ouvem sim, ele ouve não, então sua alma deve pensar ao contrário das outras. Mas meu louco tem as mesmas percepções que eles; não há nenhuma razão aparente pela qual sua alma, tendo recebido por meio de seus sentidos todos os seus utensílios, não possa usá-los. A alma é pura, dizemos; não está sujeita por si própria a nenhuma enfermidade; aí está ela provida de todos os recursos necessários; passe o que se passar em seu corpo, nada pode mudar sua essência; contudo, nós a levamos em seu estojo para o manicômio.

Essa reflexão pode levar a supor que a faculdade de pensar, dada por Deus ao homem, está sujeita a alterações como os outros sentidos. Um louco é um doente, cujo cérebro sofre, como o acometido pela gota é um doente que sofre dos pés e das mãos; ele pensava com o cérebro como andava com os pés, sem nada conhecer nem de seu poder incompreensível de andar, nem de seu não menos incompreensível poder de pensar. Sofre-se da gota no cérebro como nos pés. Enfim, após mil reflexões, não há talvez senão somente a fé que possa convencer-nos de que uma substância simples e imaterial possa ficar doente.

Os doutos ou os doutores dirão ao louco: "Meu amigo, embora tenhas perdido o senso comum, tua alma é tão espiritual, tão pura, tão imortal como a nossa; mas nossa alma está bem alojada e a tua está mal; as janelas da casa estão fechadas para ela; falta-lhe ar, ela sufoca." O louco, em seus bons momentos, lhes responderia: "Meus amigos, vocês supõem, a seu modo, o que é discutível. Minhas janelas estão tão abertas como as suas, porque eu vejo os mesmos objetos e ouço as mesmas palavras: é, pois, necessário realmente que minha alma faça mau uso de seus sentidos ou que ela própria seja apenas um sentido viciado, uma qualidade depravada. Numa palavra, ou minha alma é louca por si ou eu não tenho alma."

Um dos doutores poderá responder: "Meu irmão, Deus criou talvez almas loucas, como criou almas sábias." O louco replicará: "Se eu acreditasse no que me dizem, seria ainda mais louco do que sou. Por favor, vocês que sabem tanto, digam-me, por que sou louco?"

Se os doutores tiverem ainda um pouco de bom senso lhe responderão: "Nada sabemos a respeito." Não compreenderão por que um cérebro tem ideias incoerentes; não compreenderão melhor por que outro cérebro tem ideias regulares e coerentes. Eles se julgarão sábios, e serão tão loucos como ele.

1. Alusão à obra *Elogio da Loucura* de Erasmo de Rotterdam (1469-1536), filósofo, teólogo e humanista holandês, obra já publicada pela Editora Escala que também publicou, do mesmo autor, *A civilidade pueril, De Pueris* (Dos meninos) (NT).
2. Aristóteles (384-322 a.C.); filósofo grego; dentre suas obras, *A Política* já foi publicada pela Editora Escala (NT).
3. Platão (427-347 a.C.), filósofo grego; dentre suas obras, *A República* já foi publicada pela Editora Escala (NT).
4. John Locke (1632-1704), filósofo e teórico político inglês; adepto do materialismo, favorável ao liberalismo político e defensor da tolerância religiosa, deixou várias obras de cunho filosófico, político e pedagógico (NT).
5. Isaac Newton (1642-1727), físico, matemático e astrônomo inglês (NT).

LUXO - Há dois mil anos que se discursa contra o luxo, em verso e em prosa, mas assim mesmo sempre foi amado.

O que não foi dito dos primeiros romanos, quando esses salteadores devastaram e pilharam as colheitas de seus vizinhos, quando, para aumentar sua pobre aldeia, destruíram as pobres aldeias dos volscos e dos samnitas; eram homens desinteressados e virtuosos! Não tinham ainda podido roubar ouro, nem prata, nem pedras preciosas, porque não havia nos povoados que saquearam. Nem seus bosques nem seus pântanos tinham perdizes ou faisões e elogia-se a temperança deles.

Quando, passo a passo, pilharam tudo, roubaram tudo, desde os confins do golfo do Adriático até o Eufrates, quando tiveram bastante espírito para usufruir do fruto de suas rapinas durante setecentos ou oitocentos anos; quando cultivaram todas as artes, apreciaram todos os prazeres e até os fizeram desfrutar aos vencidos, então cessaram, dizem alguns, de ser sábios e honestos.

Todos esses discursos servem somente para provar que um ladrão jamais deverá comer o jantar que tomou de outro, nem vestir o traje que roubou, nem enfeitar-se com o anel que furtou. Era necessário, dizem, jogar tudo isso no rio, para viver como gente honesta; digam antes que não era necessário roubar. Condenem os salteadores quando saqueiam, mas não os tratem como insensatos quando desfrutam do saque. De boa-fé[1], quando um elevado número de marinheiros ingleses se enriqueceu na tomada de Pondichéry[2] e de Havana, agiram eles errado em seguida ao se entregarem à diversão em Londres como paga pelo trabalho que tiveram nos confins da Ásia e da América?

Os discursadores gostariam que enterrássemos as riquezas que tivéssemos acumulado com a sorte das armas, com a agricultura, com o comércio e com a indústria? Eles citam Esparta[3]; por que não citam também a república de San Marino[4]? Que benefícios Esparta trouxe à Grécia? Teve algum dia homens como

Demóstenes⁽⁵⁾, Sófocles⁽⁶⁾, Apeles⁽⁷⁾, Fídias⁽⁸⁾? O luxo de Atenas criou grandes homens em todo gênero; Esparta teve alguns capitães e ainda em número menor do que as outras cidades. Mas não deixa de ser bom que uma república tão pequena como Esparta conserve sua pobreza. Chega-se à morte tanto na miséria total como no desfrute daquilo que pode tornar a vida agradável. O selvagem do Canadá subsiste e atinge a velhice como o cidadão inglês que tem cinquenta mil libras de renda. Mas quem irá comparar um dia o país dos iroqueses com a Inglaterra?

Que a república de Ragusa⁽⁹⁾ e o cantão de Zug⁽¹⁰⁾ façam leis suntuárias: eles têm razão, é necessário que o pobre não gaste além de suas posses; mas li em algum lugar:

Saibam principalmente que o luxo enriquece
um grande Estado, se arruinar um pequeno.

Se por luxo entenderem o excesso, sabemos que o excesso é pernicioso em tudo: na abstinência como na gulodice, na economia como na liberalidade. Não sei como aconteceu que, em minhas aldeias, onde a terra é ingrata, os impostos pesados, a proibição intolerável de exportar trigo que foi semeado, não há praticamente, contudo, um colono que não tenha uma boa roupa e que não esteja bem calçado e bem nutrido. Se esse colono trabalha com sua bela roupa de linho branco, cabelos frisados e tratados, aí está certamente um grande luxo e o mais impertinente; mas que um burguês de Paris ou de Londres compareça ao espetáculo vestido como esse camponês, aí está a mesquinhez mais grosseira e ridícula.

Est modus in rebus, sunt certi denique fines,
quos ultra citraque nequit consistere rectum

(Há modos nas coisas; há, portanto, certos fins, aquém e além dos quais o correto não pode estar).

Quando a tesoura foi inventada, que certamente não é da mais remota antiguidade, o que não se disse contra os primeiros que cortaram as unhas e apararam os cabelos que lhes caíam sobre o nariz? Foram tratados sem dúvida como pequenos burgueses e pródigos, que compravam a caro custo um instrumento da vaidade, para estragar a obra do Criador. Que enorme pecado encurtar as unhas que Deus fez nascer nas pontas de nossos dedos! Era um ultraje à divindade. Foi ainda pior quando foram inventadas as camisas e os chinelos. Sabe-se com que furor os velhos conselheiros, que jamais os tinham usado, gritaram contra os jovens magistrados que se deram a esse luxo funesto.

---

1. O pobre de espírito que já citamos, ao ler esta passagem numa edição ruim, na qual havia um ponto depois da expressão *de boa-fé*, acreditou que o autor quisesse dizer que os ladrões usufruíam *de boa-fé*. Sabemos muito bem que esse pobre de espírito é mau, mas de boa-fé, não pode ser perigoso (Nota de Voltaire, na edição de 1765).

2. Cidade da Índia, no golfo de Bengala, conquistada pelos franceses e sucessivamente pelos ingleses; em 1815 foi restituída à França (NT).

3. Esparta ou Lacedemônia, poderosa república da Grécia antiga, constituída de cidadãos de pleno direito; teve seu apogeu no século V a.C. e começou a decair a partir do século III a.C. (NT).

4. San Marino é uma pequena república (60 km2), encravada no território italiano, com pouco mais de 20.000 habitantes; segundo a lenda, teria sido fundada no século IV d.C. por um eremita chamado Marino; sua autonomia remonta ao século IX (NT).

5. Demóstenes (384-322 a.C.), orador, escritor e estadista grego (NT).
6. Sófocles (494-406 a.C.), poeta trágico grego (NT).
7. Apeles (séc. IV a.C.), pintor grego, amigo e retratista de Alexandre Magno; suas obras são conhecidas somente pela descrição dos antigos (NT).
8. Fídias (490-431 a.C.), escultor grego, foi encarregado da decoração do Partenon com estátuas, frisos e frontões (NT).
9. Não deve ser confundida com a cidade italiana de Ragusa, situada na ilha da Sicília. A república de Ragusa (hoje chamada Dubrovnik, parte do território da Croácia), teria sido fundada no século VII d.C. na costa da Dalmácia e esteve sob a dominação da república de Veneza de 1205 a 1358; libertando-se desse domínio, manteve estreitas relações comerciais com os venezianos e conheceu grande progresso nos séculos seguintes como república marítima (NT).
10. Cantão da Suíça, entrou na Confederação suíça em 1352 (NT).

M

MATÉRIA - Os sábios a quem se pergunta o que é a alma, respondem que nada sabem a respeito. Se acaso se lhes pergunta o que é a matéria, dão a mesma resposta. É verdade que professores conhecem perfeitamente tudo isso; e, quando repetem que a matéria é extensa e divisível, julgam ter dito tudo; mas, quando são solicitados a responder o que significa essa coisa extensa, ficam embaraçados. "Isso é composto de partes", dizem. E essas partes, de que são compostas? Os elementos dessas partes são divisíveis? Então eles emudecem ou falam muito, o que é igualmente suspeito. Esse ser quase desconhecido, a que chamamos matéria, é eterno? Todos acreditavam que sim. Terá ele por si a força ativa? Vários filósofos pensaram que sim. Aqueles que o negam, têm o direito de negá-lo? Vocês não concebem que a matéria possa ser alguma coisa por si própria. Mas como podem afirmar que tenha por si mesma as propriedades que lhe são necessárias? Ignoram qual é sua natureza e lhe recusam modos que estão, no entanto, nessa mesma natureza, pois, enfim, desde que ela é, é realmente necessário que tenha certa forma, que seja configurada; e, desde que é necessariamente configurada, será impossível que haja outros modos ligados à sua configuração? A matéria existe, não a conhecem senão por meio de suas sensações. Ai! de que servem todas as sutilezas do espírito desde que raciocinamos? A geometria nos ensinou muitas verdades, a metafísica, bem poucas. Pesamos a matéria, nós a medimos, a decompomos; e, além dessas operações rudimentares, se quisermos dar um passo, sentimos em nós a impotência e, diante de nós, um abismo.

Perdoem, por favor, ao universo inteiro, que se enganou ao acreditar que a matéria existia por si própria. Poderia proceder de outro modo? Como imaginar que o que é sem sucessão não existiu sempre? Se não fosse necessário que a matéria existisse, por que existe? E se fosse necessário que existisse, por que não teria existido sempre? Nunca um axioma foi tão universalmente aceito como este: *Nada se faz de nada*. Com efeito, o contrário é incompreensível. O caos precedeu, em todos os povos, a organização que uma mão divina fez do mundo inteiro. A eternidade da matéria jamais prejudicou em nenhum povo o culto da divindade. A religião nunca se sentiu diminuída que um Deus eterno fosse reconhecido como o senhor de uma matéria eterna. Ficamos muito felizes hoje por saber, por meio da fé, que Deus tirou a matéria do nada; mas nenhuma nação foi instruída a respeito desse dogma; os próprios judeus o ignoraram. O primeiro versículo do *Gênesis* diz que os deuses Eloim, não Eloí, fizeram o céu e a terra; não diz que o céu e a terra foram criados do nada.

Fílon[1], que viveu na única época em que os judeus tiveram alguma erudição, diz em seu capítulo sobre a criação: "Deus, sendo bom por sua natureza, não teve inveja da substância, da matéria, que por si mesma não tinha nada de bom, que por sua natureza só tem inércia, confusão, desordem. Ele se dignou torná-la boa, de má que era."

A ideia do caos desemaranhado por um Deus se encontra em todas as antigas teogonias. Hesíodo[2] repetiu o que pensava o Oriente quando dizia em sua *Teogonia*: "O caos foi o primeiro a existir." Ovídio[3] se fazia de intérprete de todo o império romano quando dizia: *Sic ubi dispositam, quisquis fuit ille deorum, congeriem secuit* (Como quer que fosse disposta, quaisquer que fossem seus deuses, constituía o caos)...

A matéria, portanto, era considerada, nas mãos de Deus, como a argila na roda do oleiro, se for permitido usar dessas fracas imagens para exprimir o poder divino.

A matéria, sendo eterna, devia ter propriedades eternas, como a configuração, a força de inércia, o movimento e a divisibilidade. Mas essa divisibilidade não é senão a consequência do movimento: pois, sem movimento nada se divide, nada se separa ou se arranja. Considerava-se, portanto, o movimento como essencial à matéria. O caos teria sido um movimento confuso e a organização do universo um movimento regular impresso a todos os corpos pelo senhor do mundo. Mas como a matéria poderia ter movimento próprio? Como tem, segundo todos os antigos, extensão e impenetrabilidade.

Mas não podemos concebê-la sem extensão e podemos concebê-la sem movimento. A isso se respondia: "É impossível que a matéria não seja permeável; ora, sendo permeável, alguma coisa realmente coisa passa continuamente por seus poros; para que passagens, se nelas nada passasse?"

De réplica em réplica, não acabaríamos mais; o sistema da matéria eterna apresenta grandes dificuldades, como todos os sistemas. O da matéria formada do nada não é menos incompreensível. Deve-se admiti-lo sem pretender dar-lhe razão; a filosofia não explica tudo. Quantas coisas incompreensíveis somos obrigados a admitir, mesmo na geometria? Podemos conceber duas linhas que se aproximem sempre sem nunca se encontrarem?

Na verdade, os geômetras afirmam: "As propriedades das retas assíntotas estão demonstradas; não podem deixar de admiti-las; mas a criação, não o é: por que a admitem? Que dificuldade encontram em crer, como todos os antigos, que a matéria é eterna?" Por outro lado, o teólogo lhes dirá: "Se acreditam na matéria eterna, reconhecem, portanto, dois princípios, Deus e a matéria; caem no erro de Zoroastro[4] e Manés[5]."

Nada responderemos aos geômetras, porque eles nada conhecem além de suas linhas, suas superfícies e seus sólidos. Mas podemos dizer ao teólogo: "Em que sou maniqueu? Aí estão pedras que um arquiteto não fabricou; com elas ergueu uma construção imensa; não admito dois arquitetos; as pedras brutas obedeceram ao poder e ao gênio."

Felizmente, seja qual for o sistema que abracemos, nenhum prejudica a moral, pois, que importa que a matéria tenha sido feita ou ordenada? Deus é igualmente nosso senhor absoluto. Devemos ser igualmente virtuosos num caos desemaranhado ou num caos criado do nada; quase nenhuma dessas questões metafísicas influi na conduta da vida: ocorre com as disputas como acontece com os discursos descomprometidos que temos à mesa: depois de comer, cada um esquece o que disse e vai para onde seu interesse e seu gosto o chamam.

1. Filon de Alexandria (13? a.C.-50 d.C.), filósofo judeu, natural de Alexandria do Egito, procurou conciliar o pensamento filosófico grego com a doutrina judaica (NT).
2. Hesíodo (séc. VIII a.C.), poeta grego; em seus poemas, *Os trabalhos e os dias, Teogonia* e *Escudo de Heracles*, ressalta a intervenção dos deuses na vida do homem (NT).
3. Versos do livro *Metamorphoseon* de Publius Ovidius Naso (43 a.C.-18 d.C.), poeta latino (NT).
4. Zoroastro ou Zaratustra (628-551 a.C.), sábio persa, fundador do zoroastrismo ou masdeísmo que opõe dois princípios fundamentais que governam o mundo e o homem: o bem e o mal; Zoroastro teria recebido do deus da sabedoria, numa visão, a missão de pregar e ensinar a verdade aos homens (NT).
5. Manés, Mani ou Maniqueu (216-277), fundador do maniqueísmo, doutrina oriental baseada num gnosticismo dualista: a coexistência de dois princípios, um bom e outro mau. O bom era representado pela luz e o mau, pelas trevas e identificado com a matéria. A humanidade, nascida do princípio mau, só poderia ser libertada pelo conhecimento da verdadeira ciência (NT).

MAU - Vivem a clamar em nossos ouvidos que a natureza humana é essencialmente perversa, que o homem nasceu filho do demônio e mau. Nada é formulado de maneira pior, pois, meu amigo, tu que me pregas que todo homem nasceu perverso, tu me advertes, portanto, de que tu nasceste assim, que devo desconfiar de ti como de uma raposa ou de um crocodilo.

– Oh! nada disso! me dizes, eu fui regenerado, não sou nem herege nem infiel, todos podem confiar em mim.

– Mas o resto do gênero humano, que é herege ou que tu chamas infiel, não será, pois, um conjunto de monstros? E todas as vezes que falas a um luterano ou a um turco deves estar certo de que te roubarão ou te assassinarão, pois, são filhos do demônio; nasceram maus, um não é regenerado e o outro é degenerado. Seria muito mais razoável, muito mais belo, dizer aos homens: *Vocês nasceram bons; vejam como seria horroroso corromper a pureza de seu ser*. Teria sido conveniente proceder com o gênero humano como se procede com todos os homens em particular. Se um cônego leva uma vida escandalosa, lhe dizemos: "Como podes desonrar a dignidade de cônego?" Relembramos a um magistrado que ele tem a honra de ser conselheiro do rei e que deve dar o exemplo. A um soldado, para encorajá-lo, dizemos: "Imagina que és do regimento da Champagne." Deveríamos dizer a cada indivíduo: "Lembra-te de tua dignidade de homem."

E, com efeito, apesar de a possuirmos, sempre voltamos ao tema, pois, que quer dizer esta frase tão frequentemente empregada em todas as nações, *concentra-te em ti mesmo*? Se tivesses nascido filho do demônio, se tua origem fosse criminosa, se teu sangue fosse composto de um líquido infernal, esta expressão *concentra-te em ti mesmo* significaria: consulta, segue tua natureza diabólica, sê impostor, ladrão, assassino, é a lei de teu pai.

O homem não nasceu mau; ele se torna depois, assim como adoece. Médicos se apresentam e lhe dizem: "Já nasceste doente." Ele está perfeitamente certo de que esses médicos, por mais que digam e façam, não o curarão se sua doença é inerente à sua natureza; e esses argumentadores estão eles próprios muito doentes.

Reúnam todas as crianças do universo e só verão nelas inocência, doçura e timidez; se tivessem nascido más, malfeitoras, cruéis, mostrariam algum sinal, como as pequenas serpentes procuram morder e os pequenos tigres arranhar. Mas, visto que a natureza não deu ao homem mais armas ofensivas que aos pombos e aos coelhos, não pôde lhes dar um instinto que o leve a destruir.

O homem, portanto, não nasceu mau. Por que então muitos são infectados por essa peste da maldade? É que aqueles que os dirigem, estando acometidos pela doença, a comunicam ao resto dos homens, como uma mulher que sofre do mal, que Cristóvão Colombo[1] trouxe da América, espalha esse veneno[2] de um extremo a outro da Europa. O primeiro ambicioso corrompeu a terra.

Podem me dizer que esse primeiro monstro desenvolveu o germe do orgulho, da rapina, da fraude, da crueldade, que existe em todos os homens. Confesso que em geral a maioria de nossos irmãos pode adquirir esses defeitos; mas todos terão a febre pútrida, as pedras ou os cálculos renais, só porque todos estão expostos a isso?

Existem nações inteiras que não são más: os filadélfios, os banianos[3] nunca mataram ninguém; os chineses, os povos de Tonquim[4], do Laos, de Sião[5], do próprio Japão, por centenas de anos não conheceram a guerra. Apenas de dez em dez anos é possível ver um desses crimes que comovem a natureza humana nas cidades de Roma, Veneza, Paris, Londres, Amsterdam, cidades onde, no entanto, a cobiça, mãe de todos os crimes, é ingente.

Se os homens fossem essencialmente maus, se todos nascessem sujeitos a um ser tão malfeitor como infeliz que, para se vingar de seus suplícios, lhes inspirasse todos os seus furores, veríamos todas as manhãs maridos assassinados por suas mulheres e pais por seus filhos, como podemos contemplar ao clarear do dia galinhas degoladas por uma doninha que lhes sugou o sangue.

Se houver um bilhão de homens na terra, é muito; isso dá aproximadamente quinhentos milhões de mulheres que costuram, que fiam, que alimentam seus filhos, que mantêm a casa ou a cabana limpa e que falam mal, pelo menos um pouco, de suas vizinhas. Não vejo que grande mal essas pobres inocentes fazem na terra. Dentre esse número de habitantes do globo, há duzentos milhões de crianças no mínimo que certamente não saqueiam nem matam e cerca de outro tanto de velhos e doentes que não podem fazê-lo. Restarão quando muito cem milhões de jovens robustos e capazes de praticar o crime. Desses cem, há noventa milhões continuamente ocupados em forçar a terra por meio de um trabalho prodigioso, para que esta lhes dê alimentos e roupa; esses não têm igualmente tempo para fazer o mal.

Nos dez milhões restantes estão compreendidos todos os ociosos e aqueles que prezam a boa companhia, que desejam usufruir agradavelmente a vida; os homens de talento, ocupados em suas profissões; os magistrados, os padres, claramente interessados em levar uma vida pura, ao menos na aparência. Como verdadeiros maus, portanto, restarão apenas alguns políticos, amadores ou profissionais, e alguns milhares de vagabundos que alugam seus serviços a esses políticos. Ora, nunca há ao mesmo tempo um milhão desses animais ferozes agindo; e, nesse número, estão incluídos os assaltantes das estradas reais. Temos, portanto, quando muito na terra, nos tempos mais tempestuosos, um homem sobre mil que pode ser chamado mau; além do mais, não o é sempre.

Há, portanto, infinitamente menos mal na terra do que se diz e se pensa. E é muito ainda, sem dúvida: vemos desgraças e crimes horríveis; mas o prazer de se queixar e exagerar é tão grande que, ao menor arranhão, vocês bradam que a terra regurgita sangue. Foram enganados, todos os homens são perjuros. Um espírito melancólico, que sofreu uma injustiça, vê o universo coberto de malfeitores, como um jovem voluptuoso, jantando com sua mulher ao sair da Ópera, não acredita que haja desafortunados.

1. Cristóvão Colombo (1450-1506), navegador genovês, descobridor da América (NT).
2. Trata-se da sífilis, doença contagiosa e infecciosa crônica, transmitida geralmente por contato sexual, que na época de Voltaire se acreditava ser originária das Américas e que os marinheiros de Colombo a teriam levado para a Europa (NT).
3. Membros de uma seita brâmane (NT).
4. Golfo do mar da China, nas proximidades do Vietnã (NT).
5. Sião, depois Ceilão, é a ilha que hoje se chama Sri Lanka, situada ao sul da Índia (NT).

MESSIAS

Messiah ou *Meshiah*, em hebraico; *Christós* ou *Eleimmenos*, em grego; *Unctus*, em latim; Ungido.

Vemos no Antigo Testamento que o nome *Messias* foi muitas vezes dado a príncipes idólatras ou infiéis. Está escrito[1] que Deus enviou um profeta para ungir Jeú, rei de Israel; anunciou a unção sagrada a Hazael, rei de Damasco e da Síria; esses dois príncipes eram os *Messias* do Altíssimo para punir a casa de Acab.

No capítulo 45 de Isaías, o nome *Messias* é expressamente dado a Ciro. "Assim disse o Eterno a Ciro, seu ungido, seu *Messias*, de quem tomei a mão direita, a fim de que eu aniquile as nações diante dele, etc."

Ezequiel, no capítulo 28 de suas revelações, dá o nome de *Messias* ao rei de Tiro, a quem chama também de *Querubim*. "Filho do homem, diz o Eterno ao profeta, pronuncia em alta voz uma queixa contra o rei de Tiro, e diz-lhe: "Assim disse o Senhor, o Eterno. Eras o selo da semelhança de Deus, repleto de sabedoria e perfeito em beleza; foste o jardim do Éden do Senhor ou (segundo outras versões) eras todas as delícias do Senhor. Tuas vestes eram de sardônica, de topázio, de jaspe, de crisólita, de ônix, de berilo, de safira, de carbúnculo, de esmeralda e de ouro. O que sabiam fazer teus tambores e tuas flautas esteve contigo; estavam todos prontos no dia em que foste criado; foste um Querubim, um *Messias*."

O nome *Messiah, Cristo*, era dado aos reis, aos profetas e aos grandes sacerdotes dos hebreus. Lemos no *1º. Livro dos Reis*, XII, 5: "O Senhor e seu *Messias* são testemunhas", isto é: "O Senhor e o rei que ele estabeleceu." E em outra passagem: "Não toquem em meus ungidos nem façam mal algum a meus profetas." Davi, animado pelo espírito de Deus, confere em várias ocasiões a Saul, seu sogro renegado, que o perseguia, o nome e a qualidade de ungido, de *Messias* do Senhor. "Deus me livre, diz frequentemente, de levantar a mão contra o ungido do Senhor, contra o *Messias* de Deus!"

Uma vez ungido, Herodes[2] foi chamado Messias pelos herodianos que formaram, durante algum tempo, uma pequena seita.

Se o nome Messias, ungido do Senhor, foi dado a reis idólatras, a renegados, foi também muitas vezes empregado em nossos antigos oráculos para designar o verdadeiro ungido do Senhor, esse *Messias* por excelência, Cristo, filho de Deus, enfim, o próprio Deus.

Se aproximarmos todos os diversos oráculos que são aplicados usualmente ao *Messias*, podem resultar disso algumas dificuldades aparentes, com as quais os judeus tentaram justificar, se pudessem, sua obstinação. Vários grandes teólogos concordam que, no estado de opressão sob o qual gemia o povo judeu e, depois de todas as promessas que o Eterno lhe havia feito com tanta frequência, podia suspirar pela vinda de um *Messias* vencedor e libertador; e que assim se torna de certa forma escusável por não ter de início reconhecido esse libertador na pessoa de Jesus, ainda mais que não há uma única passagem no Antigo Testamento em que esteja escrito: "Creiam no Messias."

Estava nos planos da sabedoria eterna que as ideias espirituais do verdadeiro *Messias* permanecessem desconhecidas à multidão cega; elas o foram a ponto de os doutores judeus tomarem o cuidado de negar que as passagens que alegamos devessem ser entendidas como relativas ao *Messias*. Muitos dizem que o *Messias* já veio na pessoa de Ezequias; era a opinião do famoso Hillel[3]. Outros, em grande número, julgam que a crença na vinda de um *Messias* não é um artigo fundamental de fé e que esse dogma, não figurando nem no *Decálogo* nem no *Levítico*, não passa de uma esperança consoladora.

Vários rabinos dizem não duvidar que, segundo os antigos oráculos, o *Messias* não tenha vindo nos tempos determinados; mas que ele não envelhece, que permanece escondido nesta terra e espera, para se manifestar, que Israel tenha celebrado o *shabat*[4] como se deve.

O famoso rabino Salomão Jarquí ou Raschi, que viveu no início do século XII, diz em suas *Talmúdicas* que os antigos hebreus acreditavam que o *Messias* tinha nascido no dia da última destruição de Jerusalém pelos exércitos romanos; é, como se costuma dizer, chamar o médico depois da morte.

O rabino Kimchi, que também viveu no século XII, afirmava que o *Messias*, cuja vinda julgava estar muito próxima, expulsaria da Judeia os cristãos que a possuíam na época; é verdade que os cristãos perderam a Terra Santa; mas foi Saladino[5] quem os venceu; por pouco que esse conquistador tenha protegido os judeus e se tivesse declarado a seu favor, é provavel que, em seu entusiasmo, eles teriam feito dele seu *Messias*.

Os autores sagrados, e o próprio Jesus, comparam seguidamente o reino do *Messias* e a eterna beatitude a dias de bodas, a festins; mas os talmudistas abusaram estranhamente dessas parábolas; segundo eles, o *Messias* dará a seu povo, reunido na terra de Canaã, um banquete cujo vinho será aquele que o próprio Adão fez no paraíso terrestre e que se conserva em vastas adegas, cavadas pelos anjos no centro da terra.

Como entrada do banquete, será servido o famoso peixe chamado o grande Leviatã[6], que engole de uma só vez um peixe menor que ele, o qual não deixa de ter trezentas léguas de comprimento; toda a massa das águas está apoiada sobre Leviatã. Deus, no início, criou um macho e uma fêmea; mas, temendo que eles revolvessem a terra e enchessem o universo de seus semelhantes, Deus matou a fêmea e a salgou para o festim do *Messias*.

Os rabinos acrescentam que, para esse festim, será morto o touro de Beemot, que é tão grande que come diariamente o feno de mil montanhas; a fêmea desse touro foi morta no começo do mundo, para que uma espécie tão prodigiosa não se multiplicasse, o que que certamente teria prejudicado as outras criaturas; mas asseguram que o Eterno não a salgou, porque a vaca salgada não é tão boa como a fêmea do Leviatã. Os judeus prestam ainda tanta fé a todos esses devaneios rabínicos, que muitas vezes juram pela parte do boi Beemot que lhes cabe.

Depois de ideias tão grosseiras sobre a vinda do *Messias* e seu reino, será de se surpreender se os judeus, tanto os antigos como os modernos, e mesmo muitos dos primeiros cristãos, infelizmente imbuídos de todos esses devaneios, não tenham podido elevar-se à ideia da natureza divina do ungido do Senhor e não tenham atribuído a qualidade de deus ao *Messias*? Vejam como os judeus se exprimem a respeito em sua obra intitulada *Judaei Lusitani Quaestiones ad Christianos* (Questões dos judeus lusitanos para os cristãos). "Reconhecer, dizem eles, um homem-Deus é abusar de si próprio, é forjar um monstro, um centauro, o bizarro composto de duas naturezas que não poderiam se aliar." Acrescentam que os profetas não ensinam que o *Messias* seja homem-Deus, que distinguem de modo expresso entre Deus e Davi, que consideram o primeiro, senhor, e o segundo, servidor, etc.

Sabemos muito bem que os judeus, escravos da letra, nunca penetraram como nós o sentido das Escrituras.

Quando o Salvador apareceu, os presunçosos judeus se levantaram contra ele. O próprio Jesus, para não revoltar seus espíritos cegos, parece extremamente reservado sobre o tema de sua divindade: "Ele queria, diz São Crisóstomo[7], acostumar imperceptivelmente seus ouvintes a crer num mistério de tal forma elevado acima de toda razão." Se toma a autoridade de um Deus, ao perdoar os pecados, essa atitude revolta todos aqueles que testemunham isso; seus milagres mais evidentes não podem convencer de sua divindade aqueles mesmos em favor dos quais os opera. Quando, perante o tribunal do soberano sacrificador, admite com modesta afirmativa que é o filho de Deus, o sumo sacerdote rasga as próprias vestes e o acusa de blasfêmia. Antes do envio do Espírito Santo os apóstolos nem sequer suspeitam da divindade de seu mestre; ele os interroga sobre o que o povo pensa dele; respondem que uns o tomam por Elias, outros por Jeremias ou qualquer outro profeta. São Pedro necessita de uma revelação particular para conhecer que Jesus é o Cristo, filho de Deus vivo.

Os judeus, revoltados contra a divindade de Jesus, recorreram a toda espécie de meios para destruir esse grande mistério; deturpam o sentido de seus próprios oráculos ou não os aplicam ao *Messias*; pretendem que o nome de Deus, Eloí, não é particular à divindade, sendo até conferido pelos autores sagrados aos juízes, aos magistrados, em geral aos investidos de alta autoridade; citam, com efeito, muitas passagens da Sagrada Escritura que justificam esta observação, mas que não se referem especificamente aos termos expressos dos antigos oráculos que falam do *Messias*.

Enfim, pretendem que, se o Salvador e depois dele os evangelistas, os apóstolos e os primeiros cristãos, chamam Jesus filho de Deus, essa expressão augusta não significava, nos tempos evangélicos, outra coisa senão o oposto dos filhos de Belial[8], isto é, homem de bem, servidor de Deus, em oposição a um malvado, um homem que não teme a Deus.

Se os judeus contestaram a Jesus Cristo a qualidade de *Messias* e sua divindade, nada negligenciaram para torná-lo desprezível, para lançar sobre seu nascimento, sua vida e sua morte, todo o ridículo e todo o opróbrio imaginado que sua obstinação criminosa pôde imaginar.

De todas as obras que a cegueira dos judeus produziu, nada há de mais odioso e extravagante do que o antigo livro intitulado: *Sepher Toldos Jeschut*, tirado da poeira por Wagenseil[9], no segundo tomo de sua obra intitulada: *Tela ignea*, etc.

É nesse *Sepher Toldos Jeschut* que se lê uma história monstruosa da vida de nosso Salvador, forjada com toda paixão e má-fé possíveis. Assim, por exemplo, ousaram escrever que certo Panter ou Pandera, habitante de Belém, se havia apaixonado por uma mulher casada com Jocanan. Dessa relação impudica teve um filho que foi chamado Jesuá ou Jesu. O pai desse menino foi obrigado a fugir, retirando-se para Babilônia. Quanto ao jovem Jesu, foi enviado à escola; mas, acrescenta o autor, teve a insolência de levantar a cabeça e de se descobrir diante dos sacrificadores, em lugar de se apresentar diante deles de cabeça baixa e rosto coberto, como era costume: ousadia que foi vivamente punida, o que deu lugar ao exame de seu nascimento, que se revelou impuro e logo o expôs à ignomínia.

Esse livro detestável, *Sepher Toldos Jeschut*, era conhecido desde o segundo século; é citado por Celso[10] com confiança e Orígenes[11] o refuta no nono capítulo.

Há outro livro, também intitulado *Toldos Jeschut*, publicado no ano de 1705 por Huldrich[12], que segue mais de perto o Evangelho da infância, mas que comete a todo momento anacronismos e falhas grosseiras. Faz Jesus nascer e morrer no reinado de Herodes, o Grande; pretende terem sido dirigidas a esse rei as queixas sobre o adultério de Panter e de Maria, mãe de Jesus.

O autor, que assume o nome de Jonatan e que se diz contemporâneo de Jesus Cristo, residente em Jerusalém, adianta que Herodes consultou sobre o caso de Jesus os senadores de uma cidade da terra de Cesárea. Não seguiremos um autor tão absurdo em todas as suas contradições.

Entretanto, é a favor de todas essas calúnias que os judeus se entretêm em seu ódio implacável contra os cristãos e contra o Evangelho; nada negligenciaram para alterar a cronologia do Antigo Testamento e para difundir dúvidas e dificuldades sobre o tempo da vinda de nosso Salvador.

Ahmed-ben-Cassum-al-Andalusi, mouro de Granada, que viveu no final do século XVI, cita um antigo manuscrito árabe que foi encontrado junto com seis lâminas de chumbo, gravadas em caracteres árabes, numa gruta perto de Granada. Dom Pedro y Quinones, arcebispo de Granada, prestou ele próprio testemunho. Essas lâminas de chumbo, que são chamadas *de Granada*, foram depois levadas a Roma, onde, após um exame de vários anos, foram finalmente condenadas como apócrifas, sob o pontificado de Alexandre VII[13]; não contêm senão histórias fabulosas referentes à vida de Maria e de seu filho.

O nome *Messias*, acompanhado do epíteto *falso*, é dado ainda a esses impostores que, em épocas diversas, procuraram mistificar a nação judaica. Houve desses falsos *Messias* antes mesmo da vinda do verdadeiro ungido de Deus. O sábio Gamaliel fala[14] de certo Teodas, cuja história pode ser lida nas *Antiguidades Judaicas*, livro XX, capítulo II, de Flávio Josefo[15]. Ele se vangloriava de ter passado o Jordão a pé enxuto; atraiu muitos seguidores; mas os romanos, caindo sobre sua pequena tropa, dispersaram-na, cortaram a cabeça do infeliz chefe e a expuseram em Jerusalém.

Gamaliel fala também de Judas, o Galileu, que é sem dúvida o mesmo mencionado por Josefo, no capítulo 12 do segundo livro da *Guerra dos judeus*. Diz que esse falso profeta havia reunido cerca de trinta mil homens; mas a hipérbole é característica do historiador judeu.

Desde os tempos apostólicos, viu-se Simão, cognominado o Mago[16], que havia sabido seduzir os habitantes de Samaria, a ponto de o considerarem como *a virtude de Deus*.

No século seguinte, no ano 178 e 179 da era cristã, sob o império de Adriano[17], apareceu o *falso Messias* Barcoquebas, à testa de um exército. O imperador enviou contra ele Júlio Severo, que depois de vários encontros encerrou os revoltosos na cidade de Biter; manteve um assédio obstinado e foi violentíssimo em suas represálias; Barcoquebas foi preso e condenado à morte.

Adriano julgou não poder prevenir as revoltas contínuas dos judeus, senão proibindo-os por edito de se dirigirem a Jerusalém; estabeleceu até guardas nas portas dessa cidade, para proibir a entrada ao resto do povo de Israel.

Lemos em Sócrates, historiador eclesiástico[18], que no ano 434 apareceu na ilha de Cândia um *falso Messias* chamado Moisés. Ele se dizia o antigo libertador dos hebreus, ressuscitado para libertá-los novamente.

Um século depois, em 530, houve na Palestina um *falso Messias* chamado Juliano; ele se anunciava como um grande conquistador que, à frente de sua nação, destruiria pelas armas todo o povo cristão; seduzidos por suas promessas, os judeus, armados, massacraram muitos cristãos. O imperador Justiniano[19] enviou tropas contra ele; travaram batalha contra o falso Cristo: foi preso e condenado ao suplício extremo.

No início do século VIII, Sereno, judeu espanhol, apresentou-se como *Messias*, pregou, teve discípulos e morreu como eles na miséria.

No século XII, surgiram vários *falsos Messias*. Apareceu um na França, sob o reinado de Luís, o Jovem[20]; foi enforcado, ele e seus seguidores, sem que jamais se conhecessem os nomes nem do mestre nem dos discípulos.

O século XIII foi fértil em *falsos Messias*; contam-se sete ou oito, aparecidos na Arábia, na Pérsia, na Espanha e na Morávia. Um deles, que se fazia chamar *David el Re*, passou por ter sido um grande mágico; seduziu os judeus e se viu à testa de um partido considerável; mas esse *Messias* foi assassinado.

Tiago Zieglerne, da Morávia, que viveu em meados do século XVI, anunciava a próxima manifestação do *Messias*, nascido, segundo afirmava, havia catorze anos. Ele o tinha visto, dizia, em Estrasburgo, e guardava com cuidado uma espada e um cetro para entregá-los a ele quando estivesse em idade de ensinar.

No ano de 1624, outro Zieglerne confirmou a predição do primeiro.

Em 1666 Sabathai Sevi, nascido em Alepo (Síria), se apresentou como o *Messias* predito pelos Zieglerne. Começou a pregar nas estradas principais e no meio dos campos; os turcos zombavam dele, enquanto seus discípulos o admiravam. Parece que de início não incluiu em seus interesses os mais influentes da nação judaica, porque os chefes da sinagoga de Esmirna lavraram contra ele uma sentença de morte; mas livrou-se da pena, sofrendo somente o medo e o banimento. Contraiu três casamentos que, segundo se diz, não chegou a consumar, dizendo que ele estava acima disso. Associou-se a certo Natan Levi: este representou a personagem do profeta Elias, que devia preceder o *Messias*. Dirigiram-se a Jerusalém e lá Natan anunciou Sabathai Sevi como o libertador das nações. O povo simples judeu se declarou a favor dele, mas os que tinham alguma coisa a perder o anatematizaram.

Sevi, para fugir da tempestade, retirou-se para Constantinopla e de lá para Esmirna. Natan Levi enviou-lhe quatro embaixadores que o reconheceram e o saudaram publicamente como *Messias*; essa embaixada conseguiu influenciar o povo e mesmo alguns doutores, que declararam Sabathai Sevi *Messias* e rei dos hebreus. Mas a sinagoga de Esmirna condenou seu rei a ser empalado.

Sabathai se pôs sob a proteção do cádi de Esmirna e logo teve a favor dele todo o povo judeu. Mandou erguer dois tronos, um para ele e outro para sua esposa favorita; tomou o nome de rei dos reis e deu a José Sevi, seu irmão, o de rei de Judá. Prometeu aos judeus como certa a conquista do império otomano. Chegou mesmo à insolência de fazer riscar da liturgia judaica o nome do imperador, substituindo-o pelo seu próprio.

Foi preso e posto no cárcere de Dardanelos. Os judeus tornaram público que só poupavam a vida dele porque os turcos sabiam muito bem que ele era imortal. O governador de Dardanelos se enriqueceu com os presentes que os hebreus lhe davam prodigamente para poder visitar seu rei, seu *Messias* prisioneiro que, apesar dos grilhões, conservava toda a sua dignidade, deixando que beijassem seus pés.

Entretanto, o sultão, que tinha sua corte em Andrinopla, resolveu acabar com essa comédia; mandou chamar Sevi e lhe disse que, se era o *Messias*, devia ser invulnerável; Sevi concordou. O grão-senhor mandou colocá-lo como alvo das flechas de seus pajens; o *Messias* confessou que não era invulnerável e protestou dizendo que Deus o enviava somente para dar testemunho da santa religião muçulmana. Fustigado pelos ministros da lei, converteu-se e viveu e morreu desprezado igualmente por judeus e muçulmanos: o que desacreditou de tal forma a profissão de *falso Messias* que Sevi foi o último que apareceu.

1. 3º. *Livro dos Reis*, cap. XIX, versículos 15 e 16 (Nota de Voltaire). Corresponde, na nomenclatura bíblica de hoje, ao *1º. Livro dos Reis*, pois, na época os *dois livros de Samuel* eram também designados como *1º.* e *2º. Livro dos Reis* (NT).
2. Herodes I, o Grande (73-4 a.C.), rei dos judeus de 37 a.C. até sua morte; odiado pelos judeus, foi, no entanto astuto político e grande administrador (NT).
3. Hillel (70 a.C.- 10 d.C.), rabino ou doutor judeu; fundador de uma escola que interpretava a lei judaica de maneira livre (NT).
4. Indicando o sábado, como sétimo dia da semana, para os judeus era o dia do repouso, festa a ser comemorada com o maior rigor e a maior devoção (NT).
5. Saladino ou Salah AL-Din Yusuf (1138-1193), sultão árabe, empreendeu grandes conquistas e é considerado o campeão da guerra santa do islamismo; venceu os cruzados e se apoderou de Jerusalém, mas depois celebrou a paz com os cristãos (NT).
6. Nome de monstro da mitologia fenícia, conhecido especialmente através da Bíblia, na qual é identificado com um animal aquático ou réptil (NT).
7. João Crisóstomo (344-407), bispo de Constantinopla, reformador rigoroso, mas teólogo sem expressão (NT).
8. Nome conferido a satanás nos textos bíblicos e na literatura judaica (NT).
9. Johann Christoph Wagenseil (séc. XVII), historiador alemão, publicou em 1681 o livro *Tela ignea Satanae* (Quadro ígneo de satanás), em que relata as acusações dos judeus antigos contra Jesus e contra os cristãos, além de reportar passagens do *Sepher Toldos Jeschut* (já refutado por autores cristãos dos primeiros séculos de nossa era), escrito antigo de autor judeu desconhecido; este classifica Jesus de bastardo, impostor, insolente, sedicioso e feiticeiro (NT).
10. Celso (séc. II d.C.), filósofo latino, célebre por seus ataques contra o cristianismo na obra *Discurso verdadeiro* (NT).
11. Orígenes (185-254), escritor, filósofo e teólogo grego cristão, fundou uma escola de catequese em Alexandria e deixou vasta obra quase toda centrada sobre o cristianismo; o livro de Orígenes, ao qual Voltaire se refere no texto, é *Contra Celso* (NT).

12. Johann J. Huldrich (séc. XVII-XVIII), historiador alemão; o título original do livro citado no texto é *Historia Jeschuae Nazareni a Judaeis blaspheme corrupta* – História de Jesus de Nazaré corrompida de modo blasfemo pelos judeus (NT).
13. Alexandre VII (1599-1667), papa de 1655 a 1667 (NT).
14. *Atos dos Apóstolos*, cap. V, versículos 34, 35, 36 (Nota de Voltaire).
15. Flávio Josefo (37-100), historiador judeu, autor de *A guerra judaica* e *Antiguidades judaicas* (NT).
16. *Atos dos Apóstolos*, cap.VIII, versículo 9 (Nota de Voltaire).
17. Publius Aelius Hadrianus (76-138), imperador romano de 121 a 138; há aqui um deslize de Voltaire, pois, como se vê pelas datas, o imperador Adriano governou antes; nos anos citados, o imperador era Marcus Aurelius Antoninus (121-180), imperador romano de 161 a 180.
18. Sócrates, *História eclesiástica*, livro II, capítulo XXXVIII (Nota de Voltaire).
19. Flavius Petrus Sabbatius Justinianus (482-565), imperador bizantino (NT).
20. Luís VII, o Jovem (1120-1180), rei da França de 1137 a 1180 (NT).

METAFÍSICA

Trans naturam, além da natureza. Mas aquilo que está além da natureza será alguma coisa? Por natureza entende-se, portanto, matéria e metafísica é o que não é matéria. Por exemplo, teu raciocínio, que não é nem comprido nem largo, nem alto, nem sólido, nem pontiagudo; ou tua alma, que desconheces e que produz teu raciocínio; ou ainda os espíritos, dos quais sempre se falou, aos quais durante muito tempo se atribuiu um corpo tão sutil que já não era mais corpo e dos quais se excluiu finalmente todo vestígio de corpo e não se sabe mais o que lhes restou; ou a maneira pela qual esses espíritos sentem sem ter o embaraço dos cinco sentidos, como pensam sem cabeça, como comunicam seus pensamentos sem palavras e sem sinais; enfim, Deus, que conhecemos por suas obras, mas que nosso orgulho quer definir; Deus, do qual sentimos o poder imenso; Deus, separado de nós por um abismo infinito e cuja natureza ousamos sondar. Esses são objetos da metafísica.

Poderíamos acrescentar ainda os próprios princípios da matemática, pontos sem extensão, linhas sem largura, superfícies sem profundidade, unidades divisíveis ao infinito, etc. Até o próprio Bayle[1] acreditava que esses objetos eram seres de razão, mas são, de fato, apenas efeitos de coisas materiais consideradas em suas massas, em suas superfícies, em suas simples larguras ou comprimentos, nas extremidades dessas simples larguras ou comprimentos. Todas as medidas são justas e demonstráveis e a metafísica nada tem a ver com a geometria.

É por isso que se pode ser metafísico sem ser geômetra. A metafísica é mais divertida; é muitas vezes o romance do espírito. Na geometria, ao contrário, é preciso calcular, medir. É uma dificuldade contínua e muitos espíritos preferiram sonhar docemente que se fatigar.

1. Pierre Bayle (1647-1706), escritor francês, protestante, defendia a tese de que o ateísmo é mais lúcido e coerente do que a idolatria (NT).

METAMORFOSE, METEMPSICOSE

Não é muito natural que todas as metamorfoses de que a terra está repleta tenham feito imaginar no Oriente, onde tudo foi imaginado, que nossas almas passavam de um corpo a outro? Um ponto quase imperceptível se torna um verme, esse verme se transforma em borboleta; uma bolota se transforma em carvalho, um ovo num pássaro; a água se torna nuvem e trovão; a madeira se muda em fogo e cinza; tudo, enfim, parece metamorfosear-se na natureza. Logo se atribuiu às almas, que eram consideradas como tênues figuras, o que era visto sensivelmente nos corpos mais rudimentares. A ideia da metempsicose é talvez o mais antigo dogma do universo conhecido e reina ainda em grande parte da Índia e da China.

É também muito natural que todas as metamorfoses de que somos testemunhas tenham produzido essas antigas fábulas que Ovídio[1] recolheu em sua admirável obra. Os próprios judeus tiveram também suas metamorfoses. Se Níobe[2] foi transformada em mármore, Edite, mulher de Lot[3], foi transformada em estátua de sal. Se Eurídice[4] ficou nos infernos por ter olhado para trás, é pela mesma indiscrição que também essa mulher de Lot foi privada da natureza humana. O povoado onde residiam Báucide e Filêmon[5], na Frígia, transformou-se num lago; a mesma coisa aconteceu a Sodoma. As filhas de Ânio[6] transformavam a água em óleo; temos nas Escrituras uma metamorfose mais ou menos parecida, mas mais verdadeira e mais sagrada. Cadmo[7] foi transformado em serpente; o bastão de Aarão[8] se tornou serpente também.

Os deuses se transformavam muitas vezes em homens; os judeus nunca viram anjos senão sob a forma humana: os anjos comeram na casa de Abraão[9]. Paulo, em sua Epístola aos Coríntios, diz que o anjo de satanás lhe deu bofetadas: *Angelos Satana me colaphiset.*

1. Trata-se da obra *Metamorphoseon* (Metamorfoses) de Publius Ovidius Naso (43 a.C.-18 d.C.), poeta latino (NT).

2. Segundo a mitologia grega, Níobe era esposa do rei de Tebas e teve sete filhos e sete filhas. Orgulhosa de sua fertilidade, insultou Latona que só tinha dois; estes mataram os 14 filhos de Níobe. Tocado pela dor desta, Zeus a transformou numa rocha que vertia água constantemente (NT).

3. *Livro do Gênesis*, XIX, 26 (NT).

4. Segundo a mitologia grega, Orfeu era poeta e exímio tocador de lira, encantando até os próprios deuses; casado com Eurídice, esta morreu em decorrência de uma picada de serpente. Inconsolável, Orfeu foi procurá-la nos infernos. Obteve a permissão de sair com ela de lá, sob condição de ir na frente sem olhar para trás. Na saída dos infernos, não resistiu e voltou-se para vê-la; Eurídice foi-lhe arrebatada para sempre (NT).

5. O casal Filêmon e Báucide ou Báucis acolheram sem saber o deus supremo Zeus em sua cabana; como recompensa, Zeus transformou sua casa em templo e realizou seu desejo de morrer juntos: Filêmon foi transformado em carvalho e Báucide em tília (NT).

6. Na mitologia grega, o rei de Delos, Ânio, teve três filhas que transformavam tudo o que tocavam; Agamenon, antes de seguir para a guerra de Troia, pediu às três que o seguissem, prevendo desse modo que não lhe faltaria provisões para o exército; elas consultaram Baco, que não gostou da ideia, e as transformou em pombas (NT).

7. De acordo com a mitologia grega, Cadmo foi o fundador da cidade de Tebas da Grécia; por causa de um casamento de uma filha de Cadmo com um dos deuses do Olimpo, houve desavenças entre esses deuses, especialmente entre Vênus e Vulcano; este, para se vingar, transformou Cadmo e seus filhos em serpentes (NT).

8. *Livro do Gênesis*, VII, 8-13 (NT).

9. *Livro do Gênesis*, XVIII, 1-8 (NT).

MILAGRES
— Um milagre, segundo a energia do termo, é uma coisa admirável. Nesse caso, tudo é milagre. A ordem prodigiosa da natureza, a rotação de cem mi-

lhões de globos ao redor de um milhão de sóis, a atividade da luz, a vida dos animais são milagres perpétuos.

Segundo as ideias aceitas, chamamos *milagre* à violação dessas leis divinas e eternas. Assim, quando houver um eclipse do sol durante a lua cheia, quando um morto fizer a pé duas léguas de caminho levando sua cabeça nos braços, a isso chamamos milagre.

Vários físicos afirmam que, nesse sentido, não há milagres; seguem aqui seus argumentos.

Um milagre é a violação das leis matemáticas, divinas, imutáveis, eternas. Consoante esta única exposição, um milagre é uma contradição em termos. Uma lei não pode ser ao mesmo tempo imutável a violada. Mas uma lei, pergunta-se, sendo estabelecida pelo próprio Deus, não poderá ser suspensa por seu autor? Eles têm a ousadia de responder que não e que é impossível que o ser infinitamente sábio tenha exarado leis para violá-las. Não poderia, dizem eles, desmontar sua máquina senão para fazê-la funcionar melhor; ora, é claro que, sendo Deus, fez essa imensa máquina o melhor que pôde: se viu que haveria alguma imperfeição resultante da natureza da matéria, teria previsto desde o começo; assim, nunca mudará nada.

Além do mais, Deus não pode fazer nada sem razão; ora, que razão o levaria a desfigurar por algum tempo sua própria obra?

É em favor dos homens, dizemos a eles. É, portanto, pelo menos em favor de todos os homens, respondem eles, pois, é impossível conceber que a natureza divina trabalhe para alguns homens em particular e não para todo o gênero humano, mesmo que o gênero humano seja bem pouca coisa: é muito menor que um pequeno formigueiro em comparação com todos os seres que preenchem a imensidão. Ora, não é a mais absurda das loucuras imaginar que o ser infinito invertesse em favor de três ou quatro centenas de formigas, nesse pequeno amontoado de barro, a engrenagem eterna dessas molas imensas que fazem mover todo o universo?

Mas suponhamos que Deus desejou distinguir um pequeno número de homens com favores particulares: será necessário que mude tudo o que estabeleceu para todos os tempos e para todos os lugares? Certamente não tem necessidade alguma dessa mudança, dessa inconstância, para favorecer suas criaturas: seus favores estão encerrados em suas próprias leis. Ele previu tudo, ordenou tudo para elas; todas obedecem irrevogavelmente à força que ele imprimiu para sempre na natureza.

Por que Deus faria um milagre? Para realizar um desígnio qualquer em favor de alguns seres vivos! Diria, pois: "Não consegui, com a criação do universo, com meus decretos divinos, com minhas leis eternas, realizar certo desígnio; vou mudar minhas ideias eternas, minhas leis imutáveis, para tentar executar o que não consegui fazer com elas." Seria uma confissão de sua fraqueza e não de seu poder. Seria nele, ao que parece, a mais inconcebível contradição. Desse modo, portanto, ousar supor que Deus realiza milagres é realmente insultá-lo (se homens podem insultar a Deus); é dizer-lhe: "És um ser fraco e inconsequente." É absurdo, portanto, acreditar em milagres, é desonrar de certo modo a divindade. Pressionamos esses filósofos, dizendo-lhes: "É inútil exaltar a imutabilidade do ser supremo, a eternidade de suas leis, a regularidade de seus mundos infinitos; nosso pequeno pedaço de barro foi todo ele coberto de milagres; as histórias estão tão repletas de prodígios como de acontecimentos naturais. As filhas do sumo sacerdote Ânio[1] transformavam tudo o que queriam em trigo, em vinho ou em óleo; Atálida, filha de Mercúrio[2], ressuscitou várias vezes; Esculápio[3] ressuscitou Hipólito; Hércules[4] arrancou Alceste dos braços da morte; Ceres[5] voltou ao mundo após ter passado quinze dias nos infernos; Rômulo e Remo[6] nasceram de um deus e de uma vestal. O Paládio[7] caiu do céu na cidade de Troia; a cabeleira de Berenice[8] se tornou uma constelação de estrelas; a cabana de Báucide e Filêmon[9] foi transformada num soberbo templo; a cabeça de Orfeu[10] proferia oráculos depois de sua morte; as muralhas de Tebas se construíram por si próprias diante dos gregos, ao som das flautas; as curas realizadas no templo de Esculápio eram inumeráveis e temos ainda monumentos repletos de nomes de testemunhas oculares dos milagres de Esculápio."

Citem-me um povo em que não se tenham operado prodígios incríveis, especialmente nos tempos em que mal se sabia ler e escrever.

Os filósofos não respondem a essas objeções senão rindo e dando de ombros; mas os filósofos cristãos dizem: "Cremos nos milagres operados em nossa santa religião; cremos neles pela fé, e não por nossa razão, que preferimos não ouvir, pois, quando a fé fala, sabemos que a razão não deve dizer uma única palavra. Temos uma crença firme e integral nos milagres de Cristo e dos apóstolos, mas permitam-nos duvidar um pouco de vários outros; permitam, por exemplo, que suspendamos nosso julgamento sobre o que se refere a um homem simples, ao qual foi dado o nome de grande. Ele afirma que um pequeno monge estava tão acostumado a fazer milagres que o prior lhe proibiu, finalmente, de exercer seu talento. O pequeno monge obedeceu; mas, tendo visto um pobre trabalhador que caía do alto de um telhado, ficou indeciso entre o desejo de lhe salvar a vida e manter a santa obediência. Ordenou somente que o trabalhador permanecesse suspenso no ar até nova ordem e correu rapidamente para contar a seu prior a situação. O prior o absolveu do pecado que havia cometido ao começar um milagre sem licença e permitiu que o terminasse, contanto que parasse por aí e nunca mais tentasse outro. Concede-se aos filósofos que se deve desconfiar um pouco dessa história."

Mas como ousariam negar, dizem-lhes, que São Gervásio e São Protásio[11] tenham aparecido em sonho a Santo Ambrósio[12], que lhe tenham indicado o lugar onde estavam escondidas as suas relíquias? Que Santo Ambrósio as tenha desenterrado e que elas curaram um cego? Santo Agostinho[13] estava por esses dias em Milão; é ele quem nos conta esse milagre: *Immenso populo* teste (com grande multidão de testemunha), diz em sua *Cidade de Deus*, livro XXII. Aí está um dos mais bem constatados milagres. Os filósofos dizem que não acreditam em nada disso; que Gervásio e Protásio não apareceram a ninguém; que pouco importa ao gênero humano saber onde estão os restos de seus esqueletos; que não concedem maior crédito a esse cego que àquele de

Vespasiano⁽¹⁴⁾; que é um milagre inútil; que Deus nada faz de inútil; e se mantêm firmes em seus princípios. Meu respeito por São Gervásio e São Protásio não me permite seguir o parecer desses filósofos: registro somente sua incredulidade. Dão grande importância à passagem de Luciano⁽¹⁵⁾ que se encontra na *Morte de Peregrino*. "Quando um astuto se torna cristão é porque tem certeza de ficar rico." Mas como Luciano é um autor profano, não deve ter nenhuma autoridade entre nós.

Esses filósofos não podem se decidir a crer nos milagres operados no segundo século. Testemunhas oculares perdem tempo em escrever que o bispo de Esmirna, São Policarpo⁽¹⁶⁾, tendo sido condenado a ser queimado e sendo atirado às chamas, ouviram uma voz do céu clamar: "Coragem, Policarpo! Sê forte, mostra que és homem!"; que então as chamas da fogueira se afastaram de seu corpo, formaram um pavilhão de fogo acima de sua cabeça e que do meio da fogueira saiu uma pomba; enfim, foram obrigados a decepar a cabeça de Policarpo. "Para que serve um milagre desses? – dizem os incrédulos; por que as chamas perderam sua natureza e por que o machado do carrasco não perdeu a sua? Como se explica que tantos mártires tenham saído sãos e salvos do óleo fervente e não puderam resistir ao fio da espada?" Responde-se que é a vontade de Deus. Mas os filósofos gostariam de ter visto tudo isso com seus próprios olhos antes de acreditar.

Os que fortificam seus raciocínios pela ciência responderão que os próprios Padres da Igreja⁽¹⁷⁾ admitiram muitas vezes que em seus tempos não eram mais feitos tantos milagres. São Crisóstomo⁽¹⁸⁾ diz expressamente: "Os dons extraordinários do espírito eram dados mesmo aos indignos, porque então a igreja necessitava de milagres; mas hoje não são concedidos nem mesmo aos dignos, porque a Igreja não mais necessita de milagres." Em seguida confessa que não há mais ninguém capaz de ressuscitar mortos, nem mesmo de curar os doentes.

O próprio Santo Agostinho, apesar do milagre de Gervásio e Protásio, diz em seu livro *Cidade de Deus*: "Por que esses milagres que eram feitos outrora não se repetem hoje?" E ele mesmo dá a razão: "*Cur, inquiunt, nunc illa miracula quae praedicatis facta esse non fiunt? Possem quidem dicere necessaria prius fuisse quam crederet mundus, ad hoc ut crederet mundus*" (Por que, dizem, aqueles milagres que falam que eram feitos não são feitos agora? Posso, portanto, dizer que antes eram necessários para levar o mundo a crer, para que o mundo acreditasse).

Objeta-se aos filósofos que Santo Agostinho, apesar dessa confissão, fala, contudo, de um velho sapateiro da cidade de Hipona que, tendo perdido sua túnica, foi orar na capela *dos vinte mártires*; que, ao regressar, encontrou um peixe, dentro do qual havia um anel de ouro, e que o cozinheiro que fritou o peixe disse ao sapateiro: "Aqui está o que os vinte mártires te dão."

A isso os filósofos respondem que não há nada nessa história que contradiga as leis da natureza, que a física não chega a ser ferida de modo algum porque um peixe engoliu um anel de ouro e que um cozinheiro tenha dado esse anel a um sapateiro; que não há nisso nenhum milagre.

Se acaso se relembrar a esses filósofos que, segundo São Jerônimo[19], em sua *Vida do Eremita Paulo*, esse eremita teve várias conversas com sátiros e faunos, que um corvo lhe levou todos os dias durante trinta anos metade de um pão para seu jantar e um pão inteiro no dia em que Santo Antão[20] foi visitá-lo, esses filósofos poderão responder ainda que tudo isso nada tem contra a física, que sátiros e faunos podem ter existido e que, em todo caso, se esse conto é uma puerilidade, nada tem de comum com os verdadeiros milagres do Salvador e de seus apóstolos. Vários bons cristãos combateram a história de São Simão Estilita[21], escrita por Teodoreto[22]. Muitos milagres que passam por autênticos na Igreja grega foram postos em dúvida por muitos latinos, da mesma forma que milagres latinos foram declarados suspeitos pela Igreja grega; os protestantes vieram em seguida, os quais destrataram abertamente os milagres das duas Igrejas anteriores.

Um sábio jesuíta[23], que pregou durante muito tempo nas Índias, se lamenta de que nem ele nem seus confrades jamais conseguiram fazer um milagre. Xavier[24] se lamenta em várias de suas cartas de não possuir o dom das línguas; diz que está entre os japoneses como uma estátua muda. Os jesuítas escreveram, contudo, que ele ressuscitou oito mortos: é muito, mas deve-se também considerar que ele os ressuscitava a seis mil léguas daqui. Houve quem depois acreditasse que a abolição dos jesuítas na França foi um milagre muito maior que aqueles de Xavier e Inácio[25].

Seja como for, todos os cristãos concordam que os milagres de Jesus Cristo e dos apóstolos são de uma verdade incontestável, mas que se pode duvidar claramente de alguns milagres feitos nos últimos tempos e que não têm uma autenticidade plena.

Desejaríamos, por exemplo, para que um milagre fosse bem constatado, que fosse feito perante a Academia das Ciências de Paris ou perante a Sociedade Real de Londres e a Faculdade de Medicina, assistido por um destacamento do regimento de guardas para conter a multidão, que poderia, por sua indiscrição, impedir a realização do milagre.

Perguntava-se um dia a um filósofo o que diria se visse o sol se deter, isto é, se o movimento da terra ao redor desse astro cessasse, se todos os mortos ressuscitassem e se todas as montanhas se precipitassem no mar, tudo para provar alguma importante verdade, como a graça versátil. O filósofo respondeu: "O que diria? Eu me tornaria maniqueu; diria que há um princípio que desfaz o que o outro fez."

1. Na mitologia grega, o rei de Delos, Ânio, teve três filhas que transformavam tudo o que tocavam; uma mudava tudo em vinho, outra em trigo, a terceira em óleo; Agamenon, antes de seguir para a guerra de Troia, pediu às três que o seguissem, prevendo desse modo que não lhe faltaria provisões para o exército; elas consultaram Baco, que não gostou da ideia, e as transformou em pombas (NT).

2. Na mitologia romana, Mercúrio era o deus do comércio, dos viajantes e dos ladrões (NT).

3. Esculápio, deus romano da medicina, teria ressuscitado Hipólito, morto por ter rejeitado as investidas da madrasta Fedra que se apaixonara por ele (NT).

4. Hércules, herói lendário grego que a literatura tornou célebre por seus doze trabalhos, nos quais se notam força, coragem e ousadia; no caso de Alceste, esta amava tanto seu marido que se ofereceu para morrer no lugar dele, mas Hércules a arrancou da morte e a devolveu ao marido (NT).

5. Deusa da agricultura, dos campos, dos cereais, das colheitas; passou nos infernos à procura da filha Prosérpina, raptada por Plutão, deus do mundo dos mortos ou infernos (NT).

6. Rômulo, lendário fundador de Roma, e seu irmão Remo seriam filhos do deus Marte e da vestal Reia Sílvia, segundo a mitologia romana. (NT).

7. O Paládio era a imagem ou a estátua da deusa Palas Atena, deusa protetora de Atenas (NT).

8. Berenice (séc. III a.c.), esposa de Ptolomeu III, rei do Egito, consagrou sua cabeleira a Afrodite para obter um feliz retorno de seu esposo; os cabelos da rainha desapareceram do templo e Conon (séc. III a.c.), astrônomo grego, deu por brincadeira o nome de Cabeleira de Berenice a uma nova constelação que acabara de descobrir (NT).

9. O casal Filêmon e Báucide ou Báucis acolheram sem saber o deus supremo Zeus em sua cabana; como recompensa, Zeus transformou sua casa em templo e realizou seu desejo de morrer juntos: Filêmon foi transformado em carvalho e Báucide em tília (NT).

10. Segundo a mitologia grega, Orfeu era poeta e exímio tocador de lira, encantando até os próprios deuses; casado com Eurídice, esta morreu em decorrência de uma picada de serpente. Inconsolável, Orfeu foi procurá-la nos infernos. Obteve a permissão de sair com ela de lá, sob condição de ir na frente sem olhar para trás. Na saída dos infernos, não resistiu e voltou-se para vê-la; Eurídice foi-lhe arrebatada para sempre; depois da morte de Orfeu, segundo a lenda, sua cabeça proferia oráculos (NT).

11. Gervásio e Protásio, mártires cristãos do século I, eram irmãos gêmeos; seus restos mortais foram descobertos em Milão por Ambrósio no ano 386 (NT).

12. Ambrósio (340-397), bispo de Milão e doutor da Igreja; converteu Agostinho ao cristianismo; seus escritos refletem uma moral rígida, estoica (NT).

13. Aurelius Augustinus (354-430), bispo de Hipona, norte da África, e doutor da Igreja, deixou uma obra imensa, destacando-se *A cidade de Deus* e *Confissões* (NT).

14. Titus Flavius Vespasianus (9-79 d.C.), imperador romano de 69 a 79; conta a lenda que Vespasiano, ao entrar em Alexandria do Egito, aproximou-se dele um cego que lhe implorava que passasse sua saliva em seus olhos e em seu rosto para recobrar a vista, pois, assim tivera a revelação que os deuses o haviam enviado ao Egito; desconfiado e temendo cair no ridículo, Vespasiano titubeou, mas finalmente cedeu; e o cego recobrou a vista... (NT).

15. Luciano de Samósata (125-192), pensador grego, crítico e satírico com relação à religião, à arte e aos valores estabelecidos; viveu muito tempo no Egito, onde morreu (NT).

16. Policarpo (69?-155), bispo de Esmirna, na Ásia Menor (atual Turquia), teria sido, segundo a tradição, discípulo do apóstolo João Evangelista (NT).

17. *Padres da Igreja* é uma expressão clássica da história antiga, com a qual são designados os grandes teólogos e escritores dos primeiros séculos do cristianismo; são numerosos e seus escritos formam a chamada *Patrística, Patrologia*, ou seja, obras, textos, comentários bíblicos e doutrina desses autores, os quais fundamentaram toda a teologia cristã, e particularmente católica, que ainda vigora hoje; entre os principais Padres da Igreja, podem ser relembrados Ambrósio, Agostinho, Orígenes, Cirilo de Jerusalém, Cirilo de Alexandria, João Crisóstomo, Gregório Nazianzeno, Gregório de Nissa, Irineu, etc.

18. João Crisóstomo (344-407), bispo de Constantinopla, reformador rigoroso, grande orador sacro, mas teólogo sem expressão (NT).

19. Sophronius Eusebius Hieronymus (331-420), escritor cristão e doutor da Igreja; além de seus numerosos escritos, dedicou parte de sua vida para traduzir toda a Bíblia do hebraico e do grego para o latim, tradução que levou o nome de *Biblia Vulgata* (NT).

20. Antão (250?-356), patriarca dos eremitas e cenobitas; órfão aos 18 anos, retirou-se para o deserto, onde viveu quase toda a vida; procurado por muitos, fundou os dois primeiros mosteiros da cristandade (NT).

21. São Simeão Estilita (392-459), monge natural da Cilícia (na atual Turquia), decidiu isolar-se do mundo e foi viver no alto de uma coluna, onde só tinha espaço para ficar de pé ou sentado; segundo a tradição ou a lenda, passou o resto da vida em cima desta coluna e peregrinos lhe levavam comida, que era içada por uma corda dentro de um cesto (NT).

22. Teodoreto de Ciro (393-466), bispo e teólogo grego, que deixou imensa obra teológica e histórica (NT).

23. Ospiniam, página 230 (Nota de Voltaire).

24. Francisco Xavier (1506-1552), padre jesuíta espanhol, cognominado o Apóstolo das Índias, desenvolveu suas atividades de evangelizador na Índia portuguesa, nas ilhas Molucas e no Japão (NT).

25. Inácio de Loyola (1491-1556), padre e fundador da Sociedade de Jesus, ordem religiosa de padres mais conhecida como Companhia de Jesus ou jesuítas (NT).

MOISÉS

- Vários sábios julgaram que o *Pentateuco* não pode ter sido escrito por Moisés[1]. Dizem que pela própria Escritura se evidencia que o primeiro exemplar conhecido foi encontrado na época do rei Josias[2] e que esse único exemplar foi apresentado ao rei pelo secretário Safan. Ora, entre Moisés e esse achado do secretário Safan há 867 anos pelos cálculos hebraicos. De fato, Deus apareceu a Moisés na sarça ardente no ano do mundo de 2213 e o secretário Safan publicou o livro da Lei no ano do mundo de 3380. Esse livro encontrado no reinado de Josias ficou desconhecido até o retorno do cativeiro de Babilônia; e dizem que foi Esdras, inspirado por Deus, que trouxe a público todas as Sagradas Escrituras. Ora, que seja Esdras ou outro que tenha escrito esse livro, isso é absolutamente indiferente se o livro é inspirado. No *Pentateuco* não se diz que Moisés tenha sido seu autor; seria, portanto, permitido atribuí-lo a outro homem qualquer, a quem o espírito divino o teria ditado, se a Igreja, por outra, não tivesse decidido que o livro é de Moisés.

Alguns contraditores acrescentam que nenhum profeta citou os livros do *Pentateuco*, que não há referência dele nem nos Salmos nem nos livros atribuídos a Salomão nem em Jeremias nem em Isaías nem, enfim, em nenhum livro canônico. Os termos que respondem àqueles de *Gênesis, Êxodo, Números, Levítico, Deuteronômio*, não são encontrados em nenhum outro escrito, seja do Antigo como do Novo Testamento

Outros mais ousados propuseram as seguintes questões:

1ª. – Em que língua Moisés teria escrito num deserto selvagem? Só poderia ter sido em egípcio, pois, pelo próprio livro se constata que Moisés e todo o seu povo tinham nascido no Egito. É provável que não falassem outra língua. Os egípcios não se serviam ainda do papiro; gravavam hieróglifos em mármore ou em madeira. Está claramente dito que as tábuas dos mandamentos foram gravadas em pedra. Teria sido necessário, portanto, gravar cinco volumes em pedras polidas, o que requereria esforços e um tempo prodigiosos.

2ª. – É possível que num deserto, onde o povo judeu não tinha nem sapateiros nem alfaiates e onde o Deus dos universos era obrigado a realizar um milagre contínuo para conservar as velhas roupas e os velhos calçados dos judeus, tenham sido encontrados homens bastante hábeis para gravar os cinco livros do *Pentateuco* em mármore ou em madeira? Pode-se responder que foram encontrados operários capazes de fundir um bezerro de ouro e que em seguida reduziram o ouro em pó; que construíram um tabernáculo, que o ornaram com 34 colunas de bronze com capitéis de prata; que urdiram e bordaram véus de linho, de jacinto, de púrpura e de escarlate; mas isso não fortalece a opinião dos contraditores. Respondem que não é possível que num deserto, onde faltava de tudo, tivessem feito obras tão requintadas; que teria sido necessario começar por fazer calçados e túnicas; que aqueles que carecem do necessário não podem se entregar ao luxo; e que é uma contradição evidente dizer que tivesse havido fundidores, gravadores, escultores, tintureiros, bordadores, quando não tinham nem roupas nem sandálias nem pão.

3ª. – Se Moisés tivesse escrito o primeiro capítulo do *Gênesis*, teria sido proibido a todos os jovens a leitura desse primeiro capítulo? Teria sido prestado tão pouco respeito ao legislador? Se fosse Moisés que tivesse dito que Deus pune a iniquidade dos pais até a quarta geração, Ezequiel teria ousado dizer o contrário?

4ª. – Se Moisés tivesse escrito o *Levítico*, poderia ter-se contradito no *Deuteronômio*? O *Levítico* proíbe casar com a mulher do próprio irmão, o *Deuteronômio* o ordena.

5ª. – Moisés teria falado em seu livro de cidades que não existiam na época dele?

Teria dito que cidades que para ele estavam a oriente do Jordão, ficavam a ocidente?

6ª. – Teria destinado 48 cidades aos levitas num país onde nunca houve dez cidades e num deserto por onde sempre vagou sem ter uma casa?

7ª. – Teria prescrito regras para os reis judeus, quando não só não havia reis nesse povo como a ideia de ter reis era totalmente reprimida, sendo até provável que nunca os tivesse tido nesses tempos? Como! Moisés teria decretado preceitos para a conduta dos reis que só vieram cerca de oitocentos anos depois dele e não teria dito nada a respeito dos juízes e dos pontífices que o sucederam? Esta reflexão não leva a crer que o *Pentateuco* foi composto nos tempos dos reis e que as cerimônias instituídas por Moisés não tivessem passado de simpels tradição?

8ª. – Como seria possível que tivesse dito aos judeus: "Eu os fiz sair em número de 600 mil combatentes da terra do Egito, sob a proteção de seu Deus"? Os judeus não lhe teriam respondido: "Deverias ser bem tímido para não nos conduzir contra o faraó do Egito; ele não podia nos opor um exército de 200 mil homens. Jamais o Egito teve tantos soldados de infantaria; nós o teríamos vencido facilmente, seríamos os donos de seu país. O quê! O Deus que te fala assassinou para nos agradar todos os primogênitos do Egito e, se houvesse nesse país 300 mil famílias, isso daria 300 mil homens mortos numa noite para nos vingar; e tu não fizeste como teu Deus! E tu não nos deste esse país fértil que ninguém poderia defender! Tu nos fizeste sair do Egito como ladrões e covardes, para nos fazer morrer nos desertos, entre os precipícios e as montanhas! Poderias pelo menos conduzir-nos diretamente a essa terra de Canaã, sobre a qual não temos nenhum direito, mas que nos prometeste e na qual ainda não pudemos entrar."

"Era natural que da terra de Gessém marchássemos para Tiro e Sidon, ao longo do Mediterrâneo; mas tu nos fizeste atravessar quase todo o istmo de Suez; tu nos fizeste entrar novamente no Egito, remontar até além de Mênfis e nos encontramos em Beel-Sephon, nas margens do mar Vermelho, voltando as costas para a terra de Canaã, tendo caminhado 80 léguas nesse Egito que desejávamos evitar e, finalmente, prestes a morrer entre o mar e o exército do faraó!"

"Se tivesses desejado livrar-nos de nossos inimigos, não terias tomado outra rota e outras medidas? Deus nos salvou com um milagre, dizes; o mar se abriu para nos deixar passar; mas, depois de semelhante favor, era necessário deixar-nos morrer de fome e de fadiga nos horríveis desertos de Etam, de Cades Barne, de Mara, de Elim, de Horeb e do Sinai? Todos os nossos pais pereceram nessas solidões atrozes, e tu nos vens dizer, depois de quarenta anos, que Deus teve um cuidado particular com nossos pais!"

Aí está o que esses judeus murmuradores, esses filhos injustos dos judeus vagabundos, mortos nos desertos, poderiam ter dito a Moisés, se ele lhes tivesse lido o *Êxodo* e o *Gênesis*. E o que poderiam ter dito e feito a respeito do bezerro de ouro? "O quê! Ousas nos contar que teu irmão fez um bezerro de ouro para nossos pais, quando tu estavas com Deus na montanha, tu que ora nos dizes ter falado com Deus face a face, ora que só pudeste vê-lo pelas costas! Mas, enfim, tu estavas com esse Deus e teu irmão funde num só dia um bezerro de ouro e o apresenta a nós para adorá-lo; e, em lugar de punir teu indigno irmão, fazes dele nosso pontífice e ordenas a teus levitas degolar 20 mil homens de teu povo! Nossos pais teriam suportado isso? Teriam se deixado subjugar como vítimas por sacerdotes sanguinários? Tu nos dizes que, não contente com essa carnificina incrível, mandaste ainda massacrar 24 mil de teus pobres seguidores, porque um deles havia dormido com uma madianita, quando tu mesmo te casaste com uma madianita; e acrescentas que és o mais doce de todos os homens! Com mais algumas ações dessa doçura e não restaria ninguém para contar a história."

"Não, se foste capaz de semelhante crueldade, se pudesse exercê-la, serias o mais bárbaro de todos os homens e todos os suplícios não bastariam para expiar um crime tão estranho."

São essas, aproximadamente, as objeções feitas pelos sábios àqueles que pensam que foi Moisés o autor do *Pentateuco*. Mas pode-se responder a eles que os caminhos de Deus não são os dos homens; que Deus experimentou, conduziu e abandonou seu povo por uma sabedoria que nos é desconhecida; que os próprios judeus durante mais de dois mil anos acreditaram que foi Moisés o autor desses livros; que a Igreja, que sucedeu à sinagoga, e que é infalível como ela, decidiu esse ponto de controvérsia, e que os sábios devem calar-se quando a Igreja fala.

1. Será realmente verdade que existiu um Moisés? Se um homem que comandava a natureza inteira tivesse existido entre os egípcios, tão prodigiosos acontecimentos não teriam constituído a parte principal da história do Egito? Sanchoniathon, Maneton, Megastenes, Heródoto não teriam falado a respeito? O historiador Josefo recolheu todos os testemunhos possíveis em favor dos judeus; não ousa afirmar que algum dos autores que cita tenha dito uma única palavra sobre os milagres de Moisés. O quê? O Nilo teria sido transformado em sangue, um anjo teria degolado todos os primogênitos do Egito, o mar se teria aberto, suas águas teriam sido suspensas à direita e à esquerda e nenhum autor teria falado disso? E as nações teriam esquecido esses prodígios? E só haveria um pequeno povo de escravos bárbaros que nos teria contado essas histórias, milhares de anos após o ocorrido.

Quem é, portanto, esse Moisés desconhecido de toda a terra até à época em que um Ptolomeu teve a curiosidade de mandar traduzir em grego os escritos dos judeus? Havia muitos séculos que as fábulas orientais atribuíam a Baco tudo o que os judeus disseram de Moisés. Baco tinha atravessado o mar Vermelho a pé enxuto, Baco tinha transformado as águas em sangue, Baco diariamente operado milagres com seu bastão: todos esses fatos eram cantados nas orgias de Baco antes que se tivesse o menor relacionamento com os judeus, antes que se soubesse até se esse pobre povo tinha livros. Não é extremamente provável que esse povo tão novo, por tanto tempo errante, tão tardiamente conhecido, estabelecido tão tarde na Palestina, tivesse tomado com a língua fenícia as fábulas fenícias, enfeitando-as mais ainda, como fazem todos os imitadores grosseiros? Um povo tão pobre, tão ignorante, tão alheio a todas as artes, poderia fazer outra coisa senão copiar seus vizinhos? Não se sabe que até o nome *Adonai*, de *Ihaho*, de *Eloí* ou de *Eloá*, que significou Deus na nação judaica, tudo era fenício? (Nota de Voltaire, acrescentada na edição de 1765).

2. Ver *2º. Livro dos Reis*, cap. XXII e *2º. Livro das Crônicas*, cap. XXXIV (NT).

MORAL

- Acabo de ler estas palavras numa obra em catorze volumes, intitulada *História do Baixo Império*:

"Os cristãos tinham uma moral; mas os pagãos não tinham nenhuma."

Ah! senhor Le Beau[1], autor desses catorze volumes, onde aprendeu essa tolice? Eh! Que vem a ser então a moral de Sócrates[2], de Zaleucos[3], de Charondas[4], de Cícero[5], de Epicteto[6], de Marco Antonino[7]?

Há somente uma moral, senhor Le Beau, assim como há uma só geometria. Mas, poderão me dizer, a maioria dos homens ignora a geometria. Sim, mas desde que as pessoas se apliquem um pouco em seu estudo, todas se põem de acordo. Os agricultores, os operários, os artistas nunca seguiram cursos de moral; não leram nem o livro *De Finibus* (Dos fins) de Cícero, nem a *Ética* de Aristóteles[8]; mas contanto que reflitam, são, sem saber, discípulos de Cícero; o tintureiro indiano, o pastor tártaro e o marinheiro da Inglaterra conhecem o justo e o injusto. Confúcio[9] não inventou um sistema de moral como se constrói um sistema de física. Ele o encontrou no coração de todos os homens.

Essa moral estava no coração do pretor Festo[10] quando os judeus o pressionaram para que condenasse à morte Paulo, que havia introduzido estrangeiros no templo de Jerusalém. "Saibam, disse-lhes, que os romanos nunca condenam ninguém sem ouvi-lo."

Se os judeus não tinham moral ou infligiam a moral, os romanos a conheciam e a honravam.

A moral não está na superstição, não está nas cerimônias, nada tem de comum com os dogmas. Nunca será demais repetir que todos os dogmas são diferentes e que a moral é a mesma em todos os homens que usam da razão. A moral, portanto, vem de Deus, como a luz. Nossas superstições não passam de trevas. Leitor, reflete: ouve esta verdade; tira tuas consequências.

1. Augustin-Théodore-Vincent Le Beau de Schosne (séc. XXVIII), padre, historiador e escritor francês (NT).
2. Sócrates (470-399 a.C.), filósofo grego, foi acusado de ateu e de corruptor da juventude, por defender a ideia de uma divindade única, e condenado à morte; preferiu tomar cicuta a ser executado (NT).
3. Zaleucos (séc. VII a.C.), filósofo e legislador grego na Magna Grécia, hoje sul da Itália (NT).
4. Charondas de Catane (séc. VI a.C.), legislador grego, pacificou e elaborou leis para sua cidade na ilha da Sicília (NT).
5. Marcus Tullius Cicero (106-43 a.C.), filósofo, orador e escritor latino; dentre suas obras, *A amizade, A velhice saudável* e *Os deveres* já foram publicadas pela Editora Escala (NT).
6. Epicteto (50-130), filósofo estoico grego, escravo liberto por Nero, ministrava lições públicas; foi banido de Roma junto com todos os filósofos por ordem do imperador Domiciano, no ano 94; a máxima estoica de Epicteto era "Suporta e abstém-te" (NT).
7. Marcus Aurelius Antoninus (121-180), imperador romano de 161 a 180, filósofo estoico, deixou a obra *Pensamentos e meditações* (NT).
8. Aristóteles (384-322 a.C.); filósofo grego; dentre suas obras, *A Política* já foi publicada pela Editora Escala (NT).
9. Confúcio (551-479? A.C.), filósofo chinês, considerado o fundador do confucionismo, doutrina filosófica e moral (NT).
10. A prisão do apóstolo Paulo e todo o seu processo na Palestina, com a intervenção de Festo, são relatados no livro *Atos dos Apóstolos*, capítulo XXI a XXVI (NT).

MULHER - [Aspecto físico e moral] - Em geral, a mulher é mais fraca que o homem, menor, menos capaz de trabalhos prolongados; seu sangue é mais aquoso, sua carne menos compacta, seus cabelos mais longos, seus membros mais arredondados, os braços menos musculosos, a boca menor, as nádegas mais salientes, as ancas mais afastadas, o ventre maior. Essas características distinguem as mulheres em toda a terra, em todas as raças, desde a Lapônia até as costas da Guiné, na América como na China.

Plutarco[1], em seu terceiro livro das *Conversas sobre a mesa*, acredita que o vinho não embebeda as mulheres tão facilmente como os homens e aqui está a razão que apresenta daquilo que não é verdade. Sigo a tradução de Amyot[2]:

"A temperatura natural das mulheres é muito úmida, o que torna sua carnadura tão mole, lisa e brilhante, com suas purgações menstruais. Quando, portanto, o vinho cai numa umidade tão grande, encontrando-se então vencido, perde sua cor e sua força e se torna descolorido e aguado; a esse propósito, podemos extrair algo das palavras do próprio Aristóteles, ao dizer que aqueles que bebem em grandes tragos, sem tomar fôlego – o que os antigos chamavam *amusizein* – não se embriagam tão facilmente, porque o vinho não permanece muito tempo em seu corpo; assim, sendo pressionado e impelido à força, atravessa-o inteiramente. Ora, é mais geralmente desse modo que vemos as mulheres beber e, se é verdade que, por causa da contínua atração dos humores que ocorre do alto para baixo para suas purgações menstruais, seu corpo está repleto de condutos e atravessado por muitos tubos e canais, por onde o vinho sai rápida e facilmente ao cair, sem poder fixar-se nas partes nobres e principais que, ao serem perturbadas, levam à embriaguez."

Essa física é bem digna dos antigos.

As mulheres devem viver um pouco mais que os homens, ou seja, numa geração encontram-se mais velhas que velhos. Foi o que puderam observar na Europa todos aqueles que fizeram levantamentos exatos dos nascimentos e das mortes. É provável que o mesmo ocorra na Ásia e entre os negros, os vermelhos, os cinzentos, como entre os brancos. *Natura est semper sibi consona* (A natureza é sempre coerente consigo mesma).

Em outro local citamos um extrato de um *Diário da China*, datado de 1725, no qual há a informação de que a mulher do imperador Yong-Tching, depois de praticar liberalidades para com as pobres mulheres chinesas que ultrapassavam setenta anos, foram contadas, só na província de Cantão, entre aquelas que receberam essas doações, 98.222 mulheres de mais de setenta anos, 40.893 com mais de oitenta anos e 3.453 de aproximadamente cem anos. Aqueles que amam as causas finais dizem que a natureza lhes concede uma vida mais longa que aos homens, para recompensá-las do incômodo de carregar os filhos nove meses, de pô-los no mundo e de nutri-los. Não é de acreditar que a natureza dê recompensas, mas é provável que o sangue das mulheres, sendo mais suave, suas fibras se endureçam mais lentamente.

Nenhum anatomista, nenhum médico jamais pôde conhecer a maneira como elas concebem. Em vão Sánchez[3] assegurou: *Mariam et Spiritum sanctum emisisse semen in copulatione, et ex semine amborum natum esse Jesum* (Maria e o Espírito Santo emitiram o sêmen na cópula e, do sêmen de ambos, nasceu Jesus). Esta abominável impertinência de Sánchez, aliás muito sábio, não é adotada hoje por nenhum naturalista.

As emissões periódicas de sangue que sempre enfraquecem as mulheres nessa época, as doenças provenientes da menopausa, o tempo de gravidez, a necessidade de amamentar os filhos e de vigiar continuamente por eles, a delicadeza de seus membros, as tornam pouco aptas às fadigas da guerra e ao furor dos combates.

É verdade, como já dissemos, que vimos em todos os tempos e em quase todos os países mulheres a quem a natureza deu coragem e forças extraordinárias, que combateram com os homens e que enfrentaram prodigiosos trabalhos; mas, no final das contas, esses exemplos são raros. Remetemos ao verbete *Amazonas*.

O físico sempre governa o moral. As mulheres, sendo mais fracas de corpo que nós, tendo mais destreza em seus dedos, muito mais ágeis que os nossos, não podendo praticamente trabalhar nas obras penosas de construção, da carpintaria, da metalurgia, da lavoura, estando necessariamente encarregadas dos pequenos trabalhos mais leves do interior da casa e principalmente do cuidado dos filhos, levando uma vida mais sedentária, elas devem ter mais suavidade no caráter que o sexo masculino; elas devem quase desconhecer os grandes crimes e isso é tão verdadeiro, que em todos os países civilizados, há sempre pelo menos cinquenta homens condenados à morte contra uma só mulher.

Em sua obra *Do espírito das leis*[4], ao prometer falar da condição das mulheres nos diversos tipos de governo, Montesquieu afirma que "entre os gregos as mulheres não eram consideradas dignas de participar do verdadeiro amor e que o amor tinha entre eles apenas uma forma que não ouso dizer". Como garantia, cita Plutarco.

É um equívoco que não é praticamente perdoável senão num espírito como o de Montesquieu, sempre levado pela rapidez de suas ideias, muitas vezes incoerentes.

Plutarco, em seu capítulo sobre *o amor*, introduz vários interlocutores e ele próprio, sob o nome de Dafneus, refuta com grande veemência os discursos que Protógenes profere em favor da libertinagem dos moços.

É nesse mesmo diálogo que chega até a dizer que o amor das mulheres tem algo divino; compara esse amor ao sol que anima a natureza; credita a maior felicidade no amor conjugal e termina pelo magnífico elogio da virtude de Eponina. Essa memorável aventura se havia passado sob os próprios olhos de Plutarco, quando viveu algum tempo na casa de Vespasiano[5]. Essa heroína, tomando conhecimento de que seu marido Sabino, vencido pelas tropas do imperador, se havia escondido numa profunda caverna entre o Franco-Condado e a região de Champagne, se encerrou ali também, serviu-o, alimentou-o durante muitos anos e teve filhos com ele. Finalmente, sendo apanhada com o marido e apresentada a Vespasiano, que ficou surpreso com a grandeza de sua coragem, ela lhe diz: "Vivi mais feliz debaixo da terra nas trevas que tu à luz do sol no topo do poder." Por conseguinte, Plutarco diz exatamente o contrário que Montesquieu afirma em seu nome. Em todas as ocasiões o vemos pronunciando-se a favor das mulheres com um entusiasmo realmente tocante.

Não é de se surpreender que em todos os países o homem se tenha tornado senhor da mulher, uma vez que tudo está baseado na força. Geralmente mostra uma superioridade muito grande tanto no aspecto físico como no espiritual.

Temos conhecimento de mulheres muito sábias, assim como guerreiras, mas nunca houve inventoras.

O espírito de sociedade e de alegria é usualmente sua partilha. Parece, falando de modo geral, que as mulheres foram feitas para amenizar os costumes dos homens.

Nunca tiveram a menor parte no governo em qualquer república; nunca reinaram nos países puramente eletivos; mas reinam em quase todos os reinos hereditários da Europa, na Espanha, em Nápoles, na Inglaterra, em muitos Estados do norte, em muitos grandes feudos que denominamos *femininos*.

O costume conhecido como *lei sálica*[6] exclui as mulheres do reino da França; mas não, como diz Mézerai[7], porque fossem incapazes de governar, visto que quase sempre lhes foi confiada a regência.

Conta-se que o cardeal Mazarino[8] admitia que muitas mulheres eram dignas de reger um reino e acrescentava que o que se devia sempre temer é que elas se deixassem subjugar *por amantes incapazes de governar doze galinhas*. Entretanto, Isabel de Castela[9], Elisabeth da Inglaterra[10], Maria Teresa da Hungria[11] desmentiram essa piada atribuída ao cardeal Mazarino. E hoje vemos no norte uma legisladora muito respeitada, tão respeitada como o soberano da Grécia, da Ásia Menor, da Síria e do Egito são pouco estimados.

Entre os maometanos, a ignorância julgou por muito tempo que a mulher é escrava durante toda a sua vida e que, após a morte, não vai para o paraíso. São dois grandes erros, como aliás sempre os debitamos ao maometanismo. As esposas não são de modo algum escravas. A sura ou capítulo IV do *Corão* atribui a elas uma dotação. Uma moça deve ter metade dos bens que seu irmão herda. Se houver apenas moças, elas repartem entre si dois terços da herança e o resto pertence aos parentes do morto; cada uma das duas linhas terá uma sexta part, e a mãe do morto também tem direito à sucessão. As esposas são tão pouco escravas, que têm permissão para pedir o divórcio, que lhes é concedido quando suas queixas são julgadas legítimas.

Não é permitido aos muçulmanos desposar a cunhada, a sobrinha, a irmã de leite, a enteada criada sob a guarda de sua esposa; não é permitido desposar duas irmãs. Nisso eles são bem mais severos que os cristãos que todos os dias compram em Roma o direito de contrair semelhantes casamentos, que poderiam fazer *grátis*.

[Poligamia]

Maomé[12] reduziu o número ilimitado de esposas a quatro. Mas como é necessário ser extremamente rico para sustentar quatro mulheres de acordo com sua condição, somente os maiores senhores podem usufruir de tal privilégio. Desse modo, a pluralidade de mulheres não causa aos Estados muçulmanos o mal que tão frequentemente lhes recriminamos e não os despovoa, como se repete todos os dias em tantos livros escritos ao acaso.

Os judeus, por causa de um antigo costume estabelecido conforme seus livros, desde Lamec[13], sempre tiveram a liberdade de ter ao mesmo tempo várias mulheres. Davi teve dezoito, e foi depois dessa época que os rabinos estabeleceram esse número para a poligamia dos reis, embora se diga que Salomão chegou a ter setecentas.

Nos dias de hoje, os maometanos não concedem publicamente aos judeus o direito à pluralidade de mulheres; não os julgam dignos dessa vantagem, mas o dinheiro, sempre mais forte que a lei, dá às vezes aos judeus que são ricos, na África e no Oriente, a permissão que a lei lhes recusa.

Foi relatado de forma séria que Lélio Cinna, tribuno do povo, publicou após a morte de César[14] que o ditador teria querido promulgar uma lei que dava às mulheres o direito de ter tantos maridos quantos quisessem. Qual o homem sensato que não vê que se trata de um conto popular e ridículo, inventado para tornar César odioso? Assemelha-se a outro, segundo o qual um senador romano teria proposto ao senado que desse a César a permissão para dormir com todas as mulheres que quisesse. Semelhantes tolices desonram a história e prejudicam o espírito daqueles que nelas acreditam. É de lamentar que Montesquieu tenha dado crédito a essa fábula.

Não é a mesma coisa o que se diz do imperador Valentiniano I[15]: dizendo-se cristão, ele desposou Justina, estando ainda viva sua primeira mulher, Severa, mãe do imperador Graciano[16]. Ele era muito rico e podia manter várias mulheres.

Na primeira linhagem dos reis francos, Gontran, Cariberto, Sigeberto e Chilperico[17] tiveram muitas mulheres de uma só vez. Gontran teve em seu palácio Veneranda, Mercatrude e Ostrogilda, reconhecidas como mulheres legítimas. Cariberto teve Merofleda, Marcovesa e Teodogilda.

É difícil de entender como o ex-jesuíta Nonotte[18] pôde, em sua ignorância, forçar a ousadia até negar esses fatos, até dizer que os reis dessa primeira linhagem não foram polígamos, chegando até a desfigurar num libelo em dois volumes mais de cem verdades históricas, com a confiança de um regente que dita lições num colégio. Livros com esse gosto não deixam de ser vendidos por algum tempo nas províncias onde os jesuítas ainda têm um partido; eles seduzem algumas pessoas pouco instruídas.

O padre Daniel[19], mais sábio, mais judicioso, confessa a poligamia dos reis francos sem nenhuma dificuldade; não nega as três mulheres de Dagoberto I[20], diz expressamente que Teodoberto[21] desposou Deutéria, embora tivesse outra mulher chamada Visigalda e embora Deutéria tivesse um marido. Acrescenta que nisso imitou seu tio Clotário[22], que desposou a viúva de Clodomiro, seu irmão, embora já tivesse três mulheres.

Todos os historiadores admitem a mesma coisa. Após todos esses testemunhos, como suportar a impudência de um ignorante que fala como mestre e que ousa dizer, proferindo tão grandes tolices, que é em defesa da religião? Como se, num ponto de história, se tratasse de nossa religião venerável e sagrada, que caluniadores desprezíveis usam para suas insensatas imposturas!

[Poligamia permitida por alguns papas e por alguns reformadores]

O padre Fleury[23], autor da *História Eclesiástica*, faz mais justiça à verdade em tudo o que diz respeito a todas as leis e usos da Igreja. Afirma que Bonifácio[24], apóstolo da Baixa Alemanha, tendo consultado no ano 726 o papa Gregório II[25], para saber em quais casos um marido pode ter duas mulheres, Gregório lhe respondeu, no dia 22 de novembro do mesmo ano, as seguintes palavras: "Se uma mulher for acometida de uma doença que a torne imprópria ao dever conjugal, o marido pode casar-se com outra, mas deve dar à mulher doente o socorro necessário." Essa decisão parece conforme com a razão e com a política; ela favorece a procriação, objeto do casamento.

Mas o que não parece de acordo com a razão, nem com a política, nem com a natureza, é a lei que diz que uma mulher, separada de corpo e de bens de seu marido, não possa ter outro esposo, nem o marido, outra mulher. É óbvio que é uma linhagem perdida para o povoamento e que, se esse esposo e essa esposa separados tiverem ambos um temperamento indomável, estão necessariamente expostos e forçados a pecados contínuos, dos quais os legisladores devem ser responsabilizados perante Deus, se...

As decretais ou decretos dos papas nem sempre tiveram por objeto o que é conveniente para o bem dos Estados e para o bem dos particulares. Essa mesma decretal do papa Gregório II, que permite em certos casos a bigamia, priva para sempre da sociedade conjugal meninos e meninas que seus pais tiverem consagrado à Igreja, desde sua mais tenra idade. Essa lei parece tão bárbara quanto injusta; é aniquilar de vez com famílias; é forçar a vontade dos homens antes que tenham uma real vontade; é tornar as crianças para sempre escravas de um voto que não fizeram; é destruir a liberdade natural; é ofender a Deus e ao gênero humano.

A poligamia de Filipe[26], landgrave de Hessen, da comunhão luterana, em 1539, é de domínio público. Conheci um dos soberanos do império da Alemanha cujo pai, tendo casado com uma luterana, teve permissão do papa para casar-se com uma católica e conservou suas duas mulheres.

Tornou-se público na Inglaterra, e em vão se tentaria negá-lo, que o chanceler Cowper[27] desposou duas mulheres que viveram juntas em sua casa numa singular concórdia que honrou os três. Muitos curiosos ainda guardam o pequeno livro que esse chanceler compôs a favor da poligamia.

Deve-se desconfiar dos autores que relatam que em alguns países as leis permitem às mulheres ter vários maridos. Os homens, que em toda parte fizeram as leis, nasceram com muito amor-próprio, são muito ciumentos de sua autoridade, em geral têm um temperamento muito mais ardente que o das mulheres, para ter imaginado tal jurisprudência. O que não é conforme à marcha usual da natureza raramente é verdadeiro. Mas o que é muito usual, principalmente nos antigos viajantes, é ter tomado um abuso por lei.

O autor de *O Espírito das Leis*[28] acredita que na costa do Malabar[29], na costa do Nairos, os homens só podem ter uma mulher e que, ao contrário, uma mulher pode ter vários maridos; cita autores suspeitos, especialmente Pirard[30]. Não se deveria falar desses costumes estranhos senão no caso em que se tivesse sido por muito tempo testemunha ocular. Ao fazer menção a respeito, sempre deve ser duvidando; mas qual é o espírito vivo que saiba duvidar?

Montesquieu na mesma obra (livro XVI, cap. X) diz ainda: "A fogosidade das mulheres em Patan[31] é tão grande, que os homens são constrangidos a confeccionar certas guarnições para se protegerem de suas investidas."

É certo que o informante de Montesquieu nunca foi a Patan. Linguet[32] não observa muito criteriosamente que aqueles que imprimiram esse conto eram viajantes que se enganavam ou que queriam zombar de seus leitores? Sejamos justos, amemos a verdade, não nos deixemos seduzir, julguemos pelas coisas e não pelos nomes.

[Continuação das reflexões sobre a poligamia]

Parece que foi o poder, e não a convenção, que fez todas as leis, principalmente no Oriente. Ali é foram vistos os primeiros escravos, os primeiros eunucos, o tesouro do príncipe proveniente daquilo que era tomado do povo.

Quem pode vestir, alimentar e divertir várias mulheres, coloca-as em sua morada e manda nelas despoticamente.

Ben-Abul-Kiba, em seu *Espelho dos fiéis*, conta que um dos vizires do grande Soliman[33] fez este discurso a um agente do grande Carlos V[34]:

"Cão de um cristão, por quem tenho, aliás, uma estima toda particular, podes realmente me recriminar por ter quatro mulheres segundo nossas santas leis, enquanto tu esvazias doze tonéis por ano e eu não bebo sequer um copo de vinho? Que bem fazes ao mundo passando mais horas à mesa do que eu na cama? Posso dar quatro filhos por ano para o serviço de meu augusto senhor, enquanto tu podes fornecer apenas um. E o que vem a ser o filho de um bêbado? Seu cérebro será ofuscado pelos vapores do vinho que seu pai bebeu. Por outro lado, que queres que eu me torne quando duas de minhas mulheres estão em trabalho de parto? Não é natural que eu tome duas outras como me ordena minha lei? Que te tornas, que papel desempenhas nos últimos meses de gravidez de tua única mulher e durante seus partos e durante suas doenças? Não tens outra saída a não ser ficar numa ociosidade vergonhosa ou procurar outra mulher. Aí estás necessariamente entre dois pecados mortais que te farão cair duro, depois de morto, do mais alto de teu poder ao fundo dos infernos.

"Suponha que em nossas guerras contra os cães cristãos perdêssemos cem mil soldados, teríamos perto de cem mil mulheres a assistir. Não cabe aos ricos cuidar delas? Maldito seja todo muçulmano bastante tépido que não abrigar em sua casa quatro belas mulheres como suas legítimas esposas e que não as tratar segundo seus méritos!

"Como são produzidos em teu país a trombeta do dia, que tu chamas *galo*, o honesto carneiro, príncipe dos rebanhos, o touro, soberano das vacas? Cada um deles não tem seu serralho? É muito fácil para ti recriminar realmente minhas quatro mulheres, enquanto nosso grande profeta⁽³⁵⁾ teve dezoito, Davi⁽³⁶⁾, o judeu, outras tantas e Salomão⁽³⁷⁾, o judeu, setecentas bem contadas e mais trezentas concubinas! Deves perceber como sou modesto. Pare de recriminar a gulodice de um sábio que faz refeições tão medíocres. Eu te permito beber; permite-me amar. Tu trocas de vinho, tolera que eu troque de mulheres. Que cada um deixe os outros viver à moda de seu país. Teu chapéu não foi feito para ditar leis a meu turbante: teu colarinho e teu manto não devem dar ordens a meu dólmã. Termina de tomar teu café comigo e vai agora acariciar tua alemã, uma vez que estás reduzido somente a ela."

[Resposta do alemão]

"Cão de um muçulmano, por quem conservo profunda veneração, antes de terminar meu café, quero confundir teus discursos. Aquele que possui quatro mulheres possui quatro harpias, sempre prontas a se caluniar, a se prejudicar, a se bater; o lar se torna o antro da discórdia. Nenhuma delas pode te amar; cada uma só possui um quarto de tua pessoa e não te poderia dar, no máximo, mais do que um quarto de seu coração. Nenhuma delas pode tornar tua vida agradável; são prisioneiras que, nunca tendo visto nada, nada têm a te dizer. Só conhecem a ti: por conseguinte, tu as aborreces. Tu és seu senhor absoluto, portanto, elas te odeiam. És obrigado a guardá-las por um eunuco que as chicoteia quando fazem muito barulho. Ousas te comparar a um galo! Mas um galo nunca mandou chicotear suas galinhas por um capão. Tomas teus exemplos dos animais; parece-te com eles quanto quiseres; eu, de minha parte, quero amar como homem; quero dar todo o meu coração e que a mulher me dê o dela. Vou contar esta conversa à minha mulher esta noite e espero que fique contente. Quanto ao vinho que me recriminas, fica sabendo que, se é um mal beber na Arábia, é um hábito muito louvável na Alemanha. Adeus."

1. Plutarco (50-125), escritor grego, autor de *Obras morais* e *Vidas paralelas* (NT).
2. Jacques Amyot (1513-1593), bispo católico e humanista francês, traduziu várias obras de Plutarco (NT).
3. Tomás Sánchez (1550-1610), padre jesuíta, teólogo moralista espanhol (NT).
4. *L'Esprit des lois* (livroVII, cap. IX), obra de Charles de Secondat, barão de Montesquieu (1689-1755), pensador e escritor francês; o livro *Cartas persas*, do mesmo autor, já foi publicado pela Editora Escala (NT).
5. Titus Flavius Vespasianus (9 d.C.-79), iperador romano de 69 a 79 (NT).
6. É chamada *lei sálica* uma coletânea de leis dos antigos francos sálios; os sálios estavam estabelecidos ao norte da atual França e nos Países Baixos. Embora esse código de leis fosse constituído basicamente de penalidades pecuniárias, continha uma determinação que excluía as mulheres da sucessão da terra e, por extensão, à sucessão do trono da França (NT).
7. François Eudes de Mézerai (1610-1683), historiador francês, autor de vasta obra (NT).
8. Jules Mazarino (1602-1661), cardeal e político francês, ministro de Estado durante a minoridade e nos primeiros anos de reinado de Luís XIV (NT).
9. Isabel I, a Católica (1451-1504), rainha de Castela de 1474 a 1504, casou com Fernando, herdeiro da coroa de Aragão, unindo os dois reinos e dando início à unificação total da Espanha (NT).
10. Elisabeth I (1533-1603), rainha da Inglaterra de 1558 a 1603 (NT).
11. Maria Teresa (1717-1780), imperatriz da Áustria de 1740 a 1780 (NT).
12. Maomé (570-632), fundador do islamismo ou religião muçulmana, condensada no livro sagrado Corão ou Alcorão (NT).
13. Personagem bíblico, mencionado no livro do Gênesis, IV, 23-24 (NT).

DICIONÁRIO FILOSÓFICO

14. Caius Julius Caesar (103-44 a.C.), general, historiador e imperador romano (NT).

15. Flavius Valentinianus (321-375), imperador romano de 364 a 375 (NT).

16. Flavius Gratianus (359-383), imperador romano de 375 a 383 (NT).

17. Reis francos: Gontran (525-592), rei de 561 a 592; Cariberto (521-567), rei de 561 a 567; Sigeberto I (535-575), rei de 561 a 575; Quilperico ou Chilperico I (539-584), rei de 561 a 584; esses reis eram irmãos e, com a morte do pai deles, o herdeiro ao trono, Quilperico, dividiu o reino em quatro partes ou regiões; por essa razão o início do reinado de todos eles coincide com o ano 561 (NT).

18. Claude-François Nonotte (1648-1720), ex-padre jesuíta francês, detrator de Voltaire (NT).

19. Gabriel Daniel (1649-1728), padre jesuíta e historiador francês; entre suas muitas obras, destaca-se *Histoire de France* – História da França (NT).

20. Dagoberto I (600?-638), rei dos francos de 629 a 638 (NT).

21. Teodoberto II (586-612), rei dos francos, deposto e morto por seu irmão Teodorico (NT).

22. Clotário II (584-629), rei dos francos de 613 a 629 (NT).

23. Claude Fleury (1640-1723), historiador francês (NT).

24. Bonifácio (680?-754), apóstolo e bispo da Germânia da época – Alemanha e parte da França atuais (NT).

25. Gregório II (669-731), papa de 715 a 731 (NT).

26. Filipe, o Magnânimo (1504-1567), landgrave de Hessen, ativo partidário da Reforma luterana, mas fracassou ao tentar aproximar Lutero e Zuínglio (NT).

27. William Cowper (1665-1723), político e chanceler inglês (NT).

28. Livro XVI, cap. V de *L'Esprit des Lois*, de Montesquieu – ver nota 2 logo acima (NT).

29. Região litorânea da Índia, na costa ocidental (NT).

30. Pierre Pirard (1581-1667), filósofo e teólogo francês (NT).

31. Cidade do Nepal, país situado ao norte da Índia (NT).

32. Simon Nicolas Henri Linguet (1736-1794), cronista, crítico e escritor francês, autor de obras como *Teoria das leis civis ou princípios fundamentais da sociedade, Anais políticos, civis e literários* (NT).

33. Soliman, Solimão ou Suleiman, em turco Suleyman I Kanuni (1494-1566), grande legislador e grande conquistador turco, no Oriente e no Ocidente; neste, tomou as cidades de Belgrado e Budapest (NT).

34. Carlos V (1500-1558), rei da Espanha de 1516 a 1556 e imperador do Sacro Império Romano Germânico, rei da Sicília, príncipe dos Países Baixos, seu império se estendia aos quatro cantos do mundo, incluindo os territórios espanhóis da América, África e Ásia; por isso se dizia na época que "o sol nunca se punha no reino de Carlos V" (NT).

35. Maomé (570-632), fundador do islamismo ou religião muçulmana, condensada no livro sagrado Corão ou Alcorão (NT).

36. Davi, segundo rei de Israel, teria reinado de 1010 a 970 a.C. (NT).

37. Salomão, filho e sucessor de Davi, teria reinado em Israel de 970 a 931 a.C. (NT).

N

NECESSÁRIO - Osmin - Não dizes que tudo é necessário?

Selim - Se tudo não fosse necessário, seguir-se-ia que Deus teria feito coisas inúteis.

Osmin - Isso quer dizer que era necessário à natureza divina que fizesse tudo o que fez?

Selim - É o que creio ou, pelo menos, suspeito. Há pessoas que pensam de outra maneira; não as escuto; talvez tenham razão. Tenho receio de discussões sobre este assunto.

Osmin - É também de outro necessário que quero te falar.

Selim - De qual, pois? Do que é necessário a um homem honesto para viver? Da desgraça a que ficamos reduzidos quando falta o necessário?

Osmin - Não; pois, o que é necessário a um nem sempre é necessário a outro; a um indiano é necessário ter arroz, a um inglês, ter carne; são necessárias peles de animais a um russo e um tecido fino a um africano; um acredita que lhe são necessários doze cavalos para a carruagem, outro se limita a um par de sapatos, outro ainda anda alegremente de pés descalços; quero te falar do que é necessário para todos os homens.

Selim - Parece-me que Deus deu tudo o que era necessário a esta espécie: olhos para ver, pés para andar, uma boca para comer, um esôfago para engolir, um estômago para digerir, um cérebro para raciocinar, órgãos para produzir seus semelhantes.

Osmin - Por que então acontece que homens nasçam privados de uma parte dessas coisas necessárias?

Selim - É porque as leis gerais da natureza sofreram acidentes que fizeram com que nascessem monstros; mas em geral o homem está provido de tudo o que lhe é necessário para viver em sociedade.

Osmin - Há noções comuns a todos os homens, que sirvam para ajudá-los a viver em sociedade?

Selim - Sim. Viajei com Paulo Lucas e em toda parte por onde passei, pude ver que respeitavam os pais, que todos se julgavam obrigados a manter uma promessa, que tinham compaixão pelos inocentes oprimidos, que detestavam a perseguição, que consideravam a liberdade de pensamento como um direito natural e os inimigos dessa liberdade como inimigos do gênero humano; aqueles que pensam de outra forma me pareceram criaturas mal organizadas, monstros como aqueles que nasceram sem olhos e sem mãos.

Osmin - Essas coisas necessárias, realmente o são em todas as épocas e em todos os lugares?

Selim - Sim. Se assim não fosse, não seriam necessárias à espécie humana.

Osmin - Assim, uma crença, que é nova, não era necessária a essa espécie. Os homens podiam perfeitamente viver em sociedade e cumprir seus deveres para com Deus, antes de crer que Maomé[1] teve frequentes conversas com o arcanjo Gabriel.

Selim - Nada mais evidente: seria ridículo pensar que não tivesse sido possível cumprir os deveres de homem antes que Maomé tivesse vindo ao mundo; não era de modo algum necessário à espécie humana crer no *Alcorão*: o mundo andava antes de Maomé exatamente como anda hoje. Se o maometismo tivesse sido necessário ao mundo, teria existido em todos os lugares; Deus, que nos deu olhos para ver seu sol, nos teria dado a todos uma inteligência para ver a verdade da religião muçulmana. Esta seita é, portanto, como as leis positivas que mudam segundo os tempos e segundo os lugares, como a moda, como as opiniões dos físicos, que se sucedem umas às outras.

A seita muçulmana não podia, pois, ser essencialmente necessária ao homem.

Osmin - Mas, visto que ela existe, Deus a permitiu?

Selim - Sim, como permite que o mundo esteja repleto de tolices, de erros e de calamidades. O que não quer dizer que os homens sejam todos essencialmente feitos para ser tolos e infelizes. Ele permite que alguns homens sejam devorados pelas serpentes, mas não se pode dizer: "Deus fez o homem para ser devorado pelas serpentes."

Osmin - Que entendes ao dizer "Deus permite"? Que nada pode acontecer sem sua ordem? Permitir, querer e fazer não são para ele a mesma coisa?

Selim - Deus permite o crime, mas não o comete.

Osmin - Cometer um crime é agir contra a justiça divina, é desobedecer a Deus. Ora, Deus não pode desobedecer a si mesmo, não pode cometer crimes; mas fez o homem de maneira que o homem cometa muitos crimes: por que isso?

Selim - Há quem o sabe, mas não eu. Tudo o que sei é que o *Alcorão* é ridículo, embora de vez em quando apresente coisas bastante boas. Certamente o *Alcorão* não era necessário ao homem, e me atenho a isto: vejo claramente o que é falso e conheço muito mal o que é verdadeiro.

Osmin - Eu pensava que irias me instruir e, na realidade, não me ensinas nada.

Selim - Já não é suficiente conhecer as pessoas que te enganam e os erros grosseiros e perigosos que te creditam?

Osmin - Teria do que me queixar de um médico que me fizesse uma exposição das plantas nocivas e que não me mostrasse uma só que fosse salutar.

Selim - Não sou médico e tu não estás doente; mas parece que eu te daria uma receita realmente boa se te dissesse: "Desconfia de todas as invenções dos charlatães, adora a Deus, sê homem honesto e acredita que dois e dois são quatro."

---

1. Maomé (570-632), fundador do islamismo ou religião muçulmana, condensada no livro sagrado Corão ou Alcorão (NT).

O

ORGULHO - Cícero[1], numa de suas cartas, escreve familiarmente a seu amigo: "Dize-me a quem queres que eu dê as Gálias." Em outra, ele se queixa de estar cansado das cartas de não sei quais príncipes que lhe agradecem por ter mandado erigir suas províncias em reinos, e acrescenta que nem sequer sabe onde estão situados esses reinos.

É possível que Cícero que, aliás, havia visto muitas vezes o povo romano, esse povo rei, aplaudi-lo e obedecer-lhe e que recebia agradecimentos de reis que não conhecia, tenha sentido alguns impulsos de orgulho e de vaidade.

Embora esse sentimento não seja de modo algum conveniente a um animal tão medíocre como o homem, poderíamos, no entanto, perdoá-lo a um Cícero, a um César[2], a um Cipião[3]; mas que, nos confins de uma de nossas províncias semibárbaras, um homem que tiver comprado um cargo insignificante e tiver mandado imprimir versos medíocres se sinta orgulhoso, isso é motivo para ter do que rir por muito tempo.

1. Marcus Tullius Cicero (106-43 a.C.), filósofo, orador e escritor latino; dentre suas obras, A amizade, A velhice saudável e Os deveres já foram publicadas pela Editora Escala (NT).
2. Caius Julius Caesar (103-44 a.C.), general, historiador e imperador romano (NT).
3. Publius Cornelius Scipio (235-183 a.C.), general e cônsul de Roma (NT).

P

PAPISMO (SOBRE O) - [Diálogo]

- O papista - O bispo, em seu principado[1], tem luteranos[2], calvinistas[3], quacres[4], anabatistas[5] e até mesmo judeus; e queres ainda que admita unitários[6]!

O tesoureiro - Se esses unitários te trouxerem indústria e dinheiro, que mal poderão nos fazer? Só terás mais rendimentos.

O papista - Devo admitir que a diminuição de minhas rendas seria mais dolorosa que a admissão desses senhores; mas eles não acreditam que Jesus Cristo é filho de Deus!

O tesoureiro - Que te importa, contanto que tu acredites e contanto que sejas bem alimentado, bem vestido e bem instalado em tua residência? Os judeus estão longe de acreditar que Jesus seja filho de Deus e, no entanto, estás muito contente por teres aqui judeus, para os quais emprestas teu dinheiro a seis por cento. O próprio São Paulo nunca falou da divindade de Jesus Cristo; ele o designa claramente como *um homem*: "A morte, diz ele, reinou pelo pecado de um só *homem*, os justos reinarão por um só *homem*, que é Jesus... Tu és de Jesus e Jesus é de Deus." Todos os teus Padres da Igreja[7] pensaram como São Paulo: é evidente que durante trezentos anos Jesus se contentou com sua humanidade; imagina que és um cristão dos três primeiros séculos.

O papista - Mas, senhor, eles não acreditam na eternidade das penas.

O tesoureiro - Nem eu tampouco: sê tu condenado para sempre, se assim o quiseres; de minha parte, não pretendo sê-lo de modo algum.

O papista - Ah! senhor, é realmente duro não poder condenar a bel-prazer todos os hereges deste mundo! Mas o ódio que os unitários têm de um dia tornar as almas felizes não é minha única dor. Sabes que esses monstros não acreditam de forma alguma na ressurreição dos corpos como os saduceus[8]; dizem que somos todos antropófagos, que as partículas que compunham teu avô e teu bisavô, tendo sido necessariamente dispersadas na atmosfera, se tornaram cenouras e aspargos, e que é impossível que não tenhas devorado alguns pequenos pedaços de teus ancestrais.

O tesoureiro - Que seja! Meus netos farão outro tanto de mim; nada mais será que uma desforra; outro tanto vai acontecer com os papistas. Não é uma razão suficiente para ser expulso dos Estados do bispo, não é uma razão suficiente tampouco para que ele expulse os unitários. Ressuscita como puderes; pouco me importa que os unitários ressuscitem ou não, contanto que nos sejam úteis durante a vida deles.

O papista - E que dirias, senhor, do pecado original que eles negam peremptoriamente? Não ficas todo escandalizado quando garantem que o *Pentateuco*[9] não diz uma única palavra a respeito; que o bispo de Hipona, Santo Agostinho[10], foi o primeiro a ensinar positivamente esse dogma, embora seja claramente indicado por São Paulo?

O tesoureiro - Palavra de honra, se o *Pentateuco* não falou a respeito, não é culpa minha. Por que não acrescentas uma simples palavra sobre o pecado original no Antigo Testamento, como foram nele acrescentadas, segundo se diz, tantas outras coisas? Não entendo absolutamente nada dessas sutilezas. Meu ofício é te pagar regularmente teus rendimentos, quando tenho dinheiro...

1. O termo principado, neste caso, não é figurativo, mas representa uma realidade do cristianismo, especialmente durante o período feudal; muitos bispos eram verdadeiros príncipes, de fato e de direito, e suas dioceses eram Estados livres, embora ligados politicamente a reis, a imperadores; esses eclesiásticos detinham o título de bispo-príncipe e administravam o território com poder executivo, legislativo e judicial; esses principados eclesiásticos estavam disseminados em toda a Europa; um dos casos mais destacados foi o do principado de Trento (hoje no território italiano), instaurado no ano de 1027 e governado por um bispo-príncipe, indicado pelo imperador da Alemanha, só perdendo seu status de bispado-principado com o advento da dominação austríaca em 1801 (NT).

2. Seguidores da doutrina de Martinho Lutero (1483-1546), padre e teólogo católico que, com sua ideia de reformar a Igreja, deu origem à grande divisão dos cristãos ocidentais entre católicos e protestantes; os luteranos reconhecem unicamente a autoridade das Sagradas Escrituras como base de sua doutrina teológica, mas acatam também o testemunho da Igreja primitiva; excluem, no entanto, a autoridade dos concílios, todos os sacramentos (exceto o batismo), o culto dos santos e outros itens específicos da Igreja católica (NT).

3. Adeptos do calvinismo, doutrina protestante que diverge do luteranismo em alguns pontos, como o mistério da predestinação, segundo o qual há alguns que são predestinados à salvação desde sempre e outros, à condenação eterna; essa corrente protestante foi fundada por João Calvino (1509-1564) que se refugiou em Genebra, Suíça, transformando-a numa cidade-igreja ou teocracia plena, regida pelos princípios do Evangelho; houve tentativas de aproximação com Lutero, mas infrutíferas (NT).

4. *Quakers* ou *quacres* constituem uma das muitas correntes protestantes fundada por George Fox em 1652; pautam sua vida sob inspiração direta do Espírito Santo que, ao descer sobre eles, os faz estremecer ou entrar em transe (por isso a denominação que lhe foi conferida desde o início: *quakers* significa tremedores, estremecedores); como instituição, rejeitam qualquer organização clerical, buscam a intensa vida interior, além de primar pela pureza moral e pela prática do pacifismo e da solidariedade (NT).

5. Os *anabatistas* constituem um ramo do protestantismo; negam a validade do batismo das crianças, exigindo o rebatismo (*anabaptistés* = que se batiza novamente) dos adultos; hoje recusam qualquer dependência do poder civil, guiando-se exclusivamente pela fé cristã (NT).

6. Dissidentes da Reforma protestante que negavam a Trindade em Deus, considerando esse dogma uma afronta ao monoteísmo. Eram chamados também antitrinitários ou socinianos, parditários do socinianismo ou socinismo, doutrina que teve origem nos ensinamentos de Lelio Sozzini (1525-1562) e de seu sobrinho Fausto Sozzini (1539-1604), cujos pontos principais eram, além da negação da Trindade, a negação da divindade de Jesus Cristo, a negação da redenção na cruz e da eternidade das penas. Condenados e perseguidos, Lélio se refugiou na Suíça e Fausto fugiu para a Polônia, onde organizou a Igreja antitrinitária (NT).

7. *Padres da Igreja* é uma expressão clássica da história antiga, com a qual são designados os grandes teólogos e escritores dos primeiros séculos do cristianismo; são numerosos e seus escritos formam a chamada *Patrística, Patrologia*, ou seja, obras, textos, comentários bíblicos e doutrina desses autores, os quais fundamentaram toda a teologia cristã, e particularmente católica, que ainda vigora hoje; entre os principais Padres da Igreja, podem ser relembrados Ambrósio, Agostinho, Orígenes, Cirilo de Jerusalém, Cirilo de Alexandria, João Crisóstomo, Gregório Nazianzeno, Gregório de Nissa, Irineu, etc.

8. Os saduceus formavam uma corrente religiosa dentro do judaísmo e se preocupavam especialmente com a sobrevência política da nação judaica; não acreditavam na ressurreição dos mortos e, consequentemente, numa vida pós-morte (NT).

9. Termo que designa os cinco primeiros livros da Bíblia, durante muito tempo atribuídos à autoria de Moisés; são eles: *Gênesis, Êxodo, Levítico, Números, Deuteronômio* (NT).

10. Aurelius Augustinus (354-430), bispo de Hipona, norte da África, e doutor da Igreja, deixou uma obra imensa, destacando-se *A cidade de Deus* e *Confissões* (NT).

PÁTRIA

Pátria é um conjunto de várias famílias; e, como se sustenta comumente a própria família por amor-próprio, quando não se tem um interesse contrário, pelo mesmo amor-próprio se sustenta a própria cidade ou a propria aldeia, que se costuma chamar a própria pátria. Quanto mais essa pátria se torna grande, menos é amada, porque o amor dividido se enfraquece. É impossível amar ternamente uma família muito numerosa, quando mal se a conhece.

Aquele que arde de ambição para ser edil, tribuno, pretor, cônsul, ditador, apregoa que ama sua pátria, mas só ama a si próprio. Todos querem estar seguros de poder dormir em sua própria casa, sem que ninguém se arrogue o direito de mandá-lo dormir em outro local; todos querem estar seguros de sua fortuna e de sua vida. Desse modo, visto que todos cultivam os mesmos anseios, o interesse particular, em decorrência, se transforma em interesse geral: não se faz votos de sucesso para a república senão quando se os faz para si próprio.

É impossível que haja na terra um Estado que não se tenha governado de início como república: é a marcha natural da natureza humana. Algumas famílias se reúnem primeiramente contra os ursos e contra os lobos; a família que tiver cereais fornece-os em troca àquela que tem somente lenha.

Quando descobrimos a América, encontramos todas as tribos divididas em repúblicas; havia somente dois reinos em toda essa parte do mundo. De milhares de nações encontramos apenas duas subjugadas.

Foi assim também no Velho Mundo; tudo era república na Europa antes dos régulos da Etrúria[1] e de Roma. Ainda hoje temos repúblicas na África. Trípoli, Túnis, Argel, em direção a nosso setentrião, são repúblicas de salteadores. Os hotentotes, em direção ao sul, vivem ainda como se diz que se vivia nas primeiras idades do mundo, livres, iguais entre si, sem senhores, sem súditos, sem moeda e quase sem necessidades. A carne de seus carneiros os alimenta, sua pele os veste, cabanas de madeira e de barro são seus refúgios; são os mais fétidos de todos os homens, mas não o sentem; vivem e morrem mais docemente que nós.

Restam em nossa Europa oito repúblicas sem monarcas: Veneza, Holanda, Suíça, Genebra, Lucca, Ragusa, Gênova e San Marino[2]. Pode-se considerar a Polônia, a Suécia, a Inglaterra como repúblicas sob um rei; mas a Polônia é a única que usa essa denominação.

Pois bem, o que é melhor agora, que nossa pátria seja um Estado monárquico ou um Estado republicano? Há quatro mil anos que se discute esta questão. Perguntem aos ricos, e todos eles preferem a aristocracia; interroguem o povo, e ele quer a democracia: somente os reis preferem a realeza. Como, portanto, é possível que quase toda a terra seja governada por monarcas? Perguntem aos ratos que propuseram pendurar uma campainha no pescoço do gato[3]. Mas, na realidade, a verdadeira razão é, como foi dito, que os homens muito raramente são dignos de se governar por si próprios.

É realmente triste que muitas vezes, para ser bom patriota, se deva ser inimigo do resto dos homens. O velho Catão[4], esse bom cidadão, dizia sempre no senado: "Este é meu parecer: Cartago deve ser destruída." Ser bom patriota é desejar que sua cidade se enriqueça pelo comércio e seja poderosa pelas armas. É claro que um país não pode ganhar sem que outro perca e que não pode vencer sem tornar outros infelizes.

Esta é, portanto, a condição humana: desejar a grandeza de seu país é desejar o mal a seus vizinhos. Aquele que quisesse que sua pátria nunca fosse nem maior nem menor, nem mais rica nem mais pobre, seria cidadão do universo.

1. Região centro-setentrional da Itália, terra da civilização etrusca; hoje, se chama Toscana (NT).
2. Na época em que Voltaire escreve, na década de 1760, todos esses nomes indicavam repúblicas independentes; entre as menos conhecidas estão Lucca, situada na Itália central; Ragusa, na costa da Dalmácia, hoje território da Croácia; San Marino, ainda hoje minúscula república encravada no norte do território italiano (NT).
3. Alusão a uma das fábulas de Jean de La Fontaine (1621-1695), poeta e fabulista francês (NT).
4. Marcus Porcius Cato (234-149 a.C.), homem de Estado romano, lutou contra o luxo e, como estoico, pregava uma moral mais austera (NT).

PAULO - [Questões sobre Paulo]

Paulo era cidadão romano, como ele se vangloria? Se era de Tarso da Cilícia[1], Tarso só foi colônia romana cem anos depois dele; todos os historiadores sobre a antiguidade estão de acordo. Se era da pequena cidade ou povoação de Giscala, como julgou São Jerônimo[2], essa cidade estava na Galileia; e certamente os galileus não eram cidadãos romanos.

Será verdade que Paulo só entrou na sociedade nascente dos cristãos, que eram então semijudeus, porque Gamaliel[3], de quem havia sido discípulo, lhe recusou sua filha em casamento? Parece-me que esta acusação só se encontra nos *Atos dos Apóstolos* aceitos pelos ebionitas[4], atos mencionados e refutados pelo bispo Epifânio[5] no capítulo 30 de seu livro.

Será verdade que Santa Tecla[6] foi encontrar São Paulo disfarçada de homem? E os *Atos de Santa Tecla* podem ser aceitos? Tertuliano[7], em seu livro sobre o batismo, capítulo 18, afirma que essa história foi escrita por um sacerdote ligado a Paulo. Jerônimo, Cipriano[8], refutando a fabula do leão batizado por Santa Tecla, confirmam a verdade desses *Atos*. Neles é que se encontra um perfil de São Paulo, que é bastante singular: "Era gordo, baixo, espadaúdo; suas sobrancelhas negras se juntavam sobre seu nariz aquilino, suas pernas eram recurvas, tinha cabeça calva e era repleto da graça do Senhor."

É assim mais ou menos que é descrito no livro *Philopatris* de Luciano[9], graças a Deus mais ou menos, pois Luciano não o tinha infelizmente conhecido.

Pode-se desculpar Paulo por ter repreendido Pedro que seguia costumes judaicos, quando ele próprio seguiu costumes judaicos, passando oito dias no templo de Jerusalém?

Quando Paulo foi levado preso pelos judeus perante o governador da Judeia, por ter introduzido estrangeiros no templo, ele agiu corretamente ao dizer a esse governador que era "por causa da ressurreição dos mortos que lhe moviam processo", enquanto não se tratava realmente da ressurreição dos mortos[10]?

Paulo agiu corretamente ao circuncidar seu discípulo Timóteo, depois de ter escrito aos Gálatas: "Se vocês se fizerem circuncidar, quer dizer que Jesus não lhes serve para nada"?

Agiu corretamente ao escrever aos Coríntios, capítulo IX: "Não temos o direito de viver à custa de vocês e de levar conosco uma mulher", etc.? Agiu corretamente ao escrever aos Coríntios, em sua segunda Epístola: "Não perdoarei a nenhum daqueles que pecaram, nem aos outros"? o que pensaríamos hoje de um homem que quisesse viver às nossas custas, ele e sua mulher, além de nos julgar, nos punir e confundir o culpado com o inocente?

Que se entende pelo arrebatamento de Paulo ao terceiro céu? O que é um terceiro céu?

O que é finalmente mais provável (humanamente falando): que Paulo se tenha feito cristão por ter sido derrubado do cavalo por uma grande luz em pleno meio-dia e porque uma voz celestial lhe tenha gritado "Saulo, Saulo, por que me persegues?" ou porque Paulo tenha ficado irritado com os fariseus[11], seja pela recusa de Gamaliel em lhe conceder sua filha, seja por qualquer outra causa?

Em qualquer outra história, a recusa de Gamaliel não pareceria mais natural que uma voz celestial, se, além do mais, não fôssemos obrigados a acreditar nesse milagre?

Só faço todas essas perguntas para me instruir e exijo de quem quiser me instruir que fale racionalmente.

1. A Cilícia era uma região da Ásia Menor e Tarso, uma de suas cidades principais; hoje, a área faz parte do sul do território da Turquia (NT).

2. Sophronius Eusebius Hieronymus (331-420), escritor cristão e doutor da Igreja; além de seus numerosos escritos, dedicou parte de sua vida para traduzir toda a Bíblia do hebraico e do grego para o latim, tradução que levou o nome de *Bíblia Vulgata* (NT).

3. Gamaliel, importante rabino judeu que, segundo a tradição, teria sido o mestre do apóstolo Paulo (NT).

4. Seguidores do ebionismo, doutrina herética fundada por Ebion (séc. I d.C.); os ebionitas negavam a divindade de Jesus, aceitavam o Antigo Testamento da Bíblia, mas rejeitavam o Novo, substituído por textos próprios deles (NT).

5. Epifânio (315-403), bispo na ilha de Chipre, criticou acerbamente os escritos do autor cristão Orígenes no tocante a questões teológicas (NT).

6. Tecla (séc. I d.C.), natural da Ásia Menor (hoje território da Turquia), foi convertida ao cristianismo pelo apóstolo Paulo e é considerada a primeira mulher mártir da cristandade (NT).

7. Quintus Septimius Florens Tertullianus (155-222), filósofo e teólogo cristão, deixou muitas obras de caráter apologético sobre o cristianismo (NT).

8. Cipriano (200-258), bispo e Padre da Igreja, entre suas obras principais convém lembrar *Sobre os caídos* e *Sobre a unidade da Igreja* (NT).

9. Luciano de Samósata (125-192), pensador grego, crítico e satírico com relação à religião, à arte e aos valores estabelecidos; viveu muito tempo no Egito, onde morreu (NT).

10. *Atos dos Apóstolos*, cap. XXIV (Nota de Voltaire).

11. Os fariseus constituíam uma corrente da religião judaica que privilegiava a estrita observância dos mandamentos e a submissão rigorosa à lei e que teve marcante influência na tradição rabínica da doutrina e da literatura hebraica (NT).

PECADO ORIGINAL

- É nesse ponto que se baseia o pretenso triunfo dos socinianos ou unitários[1]. Designam esse fundamento da religião cristã como o *pecado original* dela. É ultrajar a Deus, dizem eles, é acusá-lo da barbárie mais absurda ousar dizer que Deus formou todas as gerações dos homens para atormentá-los com suplícios eternos, sob pretexto de que seu primeiro pai comeu um fruto num jardim. Essa sacrílega imputação é tanto mais inescusável entre os cristãos quanto é certo que não há uma só palavra referente a essa invenção do pecado original nem no *Pentateuco* nem nos Profetas nem nos Evangelhos, tanto apócrifos como canônicos, nem em qualquer um dos escritores que designamos *os primeiros Padres da Igreja*[2].

Não é nem sequer relatado no *Gênesis* que Deus tenha condenado à morte Adão por ter comido uma maçã. Deus lhe diz: "No dia em que o comeres desta fruta, certamente morrerás." Mas o mesmo livro do *Gênesis* faz Adão viver 930 anos depois dessa degustação criminosa. Os animais, as plantas, que não tinham comido desse fruto, morreram no tempo prescrito pela natureza. O homem nasceu para morrer, assim como todo o resto.

Enfim, a punição de Adão de maneira alguma era contemplada pela lei judaica. Adão não era mais judeu que persa ou caldeu. Os primeiros capítulos do *Gênesis* (em qualquer época que tivessem sido compostos) foram considerados por todos os sábios judeus como uma alegoria e até mesmo como uma fábula muito perigosa, visto que sua leitura foi proibida antes da idade de 25 anos.

Numa palavra, os judeus conheceram tão pouco o pecado original como as cerimônias chinesas; e, embora os teólogos encontrem tudo o que querem nas Escrituras, *totidem verbis, totidem litteris* (quer nas palavras, quer nas letras), podemos estar certos de que nenhum teólogo razoável encontrará nelas esse mistério surpreendente.

Admitimos que Santo Agostinho[3] foi o primeiro a dar crédito a essa estranha ideia, digna da cabeça quente e romanesca de um africano, libertino e arrependido, maniqueu e cristão, indulgente e perseguidor, que passou a vida a se contradizer.

"Que horror, exclamam os unitários rígidos, caluniar o autor da natureza até lhe imputar milagres contínuos para condenar para sempre homens que fez nascer para tão pouco tempo! Ou criou as almas desde toda a eternidade e, nesse sistema, sendo elas infinitamente mais antigas que o pecado de Adão, não têm nenhuma relação com ele; ou essas almas são formadas a cada momento em que um homem deita com uma mulher e, nesse caso, Deus está continuamente à espreita de todos os encontros amorosos do universo para criar espíritos que ele tornará eternamente infelizes; ou é o próprio Deus a alma de todos os homens e, nesse sistema, ele se condena a si próprio. Qual é a mais horrível e a mais louca destas três superstições? Não há uma quarta, pois, a opinião de que Deus espera seis semanas para criar uma alma condenada num feto se reporta àquela que o faz criar a alma no momento da cópula: que importam seis semanas a mais ou a menos?"

Expus a opinião dos unitários, e os homens chegaram a tal grau de superstição que estremeci ao expô-lo.

(*Este artigo é do falecido senhor Boulanger.*)

1. Dissidentes da Reforma protestante que negavam a Trindade em Deus, considerando esse dogma uma afronta ao monoteísmo. Eram chamados também antitrinitários ou socinianos, parditários do socinianismo ou socinismo, doutrina que teve origem nos ensinamentos de Lelio Sozzini (1525-1562) e de seu sobrinho Fausto Sozzini (1539-1604), cujos pontos principais eram, além da negação da Trindade, a negação da divindade de Jesus Cristo, a negação da redenção na cruz e da eternidade das penas. Condenados e perseguidos, Lélio se refugiou na Suíça e Fausto fugiu para a Polônia, onde organizou a Igreja antitrinitária (NT).

2. *Padres da Igreja* é uma expressão clássica da história antiga, com a qual são designados os grandes teólogos e escritores dos primeiros séculos do cristianismo; são numerosos e seus escritos formam a chamada *Patrística*, *Patrologia*, ou seja, obras, textos, comentários bíblicos e doutrina desses autores, os quais fundamentaram toda a teologia cristã, e particularmente católica, que ainda vigora hoje; entre os principais Padres da Igreja, podem ser relembrados Ambrósio, Agostinho, Orígenes, Cirilo de Jerusalém, Cirilo de Alexandria, João Crisóstomo, Gregório Nazianzeno, Gregório de Nissa, Ireneu, etc.

3. Aurelius Augustinus (354-430), bispo de Hipona, norte da África, e doutor da Igreja, deixou uma obra imensa, destacando-se *A cidade de Deus* e *Confissões*; antes de converter-se ao cristianismo, Agostinho foi realmente libertino e até devasso, como ele próprio narra em sua obra *Confissões* (NT).

PEDRO - Em italiano, *Piero* ou *Pietro*; em espanhol, *Pedro*; em latim, *Petrus*; em grego, *Petros*; em hebraico, *Cepha*.

Por que os sucessores de Pedro tiveram tanto poder no Ocidente e nenhum no Oriente? É o mesmo que perguntar por que os bispos de Wurzburg[1] e de Salzburg[2] se atribuíram direitos de regalia[3] nos tempos da anarquia, enquanto os bispos gregos sempre foram súditos. O tempo, a ocasião, a ambição de uns e a fraqueza de outros fizeram e farão tudo neste mundo.

A essa anarquia se juntou a opinião, e a opinião é a rainha dos homens. Não que tenham, de fato, uma opinião bem determinada, mas simples palavras a substituem.

Conta-se no Evangelho que Jesus disse a Pedro: "Eu te darei as chaves do reino dos céus." Os partidários do bispo de Roma sustentaram, em torno do século XI, que quem dá mais, dá menos; que os céus cercavam a terra e que Pedro, tendo as chaves do continente, tinha também as chaves do conteúdo. Se entendermos por céus todas as estrelas e todos os planetas, é evidente, segundo Thomasius[4], que as chaves dadas a Simão Bar-Jonas, cognominado Pedro, eram um passaporte. Se entendermos por céus as nuvens, a atmosfera, o éter, o espaço em que giram os planetas, não há praticamente serralheiro, segundo Meursius[5], que possa fazer uma chave para essas portas.

As chaves na Palestina eram uma cavilha de madeira ligada a uma correia. Jesus disse a Bar-Jonas: "O que ligares na terra será ligado nos céus." Os teólogos do papa disso concluíram que os papas tinham recebido o direito de ligar e desligar os povos do juramento de fidelidade feito a seus reis e de dispor a seu bel-prazer de todos os reinos. É concluir magnificamente. As comunas, nos Estados gerais da França, em 1302, dizem em seu requerimento ao rei que "Bonifácio VIII[6] era um b... que pensava que Deus ligava e prendia ao céu o que Bonifácio ligava na terra." Um famoso luterano da Alemanha (era, pelo que penso, Melanchthon[7]) tinha muita dificuldade em digerir que Jesus tivesse dito a Simão Bar-Jonas, Cefa ou Cefas: "Tu és Pedro e sobre esta pedra edificarei minha assembleia, minha Igreja." Não podia conceber que Deus tivesse empregado semelhante jogo de palavras, uma acuidade tão extraordinária, e que o poder do papa fosse baseada num trocadilho.

Pedro passou por ter sido bispo de Roma; sabe-se muito bem, porém, que nesse tempo e muito depois não houve nenhum bispo particular. A sociedade cristã só tomou forma em torno do final do segundo século.

Pode ser que Pedro tenha feito a viagem a Roma; pode ser até que tenha sido crucificado de cabeça para baixo, embora não fosse esse o costume; mas não se tem prova alguma de tudo isso. Temos uma carta com seu nome, na qual ele diz que está em Babilônia: alguns canonistas judiciosos julgaram que por Babilônia se deveria entender Roma. Assim, supondo-se que ele a tivesse datado de Roma, se poderia concluir que a carta foi escrita em Babilônia. Durante muito tempo foram tiradas semelhantes conclusões, e é assim que o mundo foi governado.

Havia um santo homem em Roma, a quem se havia feito pagar regiamente um benefício, o que se costuma chamar de simonia; perguntaram-lhe se acreditava que Simão Pedro tinha estado no país; ele respondeu: "Não garanto que Pedro tenha estado aqui, mas tenho certeza que Simão esteve."

Quanto à pessoa de Pedro, deve-se admitir que Paulo não é o único que se tenha escandalizado por sua conduta; muitas vezes foi criticado diretamente, ele e seus sucessores. Esse Paulo o recriminava acerbamente por comer carnes proibidas, isto é, carne de porco, morcela, carne de lebre, enguias e grifo; Pedro se defendia dizendo que havia visto o céu aberto em torno da hora sexta e uma grande toalha que descia dos quatro cantos do céu, repleta de enguias, quadrúpedes e pássaros, e que a voz de um anjo havia gritado: "Mata e come." Aparentemente é a mesma voz que gritou a tantos pontífices: "Matem tudo e devorem a alma do povo", diz Wollaston[8].

Casaubon[9] não podia aprovar a maneira pela qual Pedro tratou o bom Ananias e Safira[10] sua mulher. Com que direito, diz Casaubon, um judeu escravo dos romanos podia ordenar ou admitir que todos aqueles que acreditassem em Jesus vendessem suas propriedades e trouxessem o dinheiro auferido a seus pés? Se algum anabatista[11] em Londres mandasse depositar a seus pés todo o dinheiro de seus irmãos, não seria preso como um sedutor sedicioso, como um ladrão, que não se deixaria de mandar para Tyburn[12]? Não é horrível fazer Ananias morrer porque, ao vender sua propriedade e entregar o dinheiro a Pedro, reteve para si e sua mulher, sem declará-lo, alguns escudos para prover a suas necessidades? Mal Ananias acabara de morrer, que sua mulher chega. Pedro, em vez de adverti-la caridosamente de que acabava de fazer morrer seu marido de apoplexia por haver guardado alguns óbolos e de recomendar-lhe que tomasse cuidado com ela própria, a deixa cair na armadilha. Pergunta-lhe se seu marido entregou todo o seu dinheiro aos santos. A boa mulher responde que sim, e morre instantaneamente. Isso é duro.

Coringius[13] pergunta por que Pedro, que matava desse modo aqueles que lhe haviam dado esmola, não se prontificava a matar antes todos os doutores que decretaram a morte de Jesus Cristo e que açoitaram a ele próprio mais de uma vez? Ó Pedro! Fazes morrer dois cristãos que te deram esmola e deixas viver aqueles que crucificaram teu Deus!

Com certeza Coringius não estava em país de inquisição quando propunha essas perguntas ousadas. Erasmo[14], a propósito de Pedro, assinalava uma coisa bem singular: que o chefe da religião cristã começou seu apostolado renegando Jesus Cristo e que o primeiro pontífice dos judeus havia começado seu ministério fundindo um bezerro de ouro e adorando-o.

Seja como for, Pedro nos é descrito como um pobre que catequizava pobres. Ele se parece com esses fundadores de ordens que viviam na indigência e cujos sucessores se tornaram grandes senhores.

O papa, sucessor de Pedro, ora ganhou, ora perdeu; mas ainda lhe restam cerca de cinquenta milhões de homens na terra, submissos em muitos pontos a suas leis, além de seus súditos imediatos.

Ter um senhor a 300 ou 400 léguas da própria casa; esperar para pensar que esse homem tenha parecido pensar; não ousar julgar em última instância um processo entre alguns de seus concidadãos senão por meio de comissários nomeados por esse estrangeiro; não ousar tomar posse dos campos e das vinhas que foram obtidas do próprio rei sem pagar uma soma considerável a esse senhor estrangeiro; violar as leis de seu país que proíbem desposar uma sobrinha e desposá-la legitimamente pagando a esse senhor estrangeiro uma soma ainda mais considerável; não ousar cultivar os próprios campos no dia em que esse estrangeiro quer que se celebre a memória de um desconhecido que ele pôs no céu por sua própria iniciativa: é isso aproximadamente o que significa admitir um papa; essas são as liberdades da Igreja galicana[15].

Há alguns outros povos que levam ainda mais longe sua submissão. Vimos em nossos dias um soberano pedir ao papa a permissão para levar a julgamento por meio de seu tribunal régio alguns monges acusados de parricídio; vimos que não obteve essa permissão e não ousou julgá-los.

Sabe-se muito bem que outrora os direitos dos papas iam mais longe; estavam muito acima dos deuses da antiguidade, pois, esses deuses dispunham dos impérios na imaginação do povo, enquanto os papas dispunham deles de fato.

Sturbinus diz que se pode perdoar àqueles que duvidam da divindade e da infalibilidade do papa quando se passa a pensar:

que 40 cismas profanaram a cátedra de São Pedro e 27 o ensanguentaram;

que Estêvão VII[16], filho de um padre, desenterrou o corpo de Formoso[17], seu predecessor, e mandou decepar a cabeça do cadáver;

que Sérgio III[18], réu de assassinatos, teve um filho de Marósia, o qual herdou do papado;

que João X[19], amante de Teodora, foi estrangulado em sua cama;

que João XI[20], filho de Sérgio III, só se celebrizou por sua devassidão;

que João XII[21] foi assassinado na casa da amante;

que Bento IX[22], comprou e revendeu o pontificado;

que Gregório VII[23] foi o iniciador de 500 anos de guerras civis sustentadas por seus sucessores;

que, enfim, entre tantos papas ambiciosos, sanguinários e libertinos, houve um, Alexandre VI[24], cujo nome só é pronunciado com o mesmo horror que os de Nero[25] e Calígula[26].

É uma prova, dizem por aí, da divindade de seu caráter, por ter subsistido a tantos crimes; mas se os califas tivessem tido uma conduta ainda mais horrorosa, teriam sido, portanto, ainda mais divinos. É dessa forma que Dermius raciocina; mas os jesuítas lhe responderam.

1. Wurzburg, cidade da região da Baviera, Alemanha; bispado desde o ano 741, seus bispos, a partir de 1168, exerceram a autoridade ducal, ou seja, governavam a cidade e o bispado com todos os direitos de um príncipe secular; seu status de bispado-principado só foi revogado em 1814 (NT).

2. Salzburg, cidade da Áustria, sede de bispado desde o ano 739; seus bispos se tornaram príncipes do império a partir do ano de 1278, status político que só foi revogado no ano de 1803 (NT).

3. Na história política e eclesiástica da Europa, vigorava, desde a instauração do feudalismo e praticamente até o início do século XIV, a regalia, ou seja, o direito do rei de perceber as rendas dos bispados sem titulares e fazer nomeações para sedes vacantes (NT).

4. Christian Thomas, dito Thomasius (1655-1728), jurisconsulto alemão (NT).

5. Johannes Meursius (1579-1639), linguista holandês, especialista em filologia clássica (NT).

6. Bonifácio VIII (1235-1303), papa de 1294 a 1303; com sua bula *Unam sanctam*, que defendia a superioridade do papa sobre os reis, desencadeou a ira de Filipe, o Belo, rei da França, que enviou seus legados a Anagni (residência papal nos arredores de Roma) para prender Bonifácio VIII e levá-lo a julgamento em Paris; o papa foi realmente preso e esbofeteado, mas a população local conseguiu libertá-lo; humilhado, Bonifácio VIII morreu de desgosto pouco depois; este papa representa o momento culminante do papado na tentativa de estabelecer uma teocracia na Europa cristã da época (NT).

7. Philipp Schwarzerd, dito Melanchthon (1497-1560), teólogo e humanista alemão, companheiro de Lutero na Reforma, tornando-se chefe do movimento protestante depois de 1546, ano da morte de Lutero (NT).

8. Francis Wollaston (1731-1815), sacerdote da Igreja anglicana e astrônomo inglês (NT).

9. Isaac Casaubon (1559-1614), erudito e humanista protestante da Suíça (NT).

10. O relato desse episódio se encontra em *Atos dos Apóstolos*, cap. V (NT).

11. Os anabatistas constituem um ramo do protestantismo; negavam a validade do batismo das crianças, exigindo o rebatismo (*anabaptistés* = que se batiza novamente) dos adultos; hoje recusam qualquer dependência do poder civil, guiando-se exclusivamente pela fé cristã (NT).

12. Tyburn era um mosteiro situado no bairro londrino de mesmo nome, onde existe um memorial dos mártires da Reforma na Inglaterra, compreendendo o período de 1535 a 1681 (NT).

13. Hermann Conring, dito Coringius (1606-1681), erudito, jurista e historiador alemão, deixou vasta obra sobre Direito, política, história, física, medicina e teologia; muitos de seus livros foram incluídos no *Index librorum prohibitorum* (Índice dos livros proibidos) do Vaticano (NT).

14. Erasmo de Rotterdam (1469-1536), teólogo e humanista holandês; seu livro mais famoso, *Elogio da loucura*, já foi publicado pela Editora Escala, bem como *De Pueris*. O episódio do bezerro de ouro a que faz alusão se encontra no livro bíblico do Êxodo, cap. XXXII; o sumo sacerdote mencionado é Aarão, irmão de Moisés (NT).

15. Foi assim chamada a Igreja católica da França que, a partir do século XIV até o final do século XVIII, havia estabelecido certas regras de procedimento perante o Vaticano; em princípio, defendia certas prerrogativas e liberdades da Igreja francesa, mesmo que estas fossem, em certos pontos, conflitantes com a autoridade absoluta do papado (NT).

16. Estêvão VII (?-897), papa de 896 a 897, mandou exumar o corpo de seu predecessor Formoso, a quem acusava de usurpador, e jogá-lo no rio Tibre; Estêvão morreu linchado pelo povo (NT).

17. Formoso (816?-896), papa de 891 a 896 (NT).

18. Sérgio III (?-911), papa de 904 a 911 (NT).

19. João X (860-928), papa de 914 a 928 (NT).

20. João XI (906-935), papa de 931 a 935 (NT).

21. João XII (937-964), papa de 955 a 964 (NT).

22. Bento IX (?-1055), papa de 1032 a 1045 e de 1047 a 1048 (NT).

23. Gregório VII (1015-1085), papa de 1073 a 1085; teve sérias dificuldades na questão das investiduras ou ingerência do Estado na nomeação de prelados e bispos para cargos eclesiásticos, especialmente com o imperador Henrique IV, que acabou excomungado-o por duas vezes (NT).

24. Rodrigo Borgia (1431-1503), eleito papa em 1492, tomou o nome de Alexandre VI; foi um pontífice dissoluto, envolvido em lutas políticas e em negociatas, favoreceu abertamente seus filhos concedendo-lhes dinheiro, poder e territórios, deixou péssima imagem da Igreja no mundo da época (NT).

25. Lucius Domitius Claudius Nero (37-68), imperador romano de 54 a 68 (NT).

26. Caius Caesar Augustus Germanicus, cognominado Calígula (12 d.C.-41), imperador romano de 37 a 41 (NT).

PERSEGUIÇÃO

Não é Diocleciano[1] que eu chamaria de perseguidor, pois, durante dezoito anos completos ele foi o protetor dos cristãos; e se, nos últimos tempos de seu império, não os salvou dos ressentimentos de Galério, nisso se comportou apenas como um príncipe, seduzido e impelido pelas intrigas para além de seu caráter, como tantos outros.

Menos ainda, daria o nome de perseguidores a um Trajano[2], a um Antonino[3]; isso me deixaria certo de estar proferindo uma blasfêmia.

O que é então um perseguidor? É aquele cujo orgulho ferido e fanatismo furibundo incitam o príncipe ou os magistrados contra homens inocentes, que só cometeram outro crime de não serem de sua opinião. "Impudente, tu adoras um Deus, pregas a virtude e a praticas; serviste os homens e os consolaste; deste abrigo à órfã, socorreste o pobre, transformaste o deserto onde alguns escravos arrastavam uma vida miserável em campos férteis, povoados por famílias felizes; mas descobri que me desprezas, que nunca leste meu livro de controvérsias; sabes que sou um trapaceiro, que falsifiquei a assinatura de G..., que roubei...; poderias muito bem divulgar isto, portanto, devo te prevenir. Irei, pois, à casa do confessor do primeiro-ministro ou à casa do magistrado; eu lhes mostrarei, meneando a cabeça ou torcendo a boca, que tu tens uma opinião errônea a respeito das celas onde foram encerrados os Setenta; que falaste até, há uns dez anos, de maneira pouco respeitosa a respeito do cão de Tobias, que tu sustentavas que era um cão dos Alpes, enquanto eu provava que era um cão lebreiro; vou te denunciar como inimigo de Deus e dos homens." Essa é a linguagem do perseguidor; e, se estas palavras não saem precisamente de sua boca, elas estão gravadas em seu coração com o buril do fanatismo, temperado no fel da inveja.

Foi assim que o padre jesuíta Le Tellier[4] ousou perseguir o cardeal Noailles[5] e que Jurieu[6] perseguiu Bayle[7].

Quando começaram a perseguir os protestantes na França, não foram Francisco I[8], nem Henrique II[9], nem Francisco II[10] que espreitaram esses desafortunados, que se armaram contra eles com um furor premeditado e que os entregaram às chamas, para exercer contra eles suas vinganças. Francisco I estava muito ocupado com a duquesa de Étampes, Henrique II com sua velha Diana e Francisco II era muito criança ainda. Quem então começou a perseguição? Foram padres ciumentos, que armaram os preconceitos dos magistrados e a política dos ministros.

Se os reis não tivessem sido enganados, se tivessem previsto que a perseguição produziria cinquenta anos de guerras civis e que a metade da nação seria exterminada pela outra metade, teriam extinto com suas lágrimas as primeiras fogueiras que deixaram acender.

Ó Deus misericordioso! Se algum homem pode assemelhar-se a esse ser malfazejo que nos descrevem, incessantemente ocupado em destruir tuas obras, não será ele o perseguidor?

1. Caius Aurelius Valerius Diocletianus (245-313), imperador romano de 284 a 305; Diocleciano se associou a Maximiano na chefia do Império e confiou a este o Ocidente, enquanto ele regia os destinos do Oriente, onde designou dois césares ou coimperadores na administração, Galério, que manteve no Oriente, e Constâncio Cloro que passou a secundar Maximiano no Ocidente; velho e doente, Diocleciano renunciou no ano 305, deixando o cargo a Galério, cujo nome completo era Caius Galerius Valerius Maximianus (250-311); este governou o Império até sua morte (NT).

2. Marcus Ulpius Trajanus (53-117), imperador romano de 98 a 117 (NT).

3. Marcus Aurelius Antoninus (121-180), imperador romano de 161 a 180, filósofo estoico, deixou a obra Pensamentos e meditações (NT).

4. Michel Le Tellier (1643-1719), padre jesuíta francês, confessor do rei Luís XIV, moveu guerra sem tréguas contra os jansenistas, partidários de corrente religiosa católica de moral rigorista (NT).

5. Louis Antoine de Noailles (1651-1729), bispo e cardeal de Paris, negou-se a acatar a bula papal Unigenitus, lavrada pelo papa Clemente XI em 1713, que condenava mais de cem proposições jansenistas como errôneas ou heréticas e concedia ao rei Luís XIV a liberdade de eliminar o foco jansenista que nascera e se alastrara na França; acatou finalmente a bula em 1728 (NT).

6. Pierre Jurieu (1637-1713), teólogo e polemista protestante francês; perseguido, refugiou-se na Holanda, de onde continuou suas virulentas críticas aos católicos franceses (NT).

7. Pierre Bayle (1647-1706), escritor francês, protestante, defendia a tese de que o ateísmo é mais lúcido e coerente do que a idolatria (NT).

8. Francisco I (1494-1547), rei de 1515 a 1547, de grande visão, foi um dos construtores do Estado moderno da França; dado a amores livres, contraiu a sífilis que lhe causou a morte (NT).

9. Henrique II (1519-1559), rei da França de 1547 a 1559 (NT).

10. Francisco II (1544-1560), rei da França de 1559 a 1560 (NT).

POLÍTICA - A política do homem consiste primeiramente em procurar igualar-se aos animais, aos quais a natureza deu alimento, vestuário e habitação. Esse início é longo e difícil.

Como conquistar o bem-estar e colocar-se ao abrigo do mal? Nisso consiste todo o homem. Esse mal está em toda parte. Os quatro elementos conspiram para formá-lo. A esterilidade de um quarto do globo, as doenças, a multidão de animais inimigos, tudo nos obriga a trabalhar incessantemente para afastar o mal.

Sozinho, nenhum homem pode se garantir contra o mal e conquistar o bem; necessita de ajuda. A sociedade, portanto, é tão antiga quanto o mundo. Essa sociedade ora é muito numerosa, ora muito rarefeita. As revoluções deste mundo destruíram muitas vezes raças inteiras de homens e de animais em vários países, e as multiplicaram em outros. Para multiplicar uma espécie, são necessários um clima e um terreno favoráveis; e, com essas vantagens, o homem pode ainda ser reduzido a andar totalmente nu, a suportar a fome, a sentir falta de tudo, a perecer de miséria.

Os homens não são como os castores e as abelhas, como o bicho-da-seda: não têm um instinto inato para lhes proporcionar o necessário. Entre os homens, sobre cem elementos do sexo masculino encontra-se somente um dotado de gênio; sobre quinhentas mulheres, apenas uma. É exclusivamente com gênio que são inventadas as artes que proporcionam, a longo prazo, um pouco de bem-estar, único objetivo de toda política.

Para desenvolver essas artes, necessita-se de auxílio, de mãos que ajudem, de mentes bastante abertas para compreender e bastante dóceis para obedecer. Antes de encontrar e reunir tudo isso, milhares de séculos se escoam na ignorância e na barbárie; milhares de tentativas abortam. Finalmente, uma arte é esboçada, e são necessários ainda milhares de séculos para aperfeiçoá-la.

[Política externa]

Logo que uma nação domina a metalurgia, é indubitável que irá vencer as nações vizinhas e que irá escravizá-las.

Os habitantes dessa nação possuem flechas e espadas e nasceram num clima que os tornou robustos. Nós somos fracos, temos apenas clavas e pedras; eles podem nos matar; se eles nos deixam a vida, é para cultivarmos os campos deles, para construirmos suas casas; cantamos para eles algumas árias grosseiras quando se aborrecem, isso se tivermos boa voz; ou então sopramos em tubos para obter deles roupas e pão. Se nossas mulheres e filhas forem belas, certamente as tomarão para eles. Senhor, seu filho aproveita essa política estabelecida e acrescenta novas descobertas a essa arte nascente. Seus servidores cortam os testículos de meus filhos, honrando-os depois com a guarda de suas esposas e amantes. Essa foi e ainda é a política, a grande arte de usar homens para seu próprio bem-estar, na maior parte da Ásia.

Alguns bandos, tendo servido desse modo a diversos outros, os vitoriosos combatem com a espada pela partilha dos despojos. Toda nação pequena alimenta e contrata soldados a soldo. Para encorajar esses soldados e para contê-los, cada uma dessas nações possui seus deuses, seus oráculos, suas predições; cada uma delas alimenta e contrata a soldo adivinhos e sacrificadores de animais. Esses adivinhos começam adivinhando em favor dos chefes da nação, em seguida adivinham para si próprios e dividem o governo. O mais forte e mais hábil subjuga no fim os outros, depois de séculos de carnificinas que fazem estremecer e de patifarias que fazem rir: esse é o complemento da política.

Enquanto essas cenas de banditismo e de fraudes ocorrem numa parte do globo, outros bandos, retirados nas cavernas das montanhas ou em regiões cercadas de pântanos inacessíveis, ou em algumas pequenas áreas habitáveis no meio dos desertos de areia ou das penínsulas, ou das ilhas, se defendem contra os tiranos do continente. Quando todos os homens, finalmente, dispuserem praticamente das mesmas armas, o sangue escorre de uma ponta a outra do mundo.

Mas não se pode matar sempre; promove-se a paz com o vizinho até que se acredite estar bastante forte para recomeçar a guerra. Aqueles que sabem escrever redigem esses tratados de paz. Os chefes de cada povo, para melhor enganar seus inimigos, conclamam o testemunho dos deuses que eles próprios criaram; inventam os juramentos: um promete em nome de *Samonocodom*[1], outro em nome de *Júpiter*[2], viver sempre em boa harmonia e, na primeira ocasião, degolam em nome de *Júpiter* e de *Samonocodom*.

Nos tempos mais tranquilos, o leão de Esopo[3] faz um tratado com três animais seus vizinhos. Trata-se de dividir uma presa em quatro partes iguais. O leão, por boas razões que apresentará no momento e lugar oportunos, toma de imediato três partes só para si e ameaça estrangular aquele que ousar tocar na quarta. Isso é o que há de mais sublime em política.

[Política interna] - Consiste em possuir no próprio país o maior poder, as maiores honras e os maiores prazeres possíveis. Para chegar a isso, é necessário muito dinheiro.

Isso é muito difícil numa democracia: cada cidadão é rival do outro. Uma democracia só pode subsistir num pequeno recanto da terra. É inútil ser rico por meio do comércio secreto, ou por causa daquele do avô; a fortuna fará cercar esse rico de ciumentos e de poucos amigos. Se numa democracia, uma casa rica governa, não o fará por muito tempo.

Numa aristocracia, pode-se conseguir mais facilmente honras, prazeres, poder e dinheiro, mas deve-se ter grande discrição. Basta abusar, que as revoluções eclodem.

Assim, na democracia, todos os cidadãos são iguais. Nos dias de hoje esse tipo de governo é raro e fraco, embora natural e sábio.

Na aristocracia se fazem sentir a desigualdade e a superioridade; mas, quanto menos arrogante for, mais assegura seu bem-estar.

Resta a monarquia: é nessa que todos os homens são feitos para um só. Este acumula todas as honras com que quiser se adornar, usufrui de todos os prazeres que quiser desfrutar, exerce um poder absoluto; e tudo isso, desde que tenha muito dinheiro. Se tiver falta dele, será infeliz interna como externamente; logo perderá o poder, os prazeres, as honras e talvez até a vida.

Enquanto esse homem tiver dinheiro, não somente ele usufrui de tudo, mas também seus parentes e seus principais servidores; e uma multidão de mercenários trabalha o ano inteiro para eles, na vã esperança de desfrutar um dia em suas cabanas o mesmo repouso que seu sultão e seus paxás parecem desfrutar em seus serralhos. Mas aqui está o que pode acontecer.

Um grande e gordo cultivador possuía outrora uma vasta propriedade de campos, prados, vinhedos, pomares e florestas. Cem empregados cultivavam para ele; enquanto isso, ele jantava com sua família, bebia e dormia. Seus principais criados, que o roubavam, jantavam depois dele e comiam quase tudo. Vinham depois os empregados e comiam muito mal. Estes murmuraram, se queixaram, perderam a paciência; por fim, comeram o jantar do dono e o expulsaram de sua casa. O proprietário disse que esses patifes eram filhos rebeldes que batiam no próprio pai. Os empregados responderam que haviam seguido a lei sagrada da natureza que ele havia violado. Dirigiram-se finalmente a um adivinho que era tido por homem inspirado. Esse santo homem toma a propriedade para si, deixa morrer de fome os criados e o antigo dono, até que por sua vez também foi expulso. Essa é a política interna.

É o que já vimos mais de uma vez; e alguns efeitos dessa política subsistem ainda com toda a sua força. Esperamos que daqui a dez ou doze mil séculos, quando os homens forem mais esclarecidos, os grandes proprietários de terras, já mais políticos, haverão de tratar melhor seus empregados e não vão se deixar subjugar por adivinhos e feiticeiros.

1. Samonocodom, divindade dos siameses, desceu várias vezes à terra para ensinar suas regras aos homens (NT).
2. Júpiter era o deus dos deuses, o supremo deus, na mitologia romana e correspondia a Zeus dos gregos, suprema divindade do Olimpo (NT).
3. Esopo (séc. VII ou VI a.C.), fabulista grego; suas fábulas que chegaram até nós foram compiladas no século IV por Demétrio de Falero (NT).

PRECONCEITOS - O preconceito é uma opinião sem julgamento. Assim, em toda a terra, se inspira às crianças todas as opiniões que se quiser, antes que elas possam julgar.

Há preconceitos universais, necessários, e que constituem a própria virtude. Em toda parte se ensina às crianças a reconhecer um Deus remunerador e vingador; ensina-se a respeitar, a amar os pais; a considerar o roubo como um crime, a mentira interesseira como um vício, antes que possam imaginar o que é um vício e uma virtude.

Há, portanto, preconceitos muito bons: são aqueles que o juízo ratifica quando se raciocina.

Sentimento não é simples preconceito, é algo muito mais forte. Uma mãe não ama seu filho porque lhe foi dito que deve amá-lo: ela o ama profundamente, mesmo contra sua vontade. Não é por preconceito que corres em socorro de uma criança desconhecida, prestes a cair num precipício ou a ser devorada por uma fera.

Mas é por preconceito que respeitarás um homem revestido de certos hábitos, andando gravemente, falando da mesma forma. Teus pais te disseram que devias te inclinar diante desse homem: tu o respeitas antes de saber se ele merece teus respeitos; cresces em idade e em conhecimentos: percebes que esse homem é um charlatão empedernido de orgulho, de interesse e de artifícios; desprezas o que reverenciavas, e o preconceito cede lugar ao julgamento. Tinhas acreditado por preconceito nas fábulas com que embalaram tua infância: disseram-te que os titãs moveram guerra aos deuses e que Vênus[1] se apaixonou por Adônis[2]; aos doze anos tomaste essas fábulas por verdades, aos vinte anos, como alegorias engenhosas.

Examinemos em poucas palavras as diferentes espécies de preconceitos, a fim de pôr ordem em nossas proposições. Seremos talvez como aqueles que, na época do sistema de Law[3], perceberam que tinham calculado riquezas imaginárias.

[Preconceitos dos sentidos]

Não é algo curioso que nossos olhos nos enganem sempre, mesmo quando vemos muito bem e que, ao contrário, nossos ouvidos não nos enganam? Se teu ouvido bem conformado ouvir: "És bela, eu te amo", estás bem certa de que não te disseram: "Eu te odeio, és feia." Mas vês um espelho liso: está demonstrado que te enganas, é uma superfície muito áspera. Vês o sol com mais ou menos dois pés de diâmetro: está demonstrado que é um milhão de vezes maior que a terra.

Parece que Deus tenha posto a verdade em teus ouvidos e o erro em teus olhos; estuda, porém, a ótica, verás que Deus não te enganou e que é impossível que os objetos te pareçam diferentes do que podes vê-los no estado presente das coisas.

[Preconceitos físicos]

O sol se levanta, a lua também, a terra é imóvel: esses são preconceitos físicos naturais. Mas que as lagostas sejam boas para o sangue, porque, ao serem cozidas, ficam vermelhas como ele; que as enguias curem a paralisia, porque tremem; que a lua influa em nossas doenças, porque um dia se observou que um doente teve um aumento de febre durante o período da lua minguante: essas ideias, e milhares de outras, foram erros de antigos charlatães, que julgaram sem raciocinar e que, enganando-se, enganaram os outros.

[Preconceitos históricos]

Foi dado crédito sem exame à maioria das histórias e esse crédito é um preconceito. Fábio Pictor[4] relata que, muitos séculos antes dele, uma vestal da cidade de Alba, indo buscar água com seu cântaro, foi violentada e deu à luz Rômulo e Remo, que foram amamentados por uma loba, etc. O povo romano acreditou nessa fábula; não examinou se naqueles tempos havia vestais no Lácio, se era real que a filha de um rei saísse da reclusão do templo com seu cântaro, se era provável que uma loba amamentasse dois meninos em vez de devorá-los, como fazem todos os lobos. O preconceito assim se estabelece.

Um monge escreveu que Clóvis[5], enfrentando grande perigo na batalha de Tolbiac, fez voto de se tornar cristão se conseguisse sair ileso; mas é natural que alguém se dirija a um deus estrangeiro em semelhante ocasião? Não é precisamente num momento desses que a religião na qual se nasceu age mais eficazmente? Qual é o cristão que, numa batalha contra os turcos, não se dirige antes à Virgem Maria que a Maomé[6]? Acrescenta-se que um pombo levou a santa ampola em seu bico para ungir Clóvis e que um anjo trouxe a auriflama para conduzi-lo. O preconceito acreditou em todas as historietas desse gênero. Aqueles que conhecem a natureza humana sabem que o usurpador Clóvis e que o usurpador Rollon ou Rol[7] se tornaram cristãos para governar mais seguramente cristãos, como os usurpadores turcos se tornaram muçulmanos para governar mais seguramente os muçulmanos.

[Preconceitos religiosos]

Se tua ama te contou que Ceres⁽⁸⁾ preside o trigo ou que Vishnu e Xaca⁽⁹⁾ se fizeram homens várias vezes ou que Samonocodom⁽¹⁰⁾ veio derrubar uma floresta ou que Odin⁽¹¹⁾ te espera em sua sala na Jutlândia ou que Maomé ou outro qualquer fez uma viagem ao céu; enfim, se teu preceptor vem em seguida enfiar em teu cérebro o que tua ama nele gravou, tens com que te preoupar para o resto da vida. Se teu julgamento quer se rebelar contra esses preconceitos, teus vizinhos, e especialmente tuas vizinhas, te condenam como ímpio e te assustam; teu dervixe, temendo ver diminuídos seus rendimentos, te denuncia ao cádi e esse cádi manda te empalar, se o puder, porque quer mandar em tolos e julga que os tolos obedecem melhor que os outros. E isso vai durar até que teus vizinhos, o dervixe e o cádi comecem a compreender que a tolice não serve para nada e que a perseguição é abominável.

1. Na mitologia romana, deusa do amor e da beleza (NT).

2. Segundo a mitologia romana, Adônis era um jovem de rara beleza, por quem Vênus se apaixonou; enciumado, Marte, deus da guerra, induziu-o a dedicar-se à caça, sendo morto por um javali (NT).

3. John Law (1671-1729), financista escocês, criou em Paris um banco de crédito e descontos, transformado depois em banco do reino da França; com seus métodos conseguiu reduzir a dívida do Estado e desenvolver o comércio marítimo e outros setores da economia francesa; quando estava no auge da expansão, o pânico provocado pelos especuladores levou-o à ruína (NT).

4. Quintus Fabius Pictor (250?-201? A.C.), cônsul romano e historiador, deixou a obra intitulada *História de Roma* (NT).

5. Clóvis I ou Clodoveu (465-511), rei dos francos (NT).

6. Maomé (570-632), fundador do islamismo ou religião muçulmana, condensada no livro sagrado Corão ou Alcorão (NT).

7. Rollon (séc. IX-X d.C.), comandante dos piratas noruegueses que saqueou a Normandia e sitiou Paris em 892; o rei da França negociou com ele e lhe concedeu a posse da Normandia em troca de sua conversão ao cristianismo (NT).

8. Ceres era a deusa romana que presidia a agricultura e as colheitas (NT).

9. Brama ou Brahma, no hinduísmo, é o deus criador ou o princípio criador do universo; com Shiva e Vishnu forma a Trimurti ou a trindade hindu; Xaca é outra divindade hindu, de categoria inferior (NT).

10. Samonocodom, deus dos siameses, desceu várias vezes à terra para ensinar suas regras aos homens (NT).

11. O deus supremo na mitologia escandinava (NT).

PROFETAS - O profeta Jurieu⁽¹⁾ foi vaiado, os profetas de Cévennes⁽²⁾ foram enforcados ou torturados na roda, os profetas das regiões do Languedoc e do Delfinado⁽³⁾, que se transferiram para Londres, foram supliciados no pelourinho, o profeta Savonarola⁽⁴⁾ foi queimado em Florença, o profeta João batizador ou João Batista⁽⁵⁾ teve a cabeça decepada.

Há quem acredite que Zacarias⁽⁶⁾ foi assassinado; mas felizmente isso não está provado. O profeta Jeddo ou Ado⁽⁷⁾, enviado a Betel sob condição de não comer nem beber; infelizmente, depois de comer um pedaço de pão, foi por sua vez devorado por um leão; seus ossos foram encontrados na estrada, entre esse leão e seu burro. Jonas⁽⁸⁾ foi engolido por um peixe; é verdade que só permaneceu no ventre do peixe três dias e três noites; mas é sempre passar 72 horas muito pouco à vontade.

Habacuc⁽⁹⁾ foi transportado pelos ares, agarrado pelos cabelos, até Babilônia. Na verdade, não é das piores desgraças, mas trata-se de um veículo muito incômodo. Deve-se sofrer muito quando se está suspenso pelos cabelos e assim levado pelo espaço por trezentas milhas. Eu teria preferido um par de asas, a jumenta Borac[10] ou o hipogrifo[11].

Miqueias[12], filho de Jemila, viu o Senhor sentado em seu trono com os exércitos do céu à direita e à esquerda e ouviu o Senhor pedir que alguém fosse enganar o rei Acab; o demônio se apresentou ao Senhor e se encarregou da missão; Miqueias, porém, a mando do Senhor, foi comunicar a Acab essa aventura celeste. É verdade que, como recompensa, só levou uma enorme bofetada do profeta Sedecias; é verdade igualmente que foi metido no calabouço somente por alguns dias: mas, enfim, é desagradável, para um homem inspirado, ser esbofeteado e enfiado no fundo de um fosso.

Dizem que o rei Amasias mandou arrancar os dentes ao profeta Amós[13] para impedi-lo de falar. Não é que não se possa de modo algum falar sem os dentes; vimos velhas desdentadas extremamente tagarelas; mas uma profecia deve ser proferida com muita clareza, e um profeta desdentado não é escutado com o respeito que lhe é devido.

Baruc[14] sofreu muitas perseguições. Ezequiel[15] foi apedrejado por seus companheiros de escravidão. Não se sabe se Jeremias[16] foi apedrejado ou serrado ao meio.

Quanto a Isaías[17], tem-se como certo que foi serrado por ordem de Manassés, régulo da Judeia.

Devemos concordar que ser profeta é um mau negócio. Para um só, como Elias[18], que vai passear de planeta em planeta numa bela carruagem de luz, puxada por quatro cavalos brancos, há cem que vão a pé e são obrigados a pedir comida de porta em porta. Eles se assemelham em muito a Homero[19] que foi obrigado, segundo se diz, a pedir esmola nas sete cidades que disputavam entre si a honra de tê-lo visto nascer. Os comentadores de suas obras lhe atribuíram uma infinidade de alegorias, nas quais ele nunca havia pensado. Muitas vezes a mesma honra foi prestada aos profetas. Não ponho em dúvida que fossem pessoas muito instruídas sobre o futuro. Para isso, basta conferir à própria alma certo grau de exaltação, como muito bem o imaginou um bravo filósofo ou louco de nossos dias, que queria abrir um buraco até os antípodas e untar os doentes com piche resinoso. Os judeus exaltaram tão bem sua alma, que viram com inteira clareza todas as coisas futuras: mas é difícil adivinhar ao certo se por Jerusalém os profetas entendem sempre a vida eterna; se Babilônia significa Londres ou Paris; se, quando falam de um grande banquete, devemos interpretá-lo como um jejum; se vinho tinto significa sangue; se um manto vermelho significa a fé e um manto branco, a caridade. A compreensão dos profetas tem tudo a ver com o esforço do espírito humano. É por isso que não vou dizer mais nada a respeito.

1. Pierre Jurieu (1637-1713), teólogo e polemista protestante francês; perseguido, refugiou-se na Holanda, de onde continuou suas virulentas críticas aos católicos franceses (NT).

2. Região montanhosa da França, Cévennes foi palco da revolta dos calvinistas franceses, chamados camisardos, rebelião que se transformou em guerra civil religiosa em toda a região e perdurou de 1702 a 1704; dominados totalmente em 1704, alguns chefes camisardos continuaram, porém, com revoltas e incursões ocasionais até 1710 (NT).

3. Duas regiões do sul da França, centros, especialmente a de Languedoc, das guerras de religião dos séculos XVI, XVII e XVIII entre católicos e protestantes (NT).

4. Girolamo Savonarola (1452-1498), padre italiano e pregador contundente, obteve grande prestígio em Florença, cidade e ducado em que organizou um governo teocrático que ele mesmo exerceu de 1494 a 1497; crítico feroz da corrupção do clero e do papado, foi excomungado, preso e enforcado; seu corpo foi queimado numa fogueira na praça central de Florença (NT).

5. A história de João, o Batizador, é narrada nos primeiros capítulos dos Evangelhos de Mateus, Marcos e Lucas; a morte do Batista

se encontra no Evangelho de Mateus, XIV, 3-12, no de Marcos, VI, 17-29 e no de Lucas, III, 19-20; o rei que mandou decapitá-lo era Herodes Antipas (22? A.C. – 39 d.C.), que governou a Galileia e a Pereia (NT).

6. Zacarias (séc. VI a.C.), profeta bíblico, seu nome intitula um dos livros proféticos do Antigo Testamento (NT).

7. Fato narrado na Bíblia, no *1º. Livro dos Reis*, capítulo XIII (NT).

8. Profeta de Israel que viveu na época de Jeroboão II (783-743 a.C.); mas a fábula que leva seu nome como livro bíblico teria sido, segundo exegetas, erroneamente atribuída a esse profeta (NT).

9. Este profeta do século VII a VI a.C. deixou um texto bíblico que forma o livro profético que leva seu nome (NT).

10. Nome da jumenta que, segundo a tradição, teria levado Maomé num instante ao templo de Jerusalém e de lá para o céu (NT).

11. Animal fabuloso e mitológico, metade cavalo metade grifo; este último era outro animal fantástico, alado, com corpo de leão e cabeça de ave de rapina (NT).

12. Miqueias exerceu seu ministério profético entre 740 e 687 a.C. em Judá e Israel; deixou um texto que dá seu nome a um livro do Antigo Testamento da Bíblia; Voltaire confunde o rei Acab (874-853) com o rei Acaz (736-716 a.C.) no texto acima (NT).

13. Amós foi profeta em Israel no século VIII-VII a.C. e deixou um livro de seus oráculos, incluído no Antigo Testamento da Bíblia (NT).

14. Este profeta é reconhecido por alguns exegetas como o amigo e discípulo de Jeremias; outros julgam que se trata de um homônimo que teria vivido em outra época; por outro lado, o breve texto, incluído na Bíblia católica e ortodoxa com o nome desse profeta, seria apócrifo e não consta na Bíblia hebraica e, em decorrênncia, nem na dos protestantes, que seguem o cânone dos livros inspirados defendido pelos rabinos judeus (NT).

15. Profeta de Israel do século VI a.C., era sacerdote e exilado na Babilônia; o livro profético que leva seu nome é um texto repleto de visões e com características apocalípticas (NT).

16. Jeremias (650?-580? a.C.) testemunhou a destruição de Jerusalém no ano 587 e viveu os últimos anos de sua vida como exilado no Egito; sua obra profética revela uma profunda espiritualidade, parecendo querer preparar o povo a viver sem seu grande templo de Jerusalém e dedicar-se a uma vivência religiosa mais interiorizada e menos formal; além do denso livro que leva seu nome, são também atribuídas a ele as *Lamentações*, breve texto bíblico, mas hoje os exegetas estão inclinados a crer que essa série de poemas seja de outro autor (NT).

17. Isaías exerceu seu ministério profético entre 740 e 680 a.C. no reino de Judá; o livro bíblico que leva seu nome é uma pregação da santidade de Deus, é uma defesa ardente da fé e da religião; o rei Manassés (687-653 a.C.), citado no texto de Voltaire, é apresentado na Bíblia como um governante que fez o mal aos olhos de Deus (NT).

18. O profeta Elias (séc. IX a.C.) não deixou texto escrito, mas sua vida e seu ministério são narrados no *1º. e 2º. Livros dos Reis*; o episódio de seu arrebatamento ao céu, em vida e sem retorno, é relatado no capítulo II do *2º. Livro dos Reis* (NT).

19. Homero (séc. IX a.C.), poeta grego a quem são atribuídos os dois poemas épicos *Ilíada* e *Odisseia*, nos quais são narrados os atos heroicos dos gregos na guerra de Troia e as intermináveis aventuras do herói Ulisses; em ambos os poemas a intervenção dos deuses nos fatos e atos dos homens têm lugar de destaque (NT).

PROPRIEDADE - *Liberty and Property* (liberdade e propriedade), este é o grito inglês. É melhor que *Saint-George et mon droit, Saint-Denys et mon joie* (São Jorge e meu direito, São Dionísio e minha alegria); é o grito da natureza.

Da Suíça à China, os camponeses possuem terras próprias. Somente o direito de conquista pôde, em alguns países, despojar os homens de um direito tão natural.

O benefício geral de uma nação é aquele do soberano, do magistrado e do povo, tanto na paz como na guerra. Essa posse de terras, concedidas aos camponeses, será igualmente útil ao trono e aos súditos em todos os tempos? Para que o seja para o trono, é necessário que possa produzir um rendimento mais considerável e mais soldados.

É necessário ver, portanto, se o comércio e a população vão aumentar. É certo que o proprietário de um terreno vai cultivar muito melhor sua propriedade que a de outrem. O espírito de propriedade duplica a força do homem. Qualquer um trabalha para si e para sua família com mais vigor e prazer do que para um senhor. O escravo que está sob o jugo de outro tem pouca inclinação para o casamento. Muitas vezes teme gerar escravos como ele. Sua habilidade fica sufocada, sua alma embrutecida e suas forças nunca são exercidas em toda a sua elasticidade. O proprietário, em contrapartida, deseja uma mulher que compartilhe sua felicidade, e filhos que o ajudem no trabalho. Sua esposa e seus filhos o enriquecem. O terreno desse cultivador pode tornar-se dez vezes mais produtivo que antes, mesmo nas mãos de uma família trabalhadora. O comércio geral vai aumentar; o tesouro do príncipe vai lucrar com isso; os campos vão fornecer mais soldados. A vantagem, evidentemente, é toda do príncipe. A Polônia seria três vezes mais povoada e mais rica se o camponês não fosse escravo.

Os benefícios não são menores para os senhores. Se um senhor possuir dez mil jeiras de terra cultivadas por empregados, dez mil jeiras vão lhe fornecer uma renda muito fraca, muitas vezes absorvida pelos reparos e reduzida a nada pela intempérie das estações. O que acontecerá se a terra for de vasta extensão e o terreno for mais ingrato? Ele será apenas senhor de uma vasta solidão. Só será rico se seus vassalos também o forem. Sua felicidade depende da fortuna deles. Se essa felicidade se estender a ponto de tornar sua terra muito povoada, chegando a faltar terreno para tantas mãos trabalhadoras (enquanto antes faltavam mãos para o terreno), então o excedente dos cultivadores necessários se espalha pelas cidades, pelos portos marítimos, pelos ateliês dos artistas, pelos exércitos. A população terá produzido esse grande bem; e a posse das terras, concedidas aos cultivadores, sob o débito que enriquece os senhores, terá produzido essa população.

Há outra espécie de propriedade, não menos útil; é aquela que é liberada de todo débito e que só paga os tributos gerais impostos pelo soberano, para o bem e a manutenção do Estado. Foi esse tipo de propriedade que contribuiu, de modo particular, para a riqueza da Inglaterra, da França e das cidades livres da Alemanha. Os soberanos que franquearam os terrenos, que compunham seus domínios, vão auferir de início já grande vantagem, porque cobraram caro por essas franquias; e hoje têm o retorno de um bem ainda maior, principalmente na Inglaterra e na França, pelo progresso da indústria e do comércio.

A Inglaterra deu um grande exemplo no século XVI, quando franqueou as terras dependentes da Igreja e dos monges. Era coisa realmente odiosa, prejudicial a um Estado, ver homens votados por sua instituição à humildade e à pobreza tornando-se senhores das terras mais belas do reino, tratando os homens, seus irmãos, como bestas de carga, obrigados a carregar seus fardos. A soberba desse reduzido número de sacerdotes aviltava a natureza humana. Suas riquezas particulares empobreciam o resto do reino. O abuso foi destruído e a Inglaterra se tornou rica.

Em todo o resto da Europa, o comércio só floresceu, as artes só tiveram prestígio, as cidades só cresceram e se embelezaram, quando os servos da coroa e da Igreja tiveram a propriedade das terras. O que se deve cuidadosamente observar é que, se a Igreja perdeu com isso direitos que não lhe pertenciam, a coroa ganhou a extensão de seus direitos legítimos, pois, a Igreja, cuja primeira instituição é imitar seu legislador humilde e pobre, não foi feita originalmente para engordar com o fruto do trabalho dos homens; e o soberano, que representa o Estado, deve economizar o fruto desses mesmos trabalhos, para o bem do próprio Estado e para o esplendor do trono. Em toda parte onde o povo trabalha para a Igreja, o Estado é pobre: em toda parte onde o povo trabalha para si e para o soberano, o Estado é rico.

É então que o comércio estende por toda parte seus ramos. A marinha mercante se torna a escola da marinha militar. Formam-se grandes companhias de comércio. O soberano encontra, em tempos difíceis, recursos antes desconhecidos. Desse modo, nos Estados austríacos, na França e na Inglaterra, pode-se ver o soberano tomar emprestado facilmente de seus súditos cem vezes mais do que poderia arrancar deles pela força, quando o povo estagnava na servidão.

Nem todos os camponeses serão ricos, e não é necessário que o sejam. Necessitamos de homens que só tenham seus braços e boa vontade. Mas mesmo esses homens, que parecem o refugo da sorte, participarão da felicidade dos outros. Serão livres para vender seu trabalho a quem quiser pagá-los melhor. Essa liberdade será sua propriedade. A esperança certa de um justo salário os sustentará. Criarão com alegria suas famílias em seus ofícios laboriosos e úteis. É especialmente essa classe de homens, tão desprezível aos olhos dos poderosos, que constitui o celeiro de soldados. Assim, desde o cetro até a foice e o cajado, tudo se anima, tudo prospera, tudo ganha nova força graças a essa única mola.

Depois de termos visto que é vantajoso para um Estado que os cultivadores sejam proprietários, resta ver até onde essa concessão pode se estender. Aconteceu em mais de um reino que o escravo liberto, tornando-se rico graças à sua habilidade, se tenha colocado no lugar de seus antigos senhores empobrecidos pelo luxo. Comprou suas terras e lhes tomou o nome. A antiga nobreza foi aviltada e a nova só foi invejada e desprezada. Tudo foi confundido. Os povos que toleraram essas usurpações se tornaram joguetes das nações que se preservaram desse flagelo.

Os erros de um governo podem ser uma lição para os outros. Tiram proveito do bem que esse governo fez e evitam o mal em que caiu.

É tão fácil opor o freio das leis à cobiça e ao orgulho dos novos ricos, fixar a extensão dos terrenos plebeus que podem comprar, proibir-lhes a aquisição das grandes terras feudais, que nenhum governo firme e sensato poderá arrepender-se de ter abolido a escravidão e de ter enriquecido a indigência. Um bem nunca produz um mal, a não ser que esse bem seja impelido a um excesso vicioso e então ele deixa de ser um bem. Os exemplos das outras nações servem de advertência; e é o que faz com que os povos que se politizaram por último ultrapassem muitas vezes os mestres de quem receberam as lições.

Q

QUARESMA - [Perguntas sobre a quaresma] - Os primeiros que decidiram jejuar adotaram esse regime por ordem médica por terem sofrido indigestões?

A falta de apetite que sentimos na tristeza teria sido a primeira origem dos dias de jejum prescritos pelas religiões tristes?

Os judeus copiaram o costume de jejuar dos egípcios, pois, imitaram todos os ritos deles, inclusive a flagelação e o bode expiatório?

Por que Jesus jejuou durante quarenta dias no deserto, para onde levado pelo demônio, pelo *Knathbull*? São Mateus observa que, *depois* dessa quaresma, Jesus teve fome; não tinha fome então durante essa quaresma?

Por que durante os dias de abstinência a Igreja romana considera um crime comer animais terrestres e uma boa obra servir-se de linguados e salmões? O papista rico que tiver, à sua mesa, por 500 francos, carne de peixe será salvo; já o pobre, morrendo de fome, que tiver comido, por quatro centavos, um pedaço de carne de porco salgada será condenado!

Por que se deve pedir permissão ao bispo para comer ovos? Se um rei ordenasse a seu povo que nunca comesse ovos, não seria visto como o mais ridículo dos tiranos? Que estranha aversão terão os bispos pelas omeletes?

É de acreditar que entre os papistas tivesse havido tribunais tão imbecis, tão covardes, tão bárbaros, para condenar à morte pobres cidadãos que não tinham cometido outros crimes senão o de ter comido carne de cavalo durante a quaresma? O fato, no entanto, é mais que verdadeiro: tenho em minhas mãos o texto de uma sentença dessa espécie. O que há de estranho é que os juízes que pronunciaram semelhantes sentenças se julgavam superiores aos iroqueses.

Sacerdotes idiotas e cruéis! A quem ordenam a quaresma? Aos ricos? Estes estão longe de observá-la. Aos pobres? Estes observam a quaresma o ano inteiro. O infeliz agricultor quase nunca come carne e não tem dinheiro para comprar peixe. Loucos, quando vão corrigir suas leis absurdas?

R

RELIGIÃO - **[Primeira questão]** - O bispo de Gloucester, Warburton[1], autor de uma das mais sábias obras que já foram escritas, assim se exprime, na página 8 do tomo I:

"Uma religião, uma sociedade que não está fundada na crença em outra vida, deve ser sustentada por uma providência extraordinária. O judaísmo não está fundado na crença de outra vida; portanto, o judaísmo foi sustentado por uma providência extraordinária."

Vários teólogos se levantaram contra ele; e, como todos os argumentos são criticados, criticaram também o dele; alguns lhe disseram:
"Toda religião que não estiver baseada no dogma da imortalidade da alma e nas penas e recompensas eternas é necessariamente falsa; ora, o judaísmo não conheceu esses dogmas; logo, o judaísmo, longe de ser sustentado pela Providência, era, segundo teus princípios, uma religião falsa e bárbara que atacava a Providência."

Esse bispo teve alguns outros adversários que sustentaram que a imortalidade da alma era conhecida entre os judeus, nos próprios tempos de Moisés; mas ele lhes provou com toda a evidência que nem o *Decálogo*, nem o *Levítico*, nem o *Deuteronômio* tinham uma única palavra a respeito dessa crença, e que é ridículo querer torcer e corromper algumas passagens dos outros livros para extrair deles uma verdade que não é anunciada no livro da lei.

O bispo, tendo escrito quatro volumes para demonstrar que a lei judaica não propunha nem penas nem recompensas depois da morte, jamais pôde responder a seus adversários de maneira satisfatória. Estes lhe diziam: "Ou Moisés conhecia esse dogma e então enganou os judeus, ao não revelá-lo; ou o ignorava e, nesse caso, não tinha conhecimentos suficientes para fundar uma boa religião. Com efeito, se a religião tivesse sido boa, por que seria mais tarde abolida? Uma religião verdadeira deve ser para todos os tempos e todos os lugares; deve ser como a luz do sol que ilumina todos os povos e todas as gerações."

Esse prelado, por mais esclarecido que fosse, teve muito trabalho para se livrar de todas essas dificuldades; mas que sistema é isento de dificuldades?

[Segunda questão]

Outro sábio, muito mais filosófico, que é um dos mais profundos metafísicos de nossos dias, apresenta fortes razões para provar que o politeísmo foi a primeira religião dos homens e que se começou a crer em vários deuses antes que a razão fosse suficientemente esclarecida para só reconhecer um único ser supremo.

Ouso crer, ao contrário, que se começou primeiramente a reconhecer um único Deus e que, em seguida, a fraqueza humana adotou vários deles; e aqui está como concebo isto:

É indubitável que houve povoados antes que fossem construídas grandes cidades e que todos os homens foram divididos em pequenas repúblicas antes que fossem reunidos em grandes impérios. É muito natural que uma aldeia, assustada pelo trovão, aflita pela perda de suas colheitas, maltratada pelo vilarejo vizinho, sentindo todos os dias a própria fraqueza, pressentindo por toda parte um poder invisível, tenha finalmente dito: "Há algum ser acima de nós que nos faz o bem e nos causa o mal."

Parece-me impossível que tenha dito: "Há dois poderes." De fato, por que vários? Em todas as coisas se começa pelo simples, em seguida vem o composto e muitas vezes, enfim, volta-se ao simples graças a luzes superiores. Essa é a marcha do espírito humano.

Qual é esse ser que teria sido invocado de início? Seria o sol? A lua? Não creio. Examinemos o que se passa nas crianças; são praticamente o que são os homens ignorantes. Não são tocadas nem pela beleza nem pela utilidade do astro que anima a natureza, nem pela ajuda que a lua nos presta, nem pelas variações regulares de seu curso; não pensam nisso, estão muito acostumadas com essas coisas. Não se adora, não se crê, não se tenta apaziguar senão aquilo que se teme; todas as crianças veem o céu com indiferença; mas basta o trovão reboar, e elas tremem, vão se esconder. Os primeiros homens, sem dúvida, agiram da mesma forma. Só há algumas espécies de filósofos que observaram o curso dos astros, que levaram os outros a admirá-los e a adorá-los; mas agricultores simples e sem nenhuma luz não sabiam o suficiente a respeito desses astros para abraçar um erro tão nobre.

Uma aldeia, portanto, se terá limitado a dizer: "Há um poder que troveja, que manda granizo sobre nós, que faz morrer nossos filhos: vamos aplacá-lo; mas como? Vemos que acalmamos com pequenos presentes a cólera das pessoas irritadas; vamos, portanto, oferecer pequenos presentes a esse poder. É necessário também dar-lhe um nome. O primeiro que se oferece é o de *chefe, mestre, senhor*; esse poder, portanto, passa a ser chamado *Senhor*. É provavelmente a razão pela qual os primeiros egípcios chamaram seu deus, *Knef*; os sírios, *Adonai*; os povos vizinhos, *Baal* ou *Bel* ou *Melc* ou *Moloc*; os citas, *Papeu*: todas palavras que significam *senhor, mestre*.

Foi assim que foi encontrada quase toda a América, dividida numa multidão de pequenas tribos, e todas elas tinham seu deus protetor. Os próprios mexicanos, e os peruanos, que eram grandes nações, tinham um só deus: uma dessas nações adorava Manko Kapac e a outra, o deus da guerra. Os mexicanos davam a seu deus guerreiro o nome de *Vitzliputzli*, como os hebreus haviam denominado seu senhor de *Sabaot*.

Não foi por uma razão superior e elaborada que todos os povos começaram desse modo a reconhecer uma única divindade. Se tivessem sido filósofos, teriam adorado o deus de toda a natureza e não o deus de uma aldeia; teriam examinado essas relações infinitas de todos os seres, que provam um ser criador e conservador; mas não examinaram nada, sentiram. Esse é o progresso de nosso fraco entendimento; cada vilarejo sentia sua fraqueza e a necessidade que tinha de um forte protetor. Imaginava esse ser tutelar e terrível residindo na floresta vizinha, ou na montanha, ou numa nuvem. Imaginava um só deus, porque a aldeia só tinha um chefe na guerra. Imaginava-o corporal, porque era impossível representá-lo de outra forma. Não podia crer que a aldeia vizinha não tivesse também seu deus. Aí está por que Jefté disse aos habitantes de Moab: "Vocês possuem legitimamente o que seu deus Camos os levou a conquistar; devem deixar-nos desfrutar daquilo que nosso deus nos concedeu com suas vitórias[2]."

Este discurso, proferido por um estrangeiro a outros estrangeiros, é notável. Os judeus e os moabitas tinham despejado os habitantes naturais do país; uns e outros não tinham outro direito senão o da força, e um dos povos disse a outro: "Teu deus te protegeu em tua usurpação, tolera agora que meu deus me proteja na minha."

Os profetas Jeremias e Amós perguntam um ao outro "qual razão teve o deus Malcom para se apoderar do país de Gad". Parece evidente, por essas passagens, que a antiguidade atribuía a cada país um deus protetor. Encontram-se ainda vestígios dessa teologia em Homero[3].

É muito natural que os homens, com a imaginação mais desperta e com seu espírito adquirindo conhecimentos confusos, logo tenham multiplicado seus deuses e estipulado protetores para os elementos, para os mares, para as florestas, para as fontes, para os campos. Quanto mais foram examinando os astros, mais foram tocados de admiração. Como não adorar o sol, quando se adora a divindade de um riacho? Desde que o primeiro passo foi dado, a terra é logo coberta de deuses; e finalmente se desce dos astros aos gatos e às cebolas.

Entretanto, é realmente necessário que a razão se aperfeiçoe; o tempo forma, enfim, filósofos que percebem que nem as cebolas, nem os gatos, nem mesmo os astros, organizaram a ordem da natureza. Todos esses filósofos babilônicos, persas, egípcios, citas, gregos e romanos admitem um Deus supremo, remunerador e vingador.

De início, eles não o dizem ao povo, pois, quem falasse mal das cebolas e dos gatos diante das velhas e dos sacerdotes teria sido apedrejado; quem tivesse recriminado aos egípcios o fato de comerem seus deuses, teria sido ele próprio devorado como Juvenal[4] relata que, de fato, um egípcio foi morto e devorado cru numa discussão desse tipo.

Mas o que foi feito? Orfeu[5] e outros estabelecem mistérios, que os iniciados, por meio de juramentos execráveis, juram nunca revelar, e o principal desses mistérios é a adoração de um só Deus. Essa grande verdade penetra na metade da terra; o número dos iniciados se torna imenso. É verdade que a antiga religião sempre subsiste; como não é contrária ao dogma da unidade de Deus, deixa-se que subsista. E por que aboli-la? Os romanos reconhecem o *Deus optimus maximus*; os gregos têm seu *Zeus*, seu Deus supremo. Todas as outras divindades são apenas seres intermediários: heróis e imperadores são elevados à categoria de deuses, isto é, de bem-aventurados; mas é certo que Cláudio, Otávio, Tibério e Calígula[6] não são considerados como criadores do céu e da terra.

Numa palavra, parece provado que, no tempo de Augusto[7], todos os que tivessem uma religião reconheciam um Deus superior, eterno, e várias ordens de deuses secundários, cujo culto foi chamado mais tarde *idolatria*.

Os judeus jamais foram idólatras, pois, embora admitissem alguns *malakhim*, anjos, seres celestes de categoria inferior, sua lei não ordenava que essas divindades secundárias tivessem um culto entre eles. Adoravam os anjos, é verdade, isto é, prostravam-se quando viam um deles; mas, como isto não acontecia com frequência, não havia nem cerimonial nem culto legal estabelecido para eles. Os querubins da arca não recebiam homenagens. Consta que os judeus adoravam abertamente um só Deus, como a multidão inumerável de iniciados o adorava secretamente em seus mistérios.

[Terceira questão]

Foi nessa época, em que o culto de um Deus supremo estava universalmente estabelecido entre todos os sábios na Ásia, na Europa e na África, que a religião cristã surgiu.

O platonismo ajudou muito na compreensão de seus dogmas. O *Logos*, que em Platão[8] significava a sabedoria, a razão do ser supremo, tornou-se para nós o *Verbo* e uma segunda pessoa de Deus. Uma metafísica profunda e acima da compreensão humana foi um santuário inacessível no qual a religião se desenvolveu.

Não vamos repetir aqui como Maria foi declarada mãe de Deus, como se estabeleceu a consubstancialidade do Pai e do Verbo e a processão do *Pneuma* (Espírito), órgão divino do divino *Logos*, duas naturezas e duas vontades resultantes da hipóstase e, finalmente, a manducação superior, a alma nutrida bem como o corpo com os membros e o sangue do Homem-Deus, adorado e ingerido sob a forma do pão, presente aos olhos, sensível ao paladar e, no entanto, aniquilado. Todos os mistérios foram sublimes.

Começou-se, desde o século II, a expulsar os demônios em nome de Jesus; antes eram expulsos em nome de Javé ou Ihaho, pois, São Mateus relata, visto que os inimigos de Jesus haviam dito que ele expulsava os demônios em nome do príncipe dos demônios, que ele lhes respondeu: "Se é por Belzebu[9] que eu expulso os demônios, por quem seus filhos o expulsam?"

Não se sabe em que tempo os judeus reconheceram Belzebu, que era um deus estrangeiro, como príncipe dos demônioros; sabe-se, porém (e é Josefo[10] que nos informa a respeito), que havia em Jerusalém exorcistas específicos para expulsar os demônios dos corpos dos possessos, isto é, dos homens acometidos de doenças singulares que, então, eram atribuídas em grande parte da terra a gênios malfeitores.

Esses demônios, portanto, eram expulsos com a verdadeira pronúncia do nome Javé, hoje perdida, e com outras cerimônias hoje também esquecidas.

Esse exorcismo por meio de Javé ou por meio de outros nomes de Deus estava ainda em uso nos primeiros séculos da Igreja. Orígenes[11], polemizando com Celso, lhe diz: "Se, ao invocar a Deus ou jurando em seu nome, é denominado o Deus de Abraão, de Isaac e de Jacó, certas coisas serão feitas por meio desses nomes, cuja natureza e força são tais que os demônios se submetem a quem os pronuncia; mas, se o chamamos com outro nome, como Deus do mar revolto, suplantador, esses nomes não terão força. O nome de Israel traduzido em grego nada poderá operar; mas pronunciem-no em hebraico, com as outras palavras necessárias, e imediatamente a conjuração será operada."

O mesmo Orígenes, no número 19, diz estas palavras notáveis: "Há nomes que têm naturalmente força, como aqueles de que se servem os sábios entre os egípcios, os magos da Pérsia, os brâmanes da Índia. O que denominamos magia não é uma arte vã e quimérica, como julgam os estoicos[12] e os epicuristas[13]: nem o nome de Sabaot nem o de Adonai foram feitos para seres criados; mas pertencem a uma teologia misteriosa que se conecta com o Criador; de lá vem a energia desses nomes quando são ordenados e pronunciados segundo as regras, etc."

Falando desse modo, Orígenes não dá sua opinião particular, mas só apresenta a opinião universal. Todas as religiões então conhecidas admitiam uma espécie de magia; distinguia-se a magia celeste e a magia infernal, a necromancia e a teurgia: tudo era prodígio, adivinhação, oráculo. Os persas não negavam os milagres dos egípcios, nem os egípcios aqueles dos persas; Deus permitia que os primeiros cristãos fossem persuadidos dos oráculos atribuídos às sibilas[14] e lhes deixava ainda alguns erros pouco importantes, que não corrompiam os fundamentos da religião.

Algo ainda mais notável é que os cristãos dos dois primeiros séculos tinham horror dos templos, dos altares e das imagens. É o que Orígenes afirma na obra citada. Tudo mudou depois com a disciplina, quando a Igreja conseguiu atingir uma estrutura mais fixa.

[Quarta questão]

Quando uma religião é legalmente estabelecida num Estado, todos os tribunais se ocupam imediatamente em impedir que seja modificada a maioria dos atos que eram praticados nessa religião antes que ela fosse publicamente aceita. Os fundadores se reuniam secretamente, contra a vontade dos magistrados; hoje só são permitidas as assembleias públicas sob os olhares da lei e todas as associações que se furtam à lei são proibidas. A antiga máxima era que é preferível obedecer a Deus que aos homens; a máxima oposta é hoje aceita, ou seja, que seguir as leis do Estado é obedecer a Deus. Só se ouvia falar de obsessões e possessões, o demônio então andava à solta na terra: hoje, o diabo não sai mais de sua morada. Os prodígios, as profecias, eram então necessárias: hoje, não são mais admitidas. Um homem que predissesse calamidades nas praças públicas seria trancafiado no manicômio. Os fundadores recebiam secretamente dinheiro dos fiéis; um homem que hoje recolhesse dinheiro para dele dispor sem ser autorizado pela lei teria que responder perante a justiça. Assim, não se usa mais nenhum andaime que serviu para construir o edifício.

[Quinta questão]

Depois de nossa santa religião, que sem dúvida é a única boa, qual será a menos má?

Não seria a mais simples? Não seria aquela que ensinasse muita moral e poucos dogmas? Aquela que tendesse a tornar os homens justos sem torná-los absurdos? Aquela que não obrigasse a crer em coisas impossíveis, contraditórias, injuriosas à divindade e perniciosas ao gênero humano, e que não ousasse ameaçar com penas eternas quem tivesse o senso comum? Não seria aquela que não sustentasse sua crença por meio de carrascos e que não inundasse a terra de sangue por causa de sofismas ininteligíveis? Aquela em que um equívoco, um jogo de palavras e duas ou três cartas sobrepostas não fizessem um soberano e um deus de um sacerdote muitas vezes incestuoso, homicida e envenenador? Aquela que não submetesse os reis a esse sacerdote? Aquela que só ensinasse a adoração de um Deus, a justiça, a tolerância e a humanidade?

[Sexta questão]

Foi dito que a religião dos pagãos era absurda em muitos pontos, contraditória, perniciosa; mas não se teria imputado a ela mais males do que realmente praticou e mais tolices do que pregou?

Pois, ao ver Júpiter como touro,
serpente, cisne ou qualquer outra coisa,
nada de belo observo nisso,
e não me surpreendo se às vezes há quem critique.
(Prólogo de *Amphitryon*[15]).

Sem dúvida isto é muito impertinente; mas que me mostrem em toda a antiguidade um templo dedicado a Leda dormindo com um cisne ou com um touro. Houve em Atenas ou Roma um sermão encorajando as jovens a ter filhos com os cisnes de seu pátio? As fábulas recolhidas e ornadas por Ovídio[16] constituem a religião? Não se parecem com nossa *Lenda dourada*[17], com nossa *Flor dos Santos*[18]? Se algum brâmane ou algum dervixe nos relembrasse a história de santa Maria egipciana que, não tendo com que pagar os marinheiros que a conduziram ao Egito, prestou a cada um deles o que chamamos favores, em vez de dinheiro, diríamos ao brâmane: "Meu reverendo sacerdote, tu te enganas, nossa religião não é a *Lenda dourada*."

Recriminamos os antigos por seus oráculos, seus prodígios: se eles voltassem ao mundo e pudéssemos contar os milagres de Nossa Senhora de Loreto[19] e os de Nossa Senhora de Éfeso[20], em favor de qual das duas penderia o fiel da balança?

Os sacrifícios humanos foram estabelecidos em quase todos os povos, mas muito raramente postos em uso. Só temos a filha de Jefté[21] e o rei Agag[22] como imolados entre os judeus, porque Isaac[23] e Jônatas[24] não o foram. A história de Ifigênia[25] não é muito bem averiguada entre os gregos; os sacrifícios humanos são muito raros entre os antigos romanos. Numa palavra, a religião pagã derramou muito pouco sangue, enquanto a nossa cobriu a terra com ele. A nossa é sem dúvida a única boa, a única verdadeira; mas fizemos tanto mal por meio dela que, ao falarmos das outras, devemos ser modestos.

[Sétima questão]

Se um homem quiser convencer estrangeiros ou compatriotas sobre sua religião, não deverá empregar a doçura mais insinuante e a mais envolvente moderação? Se começar por dizer que aquilo que anuncia está demonstrado, encontrará uma multidão de incrédulos; se ousar dizer-lhes que só rejeitam sua doutrina porque ela condena suas paixões, que seu coração corrompeu seu espírito, que só dispõem de uma razão falsa e orgulhosa, ele os revolta, joga-os contra si próprio e arruína o que quer edificar.

Se a religião que anuncia é verdadeira, o arrebatamento e a insolência a tornarão mais verdadeira? Vocês ficam encolerizados quando dizem que é necessário ser dócil, paciente, benfazejo, justo e cumprir todos os deveres da sociedade? Não, porque todos são da mesma opinião. Por que, pois, proferem injúrias a seu irmão quando lhe pregam uma metafísica misteriosa? É que seu bom senso irrita o amor-próprio de vocês. Sentem orgulho ao exigir que seu irmão submeta sua inteligência à de vocês; o orgulho humilhado produz a cólera, nem outra é a origem desta. Um homem ferido por vinte balas de fuzil numa batalha não fica encolerizado. Mas um doutor ferido pela recusa de um sufrágio se torna furioso e implacável.

[Oitava questão]

Não se deveria distinguir cuidadosamente entre a religião do Estado e a religião teológica? A do Estado exige que os imãs tenham registros dos circuncidados, enquanto os padres ou pastores devem manter registros dos batizados. Convém que haja mesquitas, igrejas, templos, dias consagrados à adoração e ao repouso, ritos estabelecidos pela lei; que os ministros desses ritos sejam merecedores de consideração, mas não tenham poder; que ensinem os bons costumes ao povo e que os ministros da lei vigiem sobre os costumes dos ministros dos templos. Essa religião do Estado não pode, em tempo algum, causar qualquer perturbação.

O mesmo não ocorre com a religião teológica. Esta é a fonte de todas as tolices e de todas as perturbações imagináveis; é a mãe do fanatismo e da discórdia civil; é a inimiga do gênero humano. Um bonzo acredita que Fô[26] é um deus; que foi predito pelos faquires; que nasceu de um elefante branco; que cada bonzo pode fazer um Fô com caretas. Um talapão[27] diz que Fô era um santo homem e que seus bonzos corromperam sua doutrina; e ainda, que Sacomonodom[28] é o verdadeiro deus. Depois de cem argumentos e cem desmentidos, as duas facções concordam em se dirigir ao dalai-lama, que mora a trezentas léguas de distância, que é imortal e mesmo infalível. As duas facções lhe enviam uma delegação solene. O dalai-lama começa, segundo seu divino costume, por lhes oferecer sua cadeira furada.

As duas seitas rivais a recebem de início com igual respeito, levam-na a secar ao sol e a adornam com pequenos rosários que beijam devotamente; mas, logo que o dalai-lama e seu conselho se pronunciaram em nome de Fô, eis que o partido condenado passa a jogar os rosários no nariz do vice-deus e que anseia por lhe aplicar cem chicotadas. O outro partido defende seu lama, do qual recebeu ótimas terras; os dois entram em choque por muito tempo; e quando estão cansados de se exterminar, de se assassinar, de se envenenar reciprocamente, ainda proferem injúrias grosseiras; e o dalai-lama ri de tudo isso; e continua distribuindo sua cadeira furada a quem quiser realmente receber as dejeções do bom pai lama.

---

1. William Warburton (1698-1779), bispo de Gloucester, autor de *Divine Legation of Moises demonstrated* – Divina legação de Moisés demonstrada (NT).

2. Passagem da Bíblia, *Livro dos Juízes*, XI, 24 (NT).

3. Homero (séc. IX a.C.), poeta grego a quem são atribuídos os dois poemas épicos *Ilíada* e *Odisseia*, nos quais são narrados os atos heroicos dos gregos na guerra de Troia e as intermináveis aventuras do herói Ulisses; em ambos os poemas a intervenção dos deuses nos fatos e atos dos homens têm lugar de destaque (NT).

4. Informação colhida na obra *Satirae* (Sátiras) de Decimus Junius Juvenalis (60-130), poeta latino (NT).

5. Poeta e músico da mitologia grega, encantava a todos com sua lira, até mesmo os deuses; além da invenção da lira, eram atribuídos a Orfeu a instituiçao dos rituais divinatórios e mágicos (NT).

DICIONÁRIO FILOSÓFICO

6. Imperadores romanos divinizados: Tiberius Claudius Caesar Augustus Germanicus (10 a.C.-54 d.C.); Caesar Augustus Octavius ou Octavianus (63 a.C.-14 d.C.); Tiberius Julius Caesar (42 a.C.-37 d.C.); Caius Caesar Augustus Germanicus (12 d.C.-41), cognominado Calígula (NT).
7. Quase todos os imperadores romanos se atribuíam o título de Augusto; neste caso, trata-se de Caesar Augustus Octavius ou Octavianus (63 a.C.-14 d.C.), o primeiro a adotar este epíteto (NT).
8. Platão (427-347 a.C.), filósofo grego; dentre suas obras, *A República* já foi publicada pela Editora Escala (NT).
9. O nome Belzebu é uma deturpação de *Baal Zebub* ou *Baal Zebul*, divindade dos filisteus e dos cananeus; originalmente significa deus da região de Zebub ou deus das moscas; as demonologias hebraica e cristã transformaram-no em príncipe dos demônios (NT).
10. Flávio Josefo (37-100), historiador judeu, autor de *A guerra judaica* e *Antiguidades judaicas* (NT).
11. Orígenes (185-254), escritor, filósofo e teólogo grego cristão, fundou uma escola de catequese em Alexandria e deixou vasta obra quase toda centrada sobre o cristianismo; a obra citada no texto se intitula *Contra Celsum* (NT).
12. Seguidores do estoicismo, doutrina filosófica que apregoa a austeridade, a rigidez, viver a vida como se apresenta; conhecida sobretudo por sua moral rígida e sem concessão, seu principal lema era "suporta e abstém-te" (NT).
13. Adeptos do epicurismo, doutrina fundada por Epicuro (341-270 a.C.), filósofo grego, materialista; esse sistema doutrinal apregoa o desfrute dos bens materiais e espirituais para que se possa perceber sua excelência e extrair deles o que há de melhor em sua natureza, que é essencialmente boa (NT).
14. Entre os gregos, as Sibilas eram sacerdotisas de Apolo, encarregadas de transmitir seus oráculos (NT).
15. Trecho do drama de Jean-Baptiste Poquelin, dito Molière (1622-1673), dramaturgo francês; o *Amphitryon* de Molière é fortemente calcado no *Amphitruo* ou *Amphitryon* de Titus Maccius Plautus (254-184 a.C.), autor cômico latino (NT).
16. Publius Ovidius Naso (43 a.C.-18 d.C.), poeta latino (NT).
17. *Legenda aurea* (título latino) foi escrita entre 1261 e 1266 por Jacobus da Varagine (1228?-1298), bispo italiano; nessa obra, o autor conta a vida de 180 santos cristãos, além de narrar alguns episódios da vida de Cristo e de Maria (NT).
18. *Flos sanctorum* (título latino) foi publicada em 1599; é uma imensa coletânea de biografias de santos católicos, de autoria de Pedro Ribadeneyra (1525-1611), padre jesuíta espanhol; surgiram depois muitas outras obras com o mesmo título e que também continham biografias de santos (NT).
19. *Notre-Dame de Lorette*, igreja dedicada a Maria na cidade de Paris e que recorda o santuário italiano de Nossa Senhora de Loreto (NT).
20. *Notre-Dame d'Éphèse*, santuário francês dedicado a Maria na cidade de Dijon (NT).
21. Segundo a Bíblia, um dos Juízes de Israel, cuja atuação é narrada no livro dos *Juízes*; ver também o verbete *Jefté* deste dicionário (NT).
22. Referência ao sacerdote e profeta Samuel que matou Agag, rei dos amalecitas, com as próprias mãos, tomando a espada das mãos de Saul; fato narrado no *primeiro livro de Samuel*, cap. XV (NT).
23. Alusão ao fato narrado no livro do Gênesis, cap. XXII, segundo o qual Deus pede a Abraão sacrificar a ele seu único filho Isaac (NT).
24. Fato narrado no livro do Gênesis, cap. XIV: Saul, rei de Israel, jurou solenemente que mataria quem parasse para comer enquanto não vencesse o inimigo, os filisteus; Jônatas, filho de Saul, não sabendo do juramento, comeu um pouco de mel; Saul queria matar o próprio filho, mas o povo o salvou (NT).
25. Segundo a mitologia grega, Ifigênia deveria ser sacrificada por seu pai para que a deusa Ártemis soprasse ventos favoráveis à partida da frota em direção a Troia; Ártemis, porém, preferiu o sacrifício de uma corça e tomou a donzela como sua sacerdotisa (NT).
26. Divindade dos siameses ou do reino de Sião, atual Sri Lanka, e da Índia, Birmânia, Tailândia, metamorfoseado em elefante branco (NT).
27. *Talapão* é vocábulo que deriva do birmanês antigo (*tala poi*, grande senhor, meu senhor), com o qual os europeus do século XVII passaram a designar os monges budistas da Birmânia e da Tailândia (NT).
28. Samonocodom, deus dos siameses, desceu várias vezes à terra para ensinar suas regras aos homens (NT).

RESSURREIÇÃO - [Seção I]

- Conta-se que os egípcios construíram as suas pirâmides somente para fazer delas túmulos e que seus corpos embalsamados por dentro e por fora esperavam que suas almas viessem reanimá-los depois de mil anos. Mas se seus corpos deviam ressuscitar, por que a primeira operação dos perfumistas era perfurar-lhes o crânio com uma broca e dele tirar o cérebro? A ideia de ressuscitar sem cérebro leva a suspeitar (se for permitido usar este verbo) que os egípcios não o tinham realmente em vida; mas deve-se considerar que a maioria dos antigos julgava que a alma estava no peito. E por que a alma deveria estar no peito e não em outro lugar? É que, com efeito, em todos os nossos sentimentos um pouco violentos experimentamos na região do coração uma dilatação ou um aperto, que fez pensar que ali estava alojada a alma. Essa alma era qualquer coisa de etéreo; era uma figura leve que vagava por onde quer que fosse até encontrar novamente seu corpo.

A crença da ressurreição é muito mais antiga do que os tempos históricos. Atálida[1], filha de Mercúrio, podia morrer e ressuscitar a seu bel-prazer; Esculápio[2] restituiu a vida a Hipólito, Hércules[3] a Alceste; Pélope[4], tendo sido cortado em pedaços pelo pai, foi ressuscitado pelos deuses. Platão[5] conta que Hera[6] ressuscitou por quinze dias somente.

Os fariseus[7], entre os judeus, só adotaram o dogma da ressurreição muito tempo depois de Platão. Há nos *Atos dos Apóstolos*[8] um fato realmente singular e digno de atenção. São Tiago e vários de seus companheiros aconselham São Paulo a ir ao templo de Jerusalém observar todas as cerimônias da antiga lei, por mais cristão que ele fosse, "a fim de que todos saibam, dizem-lhe, que tudo o que se diz de ti é falso e que continuas a guardar a lei de Moisés". É a mesma coisa que dizer-lhe claramente: "Vai mentir, vai cometer perjúrio, vai renegar publicamente a religião que ensinas."

Então Paulo foi e ficou durante sete dias no templo, mas no sétimo foi reconhecido. Acusaram-no de ter entrado no templo com estrangeiros e de tê-lo profanado. Aqui está como ele se livrou do aperto:

"Ora, sabendo Paulo que uma parte daqueles que lá estavam era de saduceus[9] e a outra era de fariseus, clamou na assembleia: Meus irmãos, eu sou fariseu e filho de fariseus; é por causa da esperança de outra vida e da ressurreição dos mortos que querem me condenar[10]." Não tinha sido de modo algum questão da ressurreição dos mortos em toda essa ocorrência; Paulo só o dizia para incitar os fariseus contra os saduceus.

Versículo 7 – "Paulo, ao falar dessa forma, criou uma dissensão entre os fariseus e os saduceus, e a assembleia ficou dividida."

Versículo 8 – "Porque os saduceus dizem que não há ressurreição, nem anjo, nem espírito, enquanto os fariseus reconhecem um e outro, etc."

Alguns imaginaram que Jó[11], que é muito antigo, conhecia o dogma da ressurreição. Citam estas palavras dele: "Sei que meu redentor está vivo e que um dia sua redenção se levantará sobre mim ou que eu vou me levantar do pó, que minha pele voltará e que ainda vou ver a Deus em minha carne."

Mas vários comentadores entendem por essas palavras que Jó espera que logo se reerguerá da doença e que não permanecerá sempre deitado na terra como estava. A sequência prova muito bem que essa explicação é a verdadeira, pois, no momento seguinte, ele clama a seus falsos e empedernidos amigos: "Por que então dizem: Vamos persigui-lo?" ou então: "Porque dirão: porque nós o perseguimos." Isso evidentemente não quer dizer: "Vocês vão se arrepender de me terem ofendido quando me virem novamente em meu primeiro estado de saúde e opulência"? Um doente que diz: "Vou me levantar", não diz: "Vou ressuscitar." Conferir sentidos forçados a passagens claras é o meio mais seguro de nunca se entender ou, melhor, de ser considerados como homens de má-fé pelos honestos.

São Jerônimo⁽¹²⁾ coloca o surgimento da seita dos fariseus muito pouco tempo antes de Jesus Cristo. O rabino Hillel⁽¹³⁾ passa por ser o fundador da seita farisaica e esse Hillel foi contemporâneo de Gamaliel, mestre de São Paulo.

Muitos desses fariseus acreditavam que somente os judeus ressuscitariam e que o resto dos homens não tinha chance. Outros sustentaram que só se ressuscitaria na Palestina e que os corpos daqueles que tivessem sido enterrados em outros locais seriam transportados secretamente para Jerusalém, para ali se unirem à sua alma. Mas São Paulo, escrevendo aos habitantes de Tessalônica⁽¹⁴⁾, lhes diz que "o segundo advento de Cristo é para eles e para ele, que eles serão testemunhas".

Versículo 16 – "Pois, logo que o sinal tiver sido dado pelo arcanjo e pelo som da trombeta de Deus, o próprio Senhor descerá do céu e aqueles que estiverem mortos em Cristo ressuscitarão por primeiro."

Versículo 17 – "Depois nós, que somos vivos e que tenhamos sobrevivido até então, seremos elevados com eles às nuvens, para comparecer perante o Senhor, no meio do ar, e assim viveremos para sempre com o Senhor."

Essa passagem importante não prova evidentemente que os primeiros cristãos esperavam ver o fim do mundo, como de fato está predito em São Lucas, no próprio tempo em que São Lucas vivia? Se não viram esse fim do mundo, se ninguém ressuscitou na época, o que é adiado não está perdido.

Santo Agostinho⁽¹⁵⁾ acreditava que as crianças, e mesmo as crianças natimortas, ressuscitariam na idade madura. Outros como Orígenes⁽¹⁶⁾, Jerônimo, Atanásio⁽¹⁷⁾, Basílio⁽¹⁸⁾ não acreditavam que as mulheres pudessem ressuscitar com seu sexo específico.

Enfim, sempre discutimos sobre o que fomos, sobre o que somos e sobre o que seremos.

[Seção II]

O padre Malebranche⁽¹⁹⁾ prova a ressurreição por meio das lagartas que se tornam borboletas. Essa prova, como se vê, é tão leviana como as asas desses insetos são leves. Pensadores que se dão a cálculos colocam objeções aritméticas contra essa verdade tão bem provada. Dizem que os homens e os outros animais são realmente nutridos e recebem seu crescimento da substância de seus predecessores. O corpo de um homem reduzido a pó, espalhado no ar e recaindo na superfície da terra, se torna hortaliça ou cereal. Desse modo, Caim se alimentou de uma parte de Adão, Enoc se alimentou de uma parte de Caim, Irad de Enoc, Maviael de Irad, Matusalém de Maviael e não há ninguém dentre nós que não tenha engolido uma pequena porção de nosso primeiro pai. É por isso que já foi dito que todos nós éramos antropófagos. Nada mais tangível após uma batalha; não somente matamos nossos irmãos, mas ao final de dois ou três anos, nós os teremos devorado todos ao fazer a colheita no campo de batalha; seremos também devorados, por nossa vez, sem dificuldade. Ora, ao ter de ressuscitar, como restituiríamos a cada um o corpo que lhe pertencia sem perder nada do nosso?

Aí está o que dizem aqueles que desconfiam da ressurreição, mas os adeptos da ressurreição lhes terão respondido de modo muito pertinente.

Um rabino chamado Samai demonstra a ressurreição por meio desta passagem do *Êxodo*: "Apareci a Abraão, a Isaac e a Jacó e lhes prometi com juramento de lhes conceder a terra de Canaã." Ora, Deus, apesar de seu juramento, diz esse grande rabino, não lhes deu essa terra; logo, eles deverão ressuscitar para desfrutar dela, a fim de que se cumpra o juramento.

O profundo filósofo Dom Calmet[20] encontra nos vampiros uma prova muito mais conclusiva. Viu alguns desses vampiros que saíam dos cemitérios para sugar o sangue de pessoas adormecidas; é claro que não podiam sugar o sangue dos vivos, se estivessem também mortos; logo, eram ressuscitados: isso é peremptório.

Uma coisa certa também é que todos os mortos, no dia do juízo, andarão por baixo da terra como toupeiras, segundo afirma o Talmud[21], para comparecer no vale de Josafá, que se situa entre a cidade de Jerusalém e o monte das Oliveiras. Todos estarão espremidos nesse vale, mas será suficiente reduzir os corpos proporcionalmente, como os demônios de Milton[22] na sala do Pandemônio.

Essa ressurreição será feita ao som das trombetas, como afirma são Paulo. Deverá haver necessariamente muitas trombetas, pois, o próprio trovão não é praticamente ouvido a mais de três ou quatro léguas de distância. Há quem se pergunte quantas trombetas haverá: os teólogos não fizeram o cálculo ainda; mas o farão.

Os judeus dizem que a rainha Cleópatra[23], que sem dúvida acreditava na ressurreição como todas as damas daquela época, perguntou a um fariseu se se ressuscitaria totalmente nu. O doutor lhe respondeu que todos estariam muito bem vestidos, pela simples razão que o trigo semeado, morrendo embaixo da terra, ressuscita em forma de espiga com uma roupagem e barbas. Esse rabino era um excelente teólogo; raciocinava como Dom Calmet.

1. Na mitologia romana, Mercúrio era o deus do comércio, dos viajantes e dos ladrões; Atálida obteve do pai o poder de viver, morrer e ressuscitar quando quisesse (NT).

2. . Esculápio, deus romano da medicina, teria ressuscitado Hipólito, morto por ter rejeitado as investidas da madrasta Fedra que se apaixonara por ele (NT).

3. Hércules, herói lendário grego que a literatura tornou célebre por seus doze trabalhos, nos quais se notam força, coragem e ousadia; no caso de Alceste, esta amava tanto seu marido que se ofereceu para morrer no lugar dele, mas Hércules a arrancou da morte e a devolveu ao marido (NT).

4. Herói mitológico grego, Pélope foi morto e cortado em pedaços por seu pai Tântalo, rei da Frigia, e depois servido num festim dos deuses para testá-los. Exceto um que comeu uma espádua, todos os outros deuses, percebendo a trama, reconstituíram o corpo de Pélope e lhe restituíram a vida, cuidando em substituir a espádua devorada por uma de marfim, que tinha o dom de curar doenças de quem a tocasse (NT).

5. Platão (427-347 a.C.), filósofo grego; dentre suas obras, *A República* já foi publicada pela Editora Escala (NT).

6. Na mitologia grega, Hera, filha de Cronos, deus do tempo, era a rainha do Olimpo, protetora da mulher e divindade que presidia o casamento e a fecundidade do casal (NT).

7. Os fariseus constituíam uma corrente da religião judaica que privilegiava a estrita observância dos mandamentos e a submissão rigorosa à lei e que teve marcante influência na tradição rabínica da doutrina e da literatura hebraica (NT).

8. Fato narrado em *Atos dos Apóstolos*, cap. XXI (NT).

9. Os saduceus formavam uma corrente religiosa dentro do judaísmo e se preocupavam especialmente com a sobrevência política da nação judaica e não acreditavam na ressurreição dos mortos e, consequentemente, numa vida pós-morte (NT).

10. Atos dos Apóstolos, capítulo XXIII, versículo 6 (Nota de Voltaire).

11. Personagem central do livro bíblico de mesmo nome; a passagem citada se encontra no cap. XIX, versículos 25 e 26 (NT).

12. Sophronius Eusebius Hieronymus (331-420), escritor cristão e doutor da Igreja; além de seus numerosos escritos, dedicou parte de sua vida para traduzir toda a Bíblia do hebraico e do grego para o latim, tradução que levou o nome de *Bíblia Vulgata* (NT).
13. Hillel (70 a.C.- 10 d.C.), rabino ou doutor judeu; fundador de uma escola que interpretava a lei judaica de maneira livre (NT).
14. *Epístola aos Tessalonicenses*, capítulo IV (Nota de Voltaire).
15. Aurelius Augustinus (354-430), bispo de Hipona, norte da África, e doutor da Igreja, deixou uma obra imensa, destacando-se *A cidade de Deus* e *Confissões* (NT).
16. Orígenes (185-254), escritor, filósofo e teólogo grego cristão, fundou uma escola de catequese em Alexandria e deixou vasta obra quase toda centrada sobre o cristianismo (NT).
17. Atanásio (295-373), bispo de Alexandria e doutor da Igreja, foi o principal adversário de Ário e sua obra teológica é quase toda ela endereçada contra o arianismo, doutrina difundida pelo padre Ário de Alexandria (256-336) que afirmava que Jesus Cristo possuía uma divindade subordinada, como que emprestada por Deus, negando, portanto, que Cristo tivesse a mesma substância de Deus Pai; denominada de heresia cristológica, o arianismo atacava direta e indiretamente o mistério do dogma da Trindade e, por essa razão, a heresia foi classificada como antitrinitária. O arianismo se difundiu amplamente na Igreja grega, atingindo também as populações germânicas recém-convertidas do centro-norte da Europa; embora combatida insistentemente, essa heresia só foi erradicada três séculos depois (NT).
18. Basílio (329-379), bispo e escritor da Igreja cristã primitiva, escreveu *Regras monásticas* que serviriam como fonte de inspiração para a fundação de futuros mosteiros (NT).
19. Nicolau de Malebranche (1638-1715), filósofo francês (NT).
20. Antoine Calmet (1672-1757), padre beneditino conhecido com o nome de Agostinho, teólogo e historiador francês (NT).
21. O Talmud constitui uma das obras mais importantes do judaísmo pós-bíblico; contém textos de interpretação da Torá ou lei escrita, comentários sobre a lei mosaica e outros escritos bíblicos; por outro lado, o Talmud representa o pensamento e os ensinamentos das escolas rabínicas dos primeiros séculos de nossa era (NT).
22. John Milton (1608-1674), poeta, teólogo e politico inglês; partidário de um humanismo descompromissado, ilustrou sua fé em poemas filosóficos e pastorais; suas obras mais célebres são *Paraíso perdido* e *Paraíso reconquistado* (NT).
23. Cleópatra VII (69-30 a.C.), rainha do Egito de 51 a 31; restaurou o poderio do Egito, preocupando o império romano; teve um filho do general romano César (depois imperador) e seduziu, depois da morte deste, o general Antônio, com quem dividiu o governo do Egito; declarada inimiga de Roma, os exércitos dela e de Antônio foram vencidosm pela tropas romanas; vendo-se cercada, Cleópatra se suicidou (NT).

S

SACERDOTE - Os sacerdotes são num Estado o que, mais ou menos, são os preceptores na casa dos cidadãos, feitos para ensinar, orar, dar o exemplo; não podem ter nenhuma autoridade sobre os donos da casa, a menos que se venha a provar que quem paga salários deve obedecer a quem os recebe.

De todas as religiões, aquela que mais positivamente exime os sacerdotes de toda autoridade civil é, sem contestação, a de Jesus: *Deem a César o que é de César. – Não haverá entre vocês nem primeiro nem último. – Meu reino não é deste mundo.*

As disputas entre o Império e o sacerdócio, que ensanguentaram a Europa durante mais de dez séculos, não foram, da parte dos sacerdotes, senão rebeliões contra Deus e os homens e um pecado contínuo contra o Espírito Santo.

Desde Calcas, que assassinou a filha de Agamenon[1], até Gregório XIII[2] e Sisto V[3], dois bispos de Roma que quiseram privar o grande Henrique IV[4] do reino de França, o poder sacerdotal foi fatal para o mundo.

Oração não é dominação; exortação não é despotismo. Um bom sacerdote deve ser o médico das almas. Se Hipócrates⁽⁵⁾ tivesse ordenado a seus doentes a tomar heléboro sob pena de enforcamento, Hipócrates teria sido mais louco e mais bárbaro que Faláris⁽⁶⁾, e teria tido poucos clientes. Quando um sacerdote diz: "Adora a Deus, sê justo, indulgente e carinhoso", mostra-se um bom médico. Quando diz: "Acredita em mim ou serás queimado", é um assassino.

O magistrado deve apoiar e conter o sacerdote, da mesma forma que o pai de família deve mostrar consideração para com o preceptor de seus filhos e impedir que abuse deles. *O acordo entre o sacerdócio e o Império* é o mais monstruoso dos sistemas, pois, desde que se procure esse acordo, necessariamente se supõe a divisão; cumpre dizer: *proteção dada pelo Império ao sacerdócio*.

Mas nos países em que o sacerdócio se apoderou do Império, como em Salém, onde Melquisedec⁽⁷⁾ era sacerdote e rei, como no Japão, onde o dairi⁽⁸⁾ foi durante tanto tempo imperador, o que se deve fazer? Respondo que os sucessores de Melquisedec e os dairi foram destituídos.

Neste ponto, os turcos são sensatos. Na verdade, eles fazem a viagem a Meca, mas não permitem ao xerife de Meca excomungar o sultão. Não vão a Meca comprar a permissão de não observar o ramadá e a de se casarem com suas primas e sobrinhas; não são julgados por imãs que o xerife delega; não pagam o último ano de seus rendimentos ao xerife. Quantas coisas a dizer sobre tudo isso! Leitor, cabe a ti dizê-las.

1. Herói grego, Agamenon era o comandante da frota que se dirigia contra Troia; em pleno mar, a frota fica bloqueada porque Agamenon havia ofendido a deusa Ártemis. O adivinho Calcas interpreta a vontade dos deuses e diz que, para apaziguar a deusa e desbloquear a frota, Agamenon deve imolar sua própria filha Ifigênia; ele consente e, antes do sacrifício, Ártemis se aplacou e deixou a frota partir (NT).
2. Gregório XIII (1502-1585), papa de 1572 a 1585, ficou conhecido por sua reforma do calendário que vigora até hoje em praticamente todo o mundo (NT).
3. Sisto V (1520-1590), papa de 1585 a 1590 (NT).
4. Henrique IV (1553-1610), rei da França de 1589 a 1610 (NT).
5. Hipócrates (460-377 a.C.), médico grego, cognominado Pai da medicina; deixou obra notável sobre a arte médica (NT).
6. Faláris (séc. V a.C.), tirano de Agrigento, cidade grega da Sicília, célebre por sua crueldade; queimava suas vítimas num touro de bronze (NT).
7. Personagem bíblico, rei de Salém e sacerdote, mencionado no livro do *Gênesis*, cap. XIV (NT).
8. Título do imperador do Japão (NT).

SALOMÃO

— O nome de Salomão sempre foi reverenciado no Oriente. As obras que são julgadas dele, os *Anais* dos judeus, as *Fábulas* dos árabes, levaram sua fama até as Índias. Seu reinado se constitui no apogeu dos hebreus.

Foi o terceiro rei da Palestina. O primeiro *Livro dos Reis* diz que sua mãe Betsabeia obteve de Davi que coroasse Salomão, seu filho, em vez de seu primogênito Adonias. Não é surpreendente que uma mulher, cúmplice da morte de seu primeiro marido, tenha lançado mão de artifícios para conseguir a herança para o fruto de seu adultério e para conseguir deserdar o filho legítimo que, além do mais, era o primogênito.

É coisa notável que o profeta Natan, que tinha vindo para recriminar a Davi seu adultério, o assassinato de Urias, o casamento que se seguiu a esse assassinato, fosse o mesmo que depois ajudou a Betsabeia a colocar no trono Salomão, nascido desse casamento sanguinário e infame. Essa conduta, para raciocinar somente segundo a *carne*, provaria que esse profeta Natan tinha, segundo os tempos, dois pesos e duas medidas. O próprio livro não diz que Natan recebeu uma missão particular de Deus para deserdar Adonias. Se teve uma, deve-se respeitá-la; mas não podemos admitir senão o que vemos escrito.

Adonias, excluído do trono por Salomão, lhe pediu o imenso favor de lhe permitir desposar Abiseg, essa jovem que havia sido dada a Davi para aquecê-lo na velhice.

A Escritura não diz se Salomão disputava com Adonias a concubina de seu pai, mas diz que Salomão, por causa desse único pedido, mandou assassiná-lo. Aparentemente, Deus, que lhe deu o espírito de sabedoria, recusou-lhe então o espírito de justiça e de humanidade, como lhe recusou depois o dom da continência.

No mesmo livro dos Reis está escrito que era dono de um grande reino, que se estendia do Eufrates ao mar Vermelho e ao Mediterrâneo; mas infelizmente está escrito ao mesmo tempo que o rei do Egito havia conquistado o país de Gaza em Canaã e que deu como dote a cidade de Gaza à sua filha que se julga que Salomão desposou; está escrito que havia um rei em Damasco; os reinos de Sidon e de Tiro floresciam. Cercado de Estados poderosos, Salomão manifestou sem dúvida sua sabedoria ao permanecer em paz com todos eles. A abundância extrema que enriqueceu seu país só podia ser fruto dessa sabedoria profunda, porque, na época de Saul, não havia um único artesão que trabalhasse o ferro em seu país e, além disso, só foram encontradas duas espadas quando Saul teve de guerrear contra os filisteus, aos quais os judeus estavam submetidos.

Saul, que de início só possuía em seus Estados duas espadas, logo teve um exército de 330 mil homens. O sultão dos turcos jamais teve exércitos tão numerosos; certamente havia com que conquistar a terra! Essas belas contradições parecem excluir todo raciocínio; mas aqueles que querem raciocinar acham difícil que Davi, que sucede a Saul vencido pelos filisteus, tenha podido, durante sua administração, fundar um vasto império.

As riquezas que Davi deixou a Salomão são ainda mais incríveis; deu-lhe em moeda corrente 103 mil talentos de ouro e um milhão e treze mil talentos de prata. O talento de ouro dos hebreus vale aproximadamente seis mil libras esterlinas; o talento de prata, mais ou menos quinhentas libras esterlinas. A soma total do legado em prata corrente, sem as pedras preciosas e similares e sem a renda normal proporcionada sem dúvida por esse tesouro, montava a um bilhão cento e dezenove milhões e quinhentas mil libras esterlinas ou a cinco bilhões quinhentos e noventa e sete milhões de escudos alemães ou a 25 bilhões e 640 milhões de francos franceses. Não havia então tanto dinheiro em espécie em circulação no mundo inteiro.

Não se sabe porque, depois de tudo isso, Salomão se interessava tanto em enviar suas frotas aos países de Ofir para buscar ouro. Muito menos se pode adivinhar como esse poderoso monarca não tinha em seus vastos Estados um único homem que soubesse cortar madeira nas florestas do Líbano. Foi obrigado a pedir a Hiram, rei de Tiro, de lhe emprestar madeireiros e operários para fazer isso. Deve-se admitir que essas contradições excitam o gênio dos comentadores. Eram servidos por dia, para o almoço e o jantar de sua casa, cinquenta bois e cem carneiros e, mais ainda, aves e caça em proporção, o que pode chegar a sessenta mil libras de peso em carne por dia: isso constitui uma bela casa.

Acrescenta-se que possuía 40 mil parelhas de cavalos e outras tantas peças de reposição para seus carros de guerra, mas somente doze mil parelhas para sua cavalaria. Que exagero de carros para um país de montanhas; e era realmente um grande aparato para um rei cujo predecessor só tinha tido uma mula em sua coroação e um terreno que mal conseguia manter alimentados alguns asnos.

Certamente não se julgou bom que um príncipe que tinha tantos carros de guerra se limitasse a um reduzido número de mulheres; dão-lhe setecentas delas que levavam o nome de *rainhas*; e, o que é estranho, é que só tinha 300 concubinas, contra o costume dos reis, que usualmente têm mais amantes que mulheres. Se essas histórias foram ditadas pelo Espírito Santo, devemos admitir que ele gosta do maravilhoso.

Mantinha sem dúvida 412 mil cavalos para passear com elas ao longo do lago de Genesaré ou em direção daquele de Sodoma ou para os lados da torrente do Cedron, que seria um dos locais mais aprazíveis da terra, se essa torrente não ficasse seca nove meses por ano e se o terreno não fosse um pouco pedregoso.

Quanto ao templo que mandou construir e que os judeus julgaram a mais bela obra do universo, se um Bramante[1], um Michelangelo[2], um Palladio[3] tivessem visto essa construção, não a teriam admirado. Era uma espécie de pequena fortaleza quadrada que encerrava um pátio e, nesse pátio, um edifício de quarenta côvados de comprimento e outro de vinte; está escrito somente que esse segundo edifício, que era propriamente o templo, o oráculo, o santo dos santos, tinha vinte côvados de largura como de comprimento e vinte de altura. Não há arquiteto na Europa que não considerasse semelhante construção como um monumento de bárbaros.

Os livros atribuídos a Salomão duraram mais que seu templo. É talvez uma das grandes provas da força dos preconceitos e da fraqueza do espírito humano.

O nome do autor foi suficiente para tornar esses livros respeitáveis: foram julgados bons porque eram de autoria de um rei e porque o rei era considerado o mais sábio dos homens.

A primeira obra atribuída a ele é a dos *Provérbios*. É uma coletânea de máximas triviais, medíocres, incoerentes, sem gosto, sem seleção e sem objetivo. É difícil convencer-se que um rei esclarecido tenha composto uma coleta de sentenças, nas quais não se encontre uma só que se refira à maneira de governar, à política, aos costumes dos cortesãos, aos usos da corte.

Nesse livro há capítulos inteiros em que só se fala de prostitutas que convidam os transeuntes a dormir com elas.

Vamos tomar ao acaso alguns desses provérbios:

"Há três coisas insaciáveis, e uma quarta que nunca diz *já basta*: o sepulcro, o útero, a terra que nunca está saciada de água; e o fogo, que é a quarta, e que nunca diz *já basta*."

"Há três coisas difíceis e ignoro inteiramente a quarta: o caminho de uma águia no ar, o caminho de uma serpente sobre a pedra, o caminho de um navio no mar e o caminho de um homem numa mulher."

"Há quatro coisas que são as menores da terra e que são mais sábias que os sábios: as formigas, minúsculo povo que prepara o alimento durante a colheita; a lebre, povo fraco que dorme sobre pedras; o gafanhoto que, não tendo reis, viaja em exércitos; a lagartixa que trabalha com suas patas e mora nos palácios dos reis."

Será a um grande rei, ao mais sábio dos mortais que se ousa atribuir ninharias tão medíocres e tão absurdas? Aqueles que o tornam autor dessas puerilidades sem graça e que as admiram não são certamente os mais sábios dos homens.

Os *Provérbios* foram atribuídos a Isaías, a Elzias, a Sobna, a Eliacim, a Joaqué e a vários outros; mas quem quer que seja que tenha compilado essa coleção de sentenças orientais, não parece que tenha sido um rei que se deu a esse trabalho. Teria dito que "o terror do rei é como o rugido do leão"? É assim que fala um súdito ou um escravo que a cólera de seu senhor faz tremer. Salomão teria falado tanto da mulher impudica? Teria dito: "Não olhem o vinho quando parece claro e sua cor brilha no copo"?

Duvido muito que na época de Salomão tivessem copos para beber; é uma invenção muito recente; toda a antiguidade bebia em taças de madeira ou de metal; e essa única passagem indica que essa obra judaica foi composta em Alexandria, bem como muitos outros livros judeus[4].

O *Eclesiastes*, que foi dado como de autoria de Salomão, é de ordem e de gosto totalmente diferentes. Aquele que fala nessa obra é um homem desiludido com as ilusões de grandeza, cansado de prazeres e desgostoso com a ciência. É um filósofo epicurista[5] que repete a cada página que o justo e o ímpio estão sujeitos aos mesmos acidentes, que o homem não tem nada a mais que o animal, que é preferível não ter nascido do que existir, que não há outra vida, e que não há nada tão bom e razoável como usufruir em paz do fruto de seus próprios trabalhos com a mulher que se ama.

Toda a obra é de um materialista que é, a um tempo, sensual e desgostoso. Parece que tenha posto somente no último versículo uma palavra edificante sobre Deus, para diminuir o escândalo que semelhante livro devia causar.

Os críticos terão dificuldade em convencer-se de que esse livro seja de Salomão. Não é natural que tenha dito: "Ai da terra que tem um rei menino!" Os judeus não tinham tido ainda tais reis.

Não é natural que tenha dito: "Observo o rosto do rei." É muito mais provável que o autor tenha querido levar Salomão a falar e que, por essa alienação de espírito de que as obras dos judeus estão repletas, esquece muitas vezes no corpo do livro que era um rei que ele fazia falar.

O que é sempre surpreendente é que se tenha consagrado essa obra ímpia entre os livros canônicos. Se fosse hoje que se devesse estabelecer o cânone da *Bíblia*, certamente o *Eclesiastes* não seria incluído; mas foi inserido numa época em que os livros eram muito raros, em que eram mais admirados que lidos. Tudo o que se pode fazer hoje é camuflar quanto possível o epicurismo que reina nessa obra. Foi feito com o *Eclesiastes* como em relação a tantas outras coisas que revoltam de forma bem diversa. Elas foram estabelecidas em épocas de ignorância; e somos obrigados, para vergonha da razão, a sustentá-las em tempos esclarecidos e disfarçar seu absurdo ou seu horror por alegorias.

O *Cântico dos Cânticos* também é atribuído a Salomão, porque o nome do rei aparece em duas ou três passagens, porque se faz a amante dizer que é bela *como as peles de Salomão*, porque a amante diz que ela é *negra* e se julgou que Salomão designava com isso sua mulher egípcia.

Estas três razões são igualmente ridículas:

1º. – Quando a amante, ao falar de seu amante, diz "O rei me levou para seus celeiros", ela fala claramente de outro e não de seu amante; logo, o rei não é esse amante: é o rei do festim, é o paraninfo, é o dono da casa, que ela entende; e essa judia está tão longe de ser a amante de um rei que, em todo o curso da obra, é uma pastora, uma jovem dos campos, que vai procurar seu amante pelos campos e nas ruas da cidade e que é detida às portas pelos guardas que lhe roubam a capa.

2º. – *Sou bela como as peles de Salomão* é a expressão de uma aldeã que diria: "Sou bela como os tapetes do rei." E é precisamente porque o nome de Salomão está nessa obra que não poderia tratar-se dele. Que monarca faria uma comparação tão ridícula? No terceiro capítulo, a amante diz: "Veja o rei Salomão com o diadema com o qual sua mãe o coroou no dia de seu casamento." Quem não reconhece nessas expressões a comparação usual que fazem as jovens do povo ao falar de seus namorados? De fato, dizem: "É lindo como um príncipe, tem a aparência de um rei, etc."

3º. – Pode ser que um monarca que tinha mil mulheres tenha dito a uma delas: "Que ela me beije com um beijo de sua boca, pois, seus seios são melhores do que o vinho." Um rei e um pastor, quando se trata de beijar na boca, podem se exprimir da mesma maneira. É verdade que é bastante estranho que se tenha pensado que era a jovem que falava nesse local e tecia elogios aos seios de seu amante.

Não negarei que um rei galante tenha feito sua amante dizer: "Meu bem-amado é como um ramalhete de mirra, ele morará em meus seios." Não entendo muito bem o que vem a ser um ramalhete de mirra; mas, enfim, quando a bem-amada diz ao bem-amado que lhe passe a mão esquerda pelo pescoço e a abrace com a direita, entendo muito bem.

Poder-se-ia pedir algumas explicações ao autor do *Cântico* quando diz: "Teu umbigo é como uma taça na qual há sempre algo para beber; teu ventre é como uma medida de trigo; teus seios são como duas crias de cervo e teu nariz é como a torre do monte Líbano." Confesso que as églogas de Virgílio[6] são de outro estilo; mas cada um tem o seu, e um judeu não é obrigado a escrever como Virgílio.

É aparentemente um belo efeito de eloquência oriental dizer: "Nossa irmã é ainda pequena, ela não tem seios. Que faremos de nossa irmã? Se é um muro, construamos sobre ele; se é uma porta, vamos fechá-la." Finalmente, parece que Salomão, o mais sábio dos homens, tenha falada gracejando, mas muitos rabinos afirmaram não somente que essa pequena égloga voluptuosa não era do rei Salomão, mas também que não era autêntica. Teodoro de Mopsuéstia[7] era dessa opinião e o célebre Grotius[8] designa o *Cântico dos Cânticos* um livro libertino, *flatigiosus*; no entanto, é sagrado e é considerado como uma alegoria perpétua do casamento de Jesus Cristo com sua Igreja. Deve-se admitir que a alegoria é um pouco forte e não se consegue ver o que a Igreja poderia entender quando o autor diz que sua pequena irmã não tem seios.

Apesar de tudo, esse cântico é um trecho precioso da antiguidade; é o único livro de amor que nos restou dos hebreus. É verdade que é uma rapsódia tola, mas há nela muita volúpia. Nela só se trata de beijos na boca, de seios que são melhores que o vinho, de bochechas que são da cor das pombas. Nela se fala muitas vezes de desfrute. É uma égloga judia. O estilo é como o de todas as obras de eloquência dos hebreus, sem ligação, sem sequência, repleto de repetições, confuso, ridiculamente metafórico, mas há passagens que respiram a ingenuidade e o amor.

O livro da *Sabedoria* tem um tom mais sério; mas não é de autoria de Salomão mais que o *Cântico dos Cânticos*. Atribui-se comumente a Jesus[9], filho de Sirac, outros a Fílon[10] de Biblos; mas, seja quem for o autor, parece que na época de seu autor não existia ainda o *Pentateuco*, porque ele diz, no capítulo 10, que Abraão quis imolar Isaac na época do dilúvio e, em outra passagem, fala do patriarca José como de um rei do Egito.

Quanto ao *Eclesiastes*, do qual já falamos, Grotius acredita que tenha sido escrito sob o governo de Zorobabel[11]. Vimos com que liberdade o autor do *Eclesiastes* se exprime; sabe-se que diz que "os homens nada têm a mais que os animais; que é preferível não ter nascido que existir; que não há outra vida; que a única coisa boa é regozijar-se em suas obras com aquela que se ama."

Poderia até ser que Salomão tenha proferido esses discursos a algumas de suas mulheres; pretende-se tratar-se de objeções que ele se propõe; mas essas máximas, de ar um tanto libertino, nem se assemelham em absoluto a objeções, e é zombar do mundo entender num autor o contrário do que ele diz.

De resto, vários Padres da Igreja[12] acreditaram que Salomão tenha feito penitência; assim, pode-se perdoá-lo.

Parece realmente que Salomão era rico e sábio para seu tempo e para seu povo. O exagero, companheiro inseparável da grosseria, lhe atribuiu riquezas que não teria podido possuir e livros que não teria podido escrever. O respeito pela antiguidade consagrou depois esses erros.

Mas que esses livros tenham sido escritos por um judeu, que nos importa? Nossa religião cristã está fundada sobre a judaica, mas não sobre todos os livros que os judeus escreveram.

Por que será o *Cântico dos Cânticos* mais sagrado para nós que as fábulas do *Talmud*[13]? Porque, assim dizem, nós o incluímos no cânone dos hebreus. E que é esse cânone? É uma coletânea de obras autênticas. Pois bem! Uma obra, por ser autêntica, é divina? Uma história dos régulos de Judá e de Siquém, por exemplo, será algo mais que uma história? Aí está um estranho preconceito. Nós abominamos os judeus e queremos que tudo o que foi escrito por eles e recolhido por nós traga a marca da divindade. Nunca houve contradição tão palpável.

1. Donato D'Angelo, dito Bramante (1444-1514), arquiteto italiano, um dos idealizadores da Basílica de São Pedro do Vaticano (NT).

2. Michelangelo Buonarroti (1475-1564), escultor, pintor, arquiteto e poeta italiano, deixou obras esplêndidas em Florença e Roma, como a estátua de Davi, o conjunto La Pietá, a estátua de Moisés, as pinturas da Capela Sistina do Vaticano (NT).

3. Andrea di Pietro Dalla Gondola, dito Palladio (1508-1580), escultor e arquiteto italiano; projetou palácios, teatros e mansões disseminados por toda a Itália, especialmente no norte, e que hoje são considerados monumentos de arquitetura ímpar e inovadora; escreveu também o livro intitulado *Quattro libri d'architettura* – Quatro livros de arquitetura (NT).

4. Um pedante julgou encontrar um erro nesta passagem; achou que traduzi mal, com a palavra copo, a taça que era, diz ele, de madeira ou metal: mas como o vinho teria brilhado numa taça de madeira ou de metal? Além do mais, que importa? (Nota de Voltaire).

5. Adepto do epicurismo, doutrina elaborada por Epicuro (341-270 a.C.), filósofo grego, materialista; o epicurismo aprega o desfrute dos bens materiais e espirituais para que se possa perceber sua excelência e extrair deles o que há de melhor em sua natureza, que é essencialmente boa (NT).

6. Publius Vergilius Maro (71-19 a.C.), poeta latino, autor da obra clássica *Eneida* e de outros livros de poemas (NT).

7. Teodoro de Mopsuéstia (350-428), teólogo grego, defendia o sentido literal dos textos bíblicos (NT).

8. Hugo de Groot, dito Grotius (1583-1645), jurista e diplomata holandês, considerado o precursor do Direito das gentes e do Direito internacional moderno, celebrizou-se com sua densa obra intitulada *De jure belli ac pacis* (O Direito da guerra e da paz); protestante convicto e praticante, deixou também várias obras de caráter religioso e cristão (NT).

9. Jesus, filho de Sirac, que viveu em torno do ano 200 a.C., é o autor do livro bíblico *Eclesiástico*, também denominado *Sirácida*, como está expresso no prólogo da obra; cumpre salientar que o Eclesiástico não está incluído no cânone da Bíblia hebraica e, em decorrência, tampouco nas edições bíblicas das confissões protestantes; é aceito como canônico, porém, pelas Igrejas católica e ortodoxa (NT).

10. Filon de Biblos (64-141), historiador grego, traduziu todas as obras de Sanchoniathon, escritor da Fenícia, do fenício para o grego (NT).

11. Zorobabel foi governador da Judeia entre 520 e 518 a.C., época em que o território da Palestina constituía uma província persa (NT).

12. *Padres da Igreja* é uma expressão clássica da história antiga, com a qual são designados os grandes teólogos e escritores dos primeiros séculos do cristianismo; são numerosos e seus escritos formam a chamada *Patrística*, *Patrologia*, ou seja, obras, textos, comentários bíblicos e doutrina desses autores, os quais fundamentaram toda a teologia cristã, e particularmente católica, que ainda vigora hoje; entre os principais Padres da Igreja, podem ser relembrados Ambrósio, Agostinho, Orígenes, Cirilo de Jerusalém, Cirilo de Alexandria, João Crisóstomo, Gregório Nazianzeno, Gregório de Nissa, Irineu, etc.

13. O Talmud constitui uma das obras mais importantes do judaísmo pós-bíblico; contém textos de interpretação da Torá ou lei escrita, comentários sobre a lei mosaica e outros escritos bíblicos; por outro lado, o Talmud representa o pensamento e os ensinamentos das escolas rabínicas dos primeiros séculos de nossa era (NT).

SEITA - Toda seita, de qualquer gênero que possa ser, é a aliança da dúvida e do erro. Escotistas[1], tomistas[2], realistas[3], nominalistas[4], papistas[5], calvinistas[6], molinistas[7] e jansenistas[8] são todos nomes de guerra.

Não há seitas em geometria; não se diz um euclidiano[9], um arquimediano[10].

Quando a verdade é evidente, é impossível que surjam partidos e facções. Nunca se discutiu se é dia ao meio-dia.

Uma vez conhecida a parte da astronomia que determina o curso dos astros e a regularidade dos eclipses, não houve mais disputas entre os astrônomos.

Na Inglaterra, não se diz: "Sou newtoniano[11], sou lockiano[12], sou halleyano[13]". Por quê? Porque qualquer um que os tenha lido não pode recusar seu consentimento às verdades ensinadas por esses três grandes homens. Quanto mais Newton é reverenciado, menos alguém se intitula newtoniano; esta palavra faria supor que existem antinewtonianos na Inglaterra. Na França talvez ainda tenhamos alguns cartesianos[14], unicamente porque o sistema de Descartes é um tecido de imaginações errôneas.

Acontece o mesmo no reduzido número de verdades de fato que são bem constatadas. As atas da Torre de Londres foram autenticamente recolhidas por Rymer[15], mas não há rymerianos, porque ninguém tenta combater essa coleta de dados. Nesta não se encontram contradições, nem absurdos, nem prodígios; nada que revolte a razão, nada, por conseguinte, que sectários se esforcem por sustentar ou derrubar por meio de raciocínios absurdos. Todos concordam, portanto, que as *Atas* de Rymer são dignas de fé.

És maometano; portanto, há quem não o seja; logo, podes realmente não ter razão.

Qual seria a religião verdadeira, se o cristianismo não existisse? É aquela em que não há seitas, aquela em que todos os espíritos estão necessariamente de acordo.

Ora, em que dogma todos os espíritos concordaram? Na adoração de um Deus e na probidade. Todos os filósofos da terra que tiveram uma religião disseram, em todos os tempos: "Há um Deus e é necessário ser justo." Aí está, portanto, a religião universal, estabelecida em todos os tempos e entre todos os homens.

O ponto no qual todos concordam é, portanto, verdadeiro e os sistemas pelos quais divergem é, portanto, falso.

"Minha seita é a melhor", me diz um brâmane. Mas, meu amigo, se tua seita é boa, ela é necessária, pois, se não fosse absolutamente necessária, deverias me confessar que seria inútil; se é absolutamente necessária, ela o é para todos os homens. Como, pois, pode acontecer que todos os homens não tenham o que lhes é absolutamente necessário? Como pode acontecer que o resto do mundo zombe de ti e de teu Brama[16]?

Quando Zoroastro[17], Hermes[18], Orfeu[19], Minos[20] e todos os grandes homens dizem: "Adoremos a Deus e sejamos justos", ninguém ri; mas todos os habitantes da terra vaiam aquele que julga que não podemos agradar a Deus se não segurarmos na hora da morte uma cauda de vaca ou aquele que quer que cortemos um pedaço do prepúcio ou aquele que consagra crocodilos e cebolas ou aquele que liga a salvação eterna a ossos de mortos que trazemos debaixo da camisa ou a uma indulgência plenária que compramos em Roma por dois tostões e meio.

De onde vem esse concurso universal de risadas e de vaias, de uma ponta a outra do mundo? É realmente necessário que as coisas, de que o mundo zomba, não sejam constituídas de uma verdade bem evidente. Que poderemos dizer de um secretário de Sejano[21] que dedicou a Petrônio[22] um livro de estilo empolado com o título: *A verdade dos oráculos sibilinos, provada pelos fatos*?

Em primeiro lugar, esse secretário prova que seria necessário que Deus enviasse à terra muitas sibilas[23], uma após outra, pois, não havia outros meios para instruir os homens. Está demonstrado que Deus falava a essas sibilas, porque a palavra *sibila* significa *conselho de Deus*. Elas deviam viver muito tempo, visto que esse seria o menor privilégio devido a pessoas com quem Deus fala diretamente. Elas foram doze, pois, este número é sagrado. Elas tinham certamente predito todos os acontecimentos do mundo, uma vez que Tarquínio, o Soberbo[24], comprou por cem escudos três livros de uma velha. Que incrédulo, acrescenta o secretário, ousaria negar todos esses fatos evidentes que se passaram num canto, diante de toda a terra? Quem poderia negar o cumprimento de suas profecias? O próprio Virgílio[25] não citou as predições das sibilas? Se não temos os exemplares originais dos livros sibilinos, escritos numa época em que não se sabia ler nem escrever, não temos cópias autênticas? É necessário que a impiedade se cale ante estas provas. Assim falava o secretário Huttevillus a Sejano. Esperava conseguir um posto de áugure[26] que lhe daria cinquenta mil libras de renda, mas não teve absolutamente nada.

"O que a minha seita ensina é obscuro, confesso, diz um fanático; e é em virtude dessa obscuridade que se deve crer na seita, pois, ela própria diz que está repleta de obscuridades. Minha seita é extravagante, logo, é divina; de fato, como o que parece tão louco seria sido abraçado por tantos povos, se não houvesse nisso algo de divino? É precisamente como o Alcorão, que os sunitas[27] dizem ter um rosto de anjo e uma cara de animal; não se escandalizem com a cara do animal e venerem o rosto do anjo." Assim fala esse insensato; mas um fanático de outra seita lhe responde: "Tu és o animal e eu sou o anjo."

Ora, quem vai julgar este processo? Quem vai decidir entre esses dois energúmenos? O homem racional, imparcial, sábio de uma ciência, que não é a das palavras; o homem isento de preconceitos e amante da verdade e da justiça; o homem, enfim, que não é animal e que não acredita ser anjo.

---

1. Partidários do pensamento de John Duns Scot (1266-1308), padre, filósofo e teólogo escocês; combateu a doutrina teológica de Tomás de Aquino, seguindo o pensamento de santo Agostinho; foi professor em Oxford, Paris e Colônia (NT).

2. Partidários do pensamento de Tomás de Aquino (1225-1274), filósofo e teólogo italiano, autor, dentre outras, da célebre *Summa Theologica* (Suma Teológica), considerada a obra mais importante do catolicismo na tentativa de conciliar fé e razão, para a qual Tomás se valeu particularmente da filosofia aristotélica (NT).

3. Partidários do realismo, doutrina filosófica que, na Idade Média, considerava as ideias abstratas como seres reais (NT).

4. Partidários do nominalismo, doutrina filosófica medieval, segundo a qual o conceito é apenas um nome acompanhado de uma imagem individual, enquanto os universais, como espécies, gêneros e entidades, são puras abstrações, sem realidade; opunha-se, portanto, frontalmente ao realismo (NT).

5. Defensores das leis e normas do papado; ver também verbete *Papismo* (NT).

6. Adeptos do calvinismo, doutrina protestante que diverge do luteranismo em alguns pontos, como o mistério da predestinação, segundo o qual há alguns que são predestinados à salvação desde sempre e outros, à condenação eterna; essa corrente protestante foi fundada por João Calvino (1509-1564) que se refugiou em Genebra, Suíça, transformando-a numa cidade-igreja ou teocracia plena, regida pelos princípios do Evangelho; houve tentativas de aproximação com Lutero, mas infrutíferas (NT).

7. Partidários do molinismo, corrente teológica católica elaborada por Luis Molina (1535-1601), sacerdote espanhol, para conciliar a liberdade humana e a ação da graça divina; foi inicialmente uma reação à doutrina protestante da predestinação, mas causou grande controvérsia entre as diversas correntes católicas sobre o tema (NT).

8. Partidários do jansenismo, corrente teológica católica proposta por Cornélio Jansênio (1585-1638) que defendia a preponderância da iniciativa divina sobre a liberdade humana, conferindo à graça um predomínio peculiar, além de imprimir à prática religiosa e à moral um rigorismo extremo; essa doutrina foi condenada pelo Vaticano, mas a influência do jansenismo se fez sentir por longo tempo, até inícios do século XX (NT).

9. Adepto das teorias de Euclides (séc. III a.C.), matemático grego, célebre por sua geometria, seus postulados e axiomas matemáticos; Spinoza se inspirou nele para escrever a obra *Ethica ordine geometrico demonstrata* – A ética demonstrada segundo a ordem geométrica (NT).

10. Adepto das teorias de Arquimedes (287-212 a.C.), matemático e inventor grego; seus princípios matemáticos são utilizados até hoje (NT).

11. Partidário das teorias de Isaac Newton (1642-1727), físico, matemático e astrônomo inglês (NT).

12. Partidário das ideias de John Locke (1632-1704), filósofo e teórico político inglês; adepto do materialismo, favorável ao liberalismo político e defensor da tolerância religiosa, deixou várias obras de cunho filosófico, político e pedagógico (NT).

13. Adepto das teorias de Edmund Halley (1656-1742), físico e astrônomo inglês; ficou célebre por ter descoberto o movimento e a órbita dos cometas e ter determinado a periodicidade da volta nas proximidades da terra do cometa que leva seu nome (NT).

14. Seguidor do pensamento e das teorias de René Descartes (1596-1650), filósofo, físico e matemático francês (NT).

15. Thomas Rymer (1643-1713), historiador inglês; suas imensas pesquisas na Torre de Londres resultaram numa obra de 16 volumes, intitulada *Foedera*, conhecida popularmente como *Atas de Rymer*, e publicada de 1704 a 1713 (NT).

16. Brama ou Brahma, no hinduísmo, é o deus criador ou o princípio criador do universo; com Shiva e Vishnu forma a Trimurti ou a trindade hindu (NT).

17. Zoroastro ou Zaratustra (628-551 a.C.), sábio persa, fundador do zoroastrismo ou masdeísmo que opõe dois princípios fundamentais que governam o mundo e o homem: o bem e o mal; Zoroastro teria recebido do deus da sabedoria, numa visão, a missão de pregar e ensinar a verdade aos homens (NT).

18. Deus da mitologia grega, divindade protetora dos rebanhos, dos viajantes, do comércio e dos ladrões (NT).

19. Segundo a mitologia grega, Orfeu era poeta e exímio tocador de lira, encantando até os próprios deuses; casado com Eurídice, esta morreu em decorrência de uma picada de serpente. Inconsolável, Orfeu foi procurá-la nos infernos. Obteve a permissão de sair com ela de lá, sob condição de ir na frente sem olhar para trás. Na saída dos infernos, não resistiu e voltou-se para vê-la; Eurídice foi-lhe arrebatada para sempre; depois da morte Orfeu, segundo a lenda, sua cabeça proferia oráculos (NT).

20. Rei lendário de Creta, filho de Zeus, ficou célebre por sua sabedoria e justiça; essas virtudes fizeram dele, após a morte, um dos juízes dos Infernos (NT).

21. Lucius Aelius Sejanus (20? a.C.- 31 d.C.), pretor e ministro do imperador Tibério, conspirou contra este, foi preso e condenado à morte (NT).

22. Caius Petronius Arbiter (?-66 d.C.), escritor latino; sua obra *Satyricon* chegou até nós fragmentada, mas não deixa de ser um escrito importante, pois narra a vida cotidiana, os costumes e a moral (bem como a devassidão) de Roma do século I de nossa era (NT).

23. Entre os gregos, as Sibilas eram sacerdotisas de Apolo, encarregadas de transmitir seus oráculos (NT).

24. Lucius Tarquinius Superbus (?-509 a.C.), sétimo e último rei de Roma de 534 a 509 aproximadamente (NT).

25. Publius Vergilius Maro (71-19 a.C.), poeta latino, autor da obra clássica *Eneida* e de outros livros de poemas (NT).

26. Na sociedade romana, o áugure era membro de uma classe sacerdotal que adivinhava e interpretava a vontade dos deuses, proferindo seus vaticínios, chamados augúrios; esses eram extraídos da interpretação de sinais oferecidos por elementos da natureza, especialmente das aves, ou seja, mediante a observação do canto e do voo dos pássaros, mormente os urubus, considerados aves sagradas, porquanto, segundo se acreditava, com seus altos e soberanos voos conduziam os exércitos para a vitória nas guerras (NT).

27. Os sunitas, que se opõem aos xiitas, representam uma corrente religiosa do islamismo, ligada à linha sucessória de Maomé, considerando os quatro primeiros califas como legítimos continuadores do pensamento e da doutrina do profeta, enquanto os xiitas seguem a linha sucessória de Ali, genro de Maomé; mais que uma real diferença religiosa e teológica, essa divisão reflete um aspecto histórico e político no tocante às origens do islamismo (NT).

SENHOR - Como é que um homem pôde se tornar senhor de outro homem e por que espécie de magia incompreensível pôde se tornar senhor de muitos outros homens? A respeito desse fenômeno já foram escritos muitos bons volumes, mas dou preferência a uma fábula indiana, porque é curta e porque as fábulas disseram tudo.

"Adimo, pai de todos os indianos, teve dois filhos e duas filhas de sua mulher Procriti. O primogênito era um gigante vigoroso, o mais novo era um pequeno corcunda e as duas filhas eram lindas. Logo que o gigante sentiu sua força viril, dormiu com as duas irmãs e se fez servir pelo pequeno corcunda. Das duas irmãs, uma se tornou sua cozinheira e a outra, sua jardineira. Sempre que queria dormir, o gigante começava por acorrentar a uma árvore o pequeno irmão corcunda e, se este fugia, alcançava-o com quatro largos passos e castigava-o com vinte golpes de nervo de boi.

"O corcunda se tornou submisso e o melhor súdito do mundo. O gigante, satisfeito ao vê-lo cumprir seus deveres de súdito, permitiu-lhe dormir com uma das irmãs, pela qual não se sentia mais atraído. Os filhos que nasceram desse casamento não eram de modo algum corcundas, mas cresceram atingindo uma estatura bem distinta. Foram educados no temor de Deus e do gigante. Receberam uma excelente educação; ensinaram-lhes que seu grande tio era gigante por direito divino e podia fazer o que bem entendesse com toda a família; se tivesse uma sobrinha linda, ou mesmo sobrinha-neta, seria reservada somente para o gigante e ninguém poderia dormir com ela senão quando ele não a quisesse mais.

"Falecido o gigante, seu filho, que não era de forma alguma tão forte e tão grande como ele, acreditou, no entanto, que era gigante de direito divino como seu pai. Impôs que todos os homens trabalhassem para ele e quis deitar com todas as jovens. A família se uniu contra ele, foi deposto, e todos juntos formaram uma república."

Os siameses, ao contrário, acreditavam que a família começou por ser republicana e que o gigante só teria vindo depois de muitos anos e de muitas dissensões; mas todos os autores de Benares e de Sião[1] concordam que os homens viveram uma infinidade de séculos antes de ter espírito para fazer leis; e eles provam isso por uma razão sem réplica, ou seja, que, mesmo hoje, quando todos se orgulham de ter espírito, não se encontrou ainda o modo de elaborar vinte leis aceitavelmente boas.

Na Índia, por exemplo, é ainda uma questão insolúvel a de saber se as repúblicas foram estabelecidas antes ou depois das monarquias, se a confusão deveria ter parecido aos homens mais horrível que o despotismo. Ignoro o que aconteceu na ordem dos tempos, mas, naquela da natureza, deve-se concordar que, uma vez que todos os homens nascem iguais, a violência e a habilidade produziram os primeiros senhores; as leis produziram os últimos.

1. Benares é uma cidade e região da Índia; Sião é o nome mais antigo de Ceilão, hoje Sri Lanka (NT).

SENSAÇÃO

As ostras têm, segundo se diz, dois sentidos; as toupeiras, quatro; os outros animais, como os homens, cinco: algumas pessoas admitem um sexto, mas é evidente que a sensação voluptuosa de que querem falar se reduz à sensação do tato e que cinco sentidos constituem nossa partilha. É impossível para nós imaginar e desejar mais que isso.

Pode ser que em outros globos existam sentidos de que não temos sequer ideia; pode ser que o número de sentidos aumente de globo em globo e que o ser que tem sentidos inumeráveis e perfeitos seja o termo de todos os seres.

Mas nós, com nossos cinco órgãos, qual é nosso poder? Sentimos sempre contra nossa vontade e nunca porque o queremos; é impossível para nós não ter a sensação que nossa natureza nos destina, quando o objeto nos atinge. A sensação está em nós, mas não pode depender de nós. Nós a recebemos; e como a recebemos? Sabe-se muito bem que não há nenhuma relação entre o ar atingido e as palavras que me cantam e a impressão que essas palavras gravam em meu cérebro.

Ficamos surpresos com o pensamento; mas o sentimento é igualmente maravilhoso. Um poder divino brilha na sensação do último dos insetos como no cérebro de Newton⁽¹⁾. Contudo, se milhares de animais morrem diante de nossos olhos, ninguém se preocupa com o que possa se tornar sua faculdade de sentir, embora essa faculdade seja obra do ser dos seres; são considerados como máquinas da natureza, nascidas para morrer e dar lugar a outras.

Como e por que sua sensação haveria de subsistir quando eles não existem mais? Que necessidade teria o autor de tudo o que existe de conservar as propriedades cujo sujeito está destruído? Seria o mesmo que dizer que o poder da planta, chamada sensitiva, de retrair suas folhas para seus ramos subsiste ainda quando a planta deixa de existir. Sem dúvida, haverão de perguntar como, visto que a sensação dos animais morre com eles, o pensamento do homem não perece. Não posso responder a essa questão, não sei o suficiente para resolvê-la. Só o autor eterno da sensação e do pensamento sabe como o concede e como o conserva.

Toda a antiguidade sustentou que nada existe em nosso entendimento que não tenha estado em nossos sentidos. Descartes⁽²⁾ defendeu, em seus romances, que nós tínhamos ideias metafísicas antes de conhecer os seios de nossa ama; uma faculdade de teologia proscreveu esse dogma, não porque fosse um erro, mas porque era uma novidade; em seguida ela adotou esse erro, porque fora destruído por Locke⁽³⁾, filósofo inglês, e era realmente necessário que um inglês não tivesse razão. Enfim, depois de haver mudado tantas vezes de parecer, ela tornou a proscrever essa antiga verdade, ou seja, que os sentidos são as portas do entendimento. Fez como os governos sobrecarregados de dívidas que ora dão livre curso a certas cédulas, ora as depreciam; mas há muito tempo que ninguém quer cédulas dessa faculdade.

Todas as faculdades do mundo nunca vão impedir os filósofos de ver que nós começamos por sentir e que nossa memória não é senão uma sensação continuada. Um homem que nascesse privado de seus cinco sentidos seria privado de toda ideia, se pudesse viver. As noções metafísicas não nos chegam senão pelos sentidos, pois, como poderíamos medir um círculo ou um triângulo, se não tivéssemos visto ou tocado um círculo e um triângulo? Como poderíamos conceber uma ideia imperfeita do infinito, sem estabelecer limites? E como poderíamos estabelecer limites, sem tê-los visto ou sentido?

A sensação envolve todas as nossas faculdades, disse um grande filósofo⁽⁴⁾.

Que concluir de tudo isso? Quem ler e pensar, que conclua.

Os gregos tinham inventado a faculdade *Psique* para as sensações e a faculdade *Nous* para os pensamentos. Infelizmente não sabemos o que são essas duas faculdades; nós as temos, mas sua origem não nos é mais conhecida que à ostra, ao ouriço do mar, ao polvo, aos vermes e às plantas. Por qual mecânica impossível a sensação está em todo o meu corpo e o pensamento somente em minha cabeça? Se te cortarem a cabeça, não há evidência de que possas então resolver um problema de geometria, mas tua glândula pineal, teu corpo caloso, nos quais está tua alma, subsistem muito tempo sem alteração; tua cabeça cortada está tão cheia de espíritos animais que muitas vezes transborda, depois de ter sido separada de seu tronco: parece que deveria ter nesse momento ideias muito vivas e assemelhar-se à cabeça de Orfeu[5], que ainda compunha música e cantava Eurídice, enquanto era jogada nas águas do rio Evros.

Se não se pensa mais quando não se tem cabeça, como o coração continua sensível depois de extraído?

Sente-se, pode-se dizer, porque todos os nervos têm sua origem no cérebro; e, no entanto, se o cérebro for perfurado, se for queimado, nada mais se sente. As pessoas que sabem as razões de tudo isso são realmente diferenciadas.

1. Isaac Newton (1642-1727), físico, matemático e astrônomo inglês (NT).
2. René Descartes (1596-1650), filósofo, físico e matemático francês (NT).
3. John Locke (1632-1704), filósofo e teórico político inglês; adepto do materialismo, favorável ao liberalismo político e defensor da tolerância religiosa, deixou várias obras de cunho filosófico, político e pedagógico (NT).
4. Étienne Bonnot de Condillac (1714-1780), filósofo francês; a ideia exposta no texto acima se encontra no livro *Tratado das sensações*, tomo II, publicado em 1754 (NT).
5. Segundo a mitologia grega, Orfeu era poeta e exímio tocador de lira, encantando até os próprios deuses; casado com Eurídice, esta morreu em decorrência de uma picada de serpente. Inconsolável, Orfeu foi procurá-la nos infernos. Obteve a permissão de sair com ela de lá, sob condição de ir na frente sem olhar para trás. Na saída dos infernos, não resistiu e voltou-se para vê-la; Eurídice foi-lhe arrebatada para sempre; depois da morte Orfeu, segundo a lenda, sua cabeça proferia oráculos (NT).

SENSO COMUM

- Às vezes nas expressões populares há uma imagem do que se passa no fundo do coração de todos os homens. *Sensus communis* (senso comum) significava para os romanos não somente senso comum, mas também humanidade, sensibilidade. Como não chegamos a ter o valor dos romanos, esta expressão significa entre nós apenas metade do que dizia para eles. Significa só o bom senso, razão grosseira, razão inicial, primeira noção das coisas usuais, estado médio entre a estupidez e a acuidade de espírito. "Esse homem não tem o senso comum" é realmente uma injúria das grandes. "Esse homem tem o senso comum" é também uma injúria; isso quer dizer que não é de modo algum estúpido, mas não tem aquilo que se chama acuidade de espírito. Mas de onde provém essa expressão *senso comum*, se não dos sentidos? No momento em que inventaram esta expressão, os homens confessavam que nada entrava na alma a não ser pelos sentidos; caso contrário, teriam empregado a palavra *senso* para significar o raciocínio comum?

Por vezes se diz: "O senso comum é muito raro." O que significa esta frase? Simplesmente que em muitos homens a razão iniciada é detida em seu progresso por alguns preconceitos; em função disso, esse homem, que julga com muita perspicácia em determinado assunto, se enganará sempre grosseiramente em outro. Um árabe, que poderá ser um bom calculador, um químico sábio, um astrônomo exato, pode acreditar, no entanto, que Maomé[1] pôs a metade da lua na manga.

Por que iria além do senso comum nas três ciências de que falo e ficaria abaixo do senso comum quando se trata dessa metade da lua? É que, nos primeiros casos, viu com os próprios olhos, aperfeiçoou sua compreensão; no segundo caso, viu por meio dos olhos de outrem, fechou os seus e perverteu o senso comum que está nele.

Como essa estranha reviravolta do espírito pode ocorrer? Como as ideias, que caminham com um passo tão regular e tão firme no cérebro, com relação a grande número de objetos, podem falhar tão grotescamente quando se trata de outro mil vezes mais palpável e mais fácil de compreender? Esse homem sempre teve em si os mesmos princípios de inteligência; é necessário, portanto, que haja um órgão viciado, como acontece às vezes que o mais fino dos gastrônomos possa ter o gosto alterado numa espécie particular de alimento.

Como o órgão desse árabe, que vê a metade da lua na manga de Maomé, ficou viciado? Por causa do medo. Disseram-lhe que, se não acreditasse na história da manga, sua alma, logo após a morte, ao passar na ponte estreita, cairia para sempre no abismo; disseram-lhe algo de muito pior: "Se algum dia duvidares dessa manga, um derviche te tratará como ímpio; outro te provará que és um insensato que, tendo todos os motivos possíveis de credibilidade, não quiseste submeter tua razão soberba à evidência; um terceiro te denunciará perante o insignificante divã[2] de uma pequena província e serás legalmente empalado."

Tudo isso transmite um terror de pânico ao bom árabe, à sua mulher, à sua irmã e a toda a diminuta família. Eles tiveram bom senso em todo o resto, mas nesse ponto sua imaginação está ferida, como a de Pascal[3], que via continuamente um precipício ao lado de sua cadeira. Mas nosso árabe acredita de fato na manga de Maomé? Não. Faz esforço para crer e diz: "Isto é impossível, mas é verdade; acredito naquilo que não creio." Forma-se na cabeça dele, sobre essa manga, um caos de ideias que receia desemaranhar. Isso é verdadeiramente não ter o senso comum.

1. Maomé (570-632), fundador do islamismo ou religião muçulmana, condensada no livro sagrado Corão ou Alcorão (NT).
2. Termo derivado do árabe *diwan*, registro, que indicava também o conselho que tomava decisões em assuntos administrativos e de justiça (NT).
3. Blaise Pascal (1623-1662), matemático, físico, filósofo e escritor; dentre suas obras, *Do espírito geométrico* já foi publicada pela Editora Escala (NT).

SONHOS
- Somnia, quae mentes ludunt volitantibus umbris,
non delubra deum nec ab aethere numina mittunt,
sed sibi quisque facit [1].

Mas como, visto que todos os sentidos estão mortos no sono, há um sentido interno que continua vivo? Como, visto que nossos olhos não enxergam mais, nossos ouvidos não ouvem nada, vemos, contudo, e ouvimos em nossos sonhos? O cão, em sonho, está na caça; late, segue sua presa. O poeta faz versos dormindo; o matemático vê figuras; o metafísico raciocina bem ou mal; temos exemplos marcantes.

Serão os únicos órgãos da máquina que funcionam? Será a alma pura que, subtraída ao império dos sentidos, usufrui de seus direitos em liberdade?

Se somente os órgãos produzem os sonhos à noite, por que não produzirão também sozinhos as ideias durante o dia? Se a alma pura, tranquila no repouso dos sentidos, agindo por si própria, é a causa única, o sujeito único de todas as ideias que temos dormindo, por que serão essas ideias quase sempre irregulares, desarrazoadas, incoerentes? Como! É no momento em que essa alma está menos perturbada que há mais perturbações em todas essas imaginações! Ela está em liberdade, está louca! Se ela tivesse nascido com ideias metafísicas, como disseram tantos escritores que sonhavam de olhos abertos, suas ideias puras e luminosas do ser, do infinito, de todos os primeiros princípios deveriam despertar nela com a maior energia quando o corpo está adormecido: nunca seríamos bons filósofos senão em sonho.

Seja qual for o sistema que abracemos, sejam quais forem os vãos esforços que façamos para provar a nós mesmos que a memória agita nosso cérebro e que nosso cérebro agita nossa alma, devemos concordar que todas as nossas ideias nos surgem durante o sono, sem nós e apesar de nós: nossa vontade não participa em nada. É certo, portanto, que podemos pensar sete ou oito horas seguidas sem ter a menor vontade de pensar e sem mesmo estarmos seguros de que pensamos. Ponderemos isso e procuremos adivinhar o que vem a ser o conjunto do animal.

Os sonhos sempre foram um grande objeto de superstição; nada mais natural. Um homem vivamente comovido pela doença de sua amante sonha que a está vendo moribunda; ela morre no dia seguinte: logo, os deuses lhe predisseram sua morte.

Um general do exército sonha que vence uma batalha; ele a ganha de fato: os deuses o advertiram de que seria vencedor. Não são levados em consideração senão os sonhos que se realizaram; os outros são esquecidos. Os sonhos fazem parte de modo marcante da história antiga, assim como os oráculos.

A *Vulgata*[2] traduz desta forma o final do versículo 26 do capítulo XIX do *Levítico*: "Não observarão os sonhos." Mas a palavra *sonho* não existe no hebraico e seria muito estranho que se reprovasse a observação dos sonhos no mesmo livro em que está escrito que José se tornou o benfeitor do Egito e de sua família por ter explicado três sonhos.

A explicação dos sonhos era uma coisa tão comum que as pessoas não se limitavam à sua compreensão: era necessário também adivinhar algumas vezes o que outro havia sonhado. Nabucodonosor[3], tendo esquecido um sonho que tivera, ordenou a seus magos que adivinhassem esse sonho e os ameaçou de morte se não conseguissem; mas o judeu Daniel, que era da escola dos magos, salvou a vida deles adivinhando qual havia sido o sonho do rei e interpretando-o. Essa história e muitas outras poderiam servir para provar que a lei dos judeus não proibia a oniromancia, isto é, a ciência dos sonhos.

1. Versos de Caius Petronius Arbiter (?-66 d.C.), escritor latino; em tradução livre transmitem este sentido: "Os sonhos, que divertem a alma com sombras esvoaçantes, os numes não os enviam dos locais sagrados nem dos ares, mas a divindade os cria como coisas suas" (NT).

2. Ou *Bíblia Vulgata*, assim é chamada a tradução da Bíblia feita, a partir do hebraico e do grego por Jerônimo ou Sophronius Eusebius Hieronymus (331-420), escritor cristão e doutor da Igreja (NT).

3. Este fato é narrado no livro bíblico do profeta *Daniel*, cap. II (NT).

SUPERSTIÇÃO - [Seção I - Capítulo extraído de Cícero[1], Sêneca[2] e Plutarco[3]] - Quase tudo o que vai além da adoração de um ser supremo e da submis-

são do coração a suas ordens eternas é superstição. É uma coisa muito perigosa o perdão aos crimes ligado a certas cerimônias.
Et nigras mactant pecudes, et manibus divis
inferias mittunt[4].
Oh! faciles nimium qui tristia crimina caedis
fluminea tolli posse putatis aqua![5].

Pensas que Deus vai esquecer teu homicídio se te banhares num rio, se imolares uma ovelha negra e se forem pronunciadas sobre ti algumas palavras. Um segundo homicídio te será, pois, perdoado ao mesmo preço, e assim um terceiro, e cem assassinatos só te custarão cem ovelhas negras e cem abluções! Sejam melhores, miseráveis humanos: nada de assassinatos e nada de ovelhas negras!

Que infame ideia imaginar que um sacerdote de Ísis[6] e de Cíbele[7], tocando címbalos e castanholas, vai te reconciliar com a divindade! E quem é, pois, esse sacerdote de Cibele, esse eunuco errante que vive de tuas fraquezas, para se estabelecer como mediador entre o céu e ti? Que espécie de delegação recebeu ele de Deus? Recebe teu dinheiro para balbuciar algumas palavras e crês que o ser dos seres vai ratificar as palavras desse charlatão?

Há superstições inocentes: danças nos dias de festa em honra de Diana[8] ou de Pomona[9], ou de qualquer um desses deuses secundários de que teu calendário está repleto: muito bem. A dança é muito agradável, é útil ao corpo, alegra a alma, não faz mal a ninguém; não acredites, porém, que Pomona e Vertumno[10] se comovam por teres saltado em sua honra e que te punam se não o fizeres. Não há outra Pomona nem outro Vertumno que a enxada e a pá do jardineiro. Não sejas tão imbecil a ponto de acreditar que teu jardim vai ser destroçado pelo granizo se tiveres deixado de dançar a *pírrica* ou a *córdax*[11].

Há talvez uma superstição perdoável e mesmo reconfortante para a virtude: é a de colocar entre os deuses os grandes homens que foram benfeitores do gênero humano. Seria melhor, sem dúvida, deter-se a olhá-los simplesmente como homens veneráveis e especialmente procurar imitá-los. Venera sem culto um Sólon[12], um Tales[13], um Pitágoras[14]; mas não adores um Hércules[15] por ter limpado as estrebarias de Áugias e por ter-se deitado com cinquenta mulheres numa noite.

Guarda-te particularmente de instituir um culto para patifes que não tiveram outro mérito senão a ignorância, o entusiasmo e a sordidez; que da ociosidade e da mendicância fizeram um dever e uma glória: esses que, quando muito, foram realmente inúteis em vida, merecerão acaso a apoteose depois da morte?

Observa que os tempos mais supersticiosos foram sempre os dos crimes mais horríveis.

[Seção II]

O supersticioso está para o velhaco como o escravo está para o tirano. Mais ainda: o supersticioso é dominado pelo fanático, e assim se torna. A superstição, que nasceu no paganismo, foi adotada pelo judaísmo e infestou a Igreja cristã desde os primeiros tempos. Todos os Padres da Igreja[16], sem exceção, acreditaram no poder da magia. A Igreja sempre condenou a magia, mas sempre acreditou nela: não excomungou os feiticeiros como loucos que estavam enganados, mas como homens que mantinham realmente relações com os demônios.

Hoje a metade da Europa acredita que a outra metade foi durante muito tempo e ainda é supersticiosa. Os protestantes consideram as relíquias, as indulgências, as flagelações, as orações pelos mortos, a água benta e quase todos os ritos da Igreja romana como uma demência supersticiosa. A superstição, segundo eles, consiste em seguir práticas inúteis como práticas necessárias. Entre os católicos romanos, há muito mais esclarecidos que seus ancestrais, que renunciaram a muitos desses usos outrora sagrados e se defendem a respeito dos outros que conservaram, dizendo: "São indiferentes, e o que é só indiferente não pode ser um mal."

É difícil determinar os limites da superstição. Um francês, viajando pela Itália, vê quase tudo supersticioso, e praticamente não se engana. O arcebispo de Canterbury acha que o arcebispo de Paris é supersticioso; os presbiterianos[17] fazem a mesma recriminação ao bispo de Canterbury e, por sua vez, são tratados de supersticiosos pelos quacres[18], que são os mais supersticiosos de todos aos olhos dos outros cristãos.

Ninguém concorda, portanto, entre as sociedades cristãs sobre o que vem a ser a superstição. A seita que parece menos acometida por essa doença do espírito é aquela que tem menos ritos. Mas se com poucas cerimônias ela estiver fortemente apegada a uma crença absurda, essa crença absurda equivale, sozinha, a todas as práticas supersticiosas observadas desde Simão Mago[19] até o padre Gauffridi[20].

É, portanto, evidente que é o fundo da religião de uma seita que passa por superstição em outra.

Os muçulmanos acusam de superstição a todas as sociedades cristãs e são por elas acusados de supersticiosos. Quem vai julgar esse grande processo? Será a razão? Mas cada seita pretende ter a razão de seu lado. Será, portanto, a força que vai julgar, esperando que a razão penetre num número significativo de cabeças para desarmar a força.

Houve, por exemplo, na Europa cristã, uma época em que não era permitido a recém-casados gozar dos direitos do casamento, sem ter comprado esse direito do bispo ou do padre.

Todo aquele que, em seu testamento, não deixasse uma parte de seus bens à Igreja, era excomungado e privado de sepultura. Isso se chamava morrer *inconfesso*, isto é, sem confessar a religião cristã. Sempre que um cristão morresse *ab intestato* (sem testamento), a Igreja não aplicava ao morto essa excomunhão, mas ela fazia um testamento para ele, estipulando e fazendo-se pagar o piedoso legado que o defunto deveria ter feito.

É por isso que o papa Gregório IX[21] e São Luís[22] ordenaram, depois do concílio de Narbonne realizado em 1235, que todo testamento do qual não participasse um padre seria nulo; e o papa decretou que o testador e o escrivão seriam excomungados.

A taxa dos pecados foi, se isso fosse possível, ainda mais escandalosa. Era a força que sustentava todas essas leis, às quais se submetia a superstição dos povos; e foi somente com o tempo que a razão conseguiu abolir essas vergonhosas vexações, ao mesmo tempo que deixou subsistir tantas outras.

Até que ponto a política poderá influir para que a superstição seja erradicada? Esta pergunta é muito espinhosa; é a mesma coisa que perguntar até que ponto se deve fazer a punção num hidrópico, que pode morrer durante a operação. Isso depende da prudência do médico.

Poderá existir um povo livre de todos os preconceitos supersticiosos? É a mesma coisa que perguntar: Poderá existir um povo de filósofos? Dizem que não há nenhuma superstição na magistratura da China. É provável que não haverá de subsistir nenhuma na magistratura de algumas cidades da Europa.

Então, esses magistrados impedirão que a superstição do povo seja perigosa. O exemplo desses magistrados não esclarecerá a gentalha, mas os principais burgueses a deterão. Não há talvez um só tumulto, um só atentado religioso em que os burgueses outrora não se envolveram, porque esses burgueses constituíam então a gentalha; mas a razão e o tempo os mudaram. Seus costumes amenizados vão suavizar aqueles do mais vil e feroz populacho; é disso que temos exemplos marcantes em mais de um país. Numa palavra, quanto menos superstições, menos fanatismo; e quanto menos fanatismo, menos desgraças.

---

1. Marcus Tullius Cicero (106-43 a.C.), filósofo, orador e escritor latino; dentre suas obras, *A amizade, A velhice saudável* e *Os deveres* já foram publicadas pela Editora Escala (NT).

2. Lucius Annaeus Seneca (1 a.C.-65 d.C.), filósofo estoico e dramaturgo latino; dentre suas muitas obras, já foram publicadas pela Editora Escala *A vida feliz, A tranquilidade da alma, A constância do sábio, A brevidade da vida* (NT).

3. Plutarco (50-125), escritor grego, autor de *Obras morais* e *Vidas paralelas* (NT).

4. Versos de Titus Lucretius Carus (98-55 a.C.), poeta latino, de sua obra *De natura rerum* e que transmitem o sentido seguinte: Matam ovelhas negras e as oferecem como sacrifício aos deuses (NT).

5. Versos de Publius Ovidius Naso (43 a.C.-18 d.C.), poeta latino, extraídos da obra *Fasti*, II, 46; em tradução livre, transmitem este sentido: Oh! com muita facilidade cometes os mais tristes crimes, de que pensas te livrar com as águas do riacho!

6. Ísis era a deusa principal do panteão egípcio, irmã e esposa de Osíris; ambos teriam sido os grandes fundadores da civilização do Egito (NT).

7. Na mitologia grega, Cibele era chamada a *Grande Mãe* ou *Mãe dos deuses*, porque de fato teria sido mãe de Zeus, Juno, Plutão, Netuno e outros (NT).

8. Diana, na mitologia romana, era a deusa da caça (NT).

9. Segundo a mitologia romana, ninfa dos frutos; seu bosque sagrado, o Pomonal, ficava perto de Roma; casada com Vertumno, sua fidelidade lhe permitiu envelhecer e rejuvenescer sem cessar, como ocorre com o ciclo das estações e das plantas e seus frutos (NT).

10. Na mitologia romana, essa divindade de origem etrusca presidia os jardins, os pomares e as colheitas (NT).

11. Dois tipos de dança antiga: a pírrica era uma dança guerreira da Grécia antiga, em que os homens dançavam armados e ao som da flauta, simulando fases de um combate; a córdax, também da Grécia antiga, era uma dança cômica, sensual e até indecente da comédia grega (NT).

12. Sólon (640-558 a.C.), estadista grego, um dos sete sábios da Grécia antiga, reformou a vida social e política de Atenas, lançou as bases da futura democracia grega e escreveu poemas de inspiração cívica (NT).

13. Tales de Mileto (séc. VII-VI a.C.), matemático e filósofo grego, considerado o mais antigo sábio grego de que se tem conhecimento; celebrizou-se com seus teoremas matemáticos, suas medições exatas do tempo e suas observações astronômicas que o levaram a predizer o eclipse do ano 585 a.C. (NT).

14. Pitágoras (séc. VI a.C.), matemático e filósofo grego, são célebres seus teoremas e princípios matemáticos (NT).

15. Hércules, herói lendário grego que a literatura tornou célebre por seus doze trabalhos, nos quais se notam força, coragem e ousadia; um desses trabalhos consistia em limpar os imensos estábulos do rei Áugias: para fazer o serviço, Hércules desviou o curso de um rio (NT).

16. *Padres da Igreja* é uma expressão clássica da história antiga, com a qual são designados os grandes teólogos e escritores dos primeiros séculos do cristianismo; são numerosos e seus escritos formam a chamada *Patrística, Patrologia*, ou seja, obras, textos,

comentários bíblicos e doutrina desses autores, os quais fundamentaram toda a teologia cristã, e particularmente católica, que ainda vigora hoje; entre os principais Padres da Igreja, podem ser relembrados Ambrósio, Agostinho, Orígenes, Cirilo de Jerusalém, Cirilo de Alexandria, João Crisóstomo, Gregório Nazianzeno, Gregório de Nissa, Irineu, etc.

17. O presbiterianismo é uma das correntes protestantes da Reforma da Igreja, que se destaca mais no plano organizacional do que no doutrinal; os presbiterianos recusam o episcopalismo (governo dos bispos) e o congregacionalismo (divisão do território eclesial em paróquias ou em setores independentes), colocando a administração da Igreja nas mãos de um colégio misto, formado por leigos e sacerdotes ou pastores, colégio ou conselho que é chamado presbitério (NT).

18. *Quacres* ou *quakers* constituem mais uma das muitas correntes protestantes, fundada por George Fox em 1652; pautam sua vida sob inspiração direta do Espírito Santo que, ao descer sobre eles, os faz estremecer ou entrar em transe (por isso a denominação que lhe foi conferida desde o início: *quakers* significa tremedores, estremecedores); como instituição, rejeitam qualquer organização clerical, buscam a intensa vida interior, além de primar pela pureza moral e pela prática do pacifismo e da solidariedade (NT).

19. Personagem do livro bíblico Atos dos Apóstolos (cap. VIII) que praticava a magia; ao ver os milagres dos Apóstolos e como comunicavam o Espírito Santo, ofereceu dinheiro a Pedro e João para poder dispor também ele desses poderes (NT).

20. Louis Gauffridi (1578-1611), padre francês, acusado de magia, feitiçaria e pacto com o demônio, foi preso e condenado pela Inquisição; foi queimado vivo em 30 de abril de 1611 (NT).

21. Gregório IX (1170-1241), papa de 1227 a 1241 (NT).

22. Luís IX (1214-1270), rei da França de 1226 a 1270; morreu na 8ª. Cruzada, em Túnis, de doença epidêmica que assolava a região (NT).

T

TEÍSTA - O teísta é um homem firmemente persuadido da existência de um ser supremo tão bom quanto poderoso, que formou todos os seres extensos, vegetativos, sensitivos e seres de reflexão; que perpetua suas espécies, que pune sem crueldade os crimes e recompensa com bondade as ações virtuosas. O teísta não sabe como Deus castiga, como favorece, como perdoa, pois, não é bastante temerário para se vangloriar que conhece como Deus age; mas sabe que Deus age e que é justo. As dificuldades contra a Providência não o abalam em sua fé, porque não passam de grandes dificuldades e não constituem provas; ele se submete a essa Providência, embora só perceba alguns de seus efeitos e alguns de seus aspectos exteriores; e, julgando as coisas que não vê por meio das coisas que vê, acredita que essa Providência se estende a todos os lugares e a todos os séculos.

Unido nesse princípio com o resto do universo, não abraça nenhuma das seitas que, todas elas, se contradizem. Sua religião é a mais antiga e a de maior extensão, pois, a adoração simples de um Deus precedeu a todos os sistemas do mundo. Ele fala uma língua que todos os povos entendem, mesmo que estes não se entendam entre si. Tem irmãos desde Pequim até Caiena e conta todos os sábios como seus irmãos. Acredita que a religião não consiste nas opiniões de uma metafísica ininteligível nem em vãos artefatos, mas na adoração e na justiça. Fazer o bem, este é seu culto; ser submisso a Deus, esta é sua doutrina. O maometano lhe grita: "Toma cuidado, se não fizeres a peregrinação a Meca!" Um recoleto[1] lhe diz: "Ai de ti, se não fizeres uma viagem a Nossa Senhora de Loreto!" Ele ri de Loreto e de Meca, mas socorre o indigente e defende o oprimido.

1. Membro da Ordem religiosa católica dos frades franciscanos; os recoletos se separaram em parte (pois permaneceram sob a mesma administração central) dos franciscanos no século XVI para seguir mais estritamente a regra de São Francisco de Assis (1182-1226), fundador da Ordem franciscana; seus últimos membros voltaram ao antigo berço da Ordem em 1897 (NT).

TEÓLOGO - Cheguei a conhecer um verdadeiro teólogo. Ele dominava as línguas do Oriente e tinha todos os conhecimentos, quanto se possa ter, sobre os antigos ritos dos povos. Os caldeus, os ignícolas[1], os sabeus[2], os sírios, os egípcios lhe eram tão conhecidos como os judeus; as diversas leituras da *Bíblia* lhe eram familiares; durante trinta anos havia procurado conciliar os Evangelhos e havia tentado organizar a concordância dos escritos dos Padres da Igreja[3]. Procurou estabelecer em que época precisamente foram redigidos o símbolo atribuído aos apóstolos e aquele que leva o de Atanásio[4]; qual foi a diferença que existia entre a sinaxe[5] e a missa; como a Igreja cristã foi dividida desde seu surgimento em diversos partidos e como a sociedade dominante tratou todas as outras de heréticas. Sondou as profundezas da política que sempre se imiscuiu nessas querelas; fez claras distinções entre política e sabedoria, entre o orgulho que quer subjugar os espíritos e o desejo de esclarecimento pessoal, entre zelo e o fanatismo.

A dificuldade de organizar em sua cabeça tantas coisas cuja natureza é de serem confundidas e de lançar um pouco de luz sobre tantas nuvens com frequência o desanimou; mas como essas pesquisas constituíam o dever de seu estado, dedicou-se a elas, apesar de seus desgostos. Chegou, finalmente, a conhecimentos ignorados pela maioria de seus coirmãos. Quanto mais verdadeiramente sábio se tornava, mais desconfiava de tudo o que sabia. Enquanto viveu, foi indulgente; e, à sua morte, confessou que havia consumido inutilmente sua vida.

1. Adoradores ou cultores do fogo (NT).
2. Povo astrólotra ou adorador dos astros da Arábia antiga, que habitava o reino de Sabá (NT).
3. *Padres da Igreja* é uma expressão clássica da história antiga, com a qual são designados os grandes teólogos e escritores dos primeiros séculos do cristianismo; são numerosos e seus escritos formam a chamada *Patrística, Patrologia*, ou seja, obras, textos, comentários bíblicos e doutrina desses autores, os quais fundamentaram toda a teologia cristã, e particularmente católica, que ainda vigora hoje; entre os principais Padres da Igreja, podem ser relembrados Ambrósio, Agostinho, Orígenes, Cirilo de Jerusalém, Cirilo de Alexandria, João Crisóstomo, Gregório Nazianzeno, Gregório de Nissa, Irineu, etc.
4. Atanásio (295-373), bispo de Alexandria e doutor da Igreja, foi o principal adversário de Ário e sua obra teológica é quase toda ela endereçada contra o arianismo (NT).
5. Assembleia de culto dos primeiros séculos do cristianismo e ainda presente na Igreja ortodoxa de hoje (NT).

TIRANIA - Denominamos *tirano* o soberano que não conhece como leis senão seu próprio capricho, que se apodera dos bens de seus súditos e que em seguida os arregimenta para ir tomar os bens dos vizinhos. Não há desses tiranos na Europa.

Distingue-se entre a tirania de um só e a de vários. Essa tirania de vários seria aquela de um corpo que invadisse os direitos dos outros corpos e que exercesse o despotismo a favor das leis por ele corrompidas. Tampouco dessa espécie há tiranos na Europa.

Sob qual tirania preferirias viver? Sob nenhuma; mas se fosse necessário escolher, eu detestaria menos a tirania de um só do que a de vários. Um déspota sempre tem alguns bons momentos; uma assembleia de déspotas não os tem nunca. Se um tirano me faz uma injustiça, poderei desarmá-lo por intermédio de sua amante, por meio de seu confessor ou seu pajem; mas um grupo de graves tiranos é inacessível a todas as seduções. Quando não é injusta é no mínimo impiedosa e jamais concede favores.

Se tenho apenas um déspota, desobrigo-me de meus deveres para com ele ao colar-me junto de um para lhe abrir passagem, ou ao me prosternar, ou ao tocar o chão com minha fronte, segundo o costume do país; mas se houver uma companhia de cem déspotas, fico exposto a repetir essa cerimônia cem vezes por dia, o que é extremamente aborrecedor, quando não se tem as roupas folgadas. Se eu tiver uma propriedade nas vizinhanças de um de nossos senhores, serei esmagado; se reclamar contra um parente dos parentes de nossos senhores, estarei arruinado. Que fazer? Tenho medo de que neste mundo sejamos reduzidos a ser bigorna ou martelo. Feliz de quem escapar a essa alternativa!

TOLERÂNCIA - [Sessão I]

Que é a tolerância? É o apanágio da humanidade. Todos nós estamos repletos de fraquezas e de erros; perdoemo-nos reciprocamente nossas tolices, é a primeira lei da natureza.

Que na bolsa de Amsterdã, de Londres, de Surata ou de Bassra, o guebro[1], o baniano[2], o judeu, o maometano, o deícola[3] chinês, o brâmane, o cristão grego, o cristão romano, o cristão protestante, o cristão quacre[4] façam suas transações juntos: que não levantem o punhal uns contra os outros na luta por ganhar almas para sua religião. Por que, pois, nos degolamos quase sem interrupção desde o primeiro concílio de Niceia[5]?

Constantino[6] começou por baixar um édito que permitia todas as religiões; terminou por perseguir. Antes dele os cristãos só eram perseguidos porque começavam a formar uma facção dentro do Estado. Os romanos permitiam todos os cultos, até o dos judeus, até o dos egípcios, pelos quais nutriam tanto desprezo. Por que Roma tolerava esses cultos? É que nem os egípcios nem mesmo os judeus procuravam extinguir a antiga religião do império, não corriam terras e mares para fazer prosélitos: só pensavam em ganhar dinheiro; mas é incontestável que os cristãos queriam que sua religião fosse a dominante. Os judeus não queriam que a estátua de Júpiter[7] estivesse em Jerusalém; mas os cristãos não queriam que ela estivesse no Capitólio[8]. Santo Tomás[9] mostra boa-fé ao admitir que, se os cristãos não destronaram os imperadores, foi porque não conseguiam fazê-lo. Sua opinião era de que toda a terra devia ser cristã. Eram, portanto, necessariamente inimigos de toda a terra, até que esta se convertesse.

Entre eles, eram inimigos uns dos outros no tocante a todos os pontos de sua controvérsia. Antes de mais nada é necessário considerar Jesus Cristo como Deus, aqueles que o negam são anatematizados sob o nome de ebionitas[10] que, por sua vez, anatematizam os adoradores de Jesus.

Alguns deles exigem que todos os bens sejam comuns, como se pensa que assim tenha sido nos tempos dos apóstolos: seus adversários os chamam nicolaítas[11] e os acusam dos crimes mais infames. Outros defendem uma devoção mística, sendo chamados gnósticos[12], e são perseguidos com furor. Márcion[13] discute sobre a Trindade e é tratado de idólatra.

Tertuliano[14], Práxeas[15], Orígenes[16], Novato[17], Novaciano[18], Sabélio[19], Donato[20], todos são perseguidos por seus irmãos antes de Constantino; e mal Constantino faz reinar a religião cristã, os seguidores de Atanásio[21] e os adeptos de Eusébio[22] se dilaceram; e, desde essa época, a Igreja cristã é inundada de sangue até nossos dias.

O povo judeu era, reconheço, um povo realmente bárbaro. Degolavam sem piedade todos os habitantes de um infeliz e pequeno país sobre o qual não tinham mais direito do que sobre Paris e Londres. Entretanto, quando Naaman[23] é curado de sua lepra por se ter banhado sete vezes no Jordão; quando, para testemunhar sua gratidão a Eliseu, que lhe ensinou esse segredo, lhe diz que vai adorar o Deus dos judeus por reconhecimento, reserva-se a liberdade de adorar também o Deus de seu rei; pede licença a Eliseu, e o profeta não hesita em concedê-la. Os judeus adoravam seu Deus; mas nunca se surpreendiam de que cada povo tivesse o seu. Achavam muito natural que Camos[24] tivesse dado certo distrito aos moabitas, contanto que seu Deus também lhes desse um. Jacó[25] não hesitou em desposar as filhas de um idólatra. Labão tinha seu Deus assim como Jacó tinha o seu. Aí estão exemplos de tolerância entre o povo mais intolerante e cruel de toda a antiguidade: nós o imitamos em seus furores absurdos, e não em sua indulgência.

É claro que todo indivíduo privado que persegue um homem, seu irmão, porque não é de sua opinião, é um monstro. Isto é algo incontestável. Mas o governo, mas os magistrados, mas os príncipes, como deverão proceder com relação àqueles que têm um culto diferente do seu? Se forem estrangeiros poderosos, é evidente que um príncipe fará aliança com eles. Francisco I[26], muito cristão, se unirá com os muçulmanos contra Carlos V[27], muito cristão. Francisco I dará dinheiro aos luteranos da Alemanha para sustentá-los em sua revolta contra o imperador; mas começará, segundo o costume, por mandar queimar os luteranos em seu próprio reino. Paga-os na Saxônia por política; por política os queima em Paris. Mas o que vai acontecer? As perseguições criam prosélitos; logo a França estará repleta de novos protestantes. De início se deixarão enforcar, e depois passam, por sua vez, a enforcar. Haverá guerras civis, em seguida virá a *Saint-Barthélemy*[28], e esse canto do mundo será pior que tudo o que os antigos e os modernos já disseram do inferno.

Insensatos, que jamais souberam prestar um culto puro ao Deus que os criou! Infelizes, que o exemplo dos noaquidas[29], dos letrados chineses, dos parses[30] e de todos os sábios jamais conseguiu lhes servir! Monstros, que necessitam de superstições como a moela dos corvos necessita de carniça! Já lhes foi dito e não temos outra coisa a dizer-lhes: se tiverem duas religiões em seu meio, elas se degolarão; se tiverem trinta, elas viverão em paz. Vejam o Grão-turco: ele governa guebros, banianos, cristãos gregos, nestorianos⁽³¹⁾, romanos. O primeiro que tentar provocar um tumulto é empalado, e todos ficam tranquilos.

[Seção II]

De todas as religiões, a cristã é, sem dúvida, aquela que mais deve inspirar tolerância, embora até hoje os cristãos tenham sido os mais intolerantes de todos os homens.

Jesus, dignando-se nascer na pobreza e na humildade, assim como seus irmãos, nunca se dignou praticar a arte de escrever. Os judeus tinham uma lei escrita com os maiores detalhes e nós não temos uma única linha escrita por Jesus. Os apóstolos se dividiram a respeito de diversos pontos. São Pedro e São Barnabé comiam carnes proibidas com os novos cristãos estrangeiros e se abstinham delas com os cristãos judeus. São Paulo lhes recriminava essa conduta, mas esse mesmo Paulo, fariseu⁽³²⁾, discípulo do fariseu Gamaliel, esse mesmo Paulo que havia perseguido os cristãos com furor e que, tendo rompido com Gamaliel, ele próprio se fez cristão, em seguida dirigiu-se, no entanto, a Jerusalém, para oferecer sacrifícios no templo, no período de seu apostolado. Observou publicamente, durante oito dias, as cerimônias da lei judaica, à qual havia renunciado; acrescentou até devoções e purificações que as havia em abundância; agiu inteiramente como judeu. O maior apóstolo dos cristãos fez durante oito dias as mesmas coisas pelas quais os homens são condenados à fogueira em grande parte dos povos cristãos.

Teudas⁽³³⁾, Judas⁽³⁴⁾, se haviam arvorado em Messias antes de Jesus. Dositeu⁽³⁵⁾, Simão⁽³⁶⁾, Menandro⁽³⁷⁾, se apresentaram como Messias depois de Jesus. Houve, desde o primeiro século da Igreja, aproximadamente vinte seitas na Judeia.

Os gnósticos contemplativos, os seguidores de Dositeu, os partidários de Cerinto⁽³⁸⁾ existiam antes que os discípulos de Jesus tivessem assumido o nome de cristãos. Logo houve trinta Evangelhos, pertencendo cada um deles a uma sociedade diferente; e desde o final do século I, podemos contar trinta seitas de cristãos na Ásia Menor, na Síria, em Alexandria e mesmo em Roma.

Todas essas seitas, menosprezadas pelo governo romano e escondidas em sua obscuridade, se perseguiam, no entanto, umas às outras nos subterrâneos, onde rastejavam, isto é, proferiam injúrias umas contra as outras; é tudo o que podiam fazer em sua abjeção; quase todas elas eram compostas unicamente do segmento mais desprezível da sociedade. Quando, finalmente, alguns cristãos abraçaram os dogmas de Platão⁽³⁹⁾ e misturaram um pouco de filosofia à sua religião, que separaram da judaica, tornaram-se imperceptivelmente mais respeitados, mas sempre divididos em várias seitas, sem que nunca tenha havido um só momento em que a Igreja cristã estivesse unida. Surgiu no meio das divisões dos judeus, dos samaritanos⁽⁴⁰⁾, dos fariseus, dos saduceus⁽⁴¹⁾, dos essênios⁽⁴²⁾, dos judaítas⁽⁴³⁾, dos discípulos de João, dos terapeutas⁽⁴⁴⁾. Esteve dividida em seu berço, esteve também nas próprias perseguições que sofreu às vezes sob os primeiros imperadores. Muitas vezes o mártir era considerado como um apóstata por seus irmãos e o cristão carpocratiano⁽⁴⁵⁾ expirava sob a espada dos carrascos romanos, excomungado pelo cristão ebionita, o qual era anatematizado pelo adepto de Sabélio.

Essa horrível discórdia, que já dura há tantos séculos, é uma lição realmente marcante de que devemos nos perdoar mutuamente nossos erros; a discórdia é o grande mal do gênero humano e a tolerância é seu único remédio.

Não há ninguém que discorde dessa verdade, seja que medite calmamente em seu recinto particular, seja que examine pacificamente a verdade com seus amigos. Por que, pois, os mesmos homens que admitem em particular a indulgência, a benevolência, a justiça, se levantam em público com tanto furor contra essas virtudes? Por quê? É que seu interesse é seu deus, é porque sacrificam tudo a esse monstro que adoram.

Possuo uma dignidade e um poder que a ignorância e a credulidade criaram; caminho sobre as cabeças dos homens prostrados a meus pés: se eles se soerguerem e me fitarem, estou perdido; devo, portanto, mantê-los presos ao chão com correntes de ferro.

Assim raciocinaram homens que séculos de fanatismo tornaram poderosos. Eles têm outros poderosos sob o jugo deles e estes têm outros ainda, e todos se enriquecem com os despojos do pobre, se engordam com seu sangue e riem da imbecilidade dele. Todos eles detestam a tolerância, como homens que enriqueceram às custas do público têm medo de prestar contas e como tiranos receiam a palavra liberdade. Finalmente, contratam a soldo fanáticos que gritam em alta voz: "Respeitem os absurdos de meu senhor, tremam, paguem e calem-se."

Foi assim que se agiu durante muito tempo em grande parte da terra; mas hoje, que tantas seitas disputam o poder, que partido tomar? Toda seita, como se sabe, é um sinal de erro; não há seita de geômetras, de algebristas, de matemáticos, porque todas as proposições de geometria, de álgebra e de matemática são verdadeiras. Em todas as outras ciências, podemos nos enganar. Qual teólogo tomista[46] ou escotista[47] ousaria dizer com convicção que está absolutamente certo daquilo que afirma?

Se há uma seita que relembra os tempos dos primeiros cristãos é, sem sombra de dúvida, a dos quacres. Nada se assemelha mais aos apóstolos. Estes recebiam o espírito, e os quacres recebem o espírito. Os apóstolos e os discípulos falavam em três ou quatro ao mesmo tempo na assembleia do terceiro andar, os quacres fazem outro tanto no térreo. Era permitido, segundo São Paulo, às mulheres pregar e, segundo o mesmo São Paulo, era-lhes também proibido; as mulheres quacres pregam em virtude da primeira permissão.

Os apóstolos e os discípulos juravam com um sim ou com um não; os quacres não juram de outra forma. Nada de altos dignitários, nada de aparência diferente entre os discípulos e os apóstolos; os quakers usam mangas sem botões e todos vestem da mesma maneira.

Jesus Cristo não batizou nenhum de seus apóstolos; os quacres não são batizados.

Seria fácil levar adiante esses pararelos; seria mais fácil ainda mostrar como a religião cristã de hoje difere daquela que Jesus praticou. Jesus era judeu e nós não somos judeus. Jesus se abstinha da carne de porco porque o animal é impuro e da lebre porque rumina e não tem a pata fendida; nós comemos ousadamente carne de porco, porque para nós não é impuro e comemos carne de lebre que tem a pata fendida e não rumina.

Jesus era circuncidado e nós conservamos nosso prepúcio. Jesus comia o cordeiro pascal com ervas amargas, celebrava a festa dos tabernáculos e nós não fazemos nada disso. Ele observava o sábado e nós o trocamos; ele oferecia sacrifícios e nós não.

Jesus sempre escondeu o mistério de sua encarnação e de sua dignidade; não disse que era igual a Deus e São Paulo diz expressamente em sua *Epístola aos hebreus*[48] que Deus criou Jesus inferior aos anjos; e, apesar de todas as palavras de São Paulo, Jesus foi reconhecido como Deus no Concílio de Nicéia.

Jesus nada deu ao papa nem o marquesado de Ancona, nem o ducado de Spoleto[49]; no entanto, o papa os possui de direito divino.

Jesus não instituiu o matrimônio e o diaconato como sacramentos; e entre nós o diaconato e o casamento são sacramentos.

Se quiseremos realmente prestar atenção, a religião católica, apostólica e romana é, em todas as suas cerimônias e em todos os seus dogmas, o oposto da religião de Jesus.

Mas como! Seria o caso de nos tornamos todos judeus porque Jesus foi judeu durante toda a sua vida?

Se fosse permitido raciocinar, por conseguinte, em questões de religião, é claro que deveríamos todos tornar-nos judeus, porquanto Jesus Cristo, nosso salvador, nasceu judeu, viveu como judeu, morreu como judeu e porque disse de modo expresso que ele observava e seguia a religião judaica. Mas é mais claro ainda que devemos nos tolerar mutuamente, porque somos todos fracos, inconsequentes, sujeitos à mutabilidade, ao erro[50]. Um caniço vergado pelo vento no pântano poderá dizer ao caniço vizinho inclinado em sentido contrário: "Verga à minha maneira, miserável, ou vou te denunciar para que sejas arrancado e queimado?"

---

1. Povo descendente dos persas derrotado pelos árabes no século VII de nossa era; na origem, os guebros eram adoradores do fogo; na época da conquista árabe seguiam as doutrinas de Zoroastro (NT).

2. Membro de uma seita brâmane.

3. Aquele que presta culto a um deus, a alguma divindade (NT).

4. Os *quacres* ou *quakers* constituem uma das muitas correntes protestantes, fundada por George Fox em 1652; pautam sua vida sob inspiração direta do Espírito Santo que, ao descer sobre eles, os faz estremecer ou entrar em transe (por isso a denominação que lhe foi conferida desde o início: *quakers* significa tremedores, estremecedores); como instituição, rejeitam qualquer organização clerical, buscam a intensa vida interior, além de primar pela pureza moral e pela prática do pacifismo e da solidariedade (NT).

5. O Concílio de Niceia foi o primeiro concílio universal da Igreja cristã e se reuniu no ano 325 por ordem e convocação do imperador Constantino; os bispos participantes condenaram o arianismo e estabeleceram os principais pontos doutrinais do cristianismo que persistem até hoje especialmente no catolicismo (NT).

6. Caius Flavius Valerius Aurelius Constantinus (270?-337), imperador romano de 306 a 337, no ano 313 proclamou o célebre *Edito de Milão*, pelo qual concedia liberdade de culto a todos, inclusive aos cristãos, aos quais determinava que lhes fossem devolvidos os bens confiscados (NT).

7. Júpiter era o deus dos deuses, o supremo deus, na mitologia romana e correspondia a Zeus dos gregos, suprema divindade do Olimpo (NT).

8. Uma das sete colinas de Roma, sobre a qual se erguia o templo de Júpiter, protetor da cidade; hoje, o Capitólio é a sede administrativa da prefeitura de Roma (NT).

9. Tomás de Aquino (1225-1274), filósofo e teólogo italiano, autor, dentre outras, da célebre *Summa Theologica* (Suma Teológica), considerada a obra mais importante do catolicismo na tentativa de conciliar fé e razão, para a qual Tomás se valeu particularmente da filosofia aristotélica (NT).

10. Adeptos do ebionismo, doutrina herética fundada por Ebion (séc. I d.C.); os ebionitas negavam a divindade de Jesus, aceitavam o Antigo Testamento da Bíblia, mas rejeitavam o Novo, substituído por textos próprios deles (NT).

11. Adeptos de seita gnóstica e libertina do século I de nossa era e que teria sido fundada por Nicolau, um dos sete primeiros diáconos do cristianismo, mencionado no livro bíblico Atos dos Apóstolos, VI, 5; foi ferozmente condenada e perseguida porque permitia casamentos múltiplos e concubinato entre seus seguidores (NT).

12. Seguidores do gnosticismo, doutrina de várias seitas cristãs dos primeiros séculos do cristianismo. O gnosticismo baseava a salvação do homem na rejeição da matéria e num conhecimento superior, a gnose, das coisas divinas. Professava, portanto, um dualismo que identificava o mal com a matéria e o bem era uma essência espiritual, acessível somente aos que possuíssem a gnose (NT).

13. Márcion (85?-160), pensador cristão, defendia uma doutrina em que opunha o Deus da justiça do Antigo Testamento ao Deus do amor do Novo Testamento; foi declarado herege e excomungado no ano 144 (NT).

14. Quintus Septimius Florens Tertullianus (155-222), filósofo e teólogo cristão, deixou muitas obras de caráter apologético sobre o cristianismo (NT).

15. Práxeas, outro heresiarca do século III, contestava a Trindade divina, negava a autoridade do bispo de Roma sobre a Igreja universal, além de questionar outros pontos da fé cristã; foi veementemente combatido por Tertuliano (155-222), escritor e teólogo cristão, especialmente com a obra *Contra Praxeam* (NT).

16. Orígenes (185-254), escritor, filósofo e teólogo grego cristão, fundou uma escola de catequese em Alexandria e deixou vasta obra quase toda centrada sobre o cristianismo (NT).

17. Novato (séc. III d.C.), diácono cristão defendia a admissão dos cristãos à comunhão da Igreja, os quais por medo da perseguição recaíam ocasionalmente na idolatria; condenado pelos bispos da África, onde atuava, fugiu para Roma e se uniu a Novaciano (ver nota seguinte) na tentativa de restaurar o montanismo, heresia fundada por Montano (séc. II), que aplicava com extremo rigor os dogmas cristãos e que proclamava a ação direta e constante do Espírito Santo, de quem Montano se dizia profeta (NT).

18. Novaciano (séc. III d.C.), romano erudito, converte-se ao cristianismo e o papa Fabiano o ordena sacerdote e o mantém como secretário; Fabiano morre no ano 250 e Novaciano dirige a Igreja de Roma na vacância; os bispos, porém, elegem o novo papa, Cornélio, e Novaciano, achando-se no direito de suceder ao falecido, acusa o novo papa de permissividade, tornando-se o 2º. antipapa da história da Igreja. Excomungado, se une a Novato (ver nota anterior), mas depois deixa Roma diante do recrudescimento das perseguições contra os cristãos (NT).

19. Heresiarca do século III, defensor da doutrina chamada monarquianismo ou modalismo, segundo a qual havia um só Deus e tanto o Filho como o Espírito Santo eram simples manifestações diferentes ou simples modos diversos de se manifestar de um único Deus; a heresia foi conhecida também como sabelianismo (NT).

20. Donato de Cartago (270?-355), bispo cristão, recusava-se a reconhecer os sacramentos administrados pelos bispos indignos ou aqueles que assim considerava segundo sua opinião pessoal; foi condenado por Roma e exilado por ordem de Constantino (NT).

21. Atanásio (295-373), bispo de Alexandria e doutor da Igreja, foi o principal adversário de Ário e sua obra teológica é quase toda ela endereçada contra o arianismo (NT).

22. Eusébio de Cesareia (265-340), bispo e escritor grego, sua obra mais importante é a *História eclesiástica*; foi também apologista notável na defesa da doutrina cristã contra os pagãos e os hereges (NT).

23. Fato bíblico narrado no *2º. Livro dos Reis*, capítulo V (NT).

24. Divindade dos moabitas, povo confinante com os israelitas, mencionada no livro bíblico dos *Juízes*, XI, 24 (NT).

25. Jacó casou com duas filhas de Labão, que seria idólatra, segundo o longo relato bíblico que se encontra no livro do Gênesis, cap. XXIX a XXXII (NT).

26. Francisco I (1494-1547), rei de 1515 a 1547, de grande visão, foi um dos construtores do Estado moderno da França; dado a amores livres, contraiu a sífilis que lhe causou a morte (NT).

27. Carlos V (1500-1558), rei da Espanha de 1516 a 1556 e imperador do Sacro Império Romano Germânico, rei da Sicília, príncipe dos Países Baixos, seu império se estendia aos quatro cantos do mundo, incluindo os territórios espanhóis da América, África e Ásia; por isso se dizia na época que "o sol nunca se punha no reino de Carlos V" (NT).

28. Noite de massacre de protestantes, ocorrida em Paris no dia 24 de agosto de 1572, festa de São Bartolomeu, por isso chamada de *La Saint-Barthélemy* (NT).

29. Designativo conferido aos descendentes de Noé e em geral a todos os homens que foram excluídos da aliança de Deus com Abraão; segundo os rabinos, Deus teria dado aos noaquidas preceitos gerais que refletiriam o direito natural comum a toda a raça humana (NT).

30. Os parses, originários da Pérsia, se estabeleceram em partes da Índia no final do século VIII de nossa era e seguiam as doutrinas de Zoroastro; hoje subsistem em pequenas comunidades; os parses que permaneceram no Irã são chamados guebros – ver nota 1 deste verbete (NT).

31. Partidário das teorias religiosas de Nestório (380-451), bispo de Constantinopla, que foi condenado e deportado por causa de sua doutrina cristológica; ensinava que Cristo tinha duas naturezas, a divina e a humana, e, portanto, duas pessoas: a divina e a humana; por conseguinte, Maria não era mãe de Deus, mas somente mãe do homem Jesus (NT).

32. Os fariseus constituíam uma corrente da religião judaica que privilegiava a estrita observância dos mandamentos e a submissão rigorosa à lei e que teve marcante influência na tradição rabínica da doutrina e da literatura hebraica (NT).

33. Teudas, citado no livro bíblico *Atos dos Apóstolos* (V, 35), surgiu como líder de 400 homens que atacavam guarnições romanas; visto como Messias libertador, foi derrotado e morto pelos romanos. Houve outro Teudas, mago, e que se dizia profeta; teve muitos seguidores, mas foi morto pelas tropas romanas. Segundo os historiadores, os dois teriam vivido em épocas muito próximas entre o século I antes de nossa era e o século I depois de Cristo (NT).

34. Judas da Galileia teria vivido nos inícios do século I de nossa era, também citado no livro bíblico *Atos dos Apóstolos* (V, 36); reuniu homens para lutar contra os romanos e foi aclamado como Messias libertador do jugo estrangeiro, mas acabou sendo derrotado e morto (segundo alguns, crucificado) pelos romanos (NT).

35. Dositeu (séc. I d.C.), era um mago da Samaria que dizia ser o Messias; observava a circuncisão, jejuava e recomendava a virgindade; perseguido pelos judeus, refugiou-se numa caverna, onde morreu de fome; no século IV ainda havia discípulos dele (NT).

36. Simão da Samaria (séc. I d.C.), era um gnóstico que confessa a eterna luta entre o bem e o mal, entre o material e o espiritual; talvez se refira a ele um escrito apócrifo pouco posterior, no qual o autor narra uma disputa de milagres entre o apóstolo Pedro e Simão, diante do imperador romano (NT).

37. Menandro (séc. I-II d.C.), discípulo de Simão da Samaria, superou o mestre, dizia ser ele enviado pelo poder supremo de Deus para estabelecer nova ordem no mundo; batizava em seu próprio nome e agia como verdadeiro e único Messias (NT).

38. Cerinto (séc. I d.C.), natural de Alexandria do Egito, judeu-cristão, assimilou as teorias do gnosticismo; afirmava que Jesus era filho de Maria e José como qualquer outro homem, mas quando foi batizado, a pomba que desceu sobre ele era na verdade a própria divindade que se instalava em Jesus, igualando-se a Deus a partir daquele momento (NT).

39. Platão (427-347 a.C.), filósofo grego; dentre suas obras, *A República* já foi publicada pela Editora Escala (NT).

40. Eram chamados samaritanos, na época de Cristo e antes, os habitantes da Samaria, descendentes de dez tribos de Israel que se haviam separado das tribos de Judá e de Benjamim; estas constituíam o reino de Judá, com capital em Jerusalém, e cujos habitantes se consideravam os únicos fiéis à lei mosaica e a Deus; divididos de seus irmãos israelitas do sul ou judeus, os samaritanos construíram outro templo, situado no monte Garizim, na Samaria (NT).

41. Os saduceus formavam uma corrente religiosa dentro do judaísmo e se preocupavam especialmente com a sobrevência política da nação judaica e não acreditavam na ressurreição dos mortos e, consequentemente, numa vida pós-morte (NT).

42. Os essênios, que em período desconhecido da história judaica se retiraram para o deserto, eram estritos observantes da lei mosaica e conduziam uma vida ascética, desligados dos movimentos políticos do judaísmo – segundo se pensa hoje, teriam tido influência sobre os ensinamentos difundidos por Cristo (NT).

43. Adeptos de grupo político e seita do século I de nossa era, nacionalistas e extremistas, consideravam grande pecado obedecer aos romanos que ocupavam a Palestina (NT).

44. Membros de uma corrente do judaísmo alexandrino (de Alexandria do Egito); viviam uma espécie de vida monástica, habitando em celas individuais, praticando a ascese na estrita observância da lei mosaica e só se reuniam como comunidade integrada aos sábados; teriam surgido no século II ou I antes de Cristo e talvez tenham sobrevivido em comunidades monásticas até o século II de nossa era (NT).

45. Adepto da doutrina de Carpócrates (séc. II d.C.), filósofo grego de Alexandria do Egito que buscou conciliar a filosofia de Platão e a mensagem cristã (NT).

46. Designativo conferido a todo partidário dos conceitos, enunciações, pensamento filosóficos e teológicos de Tomás de Aquino (1225-1274), filósofo e teólogo italiano, cognominado Doutor Angélico (NT).

47. Partidário das posições filosóficas e teologicas de John Duns Scot (1266-1308), padre, filósofo e teólogo escocês, que combateu a doutrina teológica de Tomás de Aquino, seguindo o pensamento de santo Agostinho; foi professor em Oxford, Paris e Colônia (NT).

48. Ver *Carta ou Epístola aos hebreus*, II, 7, onde se lê: "Tornaste-o um pouco inferior aos anjos..."

49. Dois territórios da Itália que, durante séculos, faziam parte dos Estados pontifícios ou do Estado Vaticano (NT).

50. Voltaire escreveu um livro intitulado *Tratado sobre a tolerância* que teve enorme repercussão na época por suas posições sobre a tolerância religiosa e sobre outros aspectos da tolerância na sociedade; esse livro já foi publicado pela Editora Escala (NT).

TORTURA

- Embora haja poucos artigos de jurisprudência nestas honestas reflexões alfabéticas, é necessário, contudo, dizer uma palavra sobre a tortura, denominada também por vezes como *interrogatório*. É uma estranha maneira de interrogar os homens. Não foram, porém, simples curiosos que a inventaram; todas as aparências indicam que esta parte de nossa legislação deve sua origem primeira a um ladrão de estradas. Quase todos esses senhores conservam ainda o hábito de cortar os polegares, de queimar os pés e de interrogar por meio de outros tormentos aqueles que se recusam a revelar onde puseram seu dinheiro.

Os conquistadores, que sucederam a esses ladrões, notaram que a invenção era muito útil para seus interesses; eles a utilizaram quando suspeitaram que havia maus desígnios contra eles, como o de ser livre, que representava um crime de lesa-majestade divina e humana. Era necessário conhecer os cúmplices; e para chegar a isso, fazia-se sofrer mil mortes a todos os suspeitos, porque, segundo a jurisprudência desses primeiros heróis, qualquer um que fosse suspeito de ter tido algum pensamento pouco respeitoso contra eles era digno de morte. Desde que assim se merece a morte, pouco importa acrescentar tormentos pavorosos durante vários dias e mesmo várias semanas; essa prática tem um não-sei-quê de divindade. A Providência nos submete às vezes à tortura, empregando a pedra, cálculos renais, a gota, o escorbuto, a lepra, a varíola, a dilaceração das entranhas, as convulsões dos nervos e outros executores das vinganças da Providência.

Ora, como os primeiros déspotas foram, de acordo com a confissão de todos os seus cortesãos, imagens da divindade, eles a imitaram tanto quanto possível.

O que não deixa de ser muito singular é que nunca se tenha falado de interrogatórios, de tortura, nos livros dos judeus. É realmente uma pena que uma nação tão amável, tão honesta, tão compassiva, não tenha conhecido essa maneira de conhecer a verdade. A razão disso é, segundo meu parecer, que não tinham necessidade dela. Deus a dava sempre a conhecer, uma vez que eles constituíam seu povo predileto. Ora jogavam a verdade com os dados e o culpado suspeito sempre tirava o seis. Ora se dirigiam ao sumo sacerdote, que imediatamente consultava a Deus, por meio do *urim* e do *tumim*[1]. Ora recorriam ao vidente, ao profeta, e podem ter certeza que o vidente e o profeta descobriam as coisas mais escondidas tão bem como o *urim* e o *tumim* do sumo sacerdote. O povo de Deus não estava reduzido como nós a ter de interrogar, conjeturar; dessa forma, a tortura não tinha necessidade de ser usada. Foi a única coisa que faltou aos costumes do povo santo.

Os romanos só infligiram a tortura aos escravos, mas os escravos não eram contados como homens. Não é de crer tampouco que um conselheiro de La Tournelle[2] considere como um de seus semelhantes um homem que é conduzido à presença dele, macilento, pálido, desfeito, olhos lânguidos, barba longa e suja, coberto de vermina que o corroeu num calabouço. Então se dá ao prazer de lhe aplicar a grande e a pequena tortura, na presença de um cirurgião que lhe toma o pulso, até que fique em risco de morte; depois disso, recomeça; e, como muito bem diz a comédia *Les Plaideurs* (Os Litigantes)[3]: "Isso sempre faz passar uma hora ou duas."

O grave magistrado, que comprou por algum dinheiro o direito de fazer essas experiências com o próximo, vai contar à sua mulher na hora do almoço o que aconteceu de manhã. Na primeira vez a senhora ficou revoltada, na segunda tomou gosto pelo relato, porque, no final das contas, todas as mulheres são curiosas; e depois, a primeira coisa que pergunta ao marido quando ele volta para casa ainda de toga é: "Meu querido, não mandaste hoje aplicar a tortura a ninguém?"

Os franceses que, não sei porquê, são vistos como um povo muito humano, se surpreendem ao notar que os ingleses, que tiveram a desumanidade de nos tomar todo o Canadá, tenham renunciado ao prazer de aplicar a tortura.

Quando o cavaleiro de La Barre[4], neto de um tenente-general dos exércitos, jovem de muito espírito e de grandes esperanças, mas com toda a peraltice de uma juventude desenfreada, foi julgado culpado de ter cantado canções ímpias e até mesmo de ter passado diante de uma procissão de capuchinhos[5] sem tirar o chapéu; os juízes de Abbeville, homens comparáveis aos senadores romanos, ordenaram não somente que lhe arrancassem a língua, que lhe cortassem a mão e que o queimassem em fogo brando, mas o submeteram também à tortura para saber precisamente quantas canções tinha cantado e quantas procissões tinha visto passar de chapéu na cabeça.

Não foi nos séculos XIII ou XIV que esse fato aconteceu, mas no século XVIII. Os povos estrangeiros julgam a França pelos espetáculos, pelos romances, pelos belos versos, pelas atrizes de ópera, cujos costumes são tão doces, por nossos bailarinos de ópera, que têm tanta graça, pela senhorita Clairon[6], que declama versos que arrebatam. Não sabem, contudo, que não há, no fundo, nação mais cruel que a francesa.

Em 1700, os russos eram vistos como bárbaros; estamos apenas em 1769; uma imperatriz acaba de dar a esse vasto Estado leis que teriam honrado Minos[7], Numa[8] e Sólon[9], se tivessem tido suficiente espírito para inventá-las. A mais notável é a tolerância universal; a segunda é a abolição da tortura. A justiça e a humanidade guiaram sua caneta; ela reformou tudo. Ai da nação que, há tanto tempo civilizada, ainda é conduzida por costumes antigos e atrozes! "Por que razão haveríamos de mudar nossa jurisprudência?" – diz essa nação. "A Europa se serve de nossos cozinheiros, de nossos alfaiates e de nosso cabeleireiros; logo, nossas leis são boas."

1. No livro bíblico *Êxodo*, XXVIII, 30, está escrito: "No peitoral do julgamento porás o Urim e o Turim..." Esses dois objetos, de significado incerto, eram afixados no peitoral do sumo sacerdote e eram utilizados para conhecer, pela sorte, a vontade de Deus (NT).

2. La Tournelle é uma ponte sobre o rio Sena, no centro de Paris; numa das cabeceiras da ponte havia antigamente uma torre e um castelo defensivo, em cujos porões estavam situadas prisões para os inimigos ou para os condenados pela justiça (NT).

3. Título de comédia de Jean-Baptiste Racine (1639-1699), poeta trágico, comediante e historiador francês (NT).

4. O fato narrado é verídico, ocorrido em 1766, na pequena cidade de Abbeville, no norte da França. François-Jean Lefebvre de La Barre (1747-1766) foi torturado, condenado à morte, decapitado e queimado; tinha apenas 19 anos. O que Voltaire não menciona é que o jovem La Barre foi acusado também de guardar em casa textos pornográficos e o "*Dicionário filosófico*" do próprio Voltaire; os historiadores dizem inclusive que o corpo do rapaz foi queimado junto com o exemplar do "*Dicionário filosófico*" (NT).

5. Os padres capuchinhos constituem uma Ordem religiosa iniciada em 1528 por Matteo De Bascio, frade franciscano, que desejava retornar à pobreza original da Ordem e trabalhar mais especificamente na pregação popular; os capuchinhos são, portanto, um ramo dos franciscanos que foram fundados por Francisco de Assis (1182-1226) no ano de 1209 (NT).

6. Claire-Josèphe Léris, dita Clairon (1723-1803), célebre atriz de teatro de comédia e também cantora de teatro, o então chamado "teatro cantado" (NT).

7. Rei lendário de Creta, filho de Zeus, ficou célebre por sua sabedoria e justiça; essas virtudes fizeram dele, após a morte, um dos juízes dos Infernos (NT).

8. Numa Pompílio (715-672 a.C.), segundo rei de Roma, a quem foi atribuída a organização religiosa e os ritos de culto de Roma (NT).

9. Sólon (640-558 a.C.), estadista grego, um dos sete sábios da Grécia antiga, reformou a vida social e política de Atenas, lançou as bases da futura democracia grega e escreveu poemas de inspiração cívica (NT).

V

VIDA - No livro *Sistema da natureza*[1], página 84, edição de Londres, encontramos estas palavras: "Seria necessário definir a vida antes de raciocinar sobre a alma; mas é algo que julgo impossível."

É o que ouso estimar bem possível. A vida é organização com capacidade de sentir. Assim é que dizemos que os animais têm vida. Só dizemos o mesmo das plantas por extensão, por uma espécie de metáfora ou de catacrese. As plantas são organizadas, vegetam; mas, visto que não são capazes de sentimento, não possuem propriamente a vida. Pode-se estar com vida sem ter um sentimento real, pois, nada se sente numa apoplexia completa, numa letargia, num sono profundo e sem sonhos; mais ainda, se detém o poder de sentir. Várias pessoas, como bem se sabe, foram enterradas vivas, como vestais, e é o que acontece em todos os campos de batalha, especialmente nos países frios; um soldado está sem movimentos e sem fôlego; se fosse socorrido, ele os recuperaria; mas, por ter agido depressa demais, foi enterrado.

O que é essa capacidade de sentir? Outrora, vida e alma eram a mesma coisa; e uma não é mais conhecida que a outra; seu fundamento é melhor conhecido hoje?

Nos livros sagrados dos judeus, alma é sempre empregada por vida.

Dixit etiam Deus: Producant aquae reptile animae viventis[2].

"E Deus disse: Que as águas produzam répteis de alma viva."

Creavit Deus cete grandia et omnem animam viventem atque mutabilem quam produxerant aquae[3].

"Deus criou também grandes dragões (*tannitim*), todo animal com vida e movimento, que as águas haviam produzido."

É difícil explicar como Deus criou esses dragões produzidos pelas águas, mas assim está escrito e só nos resta submeter-nos.

Producat terra animam viventem in genere suo, jumenta et reptilia[4].

"Que a terra produza alma viva em seu gênero, animais domésticos e répteis."

Et in quibus est anima vivens, ad vescendum[5].

"E nos quais subsiste alma viva, para se alimentar."

Et inspiravit in faciem ejus spiraculum vitae, et factus est homo in animam viventem[6].

"E soprou em suas narinas o sopro de vida, e o homem teve o sopro de vida (segundo o hebraico)."

Sanguinem enim animarum vestrarum requiram de manu cunctarum bestiarum, et de manu hominis, etc.[7].

"Vou pedir contas de suas almas aos animais e aos homens." Evidentemente, *almas* significa aqui *vidas*. O texto sagrado não pode dar a entender que os animais engoliram a alma dos homens, mas seu sangue, que é sua vida. Quanto às mãos que este texto confere aos animais, entede suas garras ou patas.

Numa palavra, há mais de duzentas passagens em que a alma é tomada por vida, seja dos animais como dos homens; mas não há nenhuma que diga o que é a vida e o que é a alma.

Se for a faculdade de sentir, de onde vem essa faculdade? A esta pergunta, todos os doutores respondem com sistemas e esses sistemas se destroem uns aos outros. Mas por que querem saber de onde vem o sentir? É tão difícil conceber a causa que faz os corpos tenderem a seu centro comum como conceber a causa que torna o animal sensível. A direção do ímã para o polo ártico, as rotas dos cometas, mil outros fenômenos, são também incompreensíveis.

Há propriedades evidentes da matéria, cujo princípio jamais será conhecido por nós. O da sensibilidade, sem a qual não há vida, é e será ignorado como tantos outros.

Podemos viver sem experimentar sensações? Não. Suponhamos uma criança que morreu depois de ter estado sempre em letargia; ela existiu, mas não viveu.

Suponhamos, porém, um imbecil que nunca teve ideias complexas e que tenha tido sentimentos; certamente viveu sem pensar; só teve as ideias simples provenientes de suas sensações.

O pensamento é necessário à vida? Não, porquanto esse imbecil não pensou e viveu.

Disso alguns pensadores deduzem que o pensamento não é a essência do homem; afirmam que há muitos idiotas que não pensam e que são homens, e tanto são homens que fazem homens, sem jamais poder elaborar um raciocínio.

Os doutores que julgam pensar respondem que esses idiotas têm ideias fornecidas por suas sensações. Os pensadores ousados lhes replicam que um cão de caça, que aprendeu muito bem seu ofício, tem ideias muito mais coerentes e que é muito superior a esses imbecis. Disso surge uma grande discussão sobre a alma. Não vou falar a respeito, pois, já falei demais sobre isso no verbete *Alma*.

1. Obra de Paul Heinrich Dietrich von Holbach (1723-1789), erudito e filósofo alemão, mas que escrevia em francês; em 1749 se instalou em Paris, de onde não saiu mais. Ateu confesso, sua densa obra *Système de la nature* é a expressão máxima do ateísmo e do materialismo no século das Luzes ou do Iluminismo (NT).
2. Livro bíblico do *Gênesis*, I, 20 (NT).
3. *Gênesis*, I, 21 (NT).
4. *Gênesis*, I, 24 (NT).
5. *Gênesis*, I, 30 (NT).
6. *Gênesis*, II, 7 (NT).
7. *Gênesis*, IX, 5 (NT).

VIRTUDE - O que é virtude? Beneficência para com o próximo. Posso chamar virtude a outra coisa senão ao que me faz bem? Eu sou indigente, tu és liberal; eu estou em perigo, tu vens em meu socorro; enganam-me, tu me dizes a verdade; são negligentes para comigo, tu me consolas; sou ignorante, tu me instruis: eu te chamarei, sem dificuldade, virtuoso. Mas o que vai acontecer com as virtudes cardinais e teologais? Algumas delas ficarão nas escolas.

Que me importa que tenhas temperança? É um preceito de saúde que observas; ficarás melhor de saúde com isso, e eu te felicito. Tens fé e esperança, eu te felicito ainda mais: elas te premiarão com a vida eterna. Tuas virtudes teologais são dons celestes; tuas virtudes cardinais são excelentes qualidades que servem para te conduzir; mas não são virtudes com relação a teu próximo. O prudente faz o bem a si mesmo, o virtuoso o faz aos homens. São Paulo teve razão ao dizer que a caridade supera a fé e a esperança.

Mas como! Só admitiremos as virtudes que são úteis ao próximo? E então como posso admitir outras? Vivemos em sociedade; não há nada, portanto, de verdadeiramente bom para nós senão o que proporciona o bem da sociedade. Um solitário poderá ser sóbrio, piedoso; poderá usar um cilício: pois bem, poderá ser até santo; mas não vou chamá-lo virtuoso a não ser quando tiver praticado um ato de virtude em proveito dos homens. Enquanto estiver só, não será nem malfeitor nem benfeitor; não é nada para nós. Se São Bruno[1] levou a paz nas famílias, se socorreu a indigência, foi virtuoso; se jejuou, se orou na solidão, foi um santo. A virtude entre os homens é um comércio de benefícios; aquele que não participa de forma alguma desse comércio não deve ser considerado. Se esse santo estivesse no mundo, sem dúvida faria o bem; mas enquanto não estiver, o mundo terá razão em não qualificá-lo como virtuoso: será bom para ele, mas não para nós.

Mas, podem dizer, se um solitário é glutão, bêbado, entregue a uma devassidão secreta consigo mesmo, é vicioso: é virtuoso, portanto, se tiver as qualidades contrárias É nisso que não posso concordar: é um homem vil, se tiver os defeitos de que falam; mas não é vicioso, mau, passível de punição com relação à sociedade, à qual suas infâmias não fazem mal algum. É de presumir que, se voltar à sociedade, nela fará o mal, será realmente um criminoso; e é até muito mais provável que venha a ser um homem mau do que certamente outro solitário, com temperança e casto, venha a ser um homem de bem, pois, na sociedade os defeitos aumentam e as boas qualidades diminuem.

Costuma-se fazer uma objeção bem mais incisiva: Nero[2], o papa Alexandre VI[3] e outros monstros dessa espécie distribuíram benefícios; respondo com convicção que eles foram virtuosos naquele dia. Dizem alguns teólogos que o divino imperador Antonino[4] não era virtuoso; que era um estoico obstinado e que, não contente em governar os homens, ainda queria ser estimado por eles; que revertia para si os benefícios que fazia ao gênero humano; que foi durante toda a sua vida justo, trabalhador, benfeitor por vaidade e que só enganou os homens com sua virtude; então eu exclamo: "Meu Deus, dá-nos com frequência semelhantes trapaceiros!"

1. Bruno (1030-1101), professor de teologia, retirou-se para a solidão, tornando-se eremita e fundando depois, em 1084, a Ordem dos monges cartuxos (NT).
2. Lucius Domitius Claudius Nero (37-68), imperador romano de 54 a 68 (NT).
3. Rodrigo Borgia (1431-1503), eleito papa em 1492, tomou o nome de Alexandre VI; foi um pontífice dissoluto, envolvido em lutas políticas e em negociatas, favoreceu abertamente seus filhos concedendo-lhes dinheiro, poder e territórios, deixou péssima imagem da Igreja no mundo da época (NT).
4. Marcus Aurelius Antoninus (121-180), imperador romano de 161 a 180, filósofo estoico, deixou a obra *Pensamentos e meditações* (NT).